U0457125

每天读点
社会学

宿文渊　编著

中国华侨出版社
北京

图书在版编目（CIP）数据

每天读点社会学 / 宿文渊编著. — 北京：中国华侨出版社，2015.1（2019.1重印）
ISBN 978-7-5113-5184-5

Ⅰ.①每… Ⅱ.①宿… Ⅲ.①社会学—基本知识 Ⅳ.①C91

中国版本图书馆CIP数据核字（2015）第031235号

每天读点社会学

编　　著	宿文渊
出 版 人	方　鸣
责任编辑	彬　彬
封面设计	李艾红
文字编辑	彭泽心
美术编辑	潘　松
经　　销	新华书店
开　　本	720mm×1020mm　　1/16　　印张：35　　字数：663千字
印　　刷	北京德富泰印务有限公司
版　　次	2015年5月第1版　　2019年1月第2次印刷
书　　号	ISBN 978-7-5113-5184-5
定　　价	68.00元

中国华侨出版社　北京市朝阳区静安里26号通成达大厦3层　邮编：100028
法律顾问：陈鹰律师事务所
发 行 部：(010) 58815874　　　传　真：(010) 58815857
网　　址：www.oveaschin.com　　E - m a i l : oveaschin@sina.com

如果发现印装质量问题，影响阅读，请与印刷厂联系调换。

前　言

　　最近，社会学被越来越频繁地提及，社会学家的身影也总是出现在公众面前。虽然社会学现在备受关注，然而很多人却并不了解它。人们第一次听到"社会学"这个名词可能会觉得很"玄"，不知道它是研究什么的。即使有不少自认为了解社会学的人也对它充满了误解。

　　人们对社会学产生误解可能是因为对社会学的研究开展得比较晚。虽然社会学的思想古代就有，比如古希腊哲学家柏拉图、亚里士多德的哲学思想中就包含有社会学的思想因素。不仅在古代西方，早在先秦时代的中国也已经产生了社会学思想的萌芽，如荀子说"人生不能无群"，即是这种萌芽的体现。但人们开始对社会学开展研究才仅仅 100 多年的时间。"社会学"一词最早是由法国哲学家、社会学家孔德在其 1838 年 10 月出版的《实证哲学教程》第 4 卷中提出的，从此，社会学才正式成为一门独立的学科，孔德也因此被称为"现代社会学之父"。另外，社会学本身是一个"舶来品"，在我们国家传统的学术领域甚至没有一门与之相近的学科，而且社会学的概念基本都是翻译过来的，这就造成了社会学显得与大众的生活"格格不入"。

　　其实，社会学是最贴近我们日常生活的学问。人类是社会动物，生活在社会之中，不论是经济生活、政治活动，还是其他的个人之间的交往活动等，都深深地根植于社会。社会就像一只"看不见的手"，在深刻地影响着我们日常生活的方方面面。从家庭关系到工作关系，从结婚生子到养儿育女，从社会经济活动到政治运动，都是社会学研究的议题。就像我们每天花钱的时候都在处理经济学的问题一样，我们每天的活动其实都在处理社会学的问题。所以从这个意义上说，社会学是无所不包的。它不但涵盖性别、种族、阶层、年龄等议题，更是许多生活化知识的融汇，是集合人类、环境、政策、时代等生活中所有方面的学问。

　　虽然现代社会学只有 170 多年的历史，但社会学的地位是很重要的。就如德国著名的哲学家卡尔·曼海姆曾说过的："在当今世界上能够将这个时代表达得最透彻的就是社会学。"

　　懂得社会学是很有意义的，它能让你把个人的经历同社会的和历史的因素联系起来，从而让你认识到发生在身边的每一件事情背后都是有着深刻的社会、历史原因的。

比如大学生就业难的问题，从个人的角度看是受到专业技能、工作能力、薪酬待遇等因素的影响，但如果你具备社会学的知识，你就能发现经济结构、舆论导向、地区发展水平等宏观因素对大学生就业问题有着深刻的影响。再比如离婚率升高的问题，从夫妻的角度看多认为是感情破裂造成的，但从社会学的角度想，你能发现所谓的感情破裂也与职业水平、社会声望、文化差异等社会因素有着深刻的联系。社会学让我们对问题的看法不再局限于个人的经历，而是能把自己放在社会的大背景上去观察我们身边的事物，思考我们的日常生活。能够从小事情中看出大道理，一个全新的世界就在你的眼前展开。

身处日新月异的时代和复杂多变的社会，人们很容易产生迷茫、失望和怀疑的念头。读一点社会学，有助于我们更加全面、深刻地理解社会的变化及发生在身边的一切，更加客观地对待日常的生活，从而找到更好的适应社会与寻求个人发展的方法。

本书是一本学习社会学的理想工具书。书中没有过多地使用专业术语，而是用生动、通俗的语言阐释了社会学的原理和理论流派，用社会学的思维来解读那些我们日常生活中普遍存在但又没有深入、全面思考的日常现象和社会问题——成长、学习、工作、交友、家庭、婚姻、群体生活等，指出某些看似孤立、特别的事件所折射出的社会学意义及对社会、对个体的影响，提供给我们一种社会学的思考方法，会用社会学的视角和思维观察、剖析种种生活现象；书中还分析了某些群体的特定行为和心理，可以让我们更深刻地了解他人，更圆融地为人处世。本书将给你一双社会学的"眼睛"，教你在日常生活中如何看待身边的事物和人，如何了解生活环境、生活空间和社会秩序，如何发现普通现象背后隐含的社会和人性规律，如何用社会学的思维洞察事物表象，发现本质，帮助你更深刻地认识这个世界。

本书从一个个发生在人们日常生活中的事例来讨论社会学的原理和思考方法，就是希望读者能够体会到社会学的魅力，从而愿意主动地运用社会学的方法来认识世界。希望本书的内容不仅能为读者打开通向社会学的大门，同时也能在专业领域为读者作出指引。就让我们从这本书开始，每天读点社会学，增长我们的学识，开拓我们的视野，去发现更精彩的世界。

目 录

· 第二章 ·
从自然人到社会人——一个人的成长历程

· 第三章 ·

一棵树与整个树林的奥秘——看人与社会的相容互浸

· 第四章 ·

男人来自火星，女人来自金星——两性关系与心理差异

·第五章·

人是否真的"生而平等"——社会结构和分层

· 第六章 ·

我们每个人都被约束——社会对个体行为的影响

·第七章·

社会环境与社会变迁——社会对群体行为的影响

· 第八章 ·

社会学常识——不可不知的社会学知识

· 第一章 ·

见树又见林——你就是社会学的一部分

第一节　走近社会学——和我们的生活息息相关的学问

什么是社会学——认识社会学的研究对象

19 世纪 30 年代法国学者奥古斯特·孔德在其《实证哲学教程》中首先使用了"社会学"这个术语，社会学这一学科才算正式出现在学术的殿堂之中。但是社会学诞生 100 多年来，对于它的研究对象到底是什么一直没有明确的结论。孔德创立社会学之时，把社会学定位于一切社会科学的总纲，研究人类社会存在的本质规律和运行法则。但是随着社会学的不断发展，不同的社会学家对社会学的研究对象作出了不同的解释，因为人类社会毕竟太过复杂，而人生活于社会之中，所谓"不识庐山真面目，只缘身在此山中"，导致了不同的学者都从不同的角度来研究社会学。所以在社会学近二百年的学科历史中，产生了大量的对于社会学研究对象的不同判断。

其实，对于社会学的研究对象在形而上的哲学层面有一个总括性的判断，即社会学是一门对人类社会进行总体性综合性研究的社会科学；它把社会作为一个整体，研究人和社会各个组成部分及其相互关系，探讨社会的发生、发展及其规律。但是这个概念其实是通过全景式的描述把一切有关社会的学问都包括在内，但对于实际的社会学研究来讲却显得太过笼统。关于社会学的具体的研究对象，一直以来是众说纷纭、争论不休，国内外的社会学家提出过各种各样的定义。

我国著名社会学家孙本文在其名著《社会学原理》中对国外的社会学家关于社会学研究对象的定义归纳为 8 种：

（1）认为社会学是研究社会形式的。这主要指的是社会制度，比如政党制度——两党制与多党制；比如社会主义与资本主义，比如经济制度——公有制与私有制等，这些社会表现出来的组织方式，就是所谓的社会形式。

（2）认为社会学是研究人类文化的。社会学所认为的文化广义上来说就是人类创造的所有物质财富和精神财富的总合，也就是说我们现在看到的、听到的、想到的一切几乎都是文化产品。但是在社会学具体的研究中一般都把文化限定在一个范围内，比如有专门研究民间风俗的，有专门研究婚姻文化的，也有研究更大的不同民族文化之间差异的。比如德国社会学家韦伯就研究中国、印度、阿拉伯与欧洲文化之间有什么不同，他研究为什么不同文化中的人对同一个事情的看法是不一样的。

（3）认为社会学是研究社会现象以及社会现象之间的关系。所谓的社会现象其实每天都发生在我们身边，比如国内的大学生就业难、高房价、东南沿海部分地区用工荒等，以及国外的中东的紧张局势、索马里的海盗、哥本哈根气候大会等，这些都是大事件，社会现象同样也有小事件，比如北京的的哥喜欢与乘客闲聊、家长想办法把子女送到补习班、两人要结婚男方要有房等，我们或者觉得这些社会现象离我们太远，或者觉得只是个人的私事，但其实这些社会现象背后都有着深刻的社会原因，社会学就是要研究这些社会现象。

（4）认为社会学是研究社会关系的。很多社会学家认为人类社会其实就是由各种各样的社会演关系构成的，关系在一定意义上就是不同的事物之间的一种联系，小到个人与个人之间的关系，如夫妻关系、父子关系、同事关系，大到国家关系、民族关系，还有经济关系、法律关系等，正是这些关系构成了我们的社会。而社会学就是通过研究这些关系来认识我们生存的世界。

（5）认为社会学是研究社会进步的。人类进入文明社会几千年，我们是如何一步步从原始社会演进到现在的，我们是如何从农业社会走向工业化、走向信息时代的，这些是宏观上的社会进步。那么我们看看香烟的历史，在 20 世纪 70 年代以前，在公共场所吸烟还被认为是有风度的事情，可是现在已经倡导全民禁烟了，这同样也是一种社会进步的现象。社会学对社会进步的研究是企图找到其背后的动力。

（6）认为社会学是研究社会组织的。整个社会是宏观的，个人是微观的，那么联系宏观与微观的就是中观层次的社会组织。每个人从出生就在一个家庭及家族里，上学在学校里，工作在公司里，我们其实一直生活在不同的社会组织之中，人与人组成特定的群体，这个群体有着明确的界限和内部规则，它就可以看作是一个社会组织。个人就是通过由群体形成的社会组织而与整个社会进行互动的。

（7）认为社会学是研究社会互动过程的，比如个人与个人之间是如何交往的，个人与一个社会组织——企业——是如何处理关系的，组织与组织之间——商业谈判——是如何交往的，这些都是社会互动。

（8）认为社会学是研究社会行为的，研究社会行为其实就是要找出个人做出的行为背后有什么样的社会原因。比如有的地方乘公交车自觉排队，有的地方就不是这样，甚至在同一座城市的不同角落也存在差异；或者在一个没有引导栏杆的站台人们不会排队，而当加上一个栏杆后人们就排队了。这种行为以及它的变化背后有什么样的社会因素呢？这就是社会学研究社会行为希望找出的答案。

当然具体到某一个社会学家其对社会学研究对象的定义并不限以上几种，可以说有一个社会学家就有一种对社会学研究对象的定义，但概括来讲所有的对社会学研究对象的定义基本都包含在这几种定义之中。社会学传入中国以后曾经在20世纪初取得了很多学术成就，新中国成立后社会学家也是层出不穷。我国的社会学家同样对社会学研究对象作出了许多不同的定义。

（1）认为社会学的研究对象就是社会运行和发展的类型，就是一门研究社会良性运行和协调发展的条件以及机制的综合性的具体社会科学学科。

（2）认为社会学的研究对象是发生在社会生活各个领域里的社会现象之间的关系，并从中探求人们社会行为的规律。

（3）认为社会学是以整个社会作为其研究对象，研究社会结构、社会发展动力和社会生活现象及其规律性。

（4）认为社会学以社会的构成、体统、变动以及有关人生的事物现象、问题与社会体统的关系作为研究对象。

（5）认为社会整体是社会学研究的基本对象。

（6）认为马克思主义社会学是在历史唯物主义指导下研究社会矛盾及其解决途径的科学。

（7）认为社会学的研究对象是确定性与不确定性的统一。所谓对象是确定的，是从变动着的社会整体出发来研究社会现象及其相互关系，着眼于整体综合，而立足于局部分析；社会学的对象又是不确定的，它的触角深入社会现象的一切领域，而对这些专门领域的研究已经形成专门学科，如经济学、政治学等正在发展成为独立学科，如人口学、劳动学等。

（8）认为一定的社会关系是社会学的研究对象。对社会关系的宏观分析就构成宏观社会学，对它的局部分析就构成微观社会学，而对社会关系进行具体的调查研究构成了应用社会学，在此基础上进行的理论分析和科学抽象构成了理论社会学。

（9）认为社会学的研究对象是制度。

（10）认为社会学是在历史唯物主义指导下研究社会现象和社会问题的科学，是以研究社会问题为中心的一个"科学群"。

（11）认为社会学是从变动的社会整体出发，以多种角度和多种层次综合研究人们的社会活动和社会关系为内容的社会整体的形式、模式、组成构成、运动和规律，及社会各方面（或各种社会活动、社会关系）之间相互性的科学。

（12）认为普通社会学的研究对象是社会整体的基本构成及各部分的相互关系，从而揭示社会整体发展的规律。普通社会学也可以划分为关于一切社会形态整体发展的一般规律、某种社会形态整体发展的特殊规律、某个特定社会整体发展的个别规律三个基本研究层次。

从以上这些社会学研究对象的定义中我们可以看出，对社会学研究对象的定义基本上可以分为两种：第一种侧重以社会为对象，重在研究社会的结构和过程、社会的运行和发展、社会的秩序和进步等，即是以社会作为一个客观存在的整体来加以研究；第二种侧重以个人及其社会行为为研究对象，也就是从组成社会的个人入手进行社会学研究。在每一种研究取向中又可以按宏观、中观、微观三个层次来进行细分，这就使得社会学的研究纷繁复杂了。

我们应该如何看待社会学研究对象问题的争论呢？其实，导致社会学研究对象问题有着长期分歧的根本原因，在于社会学总体上是把整个人类社会作为研究对象和研究内容，而社会对于我们来说又过于复杂，十分不易把握，这就使得某一个社会学家往往只能从一个侧面进行他的研究，因此也就从这一侧面出发对社会学的研究对象进行定义。而且，不同的社会学家有着不同的知识背景，所生活的社会环境和学术环境也不一样，这也导致了认识社会的方式千差万别，进而导致了对社会学研究对象定义的不同。

其实对于社会学研究对象的认识，我们每个喜欢社会学、研究社会学的人都可以作出自己的判断，当然这种判断是建立在不断的阅读与实践的基础上。社会是一本"活"的大百科全书，我们要培养自己对社会现象的敏感性，细心观察身边的事物，认真思考其中的逻辑关系。社会是抽象的，同时社会也是具体的，我们应该学会用一双慧眼来发掘身边那些习以为常的事物背后隐藏着的深意。一旦你能够从那些看似平常的事物中总结出合乎逻辑的解释，那么你已经具备了成为一个社会学家的潜质，你已经打开了通往社会学学术殿堂的大门。

社会学是一门神奇的学问，它能让你站在历史的高度上看待社会事物，从本质上把握社会事物发展的规律，让你更有能力来应对社会的发展和变化。其实我们每一个人都有成为社会学家的潜质，只要我们勤于观察、勤于思考，每天都读点社会学，我们就能发现我们眼前那个不一样的世界。

从个体到社会的联系纽带——社会学的想象力

"社会学是什么"是每一个初学社会学的人都会问到的问题，其实不仅是初学社会学的人，就算是系统地学习过社会学的人也经常被这个问题困扰。社会学的分支学科很多，研究对象的范围又很广，所以社会学给人的感觉不像经济学、政治学、心理学等其他社会科学那样有一个特定的专业的研究领域，因此很多人说社会学是一个边缘学科，它研究的都是其他社会科学不去研究的那些"剩下"的学问。

这其实是对社会学的一种误解。那么社会学究竟是一门什么样的学问呢？社会学家已经对这个问题作出了回答：社会学不应该从它的研究对象或者说研究内容上来下定义，而应该从它的研究方法上来下定义。那么社会学认识世界的独特之处是什么呢？我们在这里就要了解"社会学的想象力"这个概念。

美国社会学家米尔斯在他的传世名著《社会学的想象力》一书中提出了一个著名的概念——"社会学的想象力"。在他看来，不仅社会学家们应该具备社会学的想象力，普通民众也应该具备社会学的想象力，而且学习社会学的目的就是发展人们的这种社会学的想象力，而进行社会学的研究就是运用这种想象力去认识世界、解释世界。那么什么是社会学的想象力呢？

在米尔斯看来，社会学的想象力是一种心智品质或者说是一种思维方式，它能帮助你理解个人经历与这种经历背后的社会结构之间的关系。米尔斯说："人们需要的是一种心智的品质，这种品质可以帮助人们利用信息增进理性，从而使人们能看清世事，以及或许就发生在人们之间的事情的清晰全貌。我想要描述的正是这种品质，它可能会被记者和学者、艺术家和公众、科学家和编辑们所逐渐期待，可以称之为社会学的想象力。"

我们每个人生活在社会中，其实我们所有的行为或者遇到的事情都有着社会的力量在起作用。比如说就业难的问题，看似与求职者的个人能力、专业技能、工资要求等有关，但是在这些个人因素背后，涉及教育体制、大众心理预期、社会舆论、产业发展不平衡等社会因素。就是我们认为最个人、最隐私的行为，比如自杀行为，也是深受社会因素影响的。法国著名社会学家涂尔干在其名著《自杀论》中已经通过研究表明：也许对一个人来讲自杀是个人的事情，但是当我们把眼光扩展到一个国家、一个大陆，我们就会发现自杀率的高低受到宗教信仰、自然环境、职业结构、民间习俗等一系列社会因素的影响。

所以米尔斯指出：个人在各种特定的社会环境中所经历的事情往往是由社会的结构性的变化引起的，要理解许多个人经历的变化，我们需要超越这些变化来看待它们。由于我们所生活于其中的社会变得越来越复杂，各种社会因素之间的联系越来越复杂，社会结构性的变化的数目和类型也不断增加，人们要想对社会结构的观念有清楚的认识并敏锐地运用它，就要能在大量不同的环境中捕捉它们彼此间的联系，这就需要我们具备——社会学的想象力。

社会学的想象力是发现个人生活历程与历史以及社会结构之间联系的能力，同时它也是一种视角转换的能力：当我们认识事物时，我们可以从自己的视角切换到他人的视角，从政治学的视角转移到心理学，从对一个简单家庭的考察转到对世界上各个国家的预算进行综合评估，从思考石油工业转换到研究当代诗歌。通过这种看待问题时视角的转换，我们能把看似不相关的事情联系起来，发现它们背后的联系，这种联系能让我们更深刻地认识发生在我们身上或者发生在我们身边的事情背后的真实原因，同时也能让我们找到更多的解决问题的方法。

运用社会学的想象力就是要求我们想象自己离开了日常生活中可以那些熟悉的惯例，用更开阔的视野去认识问题。

比如我们运用社会学的想象力，从喝咖啡这个很个人化的日常行为中可以发现很多更加宏观的社会现象。

第一，对于大部分喝咖啡的人来说，咖啡并不只是一种提神的东西。"喝"咖啡的重点是在喝，它作为我们日常社会活动的一部分具有象征价值。比如对于欧洲人来说，在早上喝一杯咖啡标志着新的一天的开始，是日常生活中很重要的一种仪式。而两个人或更多的人约在一起喝咖啡则更多的是一种交往的方式，至于咖啡本身在这种仪式中是不重要的，重要的人们有闲聊的机会。

第二，咖啡中的咖啡因对大脑有刺激性作用，许多人喝咖啡是为了提神，但是人们却并不把嗜好喝咖啡看成是吸毒。同样的情形还发生在酒精饮料身上。如果从医学的角度看咖啡和酒精都是一种毒品，但是咖啡和酒精却成了一种社会能够接受的毒品。而大麻、海洛因却不被人们所接受。为什么会出现这种差异？这恐怕就要从咖啡与酒精饮料的发展历史中寻找答案，这时你就要运用社会学的想象力去完成这个有意思的工作。

第三，当一个人喝了一杯咖啡时，那么他卷入了一个覆盖全世界的一种复杂的社会与经济关系。从世界贸易来看，小小的咖啡豆是一种把地球上一些最富裕和最贫穷地区的人们联系在一起的产品。咖啡主要由贫穷国家生产，但却在富裕国家被大量消费。咖啡在国际贸易中是仅次于石油的最有价值的商品，同时咖啡的生产、运输和销售是一个复杂的系统，数不清的人们在这个系统中工作。当你消费一袋小小的咖啡豆时，你应该能想到它从产出地到你的餐桌上经历了多么漫长而复杂的过程，而这个过程又涉及了多少的社会现象。运用社会学的想象力，我们能够认识到我们生活中的许多方面都受到世界范围的社会交流的影响。

第四，饮用咖啡这种行为与饮茶、吃香蕉、吃土豆等行为一样，并不是本民族本来就有的行为，它们能够成为一种世界消费品是历经几百年的世界交流的结果。如果我们考察这些农产品的原产地以及它们现在在世界上的分布情况，我们就能明白这几百年来人类历史上究竟发生了什么事情，我们就能知道我们现在每个人的行为都是常常受到历史车轮的影响，而我们应该运用社会学的想象力去认识这种历史，以便更深刻地理解现在的世界。

第五，咖啡的消费其实已变得"品牌化"和政治化了。我们觉得选择何种咖啡是个人的喜好，但其实这种所谓的个人选择已经受到了社会因素的影响，其中最明显的就是受到了广告的影响。人们可以选择只喝纯天然的咖啡或者速溶咖啡，也可以选择光顾"独立的"咖啡厅或是像星巴克那样的咖啡连锁店，而不论人们作出什么样的选择，都会说出很多理由，而这些理由大多听起来都与个人喜好有关。但是如果我们深入地思考一下自己最开始为什么会作出这种选择以及有什么外在因素起到了促进作用，我们会发现我们的这种选择是被广告、被舆论、被所谓时尚等所左右的，而这些广告、时尚的背后又有着要么是经济利益、要么是社会心理的作用。

社会学的想象力使我们发现许多事情看似只与个人有关，但它其实反映了更大的问题。比如失业问题：失业对于丢掉工作而又找不到新工作的人来说，是一场个人的悲剧，然而，当一个社会中有数以百万计的人都处在相同的境地时，失业就不单是个人的问题了，而成为一个体现着大的社会趋势的社会问题。我们学习从社会学的角度思考问题，就是要用更加开阔的视野去观察，学会运用社会学的想象力。

社会学的想象力让我们理解历史与个人的生活历程以及在社会中二者间的联系；社会学的想象力能戏剧性地让我们理解我们的周围显示出来的日常生活与更宏观的社会现象间的联系。我们运用社会学的想象力，目的在于探究个人在社会中，在他存在并具有自身特质的一定时代，他的社会与历史意义何在。

社会学的奠基者——经典社会学"三大家"

社会学的发展基本上分为经典和现当代两大时期。古典时期社会学的学术重心在欧洲，尤其以法国和德国为重，而在第二次世界大战前后社会学的学术重心逐渐从欧洲转移到了美国。当然，在近年来欧洲社会学重新恢复了二战前那种欣欣向荣的景象，而与美国社会学并驾齐驱，共同构成了当代社会学研究的主要力量。

进入 20 世纪以来，社会学各种各样的理论层出不穷，每一种理论都有着相当的解释力，能够对一定范围内的社会学问题提供合理的解释和研究指导，但这许多不同的社会学理论归纳起来，究其根本有三种价值取向——一种是实证主义传统，这一传统把社会当作一个客观存在的整体来加以研究，强调社会是一个由具有不同功能的各部分组成的完整系统，典型的是帕森斯的结构功能主义；一种是冲突理论，它强调社会是一个矛盾的统一体，社会的存在和运行都是矛盾运动的结果，只有通过社会不同部分的冲突现象才能真正理解社会的内在规律；第三种是具有人本主义的理解社会学，它强调社会是由人组成的，社会学的研究应该从个体出发，由微观到宏观逐步理解社会现象。

这三种理论传统或者说理论范式基本概括了现在所有的社会学理论的价值取向，而三种理论传统分别来自于经典社会学时期的三位著名学者——涂尔干、马克思、韦伯，他们三人被称为经典社会学"三大家"，是社会学的奠基者。

1. 埃米尔·涂尔干

埃米尔·涂尔干（1858 ~ 1917 年）是法国著名社会学家，他的著作对于现代社会学产生了持久的影响。涂尔干把社会学视为一门新的科学。涂尔干认为社会学研究必须像自然科学研究一样，客观地研究社会生活。涂尔干把社会事实确立为社会学的研究对象，他的社会学第一原则就是"把社会事实当作事物来研究"。

他强调社会事实先于个体的生命而存在，比个体生命更持久；它的存在不取决于个人，是先行的社会事实造成的。社会事实以外在的形式强制性地作用于社会中的每一个人，塑造了人们的意识。人们无法摆脱社会事实的熏陶和影响，而且违反社会规则将受到惩罚。涂尔干认为，一切社会的观念都具有这种强制力：人类大多数的意识不是个人自己生成的，而是在外界的引导、熏陶和压迫下形成的。社会高于个人，社会事实不能用心理学等研究个体的方法来解释，必须用社会学的方法、观点解释。涂尔干举例说明宗教、道德、法律、社团、协会、语言以及服装样式均属社会现象，都是社会学特定的研究对象。涂尔干还将社会事实分为"运动的状态"和"存在的状态"，前者指与思想意识相关的现象，后者是社会上一切组织和有形设置。涂尔干特别重视研究社会事实的"运动的状态"。

涂尔干认为社会事实是较难研究的，因为社会事实不能被直接观察，所以必须间接地分析它们，比如从它们的表达方式入手，法律、宗教条文和书面的行为准则等。涂尔干强调在研究社会事实时要摒弃主观意识形态的干扰，摆脱先入为主的偏见。涂尔干认为科学的观念只能来自科学的实践。他要求社会学家研究事物的本来面目，构造反映社会事物真实本质的新观念。

涂尔干的主要学术贡献在于他提出了社会事实作为社会学研究对象，阐述了社会事实之间存在的结构、功能和因果的关系，制定了一系列社会学研究的实证研究的规则，使社会学方法论具有了实质性的内容。涂尔干把统计学的方法带入了社会学研究，从而结束了西方社会学理论研究和经验研究长期脱节的状况。涂尔干的主要著作有：《社会分工论》、《社会学方法的规则》、《自杀论》、《宗教生活的基本形式》等。

2. 卡尔·马克思

卡尔·马克思（1818～1883年）是社会学冲突理论的先驱。马克思的研究总是把经济问题与社会制度联系在一起来思考，所以他的著作非常富有社会学的洞察力，他的著作对社会学的发展起了重要的作用。

马克思关注的是现代社会的变革，他认为资本主义的产生和发展是导致人类社会由传统社会转向现代社会的最重要动力，重要的社会变革都是与资本主义的发展联系在一起的。马克思认为资本主义是一种与以前历史中的经济体系截然不同的生产体系，正是这种差别导致了现代社会生活方式的产生。正是资本主义这种大工业生产方式，把整个社会都变成了一个大工厂，每一个人都成为了生产机器上的一个零件，人都被异化成了机器，而不再能像以前一样更多地关注精神层次的生活。但马克思认为资本主义是人类社会发展的重要阶段，只有通过资本主义把社会生产力释放出来后，人类社会才能在更高的层次上进行建构，即是所谓的共产主义。

马克思的社会学理论都是以他的唯物主义历史观为基础的。历史唯物主义认为社会变革的主要根源并非是人类的理念或价值观，相反，社会变革主要由经济影响推动。物质资料生产方式的变迁是社会变迁的根本动力。马克思相信工人阶级革命的必然结果就是推翻资本主义制度，建立一个没有阶级、没有富人和穷人之间巨大差距的新社会。他并不是说个体之间的所有不平等都会消失，而是指社会不会再被划分成一个由垄断经济和政治权力的少数人所组成的小阶级，以及一个由不能从劳动创造的财富中获取丝毫利益的人民大众所构成的大阶级，经济体系以公有制为基础，将要建立一个比我们今天所知道的更为人道的社会。马克思相信，在这种未来社会中，生产将比在资本主义制度下更先进和更有效率。

马克思的研究不仅在学术界而且在现实的社会生活中有着深远的影响，他的研究涉及广泛，不仅是社会学，经济学、政治学等学科都将马克思作为本学科的重要思想家。《资本论》是马克思理论的代表作，而《共产党宣言》、《政治经济学批判》、《路易·波拿巴的雾月十八日》等均从不同侧面阐述了马克思的社会理论。

3. 马克斯·韦伯

马克斯·韦伯（1864 ~ 1920 年）是德国的政治经济学家和社会学家，他被公认是现代社会学最重要的奠基人之一。韦伯是一位知识广博的人，他的著作涵盖经济学、法律、哲学、比较史学以及社会学等诸多领域，他的大部分著作也都是有关现代资本主义的发展问题以及现代社会是如何不同于较早时期的社会组织形式等方面的研究。

韦伯受到马克思不小的影响，但他对于马克思的理论有许多批评。韦伯认为经济因素确实是重要的，但是人的理念和价值观也对社会变革具有同样的影响力。韦伯认为社会学应该关注社会行动，而不是社会结构，也就是说人类的行为动机和价值理念是社会变革背后的动因，思想、价值和信念具有强大的力量，能够推动社会转变的发生。韦伯认为个人有能力自由行动和创造未来。与其他两个奠基人不同，韦伯不相信外在或独立于个体的结构；相反，他认为社会的结构是通过个体的行动相互影响而构成的，社会学的工作是理解这些行动背后的意义。

韦伯在宗教社会学领域的研究影响非常大，他比较了东西方文化之间的异同，强调了个人对社会行动所起的作用。他认为基督教信仰的某些特征对资本主义的兴起有着强烈的影响。但是在涂尔干和马克思的理论中，这种情况是不会出现的，他们认为资本主义的兴起只有在经济的变革中才会出现。但韦伯认为，文化观念和价值观有助于塑造社会和我们个人的行动。

韦伯的社会学理论还有一个重要部分是有关理想型的阐述。理想型是理解世界的概念或分析模型。在现实的世界中，理想型是不存在的，现实中的某一种社会类型都只反映出了理想型中的某种属性。但是关于理想型的假设非常有用，因为对于现实世界里的任何情形的理解都可以通过与理想型的对比来完成。这样一来，理想型就成了一个固定的参考点。

关于韦伯的研究重点到底是在经济领域还是在宗教社会学领域学术界一直争论不休，但不论怎样，韦伯都给社会学留下了宝贵的理论遗产。他的主要著作有以《新教伦理与资本主义精神》、《中国的宗教：儒教与道教》为代表的一系列宗教社会学著作，研究知识社会学与政治社会学的名著《学术与政治》，在经济历史领域的鸿篇巨制《经济与社会》以及其他一系列内容涉及广泛的演讲稿和论文。

涂尔干、马克思、韦伯这三位社会学的奠基人，他们的理论内容涉及广泛，现代社会学几乎所有的研究主题都能从他们的著作中找到开端。因此，如果你想要对社会学有系统的了解，对社会学理论有深刻的认识，"三大家"的著作是绝对不能绕开的，甚至可以说如果你能对他们的著作有系统的研究，你的社会理论就已经有了很深的造诣，对于社会学的其他理论你也能很容易理解。所以我们学习社会学就从"三大家"的著作入手吧。

贯穿始终的社会学研究对象——现代性

社会学创立于19世纪的欧洲，那个时候欧洲正经历一场历史性的变革——工业化。工业化使得欧洲国家相继从传统社会进入了现代社会，而在这个过程中社会经历了巨大的变迁，不论从物质方面如社会经济、政治体制、城市发展等，还是从精神层面如宗教信仰、社会道德、民俗民风等，都发生了翻天覆地的改变。这个改变是如此迅速，使得当时的人们还没有做好准备就步入了一个与以往（往往就是几十年前）完全不同的世界。这个世界有着新的规则、新的现象、新的社会问题，这都促使当时的学者们去研究、去认识，而社会学就是在这种背景下产生的。最初的社会学家们所要研究的主题就是现代社会与传统社会的不同以及现代社会出现的种种新的社会现象。而所谓"现代性",简单来说就是对现代社会出现的新现象以及现代社会人类心理出现的新变化的一个总称。

欧洲最先步入了现代社会,在20世纪,世界的其他地方也都相继进入现代社会,而现代性问题也就不断地在世界各地相继出现,社会学家们也不间断地在对现代性问题进行着研究。虽然在第二次世界大战之后,社会学更多转向了对具体社会现象的微观社会学的研究,但是许多社会学名家依然在提倡以一个历史性的、更宏大的视角来研究现代性问题。因为现代性不仅是社会学研究的起点,也一直是社会学研究的核心,最关键的现代性不仅是一个学术上的概念,而是真实的发生在我们身边的社会现象。所以学习社会学、研究社会学都必须对现代性问题有一个基本的了解。

德国的社会学和哲学家哈贝马斯指出:"人的现代观随着信念的不同而发生了变化。此信念由科学促成,它相信知识无限进步,社会和改良无限发展。"现代性是在社会物质层面和精神层面等多方面展开的一项强大而长期的社会变革和精神变革,它的起源是一个广泛而深远的政治、经济和思想文化的历史变迁过程。一般来说社会学把18世纪启蒙主义运动兴起看成现代性缘起的时期。

我们可以从两个方面来理解现代性:首先,在社会的组织结构方面,现代性标志着一个新的世界体系逐渐形成,社会逐渐从宗教化、神圣化的氛围转向世俗化,世界性的市场、商品和劳动力在世界范围内流动;民族国家建立,现代行政组织和法律体系建立;其次,在思想文化方面,人们逐渐摆脱了宗教化的思维方式,而以理性原则建立起来的对社会历史和人自身的反思性认知体系开始建立,教育体系以及大规模的知识创造和传播,各种学科和思想流派相继产生,这些思想文化不断推动社会向着既定的理想目标发展。

很多学者认为现代性更主要体现在精神文化变迁方面,这种变迁使得现代社会完全不同于传统社会。

德国社会学家马克斯·韦伯认为精神文化变迁最根本的原因在于宗教与世俗世界观的分离,这种分离产生了三个知识体系:科学、道德与艺术,我们的现代社会就是建立在这三个知识体系之下的,这与传统社会中宗教信仰控制着社会文化完全不同。韦伯指出:自从18世纪以来,基督教世界观中的问题都被分配到了不同的知识领域进行研究,各种学科不断出现,社会文化的每一领域都有特定的专家进行研究,文化的这种职业化趋向使社会的认知体系和实践行为分别形成了三个内在结构:认识—工具结构,道德—实践结构,审美表现的合理性结构,每一结构都成为特殊专家的掌控对象。也就是说现代性使人类摆脱了信仰的束缚,使人类明白自己可以认识世界上的一切事物，世界因此失去了神秘感，韦伯把这个过程叫作"除魅"。但是失去信仰的人们反过来精神变得空虚，社会生活也不再有着神圣的意义。很多社会学家认为现代社会的人都被物化了，只能称之为工具，而不能称之为人，这也是现代社会最大的问题。

现代性主要体现在社会制度和功能的变化。现代性是伴随着工业化而形成的社会、经济、政治领域制度变迁的现代特性，它以"理性化"为基本特征。现代性可以概括为科技革命、工业体系、社会结构功能高度分化和专门化、经济增长、都市化、国家功能集中化、民主制、法理化、社会平等等诸多方面。也就是说，现代社会变得越来越技术化，越来越组织化，人们越来越像一个零件一样在社会的特定位置发挥着自己的作用。现代化使人类摆脱了传统社会中自然、君主、上帝的奴役，但是又使人陷入了理性化、技术化、组织化的牢笼之中。对于现代性的问题我们要学会思考：工业文明对社会进步与人的发展是否是一个阻碍？马克思关于社会分工、工业化、私有制与人的"异化"问题的研究，韦伯所揭示的"工具理性"与"价值理性"的矛盾，西美尔提出的"物化"概念，表明了现代人新的精神困境——人变得越来越像机器而失去了人性。现代化最大的困境在于：现代社会组织的"理性化"最终导致了人类生活的非理性化，现代人类追求个人自由的终极状态却是非个人性。这种现代化的困境深植于人性的内在冲突中。

现代社会是一个矛盾的世界，现代人类为了追求自由，凭借理性来提高控制生活条件的能力，但是理性化的社会分工所产生的生产上的工业化、政治上的科层组织，在促进社会进步的同时，又反过来成为人性异化的根源，使现代人从事着异化的劳动和异化的生活，人被片面化、非人化和机械化。现代化反成为人的精神自由的敌人。现代性现象像一个具有"贾纳斯"面孔的两面神，是一个矛盾的复合体。现代性问题仍然是21世纪人类面临的最深刻的挑战。中国的现代化能否超越西方国家走出一条新路，从而创造一种社会人文良性互动的东方式的现代性，这都是我们学习社会学应该思考的问题。

研究领域广泛的社会学——社会学主要分支学科

社会学的目的就在于培养我们的社会学想象力，把社会学作为一种认识世界的视角来重新审视已知的学科和发生在我们身边的社会现象。因此社会学的分支学科是非常多的，可以说任何已知的社会科学学科都可以纳入到社会的研究范围，通过社会的视角和方法加以重新研究，找出隐藏在这些社会现象背后的真相，得到对于人类社会全新的认识。我们现在就把主要的社会学分支学科加以介绍。

1. 文化社会学

文化社会学是用社会学的理论和方法来研究文化产生、发展特殊规律与社会作用的一门学科。文化社会学这一名称，最早是由德国社会学家巴尔特在《社会学的历史哲学》一书中提出的。文化社会学有两个来源：德国和法国的社会学；英国和美国的文化人类学或社会人类学。不同的来源使得文化社会学的内涵有所不同——主要有作为综合社会学和作为社会学分支学科的文化社会学两种涵义。

作为综合社会学的文化社会学。主要理论家是德国的西美尔，他把社会学分为一般社会学、形式社会学和哲学社会学三类，认为形式社会学是社会学的重点，它研究社会现象的纯粹形式，提出了以文化作为研究对象的文化社会学。

德国文化社会学主要研究人类历史上不同精神状态的发展，因此德国的文化社会学也可以看作文化哲学或历史哲学。它虽然主要以精神文化为研究对象，但包括的内容相当广泛，包括知识社会学、宗教社会学、技术社会学等。而法国的涂尔干以"集体表象"的概念建立自己独特的文化社会学。他的"集体表象"与广泛的文化概念很近似，包括集团意识、行为方式、制度等。这些都是超越个人心理的，具有外在性和强制性的特征。他认为社会学应该以"集体表象"作为研究对象。

作为社会学分支学科的文化社会学，主要是指英国和美国的文化人类学或社会人类学，它们从研究原始文化转向研究现代社会生活，并逐步演变形成，可以看作文化人类学或社会人类学在现代社会生活中的应用及与社会学结合的产物。美国的文化社会学研究认为现代社会中的许多问题是起源于文化，唯有重视社会中的文化因素的研究，方可得到解决。美国文化人类学的另一个来源是民族社会学，它认为文化社会学是研究人类社会中一般的文化，而民族社会学是研究民族社会中特殊的文化，后者为前者提供研究材料，前者对后者进行综合研究。英国的文化社会学起源于功能学派的社会人类学，主要代表人物是马林诺夫斯基、拉德克利夫·布朗。

现代文化社会学的研究内容相当广泛，主要包括：文化的起源、积累、突变过程；文化的产生、发展、分布与自然生态环境的关系；文化在时间、空间发展上的不同层面；文化发展的社会系统的不同属性，如民族性、阶级性等；文化的冲突、分化、调适、整合过程；文化变迁的动因、规律、周期；文化与社会化、文化与文明、文化与生活方式等的关系；文化在现代化中的地位和作用等。文化社会学的理论流派也比较多，主要有：进化论的文化社会学观点；传播论的文化社会学观点；功能论的文化社会学观点；心理论的文化社会学观点等。

研究文化社会学在社会生活中有着积极的理论和实践意义。比如有利于对文化进行整体性和综合性研究，以多视角对文化进行研究，把握各种社会文化现象产生、发展的规律及趋势，以便为社会生活提供各种参考；研究人们的心理、习惯、性格、行为与特定社会文化的密切关系，找到对人类行为的解释；作为一门应用性很强的学科，文化社会学对于各种社会问题的解决可以提供一种新的认识论和方法论视野。

2. 家庭社会学

家庭社会学是运用社会学的理论和方法，借鉴文化人类学、社会心理学等多种学科的研究成果，研究婚姻、家庭变化规律的一门学科。

对于家庭的研究其实古已有之，但把家庭作为一门学科来研究是在 19 世纪以后。工业革命以后，随着工业化、都市化的加速，家庭的功能、结构和观念发生了变化，引起了所谓的"家庭危机"，这种剧烈的社会变迁促使人们进一步探讨家庭的社会本质。后来由于社会学学科形成，家庭被纳入到了社会学的研究范围，很快就成为社会学的一个分支。

家庭社会学的发展基本上经历了三个阶段：19 世纪中期至 20 世纪初期，偏重于家庭演化理论的研究；20 世纪初至 20 世纪 50 年代，逐渐从研究家庭历史转向对家庭现状的研究；20 世纪 50 年代以后，家庭社会学的研究从微观转向宏观，开始在社会整体的视野下来研究家庭的运行规律。

家庭社会学的研究内容基本上包含了与家庭有关的各个方面，但基本上分为两种倾向，一种是研究家庭在社会中的功能，一种是研究家庭本身作为一个组织的运行状况。家庭社会学的主要研究主题有：家庭制度；家庭结构，比如不同的家庭类型，组成家庭的各个部分等；家庭功能，家庭功能与家庭结构的研究是相辅相成的，功能决定结构，结构影响着功能；家庭关系，研究家庭成员之间关系的内在逻辑，寻找最佳的家庭关系模式；家庭角色，主要是指家庭成员在承担家庭义务和享有家中权利方面所表现出的一定行为模式。家庭管理，主要是从经济和心理两个方法研究家庭如何良性运行；家庭观念，主要包括婚姻观、道德观以及法律观念；家庭的演化，作为家庭社会学最初的研究主题，现在也依然是研究的重点内容。

家庭社会学的理论也同整体的社会学理论一样有着众多的流派，有从社会整体角度研究家庭的，有从系统综合性的角度研究家庭的，还有从社会关系的角度研究家庭的，等等。主要包括：制度论，从控制个人行为的社会规范来研究家庭；结构功能主义，从家庭和社会的相互影响中研究家庭；冲突论，注重从冲突角度研究家庭；符号互动论，研究家庭与社会、家庭中的人与人之间如何通过象征性的行为来沟通的；社会交换论，认为家庭关系或家庭行为是一种彼此交换的关系；研究家庭的生命周期，以及家庭在不同的生命周期阶段上的不同的内容和任务。

家庭社会学是重要的社会学分支学科，因为家庭是个人与社会最初也是最稳定的联系纽带，通过对家庭的研究我们能够更深刻地理解个人是如何适应社会、如何组成社会，而社会又是通过何种方式来作用于个人，使其产生相应的社会行为。

3. 知识社会学

知识社会学是研究知识或思想产生、发展与社会文化之间联系的一门社会学分支学科。1924年，德国社会学家舍勒在《知识社会学的尝试》一书中首先使用"知识社会学"的名称。这里的"知识"一词的含义包括思想、意识形态、法学观念、伦理观念、哲学、艺术、科学和技术等观念。知识社会学主要是研究思想、意识形态与社会群体、文化制度、历史情境、时代精神、民族文化心理等社会文化之间的联系，或者说是研究这些社会文化因素如何影响思想和意识形态的产生和发展。

知识社会学的产生和发展，是社会学开始转向对知识、意识形态与社会文化之间关系研究的结果。德国在第一次世界大战失败后，出现了社会文化、思想、意识形态的危机，一些社会学家转而研究人类历史的不同时期、不同种族和民族的思想、意识、精神的发展，研究各种思想、意识形态的发展与社会文化的联系。

舍勒在《社会学与世界观》、《知识社会学的尝试》等著作中，论述了知识或思想与社会生活的关系，认为知识都是社会生活的产物，要研究它的产生和发展，就应分析它与社会群体之间的联系，说明何种社会群体产生何种思想、某种思想为什么得以发展。

社会学家曼海姆是舍勒之后对知识社会学的研究贡献最大的人物。他著有《意识形态与乌托邦——知识社会学导论》、《知识社会学论文集》等，强调要研究思想史上各种变动着的观念、知识对于思想发展的影响和作用。

知识社会学认为不同社会群体生活实践中产生的思想或知识，是社会群体历史经验的集合。社会群体的生活形式不同，对世界的认识和解释也不同。知识社会学的任务就是对思想的形成、发展、变化及各种观念的相互依赖关系进行有控制地经验研究，找出意识形态与社会群体的联系，然后由经验研究上升到认识论高度，探讨思想意识反映社会存在的真实程度，确定思想意识与社会存在的关系及其结构，建立起检验知识或思想的正确标准。阶级、社会地位、职业群体、代际关系、生产方式、权力结构、历史情境、竞争、冲突、流动，以及价值观、世界观、社会思潮、时代精神、民族精神、文化心理等都可能成为左右我们知识或思想产生的诱因。世界上是否存在普适价值至今没有定论，因为我们每个人的认识都是受历史条件局限的。

知识社会学所涉及的主要问题是知识或思想存在的基础、知识或思想存在的形态和存在的关系。当代知识社会学的发展，越来越走向经验研究，主要是研究知识的生产、储存、传播和应用。现代社会是知识密集的社会。社会学越来越重视知识在社会发展、变迁中的地位和作用，知识社会学的研究越来越受到重视。

4. 教育社会

教育社会学是研究教育的社会性质、社会功能以及教育发展规律的一门社会学分支学科。进入20世纪以来，教育问题越来越受到社会各界的重视，西方教育学家逐渐把目光转向更广阔的社会，与此同时，西方社会学家也希望借助教育来解决社会问题，教育社会学就由此产生。教育社会学的创始人是法国社会学家涂尔干。他于19世纪末对教育社会学作了比较全面的论述，指出运用社会学方法研究教育的必要性。涂尔干在《社会分工论》、《道德教育论》、《教育与社会学》等著作中详细阐述了一套教育社会学理论，他认为教育的性质和功能是社会性的，社会学家应该研究教育在社会学意义上的功能、教育与社会和文化变迁之间的关系、不同类型的教育制度等内容。

进入20世纪，以研究社会为中心的"新兴的教育社会学"兴起，教育社会学研究重点从教育本身转向分析教师在师生关系中和与社区的关系中的角色地位，分析学校的社会结构和文化、社区状况与教育系统行使其功能的关系，开始研究教育与一般社会行为之间的关系。二战之后，随着各国开始重视教育问题，教育社会学也逐渐被公认为一门重要的教育基础理论学科。

20世纪五六十年代，教育社会学研究开始向理论研究方向转变，在理论和方法上取得了新的进展，社会学家与教育学家的相互影响和合作增强。当代教育社会学已成为教育科学体系中不可缺少的组成部分。它的研究领域已经涵盖各种类型的教育，从微观研究发展到宏观研究，跨国、跨地区的比较教育社会学研究也日益受到重视。

教育社会学理论流派主要分为两大派：和谐理论学派，主要是基于功能理论来研究教育社会学；冲突学派，这一派认为资本主义教育制度的功能是再生产资本主义的生产关系，即再生产未来的劳工被异化了的意识。教育社会学的研究内容主要有：教育与社会结构的关系；教育与社会化过程的关系；学校与社会的关系等。

5. 政治社会学

政治社会学是以政治与社会的相互关系作为研究对象的一门社会学分支学科。它把政治现象放于社会现象的整体中加以研究，以研究政治行为的产生和发展的内在规律。

政治社会学产生于 19 世纪末，当时社会学研究开始走向成熟，研究范围逐渐扩展并深入到社会现象的许多方面，对各种政治现象的社会学研究也更加深入、系统。19 世纪末 20 世纪初，随着"制度建设"这一问题的提出，一些社会学家开始建立一种新的社会政治理论。如法国的涂尔干从社会分工、道德整合等客观事实出发，提出了他的宗教改革、集体主义等社会政治理论；德国的韦伯通过对国家的社会经济体制的比较分析，论述了宗教观念与经济活动、社会分层之间的关系，各种文化因素之间的相互关系，以及官僚制度、政治组织和权力等问题。意大利的帕雷托把社会分为精英和民众两部分，提出精英循环论；马克思的思想，尤其是有关阶级结构、阶级冲突的分析，对社会政治理论的发展起了重要的推动作用，越来越引起学者们的重视，促进了有关阶级结构对政治行为的影响的研究。二战之后，政治学家提出政治学研究应重视对人的政治行为的研究，重点在于还要分析人的心理活动和影响人们行为的周围的刺激因素。他们把社会学、心理学、统计学以及自然科学的一些知识运用到政治学的研究领域，政治社会学可以说走向了成熟。

政治社会学的主要研究内容：国家的社会性质、作用及其"合法性"和"有效性"；政治党派和政治运动的性质、组织和功能；精英人物的政治观点；阶级的演变和阶级联合、阶级冲突的规律性；意识形态同政治的关系等。

政治社会学同样可以分为宏观政治社会学和微观政治社会学：前者研究政治权力的社会基础、社会阶层和集团冲突与政治制度的相互作用和影响；后者则研究具体的政治制度，包括正式的和非正式的机构、领导模式、处理冲突的方法，以及与其他组织的关系等。

政治社会学与政治学相比有许多不同的地方，主要区别是：政治社会学则强调经验研究，政治学偏重于理论研究；政治社会学则主要研究政治与社会的关系，政治学主要研究政治制度本身的结构、过程、活动及其规律等。

6. 宗教社会学

宗教社会学以宗教与社会的相互关系为研究对象，是探讨宗教起源和发展的社会因素及其社会功能的一门社会学分支学科。

19世纪末20世纪初，由于比较历史研究和人种学研究的发展，宗教社会学开始走向成熟。法国的涂尔干和德国的韦伯被认为是宗教社会学的创始人。涂尔干首先命名了宗教社会学。韦伯对宗教社会学的研究涉及的领域相当广泛，影响也比较深远，《新教伦理与资本主义精神》是他最有影响的著作。

第二次世界大战后，宗教社会学的研究得到了较快的发展，影响较大的有美国社会学家帕森斯的研究。帕森斯在《现代社会的结构与过程》中，结合涂尔干与韦伯有关宗教的论述，把宗教当作社会有机体的重要部分，认为维持社会的均衡必须有四种社会机能，宗教是其中的一种。他高度评价了宗教在社会变动中的整合作用。

宗教社会学的主要研究内容为：研究教会群体、教徒的宗教生活和社会生活对教徒的价值观、人格的影响；宗教如何影响人的情感、人的心理和行为、人际关系，以及人格的形成，如何影响社会政治、经济、文化和价值观念；考察人格、价值观念、社会政治、经济、文化与现实生活如何影响宗教的起源和发展，如何影响教规、教义、宗教事务、宗教群体的类型和神职人员的社会分层。

宗教社会学与宗教学相比有着不同的研究对象和内容，宗教学研究宗教神学教义本身的问题，如神灵、上帝是否存在等；宗教社会学则研究神灵观念的产生和导致人们信仰神灵、上帝的社会因素，以及这些神灵观念、宗教信仰对人们社会生活的影响。宗教社会学的全部问题，实质上是通过宗教显现出来的关于社会的问题。

除了以上这些主要的社会学分支学科外，随着现代社会的发展，更多的问题被纳入到社会学的研究范围内，形成了一个又一个分支学科，比如都市社会学、农村社会学、发展社会学、老年社会学、青年研究、妇女研究、科学社会学、民族社会学、医疗社会学、身体社会学等。众多的社会学分支学科为我们提供了丰富的学习和研究素材，只要你培养出了自己的社会学想象力，学会用社会学的视角看问题，从任何现象中你都能发掘出不一样的研究成果。

第二节　菊与刀，美国为什么要扔下原子弹——人浸润在文化里

"山寨"文化的野蛮生长——亚文化

有人说 2008 年是中国"山寨年"，恐怕不算夸张。这一年山寨风流行的势头，可谓锐不可当。先是"山寨手机"粉墨登场，继而出现了"山寨电脑"、"山寨服装"、"山寨明星"、"山寨春晚"、"山寨电影"，形形色色的山寨产品层出不穷，也因此诞生了为一些人津津乐道的"山寨文化"。那么，什么是"山寨文化"呢？"山寨"一词源于广东话，其主要表现为盗版、克隆、仿制和平民化。主要表现形式为通过小作坊起步，快速模仿成名品牌，涉及手机、数码产品、游戏机等不同领域。这种文化的另一方面则是善打擦边球，经常行走在行业政策的边缘，往往引起争议。

山寨文化一路被哄炒，在一片喧嚣争议中前行，且不断地蔓延在生活中的各种领域，令人不能小觑。如今的"山寨"，已俨然发展为市场经济现实下一支野蛮生长的文化异军。

有些人认为山寨产品的存在适应了大众文化的消费需求。山寨产品虽然不能与精品文化媲美，但它面向大众消费者。在目前经济条件下，精致产品、精品文化更多地为富裕人群所享受，中低收入者没有享受这类精品的条件和能力，而山寨文化正好弥补了这种缺失。山寨产品几乎拥有精品的许多功能，而价格极其低廉，让消费者也间接享受了精品文化的营养，给消费者带来一定的实用价值。有些人认为，山寨的东西总是有剽窃、盗版嫌疑，过分地拔高"山寨"不利于我国的自主创新，国内真正的品牌也会被这些冒牌的山寨产品淹没，最终受害的还是广大消费者。

在这里，我们不谈论山寨产品的利弊，而是关注这样一支在我们的主流文化之外悄悄盛行起来的群体文化。专家也指出，"山寨"文化已经成为中国的亚文化。那么，什么是亚文化呢？当一个社会的某一群体形成一种既包括主文化的某些特征，又包括一些其他群体所不具备的文化要素的生活方式时，这种

群体文化就被称为亚文化。

亚文化指某一文化群体所属次级群体的成员共有的独特信念、价值观和生活习惯，与主文化相对应的那些非主流的、局部的文化现象；指在主文化或综合文化的背景下，属于某一区域或某个集体所特有的观念和生活方式。一种亚文化不仅包含着与主文化相通的价值与观念，也有属于自己的独特的价值与观念，而这些价值观是散布在种种主导文化之间的。亚文化是一个相对的概念，是总体文化的次属文化。一个文化区的文化对于全民族文化来说是亚文化，而对于文化区内的各社区和群体文化来说则是总体文化。

研究亚文化对于深入了解社会结构和社会生活具有重要意义。亚文化一般是处于非中心——或者说处于边缘地位的人，共同创造与享有的特殊文化。一般来说，这些文化极少被专业出版物、媒体与展示单位所介绍，甚至也不为专业的文化学者所重视。在外国的历史上，著名的爵士乐与摇滚乐都曾经是亚文化，但随着专业人士与文化学者的不断介入，它们到后来都成了正规文化的一部分。昨天的亚文化可能就是今天的主流文化，今天的亚文化可能就是明天的主流文化。这也表明，所谓正规文化总是在吸收亚文化的过程中发展起来的。

青年亚文化代表的是处于边缘地位的青少年群体的利益，它对成年人的社会秩序往往采取一种颠覆的态度，所以，青年亚文化最突出的特点就是它的边缘性、颠覆性和批判性。问题在于这种处于破坏、颠覆状态的亚文化容易使涉世未深的青少年产生错觉，从而将全部媒体上的青年亚文化内容当作主流文化来接受，把亚文化宣扬的价值观念当作主流的健康的价值观念来吸收。其实，青少年就是借助使用媒介这一活动来实现对成年人掌控世界的逃避和抵抗。

从"垮掉的一代"到嬉皮士——反文化

在 20 世纪 50 年代的美国，豪放派艺术的亚文化要数"垮掉的一代"运动，"垮掉的一代"运动的中心是纽约州的格林威治村，以爵士乐和朋克音乐为特征，以诗人阿兰·金斯伯格、小说家杰克·科罗克为代表。它对主流中产阶级价值观的反对是有力但又是低调的。"垮掉的一代"运动对主流文化的影响日益明显，如偶像影星马龙·白兰度和詹姆斯·邓恩的大受欢迎，咖啡屋和黑色紧身衣在郊区和大学校园的日益流行。

在 20 世纪 60 年代晚期，当"垮掉的一代"运动渐趋衰败时，美国一些觉得社会太重物质、太科技化的年轻人，形成了一种普遍的亚文化。这些年轻男女唾弃社会上对物质无止境的追求，比如说，拥有越来越多的车子，换越来越大的房子等；相反，他们希望能处在一个更具人道精神的社会，比如说，分享、爱、与环境和平共处。这个团体是由一些政治激进分子以及"脱离"主流社会机制的"嬉皮士"所组成。其中由于受到大众媒介的推崇或辱骂，"嬉皮士运动"在更大的范围内扩大了其实质性的影响。

　　嬉皮士运动最早出现于旧金山附近，在1967年夏天进入了整个国家的视野内，这以后就开始进入自我模仿阶段。它的发展可以用三个关键的背景因素来解释：①20世纪50年代生育高峰所造成的60年代青少年所共有的认同感；②当时的社会繁荣使许多青年人不关心如何谋生；③大众传媒，特别是电视对新奇事物的追逐。反文化中的许多核心分子都是非常认真地投入这场运动的，他们坚信他们是在开创一种新的更好的生活方式，这种方式最终会成为整个社会再生的模式。在嬉皮士最重要的价值观中，有以下一些关键点：

　　（1）世俗社会中的物质主义和竞争是一个陷阱或骗局，必须予以避免。

　　（2）人们不应该把自己的意志强加在别人身上；一个人应该自由地做"自己的事情"。

　　（3）消灭所有形式的暴力。

　　（4）毒品，特别是LSD（麦角酸二乙基酰胺）和大麻，提供了进入自觉的新世界和更高层次现实的途径。它们应被用于启蒙中，而不应用于过瘾或逃避。

　　（5）性应是自由的、公开的和自发的。

　　坚守着这些信条，20世纪60年代后期，在旧金山的哈特·阿斯伯利地区聚集着数以万计的嬉皮士，在美国所有的大城市或小城镇中也都聚集着一群群嬉皮士，他们一般都群居，在音乐、艺术、服装等方面形成了独特的风格。此外还有数以百万的其他青年人，他们不愿意脱离世俗社会，但又为嬉皮士的自由所吸引，从而接受了这种反文化生活方式的部分内容。

　　最后，像所有在此之前的其他青年亚文化一样，嬉皮士运动衰败了。嬉皮士的先锋们开始使用更烈的毒品（特别是安非他明），实施暴力，而这些是嬉皮士们所坚决反对的，这就挡住了嬉皮士发展的道路。由于震惊，反文化中大部分真正的信徒在20世纪60年代末都遁入了嬉皮士在农村的群居村，他们有些人到现在还存在，但大部分人都已回到了主流文化中，剪掉了作为他们标志的长发，完成了学业，结了婚，找了一份工作。

嬉皮士的反文化在经过一段时间之后，终于渐趋销声匿迹，这也符合反文化的发展规律。但是著名的社会学家弗莱德·戴维斯却看到了嬉皮士反文化运动对后工业社会正在产生的问题的参考价值。弗莱德·戴维斯在嬉皮士时代写过一篇文章，指出了嬉皮士运动对后工业社会产生的问题的一些思考，这些问题是：

（1）强迫消费。后工业时代的经济是持续扩张型的，扩张的经济形态要求人们每年消费越来越多的商品。这能够持续下去吗，特别是在环境恶化的情况下？嬉皮士有目的地养成了一种在较少供给基础上的能力。而这种生活方式在不久的将来很可能成为人们迫不得已的选择。

（2）被动观察。现代人似乎更倾向于观看专业人士进行体育比赛、唱歌或表演，而不是积极投身于各类活动中。嬉皮士则告诉我们，每个人都是艺术家，每个人都有权利去亲自尝试和享受。嬉皮士的这一思想和做法对人们来说是相当有意义和价值的！

（3）极端的将来取向。我们中的绝大多数人都把一生的大部分用于为将来做准备，而不是享受现在。有些事是必须要做的，但也许我们可以放慢脚步，闻一闻玫瑰的芳香，就像孩子们所做的那样，如此肯定会受益匪浅的。

由此可见，嬉皮士的反文化对主流社会的人群也产生了巨大的影响，甚至在几十年，后，嬉皮士所倡导的这些会渐渐演变为主流社会的价值形态。这也是社会学家经过科学严密的研究之后的科学推测，而就现在的社会现实来看，也无疑证明了这一点。

在社会学上，那种直接对主流文化的中心因素如价值观、信仰、观念、风俗习惯等构成挑战的亚文化，我们称之为反文化。反文化是明显且刻意地反抗主流文化的一种亚文化。反文化一般都兴起于年轻人的阶层，因为他们涉入现存文化的程度较轻。在大多数情况下，一个20岁的年轻人，和一个已经依照主流文化形态生活了60年的人比起来，更容易适应新的文化标准。

美国学者弥尔顿·英格认为，"反文化"是一套属于某个群体的规范和价值观，并且这种规范和价值观与这个群体所属的社会的主导性规范和价值观尖锐冲突。

然而，文化是动态发展的，反文化也不可能永远都是反文化，在历史的进程中，反文化也会被社会主流文化慢慢地接受，甚至转化成主流文化。文化会改变。有些我们以前认为无法接受而且和社会边缘人联想在一起的文化，现在逐渐被社会接受，比如说，男人戴耳环及穿牛仔裤上班等。反文化的内容有时

候会被主流文化所吸收。

在一个社会里，并没有一种文化永远是错的，都不被社会主要文化所接受，随着社会不同群体思维模式与权力关系的改变，某些曾被视为反文化的现象转而会获得接纳。

扒手集团作案为什么能屡试不爽——你不懂的隐语

身边的很多人都被扒手偷过东西，但人们不知道他们是怎样在自己浑然不觉的情况下偷走东西的。那么，让我们来破解一下扒手团伙作案成功的秘密。

扒手团伙作案时通常各有分工：

（1）舵手：选出受害人，并做出暗号通知放哨的人。

（2）放哨：负责让受害者走慢一点或停下来。

（3）掩护：掩护偷窃过程不让目击者看到。

（4）扒手：负责偷取受害者的皮包或钱物，并将皮包交给接应者。

（5）接应：从扒手那里接过皮包或钱物，并交给坐在附近车里的同伙。

（6）把风：观察附近有没有警察在监视。

在扒手作案过程中，扒手、放哨者和掩护者三个人会同时跟进受害者，三人成三角形将受害者围在中央，在向前行走的过程中，舵手和把风人在不远处监视，而接应会开着车停在附近，以等待扒手偷盗成功，拿上皮包或金钱以最快的速度逃离现场。即使当时受害者发现自己的财物被偷，他也不会料到自己丢失的东西早已被人开车运到十几公里以外的地方。整个过程如此流畅，这都要归功于扒手作案时有一整套隐语，如此周密的部署和紧密的协作，被盯上的受害者怎么能逃脱得了？

这里所说的"隐语"，是指一个团体的专属语言，这种语言和主流社会有所不同，是亚文化团体当中非常独特的行为模式。隐语是让"自己人"，也就是亚文化的成员能够了解的带有特殊意义的字句，同时也建立了让"圈外人"无法理解的沟通形态。互动论的社会学家强调，语言和符号会为亚文化提供很强的凝聚力，借此成员得以保持对亚文化的认同。

这样的隐语并不仅仅是传说，在我们生活中也真实存在。警方在巡查破案过程中发现了入室盗窃者们使用的隐语，下面就列举6个含义鲜明的符号：

（1）"+-"：家里白天有人，晚上没人；符号倒过来，就是晚上有人，白天没人；

（2）"⊙"：单身或租户；

（3）"..."：家庭成员三个人；

（4）"√"：已进入过；

（5）"☆"：目标；

（6）"×"：非目标。

盗窃犯们在犯罪进行前进行踩点及做记号，而这些看似简单的符号就是他们相互联系的秘密隐语。百姓们即使看到了自家墙上有这样的标记，他们也不明白这到底是什么意思。而警方对盗窃团伙隐语的破解就加强了百姓们的防范意识。

日渐凸显的"90后"非主流文化也是一个亚文化群体，它也有着自己的独特隐语。如非主流的"火星文"就属于一种隐语。

下面是一个"80后"激愤地评述90后的火星文的文字，现摘录一段。

先承认本人有点脑残，对文字有点所谓洁癖，跟不上时代的潮流。作为一个80后，我深深地体会到了什么叫血淋淋的代沟。这种火星文，说白了，那就是满篇错别字，不规范用字。痛心中国的基础教育，老师没有教过你们，我亲爱的90后弟弟妹妹们，要尊重文字尊重文化啊！

你们还小，但有一样请你们记住什么是汉字，方方正正，坦坦荡荡。更不用说是你们拿着装个性的繁体字，每个字都可以说体现了一种观念和思想。请你们尊重祖先，尊重一代一代传承下来的文化，也尊重你们自己。

"火星文"是90后的重要标志之一，90后这一群体在网络上普遍使用一套不是规范的简体字也并非真正的繁体字的"火星文"，并以此为一种时尚追求。因此，"火星文"也成为专属于90后的一种隐语标志。

音乐迷通常会为了某一种音乐或某个音乐家而组成亚文化。比如，在佛蒙特州流行的一个摇滚乐团"鱼"（Phish 或译为费西）的歌迷"鱼头族"的亚文化隐然成形。如同过去"死头族"效忠死亡乐团（Grateful Dead）一样，鱼头族依据鱼合唱团的唱片与演唱会，建构起一种特有的生活方式。

你是不是鱼头族？可以通过以下一些特有的标志来辨识：

（1）当有人问你听什么样的音乐时你说鱼合唱团。

（2）当你犯错时，唯一处罚的方式就是整周不准谈到鱼合唱团。

（3）当鱼合唱团表演《辛普森一家》时，你从朋友那里会收到35封电子邮件。

（4）你会注视易趣拍卖网站很长一段时间，考虑要不要花700美元买伍斯特演唱会的票。

（5）不论做什么事情太早或太迟，你都会待在车里听完鱼合唱团的歌。

（6）如果你在学校里是鱼合唱团唯一的歌迷。那也不要紧，因为那会让你对他们的热情更加高涨。

（7）你的父母不再问你暑假有没有找到打工的工作，而是开始问你有没有参加哪次的巡回演唱会，因为你只听他们的。

这些鱼头族的特点，呈现出鱼头族的特有亚文化，而这种亚文化现在通过网络来维持成员的认同。

亚文化以非常多样的方式发展着。通常当社会某一部分的人面临独特的问题或是享有特权时，亚文化就会应运而生。不论亚文化的形成是以族群、职业（演员或教师）、年龄（青少年或老人）、信念还是基于共同的兴趣爱好，比如说计算机"黑客"，他们都试图发展出属于自己团体的一套隐语，以及一套独特的生活方式。因此，隐语和独特的生活方式都属于亚文化的表现特征。

"60后"父母为什么和"90后"孩子没有共同语言——文化堕距

一项关于"90后"的社会调查表明，有六成以上的调查对象否认不关心社会。该调查结果所显示的最鲜明的特点是"富于个性与创造力"，但缺乏对他人的理解，同时"90后"也是充满自信的一代人。

有关数据表明，在过去的一二十年里，青少年的心理健康水平在下降：消极的心理特征，如心理问题、焦虑水平、抑郁水平等逐渐增多或增高。例如，从1992年到2005年，青少年的焦虑得分增加了约8%，敌对心理得分增加了近8%；从1989年到2005年，抑郁得分增加了约7%。同时，部分积极的心理特征，如自尊水平却在逐渐下降，从1997年到2007年，青少年的自尊得分下降了11%。但至今关于我国青少年的心理变迁，仍尚无大规模的长期追踪研究。

由于知识、经验的相对增多，认知能力和思维能力的相对发展，青少年对外部世界的认识不断广泛而深入，特别是对新的自我的发现，使他们的心理活动开始指向自己的内部世界，指向内部世界和外部世界的关系，此时他们逐渐出现了心理上的闭锁性。这种闭锁性，使他们不再轻易向别人吐露真情、交往中的要求较高、选择条件也比较苛刻，此时，他们很难找到"心心相印"、"相互理解"、可以产生心理共鸣的知音，因此常感到不易被人理解并由此而产生不同程度的孤独感。但由于社会化的要求，他们又强烈地想与人交往，想得到别人的理解，想向能理解自己的人敞开心理的大门。但由于很难找到这种知音，他们常常感到烦闷不安，他们对自己的未来感到很迷茫。

由于时代变迁、国家经济转型，"90 后"的父母们刚刚成家立业就遇到了与他们从小早已习惯的生活模式大相径庭的体制改革——多年沿袭的"铁饭碗"被打破了，他们需要重新选择职业，需要靠自己奋斗，许多人被卷入了下海的大潮，巨大的压力使他们绝大部分时间都放在了工作上。

90 后的孩子接受义务教育，经历了多次教育改革，虽然体验过"减负"、"素质教育"，但这个时代的孩子承受更多的还是学习压力、升学压力。繁重的课业负担和心理压力，使得部分 90 后对学习没有兴趣甚至厌学。

90 后的家庭突破了很多传统，父母的生活态度有了很大改变，他们主张独立与开放，追求的是成功的事业与高质量的生活，所以对孩子的教育脱离不了金钱，他们不能从情感的角度去感化孩子，这势必使孩子产生叛逆的心理。同时，90 后的很多家庭都有过拆散重组的现象，这无疑会带给他们情感上和心理上的创伤，使他们变得冷漠与自私，缺乏应有的温暖感与亲切感。

60 后家长在对孩子教育的过程中感到了迷茫，他们现在成了孩子的"钱包"。60 后父母指责孩子自私、只有自我，没有他人；随着物质生活的丰富，孩子的自控能力越来越差，学习成绩令人担忧。而另一方面，孩子在巨大的竞争压力下，已经丧失了很多本应该拥有的快乐，还被冠以问题少年，觉得十分委屈。以至于矛盾双方很难找到一个平衡点。

"60 后"字面意思是指在 1960 年至 1969 年出生的人群。60 后从一个被否定了的时代走来。严格地说，60 后对那个时代较少有切肤之痛，但在他们思想成型过程中，则经历了对那个时代的批判与反思，也许正是这种批判与反思的氛围，诱发了他们那个年龄段本就具有的叛逆性格。他们叛逆父辈，因为他们的父辈是那个时代的主力军；他们叛逆主流文化，他们叛逆时代信仰，因为他们父辈所遭受的洗礼让它顿显虚无；他们叛逆社会道德，因为经过那个疯狂年代摧残后的社会道德显得那么的虚伪。60 后的社会责任感极强：他们"从现在做起，从我做起"，他们"团结起来，振兴中华"……应该说，60 后虽然叛逆，但他们骨子里还是属于传统的一代，因为他们仍然在用文化、信仰和道德的模具塑造自己，而且，随着他们叛逆性格的逐渐消失，他们曾经排斥过的文化、信仰和道德也得到了他们有选择地接纳和继承。虽然 60 后曾经那么的叛逆、那么善于思考和探索，但由于他们所做的仍然只是继承和吸收，较少创造性，因而人们所担心的文化断层、信仰断层和道德断层，并没有在 60 后身上出现。就这样，昔日的问题青年，平稳地成为了社会中坚。

从以上对 60 后和 90 后所处不同时代环境的分析，我们不难看出这两代之间无论是在大的时代背景还是在社会心理上都有着巨大的差别，在他们之间出现了巨大的沟通鸿沟。他们信仰不同，价值观不同，对社会和自身的理解也存在很大差距。物质生活丰富起来了，但相应的人的精神信仰和文化诉求并没有得到满足，这使得 90 后的孩子们陷入了一种纯物质和科技的世界，而无法找到心灵的归属和安顿。因而他们不仅不能和自己的父母进行深度的交流和沟通，也找不到能够使自己摆脱孤独感的途径。这种物质发展在前而非物质文化发展相对滞后的现象在社会学上被称之为"文化堕距"。

文化堕距是指在社会变迁过程中，文化集丛中的一部分落后于其他部分而呈现呆滞的现象，亦称文化滞后或文化落后。美国社会学家 W.F. 奥格本在 1923 年出版的《社会变迁》一书中首先使用这个概念，用来指称物质文化和非物质的适应性文化在变迁速度上所发生的时差。一般地说，物质技术方面的变化发生在前，非物质的适应性文化变化于后。如科学技术上的发明创造和发现，使物质生产发生了变化，而指导和管理生产的政策、组织、制度等并没有及时作相应的调整，这时后者就成为文化变迁过程中的滞后部分，从而发生堕距现象。然而文化堕距并非专指适应性文化落后于物质文化变化的情形，在物质文化变化之前先发生非物质文化变化的情形是时常发生的，这也是文化堕距的一种表现。

留学生的阵痛，艰难的文化适应之旅——文化震撼

一个泰国学生刚到日本留学，他的日本同学就问他："在泰国是否骑着大象上学？"泰国学生惊愕异常，一时竟无言以对。

一位伦敦的中学教师到纳米比亚教书两年，1997 年回到伦敦以后又遇到重新适应的感觉，因为互联网已经在那里广泛使用起来，他不会使用 E-mail，甚至觉得自己一无所知。

一个中国人去日本游玩，从景点返回东京的 100 多公里长的公路上几乎全

线塞车。就在这全线堵车的100多公里的路上,没有一个维持秩序的交通警察,也没有一辆车从空荡荡的下行车道向前超行,甚至没有人鸣笛催促前面的车辆。日本人就那样耐心地坐在车里,一步一停地向前挪动、挪动。这位中国游客感慨道:"100多公里长的公路大塞车,七八个小时的等待,日本人的秩序丝毫不乱,靠着耐心,直到100多公里的车龙化解!如此坚忍、守秩序的民族,真的是很少见!"

当你看到上述这些事例时,心里是不是会觉得不可思议,并会产生一些微微震撼的感觉,想不到他们与我们的文化有如此大的差异。他们的文化为什么会这样的?

这就涉及到一个社会学的概念:文化震撼。文化震撼主要是来自于两个不同文化差异而引起,可以发生在任何时候、任何新环境。当你到达一个地方觉得很陌生、很困惑,不知道自己的角色是什么、应定位在哪里,应怎么表现才恰当等,觉得很不舒服、很不自在时,就是文化震撼,就好像过去所有的经验在刹那间全部失灵。可以说,文化冲击或文化震撼,是一个人从一种文化和物质环境转到另一种文化和物质环境,在心理感受、举止行为乃至生理等方面发生的震动与失调现象。很多时候,文化震撼会引起身体上的一些症状,如头痛、胃口不好、睡眠失调或者心理上的焦虑、沮丧等。

身在国外的留学生对这种文化震撼的体验尤为真切。只是有时当事人并不清楚知道自己正在经历或曾经有过。其实文化冲击并不是指突发一次即结束的"震惊"的感觉,而是指在一段时间内,密集式的有强有弱的震惊、仓皇和被冲击到的感觉。过去的文化背景和新文化差异越大时,冲击的感觉会越强且越密集。文化冲击由开始到结束,其实就是一个适应新文化的过程。

当人身在本国时,感觉不到文化所具有的深沉、持久的影响力,但一个人一旦到了一个与国内文化背景非常不同的国家生活,就能够更加真切地体验到文化的强大力量。生活时间越长,体验越深。文化适应是一个漫长的过程,年纪大一些的人或接受能力差的人都将会经历一场艰难的痛苦之旅,甚至可能永远都无法适应。

文化冲击或文化震撼会使人觉得不安、害羞或难堪,有时会使人觉得挫折、生气或失望。大略而言,文化冲击或文化震撼使留学生可能会有如下的表现:

(1)怀疑感:对留学可能陷入严重质疑,怀疑远道来此究竟是否明智,甚至对自己的能力都失去信心。

（2）孤独感：会变得神经质，对一切事物都感到厌烦，感觉非常寂寞，可能整天昏沉沉，凡事提不起精神。

（3）思乡感：有强烈的思念家乡、怀念亲友感，思想难以集中，整天都想给家人写信或打电话，甚至痛哭不已。

（4）敌意感：微小的刺激都会使人异常的愤怒，甚至可能产生一种想法，认为所有的一切烦恼都源于此国。

根据美国有关教育机构的研究，外国留学生经历的文化冲击或文化震撼，一般而言，它有一个循环期，通常包括4个阶段。

（1）初始期。留学生刚到外国，对事情、环境都感到新鲜与好奇。这时最急于学习、认识环境，安排生活，想尝试新事情，整个人充满热情和自信，一心想赶快安顿下来。但当找房子不顺、碰到奇怪室友、没有说话的人、面对一大堆课程、尝到挫折滋味的时候，就开始想家，怀念国内的环境和朋友，这就生了思乡病。这一阶段时间一般不长，在头一两个月内发生。

（2）蜜月期。当慢慢习惯新的环境之后，就开始了蜜月期。在这一阶段里，人的心情通常比较愉快，学习动机非常强，语言进步很快，也乐于与外国人交往，希望快点建起新的人际关系，有时甚至会觉得外国好多地方都比本国好。不过，这时候对外国社会和外国人的接触其实还很肤浅，多数的认识仅限于表面现象，与外国人的交往也很简单，尚未达到深入的程度。

（3）震撼期。随着更深入地接触外国，蜜月期很快就结束，震撼期接着开始，将会出现较强的心理困惑和生理不适。此时留学已有一段时间，但当笑话听不懂，还得要人翻译时；当没车或不会开车，还要请人接送时；当与外国人打交道，遇到困难或挫折时，孤单、寂寞、困惑、压抑以至失控的感觉挥之不去，甚至会出现莫名其妙的愤怒。这时常常伤感，情绪低落，想家情绪再度高涨。

（4）恢复期。震撼期的挫折使人不快，但可加深对外国社会、文化和人的了解，加快对周边环境的适应，让人从震撼中恢复正常，开始知道如何处理周边的人与事，接受和学习外国人的行为模式和从新的角度来看事情。这时你会更了解外国的社会和文化，感觉自己的能力在增加，自信心慢慢在恢复，学业开始上路，在各种场合开始比较自在，也能有效地工作和面对问题了。到这时候，可以说文化冲击或文化震撼就算基本结束了。

面对必须经历的文化冲击或文化震撼，留学生要学会调整自己，渡过难关，以下建议或许会有帮助。

第一，要记住绝大多数留学生都转变过来了，你也是有能力、有长处的人，同样会度过困难时期；

第二，要作自我反省，常问自己的期望在外国合不合理，如不太合理，就赶快加以修正；

第三，要培养敏锐的观察力，了解外国人的行为和价值，与本国文化价值加以比较，避免用本国人的标准衡量外国人的行为；

第四，不要退缩，不要孤立自己，埋在书堆里不是解决问题的方法，要主动地接触外国社会，多结交朋友；

第五，要加强语言学习，语言是沟通和了解外国文化的基础，要与老师、同学和外国朋友多接触，不了解或不知道，就要不耻下问；

第六，要积极寻找帮助，当觉得适应困难，就应向朋友、老师、国际学生顾问或学校其他服务单位寻求帮助，不要怕张口。另外，在经受文化冲击或文化震撼时，一定要特别注意身体健康，保持均衡饮食和适度运动。

一般看来，几乎每个留学生在外国都经历过文化冲击或文化震撼，但所感受的冲击与震撼程度则因人而异，有些人可能感觉轻微些，有些人则有较强烈的反应。文化冲击或文化震撼也不是经历一次就会结束，在最初一段时间内可能有密集的、反复的被冲击和被震撼的感觉。中国文化与西方文化差异较大，中国留学生经受的文化冲击或文化震撼一般强于来自欧洲国家的学生，经历的时间也要长得多。

文化冲击或文化震撼是一种正常现象，不必惊慌。当你逐渐熟悉周围环境，逐渐适应国外人的生活态度之后，就会恢复正常。总体来看，文化冲击或文化震撼是一种逐渐熟悉与习惯新文化，从觉得不适应到觉得较为适应的过程。这一过程会长达数月，也可能长达数年，往往会让人经历一番痛苦。

从韩国申请"江陵端午祭"说起——文化自觉

2006 年韩国向联合国申请"江陵端午祭"为口头与非物质文化遗产是当年最受中国人关注的大事之一。当"韩国端午节"被联合国获批成功后，整个中国一片哗然。

乌丙安，辽宁大学教授，国际民俗学家协会（F.F.）最高资格会员。在韩国申请端午节那段时间，乌老往来于韩国与中国之间，做的只有一件事：劝说韩国方面等一等我们，联合申请端午为口头与非物质文化遗产。中国目前有 29 个民族、约 12.55 亿人都有过端午节的习俗，占世界的绝大多数，同时端午节在中国有着很深厚的文化根基，说"江陵端午祭"发源于中国是毫无疑问的。但是乌老的努力最终并没有使韩国放弃对端午节的申报，失望而归的乌老痛心不已。

与自然遗产的独有性不同，人类口头遗产和非物质遗产代表作具有"共享性"，也就是说即使他国申报了，我们还可以申报，即使被联合国教科文组织批准了，我们也可以再申报。在痛心之余乌老也决定应该为国家的文化遗产贡献自己的一份力量。之后乌老就在屈原故里——湖北省秭归县，就端午申遗工作进行资料搜集、实地查看和指导，为我国向联合国申请端午节为非物质文化遗产做准备。

乌丙安是全国最早关注韩国申遗的专家之一，他在往返于中韩之间发现，在 1960 年，韩国中央大学的任东权教授就发现江陵市举行的端午祭活动非常有特色，于是撰写了调查报告，向文化观光部申请确认其为"重要无形文化遗产"。1967 年，"江陵端午祭"正式被列为韩国第 13 号重要无形文化遗产，得以发展成今天的规模。韩国保护端午已经有了 40 多年的历史。

其实不光是端午节，中国的传统民俗被抢先申报的例子还有很多，在内蒙古流行的马头琴，去年就已被蒙古国申报成功为该国的非物质文化遗产；在中国家喻户晓的皮影戏，两年前印度尼西亚就已经申请为该国的文化遗产，后来联合国教科文组织又批准了柬埔寨的申请。这些现象都是我国社会"文化自觉"程度不够的表现，本质是还远远没有成为整个民族的基本价值观，没有产生一种不保护非物质文化遗产我们的民族文化就会消亡的危机感。

所谓"文化自觉"，是借用我国著名社会学家费孝通先生的观点：它指生活在一定文化历史圈子的人对其文化有自知之明，并对其发展历程和未来有充分的认识。换言之，是文化的自我觉醒，自我反省，自我创建。

文化自觉只是指生活在一定文化中的人对其文化有"自知之明"，明白它的来历、形成过程、所具的特色和它发展的趋向，不带任何"文化回归"的意思。不是要"复旧"，同时也不主张"全盘西化"或"全盘他化"。自知之明是为了加强对文化转型的自主能力，取得决定适应新环境、新时代文化选择的自主地位。

文化自觉是一个艰巨的过程，只有在认识自己的文化、历届所接触到的多种文化的基础上，才有条件在这个正在形成中的多元文化的世界确立自己的位置，然后经过自主的适应，和其他文化一起，取长补短，共同建立一个有共同认可的和各种文化都能和平共处、各抒所长、联手发展的共处守则。

第三节 在社会学中寻根——一些造就我们的隐秘力量

为什么阿奴族"冰"有 14 种说法——语言

语言是思维工具和交际工具。它同思维有密切的联系，是思维的载体、物质外壳和表现形式。语言是符号系统，是以语音为物质外壳，以语义为意义内容的，音义结合的词汇建筑材料和语法组织规律的体系。语言是一种社会现象，是人类最重要的交际工具，是进行思维和传递信息的工具，是人类保存认识成果的载体。语言具有稳固性和民族性。

北加拿大阿奴族的印第安人居住在非常寒冷的地区，他们的语言里有 14 种描述冰的语言，其中 8 个描述"纯冰"，而其他的 6 个则是描述"有纹路的冰"、"碎冰"以及"浮冰"。可见，人类的语言与其本身的生存生活环境有着莫大的联系，人们借助语言保存和传递人类文明的成果。

语言是民族的重要特征之一。一般来说，各个民族都有自己的语言。据德国出版的《语言学及语言交际工具问题手册》说，现在世界上查明的有 5651 种语言。在这些语言中，约有 1400 多种还没有被人们承认是独立的语言，或者是正在衰亡的语言。其中，汉语是世界上使用人口最多的语言，英语是世界上使用最广泛的语言。

我们的语言对于有关战争的词语应用非常广泛，如我们说"征服"太空、预算审议"对决"、对毒品"宣战"、到股票市场去"厮杀"一番、在考试中"战胜"以及称某些事为"爆炸性事件"等。

对于一个来自其他较少战争文化的人来说，他只要观察军事术语在我们语言中所占的比例，就可以臆测出，战争与军事在我们的生活中扮演多么重要的角色。另一方面，在西部开垦时代，像英文单词 gelding、stallion、mare、piebald，都是被用来代表同一种动物——马。虽然我们对那段历史了解不多，但我们可以从这一串单词得知，马在当时是多么重要。很明显，语言反映出各种生活要素在该文化中的重要性。

事实上，语言是所有文化的基础。语言是一个反映文化各层面的文字意义与象征意涵的抽象系统，包含了口语、文字、数字、象征、手势，以及其他非语言沟通的表现方式。

汉语、英语、法语、俄语、西班牙语、阿拉伯语，是世界上的主要语言，也是联合国的工作语言。在世界上的语言中，使用人数超过 5000 万的语言有 13 种：汉、英、印度、俄、西班牙、德、日、法、印度尼西亚、葡萄牙、孟加拉、意大利和阿拉伯语。按被规定为官方语言或通用语言的国家数目来说，英语占第一位（约 44 国），法语第二（约 31 国），西班牙语第三（约 22 国）；而其中汉语、英语、俄语、法语、西班牙语这 5 种语言，被定为联合国的正式语言。全世界的民族大约有 2000 ~ 3000 个，超过百万人口以上的有 305 个，人口最多的民族是汉族、印度斯坦族、孟加拉族、俄罗斯族、日本大和族、巴西族等。

全世界民族语言共有 3000 多种，超过 1000 万使用的语言约 100 种。使用人口最多的是汉语、英语，其次是印地语、西班牙语、俄罗斯语、法语、德语、孟加拉语、阿拉伯语、葡萄牙语、日语、印度尼西亚语等。

据介绍，随着我国综合国力增强和国际地位提高，说汉语的人越来越多。在联合国最近发表的《2005 年世界主要语种、分布和应用力调查报告》上，汉语被排在第二位，仅次于英语，排在德语、法语、俄语、西班牙语、日语之前。

因为语言是所有文化的基础，所以，有能力说其他语种的语言，对于跨文化关系的建立至为重要。

虽然语言具有文化普适性，但全世界各个社会对语言的使用却有显著的不同，即使两个国家使用的是同一种语言，这种现象依旧存在。举例来说，当一个说英语的美国人初次造访伦敦时，或许会不了解英国友人说 "I'll ring you up"（我会打电话给你）是什么意思，因为美国人通常会说 "I'll call you on the telephone"。

实际上，语言不只对实体进行描述，它也塑造文化实体。比如说，生活在温带的我们无法像阿奴族的印第安人一样，用语言来区分各种不同的冰，因此，我们也不会注意到它们之间的区别。

语言学家萨皮尔和沃夫认为，语言在人类社会中扮演着重要角色，他们认为语言是人们将这个世界概念化的唯一途径，所以先有语言才有思想。因此，文字符号和语言的文法帮我们组织这个世界。

此外，萨皮尔和沃夫主张，语言不是一种"客观存在"，它们的意义取决于不同文化借由强调某些现象对社会实体所做的不同解释。

语言传达出了关于不同种族的刻板印象。假如你使用在美国出版的字典，来查"黑"（black）这个形容词，你会看到它还有阴森恐怖的、缺乏道德良知的、恶劣的、邪恶的、有威胁的以及愤怒的意思；相对地，纯洁与天真则包含在形容词"白"的字义之中。通过这样的语言形态，我们的文化强化了白色（以及肤色）与正面以及黑色与负面的关联。因此，我们称不利于某些人的名单为"黑名单"（black list），而称某些可以接受的谎言为"善意（白色）的谎言"（white lie），就是这个原因了。

柏林与凯发现，人类具有区别多种颜色的能力，但是，不同语言对颜色的分类却不尽相同。在英语中有多达 11 种基本色，而俄语及匈牙利语中甚至有 12 种颜色。在俄语中，浅蓝和深蓝是两个不同的词，而匈牙利语中，则有两个不同的词语来描述深浅不同的红色。另外，英语能够区别黄色和橘色，但是有些语言则不能。在新几内亚西高地的杜冈丹尼（Dugum Dani）语中，只有两种基本色——modla 指的是"白色"，而 mili 指的是"黑色"。

"龙"到底是代表祥瑞还是邪恶——符号

在中国古代的神话与传说中，龙是一种神异动物，亦为万兽之首。它的形象已经不同于自然界中的任何一种动物，而是选择一部分飞禽走兽的某一部分进行重新组合，融成一个全新的个体。具有驼头、蛇颈、龟眼、鱼鳞、虎掌、鹰爪、牛耳九种动物合而为一之九不像之形象，它能走，亦能飞，能倒水，能翻江倒海，吞云吐雾，兴云降雨；既能够降妖伏魔、上天入地，也能够不避水火、穿金裂石，几乎无所不能。其中，"驼头"象征抗旱，"鹿角"象征健康长寿，"蛇颈"象征灵活多变，"龟眼"象征富有灵气，"鱼鳞"象征神圣的防卫，"虎掌"象征英勇不屈，"鹰爪"象征腾云驾雾、勇敢果断，"牛耳"象征勤劳善良。

《周易》中把龙描写成能潜藏于深渊，飞跃于天空，相斗于地面，血为玄黄之颜色。《左传》记载公元前 523 年郑国遭受大水时，有龙相斗于城门外的深渊。公元前 2 世纪的《说文解字》解释龙为："鳞虫之长，能幽能明，能细能巨，能短能长，春分而登天，秋分而潜渊。"华夏民族的先祖炎帝、黄帝，传说中和龙都有密切的关系，"黄帝龙轩辕氏龙图出河"（《竹书纪年》），相传炎帝为其母感应"神龙首"而生，死后化为赤龙。因而中国人自称为"龙的传人"。

在我国的封建时代，龙作为帝王的象征，也用来指帝王和帝王的东西：龙颜、龙廷、龙袍等。出于对龙的喜爱，在明代，龙还被人们赋予一个繁盛的大家族。在民间，早就有龙生九子的说法，但是九子为何物，却是众说纷纭。直到明孝宗朱祐樘时期才有了一个官方的解释。据说一日早朝，皇上心血来潮，问以饱学著称的礼部尚书、文渊阁大学士李东阳龙之九子各为何等名目，李东阳仓促间无以为对，退朝后左思右想，又是查经据典，又是询问于民间，终于列出清单，给龙之九子正名，它们是囚牛、睚眦、嘲风、蒲牢、狻猊、霸下、狴犴、负质、螭吻。它们或喜音乐，立于琴头；或爱文学，立足于碑林；或好冒险，停于殿角；或平生好鸣，悬于钟上。

龙还成为皇家的象征。皇上自认为是真龙天子。《史记》记载："刘媪，老妇尝息大泽之陂，梦与神遇。是时雷电晦冥，大公往视，则见蛟龙其上，已而有身，遂产高祖。"汉高祖出身普通人家，是有必要编造这等神话故事，以阐明身为凡人的他是接受天命而登上帝位，掌管人间的。可见，龙在中华民族的发展史上一直占据着一个相当重要的地位。

而在西方，龙的样子也有很多种。在微软百科全书中是这样定义的："龙，一种传说中和鳄鱼类似的爬虫，它一般被描述为拥有翅膀、巨爪和烈焰的怪物。"也就是将其描述成一个体巨大、能喷火、有翅膀的假想中的动物。

在古希腊的文学中，龙被描述为"长着翅膀的蜥蜴，并且会喷火"。"它有骆驼般的头、耳朵后高耸的犄角、特别长的脖子、粗壮的腿、鹰一般的爪子、长长的尾巴"。此后西方世界一般认为神秘的龙体型非常的庞大、身上有很多的尖刺，长有锋利的牙齿，颜色多样，能喷出强烈的火焰。

在西方，龙一直都是邪恶的象征。美索不达米亚史诗埃努玛—埃利什中，讲述在创世之前，主神马尔杜克击败了混乱之龙提亚马特，将它的尸首斩成两半，一半成为天，一半成为地，由此创造了世界。古希腊的神话中，宙斯和百头巨龙提丰搏斗，宙斯获胜，但是提丰负隅顽抗，制造了 Etan 火山的岩浆。《圣经》中，龙就是蛇——《创世纪》里，撒旦化身为蛇引诱夏娃偷吃了伊甸园里的智慧果；《启示录》里说道："大龙被摔在地上——就是那古蛇，名叫魔鬼，又叫撒旦，是迷惑普天下的。"而且《圣经·旧约》中也多次提到龙源于希腊，被称为 Dragon。它被描述成"很大的海怪"或者是毒蛇。在《圣经·启示录》中，酋长斗败了恶龙，"那条老毒蛇就是撒旦和恶魔"，凡此种种，可见龙在西方文明里是邪恶的象征。

在中国颇具影响的《辞源》一书中，介绍说"龙是古代传说中的一种善变化、能兴云雨、利万物的神异动物，为鳞虫之长"。

在中国，龙是神圣的，是瑞兽；而在西方，龙却是邪恶的使徒。同一种动物，在东西方不同的文化背景下，产生了截然不同的意义。

其实在这里"龙"作为一个文化符号，透视出了东西方文化上的差异。人类掌握了创造和使用符号的能力，也就创造了文化。符号是指一群人所认可的任何能有意义地表达其自身之外的事物的东西。

当符号未被理解为自身之外的其所象征的事物时，就会产生许多文化和社会意义上的混淆。符号学家戈尔曼说，符号不仅代表了某种其他事物，而且同时也暗示了对象征事物的态度。不同的文化下，符号也被赋予了不同的文化意义。因此，可以这么说，龙单纯地作为一种动物来讲，它是不具备任何文化含义的，既不是祥瑞也不代表邪恶。在人们的生产生活中，逐渐地赋予它一定的文化内涵，因此，"龙"在不同的文化背景下也就产生了截然不同的文化涵义。

在中国，因为有了"龙"这一文化符号的存在，后人们一提到"龙"，就会明白它背后所包含着的文化意义，以及联想到古时候在农业社会时，人们对于龙所寄予的希望（兴雨保收成）。因此，符号的使用，可以使我们从他人的经验中学到许多东西，同时，通过符号我们能够更形象地理解现实，能够交换和保存复杂信息。也就是说，我们创造了文化，又能从文化中学到很多。符号在帮助我们理解抽象概念方面尤为重要。由于这些概念难以理解，我们总是把它们和我们已理解的事物加以比较。这种符号履行着这样一种重要功能，即通过把复杂概念上和简单概念联系起来，从而帮助我们最终达到对前者的理解。通过这种方式，符号帮我们理解现实，并使沟通变得简单。

为什么中国人过春节——传统

传统，指历史沿传而来的思想、道德、风俗、艺术、制度、习惯，等等。它有下列意思：

代代相传的习俗、信仰，多以口授为主。由各种宗教活动构成的宗教派别（教派），或具有共同的历史、文化、习俗和基本教义，如中国常说的道教传统、佛教禅宗。

中国的农历春节又叫作"年"，是新一年的开始，年的名称是从周朝开始的，至西汉才正式固定下来，一直延续到今天。传统意义上的春节是指从腊月初八的腊祭或腊月二十三的祭灶一直到正月十五，其中以除夕和正月初一为高潮。在春节这一传统节日期间，我国的汉族和大多数少数民族都要举行各种庆祝活动，这些活动大多以祭祀神佛、祭奠祖先、除旧布新、迎禧接福、祈求丰年为主要内容。活动形式丰富多彩，带有浓郁的民族特色。

春节守岁是一个重要的习俗，守岁兴起于南北朝，梁朝的不少文人都有守岁的诗文。"一夜连双岁，五更分二年。"人们点起蜡烛或油灯，通宵守夜，象征着把一切邪瘟病疫照跑驱走，期待着新的一年吉祥如意。这种风俗被人们流传至今。说到这一习俗的来历，民间流传着这样的传说：

相传在太古时期，有一种凶猛的怪兽，散居在深山密林中，人们管它们叫"年"。它们形貌狰狞，生性凶残，专食飞禽走兽、鳞介虫豸，一天换一种口味，从磕头虫一直吃到大活人，让人谈"年"色变。后来，人们慢慢掌握了"年"的活动规律，它是每隔365天就窜到人群聚居的地方尝一次鲜，而且出没的时间都是在天黑以后，等到鸡鸣破晓，它们便返回山林中去了。

算准了"年"肆虐的日期，百姓们便把这可怕的一夜视为关口，称作"年关"，并且想出了一整套过年关的办法：每到这一天晚上，每家每户都提前做好晚饭，熄火净灶，再把鸡圈、牛栏全部拴牢，把宅院的前后门都封住，躲在屋里吃"年夜饭"，由于这顿晚餐具有凶吉未卜的意味，所以置办得很丰盛，除了要全家老小围在一起用餐表示和睦团圆外，还须在吃饭前先供祭祖先，祈求祖先的神灵保佑，平安地度过这一夜，吃过晚饭后，谁都不敢睡觉，挤坐在一起闲聊壮胆，就逐渐形成了除夕熬夜守岁的习惯。

1. 扫尘

"腊月二十四，掸尘扫房子"，据《吕氏春秋》记载，我国在尧舜时代就有春节扫尘的风俗。按民间的说法：因"尘"与"陈"谐音，新春扫尘有"除陈布新"的涵义，其用意是要把一切穷运、晦气统统扫出门。这一习俗寄托着人们破旧立新的愿望和辞旧迎新的祈求。每逢春节来临，家家户户都要打扫环境，清洗各种器具，拆洗被褥窗帘，洒扫六间庭院，掸拂尘垢蛛网，疏浚明渠暗沟。到处洋溢着欢欢喜喜搞卫生、干干净净迎新春的欢乐气氛。

2. 拜年

新年的初一，人们都早早起来，穿上最漂亮的衣服，打扮得整整齐齐，出门去走亲访友，相互拜年，恭祝来年大吉大利。拜年的方式多种多样，有的是同族长带领若干人挨家挨户地拜年；有的是同事相邀几个人去拜年；也有大家聚在一起相互祝贺，称为"团拜"。由于登门拜年费时费力，后来一些上层人物和士大夫便使用名帖相互投贺，由此发展出来后来的"贺年卡"。

春节拜年时，晚辈要先给长辈拜年，祝长辈人长寿安康，长辈可将事先准备好的压岁钱分给晚辈，据说压岁钱可以压住邪祟，因为"岁"与"祟"谐音，晚辈得到压岁钱就可以平平安安度过一岁。压岁钱有两种，一种是以彩绳穿线编作龙形，置于床脚，此记载见于《燕京岁时记》；另一种是最常见的，即由家长用红纸包裹分给孩子的钱。压岁钱可在晚辈拜年后当众赏给，亦可在除夕夜孩子睡着时，由家长偷偷地放在孩子的枕头底下。现在长辈为晚辈分送压岁钱的习俗仍然盛行。

3. 贴春联和门神

据说贴春联的习俗，大约始于一千多年前的后蜀时期，这是有史为证的。此外根据《玉烛宝典》、《燕京岁时记》等著作记载，春联的原始形式就是人们所说的"桃符"。

在中国古代神话中，相传有一个鬼域的世界，当中有座山，山上有一棵覆盖三千里的大桃树，树梢上有一只金鸡。每当清晨金鸡长鸣的时候，夜晚出去游荡的鬼魂必赶回鬼域。鬼域的大门坐落在桃树的东北，门边站着两个神人，名叫神荼、郁垒。如果鬼魂在夜间干了伤天害理的事情，神荼、郁垒就会立即发现并将它捉住，用芒苇做的绳子把它捆起来，送去喂虎。因而天下的鬼都畏惧神荼、郁垒。于是民间就用桃木刻成他们的模样，放在自家门口，以避邪防害。后来，人们干脆在桃木板上刻上神荼、郁垒的名字，认为这样做同样可以镇邪去恶。这种桃木板后来就被叫作"桃符"。

到了宋代，人们便开始在桃木板上写对联，一则不失桃木镇邪的意义，二则表达自己美好心愿，三则装饰门户，以求美观。又在象征喜气吉祥的红纸上写对联，新春之际贴在门窗两边，用以表达人们祈求来年福运的美好心愿。

为了祈求一家的福寿康宁，一些地方的人们还保留着贴门神的习惯。据说，大门上贴上两位门神，一切妖魔鬼怪都会望而生畏。在民间，门神是正气和武力的象征，古人认为，相貌出奇的人往往具有神奇的禀性和不凡的本领。他们心地正直善良，捉鬼擒魔是他们的天性和责任，人们所仰慕的捉鬼天师钟馗，即是此种奇形怪相。所以民间的门神永远都怒目圆睁，相貌狰狞，手里拿着各种传统的武器，随时准备同敢于上门来的鬼魅战斗。由于我国民居的大门通常都是两扇对开，所以门神总是成双成对。

唐朝以后，除了以往的神荼、郁垒二将以外，人们又把秦叔宝和尉迟恭两位唐代武将当作门神。相传，唐太宗生病，听见门外鬼魅呼号，彻夜不得安宁。于

是他让这两位将军手持武器立于门旁镇守，第二天夜里就再也没有鬼魅骚扰了。其后，唐太宗让人把这两位将军的形象画下来贴在门上，这一习俗开始在民间广为流传。

日本武士为什么要剖腹——价值观

我们在电影中常会看到日本武士剖腹自杀的情形，武士们身上一般配有长短两把刀，那把短的叫肋差，就是用来剖腹的。剖腹自杀是日本的一种特有文化，武士们为什么选择剖腹这种极为痛苦的方式自杀呢？原来，日本人相信灵魂是寄宿在腹部的，死时把腹部剖开可以表明真心。新渡户稻造在他的《武士道》一书中这样写道："打开灵魂之窗请君看，是红还是黑，请君自公断。"所以，剖腹自杀曾经是武士们挽回名誉和解决各种复杂问题的必要手段。

日本武士和军人剖腹的动机主要有以下几种：自刃、自裁，由于战争失败；引责，对过失承担责任；牺牲，以自己的牺牲来拯救部下或同僚生命；谏死，为了劝谏主君；名誉，为保住自己的脸面；殉死、先腹，比主君先行踏上死途；追腹、义腹，为了尽士道义理；论腹，为了树立名声；商腹，为了给家族和子孙带来恩惠；诘腹、无念腹，痛饮悔恨之泪的剖腹；愤腹，愤慨于无实之罪的剖腹；刑死，武士专用的刑罚。

1873 年，日本政府下令废止剖腹这种极不人道的刑罚，但武士道精神仍影响着日本军人。大家都会想，到底是什么在支持着这一群人毅然决然地慷慨赴死，难道他们就不知道要珍惜自己的生命吗，或者还有着什么比生命更重要的东西支撑着他们为此赴死？下面我们将对这一问题展开讨论。

日本剖腹文化源起于公元 1180～1185 年，源平战争之后，切腹自杀开始流行。幕府为了维持法纪，命令武士（浪人）们自杀。这些武士早已做好赴死的准备，集体剖腹自杀。这是历史上的第一次集体剖腹，世人把这看作武士的最高道德表现，在民间广泛流传。从此，剖腹自杀成为武士用以洗刷自己耻辱的唯一方式。由此可见，日本武士剖腹由来已久，是日本人判断是非曲直的重要标准，换句话说，已经形成军人的一种价值观念。那么，什么是价值观呢？

价值观是指个人对客观事物（包括人、物、事）及对自己的行为结果的意义、作用、效果和重要性的总体评价，是对什么是好的、是应该的总看法，是推动并指引一个人采取决定和行动的原则、标准，是个性心理结构的核心因素之一。它使人的行为带有稳定的倾向性。价值观是人用于区别好坏、分辨是非及其重要性的心理倾向体系。它反映人对客观事物的是非及重要性的评价。

人不同于动物，动物只能被动适应环境，人不仅能认识世界是什么、怎么样和为什么，而且还知道应该做什么、选择什么，发现事物对自己的意义，设计自己的道路，确定并实现奋斗目标。这些都是由每个人的价值观支配的。价值观决定、调节、制约个性倾向中低层次的需要、动机、愿望等，它是人的动机和行为模式的统帅。价值观一旦确定，则反过来影响、调节人进一步的需求活动。

价值观是一种内心尺度，它潜藏于整个人性当中，支配着人的行为、态度、观察、信念、理解等，支配着人认识世界、明白事物对自己的意义和自我了解、自我定向、自我设计等；也为人自认为正当的行为提供充足的理由。因为在日本武士和日本民间的普通人的价值观里，只有剖腹自杀才能洗刷自己的耻辱，才是对君主最忠心的表现，所以武士们在走投无路的时候，会毅然决然地选择用这种方式证明自己。而剖腹自杀的武士也会受到君主和社会的高度认同，这一切都是价值观在起作用。

价值观代表一系列基本的信念：从个人或社会的角度来看，某种具体的行为类型或存在状态比与之相反的行为类型或存在状态更可取。价值观包括内容和强度两种属性。内容属性告诉人们某种方式的行为或存在状态是重要的；强度属性表明其重要程度。当我们根据强度来排列一个人的价值观时，就可以获得一个人的价值系统。每个人的价值观都是一个层次，这个层次形成了每个人的价值系统。这个系统通过我们赋予自由、快乐、自尊、诚实、服从、公平等观念的相对重要性程序而形成层次。

价值观具有以下特点：

第一，价值观具有相对的稳定性和持久性。

在特定的时间、地点、条件下，人们的价值观总是相对稳定和持久的。比如，对某种事物的好坏总有一个看法和评价，在条件不变的情况下这种看法不会改变。但是，随着人们的经济地位的改变，以及人生观和世界观的改变，这种价值观也会随之改变。这就是说，价值观也处于发展变化之中。

第二，价值观取决于人生观和世界观。

一个人的价值观是从出生开始，在家庭和社会的影响下逐步形成的。一个人所处的社会生产方式及其所处的经济地位，对其价值观的形成有决定性的影响。当然，报刊、电视和广播等宣传的观点以及父母、老师、朋友和公众名人的观点

与行为，对一个人的价值观也有不可忽视的影响。

为什么有人会选择"裸奔"发泄情绪——规范

"饭前洗手"、"不可杀人"、"尊敬长者"，每个社会都会鼓励与支持某些该社会认为合宜的行为，同时，阻止与处罚他们认为不适当的行为。规范指的就是社会所坚持的行为标准。

为了要让一个规范变得有意义，这个规范本身必须是该社会里的多数人所能接受且了解的。举例来说，在电影院里，一旦电影开始播映，我们就希望每个观众都能够安静欣赏，不要大声喧哗；也就是因为这个规范，所以当有观众大声吵闹时，电影院的管理人员就可以出面制止。当然，这项规范的应用也会因电影与观众形态的不同而有所区别。观看严肃艺术电影的群众，可能会比欣赏滑稽喜剧或恐怖片的观众更坚持遵守这项规范。

社会学家把人们在特定环境下被要求如何行动、如何思考、如何体验的期望称为规范。规范既有正式的，又有非正式的。正式规范通常以法律的形式固定下来，对违反者有特定的惩罚。非正式规范是不成文的，但往往能被社会成员普遍理解。最重要的规范往往是社会中绝大多数人公认的规范，如一般都能遵守的严禁谋杀、抢劫、裸体出行的规范。

规范，是被社会公认的社会行为的期望，需要每个人都去维护和遵守，当然，当一些人心里郁结着一些异样的情绪而无处发泄时，他们会选择用突破社会规范的方式引起别人的注意，从而使自己的情绪得以宣泄。当然，突破社会规范往往需要一定的勇气和承受一定的社会压力。

2009年11月5日晚上9：07，在浙江省杭州市学府街下沙最繁华的地段之一，刚下课的大学生蜂拥而出，买夜宵、逛店铺、散步。人群中突然开进一辆蓝色福特车，一个浑身赤裸、唯有腰间挂一块白色小布的男生从车里钻出来，在路中央狂奔起来。人群立即沸腾了！路的两边站满了人，很多摊位都被围观人群踩翻了。

裸奔男生以百米的速度冲刺，跑了50多米后，他突然一把扯下腰间的白色小布，以完全赤裸的姿态转身冲回福特车，站在车门后面。男生举手向人群示意，说了一句话："谢谢大家。"

他的大学辅导员说，把"别人笑我太疯癫，我笑他人看不穿"这句话用在这个学生身上最贴切。他的一名大学女校友说，他是"我活了二十多年里，见到的最有浪漫情怀、最理想主义的人"。诗友兼哥们儿阿森用海子的"以梦为马"形容他，这位通过互赠诗歌认识的朋友评价他的诗歌"充满了爆发力"。室友阿海和玉峰对他的裸奔一点儿都不惊讶，"谁裸奔我都奇怪，就他我不会奇怪。"一个熟悉胡某的校友这样评价他：奔放，有思想，不随大流。虽然成绩差了点，但是比谁都像个知识分子。

当被问到为什么选择裸奔这种形式时，胡某答道："我觉得学校很沉闷，我愿意为她来示范什么叫激情。我喜欢尝试没做过的事。如果我可以做到不在乎其他人的目光，某种程度上，我已经得到了自己的认可。再不济，能够娱乐大家、娱乐自己，也是始终不易的。"

胡某用"裸奔"这种超乎社会规范的形式为大家示范激情的举动，并不是独一无二的。在虎年刚至的 2010 年初，一场瑞雪降临京城时，网友们在网上又看到了这样一些照片。在刚下过大雪的深夜的长安街上，几个年轻小伙儿只穿着裤衩，在平安大街的雪地里"裸奔"，他们还拿着吉他和滑板，摆出各种雷人的造型。此组照片一经上传即刻便引发了网友们的热议。一些网友们对此提出了批评，认为尽管是夜间，但是穿着内裤在大街上狂欢"有伤风化"，夜间的大街也是公共场合。如果说胡某用裸奔来发泄心中的愤懑的话，那这几个裸奔者就是用裸奔来演绎狂欢。

可能有人在想：裸奔的人会不会有心理问题啊？据专家分析原因，裸奔者并不是在心理上存在什么问题或者说是神经病，很可能是精神上遭受了重压，想借裸奔这种形式来释放不良情绪。

人都有各种需要，某些需要在社会正常的伦理道德下不能满足时，会给人的生理和心理造成损伤，产生一定的不良情绪。如果受到一定的外界刺激，这些不良情绪就会被释放出来，有时表现为思维障碍和行为异常。裸奔就是多种多样的异常行为中的一种极端现象。他们以突破社会规范的方式，宣泄自己的不良情绪。当突破了一般社会规范对人的身心的束缚时，人的内心情绪会得到相应的缓和。

当今社会，竞争性与挑战性大大增加，这就要求社会个体应具备更好的心理素质和更强的承受挫折的能力。人们的愤怒、失望、烦恼等不良情绪应当得到健康的疏导与发泄，而不应该着眼于对社会规范的破坏，这样才会有利于社会的健康发展。人们只有在一个健康的社会里生活，才能更好地维护自己的身心健康。

大孝至爱，中华民族的美德——民德

在中华大地上流传着许许多多的孝敬父母的佳话，从上古时期开始一直到现在，大孝至爱的故事在中华这片大地上就从来没有断过。

舜，传说中的远古帝王，五帝之一，姓姚，名重华，号有虞氏，史称虞舜。相传他的父亲瞽叟及继母、异母弟象，多次想害死他：让舜修补谷仓仓顶时，从谷仓下纵火，舜手持两个斗笠跳下逃脱；让舜掘井时，瞽叟与象却下土填井，舜掘地道逃脱。事后舜毫不记恨，仍对父亲恭顺，对弟弟慈爱。他的孝行感动了天帝。舜在厉山耕种，大象替他耕地，鸟代他锄草。帝尧听说舜非常孝顺，有处理政事的才干，就把两个女儿娥皇和女英嫁给他；经过多年观察和考验，选定舜做他的继承人。舜登天子位后，去看望父亲，仍然恭恭敬敬，并封弟弟象为诸侯。

汉文帝刘恒，汉高祖第三子，为薄太后所生。高后八年（公元前180年）即帝位。他以仁孝之名闻于天下，侍奉母亲从不懈怠。母亲卧病三年，他常常目不交睫，衣不解带；母亲所服的汤药，他亲口尝过后才放心让母亲服用。他在位24年，重德治，兴礼仪，注意发展农业，使西汉社会稳定、人丁兴旺，经济得到恢复和发展，他与汉景帝的统治时期被誉为"文景之治"。

夏日里的晚上，黄香在书房看书，看着看着忽然没有了声音，父母以为他睡了，但在他的房间里没有他的人影，后来在自己的房间找到了他，父母问他："你为什么朝我们的床上扇扇子？"黄香回答说："我给你们的床扇扇子，是让你们的床凉快些，两老好早些安睡！"冬天的晚上，黄香先早早地去了父母的房间，钻进父母的被子里，让被子暖和些，父母问他为什么，他回答说："小孩身上三把火，也给你们一把。"

1962年，陈毅元帅出国访问回来，路过家乡，抽空去探望身患重病的老母亲。陈毅的母亲瘫痪在床，大小便不能自理。陈毅进家门时，母亲非常高兴，刚要向儿子打招呼，忽然想起换下来的尿裤还在床边，就示意身边的人把它藏到床下。陈毅见到久别的母亲，心里很激动，上前握住母亲的手，关切地问这问那。过了一会儿，他对母亲说："娘，我进来的时候，你们把什么东西藏到床底下了？"母亲瞒不过去，只好说出实情。陈毅听了，忙说："娘，您久病卧床，我不能在您身边伺候，心里非常难过，这裤子应当由我去洗，何必藏着呢。"母亲听了很为难，旁边的人连忙把尿裤拿出，抢着去洗。陈毅急忙挡住并动情地说："娘，我小时候您不知为我洗过多少次尿裤，今天我就是洗上10条尿裤，也报答不了您的养育之恩！"说完，陈毅把尿裤和其他脏衣服都拿去洗得干干净净，母亲欣慰地笑了。

孝敬父母历来是我中华民族的传统美德，千百年来这种美德一直被世人倡导并不断地得到发扬。对父母尽孝已经成为我们这个社会中一种约定俗成的规范，它不需要人们把它天天挂在嘴边，但是对人们的思想和行为都形成了一种约束。孝敬父母的人会得到他人的称赞和社会的认可，不孝敬父母的人会被别人指责。这在社会学上被称之为民德。

民德，指的是与一个社会的福祉息息相关的规范，这些规范通常都包含一个民族最珍视的原则。每个社会都要求其成员遵守该社会的民德，违反的结果是招致严厉的惩处。因此，各国有非常强的民德反对谋杀、叛国以及虐待儿童，而这些民德已经通过制度化的过程成为正式规范。由此可见，民德也属于规范的范畴，这是按照规范对于社会的重要性所分类出来的结果。

民德可以是提倡性的，也可以是禁止性的。提倡性民德表明人们应该怎么做，如关心不能照顾自己的婴儿和儿童。禁止性的民德表明人们不应该怎么做，如不能闯入他人家中。特别严格的民德被称为禁忌。乱伦禁忌就是一种普遍接受的禁止性民德——它严禁任何一种近亲间的性关系。

晚宴穿礼服 VS 晋升优秀员工——非正式约制和正式约制

你可知道，为什么参加晚宴时一定要穿着礼服？你是否有参加晚宴时穿着牛仔而遭人嘲笑和奚落的经历？看过电视剧《流星花园》的读者一定还记得女主人公杉菜穿着一身牛仔装去参加宴会时被人当作侍者的片段。为什么参加宴会时一定要穿上礼服呢？另外，你想过企业晋升优秀员工除有利于企业未来发展之外，还有什么其他的原因吗？以及对违法犯罪的人进行惩罚，对社会有什么重大意义？

这就是社会约制。一个社会要运作，就必须强化它的规范。人们被迫遵从，或者说以一种社会可接受的方式去行动，即使这样做对他们来说是困难和不愉快的。对社会规范的违反被称为越轨。对规范的遵从通过约制的压力而得到强化，即一种社会控制的过程约制既可以是正面的，也可以是负面的。正面约制是对那些行为正当的人的奖励，负面约制是对违反重要规范者的惩罚。

社会学家依照两种方式来区分不同的规范。首先，规范可以依照正式或非正式来分类。约制分正式约制和非正式约制，正式约制通常有文字记载，并且对违反者有严格的处罚规定。我们通常会将一些规范正式立法，并且详细定义什么是合适、什么是不合适的行为。社会学家唐纳德·布莱克将法律称为"政府的社会控制"，他认为，法律是国家强制的社会规范。除了法律之外，正式约制还有其他的形式。如大学选修课程的规定，以及桥牌比赛的规则等，都可以被视为正式约制。正式约制一般由具有权威地位的个人或群体实施。

相对地，非正式约制并没有明文记载，但是却为社会大多数人所接受。好比一个违反军校荣誉准则的士官会被他或她的同学们所排斥；我们一般都会穿着适当的衣服，我们的社会对穿着晚礼服上学的学生并不会有特别的处罚，一般人对此的反应就是开开玩笑，或取笑这个爱作怪的学生；再比如一个人如果穿着牛仔裤和破 T 恤衫去参加一个音乐会，那么就很可能受到其他音乐爱好者非正式的制约，如对他冷眼相对。非正式约制则由朋友或同辈人实施。

对一个抢劫杂货店的人判处三年徒刑就是一个正式约制，这种约制是强有力的，它对社会秩序的维护是一种强有力的保障。而给一个在现场看见抢劫银行匪徒的汽车号码，并报告给警察局的路人以现金奖励，或者是对一个忠实服务于公司的员工予以提升，都属于正式的正面约制。这种约制不仅对于警察破获案件（企业未来发展）有帮助，还能强化社会上其他人对这种正面约制的意义的认识，对社会的发展有莫大的益处。

正式约制往往是最后的办法，一般只在非正式约制不能产生作用的时候才实施。然而社会学家霍林格和克拉克所做的研究表明，非正式约制往往比正式约制更为有效。

社会学研究已开始关注许多发生在群体内的富有想象力的非正式约制。一个研究小组在对一群工厂的工人进行研究时，发现了一些很常见的负面约制的例子。工人们和受约制的人保持着异乎寻常的距离，即使多绕一些路也不愿在这个工人的桌前经过。他讲笑话时，没人发笑；他有困难时，也没人表示同情，甚至人们还侵犯他的个人权利。而当人们赞许一个人的行为时——无疑这是一种正面约制——工人们会经常提他的名字，发表意见时会先称呼他的姓名；他们会拍他的背，或采纳他关于生产的建议。

并不是所有的日常生活都需要约制，因为社会成员在其成长过程中已接受了各种规范。实际上，规范是否真正发挥功能取决于人们自觉遵守规范的程度。

最后，必须加以说明的重要一点是，我们并不要求人们永远严格地遵守规范。文化和社会必须能适应改变的环境，允许对现行规范的一定偏离有助于社会保持灵活性。

万里长城 VS 安徽铁画——物质文化和非物质文化

一个社会普遍存在的物质形态——机器、工具、书籍、衣服等——称为物质文化。一直以来，人类利用周围的自然环境为人类生活服务，以提高人类生存的机会并丰富人类的生活。他们把土地、树木、岩石、金属、动物及其他自然资源转化为房屋、工具、服装和交往的手段。

一个特定社会所产生的物质文化，其实质是技术水平、可开发资源和人类需求的集合体。现代社会拥有丰富的资源、充足的劳动力和高度发达的技术。

每一种文化都包含各自的物质文明，它是由该文化中的社会成员所共同创造的物品集合体，包括技术、工具、建筑、食物、服饰、书籍等人工制品。

中国的长城是人类文明史上最伟大的建筑工程，它始建于 2000 多年前的春秋战国时期，秦朝统一中国之后联成万里长城。汉、明两代又曾大规模修筑。其工程之浩繁，气势之雄伟，堪称世界奇迹。岁月流逝，物是人非，如今当您登上昔日长城的遗址，不仅能目睹逶迤于群山峻岭之中的长城雄姿，还能领略到中华民族创造历史的大智大勇。2002 年 11 月，中国唯一的水上长城辽宁九门口长城通过联合国教科文组织的验收，作为长城的一部分正式挂牌成为世界文化遗产。

物质文明是人类创造的，同时也是人类生存和生活的物质基础。人类在创造或制造物品以及获得其他物质的过程中，也就创造了文化。所以，通过对物质文明的考察，也可以认识所以，通过对物质文明的考察，也可以认识和了解人类社会生活的基本状况以及社会结构、制度和文化观念。考古学家们之所以进行考古发掘，就是要通过对前人所遗留下来的物品的系统考察，来还原前人社会生活的形态和文化形态。例如，从古墓的结构及其中的陪葬品中，考古学家能够追溯和发现当时社会的结构特征、习俗和价值观。

文化中的物质具有实用的、功利的价值，也就是说，人们创造或制造出的物品，主要是为了满足社会生活的基本需要，是自身需要的产物，所以非物质文化的所有因素都必须去适应物质文化；与此同时，文化中的物质还具有社会意义，即人们创造和运用某些物质是要把人们联系起来，组成有机的社会。例如，布朗在研究安达曼人时发现，安达曼人制造出并使用火，是为了满足日常生活的需要。同时，他们又赋予火以非常特殊的意义，整个社会生活几乎都围绕着火。人们之所以对火给予如此强调和重视，就是要培养人们对社会的依赖感，由此增强社会团结。

非物质文化遗产由人类以口头或动作方式相传。具有民族历史积淀和广泛、突出代表性的民间文化遗产，曾被誉为历史文化的"活化石"、"民族记忆的背影"。非物质文化遗产的最大特点是不脱离民族特殊的生活生产方式，是民族个性、民族审美习惯的"活"的显现。它依托于人本身而存在，以声音、形象和技艺为表现手段，并以口口相传作为文化链而得以延续，是"活"的文化及其传统中最脆弱的部分。因此对于非物质文化遗产传承的过程来说，人的传承就显得尤为重要。非物质文化遗产包括：口头传统和表述；表演艺术；社会风俗、礼仪、节庆；有关自然界和宇宙的知识和实践；传统的手工艺技能。

我国安徽芜湖盛产的工艺品铁画，就是其中独具风格的一种。铁画，也称铁花，是以低炭钢为原料，将铁片和铁线锻打焊接成的各种装饰画。它将民间剪纸、雕刻、镶嵌等各种艺术的技法融为一体，采用中国画章法，黑白对比，虚实结合，另有一番情趣。

铁画的制作起源于宋代，盛行于北宋。清代康熙年间，安徽芜湖铁画才自成一体，并逐渐享誉四海。

铁画是以铁为墨，以砧为砚，以锤代笔锻制而成。铁画的品种分为三类：一类为尺幅小景，多以松、梅、兰、竹、菊、鹰等为题材，这类铁画衬板镶框，挂于粉墙之上，更显端庄醒目；第二类为灯彩，一般由4至6幅铁画组成，内糊以纸或素绢，中燃银烛，光彩夺目，动人神魄；第三类为屏风，多为山水风景，古朴典雅，蔚为壮观。

芜湖濒临长江，交通便利，曾为中国四大米市之一，自古以来铁冶业就十分发达。发达的冶铁业和高超的锻技，为芜湖铁画的创造提供了先天的基础和条件。

芜湖铁画锻铁为画，鬼斧神工，气韵天成。芜湖铁画以历史悠久、风格独特、工艺精湛、技艺高超著称于世。芜湖铁画始于明末清初的康熙年间，由芜湖铁工汤天池与芜湖画家萧尺木相互砥砺而成，至今已有300多年历史。芜湖铁画源于国画，具有新安画派落笔瘦劲简洁、风格冷峭奇倔的基本艺术特征，是纯手工锻技艺术。它以铁为原料，经红炉冶炼后，再经锻、钻、抬、压、焊、锉、凿等技巧制成。既具有国画的神韵，又具雕塑的立体美，还表现了钢铁的柔韧性和延展性，是一种独具风格的艺术。

物质文化与语言、艺术、价值观、规范等非物质文化之间有着相互影响、相互作用的关系：一方面，人类是在一定的文化观念及社会规范的引导下创造物质；另一方面，人类创造出的物质又在一定程度上影响人们的规范和观念。例如，计算机和互联网等物质的出现，正改变着社会互动和交往的方式，也改变着人们的观念，同时也需要我们建构新的规范来适应这种新的互动方式。

·第二章·

从自然人到社会人——一个人的成长历程

第一节　一个人是怎么长大的——社会化是一个不断深入的过程

狼孩与天性——关于人之初的思考

我国古代启蒙读物《三字经》上提到"人之初，性本善"。而我国古代伟大的思想家荀子主张"性恶论"，认为人的本性具有恶的道德价值。西方的宗教里，认为人生来就是有罪的。关于人类天性的问题，从古至今一直是一个人类永恒思考的话题。

1920 年，在印度加尔各答附近的一个山村里，人们在打死大狼后，于狼窝里发现了两个由狼抚育过的女孩，其中大的年约七八岁，被取名为卡玛拉；小的约两岁，被取名为阿玛拉。后来她们被送到一个孤儿院抚养。阿玛拉于第二年死去，卡玛拉一直活到 1929 年。

孤儿院的主持人 J.E. 辛格在他所写的《狼孩和野人》一书中记录道：印度"狼孩"刚被发现时用四肢行走，慢走时膝盖和手着地，快跑时则手掌、脚掌同时着地；她们总是喜欢单独活动，白天躲藏起来，夜间潜行；怕火和光，也怕水，不让人们替她们洗澡；不吃素食而要吃肉，吃时不用手拿，而是放在地上用牙齿撕开吃；每天午夜到清晨三点钟，她们像狼似地引颈长嚎；她们没有感情，只知道饥时觅食，饱则休息，很长时间内对别人不主动发生兴趣。不过她们很快学会了向辛格的妻子去要食物和水，如同家犬一样。只是在一年之后，当阿玛拉死的时候，人们看到卡玛拉"流了眼泪——两眼各流出一滴泪"。

据研究，七八岁的卡玛拉刚被发现时，她只懂得一般 6 个月婴儿所懂得的事，花了很大气力都不能使她很快地适应人类的生活方式，两年后才会直立，6年后才艰难地学会独立行走，但快跑时还得四肢并用；直到死也未能真正学会讲话：4年内只学会6个词，听懂几句简单的话，7年时才学会45个词并勉强地学几句话。在最后的3年中，卡玛拉终于学会在晚上睡觉，她也怕黑暗了。很不幸，就在她开始朝人的生活习性迈进时，她死去了。辛格估计，卡玛拉死时已16岁左右，但她的智力只相当于三四岁的孩子！

狼孩在完全没有人类的环境下成长，身上就带有了动物的特征；那么，从小就在与世隔绝的孤立环境下长大的孩子，他们的行为又会是怎么样的呢？

派尼斯1981年研究了一个叫珍妮的人的案例。珍妮在18个月左右的时候，被锁在一间小屋子里，发现她时，她已有13岁。她童年的许多时光是在一个小便桶椅上度过的，她父亲把她捆在小椅子上，一待就是许多昼夜。没有被捆在椅子上时，她就被放在婴儿床上，置于一个没有窗户的房子里。她的瞎子母亲被允许给她喂食，但父亲不让她们在房子里发出任何声音。她的父亲、哥哥甚至不与她说话，确切地说，他们对她像使唤狗一样。发现她时，珍妮已是一个消瘦憔悴、情感受滞的少女，她根本不会说话。医生没有发现珍妮有任何生理上的缺陷，心理学家认为是由于长期的社会隔离，剥夺了她说话的能力。珍妮后来被带到医院接受治疗，在那里，她似乎懂得了一些单词，但待了一年后，她还不能说话，尽管在许多方面她都取得了进步，例如，学会使用厕所，但是她从未掌握说出一个完整句子的技能。

安娜也是一个这样的案例。安娜是个私生子，母亲由于害羞，生下安娜后，便把她藏在一间房子里，不与人接触。发现安娜时，她已经6岁半了，当时还不会走路、说话、自己吃饭，也不会保持自己的个人卫生。她没有任何情感表达，对人十分冷漠。安娜被发现后，首先被送到一个智残儿童之家，尔后又送到一所育婴所。她的社会技能逐渐提高，到11岁她去世的时候，她已开始学会说话。

当然，儿童在与世隔绝的环境中成长的例子是极个别的情形，但我们可以从他们的案例中得出结论，人最初是一张白纸，并不像其他小动物一样具有动物的天性，比如鸭子生下来就能找水和游水，人类的知识与才能不是天赋的，直立行走和言语也并非天生的本能，所有这些都是后天社会实践和劳动的产物。而刚出生的婴儿要想成活下来并成长为人类的一员，就必须与他人有正常的互动，必须向他们学习如何思考和行为。这种互动和思考学习的过程就是所谓的社会化。社会化的定义是：一个人获得自己的人格和学会参与社会或群体的方法的社会互动。

一个新生儿不管出生在什么地方，不管文化内涵上存在多大的差异，儿童社会化的过程大致都是相似的。婴儿通过与他人的互动和学习，慢慢地实现了一个从人类动物到具有一定能力、获得独立人格的社会人的转化。当人们度过他们的童年的时候，他们已经被教会了社会所期待的行为模式、语言、技能，以及如何去扮演一系列的角色。即使在成年之后，社会化的过程仍在继续，他们会不断学习新的社会技能（比如工作），并不断适应新的社会角色。

其实，社会化贯穿了一个人的整个一生，从出生、童年、少年、青年、老年直至死亡。社会化是一个深入和持续的过程。

淘气与教养——这样实现人的蜕变

当人们提到"淘气"的时候，一定是在说小孩子，因为一个成熟的、正常的人是不会有那种行为的。正因为小孩子正处在成长的道路上，因此，他们做出一些被认为不正常的事情时是可以容忍并能加以教化的。

西汉刘向的《列女传·卷一·母仪》中写道：孟子小的时候，父亲早早地死去了，母亲守节没有改嫁。他们就住在墓地旁边。有一次，孟子就和邻居的小孩一起学着大人跪拜、哭嚎的样子，玩起办理丧事的游戏。孟子的母亲看到了，皱起眉头说："不行！我不能让我的孩子住在这里了！"孟子的母亲就带着孟子搬到市集靠近杀猪宰羊的地方去住。到了市集，孟子又和邻居的小孩学起商人做生意和屠宰猪羊的事。孟子的母亲知道了，又皱皱眉头说："这个地方也不适合我的孩子居住！"于是，他们又搬家了。这一次，他们搬到了学校附近。每年夏历初一这个时候，官员到文庙，行礼跪拜，互相礼貌相待，孟子见了，一一都学习记住。孟子的母亲很满意地点着头说："这才是我儿子应该住的地方呀！"

孟轲的母亲为选择良好的环境教育孩子，多次迁居，以防他学坏。后来，大家就用"孟母三迁"来表示人应该要接近好的人、事、物，才能学习到好的习惯！

我国古代启蒙读物《三字经》里很早就有"人不学，不知义"，"苟不教，性乃迁"之说，于是人们很早也就明白了，人是需要教化的，教化是需要一个过程的。那么人到底怎样才会成其为人？教化又是怎样的一个过程呢？

人从出生到6岁时是完全依赖于他人的，此后在正式成人之前还必须在某种程度上依赖他人的直接帮助。正是在这一段时间里，人逐渐地摆脱了"淘气"获得了"教养"，逐渐掌握了基本的生存能力、学习能力以及社交技能等。

科学研究表明，人最初根本不具备任何社会本能。人类的生存技能和科学知识都是在社会生活过程中通过学习慢慢积累起来的。在婴儿的成长过程中，与母亲的互动对婴儿的成长有着十分重要的作用。母亲和婴儿的互动（比如怀抱和亲吻）不仅满足了孩子身体生长发育的需求，也会影响到孩子的情感。一项对比试验表明，经常接受母亲抚摸的婴儿神经系统发育得快，比其他婴儿更活跃，体重增加的速度会比那些不受抚摸的婴儿快47%。如果最亲近的人长期不能在亲密距离中相处，会导致情感缺失，甚至会在生理上出现不良反应。

美国威斯康星大学的心理学家哈洛对恒河猴做过一个实验，在一个笼子中设置两个"母亲"，哈洛用铁丝做了一个代母，它胸前有一个可以提供奶水的装置；然后，哈洛又用绒布做了一个代母。他写道："一个是柔软、温暖的母亲，一个是有着无限耐心、可以24小时提供奶水的母亲……"一开始，哈洛把一群恒河猴宝宝和两个代母关在笼子里，很快，令人惊讶的事情发生了。在几天之内，猴宝宝把对猴妈妈的依恋转向了用绒布做成的那个代母。由于绒布代母不能提供奶水，所以猴宝宝只在饥饿的时候才到铁丝代母那里喝几口奶水，然后又跑回来紧紧抱住绒布代母。当把绒布代母拿走之后，猴子们产生了严重的行为问题。哈洛和他的同事证明了："接触所带来的安慰感"是爱最重要的元素。

心理学家施皮茨比较了两组孩子：一组是在监狱托儿所中受到自己母亲照顾的孩子；另一组是在孤儿院中由称职的保姆看护而没有得到自己母亲亲自细心照料的孩子。虽然在孤儿院孩子刚入院后在身体素质、发育和智力指标上要高得多，但是不到4个月，这些指标就开始下降，情况并不断变化，他们不会说话，不会自己进食，也养不成清洁习惯。监狱托儿所的婴儿却在健康成长，因为他们在生命头12个月里与其母亲有着密切的感情交流。

对儿童安全的巨大威胁则是与母亲分离所造成的创伤。婴儿和幼童应该与母亲（或是长期充当母亲的人）有个温暖、亲密和连续的关系，婴儿和母亲双方在这关系中都能得到满足和愉快；这对于人格的健康发展是必不可少的。约翰·鲍尔贝说："生命的头3年中长期的分离（指母子关系）对孩子的人格有着特有的影响。在临床上，这种孩子感情淡薄，十分孤僻。他们不能开展与其他孩子和成人间的正常联系，从而得不到名副其实的友谊。"

从婴儿成长为成人有一个漫长的过程，婴儿时期只有一些简单的情绪和表情，随着时间的推移，婴儿慢慢地成长，他开始能区分自己的父母亲与别人，随后能对母亲的微笑和表情做出回应，直到学会了走路、学习。孩子在与父母亲的互动交流和周围的人的模仿学习下，慢慢长大，成长为一个真正意义上的人。

自我肯定来自于别人的肯定——镜中我

随着人的不断成熟，每个人都会在心里问这样的问题："我是谁？"这就是自我认识的开始。从古至今，人们探讨人类对于自我的认识这个问题就从来没有停止过。古希腊大哲学家亚里士多德说过，"人天生是一种政治动物"，所以，"他要么是一位超人，要么是一个鄙夫"，或者，"要么只是禽兽，要么是个神"。近代科学和政治学的重要奠基人霍布斯说，人是自私的，是追求自己利益最大化的极端的个人主义的东西。法国思想家蒙田则说，人是一种奇妙的、无聊的、浮躁的、反复无常的东西。那么人到底是什么呢？

19 世纪末和 20 世纪初的社会学家和社会心理学家库利认为，人事实上是无法在没有人的环境下认识自我的。库利提出，人对自己的了解实际上是通过他人对自己的看法来获得的。

库利是美国早期著名的社会学家和社会心理学家，他对传播与人的社会化问题进行了深入的研究，并提出了"初级群"和"镜中我"的概念。"镜中我"是社会角色和社会互动的经典概念，是库利在 1909 年出版的《社会组织》一书中提出的，源自库利对自我的反映特征的一个比喻：每个人都是另一个人的一面镜子，反映着另一个过路者。

库利认为，一个人的自我观念是在与其他人的交往中形成的，一个人对自己的认识是其他人关于自己看法的反映。人们总是在想别人对自己的评价之中形成了自我的观念。"一个人对于自我有了某种明确的想象——即他有了某种想法——涌现在自己心中，一个人所具有的这种自我感觉是由别人思想的、别人对于自己的态度所决定的。这种类型的社会我可以称作'反射的自我'或曰'镜中我'。"因此，认识自我是在与他人的联系中形成的，这种联系包括三方面：关于他人如何"认识"自己的想象；关于他人如何"评价"自己的想象；自己对他人的这些"认识"或"评价"的情感。

按照库利的说法，"自我"是社会的产物，其发展经历了三个阶段：设想自己在他人面前的行为方式；做出行为后，设想他人对自己行为的评价；根据自己对他人的评价的想象来评价自己的行为。简单地说，就是他人是一面映照自己的镜子，我们从他人那里感受到自己和理解自己，就像照镜子一样。

　　库利提出"镜中我"的概念，用以强调个人与社会之间有机的和稳定的联系。他认为问题不在与承认个人或社会哪一个处在优势，而是要考虑个人如何存在于群体之中，以及群体如何存在于个人之中。与他的群体论相一致，他假定："一个单独的个体是未曾经验过的抽象；同样，一个社会，当被视为与个体分离的事物时也是如此。真实的是，人的生活可以从个人方面去考察，也可以从社会的即总的方面去考察。"

　　在家庭中，孩子通过父母赞同或者反对形成自我意识；通过注意父母的手势和话语，并开始认识到父母的期望、评价和意见，并通过惩罚获得对父母反对意见的认知。由此，一个淘气的孩子渐渐地成长为社会可以接纳的人，成为一个有教养的人。

不要小看孩子的"过家家"——角色借用

　　每个人在小的时候都玩过"过家家"的游戏，四五个小孩在一起，一个演"爸爸"，一个演"妈妈"，剩下的分别演"兄弟姐妹"，这下家里的人员就组织齐全了，然后孩子们就模仿成人世界里的活动，比如，"妈妈"开始做饭了，"爸爸"出去买酱油了，"哥哥姐姐"带着"弟弟妹妹"出去玩……

　　"过家家"，是在不同文化背景下的孩子们所共同拥有的一种游戏。不要小看孩子们天真的"过家家"，因为这是小孩子们人格发展过程中自我意识的萌芽，是他们意识到自己与父母之间存在很大差异的开始，应该说是每一个孩子成长为具有独立人格的人的必经过程。社会学上把孩子们开始模仿自己之外的人的行为活动称之为"角色借用"。

　　角色借用最初是由乔治·赫伯特·米德提出来的。乔治·赫伯特·米德是一个符号互动论发展中最重要的人物，他认为他自己主要是一个哲学家。他的著作为社会学家们所接受，主要是由于在他死后他的学生发表了他在芝加哥大学的讲学笔记。

　　米德认为，在孩子出生的最初几个月里，他们并未意识到自己与他人是有所区别的。随着语言的发展和符号的理解，自我概念开始发展。当孩子们在思维中把自己当作客体并与其他事物区分开来加以想象和思考的时候，自我就形成了。他们可以与自己的自我"交谈"，可以对自我作出反应，他们本身形成了自我的客体。

米德将自我分为两个部分："主我"与"客我"。"主我"包括每个人自发的、独一无二的"自然"特征，如在每个正常婴儿和儿童身上都有的无约束的冲动和动力。"客我"是自我的社会部分——对社会要求的内化和对那些要求的个人意识。"主我"首先发展起来。由于婴儿必须首先领会社会对他们的期待，因此"客我"要经过很长时间才得以出现。米德认为自我的发展包含主我和客我之间的一系列连续交流，在这种交流过程中，主我不断地对变化着的客我作出反应。

从米德的观点看，客我在社会化过程中经历了三个极不相同的阶段，有三种形式：模仿、嬉戏与群体游戏。

模仿阶段包括人的一生中最初的两年时间。在这个阶段，儿童仅仅从事米德所说的与父母"手势交流"活动，模仿父母的动作。在这个时期，真正的"客我"尚未发展起来。

第二阶段或嬉戏阶段从两岁开始，大约持续几年的时间，这时孩子开始从事角色借用：他们把自己想象为处于他人的角色或地位，从而发展起从他人的角度看待自我与世界的能力。这一时间是最先使他们发现自己的思想和目标与父母未能满足他们某种或多种需求从而遭受挫折的时候。

起初，儿童开始借用的角色是重要他人的角色。重要他人即指与儿童相处十分密切、同时对他们自我发展影响最大的那些人。一般来说，第一个重要他人是父母或代理父母之职者；到后来，兄弟姐妹、家里的朋友以及其他一些非亲非故者陆续加入到儿童的借用角色之中。在这个阶段，当儿童模仿他人角色的时候，他们实践着重要他人所期待的态度和行为。儿童也许首先演偷饼干的坏孩子，然后假装呵斥坏孩子的父母，最后扮演解决问题的警官。就是在这个阶段，儿童才开始第一次把自己看作社会客体："我在做此事"、"他要糖果"。虽然"客我"在这个阶段得以发展，但儿童还是不能理解角色借用的意义，他们只是在玩耍生活中的社会角色。

三四岁以后，一个人的群体游戏阶段就立即开始了。在这个阶段，儿童开始走出家庭，与更多的人和群体发生联系，同时他们也把家庭看作他们所隶属于的群体。儿童开始关心非家庭群体、包括作为整体的社会中所扮演的角色。他们发展起了一般意义上人们对他们的要求和期望的观念，即米德所说的一般他人。在游戏中，如玩垒球，儿童必须考虑许多人在同一时间扮演许多不同角色时的相似行为。他们必须知道周围的整个情势。这样做时，他们借用的是一般他人的角色。当能够这样做时，他们已将"社会"内化了，"客我"的形成过程已经完成。

白领出逃是社会进步还是认同危机——认同危机

生活在农村或城郊的人们，谁不渴望到大都市去生活，各种各样的人才如潮水般涌进大城市的现象已经不再新鲜。然而新鲜的是，在上海工作的白领们宁愿放弃当下令人艳羡的工作，而甘愿到其他相对较小的城市去生活。就像围城一样，出去的人想进去，进去的人想出来，这到底是怎么一回事呢？

在快节奏的工作与生活压力下，越来越多的上海白领觉得自己身心俱疲，却找不到目标。为了消除焦虑、减缓压力，一些白领索性辞去工作，移居到其他城市，寻找另一种相对轻松的生活方式。

白领的出逃并不仅仅是因为工作压力过大的问题，在身份认同上的强大危机才是白领出逃的最大原因。白领们是一个光鲜的称谓，表面上有优厚的薪水，但巨大的生活压力和风险预期的不成比例，让白领阶层的焦虑有升无降。不断疯涨的房价、令人生畏的医疗费、居高不下的失业率，既可以让那些社会底层群体"买不起房、看不起病"，并成为阻遏他们向上流动的经济瓶颈，当然也会时刻威胁着中产者看似体面风光的生活，蚕食乃至吞噬他们所谓的高薪，使其备感生活的易碎。

与"上海部分白领欲移居外地"相联系的一个数字是，我国社会的中产阶层的认同意识正在下降，甚至比10年前的认同度还低，并且有关研究表明，很长一个时期以来，大约有5%的人不能保持中间收入位置，他们绝大部分遁入了社会收入的最底层。也有学者从统计学上验证了中等收入者的脆弱性、不稳定性。由此看来，正是认同危机的产生，导致了白领的"出逃"倾向。

更进一步说，上海部分白领欲移居外地是白领阶层对对未来不确定性恐惧的显现，因为当下的中产阶层面临的道路非常狭窄：要么努力进入高收入群体，要么往下走，返贫为低收入群体。当二者都不可得的时候，"出逃"似乎成了个体理性的一项选择。

占人口绝大多数的社会中下层和下层占有很少的社会资源份额，占人口少数的上层和中上层垄断了绝大多数的社会资源。这种两极化趋势严重限制了中产阶层的发育和成长：一方面强势精英群体垄断的资源过多，攫取了本应当由中产阶层等其他阶层占有的资源份额；另一方面弱势阶层由于自身素质的限制和现有的束缚，不能顺利实现向中间阶层的社会流动。说到底，认同危机才是白领出逃的真正原因。

认同危机使白领感受到了来自工作和内心的双重焦虑。自我身份无法得到社会的认同，使身处在大都市之中的白领感觉到了空前的孤独感，于是他们选择了远离。

认同危机并不是只发生在人生的这一个阶段，其实在人生的各个阶段它都会发生，并随着人一生不同时期的发展而变化。认同危机是著名社会学家艾里克森提出的一个重要概念，他认为人格发展的每一个阶段都由"认同危机"产生，通过对危机的解决，人获得了一个稳定的自我，他将自我的发展分为 8 个阶段。

（1）婴儿期的信任和不信任。在婴儿时期需要得到了满足，就会产生信任；反之，就会孕育一种基本的不信任。信任与不信任的危机会对人的一生产生重要影响，但随着世事的发展和认识的提高与改变，信任与不信任也会发生转换。

（2）儿童早期的自主与怀疑。随着儿童运动机能和大脑智力的发展，自主（独立的感觉意识）开始出现。如果父母能够让孩子做力所能及的事，就会让他们感受到自己有能力控制自己的肌肉、冲动、自我以及周围的环境。当然，在实践的过程中，儿童有时候会怀疑甚至害羞。此时，如果父母没有耐心而代替儿童去做的话，就强化了儿童的怀疑意识。在儿童进入其他发展阶段后，就会感到更加害羞和怀疑，而不是自主，从而影响到人的自主意识的获得。

（3）学龄前的主动与内疚。在差不多能够上学的时候，儿童已能控制自己的身体。在这个阶段，孩子开始尝试创造，不过孩子对自己创造的认同主要来源于父母的评价，如果父母否定孩子的行为，就可能使孩子产生一种强烈而持续的内疚感。

（4）学龄早期的勤奋与自卑感。在小学阶段，儿童希望能够对事物的道理获得了解，如果成年人鼓励儿童努力去探讨，譬如搭房子，就会加强儿童的勤奋感；但父母如果把孩子的努力看作是"捣乱"或"调皮"，或者要求儿童遵守成人的规则，就会使儿童产生自卑感。

（5）青春期的认同与角色混淆。进入青春期的时候，孩子的身体发生了变化，看待世界和思考问题的方式也有了重大的改变。这是因为他们的角色结构发生了较大的变化，特别是增加了一些新的角色，如男友、女友、运动员、学者及许多其他的角色。如果这些角色能够顺理成章地进入，而且在此之前已经形成了较强的信任感、自主感、主动性和勤奋感，那么，进入青春期后就比那些没有形成这些感觉意识的人有更好的机会获得强烈的自我认同感和避免角色混淆。

（6）青年时期的亲密与孤独。在艾里克森看来，亲密是指一个人在无须虑及自我认同丧失的情况下热爱另一个人和关心另一个人的能力，如果不能与他人亲近，就会生活在孤独之中。而亲近他人的能力在很大程度上又取决于自我认同的强度。

（7）中年期的代际关怀与自我沉浸。进入中年的人，已有了丰富的人生阅历，他们的关怀也因此超出了自己的家庭，更关心下一代的成长，关心下一代的生活状况。这就是艾里克森的"代际关怀"。如果这个年龄的人没有形成代际关怀，就会沉溺于自我，个人的需要和舒适就会成为他们的主要关怀。

（8）老年期的完美与绝望。这是人生的最后阶段，在这个时期的人已有了更多的时间来思考，如果人对自己的一生感到满足，就会产生完美的感觉；否则，如果后悔自己在一生中的过失和丢掉的机会，就会陷入绝望之中。

留守儿童为什么性格孤僻——社会环境的影响

什么是留守儿童？"留守儿童"，是指父母双方或一方流动到其他地区，孩子留在户籍所在地并因此不能和父母双方共同生活在一起的 14 周岁及以下的儿童。其前提条件是：

第一，他们是儿童（年龄在 14 岁以下）。

第二，他们的父母双方或一方常年流动到其他地区，不在自己身边。

第三，他们留在户籍所在地，被寄养在祖辈或父母的亲戚朋友家里，而他们的日常费用开支由父母提供。

留守儿童主要分布在农村地区，农村留守儿童是关注的重点对象。"有一个比较准确的数字，全国第五次人口普查结果显示，中国流动人口超过 1.2 亿，随父母亲进城的农民工子女则有近 2000 万，其中学龄儿童占 44%，有 800 多万。"

他们的父母外出务工，他们被寄养在爷爷奶奶、外公外婆等祖辈家里或其他亲戚家中，而自己的家里则长年无人居住，这样的儿童长期处于一种亚家庭状况，得不到父母亲情，家庭教育也存在着严重的危机。

父母在外打工致使留守儿童的生活中缺乏亲情，而亲情关系直接影响到孩子的行为习惯、心理健康、人格与智力发展。研究表明，亲子抚养比隔代抚养和寄养能更好地促进儿童的身心健康发展。由于父母不在身边，留守儿童长期缺乏亲情的抚慰与关怀，往往焦虑紧张，缺乏安全感，人际交往能力较差。

亲情的缺乏和家庭教育的缺失，致使对于孩子的成长缺乏足够的关注和指导。

而青少年正处于情感、性格变化的转折时期，长期与父母分离，极易使他们的性格变得内向、自卑、悲观、孤僻。

另外，通过调查发现，在留守儿童中，放纵溺爱型家长的比例比其他儿童中的比例要高得多。究其原因，主要是监护人管不了、不敢管、不会管，外出父母则管不够、舍不得管，留守孩子几乎生活在无限制状态下，无形中助长了其自私任性、霸道蛮横、逆反心理重、以自我为中心等极端性格。而且随着父母外出时间长短而发生变化，一般显示为时间越长，性格变化越快，且年龄越小，变化越大。

外出务工的父母，一般都从事体力劳动，收入微薄且工作也比较繁忙，没多少空闲的时间，他们往往常年在外，很少回家。一般一年以上回家一次，个别家长 5 年以上没有回过家。"留守儿童"主要是通过书信、电话与父母进行联系，但次数很少，一般要一个月左右才联系一次，有的半年以上联系一次，有的甚至一年到头几乎没有联系。

总体来说，外出务工的父母与子女之间的沟通较少，鉴于联系的方式多是电话，往往无暇顾及到孩子的学业、品德和心理状态等问题。

由于父母不在身边，儿童和监护人之间的关系特殊，只要不犯大错，监护人对孩子的行为一般都采取认可态度。由于缺乏及时有效的约束管教，部分留守儿童纪律散漫，存在行为偏差。调查中发现，许多留守孩子在家里不听祖辈教导，在学校道德品行较差，不遵守规章制度，常有迟到、旷课、逃学、说谎打架、欺负同学、向小点的同学索要钱物等行为，有的迷恋桌球室、网吧和游戏厅，甚至与社会上一些有不良习气的成人混在一起。对留守孩子的种种行为问题，监护人、家长、学校等方面都感到难以控制。

由于父母不在身边，当孩子们有心事时，找不到一个合理的倾诉渠道，所以一些消极的情绪会慢慢郁结在心中，无法得到有效疏导。中小学生正处于身心迅速发展的时期，对自身变化、学业压力、人际交往等方面有独特的理解与认识，也产生了许多烦恼与冲突。这时，他们需要畅通的倾诉渠道，更需要正确的引导。但由于远离父母，缺少了起码的与父母交流的机会，而爷爷奶奶往往无暇顾及他们的情绪情感变化，常引发如感情脆弱、自暴自弃、焦虑自闭、缺乏自信、悲观消极等种种心理病症，这对他们的心理健康是极为不利的。据调查，留守子女宣泄烦恼的途径，占 51.2% 的人选择"憋在心里不说，写日记"，选择"和同学或朋友说"的占 23.5%。由于缺乏或者不愿意采取与监护人或老师交流这些正式的宣泄方式，过半的孩子积压忧郁，必然产生自卑心理，所以，在留守儿童当中，极易形成这种畸形心理和孤僻的性格，心理问题的形成是一个长期的过程，其解决也是一个长期的过程。

据社会学家的有关调查显示：从留守儿童对家庭生活期望上看，54.5%的留守孩子希望"和爸爸妈妈在一起"，希望"和亲戚共同生活"占8.6%，希望"一个出去一个在家"占36.9%，这表明孩子当前有严重的"亲情饥渴"。尽管如此，35.6%的留守子女却表示与在外打工的父母相处时感到生疏冷漠、交流困难，可见长期的分离和缺乏联系使得亲子关系会出现障碍，甚至出现"亲生后母现象"，这无论对父母还是孩子来说，都会造成一种心理上的巨大创伤，尤其是对孩子来说，可能会使他们将来出现性格冷漠等许多心理疾病，严重影响他们将来的健康发展。

在了解留守儿童心理感受时，发现回答"看到别的小孩和父母在一起感到难受"比例最高，占到41.3%；"孤单无助，感到被遗弃"占到27.7%。可见，亲子关系缺失对留守子女的心理健康、人格发育带来了严重后果。甚至还有6.6%的子女表示有过"有离家出走"等念头或行为。可见，亲子关系缺失给这一群体的心理健康发展蒙上了浓厚的阴影。

自有人类历史以来，最重要的社会化群体一直就是家庭。这种连续不断的重要性源于它在一个人一生中关键的头几年中所处的最初社会化主体的地位。社会化是从家庭开始的，在这里孩子们学会认识他们是谁，他们能够和应该从他们的社会期望些什么，这个社会对他们期望什么。

在完成社会化任务的许多方面，家庭都是理想的场所。因为家庭是一个初级群体，其成员之间有大量的面对面的接触，儿童行为能得到密切的注视，错误和不宜的行为可以在早期就被发现并得到纠正。由于留守儿童的父母不在身边，不完整的家庭不能担负起孩子最初社会化的责任，再加上其他的一些社会化机构对孩子们产生的不良影响，很容易导致留守儿童心理和性格上的问题。

是谁在教育你的孩子——大众传媒的影响

大众传媒指的是传播到广大人群之中并对你产生影响的传播方式，尤其是指报纸、杂志、电视和广播。在大众传媒出现之前，信息传递速度很慢，主要靠口头传达。现在的信息几秒钟之内就能一下传遍全世界。人们只要轻轻按一下按钮，就可以轻松地看到自己想看的新闻、电影、电视剧。因此，现代的儿童已经成为"电视的一代"或者"网络的一代"，因为电视、网络等传播的公开性，成人和儿童之间不再有秘密，儿童迷失在了如此强势的成人信息网络系统中。

在现代社会，大众传媒已经成为社会成员获取信息和社会生存资源的重要途径，报纸、电视、电影、杂志和互联网等传播媒介在给人们带来快捷和便利的同时，也表现出了诸多弊端。从 20 世纪早期学者们不断忧虑的电视问题开始，至今人们没有停止过对它的关注。如果那个时期有识之士担心的还仅仅是电视减少了家庭成员的交流、造成未成年人阅读时间减少和观众"傻瓜化"倾向等，那么现在这些问题非但没有减少，还暴露了更多的其他问题，并且日益显性化。

1. 向往超自然的魔幻力量，脱离现实社会

从"哈利·波特"现象的风靡全球，到《指环王》、《午夜惊魂》的离奇惊悚，此种情节离奇、悬念跌宕的惊险刺激的故事片，一度为人们所津津乐道。这些电影的走俏使许许多多的儿童沉迷其中，脱离现实生活。

2. 影响孩子们价值观的形成

演员作为一种特殊符号，通过大众传媒传递一种新的审美标准，毫无辨识能力的孩子们盲目地模仿演员们怪异的神情举止和奇异的着装搭配。如果是女性，一般要有暧昧的眼神、扭动的腰身、奇异的装扮；歌词要有爱，最好是痛不欲生、欲罢不能的爱，歌声也可以不圆润优美，呼喊嚎哭、捶胸顿足皆可。现代社会，如果哪天打开电视、报纸、杂志或者互联网，想不看到上述那些新鲜的时尚都不行。多少父母在问："电视里出现成年男女亲热的镜头时，我该不该把 4 岁孩子的眼睛蒙起来？"问题是，如果真要蒙的话，那只好让孩子成天戴着眼罩生活了，因为家里电视机可以不看，走在大街上广告牌是没法不看的。不论静态广告还是动态广告，动辄就是俊男靓女，很多内容在宣传产品的基础上迎合大众的口味，以媚俗的形式出现，深刻影响到孩子的价值观的形成。

3. 广告误导儿童的消费，损害儿童的身心健康

儿童广告会刺激儿童购买欲，并能通过儿童来影响父母的购买行为。有调查结果表明：孩子对家庭消费的平均影响力已超过 25%；在与孩子的生活密切相关的消费品方面，孩子的平均影响力约达 60%。他们太容易受广告的影响。电视广告轻易地操纵着儿童的信念和喜好。在传媒的误导下，他们只想通过消费满足自己的愿望，提高自己在伙伴中的地位、威信。大众传媒，尤其是广告，不仅刺激儿童消费，而且对他们产生不良影响。

4. 对暴力的崇拜，增加儿童暴力行为

影视文艺作品中常常拿黑社会、黑势力、流氓、打斗、施暴作为渲染的噱头，以吸引人们的眼球，成为媒体的卖点；网络游戏中风起的枪杀等都大大激起了儿童的暴力倾向。此外，大众传媒中的暴力，并非单是杀人、放火、流血等，任何有明显而具体的语言或行为的使人屈服而无论是否有伤亡的情景均属暴力。

口语暴力、武器暴力、物品暴力均为暴力的展示方式。传媒中渲染的暴力或"软暴力"，容易给儿童造成错觉，以为现实世界就是这样。另外儿童还有极强的模仿能力，容易模仿暴力节目中的情节、手段。

5. 对性题材的滥用

出于吸引观众的需要，大众传媒无一例外地在其文本中加入了越来越多的性题材，从原先的遮遮掩掩、欲说还休，到后来的大胆挑逗，再到现在许多时段加长或篇幅加大的亲吻、抚摩、器官展示。如果说在"欲说还休"阶段还讲究些许唯美色彩的话，现在对人体器官的夸张突出，已经将人的视觉和感官还原为蒙昧状态，但即使是这样，文本的设计者似乎还担心不能吸引观众持久的关注，连卖牙膏、汽水、奶糖的广告统统都用上了性暗示。这种情况不仅在以普通大众为定位对象的大众传媒中存在，而且还在向似乎更为理性和高雅的学术杂志中蔓延，其学术表述方式也充满另类特征。

生活条件的改善提前了人们生理的成熟期，再加上大众传媒有意无意的"性刺激"，强化了青少年的性幻想，但没有合适条件承载的性刺激是令人担忧的。

说到底，大众传媒无法避免商品规律的影响。为争取大众收视率而不可避免的媚俗倾向，使得大众传媒承载的信息难免鱼龙混杂、良莠难辨。电子传媒的形象性、直观化使今天的儿童习惯于"看"而怠惰于"想"，"眼球文化"带来的是思想的浅薄和思考力的下降。电视瘾、电子游戏瘾、网络瘾毁掉了孩子的学业前程和身心健康，色情黄毒、暴力犯罪使花季少年迷失本性、堕入深渊。

现在很多教育专家都承认，大众传媒已经成为影响儿童成长的与学校、家庭、同龄伙伴并列的第四大因素。据我们了解，凡是孩子受传媒负面影响而出问题的，其父母往往缺乏媒介指导的意识或缺乏有关传媒的知识。因而，应发挥各方力量，加强媒介指导，为儿童成长保驾护航。

（1）要加强对儿童的媒介指导。指导孩子科学合理地利用媒介，识别虚假信息，排除有害信息，选择科学、有效的信息。

（2）电视台应考虑电视节目的"时间分类"以及"内容分类"，为儿童专门设置频道或栏目；对街头广告进行清理。

（3）建议政府及相关部门鼓励和倡导作家、导演为儿童多创作高质量的知识性和文学性作品，大力发展儿童电视艺术。

（4）提高创作者的素养。媒体产品面世的背后是一群创作者，从编导、设计、策划到具体操作，直至最后成形，是许多人共同劳动的结果。精品创作需要有精品共识，在基本价值尺度上，首先需要在这个群体的合作上取得共识。在这个价值和意识形态日趋多样性的时代，如何获得这样的一致，尚需更高层面共同理念的建构和较长时间的消化。

（5）加强对儿童接触电视、录像和电子游戏机的引导和控制。向家长、教师介绍有关知识和技巧，不断提高儿童对电子媒介的分析能力。

青少年犯罪事件频发——同辈影响

"……少年智则国智，少年富则国富，少年强则国强，少年独立则国独立，少年自由则国自由，少年进步则国进步，少年胜于欧洲，则国胜于欧洲，少年雄于地球，则国雄于地球……"1900 年，梁启超在《少年中国说》一文中发出了如此振聋发聩的声音，曾激起了无数少年英雄以及仁人志士，为了中国的未来而前赴后继、舍生忘死，其中有倡导"博爱、改良、公天下"的少年孙中山，"粪土当年万户侯"的少年毛泽东，"为中华之崛起而读书"的少年周恩来……

少年时期，一个人世界观、价值观还没有完全形成，可塑性很强。也就是说正处于人生的拐点，如果教育得当，那么今日的青少年便是明日国家之栋梁；相反，如果教育不善，也很可能走上歧路。现在青少年犯罪事件已经不再是新鲜事。

目前，我国青少年犯罪呈现出犯罪问题突出和青少年犯罪低龄化的特点。据权威资料显示，我国 14 ~ 18 岁未成年作案成员占全部刑事作案成员的比例一直处于 10% 以上。14 ~ 25 岁的青少年作案成员占全部刑事作案成员的比例一直处于 50% 左右，有的年份甚至高达 63.7%。全国法院判处青少年犯罪类型的比例中"两抢"犯罪占了 70%，并且呈现低龄趋势。20 世纪 90 年代以来，青少年违法犯罪的初始年龄比 20 世纪 70 年代提前了 2 ~ 3 岁，15 岁以下的少年违法犯罪增多。

在调查中发现，青少年犯罪的原因除了学校和家庭教育不当的原因之外，不良的社会关系也是引发青少年犯罪的一大因素。社会交往对青少年社会化起着不可忽视的作用，绝大多数的犯罪青少年开始时并无明显犯罪动机，而是在社会交往中受到坏朋友的影响，引诱产生犯罪动机和参与犯罪的，这在偷窃、抢劫、流氓、斗殴犯罪案例中表现得尤为突出。对犯罪青少年的动机调查表明，26%的青少年作案的时候无明显动机，32%是由于朋友的怂恿、"激将"而"犯罪"，不良朋友间的影响、感染、怂恿不仅可以形成犯罪的直接动机，还往往对犯罪动机起着强化作用。若几个犯罪青少年纠集在一起活动，就会互相壮胆，增强犯罪的安全感，减轻罪恶感，认为许多人一起干犯罪活动就安全得多。不良交往不仅导致青少年犯罪数量的增加，而且促使犯罪情节、手段和后果变得更加复杂、严重使一些人从犯罪的"单面手"转变成"多面手"，从单干发展到结伙，这些犯罪分子互相传授犯罪知识、交流犯罪经验，使犯罪手段越来越高明，呈现犯罪的团体化和智能化趋势，后果越来越严重，导致许多恶性案件的发生。

在青少年犯罪中不良社会关系的影响，在社会学中被称之为同辈群体影响。所谓同辈群体又称同龄群体，是由一些年龄、兴趣、爱好、态度、价值观、社会地位等方面较为接近的人所组成的一种非正式初级群体。

同辈群体在青少年中普遍存在，他们交往频繁，时常聚集，彼此间有着很大的影响。同辈群体是一个人成长发展的一个重要的环境因素，尤其是在青少年时期，同辈群体的影响日趋重要，甚至有可能超过父母和教师的影响。青少年从家庭逐步走向社会，首先面对的就是如何进入同辈群体，并在群体生活中实现某种社会需要。有许多违法犯罪的青少年说，自己的行为都是在仿效自己身边的同伴，并不知道是违法的。

因此，可以说同辈群体是导致青少年犯罪的"催化剂"，对青少年的成长发展具有特殊的意义。美国社会心理学家 M. 米德甚至认为："在现代社会中，同辈群体的影响甚至大到改变传统的文化传递方式的地步。"同辈群体对青少年成长发展的影响既有积极的一面，又有消极的一面。下面是同辈群体对青少年发展的消极影响，它促使青少年逆向成长和发展，并造成破坏作用，主要体现在以下几个方面：

（1）同辈群体所承载的文化与社会主流文化存在着相悖的一面。

青少年群体性质的不同，传递的文化特质也不同。积极型群体往往载荷社会主流文化；中间型群体所承载的主要是同辈群体亚文化，它并非代表社会期望的主流文化；而且群体趋向于提供反权威的支持，引导与众不同的行为方式，甚至反社会行为，如结伴酗酒、抽烟、打架等，使群体的性质向消极型转化，从而其传递的文化也与社会主流文化背道而驰，对青少年成长产生不利影响。有关学者也指出了现代青少年文化异化现象，在价值观方面，他们过分关注自我，缺乏鲜明的是非观念，呈现文化理想主义倾向。这易导致人格扭曲、无法适应社会。

（2）同辈群体具有较强的凝聚力，但也表现出一定的自卫性和排斥性。

一旦群体形成属于自己的小圈子，"圈内人"就会构建出一道无形的屏障将自己与"圈外人"隔离开来。群体的归属感较强，这易使被排斥者产生孤立感，自尊心受损，影响到往后的情感表达，还可能导致在"报复心"驱使下的各种反社会行为。同时，它也不利于群体之间的信息交流，会抑制情感交流，阻碍社会化过程。

（3）群体内部非制度化的行为规范对成员的控制是非正式性的，随意性较强。

一旦群体内的规范与社会行为规范相悖时，群体内强大的无形的制约力会促使青少年屈从于群体行为规范，不利于青少年的健康成长，特别是由一些常有不良行为表现的青少年组成的同辈群体，他们经常聚集在一起对整个群体的健康成长会带来很大的消极影响，如少数群体内的成员会结伴抽烟、喝酒、打架、整天泡网吧玩游戏，甚至出现偷窃、抢劫、损坏公物等，成为青少年违法犯罪滋生地。另外群体内部的行为规则，也使师长不容易了解、掌握青少年的思想和行为的发展动向。

（4）维系同辈群体存在的单一的情感纽带，不具有稳定性，缺乏理性的指导，易导致意气用事。一旦青少年之间发生冲突，所属群体会凭着"朋友义气"，"有福同享、有难同当"等观念，不加思考地帮助群体成员解决各种疑难问题，这不仅不利于群体成员形成正确的行为模式，无助于他们培养正确处理人际关系的技能，还易形成反社会行为。若感性因素不加以理性指导，一旦群体内发生矛盾冲突，易导致群体内部分裂，更无益于青少年的社会化。

（5）青少年易受群体核心人物的影响，但这种魅力型权威也易导致盲目性。

青少年在思想和行为上追随核心人物，一旦他的言行偏离了正确的轨道，群体成员也会误入歧途，产生各种反社会行为。另外，同辈群体的活动有时与学校正常的教育教学活动争时间，一些青少年过于热衷于同辈群体开展的活动，而对学校正常的班集体的活动缺乏热情，从而影响到班集体的正常工作，对班集体的凝聚力会产生不利的影响，有时还会引发小群体成员集体逃学现象。

监狱犯人的劳动改造——再社会化

我国对判处死缓、无期徒刑、有期徒刑、拘役的反革命犯和其他刑事犯罪分子，凡有劳动能力的，都实行强迫他们在劳动中改造自己、改恶从善、成为新人的制度。1954年8月26日政务院颁布的《中华人民共和国劳动改造条例》，使这项改造犯人的政策法律化。

对罪犯实行劳动改造的方针是"惩罚管制与思想改造相结合、劳动生产与政治教育相结合","改造第一、生产第二",既对罪犯实行军事管制、强迫劳动,同时又耐心细致地进行思想政治教育,在生活上给予革命人道主义待遇,促使他们改恶从善,成为具有社会主义道德品质的劳动者。改造罪犯的思想,是根据中国共产党的政策和国家法律,针对案情性质、犯罪原因、政治态度、出身经历、教育程度、现实表现等情况,进行教育。在改造工作中,严禁虐待、肉刑和一切违法的管理方式。

为了避免犯人中的不良思想互相影响,有效地进行改造工作,根据犯人的不同情况实行分别关押,实行不同的管理制度。《劳动改造条例》第3条规定:对已判决的犯人应当按照犯罪性质和罪刑轻重,分设监狱、劳动改造管教队给以不同的监管。对少年犯应当设置少年犯管教所进行教育改造。

在我国的社会意识中,监狱被认为是堕落者的"天堂",一直是一个黑暗的角落,很少有人去关注。但从社会学的角度看,一个有过犯罪经历的人在监狱中进行社会改造之后,改过自新重新做人,那么也就是一个再社会化的过程。这种现象是社会学值得研究的一大课题。下面就有一个这样的案例。

2010年3月14日,一名持刀歹徒要向一名路人行凶,正路过此地的一个名叫钟音的男子挺身而出,在制止歹徒的过程中不幸被歹徒砍中了脖子的主动脉,最终因医治无效而身亡。事发后,钟音被深圳市授予见义勇为"治安勇士"的称号。

这并不是一个普通的见义勇为的案例,令人没有想到的是,这个见义勇为的勇士曾有过十几年监狱生涯,然而这样的经历和现在钟音这种英勇的行为,使人们对钟音更加好奇也更加敬佩。

钟音,1969年12月29日出生,吉林市人。1987年12月14日因抢劫被拘留,12月22日被逮捕。1988年1月23日,吉林市中级人民法院以抢劫、盗窃罪判处他有期徒刑16年,剥夺政治权利5年,刑期起止时间是1987年12月24日至2003年12月13日。通过这些数字我们可以看出,钟音在还不到18岁的时候便失去了自由,从此开始了身陷铁窗的囚徒生活。

进入监狱服刑,和其他囚犯一样,钟音也参加了劳动改造。吉林监狱刑罚执行科科长李维林说,钟音入狱时年龄小,比较冲动,起初常与其他犯人打架,在参加了监狱组织的"犯人家属规劝委员会"之后,整个人慢慢地发生了改观。后来,钟音考入监狱技工班,学习铆工技术,多次被评为优秀学员。两年以后从技工班结业，分配到三大队，从事铆工专业技术劳动。经过监狱几年的劳动改造，钟音逐渐对自己的罪行有了比较深刻的认识，开始参加监狱组织的政治文化学习，追求文化知识，积极改造自己。

钟音在劳动改造中表现突出，他自己学习掌握了劳动技术之后，还主动带领其他服刑人员学习劳动技术。监狱教育科因此把他聘为犯人兼职业余技术教师，钟音培训了一大批技术骨干。由于在服刑期间确有悔改表现，1992 年 1 月 31 日和 1994 年 1 月 31 日，钟音获得两次减刑，共减去 2 年 7 个月刑期。1995 年，钟音因病保外就医，保外就医期间没有违法犯罪行为，2001 年 5 月 13 日刑满释放。

吉林监狱的领导说："我们为钟音的先进事迹所感动，同时为他失去生命而悲痛。钟音抢劫犯罪，经过监狱改造后，浪子回头弃旧图新，在人民群众危难之时挺身而出，献出了自己的宝贵生命。监狱将迅速在全监服刑人员中开展向钟音学习的活动，学习他积极悔过自新、见义勇为的高尚行为。"

钟音曾是一个不到 18 岁就身陷铁窗的少年，有过抢劫的罪行，但是在劳动改造的过程中，他渐渐认识到自己过去的错误，并改过自新迎来了新的人生。

这种现象在社会学上被称之为再社会化。尽管社会化在整个生命周期都在进行，但我们所形成的人格大部分是建立在初级社会化过程中所习得的未发生变化的价值观的基础上的，建立在那时确立的自我认同之上。然而，在某些情况下，青少年或成人经历着一种再社会化过程，即忘掉旧的价值观和行为模式，接受新的价值观和行为模式。监狱犯人的劳动改造过程就是一个典型的例子。

再社会化是人的一生各种社会化中的特殊种类，而罪犯的劳动改造则是再社会化诸多途径中特殊的一种。这种变化由两个明确的阶段完成。首先，犯人会从自由的市民环境中走出来，进入到一个封闭的监狱环境之中，他们开始经历剥夺的过程，这使他们旧有的自我被系统地刷去。犯人们被要求放弃过去所穿的服装，留起统一的发型，并且很少允许与以前的朋友接触，并让他们进行体力劳动。这一系列的行为使得他们过去所认同的东西渐渐弱化。

第二个阶段就是一个新的自我重构起来，犯人们被灌输了一套新的行为模式，通过劝说纠正他们的价值观，慢慢地适应一个新的社会角色。

社会学中，再社会化所追寻的是将社会化失败的社会成员通过说服、教育、强制等社会控制手段最终达到使社会成员将社会规范内化的效果。只有使社会成员明白什么是对与错、合法与违法、美好与丑恶，才能从根源上抑制犯罪动机，从而使社会达到一种平衡的状态。

日本少女成人礼都做些什么——过渡仪式

在现在的日本还保留着成人礼，当少男少女年满 20 岁时，就要参加一场盛大的成人礼。

成人礼是一个盛大而隆重的节日，在这一天，凡年满 20 岁的男女青年要身穿传统服装参加官方或民间团体为他们举办的成人仪式，内容包括年轻人宣誓、长者的祝贺和参拜神社以及参加各种传统的文娱活动等。

日本的成人礼原本只局限于男子，后来又有所发展，他们为女孩子同样也举行成人礼，目的是要让青年意识到自己已成为社会的正式成员。日本少女们在母亲的帮助下，像出嫁一样穿戴起崭新的和服，扎起高高的云髻，指甲上画上花，然后盛妆出席仪式，接受长者的祝贺，还要去参拜神社或祭祖。

在上一年度过自己 20 岁生日的"新成人"都要在这一天参加当地举办的各种庆祝活动。假如新成人在社会上没有美名，是有恶习的人，他或她便不能以"新成人"的身份参加下一年的成人仪式，因为他在新成年人面前，应该是他或她的榜样。另外，就是在 20 岁之前做过一些重大错事的青少年，或许曾被许多人看不起，但是参加了成人礼就代表是一个新的开始，以前再大的过错也将得到社会的宽恕，因此是一个改过自新重新做人的好机会。由此可见，日本的成人仪式，对青少年教育也是起到了一定的积极作用。

这项习俗早在天武天皇十一年（公元 683 年）就实行了，并在 1948 年以法律的形式规定下来，1948 年，日本政府规定每年 1 月 15 日为成人节，这是日本国民的一大节日，届时全国放假。日本政府根据民俗规定满 20 岁的人要过"成人式"，成人仪礼就是源于古代中国的"冠礼"。

在古代中国，正冠礼属于古代"五礼"即"吉礼、嘉礼、宾礼、军礼、凶礼"中的嘉礼。什么叫冠礼？《仪礼本义·士冠礼》云："加冠于首曰冠。冠者，成人之始，圣人重之，故特定为冠礼。"不过，在古代中国，冠礼仅限于男性，在男子 15 ~ 20 岁时，为他束发簪缨，加冠服，以此宣告他获得了成人的资格。有学者认为，人所以为人者，礼仪也。而礼仪对于孩子是由外到内的过程，从而，由衣冠整而容体正，由容体正而颜色齐、辞令顺，然后才能礼仪备，君臣正，父子亲，长幼和……这便是自小而大的修为过程。冠礼意味着学礼行礼的开始，意味着冠者从此进入了人生的礼仪。古人把"穿戴"竟视为治国治家的重要环节，是一种崇高的境界，不能不佩服这是一种智慧。

这种在人生的重要阶段举行的阶段性的重要仪式，在社会学上被称之为过渡仪式。过渡仪式代表着一个人生阶段的正式完结和开启新的人生阶段的开始，是值得纪念的。

其实，不同文化的各个民族中都有这种过渡仪式。

非洲刚果的科塔（Kota）民族在青少年时期会把自己涂成蓝色，蓝色被视为死亡之色，象征儿童时期的结束。美洲的墨西哥女孩会在晚间跳舞前参加一整天的宗教静修，埃及的妇女有跨过她们的新生儿7次的习俗，海军军官学校的学生会在毕业时把帽子丢向空中；这些都是属于一种庆祝式的过渡仪式，戏剧化的过渡仪式代表与证实某些人某一段身份地位的改变与结束。

这些特殊仪式标志着生命历程的各个阶段，同时代表社会化过程会继续遍及所有人类生命循环的阶段。社会学家与其他社会科学家运用的是生命历程的方法，认知到生理（生物学）可以改变模式，但并无法指挥人类从生到死的行为。

在我们的社会中，学校的毕业典礼、婚礼以及成为父母亲，都被视为一种过渡仪式或通关仪式。人们不一定会在同一时间经历这些仪式，这些事物出现的时间，根据一个人的性别、经济背景、居住地（市中心、市郊或是郊区），甚至出生年代时间，而有所不同。

我们在生命的后期，会经历一些最艰苦的社会化挑战（和过渡仪式）。评估一个人的成就、应付日渐衰老的身体、经历退休以及面临无法避免的死亡，这些都会导致痛苦的调适。因为许多社会看待和对待老年人的负面态度，使得老年人的议题更为复杂。

婚丧嫁娶——成长各阶段的重要仪式

一个人在成长过程中要经历很多不同的人生阶段，比如儿童期、青春期、成年期等，每一个时期不论是人的生理还是心理都各有其特点，而最重要的是不同的时期人所处的社会地位和角色是不同的，他人对你的社会期待也是不同的。社会对一个人进入新的人生阶段的期待都反映在了某种仪式上面，这就是所谓的人生仪礼。

人生仪礼又称个人生活仪礼，在社会学及民俗学上称"通过仪礼"。每个人在一生中必须经历几个生活阶段，人的社会属性是通过这些重要阶段而不断确立的。进入各个阶段时，总有一些特定的礼仪作为标志，以便获得社会的承认和评价。我们便以平遥古城的婚丧嫁娶习俗为例，来一一展现这些人生仪礼。

平遥古城是我国现存最为完整的一座古代县城，是中国汉民族城市生态在明清时期的杰出范例，在中国历史的发展中，为人们展示了一幅非同寻常的文化、社会、经济及宗教发展的完整画卷。平遥古城保留着很多具有民族特色和地方特色的传统节日，这些传统民俗节日，囊括时令节日、纪念节日、祭天地节日、祭祖节日、祭神鬼节日等。它反映了人们的传统习惯、道德风尚和宗教信仰。平遥保留着完整的人生仪礼，如婚、丧、寿、生日庆典等，为我们展现了传统文化中对个人成长的纪念。

1. 婚嫁礼仪

婚姻嫁娶，是人生的一件大事，自古以来备受重视，既是一桩值得庆贺的喜事，又是非常注重礼仪的过程，表现的形式和手段有着深刻的象征意义，形成了一道亮丽的文化现象。

平遥婚礼过程，实行"六礼"，即：纳采、问名、纳吉、纳征、请期、亲迎。纳采：当儿女婚嫁时，由男家家长请媒人向物色好的女家提亲。男家在纳采时，需将大约30种有象征吉祥意义的礼物送给女家；女家亦在此时向媒人打听男家的情况。问名：即在女方家长接纳提亲后，女家将女儿的年庚八字带返男家，以使男方为他们占卜吉凶。纳吉：收到庚帖后，男方便会将庚帖置于神前或祖先案上请示吉凶，以肯定双方年庚八字没有相冲相克。当得知双方并没有相冲相克之征象后，婚事已初步议定。纳征：即男家把聘书和礼书送到女家。在大婚前一个月至两周，男家会请两位或四位女性亲戚约同媒人，带聘金、礼金及聘礼到女方家中；此时，女家需回礼。请期：即男家择定合婚的良辰吉日，并征求女家的同意。亲迎：在结婚吉日，穿着礼服的新郎会偕同媒人、亲友亲自往女家迎娶新娘。新郎在到女家前需到女家的祖庙行拜见礼，之后才用花轿将新娘接到男家。在男家完成拜天、地、祖先的仪式后，便送入洞房。

2. 丧葬

平遥县民故后历为土葬，在举行葬礼时，保留着很多传统仪式和传统用物。这些仪式及用物包括了吹、拉、弹、唱、书法、刺秀、剪纸、折叠、板印、沾帖、绳结、纸艺、面艺、插艺、缝艺等几乎所有民间艺术。丧葬程序为停尸、报丧、入殓、烧纸、出殡、圆墓、过七等。一般于三、五天烧纸，五、七、九天出殡。犯忌不宜出殡者，则寄停它处，另择葬期。出殡之日，亲朋近友均参加。起灵抬柩有十六抬、二十四抬或三十二抬。

3. 庆满月

平遥居民以生孩子为喜事。旧时，生男孩称大喜，生女孩称小喜。第一胎孩子不论男女，都要庆满月。满月的日期，男为 29 天，女为 30 天。也有在半月庆满月的，意取绊住，希望孩子长命。庆满月以产妇娘家亲戚为主，姥姥家要送银镯首饰及衣服、小被褥等物。其他亲戚则送三尺布，叠成"山"字形状。主家回赠背心、枕巾之类以示感谢。

4. 贺十三

平遥庆贺生日之俗至今仍很普遍。特别是贺十三，亲戚朋友届时纷纷登门道贺，贺礼多为面蒸"括篮"，上系银锁，用红绳与铜钱串结而成、三尺喜幛。外婆家来戚为上宾。待午时面向娘娘庙方向设供桌于院内，摆放供品。点灯烧香、燃放鞭炮，由奶奶为孙子"折柳儿"——用粉红、黄、绿纸条缠绕四根谷草杆，三根扎成三角形，一只手拿着套在脖颈处，另一只手持一根谷草杆，边打三个角边口中念吉祥语，以祈祷孩儿健康成长。之后将柳儿与娘娘花、娘娘鞋一同点燃。之后，设席款待全体亲戚朋友。

5. 祝寿

老年人从 60 岁始，每 10 年庆贺一次。隆重者，亲朋好友要赠献寿桃（面制）、寿幛、寿联等，以祝长寿。午时，要在堂屋摆寿礼、烧佛香、点寿灯，寿星高坐，晚辈依次拜寿。拜毕，设丰盛喜宴款待众宾客，欢度一日。

6. 节庆

平遥县民保留着很多具有民族特色和地方特色的传统节日，这些传统民俗节日，囊括时令节日、纪念节日、祭天地节日、祭祖节日、祭神鬼节日、祭动物节日等。它充分展现了古代劳动人民对天、地、人、神、鬼、动物等一切和谐的向往，反映了人们的传统习惯、道德风尚和宗教信仰。通过这些民间传统节日，可以探索到古城文化丰富的内涵和渊源。

7. 祭祀

平遥县民的祭祀活动，分为神祭和祖祭两大类。过去崇神者居多，有"无庙不成村"之说。一般家庭均设各种神龛，灶王、关公、家神、财神、门神、土地都是供奉对象。专业艺人将本业祖师或神供奉于家中突出位置，以示敬业。不少人家将佛像或观音菩萨像置于闲房，每逢初一、十五设供烧香，以示虔诚。祭祀反映出人们祈求平安、富裕、家业兴旺之美好愿望。祖祭是对先祖的怀念。一般于年夕、清明、七月十五、十月初一或祖祀日祭之。

8. 迁居

现在在农村多有沿用旧习者，择日开工，供奉土地神；开工期间讲究高挑红旗，以镇邪气。新房合顶时，要贴对联、放鞭炮，并宴请工匠，表示谢意。迁往新居时，要先"填宅"，杀一只银红公鸡，以鸡血喷洒房院。搬迁时，要先搬进玻璃瓶子、案板、筷子、蜡烛、发面等东西，表示"平平安安"、"快快乐乐"和"发福"之意。

人生仪礼既是社会物质生活的反映，也表现了一个民族的心理状态。人生仪礼在实践时往往与信仰民俗发生极大的关联，仪式所包含的社会特征与信仰特征交织在一起，形成复杂、多样的民俗结构，这种情况在我国的人生仪礼习俗中表现得十分突出。文化社会学家及民俗学家把人生仪礼分为三种类型：一是"脱离前状况"的仪式，如从怀孕到诞生是人生异常重要的变化，婴儿脱离母体表明脱离了孕育状态，诞生礼就是脱离前状况的仪礼。同样，死亡标志着生的结束，因此丧葬礼也是脱离前状况的仪礼。二是过渡阶段的仪礼，如出生到成年之间、结婚到死亡之间所经历的各项有关仪式都属此类。第三是进入新状况的仪礼，如成年礼、结婚礼等都表明进入新的人生阶段。

礼仪是人们生活和社会交往中约定俗成的，人们可以根据各式各样的礼仪规范，正确把握社会互动的尺度，处理好社会关系。如果没有这些礼仪和规范，人们往往在交往中感到手足无措。礼仪是塑造形象的重要手段，尤其是人生仪礼，目的就是使接受了仪式的人有了一种进入人生新阶段的觉悟，同时也让其他人认同了他所将要扮演的新的社会角色。

每个人都不能离开社会和群体独立生活，人们在长期的交往活动中渐渐地产生了一些约定俗成的习惯，久而久之这些习惯成为了人与人交际的规范，当这些交往习惯以文字的形式被记录并同时被人们自觉地遵守后，就逐渐成为了人们交际交往固定的礼仪。礼仪是在人们的社会活动中，为了维护一种稳定的秩序，为了保持一种交际的和谐而应运产生的。时至今日，礼仪依然体现着这种社会功能。

第二节　明天可以不上学吗——看看我们的成长与教育

学校分快慢班并不是因材施教——能力分流

我是一名刚刚初中毕业的学生，我所就读的中学管理不是很严格，属于普通中学。初三总复习时，我们年级分了快慢班。开始时，我也怕分到慢班，就和同学们一样加紧学习，不再像以前那样放松，后来如愿以偿被分到快班。

分到快班感觉很不一样。分班前，我班许多不学习的同学上课总是捣乱，老师没法管，课都上不好，一些想学习的同学都没办法安心学习。不爱学习的同学又迫于老师和家长的压力，硬着头皮像"听天书"一样听课。这样，不同基础的学生都无法受到适合自己水平的教育。后来，学校决定分班，这给了许多和我一样的同学一个警示，迫使我们努力学习。分班后，在快班，老师不仅加大作业量，课堂容量也增大了，而且通常只讲难题，不像以前那样面面俱到地讲所有题目了，但是课堂纪律却很好，没有一个人捣乱。这样，同学们的学习积极性调动起来了，所学所练也是适合自己的拔高题，分数提高很快。慢班相对轻松，作业少，老师所讲所练多为基础题。基础分抓牢了，成绩自然也不差。

　　我是一个初三的学生，我们学校也分快慢班，而我就是快班的学生。可是，我并不觉得分快慢班是一件好事。有的同学因为几分之差与快班失之交臂，就开始怀疑自己的能力，否定自我，在以后的学习生活中产生思想障碍，导致成绩一落千丈，心态也变得不健康。我的一个好朋友就是这种情况。

　　自从以2分之差被分到慢班后，她变得沉默寡言，原来我们是最好的朋友，但分班后她却一直躲着我，路上见面都不打招呼。听说在她们班，她也总是自己戴着耳机坐在角落里，画着奇怪的图画，谁也不理，仅仅一年，成绩就已经掉到慢班中下等水平了。老师、家长都非常头疼，但是却没有办法。虽然她的心理素质不够好，分快慢班就对她产生了这么大影响，可是，如果不分快慢班呢？她也许就不会这样了。

　　这是两个中学生对于学校分快慢班后自己的一些真实体会。分快慢班现象在如今的中学里可谓比比皆是，并不是一个罕有的现象。这种现象对学生的成长发展并不能带来多大的好处。因为分快慢班之后，慢班学生认为木已成舟，不愿再学。慢班的教师认为反正是慢班，教差了也无所谓，学校也不能把他们怎么样。而快班的教学质量也不理想，因为快班的师生认为自己在快班，无论如何都比慢班强，缺少忧患意识和进取精神。

　　像这种单纯根据学生的学习成绩，而将不同的师资分配给不同的学生就是能力分流。快慢班的分班管理并不是真正意义上的因材施教，其实是一种能力分流的隐藏形式。这种能力上的分流可能从小学一年级就开始了，这无疑会使贫困的学生和学习差的学生的劣势情况雪上加霜。学习差的学生（尤其是来自贫困家庭的）由于家庭经济情况的原因，在入学之前家里一般不会为其提供适当的学前的教育，比如阅读一些书籍和相关的计算机知识。另外，对于针对孩子们的补习班和一些特长班也只有家庭条件较好的家庭才能为孩子提供；而经济条件较差的家庭则不太可能为孩子提供这种教育条件。

因此，能力的分流与教育不平等息息相关。于是许多社会学家通过大量研究提出了对应原则的理论。这个理论认为，在那些学生来自不同阶级的学校中，学校对不同社会背景的学生都有不同的期望，也因为如此，社会阶级代代相传。

要鼓励还是要批评——教师期望效果

有这样一个美丽的传说：

塞浦路斯国王皮格马利翁善雕刻。他不喜欢塞浦路斯的凡间女子，决定永不结婚。他用神奇的技艺雕刻了一座美丽的象牙少女像，在夜以继日的工作中，皮格马利翁把全部的精力、全部的热情、全部的爱恋都赋予了这座雕像。他像对待自己的妻子那样抚爱她、装扮她，为她起名加拉泰亚，并向神乞求让她成为自己的妻子。爱神阿芙洛狄忒被他打动，赐予雕像生命，并让他们结为夫妻。

从此，"皮格马利翁效应"成为一个人只要对艺术对象有着执着的追求精神，便会发生艺术感应的代名词。后来被用在教育心理学上，也称"期待效应"、"罗森塔尔效应"，比喻教师对学生的期待不同，对他们施加的方法不同，学生受到的影响也不一样。

在心理学领域，皮格马利翁效应也被译为"毕马龙效应"，"毕马龙效应"由美国著名心理学家罗森塔尔和雅格布森提出。他们在原神话的基础上，进行了一项有趣的研究。他们先找到了一个学校，然后从校方手中得到了一份全体学生的名单。在经过抽样后，他们向学校提供了一些学生名单，并告诉校方，他们通过一项测试发现，这些学生有很高的天赋，只不过尚未在学习中表现出来。其实，这是从学生的名单中随意抽取出来的几个人。有趣的是，在学年末的测试中，这些学生的学习成绩的确比其他学生高出很多。研究者认为，这就是由于教师期望的影响。由于教师认为这个学生是天才，因而寄予他更大的期望，在上课时给予他更多的关注，通过各种方式向他传达"你很优秀"的信息，学生感受到教师的关注，因而产生一种激励作用，学习时加倍努力，因而取得了好成绩。这种现象说明教师的期待不同，对儿童施加影响的方法也不同，儿童受到的影响也不同。

借用希腊神话中出现的主人公的名字，罗森塔尔把它命名为皮格马利翁效应。亦称"罗森塔尔效应"或"期待效应"。这就是人们常用戏谑的口吻说的那句话"说你行，你就行，不行也行；说你不行，你就不行，行也不行"。

皮格马利翁效应告诉我们，当我们怀着对某件事情非常强烈期望的时候，我们所期望的事物就会出现。对一个人传递积极的期望，就会使他进步得更快，发展得更好；反之，向一个人传递消极的期望，则会使人自暴自弃，放弃努力。

皮格马利翁效应是说人心中怎么想、怎么相信就会如此成就。你期望什么，你就会得到什么，你得到的不是你想要的，而是你期待的。只要充满自信地期待，只要真的相信事情会顺利进行，事情一定会顺利进行；相反，如果你相信事情不断地受到阻力，这些阻力就会产生。成功的人都会培养出充满自信的态度，相信好的事情一定会发生的。这种称为积极期望的态度是赢家的态度——事前就期待你一定会赢，而且坚守这种看法。因此，只要你充满自信的期待，即使你期待时所把持的资料是不正确的，你仍然会得到你所期望的结果。在我们生活中，父母亲对我们的期望，老板对我们的期望，我们对别人的期望，特别是对儿女、对配偶、对同事、部属的期望，以及我们对自己的期望，都是对我们生活是否愉快是有重大影响的期望。假如你对自己有极高且积极的期望，每天早上对自己说："我相信今天一定会有一些很棒的事情发生。"这个练习就会改变你的整个态度，使你在每一天的生活中都充满了自信与期望。

皮格马利翁效应在学校教育中表现得非常明显。美国心理学家的研究显示，当老师在课堂上抽问学生问题时，老师会给那些成绩较好的同学较长时间来回答；而且回答错时，也会再给他们一次机会。在另一个实验中，老师对学生的期望甚至影响到学生在体育课上的表现。那些老师期望会有较好成绩的学生，在仰卧起坐和俯卧撑的项目里都获得了较好的成绩。另外，受老师喜爱或关注的学生，一段时间内学习成绩或其他方面都有很大进步，而受老师漠视甚至是歧视的学生就有可能从此一蹶不振。一些优秀的老师也在不知不觉中运用期待效应来帮助后进学生。在企业管理方面，一些精明的管理者也十分注重利用皮格马利翁效应来激发员工的斗志，从而创造出惊人的效益。

当然，皮格马利翁效应在职场员工身上同样适用，在现代企业里，皮格马利翁效应不仅传达了管理者对员工的信任度和期望值，还更加适用于团队精神的培养。即使是在强者生存的竞争性工作团队里，许多员工虽然已习惯于单兵突进，但我们仍能够发现皮格马利翁效应是其中最有效的灵丹妙药。有"经营之神"美誉的松下幸之助就是一个善用皮格马利翁效应的高手。他首创了电话管理术，经常给下属包括新招的员工打电话。每次他也没有什么特别的事，只是问一下员工的近况如何。当下属回答说还算顺利时，松下又会说："很好，希望你好好加油。"这样使接到电话的下属每每感到总裁对自己的信任和看重，精神为之一振。许多人在皮格马利翁效应的作用下，勤奋工作，逐步成长为独当一面的高才。

从心所欲不逾矩——教育培养个人习惯

罗纳尔夫妇最近为儿子的坏脾气很头疼，虽然儿子保罗只有 6 岁，却脾气暴躁，稍不如意就大发雷霆、大喊大叫。为此，他们对自己的小叛逆者用尽了各种各样的方法。他们打他、罚他站墙角、逼他早点上床、责骂他、呵斥他，但这些都不起作用，小保罗的暴躁脾气依然如故。

这天晚上，一家人都在客厅里，保罗在看电视，罗纳尔夫妇在看报纸。保罗突然说想吃冰淇淋，已经很晚了，商店都关门了，罗纳尔夫妇试图跟他解释，劝他明天再吃，然而，保罗的脾气又上来了，便倒在地上大哭大闹。他尖叫，用头撞地，挥手踢脚。这次，父母亲都被彻底激怒了，但却一时不知所措，于是他们便置之不理，他们一声不吭地继续读他们的报纸。

这恰恰是这个小叛逆最不期望的情形。他站了起来，看着他的父母亲，又倒下去把先前的"好戏"上演了第二遍。他的父母亲对此仍然没有任何反应。这一次，他们心照不宣地看着对方，然后惊讶地打量着保罗。保罗突然又倒在地上上演了第三遍，保罗的父母亲仍然不理睬他。最后，保罗大概也觉得自己趴在地上哭叫实在太傻了，于是自己爬了起来，回房间睡觉去了。从此保罗再也不朝别人乱发脾气了。

保罗的暴躁脾气之所以消失是因为没有得到强化。科学家曾做过这样一个有趣的实验：他们特制了一个大水槽，放进了一条鲸鱼和一些小鱼，很快，小鱼们被吃得精光，偌大的水槽里只剩鲸鱼在满足地游来游去。接下来，科学家们把一块特殊材料做成的玻璃板放进了水槽，鲸鱼和小鱼被分别放到了玻璃板的两边。看到食物就在眼前，鲸鱼凶狠地朝小鱼们游去，可是，鲸鱼结结实实地撞到了玻璃板上。莫名其妙的鲸鱼继续朝食物游去，每次都被撞得昏头昏脑，直到它终于意识到眼前这些小鱼是吃不到的，于是，鲸鱼放弃了继续进攻自己的猎物，它的猎食行为因为没有得到强化而消失了。后来，科学家们拿走了挡在鲸鱼和小鱼之间的玻璃板。小鱼看到鲸鱼就在眼前，于是纷纷逃避，鲸鱼却视眼前的食物如无物，再也没动过心思，多次的碰壁使鲸鱼认为：这些小鱼是吃不到的。最后，强大的鲸鱼居然饿死在水槽里。

这就是著名的强化—消失定律实验。它证明了人或动物的本能，如果没有得到强化，最后将会消失。强化—消失定律不仅仅是孩子和动物学习新行为的一种心理机制，也是成人通过肯定或否定的反馈信息来修正自己行为的手段。

对于成长期的孩子来说，日常生活中的好习惯和坏习惯都同时存在，如何鼓励孩子保持好习惯，矫正不良习惯，一直是困扰父母的难题。如果适当运用强化—消失定律来做这项工作，事情就会变得容易很多。比如，父母如果在处理孩子的事情上奖惩分明，关注孩子正确的行为，使之强化；批评孩子的坏习惯，使之消失，孩子好习惯的培养一定会变得更为容易。

掌握强化—消失定律的关键是奖惩分明。如果孩子做错了事情，而且事先有声明他要对自己的行为负责任，那么父母绝对不可以姑息迁就，否则，言行不一致的父母无法在孩子面前建立威信，孩子也无法养成好的习惯。同时，如果孩子的行为值得表扬，父母绝对不要吝啬，也许只需要你说句话而已，但对孩子来说，那将是他们继续前进的动力。

对好行为、好习惯进行奖赏、进行强化，对错误的行为、坏习惯进行惩罚、让它消失是强化—消失定律的核心，因此，只有赏罚分明，强化—消失定律才能真正发挥作用。

但是我们很多家长在教育子女时虽然懂得有奖有罚，但却没有掌握好尺度。尤其是奖励行为缺乏目的性与引导性，导致过分的和不合时宜的奖励让孩子在规范的学习上陷入了一种功利性的怪圈。

一位青年女教师正在上公开课。这位老师非常懂得赞美在教学中的作用，每当学生答对了问题，她都会毫不吝啬地说："啊，真聪明！""非常了不起！""棒极了！"

下课后，老师们来到会议室开始评课。听课老师普遍认为这位老师的课上得很成功，对她通过表扬来调动学生积极性的行为更是大为赞赏。

这时，一位专家不紧不慢地说："我发现这位老师在表扬学生的语言策略上还有需要改进的地方。""是吗？"所有在场的人都露出了疑惑的神情。

专家说："心理学家赫洛克曾做过一个试验。他以106名四五年级学生为被试者，要他们用5天的时间练习难度相等的加法，每天练15分钟。他把这些被试者分为 4 个组，每天做完加法作业后分别对各个组的同学施以表扬、训斥、忽视等不同的刺激，结果发现受表扬组的成绩最好。可见，赞扬确实是沟通的'法宝'，只要给予鼓励，就能加强他们的良好行为，这一点是不容置疑的。可是别忘了，任何事情都有两面性，奖励也是一样，虽然奖励在总体上能够达到激励的效果，但如果不注意讲究策略，不但效果不佳，还可能对人造成心理伤害。"

在教育子女的过程中，有的父母认为奖励就是给孩子买他想要的东西，给孩子的奖励越多，就越会让他们延续好的行为习惯。其实，这些想法都是片面的。

心理学家爱德华·德西于 1971 年做了一个实验。在实验中，他让大学生做被试者，在实验室里解有趣的智力难题。实验分三个阶段：第一阶段，所有的被试者都无奖励；第二阶段，将被试者分为两组，实验组的被试者每完成一个难题可得到 1 美元的报酬，而控制组的被试者跟第一阶段相同，无报酬；第三阶段，为休息时间，被试者可以在原地自由活动，并把他们是否继续去解题当作喜爱这项活动的程度指标。结果发现：实验组（奖励组）被试者在第二阶段确实十分努力，而在第三阶段继续解题的人数很少，表明兴趣与努力的程度在减弱；而控制组（无奖励组）被试者有更多人在休息时间继续解题，表明兴趣与努力的程度在增强。这个结果表明，进行一项愉快的活动（即内感报酬），如果提供外部的物质奖励（即外加报酬），反而会减少这项活动对参与者的吸引力。

这种现象在日常生活中也经常发生。有个孩子对画画感兴趣，自己在家很自觉、很认真地画画，画得很投入、很开心。这时父亲走进来，为了表示对孩子的关心，说："孩子你好好画，爸爸奖励你 10 元钱。"结果这孩子变成只为钱而画画，没有钱就不想再画画了。学校里，学生认真学习本来是天经地义的事，老师为了激发学生的积极性，经常发奖品，结果会发现没有奖品时，学生的学习积极性便大打折扣。

奖励如果不讲究策略，不但不会达到预期的效果，而且会适得其反。美国的一个学校采用发"代币券"的形式褒奖学生的做法就很可取。如果老师要褒奖学生的某种良好行为，就会给这个学生发一张价值若干元的代币券。这张代币券可以在学校的小卖部换取同样价值的小商品。如果学生不马上兑换代币券，或将自己的良好行为保持一段时间，抑或又有新的良好行为，他就可以到老师那里换取一张面值更大的代币券。如果学生仍不兑换，并持续保持良好行为，老师的褒奖方法则仍根据以上原则类推。

这种做法使学生的良好行为得到了持久强化。研究表明：人做某事的积极性等于成功概率和价值判断的乘积。也就是说，奖励的同时要给予人一定的期望，这样才会收到比当下良好行为更好的效果。一旦驱使你去做某件事的诱因消失之后，即使有再好的意向也难以实现，因为，谁都知道天下没有白吃的午餐，太早得到的葡萄一定不够甜。

培养良好的习惯是一个人成长过程中需要重视的一点，而家长与教师在教育过程中要注意赏罚分明，同时要注意奖励措施的合理性，把握好尺度，这样才能使下面激励的作用长久保持，才能让孩子们养成良好的习惯。

"说你行你就行，不行也行"——标签效应

在第二次世界大战期间，美国由于兵力不足，而战争又的确需要一批军人，于是，美国政府就决定组织关在监狱里的犯人上前线战斗。为此，美国政府特派了几个心理学专家对犯人进行了战前的训练和动员，并随他们一起到前线作战。训练期间心理学专家们对他们不过多地进行说教，而特别强调犯人们每周给自己最亲的人写一封信。信的内容由心理学家统一拟定，叙述的是犯人在狱中的表现是如何地好，如何地接受教育、改过自新等。专家们要求犯人们认真抄写后寄给自己最亲爱的人。3个月后，犯人们开赴前线，专家们要犯人给亲人的信中写自己是如何地服从指挥、如何地勇敢等。结果，这批犯人在战场上的表现比起正规军来毫不逊色，他们在战斗中正如他们信中所说的那样服从指挥，那样勇敢拼搏。后来，心理学家就把这一现象称为"标签效应"。

当一个人被一种词语名称贴上"标签"时，他就会做出自我印象管理，使自己的行为与所贴的标签内容相一致。这种现象是由于贴上"标签"后引起的，故称为"标签效应"。心理学认为，之所以会出现"标签效应"，主要是因为"标签"具有定性导向的作用，无论是"好"是"坏"，它对一个人的"个性意识的自我认同"都有强烈的影响作用。给一个人"贴标签"的结果，往往是使其向"标签"所喻示的方向发展。

心理学家斯弟尔的研究表明，如果贴的标签不是正面的、积极的，那么被贴标签的人就可能朝与所贴标签内容相反的方向行动。因此，在学校教育中，教师应以此为戒，不可轻易地对学生作出评定，不要给学生乱贴标签，否则会影响师生的交往和学生对自己的认知。这就是标签效应给我们教育的启示。

"说你行你就行，不行也行；说你不行你就不行，行也不行。"这句俗话充

分说明了标签效应对一个人的影响。一个人的成长尤其是在儿童时期，不但受制于先天的遗传因素，更脱离不开后天环境的复杂影响。在种种影响因素中，社会评价和心理暗示的作用非常之大。

学前部培训过近万名学龄前儿童，在组织课外活动以及课堂教学中，对他们的思想和行为特点、变化规律及影响因素，进行了跟踪观察和抽样调查，发现有一些现象值得研究分析。比如做游戏，有的孩子十分怯懦，有的孩子比较遵守规则，有的则特别顽皮霸道……不少孩子有一些古怪偏执的行为表现。

通过观察和访问家长，逐渐弄清了原委：原来，有些家长经常当着孩子和外人的面，或夸赞他们如何老实听话，或数落他们不爱吃这个、不愿吃那个，或无奈地感叹"这孩子越来越顽皮，真拿他没办法"等。讲得多了，孩子的性格和行为变得跟家长的评价越来越相像，这其中起作用的，就是"标签效应"。

儿童的心理发育、认知能力正处于起步阶段，对是非、善恶、美丑等界限的辨识能力较弱，外界的影响（无论有意识的还是无意识的）对他们的心理素质的形成起着决定性作用。当一个孩子意识到别人对自己的评价时，会下意识地产生一种认同感，并进而以此塑造自己的行为。而且，这种评价出现的次数越多，对人的心理和行为的塑造固化作用越强，甚至会左右终生。前面所讲的一些孩子的行为表现，就是由于一些家长无意中给孩子贴上了不正确的标签，使他们的不良心理和行为不断地得到强化。因此，正确运用"标签效应"，对儿童进行科学健康的心理和行为引导，具有特殊重要的意义。

对于儿童的思想、品质、心理、知识、能力等内在素质的培育，学校教育、社会教育和家庭教育各有其不可替代的作用。从时机上看，课外活动为儿童释放天性、张扬个性提供了时间和空间，也是对其进行引导的绝好时机。从教育者看，老师和家长（包括父母、祖父母、外祖父母等家庭成员）与儿童接触最多，在其心目中最具有权威性，这些人的评价对孩子的心理和行为也最具有影响力。由此，我们在教学管理中，始终要求老师不得随意给孩子的性格和行为特点下结论、贴标签，特别是不能作出可能产生负面影响的评价。同时，通过举办公开课、召开座谈会、发放征求意见书等形式，经常与家长探讨交流这方面的心得体会，共同担负起教育引导的责任。实践证明，巧用"标签效应"，可以起到事半功倍的教育引导作用。具体讲，应从五个方面努力。

1.对孩子的教育、评价保持一致性和一贯性

要使儿童形成良好的心理和行为习惯，需要家庭教育和学校教育的共同培育，

当两者不同步甚至发生冲突时，必然导致孩子认识上的模糊和观念上的混乱。常见这样的情景：一位家长抱起与别人打架的孩子说："你没长手？怎么不打他？"有的孩子打了小朋友，还振振有词地说："我妈妈说了，谁撞了我，就狠狠地揍他。"老师辛辛苦苦教育了半天，被家长一句话给否了，很难收到理想的效果。还有很重要的一点是，无论老师还是家长，对孩子的教育灌输都不能自相矛盾，今天讲这个理，明天讲那个理，那样会使孩子无所适从，也会使教育引导失去应有的权威性。

2. 不轻易对孩子下好或坏的结论

顽皮、好动甚至做出"出格"的举动，孩子的这些表现多为天性使然，无所谓好、坏，即使有一些不良行为，往往也是一种无意识行为或对成人的简单模仿。所以，切忌动不动就对孩子的行为贴上"好"、"坏"的"标签"，人为地划分"好孩子"、"坏孩子"之类的类别，那样很容易使孩子自觉不自觉地趋同于划定的类别，限制了他们的心理自然地成长。

3. 少批评指责，多表扬肯定

课外活动中，孩子往往像出笼的小鸟，活泼的天性得到充分释放。这时也是对儿童的心理和行为进行观察和引导的绝好时机。在保证安全的前提下，应让孩子由着天性去自由活动，不宜拘束太多、限制太死。尤其要鼓励他们勇于表现自己，而不可压抑。心理学家忠告说："儿童听了鼓励的言词，会精神焕发；受了惩罚或听了贬斥的评语，则会垂头丧气。"对儿童的心理和行为，应从多方面去观察，对他们的不良行为，不要简单训斥，而应找到他们的优长，用一个"好"的"标签"来激励他们不断发扬，这样强化了"好"的行为，也就淡化了"坏"的行为，促使他们向好的方面发展。

4. 不做上纲上线的批评

就是只批评孩子具体的不良行为，不要贬低孩子的品质和能力。课外活动中，有的孩子不太守规矩，有的老师就大声训斥："你这个捣蛋鬼。"日常生活中，有的孩子起床后不叠被子，家长往往不耐烦地说："你真是条大懒虫。"有的孩子接受知识慢，老师有时也会忍不住批评说："你怎么这么笨。"这些看似随意的一句话，实际上对孩子自尊、自信的伤害往往很深。我们要求老师对孩子的行为不能只"堵"不"疏"，否则会让孩子无所适从。对孩子进行批评的科学方法，应当是"就事论事"，不"上纲上线"，注重用具体指导代替盲目指责，用提出希望代替严厉批评。这样，不但批评的效果会好得多，而且给孩子的行为指明了方向。

5. 不作虚夸、过分的表扬

儿童有好的表现时，应当给予称许，但是赞赏之言也不能脱离实际，更不能虚妄夸大，而应实事求是。美国幼儿教育家玛丽莲·吉迪雯说，小时候父亲常常称赞她："你真伶俐，真聪明。"她长大后感到父亲称赞得太过分了，从而不再相信父亲说的是真话。常受称赞的孩子，一旦发现赞语并非事实，立即会感到十分沮丧，从此对家长和老师的话失去了信任，对自己的优点也失去了信心。不实的表扬，还会让孩子迷失自我、爱慕虚荣，一旦遇到挫折或失败，往往会走向自卑甚至自毁的极端。

在组织儿童课外活动的实践中我们欣喜地发现，巧用"标签效应"，不但使孩子们的特长和优点得到巩固发扬，而且帮助一些孩子矫正和克服了不良习惯。愿所有的老师和家长学会正确地"贴标签"，引导孩子健康快乐地成长。

为什么一定要考试——教育结果的评价

"考试"是我们每一个人学生时代抹不去的记忆，即使步入了职场，我们依然会面对各种各样的考试。一个人必须接受相应的教育才能完成社会化的过程，进而获得知识以及适应社会生活的能力。但是考试似乎成为了对教育结果的唯一评价标准。考试内容的局限性不能够涵盖所受教育的全部内容，而且每个人都有自己的特点，而考试的评价方式并不能全面地反映一个人的实际能力。孔子就说过要"因材施教"，教育的目的就是把每个人特有的才能开发出来，并让他们找到适合自己的人生发展之路。然而用标准化的考试作为对教育结果的唯一评价标准，现在越来越显现出它的弊端。

我们通常所说的对某一事物或结果进行评价，指的是评价者依据一定的或客观的尺度，运用一定的技术手段，对被评价的事物的价值高低进行判断，这种评价包括对事物的质与量做出的描述和在此基础上作出的价值判断。评价行为从心理学角度来说是被评价事物的外部形象、内涵、容量以及功效在评价者的头脑中形成的主观价值判断。而所谓的教育评价是依据一定的教育目标，运用可行的科学手段，对教育活动进行的价值判断断并进而为教育决策提供依据的过程。

任何社会行为都承担着一定社会功能，而教育评价的功能主要有 5 个方面：

（1）诊断功能，为了保证教育过程顺利、有效地进行，教师或其他评价者往往在教育过程开始之前就对教育过程进行评价，根据评价结果制定教育计划、方案、教学手段等。

（2）反馈调节功能，及时获得教育结果和教育过程中的有关信息，并以此为依据及时调整教育活动，确保教育活动取得预定结果。

（3）鉴定总结功能，对某一教育过程所取得的教育成就和教育结果作出总结，进行价值判断。

（4）科学管理功能，促进教育管理科学化，加强对学校的科学管理，提高各级教育行政人员和教师的管理水平，改进管理思想和方法，加强管理效果和管理的科学性。

（5）激励导向功能，激励督促被评价者，促使他们看到自己的成就和不足，找到或发现成功或失败的原因，激发学习或工作的动机，调动主动性和积极性，增强工作、学习的热情和信心，最终保证教育过程顺利有效地进行。

教育评价本质上是一种价值判断，它的目的是通过对教育结果的合理的科学的评价来促进教育的进步。而教育价值观是教育评价的思想基础，对教育评价起着决定作用。现代教育价值观中，对于多角度的价值研究越来越受到人们的重视，人们对教育结果的认识越来越多地建立在现代教育学、心理学、管理学等多门科学的基础上，旧的教育价值观、学生观、人才观正在逐渐脱离人们的视野。现代教育评价越来越向着多元化的方向发展，而不是用单一标准来评价所有的人。

其实一直以来存在着两种教育评价的方法：第一种是实证评价，这种方法采用"指标—量化"的模式，预先设定一个目标，然后把教育的结果用数字表示出来进行评价；第二种是人文评价，这种方法采用"观察—理解"模式，能够对不同的教育结果进行合理的判断。

实证评价的方法有准确高效、适应性广泛、可移植性强、说服力强等优点，但同时也有重结果轻过程、忽视评价者与被评价者的交流、易造成评价信息的失真、缺乏灵活性等缺点。同样，人文化评价方法有着重视过程评价、强调评价过程中人与人的交流、方法灵活针对性强、重视评价中多种因素的交互作用等优点，同时也有总体效益较低、主观性强、对评价者个体依赖性较大、易受干扰等缺点。实证化评价方法和人文化评价方法都有各自的优点和局限性。过去我们更多的是采用了实证的评价方法，而现在人们越来越重视个人特点的培养，所以对人文化的评价方法更看好。但如果要真正做到合理的教育评价，则应该集二者的优点于一身制定出合理且高效的教育评价法。

我国历史上的科举制度就属于比较一元化的教育评价方式和人才选拔方式。虽然在当时的历史条件下科举制度是有着优越性的，但是随着社会的发展和人们思想的进步，科举这种一元化的教育评价的弊端开始突显。

科举本来是作为政府选拔人才的一种方式，它相对于世袭、举荐等选材制度，无疑是一种公平的方法。从宋代开始，科举便做到了不论出身、贫富皆可参加。这样不但大为扩宽了政府选人才的基础，还让处于社会中下阶层的知识分子，有机会通过科考向社会上层流动。明清两朝的进士之中，接近一半是"寒门"——即祖上无做官之人——出身。但只要他们能考中，便能实现"朝为田舍郎，暮登天子堂"。科举自实行以来，为中国历朝发掘、培养了大量人才。1300年间科举产生的进士接近10万，举人、秀才数以百万。虽然其中并非全是有识之士，但能通过科考成进士者，多数都非等闲之辈。宋、明两代以及清朝汉人的名臣能相、国家栋梁之中，进士出身的占了绝大多数。

对于知识的普及和民间的读书风气的培养，科举亦起了相当大的推动作用。虽然这种推动带有功利性，但客观上由于科举入仕成为了风尚，中国的文风普遍得到了提高。明清两朝时，秀才及以上的读书人数，大部分时间都不下50万人；把童生算在内则以百万计。其中除少数人能在仕途上更进一步外，多数人都成为在各地生活的基层知识分子，这样对知识的普及起了一定作用。

但是在考核的内容与考试形式上科举也有着重大弊端。由明代开始，科举的考试内容陷入僵化，变成只要求考生能造出合乎形式的文章，反而不重考生的实际学识。大部分读书人为应科考，思想被束缚，眼界、创力、独立思考能力被大大限制。科举一元化的教育评价方式限制了人才的出路。到了清朝，许多在文学创作及技术方面有杰出成就的名家，大多数都失意于科场。科举制度埋没了在其他各方面的杰出人物。

在我们传统的教育模式中，考试是一种选拔手段，考试强调的是分等功能，其目的是鉴别、选择适宜于更高一阶段学习的人。考试的这种分等功能的强化，使学生，特别是"学习困难学生"在学习上变得更加困难，在淘汰、挑选的过程中，"学习困难学生"一再失败，无法发现自己的潜能，无法激励自己，从而进一步使他们失去了发展过程中必不可少的内部动力。这种考试评价的方法让所谓的学习困难学生失去了进一步学习的机会，被无情的淘汰，这是一种教育不负责态度。学习困难学生其实只是在书本知识性教育或者与考试相关的科目上学习困难，而在其他方面却不一定是这样，教育的目的应该是让每一个人都能成为一个人格健全并且掌握社会生存技能的完全的人。因此我们的教育评价应该从单一的分等功能转变为开发个人潜能的发展性功能。

改变考试性的教育评价关键就在于放弃鉴别和选择的功能，不让考试成为教育评价的唯一标准，而应该让教育评价成为检查教育目标的达成水平、取得反馈信息、调整教育教学过程、及时针对缺陷和问题进行补救和矫正的一种手段。教育应该是为了帮助学生促进其发展，教育应该着眼于未来而不是着眼于过去。教育评价的方式反映的其实是一种教育价值观，因此我们应该从根本上转变我们的教育价值观，要认识到每一个都能够被教育成一个人格健全的人，教育的目的应该着眼于人的长远发展，而不是一个阶段是否能取得所谓的大的成就。

我们转变教育评价的观念与方法，应该把转变教育评价参与方式放在首位。我们过去的教育评价，教育者是评价的主体，受教育者是评价的客体。但是我们现在应该倡导多元化的教育评价，也就是让评价主体具有广泛的参与性：既包括教师、学校领导、教育行政机构，也包括学生及其家长。教师是教育活动的直接责任者，在整体教育教学活动中，教师能从多方面把握学生的发展状况，作出恰如其分的评价。学校领导是教育活动的领导者、管理者，理所当然地要对学校教育和学生身心发展状况作出及时评价，以调整教育措施或对策。教育行政机构应该对学校的办学方向、培养目标、教育教学工作进行调控、监督，也需要参与教育评价。学生家长自觉与不自觉地在评价自己的子女，家长作为评价主体是客观存在的事实。学生既是评价对象，也应成为评价的主体。

在这里特别要强调学生参与教育评价。通过学生的参与可以消除评价者与评价对象之间的紧张关系，可以提高他们自我完善、自我改进的积极性；学生参与评价，可以让学生深入了解教育评价的内容，促使他们主动地发现自己，主动地发展自己。学生通过参与教育评价，可以促进学生发展一种自我评估的能力，这种能力能够帮助学生在未来社会中能不断选择适合自己的发展方向，进而对他的终身发展产生积极影响。

我们的教育应该是把每个人都培养成有素质且有专长的人，而不仅仅是选拔出少数的精英。我们现在提倡素质教育，就是要把教育评价的功能由选拔性转向发展性功能，使得受教育者都能得到充分发展，培养出现代社会职业所必需的品德、科学文化素质。现代的教育观念是承认个性差异，并因材施教，因势利导，所以教育评价也应该以改善教育手段为基本目标。

我们的教育评价不能是一种终结性的评价，即只针对每一个阶段的结果进行评价；而应该成为一种形成性评价，即通过实时地对教育中出现的各种信息进行反馈和调节，使教育始终保持在一个良好的运行过程中。这就好比是恒温器与温度计的差别，温度计只能显示现在的温度，而恒温器却能提醒人们如何进行温度的调节。只有在教育过程中不断地进行调整，才能把不良的结果控制在最小，进而为教育的整体进步打下基础。

考试是一种指标量化的教育结果评价方法，它有着它的优点。但我们应该明白，考试只是教育评价的方式之一，而不是全部。教育评价应该是多元化的、多角度的，只有这样，我们才能全面反映受教育者的个人特点，才能针对这些特点进行教育的规划，才能真正做到"因材施教"，才能让每一个受教育者都能获得人生的发展。

第三节　成年人的必玩游戏——职业与社会化

每一个人都是不可或缺的——分工、交换与人类社会的进化

社会生产分工是指人类从事各种劳动的社会划分及其独立化、专业化。现代社会就好比一台机器，这台机器上有许多的部件，承担着不同的功能，如果这些部件被我们看作成千上万个行业的话，那么在职场中生存的每一个人就是更加细小的一个一个零件。不同的人组成一个行业，不同的行业承担着不同的社会功能，只有这样社会才能良好地运转。这就是一般意义上的社会生产分工，不同的人从事不同的工作，每一项工作都能够满足一定的社会需要，这样全社会就在这种互相满足需要的过程中不断向前发展。社会生产分工能够提高整个社会的运行效率，就好比生产流水线的发明提高了生产效率一样，每一个都只专注于一项特定的工作，就能够把这项工作做到极致，效率自然提高了。

社会生产分工是人类文明的标志之一，也是社会不断向前发展的动力之一。从原始社会向现代工业社会的变迁也是一个社会生产分工由简单到复杂的过程。同时社会生产分工也是商品经济发展的基础。没有社会生产分工，就没有交换，市场经济也就无从谈起。社会生产分工的优势就是让擅长的人做自己擅长的事情，使平均社会劳动时间大大缩短，生产效率显著提高。能够提供优质高效劳动产品的人才能在市场竞争中获得高利润和高价值。社会生产分工最根本的体现就是"人

尽其才，物尽其用"。

我们提到社会生产分工就要说到"三次社会大分工"。这一概念是恩格斯在《家庭、私有制和国家的起源》一书中提出的。这三次社会大分工发生在东大陆原始社会后期，即游牧部落从其余的野蛮人群中分离出来；手工业和农业的分离；商人阶级的出现。

第一次社会大分工是因为人类在早期的征服自然过程中，有些部落学会驯养动物以取得乳、肉等生活资料，随着较大规模畜群的形成，这些部落就主要从事畜牧业，使自己从其余的野蛮人群中分离出来，成为游牧部落。游牧部落生产的生活资料不同于其他部落，而且数量较多，从而促进了交换的发展，使经常的交换成为可能。放牧一群牲畜只需要少数人，于是，个体劳动代替了共同劳动，相应地出现了私有制，家庭也随之发生了变化。男子从事的畜牧业成为谋生的主要手段，男子在家庭中取得了统治地位。后来，农业和手工业也有所发展，谷物成为人类的食物，出现了织布机和青铜器，人们开始掌握矿石冶炼和金属加工。一切部门生产的增加，使人的劳动力能够生产出超过劳动力所必需的产品。于是战俘不再被杀掉，而被吸收为劳动力，成为奴隶。这样，就零散地出现了奴隶制。第一次社会大分工的结果产生了第一次社会大分裂，社会分裂为两个阶级：主人和奴隶、剥削者和被剥削者。

第二次社会大分工源于生产工具的进步。铁制工具的使用和生产技术的进步，促进了农业的发展和劳动生产率的提高，也使手工业向多样化发展。如此多样化的活动已经不能由一个人来进行了，于是发生了第二次社会大分工，手工业从农业中分离出来。随着第二次社会大分工，出现了直接以交换为目的的商品生产。交换的发展，使贵金属成为占优势的货币商品。在社会上一旦出现了货币财富，它便成为人们追求的对象和重要的生活目的，一些人会想方设法积累财富。在剩余产品逐渐增多的情况下，提高了人的劳动力的价值，在前一阶段还是零散现象的奴隶制，现在成为社会制度的本质组成部分。

第三次社会大分工是由于商品交换的发展，出现了一个不从事生产只从事交换的商人阶级，作为生产者之间的中间人。交换发展的需要产生了金属货币，货币借贷、利息和高利贷也相继出现。土地私有权被牢固地确立起来，土地完全成为私人财产，它可以世袭、抵押以至出卖。现在除了自由人和奴隶的差别以外，又出现了富人和穷人间的差别。这是随着新分工产生的新的阶级划分。财富更加集中，奴隶人数增多，奴隶的强制性劳动成为整个社会的经济基础。由于有了阶

级对立，于是产生了国家。

经历了这三次社会大分工，人类社会终于走出了蒙昧野蛮的时代，开始进入文明社会。而后人类社会的发展就在这第三次大分工的基础上不断扩展，各种职业不断出现，使得全社会的分工越来越细，相应的社会生产效率也不断提高。在这里需要注意的是，在工业革命以前的几千年间，人类社会基本处于农业社会的自然经济状态，社会生产分工并不细致，而且变化非常缓慢。而在 200 年前工业革命以后，社会变迁加速导致了社会生产分工不断细化，直至今日新的职业依然不断出现。

对于社会生产分工很多学者都进行过研究，在恩格斯之后对于社会生产分工研究最重要的社会学家就是法国的涂尔干，涂尔干的名著《社会生产分工论》把社会生产分工与社会形成以及社会变迁作了深入的分析。涂尔干在书中重点回答了社会秩序何以成为可能，他强调劳动分工不止是一种经济现象，更是一种社会现象。涂尔干认为社会之所以能够形成，人与人之间之所以能够彼此依赖，关键就在于社会生产分工的存在；而且现代社会随着分工越来越细，这种依赖将更加深刻，表面上看现代社会个人更加自由，不像传统社会那样被家族或其他团体所束缚，但实际上细化的社会生产分工把每个人都拴在了一张大网上，每个人更加不能离开别人而独立存在。

社会生产分工导致了生产者之间的相互依赖，每个人都要靠他人的工作来满足个人需求，这种需求隐藏在社会制度中，而这个制度化的过程提高了整个社会的凝聚力。不同的人之间形成相互依赖的关系也是交换产生的主要原因，而这种交换总是有赖于一定程度的劳动分工。劳动分工也使得相应的职业道德和职业规范能够有效地组成一个体系，这个体系最终形成了社会的规范，使得社会能够有秩序地存在下去。随着社会生产分工的不断发展，那么社会规范也同样会发展。

涂尔干说过："如果社会中所有的个体都能完全遵循私人利益并且依此制定合约，那么社会就能运行，如果共同利益将彼此拉近，但那只能维持很短的时间，个人利益是世界上最不可能持续不变的。"这种个人之间由于利益相关而制定的合约，不断扩大就会形成社会规范并推动社会向前发展。

涂尔干还将社会生产分工分为三种类型，即过快的分工、强制的分工、缺少协作的分工。

（1）过快的分工是指不同工作的职能越是朝着专业化的方向发展，可能会远远超出了社会团结的发展水平，而导致冲突的加剧。

（2）当某种转变产生时，社会整体在个人能力及其被限定的活动方式之间的和谐状态被打乱了，只有一种强制力量还能把这些功能维系起来，这就是强制的分工。

（3）缺少协作的分工是因为分工并不能使每个人的活力都被激发出来，各种职业功能之间或多或少地缺少共同协作，这样就产生了一种松散和混乱的状态。只有分工增强活力，能使每个成员都忙忙碌碌的前提下，才能充分显示分工的整合作用。

社会生产分工在经济活动上的确提高了全社会的生产效率，使得物质财富能快速增加。但是社会生产分工在道德层面产生的影响要比它的经济作用更重要。分工在两人或者多人之间建立了一种团结感，这种团结感扩大成为社会团结的一种力量，这才是社会生产分工的意义所在。

我们可以说社会的凝聚是完全依靠或至少主要依靠社会生产分工来维持的，社会构成的本质特性也是由分工决定的。一个社会需要秩序和稳定就必须进行分工，特别是当这个社会人口众多而且物质财富非常丰富时，分工使每个人都成为不可缺少的社会组成部分，这种彼此依赖是社会和谐发展的基础。

人的成长没止境——职业生涯中的继续社会化和再社会化

社会化是一个人由自然人到社会人的转变过程，这个过程伴随着一个人的一生。社会化让一个人把社会价值标准、角色技能等事项内化为自己自觉的一种行为方式，只有经历了社会化，一个人才有了社会交往的基础。一个人从一出生就开始了社会化的过程，在家庭中的初始社会化、在学校中的预期社会化使一个人初步具备了社会生活的能力，那么在走出学校、走向社会、参加工作之后，继续社会化的过程就开始了，而这个过程将伴随一个人一生。

继续社会化指个体经历儿童社会化和青年社会化后，社会化还不完全，特别是在飞速发展的现代化社会面前，还须不间断地学习的过程。这个过程，贯穿于从青年期至生命的终结。当一个人走出学校进入职场，就标志着他正式进入成年人的世界，开始承担社会责任，成为正式的社会成员。

在整个成年期，一个人所经历的就是继续社会化。当在家庭和学校中接受的初级社会化完成后，一个人已经发展出关于自我的形象，但仍然有许多新的角色需要学习，每个人不但可以选择而且还可以重新定义或创造某种角色。在长达几十年的社会生活中，一个人所扮演的社会角色会不断发生变化，这种变化可能会出现自我认同的问题。比如常说的"中年危机"，就是因为角色失位导致的对自己成就的价值感到怀疑，如果一个人不能对自己产生自我认同，就会进入"中年危机"。如果不能通过继续社会化的调整顺利地渡过这一阶段，那么这个人今后的人生可能会陷入一片灰暗当中，而成功渡过这一时期的人会发现此后的成人生活是一生中最为快慰的时期。

继续社会化的原因在于，随着社会成员自身及环境的变化，他以往在基本社会化中所学到的知识已不够用，从而需要学习新的知识。这里又有两种情况：第一，在人的发展阶段中需要扮演新的角色，从而需要学习与这些角色相适应的技能、知识和规范。比如，人要结婚、组成家庭、为人父母、赡养父母、自己进入老年，对于这些人生发展不同阶段所需要的知识，基本社会化并未解决，因而需要不断地学习和继续社会化。第二，在扮演同一社会角色时需要不断学习。随着知识和技术的变化，社会对不同角色的要求也在发生变化，这也要求社会成员不断学习，适应这种变化，实际上这是角色内学习。比如，技术人员必须学习新技术、熟悉新的职业规范，以面对知识技术老化的问题；老年人要面对老年期所遇到的各种变化，包括生理上的变化、家庭结构方面的变化，学习新的知识，调整自己的生活方式，以适应现实生活。

我们可以通俗地认为继续社会化就是"活到老，学到老"。继续社会化所要学习的知识是多方面的，包括家庭生活方面的知识、职业活动方面的知识、社会生活方面的知识等。一般说来，社会学更加关注与人的角色转变相关的继续社会化，即当社会成员（社会群体）的角色发生重要变化时他们的学习和适应过程。比如，人到中年时他们怎样经营自己及家庭的生活，步入老年时人们又是怎样去适应生活、打发时间；体制变化了，人们的工作方式也要发生变化，他们怎样去应对；一个人换了工作岗位，他怎样去尽快适应新岗位的要求，做好工作。这些都是继续社会化所要解决的问题。可以发现，继续社会化是在基本社会化的基础上，人们为了适应生活的变化充实自己的过程，这是任何一个人都会经历的过程。

在职业生涯中除了需要不断地进行继续社会化外，很多人都会遇到再社会化的问题。所谓再社会化，是指个人原来的思想和生活方式以及行为模式与社会环境的要求不协调，甚至发生了冲突，必须断然改变，形成对他本人来说是完全新的思想和生活方式以及行为模式。我们人格的形成、社会价值观和行为方式的形成，大部分是建立在初级社会化过程中所习得的未发生变化的价值观和那时确立的自我认同之上，但是在某些情况下，人们不得不有意忘掉以前的价值观和行为模式，接受或产生新价值观与行为。比如，人们从一个社会转移到另一个社会，如移民外国，被新的文化同化就会产生再社会化。再社会化一般有两种方式：

（1）主动的再社会化。通常称之为自觉改造，即个人主动地自觉地适应新的社会生活、生活方式和工作方式。

（2）强制的再社会化。通常称之为强迫改造，对违法犯罪者判刑或实施劳动教养，就属于这种方式。

我们在这里需要明确再社会化与继续社会化之间的区别：

（1）再社会化是抛弃原先形成的社会化，形成新的社会化；继续社会化则是在原先社会化的基础上进一步发展、提高，使之更加完善。

（2）再社会化的方向和内容与原先的不一致，而继续社会化的基本方向和内容则与原先的相一致。

（3）再社会化过程是一种思想和生活方式以及行为模式向另一种思想和生活方式以及行为模式的基本的、急剧的、迅速的改变，不适应感很强烈；而继续社会化过程是逐渐的、部分的变化，往往是在不知不觉中进行的。

对于成年人的继续社会化与再社会化有两个重要的途径：工作单位和大众传媒。

从事某种特定的职业是绝大多数成年人的主要生活内容，职场中人每天都有大量时间要在工作单位度过，因此工作单位是成人继续社会化或再社会化的重要影响因素。在工作单位中一个人的继续社会化或再社会化通常是以职业继续社会化或再社会化为主，其内容包括：进行认知学习，掌握从事该工作所需的知识与技能，并及时根据工作环境的变化进行知识和技能的补充与更新；学会处理工作单位中的种种人际关系，维持正常的社会交往等。一个人除了能在工作单位中潜移默化地接受他人的影响和自觉向有经验的同事请教学习这样的继续社会化或再社会化的方式外，另一个在工作单位中促进成人继续社会化或再社会化的有效的方式是各种教育培训。现在所倡导的终身学习主要就是指通过职业生涯中的各种培训来实现个人价值的不断提升，而这就是非常重要的继续社会化或再社会化途径。

除了工作单位对继续社会化的影响，大众传媒对继续社会化或再社会化同样起着非常重要的作用。大众传媒是指社会组织为在社会成员之间传送信息、互通情报所用的广播电视、报纸杂志和计算机网络等各种通信手段。

大众传媒主要通过新闻报道、舆论宣传和生活娱乐等方式作用于成人的继续社会化和再社会化。其特点主要体现在：它平等地向所有成人开放，而不受成人年龄、职业和性别等条件的制约；大众传媒突破了时空的限制，成人可以根据自己工作、生活和学习的安排，灵活选择合适的时间和地点成为大众传媒的受众；另外，大众传媒能使成人成为学习的主体，自主选择具体传媒方式和传媒内容等，从而真正实现成人自主学习。由于大众传媒具有的这种开放性、广泛性、灵活性和自主性，使其被认为是成人继续社会化或再社会化的有效方式。随着信息技术的发展，我们完全有理由相信，大众传媒必将为成人的发展提供更为广阔的空间。

无论我们愿意与否或主动与否，成年人都在进行着继续社会化或再社会化，只要我们还生活在社会中，这就是一个不可逆的过程。我们所要做的应该是掌握主动权，自觉地进行自己的继续社会化与再社会化过程，不断地提升自己，实现人生的价值。

寻找自己的梦想——职业流动

职业是成年人的游戏，每一个人除非由于不可抗力失去了劳动的能力或者主观上不愿意，都会在成年以后参与到整个社会分工的体系中，作为社会这台大机器的一个部件来工作。从事某种特定的职业不仅是一种谋生的必要手段，同时也是一个人自我实现的需要。一个人只有在职业场中接受洗礼，才能在不断完善自我的过程中实现自己生命的价值。但是一个人所从事的职业并非一成不变，不论是初入职场时为找到合适的职业而进行不断的尝试，还是从业多年后由于新的契机而对职业作出新的调整，我们所从事的职业都会随着自身条件和外界环境的变化而作出相应的调整。社会分工追求高效率，这种职业上的流动正是把每个人都放到最适合他、最能发挥他的能力的位置上。职业流动不论是对个人还是对整个社会，都是一个动态的调整过程，它所要达到的目的就是寻求一种平衡，让每个人都能最大限度地实现个人价值。

职业流动通常指的是劳动者在不同职业之间的变动，是劳动者放弃旧的职业角色而又获得新的职业角色的过程。职业流动是社会流动形式之一。职业流动不同于劳动者的区域流动和职务变动，但又与劳动者的区域流动和职务变动有着密切的关系，它们之间往往是相伴发生的。

首先，职业流动是劳动者在不同的职业群体之间的流动，在这一过程中发生的是职业角色的变动，这种变动会对劳动者的职业生涯的发展方向和性质发生影响。区域或单位流动是劳动者在不同地区或单位之间的流动，其结果是对不同地区或单位劳动者的人数比例发生影响。职业流动往往伴随着劳动者在区域间的流动，区域流动也往往伴随着职业流动。但职业流动并不一定引起区域流动，区域流动也不一定与职业流动相连。比如在同一公司内部的处在不同城市的子公司之间进行岗位调换，职业角色的性质并未发生改变，但区域上实现了流动。

其次，职务变动主要指管理职位层级的变动。职务变动可能带来职业流动，也可能不引起职业流动。职务变动能不能带来一次职业流动，最主要的是看劳动者的工作性质和工作内容是否发生了质的变化。例如，一个商场的营业员被任命为一个柜台的班组长，因工作性质和内容没有发生变化，就不是职业流动；如果他被任命为部门经理就可以说是一次职业流动，因为他从一线业务员的角色变为公司管理和经营者的角色。

人们往往把区域流动和职务变动与职业流动等同起来，所以我们应该弄清它们之间的区别与联系，这样才有助于人们正确认识职业流动的性质，把握职业流动的行为。

国内一项针对青年人职业流动的研究指出：跳槽对青年白领尤其是在企业工作的白领来说，是司空见惯的事情。研究发现，没有跳槽的青年白领占研究调查总数的 40.8%，换过工作的为 59.2%，而有跳槽经历的青年白领，平均工作时间 9.75 年，换过 3.86 份工作。在每一个工作单位最长的平均工作时间为 3.3 年，最短的为 6.39 个月。其中在单位工作 5 年以上才换工作的只有 10.2%，而工作不到半年就换工作的占 23.8%。调查时是第二份工作的占 49.6%，第三份工作的占 32.3%，第四份及以上的占了 24.1%。

职业流动是指职业角色，即工作性质的变化，下面我们就来谈一谈发生职业流动的主要原因。我们应该明白，在开放性的市场经济条件下，职业流动是一种正常的社会现象，它本身也是一种优化资源配置的方式，从社会学的角度来看，职业流动不仅仅是换工作那么简单，它有着很深刻的社会背景和个人因素。

第一，社会的进步以及生产力水平的提高是促成职业流动的根本原因。现代社会是工业机械化大生产为主体的工业信息化社会，它的本性决定了劳动的变换、职能的变更和工人的全面流动性。在科学技术迅猛发展、生产力水平不断提高的今天，面对信息时代的挑战，为了保证社会再生产的正常进行，就必须承认职业的合理流动，打破"从一而终"的传统就业观念。

第二，就业制度为职业流动的促进提供了保障条件。劳动力市场是市场经济的基本要素，在市场经济条件下，市场机制不仅配置和调节着社会的物质资源，而且也配置和调节着人力资源。今天，双向选择意味着契约性的交换方式和交换过程。对于劳动者而言，他可以自由地寻找能够发挥自己的能力、专长、志趣的有发展前途的单位及劳动岗位；另一方面，对单位而言，则可以自由地按职业需要来选择合适的劳动者。如果任何一方甚至双方发现在双向选择中有了差错，经过彼此同意便可以解除契约，或期满后不再订约，从而使差错得以纠正。

第三，就业的社会心理因素对职业流动具有指导和约束的作用。就业主体受其主观意识、情感愿望、价值取向、伦理规范以及社会习俗沿袭和继承下来的就业观念的影响，对职业流动往往作出好与坏的评价。

第四，职业流动还受到利益的驱动。我们应该承认，职业流动存在着利益驱动的问题。在当前，职业或者说工作还是人们谋生的手段，通过职业活动，谋取个人生存、发展以及提高个人和家庭的物质文化生活水平所需的经济条件。由于不同地区和不同单位给劳动者所支付的劳动报酬存在差别，促使劳动者从收入低、待遇低的职业单位，流向能够获取"高薪"的单位或岗位，从而导致职业流动。

第五，职场中的人际关系冲突也是促使个体职业流动的原因。在职场中，人际关系的好坏直接影响着人们劳动的积极性、创造性以及工作效率。人际关系不好，有可能直接促成个体职业流动的发生。

在日本曾有一项针对职业流动的社会调查，调查表明：在日本，因为别的公司薪俸丰厚而调动工作的极为罕见，大约仅占调转工作人数的4.8%。多数职业流动的发生是因为人际关系不好，情绪受到影响而辞职或被辞退。根据哈佛大学就业指导小组调查的结果，数千名被解雇的人员中，人际关系不好的比不称职的人高出两倍。

第六，职业能力水平对职业流动产生一定的影响。个人对职业有个适应过程，个人的职业能力展现也需要一定的过程。由于个人不适应或不称职，也会导致职业流动。特别是在当代社会，随着科学技术的迅速发展，职业内容和能力要求越来越高，信息和技术的更新越来越快，每一次更新，都会引起由于不适应或不称职导致的职业流动。

现在跳槽越来越普遍，而人们选择跳槽的原因大都是为了获得更高的工资和发展前景。一项调查显示：有29.6%的人通过跳槽薪资增长了10%～30%。薪资涨幅30%～50%的也不在少数，约占整个被调查对象的27.18%。值得注意的是，也有 13.62% 的人跳完后并未获得薪资的上升，反而是下跌了。显然，薪资尽管很重要，但并不是唯一引发跳槽的因素。

调查还发现，工作一年后，有 26.4% 的人称薪资小有上升，有 23.89% 的人称薪资上长了至少 50% 以上。相对于刚毕业的学生来讲，工作一年的人在工作经验上从没有到有，他已不再是白纸，新公司在薪资上会有所考虑。毕业生在工作 2 ~ 3 年后，薪水幅度上升比较平稳，还是以 10% ~ 50% 这个幅度为主。工作 5 年是一个分界岭，这个年龄段的跳槽者获得大幅加薪的可能很大。调查数据显示，有 38.36% 这一年龄段的跳槽者表示此番跳槽薪水加了 50% 以上。从职业发展角度，大多数人在工作 5 年后，工作经验已经从"青涩"转为成熟，能在某一领域成为主管或是专业技术资深人士，显然这个时候跳槽正临职业生涯发展小有收获的阶段，薪资增长也是很自然的事。另一方面，工作 5 年也是一道坎，调查显示，有 28.67% 的 5 年工作者表示此番跳槽薪资没有升反而降了，这部分人跳槽的目的不在于薪资，而是要找到自己职业发展的突破口。

人们追求跳槽或职业流动的根本目的是获得更大的利益，因此职业流动主观上还是向上流动，但是由于引起职业流动的原因是多方面的，所以职业流动的形式也不止一种。

第一，如果把职业地位和职业声望作为判断的标准，职业流动可以分为水平流动和上下流动。劳动者在同一职业地位和同一职业声望的职业系列中的流动就是水平流动；劳动者在不同地位等级和不同职业声望的职业系列中的流动就是上下流动或垂直流动，从一种社会地位等级较低的职业流动到社会地位较高的职业就是向上流动，反之则为向下流动。总之就是依据职业流动是否能够产生社会地位和声望的变化，如果没有变化就是水平流动，有变化就是上下流动。

第二，两代人之间从事不同职业，这种变化可表现为代际流动，比如父亲是农民，儿子是工人；父亲是大学教授，儿子是企业经理；这种状况就形成了代际流动。代际流动的状况和频率可以表现出一个社会的封闭和开放程度，代际流动越频繁、代际的职业性质差异越大，就说明这个社会越是一个开放的社会。代际流动还受一定社会形态及人事管理制度、教育水平等多方面的影响。现代社会，代际流动显著，而且向上流动的频率明显加快，尤其是农民子女，子承父业的比例降低的速度加快，越是发达地区越为突出。

第三，劳动者个人在其退休之前的整个职业生涯过程中，他的职业地位的水平流动和垂直流动的总和，可以表现出该劳动者一生的职业流动性。研究表明：

在现代社会中，一个人的整个职业生涯要经历大致6次左右的职业变动，才能达到职业成熟和职业的稳定。

第四，如果我们把个人的职业流动和社会的职业结构性变化相联系，就会发现职业流动表现为宏观的结构性流动和个别流动两大方面。凡是职业流动引起和影响社会职业结构发生大规模变动的流动就是结构性流动。例如，英国工作革命初期发生的圈地运动，使大批农民失去土地进城当雇佣工人，使农工两大职业系统发生结构性变化。再比如随着科学技术的迅猛发展，新技术的广泛应用，第三产业职业的需求量大增，伴随而来的必然是职业的结构性流动。由劳动者个人自身因素引起而对职业结构的变化无足轻重的职业流动，就是个别流动。

上海市曾经对劳动力市场情况做过调查。2005年上海市劳动者的职业流动周期为46.4个月，与2004年相比，职业流动周期缩短了9.2个月。同时职业流动周期分别呈现出和劳动者的学历成反比，而和年龄成正比的发展态势。

上海市就业促进中心的专家认为，职业流动周期反映了劳动力市场的活跃程度，周期的缩短，表明劳动者流动频率加快，市场更趋活跃。不能简单以好坏来评价职业流动周期的长短。

研究表明，高学历劳动者的职业流动周期相对要短。本科学历职业流动周期最短，为21.1个月，研究生为22.8个月，大学专科学历为30.5个月，而初高中学历职业流动周期则明显增加，达到53.1个月。

职业指导专家分析认为，这种流动趋势比较正常：学历较高的知识型劳动者，市场就业竞争能力强，比较自信，岗位期望值较高，希望通过流动找寻自身价值，也相对容易找到新的更满意的工作；而学历较低的劳动者就业期望值较低，易满足现有岗位，跳槽也相对不容易，因此职业流动周期反而要长。

从年龄分析，30岁以下年轻人的职业流动周期大大低于平均周期，为17.5个月，与2004年相比，又缩短了半个月，年轻劳动力的流动频率进一步加快。

不同的原因引起的不同形式的职业流动往往具有不同的特点。不过从一般意义上来看，职业流动有着相似的特点，而社会学研究就是要从许多不同的具体的事物中能够总结出一般性的规律性认识。

第一，职业流动的频率与人力资本投入成反比。受教育和训练的时间长，人力资本投入大的劳动者，一般从业于职业地位高、声望高、收入高的职业，流动的数量少、频率低；而以体力劳动为主的劳动者，因为投入低、适应工作能力低，流动的数量多、频率快。

第二，职业流动与年龄成反比。年轻群体中职业流动的数量和频率远远超过中年和老年。

第三，职业流动在两性中存在很大差异，一般是男性多于女性。

第四，职业流动存在区域性差别，劳动者都倾向于从不发达地区流向发达地区，而另一方面，在不发达地区内职业流动较缓慢，发达地区内的职业流动的频率远远高于不发达地区。

第五，现代社会职业流动与家庭背景的相关因素较少。现代社会的开放性和公正性，以素质、能力为本位，打破了父业子承的框框，竞争能力是职业向上流动的资本。

第六，现代职业流动存在着正常流动与非正常流动。在职业流动中，凡是促进劳动者全面发展、发挥专长，使最大潜能得到施展的流动属正常流动；以某一方面的偏好或由于个别原因使劳动者从适合自己的岗位流动到不能发挥自己特长的岗位属非正常流动。

第七，职业流动还受到社会制度和法律规范的制约，职业流动既有自由性也有制约性。在市场经济条件下，劳动就业契约关系的形成，有利于职业流动，但契约需双方信守合同，解除劳动的契约关系也需符合规范。

总之，职业流动作为社会流动的一种形式，对于提高社会活力、促进社会公平、优化资源配置都是有利的，同样，对于个人来说，合理的职业流动都会使职业生涯不断向着好的方向发展，自我价值能够更好地得到实现。但我们也必须认识到，由于负面原因导致的职业流动，比如职业能力不足、职场人际关系恶劣导致的被迫职业流动，会给我们的职业发展带来危害。所以我们要正确地认识职业流动，发掘它积极的一面，为我们的职业生涯带来益处。

被分割了的人——工作与生活的对立与统一

我们的生活中充满了各种各样的矛盾，我们时时都会面临两难的选择。对于生活于现代社会的我们，最常见、最深刻同时也是最被我们习惯的就要数工作与生活之间的矛盾了。工作是我们谋生的手段，只有在生存得到保障的前提下我们才能谈论生活的品质。但是物质的富足并不一定就能带来生活的幸福，但生活的幸福也不能完全建立在没有物质的基础上，这种深刻的矛盾导致了现代社会的人们心灵的苦闷。尤其是现在生活节奏越来越快，生活压力越来越大，人们不得不把更多的时间投入到工作中去，结果所谓的生活就变成了两点一线——公司——居所之间的不断奔波，身心的疲惫与心灵的空虚让我们失去了快乐、失掉了幸福。现在那种传统的"男性挣钱养家"的家庭日渐减少，女性更多地投入到工作中去，这不仅使得家庭成员之间相处时间与交流的减少，同时也因为男女两性地位的日趋平等，对家庭内部和家庭之间产生了复杂的影响。

我们日常生活中的这种转变与工作场所发生的巨大转变几乎是相伴而生的。公司出于提高生产效率、削减工作量或缩小规模的考虑，使得内部的竞争加剧，雇员因此对他们的工作的稳定性缺乏安全感进而导致焦虑。公司对工作成绩的过高期望也使得雇员必须更加努力地工作，并且工作更长的时间。人们在工作上投入的时间增多，必然导致用于日常生活和休闲的时间减少，而家庭生活受到工作的侵犯而显得危机四伏。对许多那些拥有"太多工作"的家庭来说，时间分配已经成为一个最重要的问题。

工作时间的延长一般被认为是导致工作与生活矛盾的基本原因。在英国，某个劳工基金会的调查研究发现，七成左右的雇员感到在过去的 5 年中他们对工作投入了更多的努力，而且比以前的工作速度快，他们平均一周工作 46.7 小时，而欧盟其他国家平均为 42.3 小时。另据英国的一项官方统计表明，将近 20% 的英国工人在他们的主要工作中每周工作超过了 48 小时。30% 的男性声称每周要投入超过 48 小时的时间用于工作，而女性只有 7%。对管理者和顾问工作模式的研究表明，通常情况下，每周工作 50 小时、60 小时甚至更长时间正变得越来越普遍。这些用于工作的时间不一定全用在公司办公中，而是在看似休闲的状态下，也依然处于工作状态，这种"不自觉"的精神状态同样会带到工作之外的生活时间里，使得生活空间被工作挤占。

面对这种情况我们不禁要问："长时间工作"是否正在成为一种标准呢？很多人不得不承认这已经成为一种现实，但同时也承认这显然是一种不健康的趋势。这种"超负荷工作"会造成工作与个人生活之间明显的不平衡。试想一下，结束了繁重工作的父母或夫妻焦虑而疲惫地回到家里，他们很难与孩子和配偶一起度过一段愉快时光。这给婚姻和儿童发展都造成了紧张；同样他们也没多少时间从事闲暇活动。工作时间正在侵占宝贵的人们为了保持健康所需要的个人时间。

工作与生活的矛盾的另一个突出表现就是父母就业与子女发展之间的矛盾。现在大多数家庭夫妻都有自己的工作，母亲一般在儿童出生后最重要的几年里没有时间亲自照顾子女。这就造成了一个问题——这种趋势对儿童的健康和幸福有着长期影响。有工作的母亲会照顾好孩子吗？一般都认为在生命的早期阶段，父母双方都出去工作的儿童与有一方在家的儿童相比，前者可能会处于不利的处境。

英国的教育研究所曾经专门针对儿童发展进行过一项研究，目的是研究母亲在产后立即参加工作对一岁以下儿童的影响。研究发现了母亲就业与否同儿童以后的学业成绩之间存在密切关系：如果母亲在子女出生一年内重新工作，则当这些儿童成长到 8 ~ 10 岁的时候，会比其他儿童的阅读技能稍微低一些。但是该研究也表明，母亲出去工作的儿童的适应能力要强于其他儿童，并且很少感到焦虑，同时在今后的生活中显得更为成熟。

在英国的另一项调查中学者们研究了儿童教育成就同父母的就业模式之间的关系。研究机构调查了 620 名年龄在 13 岁到 15 岁之间的学生，观察他们的家庭生活与他们的教育经验之间的相互影响。

这些孩子除了要完成相应的调查问卷，还要记一个星期的日记，写下他们的日常生活，他们与父母双方有多少时间在一起。收集完相应数据的两年后，研究者又收集了有关他们教育结果的资料。通过调查研究取得的资料，学者们可以比较在不同类型的家庭中，儿童与他们的父母在一起的时间量。从总体结果来看，如果母亲从事兼职工作，则儿童与母亲在一起的时间最多。而令人意外的是，在父亲从事全职工作而母亲是全职主妇的那些家庭中，儿童与父母在一起的时间最少。

研究者通过对儿童口述的调查发现，不工作的母亲不一定与子女一起度过更多时间，尽管她们待在家里，尤其是周末。研究者们认为不工作的母亲可能并没有意识到周末有必要与孩子一起度过更多的时间，或者与有工作的母亲相比，可能没有从事闲暇活动所需要的费用。这项研究同时考察了父母与儿童关系的质量：有兼职工作的母亲的儿童要比有全职工作的母亲的儿童对亲子关系更满意一些，尽管这种差别并不明显。而对于儿童总的教育成就，研究发现几个影响教育结果的因素有：经济状况、教育志向、母亲的赞扬，还包括父母的职业类型。研究得出的结论是父母双方都有工作的儿童在学校里表现得更好，但如果父母双方都从事全职工作，那么儿童的教育结果表现得就不那么好。但是从总体情况来看，母亲从事相应的工作对子女的成长有着积极的影响。

当我们考察工作与生活之间的矛盾时，我们应该认识到职业母亲承受着更大的压力，工作与生活间的矛盾对她们的生活会造成更消极的影响。女性承担着照顾孩子的主要责任，尽管父亲在抚养孩子的过程中起到了更加积极的作用。这意味着有着年幼儿童的职业母亲每天都面临着没完没了的家庭和工作的问题。对于职业母亲来说，工作问题与生活事务都是不能舍弃的，日常生活让她们团团转：早上让孩子起来并准备好，把孩子送到托儿所；工作一整天，在一天结束时接孩子；回家还要准备全家的晚餐，在家里处理一些事情，并且还要为自己挤出一点时间。这对于单身母亲来说，完成这些事务的难度将成倍增加。很多职业母亲不得不时刻进行权衡：在家庭、社会生活和工作之间。对于夫妻双方都有自己的事业的家庭来说，职业母亲往往不得不选择放弃其中的一个部分。而大多数职业母亲选择的是放弃社会生活。这种情况往往导致职业母亲对于工作与生活的矛盾更加敏感，也更容易受到伤害。也许很多职业母亲就此选择了回家做全职主妇，但这不仅会对她们的精神生活造成消极影响，也会导致新的性别与社会的不平等。

虽然从表面上来看女性受到的工作与生活矛盾的影响更明显，但我们如果把这种矛盾看成是单纯的女性问题是非常危险的。我们在思考如何在工作与生活之间取得一种更健康的平衡时，也必须考虑到男性、父亲的重要作用。如果我们只考虑女性受到的影响，那么在我们追求这种平衡时，往往会因为忽略了男性的那一方面而导致新的矛盾的产生，而所谓的工作与生活的平衡将无法真正实现。

·第三章·

一棵树与整个树林的奥秘——看人与社会的相容互浸

第一节　站在什么舞台扮演什么角色——社会地位和角色

为什么比尔·盖茨成为了世界首富——自致地位

自致地位，又称"自获角色"或"成就角色"，指主要是通过个人的活动与努力而获得的社会角色。自致角色的获得是个人活动的结果。自工业化社会以来，许多原先属于先赋的角色变成了人们后天获得的自致角色，如职务、职称、学衔等不再是先天决定的，而是靠人们的后天努力获得。这种先赋角色向自致角色的转变体现了社会的进步。

当今的世界首富比尔·盖茨，曾经也是一个籍籍无名的大学生，但是他通过自己不懈地努力和奋斗，逐渐成就了自己的事业，并一步步壮大，最终成为人人称道的世界首富，这就是一个很好的例子。

比尔·盖茨，是全球个人计算机软件的领先供应商——微软公司的创始人、前任董事长和首席执行官，个人净资产高达 580 亿美元，是当之无愧的全球首富。

盖茨出生于 1955 年 10 月 28 日，他和两个姐妹一起在西雅图长大。他们的父亲是西雅图的一名律师。他们的已故母亲曾任中学教师、华盛顿大学的校务委员以及 United Way International 的女主席。

盖茨曾就读于西雅图的公立小学和私立湖滨中学，在那里，他开始了自己个人计算机软件的职业经历，13 岁就开始编写计算机程序。

1973 年，盖茨进入哈佛大学一年级，在那里他与史蒂夫·鲍尔默住在同一楼层，后者目前是微软公司总裁。在哈佛期间，盖茨为第一台微型计算机——MITS

Altair 开发了 BASIC 编程语言。BASIC 语言是约翰·凯梅尼和托马斯·库尔兹于 20 世纪 60 年代中期在 Dartmouth 学院开发的一种计算机语言。

1975 年，年仅 19 岁的盖茨预言："我们意识到软件时代到来了，并且对于芯片的长期潜能我们有足够的洞察力，这意味着什么？我现在不去抓住机会反而去完成我的哈佛学业，软件工业绝对不会原地踏步等着我。"于是正在读大学的盖茨离开了哈佛，并把全部精力投入到他与孩提时代的好友保罗·艾伦在 1975 年创建的微软公司中。

在计算机将成为每个家庭、每个办公室中最重要的工具这样信念的引导下，他们开始为个人计算机开发软件。盖茨的远见卓识以及他对个人计算机的先见之明成为微软和软件产业成功的关键。在盖茨的领导下，微软持续地发展改进软件技术，使软件更加易用、更省钱和更富于乐趣。公司致力于长期的发展，从目前每年超过 50 亿美元的研究开发经费就可看出这一点。

盖茨有关个人计算机的远见和洞察力一直是微软公司和软件业界成功的关键。盖茨积极地参与微软公司的关键管理和战略性决策，并在新产品的技术开发中发挥着重要的作用。他的相当一部分时间用于会见客户和通过电子邮件与微软公司的全球雇员保持接触。

1995 年，盖茨编写了《未来之路》一书，在书中，他认为信息技术将带动社会的进步。该书的作者还包括微软公司首席技术官内森·梅尔沃德以及彼得·雷诺生，它在《纽约时报》的最畅销书排名中连续 7 周位列第一，并在榜上停留了 18 周之久。

《未来之路》在 20 多个国家出版，仅在中国就售出 40 多万册。1996 年，为充分利用互联网所带来的新的商机，盖茨对微软进行了战略调整，同时，他又全面修订了《未来之路》，在新版本中，他认为交互式网络是人类通讯历史上一个主要的里程碑。再版平装本同样荣登最畅销排行榜。盖茨将其稿费收入捐给了一个非盈利基金，用于支持全世界将计算机与教学相结合的教师。

除计算机情结之外，盖茨对生物技术也很感兴趣。他是 ICOS 公司的董事会成员以及英国 Chiroscience 集团及其位于华盛顿州的全资子公司的股东。他还创立了 Corbis 公司，该公司正在开发全球最大的可视化信息资源之一，提供全球公共与私人收藏的艺术和摄影作品的综合性数字文档。盖茨还与蜂窝电话的先驱者克雷格·麦考共同投资了 Teledesic 公司，该公司雄心勃勃地计划发射数百个近地轨道卫星，为全世界提供双向宽带电信服务。

在微软公司上市的 12 年时间里，盖茨已向慈善机构捐献了 8 亿多美元，包括向盖茨图书馆基金会捐赠 2 亿美元，以帮助北美的各大图书馆更好地利用信息时代带来的各种新技术。1994 年，盖茨创立了盖茨基金会，该基金会赞助了一系列盖茨本人及其家庭感兴趣的活动。盖茨捐献的 4 个重点领域是：教育、世界公共卫生和人口问题、非赢利的公众艺术机构以及一个地区性的投资计划——Puget Sound。

比尔·盖茨在 2008 年 6 月卸任微软执行董事，正式宣布退休。隐退后的盖茨将专心于比尔与梅琳达·盖茨基金会，盖茨将几百亿的家财捐献给这个慈善基金会，并表示将只留几百万美元给他的 3 个孩子。

"贫二代" VS "富二代"——先赋地位

"富二代"泛指改革开放以来成功民营企业家的子女，他们拥有过亿的身家。随着"富一代"的老去、"富二代"的成长，财富也顺其自然地由"富一代"交接给"富二代"。"富二代"是一种先赋角色，他们的财产来源于父辈的转让或者直接继承，丰厚的资本与良好的成长环境是他们优越于其他人的先赋条件。

与之相反，"贫二代"也是一种先赋角色，他们这群人也有一些共同的特征：没有显赫的家庭背景，也没有丰厚的家产可以继承，只能依靠自己的能力在社会上争取立足之地。中国青年报社的记者在北京、浙江、河南等地的 7 所高校进行了相关调查。500 份样卷的统计结果显示：70% 的被调查者认为，在就业应聘中，他们或多或少遭遇过来自家庭状况的压力。高达 65% 的应届毕业生表示，他们最看重的因素是求职应聘中家庭经济状况所占据的影响值。面对"贫二代"和"富二代"所享有的社会认同度和资源享有权无法对等这种情况，曾有"贫二代"自嘲道："他们有的是背景，我有的是背影儿。"要更好地理解这种现象，或许可以在社会学中得到一些启发。

说起这两类人，就涉及到了社会中的一个概念——先赋地位。先赋地位又称"归属角色"，指建立在血缘、遗传等先天的或生理的因素基础上的社会角色，如种族、民族、家庭出身、性别、年龄等赋予的角色。在奴隶社会和封建社会，社会流动很少，人们的许多角色都是由血缘关系决定的，因而是先赋的，如职业角色、阶级角色等就属于先赋角色。自工业化社会以来，一些原先属于先赋的角色变成了自致的角色，从而体现了社会的进步。

先赋角色和自致角色是一个相对概念，这两者是矛盾的双方，没有先赋角色就没有自致角色。这两者是相互依存的，而且在一定的条件下自致角色可以转换成先赋角色，在现有的先赋角色下通过努力追求，我们又上升到一个更高的自致角色。每一个人在他一生的成长中总是伴随着先赋角色和自致角色。

根据先赋地位和自致地位的关系，我们还可以进一步地理解这种现象。个人的自主选择性影响着他们的自致角色。成功型的"富二代"，良好的教育锻炼了他们健全的人格，开阔了他们的眼界，他们珍惜父母的家业，勇于探索、敢于创新，最终选择了一条或异于父母选择但仍然有发展前景的道路，他们通过自身的努力，走向了成功之路，有些有志向的"贫二代"不甘于贫穷，努力追求上进，尽管刚踏入社会时并不具备太多的社会资源和财富，但是经过自己的艰苦努力和多年坚持不懈地努力拼搏，最终也能获得巨大的社会财富和社会地位，最终成功地突破自己的先赋地位而获取了更有声誉的自致地位。而另外有一些"富二代"，挥金如土、不求上进，沉迷于优越的物质条件，自小吃不了苦，心理素质低下，最终不仅一事无成，反而对已有的资本肆无忌惮地挥霍，他们的社会地位也因此而走下坡路并最终丧失原本的先赋地位，而获得更为贫穷的自致地位。

听老婆的还是听老妈的——角色冲突

结婚一年半，宝宝10个月大，宝宝出生前我和老婆在市里过，一切挺好，10个月后宝宝出生，老妈来给我们带孩子，老爸星期六星期天来，一切都自然、平静、和谐。可是没想到这只是表面现象，由于老婆和老爸都是中学老师，所以七月放暑假一家5口就我一个人上班，其他人都在一个房子里，问题也就来了。老婆说老爸老妈把她当外人看，平时都是老爸老妈在一起聊天，不理睬她，并且在宝宝的一些问题上有冲突，她没有权利决定宝宝的事情，都要听老爸老妈的。老爸老妈觉得老婆不干家务，还要嫌这嫌那，平时老是板着个脸，很难亲近，喜欢挑刺。上个月老婆和老爸老妈吵了一架后抱着宝宝回娘家了，后来老爸老妈很不情愿地去老婆娘家把老婆接回来了，后来老婆告诉我，老爸跟丈母娘说希望老婆不要和我吵，不然后果会很不开心。不知道老婆是不是为了证明什么，上星期老婆和我吵架了，老爸老妈都在，我们吵架时，老爸老妈一声没有吭，吵完后老爸回镇上去了。老婆说没有哪家父母见儿子儿媳吵架不劝的，觉得更进一步证明老爸老妈没有把她当儿媳看，认为她可有可无；老爸老妈肯定又会说老婆喜欢挑刺。现在又要到周末了，老爸按照惯例是要来了，不知道这回他还会来吗？来了感觉很尴尬，老妈现在还在带孩子，不过我也看得出没有那么开心了。很烦恼，总感觉老婆和老爸老妈之间水火不容，有没有一个两全齐美的解决办法？

这是一个男人的苦恼，同时也说出了许多男人的心声。一个男人一生中最重要的两个女人，一个是生养自己的母亲，一个是将要和自己共度一生的妻子，做这两个人之间的"夹心饼干"，实在不是一件易事。难就难在是要做一个好丈夫还是要做一个好儿子的角色的冲突上。

角色冲突是社会学上的概念。在社会中，人每天都扮演着某种特定的角色，而当一个人扮演一个角色或同时扮演几个不同的角色时，由于不能胜任，造成不合时宜而发生的矛盾和冲突等现象被称为角色冲突。角色冲突大体可以分为两类：角色间冲突和角色内冲突。角色间冲突是指一个人所担任的不同角色之间发生的冲突。角色内冲突，是指同一个角色，由于社会上人们对于他的期望与要求不一致，或者角色承担者对这个角色的理解不一致，而在角色承担者内心产生的一种矛盾与冲突。角色内冲突往往是由角色自身所包含的矛盾造成的。它的突出表现是，当一个人内心产生冲突时，思想上激烈斗争，这时，两种对立性质的规范、要求要通过行为者内心的冲突较量，决定遵从哪一种行为模式，扮演哪一种角色。

对于一个男人而言，婚前的角色：在外是心爱女友的"恋人"，在家是妈妈身边的"孝子"。婚后两个角色马上会变化，他必须是个爱太太而且有男人气概的"老公"，同时也应该是如同往昔般既听话又孝顺的"儿子"，这的确很难同时面面俱到。

人在社会上总是要扮演着一定的角色的，比如：一个人在父母面前是儿子，作为儿子的角色要求就是对父母要顺从、孝敬；在妻子面前是丈夫，作为丈夫就要勇于担当，保护自己的妻子；在儿子面前是父亲，父亲的角色要求是要给儿子正确的人生引导并且身体力行，给儿子树立良好的榜样，还要起到保护儿子的作用；在下属面前是领导，领导就要安排员工的工作并监督员工保质保量地按时完成任务；在朋友面前就是朋友，作为朋友就要平等相处、以礼相待。正因为一个人不会单一地担任一种社会角色，而往往是诸多社会角色，而这诸多的社会角色难免出现相互冲突不能兼容的局面。出现角色冲突时，一个人往往会觉得焦虑、不安或犹豫不决难以取舍，所以人们在遇到这样的情况时，要保持一个平和的心态，冷静地处理这些复杂的局面，只有这样才会拥有良好和谐的人际关系和幸福的家庭生活。

奥巴马总统是父亲也是丈夫——角色集

2008 年 11 月 5 日，奥巴马击败共和党候选人约翰·麦凯恩，正式当选为美国第 44 任总统。2009 年 1 月 20 日，奥巴马在美国首都华盛顿特区参加就职典礼，发表就职演说，并参加了游行。

在全世界人们的眼里，奥巴马是美国总统，但对于他自己的家庭来说，奥巴马不仅仅是一个政治家，更是父亲和丈夫。作为丈夫的奥巴马，他的工作充分得到了其妻子米歇尔的支持。米歇尔说，她拥有的最好东西，就是她的丈夫。当奥巴马带领一家迁入白宫居住后，她首先要扮演的角色，就是两个女儿的"妈咪总司令"。她要在工作和生活之间取得平衡，为美国人民服务，尤其为那些远赴海外作战的美国士兵的妻子提供支持。

奥巴马不仅是受人欢迎的总统，也是一个女人的丈夫。作为奥巴马妻子的米歇尔说："奥巴马和我是伙伴、朋友，又是爱人。我们在很多方面都互相补足。我最爱的，就是奥巴马在我的臂弯中，相反亦然，不管是他站着对我微笑，抑或看到他迷倒一大批群众，还是在老人中心内探望老人家。"

除了是丈夫，奥巴马还是两个女儿的父亲。作为父亲的奥巴马说，她们的幸福是他最大的忧虑。因为他担心自己的职位给女儿的成长带来不利影响。奥巴马要求孩子自己整理床铺，自设闹钟，自己起床穿衣服、干家务等，锻炼和培养孩子的独立性、自制力、坚忍性等良好的个性品质。奥巴马认为孩子也应参加力所能及的家务劳动，这样就能逐步形成劳动的习惯。奥巴马自步入政坛就不断地想在事业和孩子之间达到平衡，他经常会为错过了一场家庭晚餐而懊悔。在朋友眼里，奥巴马是个"舐犊情深"的父亲，尽管他的工作非常繁忙，整个家庭却非常融洽。在担任参议员期间，他白天在国会上班，晚上在一间免费的一居室的公寓里写书，周末才回到芝加哥的家与孩子享受天伦之乐。在外出期间，他的助手说，奥巴马每晚都给女儿们打电话，从没有落过一次家长会。奥巴马谨慎地让媒体看到自己家庭生活的一部分，如和孩子们玩纸牌游戏、猜字游戏、骑自行车和朗读。

奥巴马说："如果 4 年后，她们还是她们自己——她们还是这样快乐——4 年的生活没有给她们带来一大堆问题，那么我觉得我会感到非常愉快。"

作为美国总统的奥巴马不仅是美国的政治首脑，他还是一个父亲和丈夫。其实在社会中任何人的角色都不是孤立存在的，而是与其他角色相互依存、相互补充和相互联系在一起的。

社会学认为，在社会中，任何一个人都不可能仅仅承担某一个社会角色，而总是承担着多种角色，他所承担的多种角色又总是与更多的社会角色相联系，所有这些就构成了角色集。也就是说，人的角色是人与人之间形成的一种特定的社会关系，而这种社会关系的网络就是由你在不同的场合扮演不同的角色编织而成的。

例如：一位女医生，在家里，对丈夫来说她是妻子，对儿子来说她是母亲，对母亲来说她是女儿；在医院里她可能还同时承担着内科医生、科主任、工会会员、先进工作者、党员等多种角色；在日常生活中，在商店里她是顾客，在汽车上她是乘客，对老同学来说她是朋友，对来访的客人来说她是主人，对同一楼居住的人她是邻居，对报社她是订户或投稿的作者；此外，在国家生活里，她还是公民、市民、选民等。生活在社会中，每个人都是一个聚合了许多不同身份为一体的社会角色集。

英才们过劳死的潜在原因——角色超载

随着社会竞争的加剧，知识分子的生活和工作节奏加快，压力也日益渗透其工作生活的方方面面。信息超载，新旧文化、价值观的冲突，下岗失业，环境污染，人际关系紧张等因素给他们造成强大的心理压力，从而影响了这一特殊群体的健康。特别是工作超时已成为现代人的一种普遍工作现象。这群人曾笑称："上班这一天其实可短暂了，电脑一开一关一天就过去了！电脑再一关一开又一天就过去了！上班这一天最最痛苦的事是啥知道吗？就是下班了，活还没干完！活究竟什么时候才能干完？唯有加班。"

一项针对中国人的工作与生活平衡的研究表明：中国员工把工作看得比其他国家员工更重，每周工作时间更长，有高达93%的被调查者每周工作时间在40小时以上，有62%的被调查者甚至每周工作在50小时以上，这显然是惊人的。一个时常加班的人说："我们现在的项目也是天天加班，最多一次也是5个通宵加班，导致手蜕皮、脚肿、吃不下饭，现在能略微好点了，想想当时的日子，简直是噩梦。"

过度地透支自己的体力和脑力，是会付出代价的。长时间加班、无休息日地工作等违反生理规律的劳动极易导致病理性疲劳，然后必然降低人体免疫功能，诱发或加重各类疾病的发生。2006年5月，深圳华为公司一位年仅25岁的员工，因工作任务紧迫持续加班近一个月，导致全身多个器官衰竭，突然死亡；2005 年，清华大学两位年轻教师因积劳成疾，相继突然死亡；2009 年，深圳丝路数码技术有限公司的一名员工连续加班 5 个通宵突然猝死。

现代社会的特殊病"过劳死"，其突出特点是由于工作时间过长，劳动强度过重，心理压力加大，导致精疲力竭的亚健康状态，由于积重难返，突然引发身体潜藏的疾病急速恶化，救治不及而丧命。令人担忧的是，"过劳死"正在日益逼近我国更多、更年轻的知识分子。"体检、化验查不出明显的病状，但自我感觉很累，工作时无精神，生活中缺少乐趣，而且常伴有抑郁、焦虑等情绪反应。"这是很多中青年知识分子的共同感觉。专家指出，这种状态会进一步发展为过劳，直至引起疾病或导致死亡。人才研究报告指出，我国目前有超过七成的知识分子都处于亚健康状态，如果人们不重视这一问题，不久的将来，这部分人中将有一半以上要患上肿瘤、心血管病、糖尿病和脂肪肝等疾病，而这些患病人中有一半将面临"过劳死"，只有 1/10 的人有望安享天年。国内外的多项调查结果也证明了这一点。北京的 1866 名知识分子接受了体检，结果显示，患有高脂血症、脂肪肝、高胆固醇血症、肥胖症、白内障、高血压病、癌症等疾病者的比率竟高达 84.6%，尤其是 40 ~ 59 岁组的患病率高达 90.4%。不仅面临"过劳死"问题的人群日益扩大，而且年龄也日益降低。国内一份跟踪了近 10 年的"知识分子健康调查"反映，北京知识分子的平均寿命已从 10 年前的 58 ~ 59 岁降至 53 ~ 54 岁，比第二次全国人口普查时北京人的平均寿命 75.85 岁低了 20 多岁。

一连串英年早逝悲剧的发生和社会上人士普遍存在的亚健康状态，不能不引起我们的高度关注，调查数据还表明，42.35% 的员工有较高水平的角色超载，51.7% 的员工有中等水平的角色超载，只有 5.8% 的员工角色超载水平偏低。由于人们角色超载而使工作占据了太多精力和时间，致使家庭和自身的身心健康出现问题。因此可以说导致一些精英们过劳死的潜在的因素是自我角色的超载。

工作与生活之间的冲突，不仅仅对个人和家庭有影响，对组织乃至整个社会都会产生不利影响。一个人活着，不光有自己的事业，更要有自己的生活，其实说到底一个人做事业是为了追求更好的生活质量，事业是为生活服务的。舍弃生活追求事业无疑就变成了舍本逐末。因此，要想摆脱过劳死的威胁，拥有和谐的工作和生活条件，人就要从根本上转换生活和工作的关系的观念，加强保健意识，并有意识地安排好工作和生活，使工作和生活能够达到平衡；合理安排工作时间、工作量，不要超过正常承受能力，改掉作息时间不规律的习惯，按生物钟作息；强化三餐营养；学会主动休息；定期进行体检；张弛有度、劳逸结合；坚持合理运动；保持心情舒畅。

第二节　人的所有行为都是在沟通——"社会互动"

如何战胜面试官而赢得一份好工作——印象管理

因俗话有云："人不可貌相，海水不可斗量"，意思是说不可以貌取人。因此从古至今，人们就一直都认为从外表去衡量一个人的好坏是肤浅而毫无道理的，但事实却是，社会上的所有人每时每刻都是在根据一个人的着装、发型、手势、声调、语言等自我表达方式对别人做出判断的。每个人在社会上活动都会给别人留下一个关于自己形象的印象，这个印象在工作时影响你的升迁，在商业上影响着你的交易，在生活中影响着你的人际关系和爱情关系。这种个人印象无时无刻不在影响着一个人的自尊和自信，甚至影响到这个人的前途命运。

美国著名形象设计师莫利先生曾对美国财富排名榜前 300 位中的 100 位执行总裁调查，97% 的人认为懂得并能够展示外表魅力的人，在公司中会有更多的升迁机会；100% 的人认为若有关于商务着装的课，他们会送子女去学习；93% 的人相信在首次面试中，申请人会由于不合适的穿着而被拒绝录用；92% 的人认为不会选用不懂穿着的人做自己的助手；100% 的人认为应该有一本专门讲述职业形象的书以供职员们阅读。

英国著名的形象公司 CMB 对世界著名的 300 名金融公司的决策人调查发现，在公司中位置越高的人越认为形象是成功的关键，因而就越注重形象的塑造和管理，并且他们也愿意雇用和提拔那些有出色的外表并能向客户和顾客展示出良好形象的人。

美国得克萨斯州立大学奥斯汀分校在对 2500 名律师进行调查后发现，形象甚至还影响着个人收入，外表形象有魅力的律师的收入高于其一般同事 14%。

美国纽约州立大学管理系曾对《财富》前 1000 名首席执行官调查，96% 的人认为形象在公司雇人方面是极为重要的，尤其是对那些要求可信度高的工作和与人打交道的工作，如市场销售、金融、律师、会计等。

由此可见，印象管理在事业前途上有着多么重大的意义。那么什么是印象管理呢？

印象管理，又称印象整饰，印象管理是社会学家库利、戈夫曼等人提出的一个重要的社会学概念，是指人们试图管理和控制他人对自己所形成的印象的过程。通常，人们总是倾向于以一种与当前的社会情境或人际背景相吻合的形象来展示自己，以确保他人对自己作出愉快的评价。印象管理是社会互动的一个根本方面。每种社会情境或人际背景都有一种合适的社会行为模式，这种行为模式表达了一种特别适合该情境的同一性，人们在交往中总是力求创造最适合自己的情境同一性。理解他人对自己的知觉与认知，并以此为依据创造出积极的有利于我们的形象，将有助于我们成功地与人交往。

印象管理是一种有效的人际交往手段，在求职面试中有效地运用印象管理能帮你成功地争取到一份好的工作。

首先，在跨进面试办公室之前，你应当对自己所陈述的观点胸有成竹。你应当特别清楚自己的专长和技能对所要申请的工作有何用处。同时，你也应当准备具体说明一系列职业目标以及自己所要申请的职位与职业目标之间的关联；再者，你必须清楚自己的兴趣所在；另外，你还要对自己所要访问的公司的一些情况进行了解，而不应该在面试时表现出对其一无所知。

其次，你应当充分地预想一些面试官们可能会提问的问题并设计答案。比如，你的技能以及它们怎样与你所申请的工作相关；你的专业知识；你主要的性格特征；有可能不适合于所申请职位的某些偏好或特征，以及你对公司或工作的有关疑问。再比如，所申请职位的职业前途、主要义务和责任等。值得注意的是，在你回答面试官所提问的问题时，应当表明你的技能使你非常适合所申请的工作；也应当反映你对正在谈论的公司了解。

再次，在面试之前应当给自己留出充分的时间做准备。一定要带好几份干净的简历和你的详细材料目录，同时，有必要的话最好带上一个公文包，把学期论文、自己的出版物、推荐信和荣誉证明一并放在里边。在把上述所有的东西都准备停当之后，要注意确认一下：自己的头发是刚洗过的、衣服也是干净的。男士应当穿上西服或休闲夹克；女士应当穿西服或者一套适合日常穿着的衣服，无论怎样切记不能太过暴露。应当尽量提前10分钟到达面试地点，以便使自己歇口气，并收拾一下自己。

最后，在面试过程中，一定要做一个好的听众。如果面试者想说话，就让他去说。听话就比较省事。并且面试官所说的话有可能提供某种线索，这样有助于你推测他想要什么样的人。另外就是，你应该在面试结束之前安排一下了解面试结果的方式。如果面试者表示他将很快给你打电话，但是后来并没有打，那么，你就应该往公司打电话，这种恒心被认为是值得称赞的，不管是否被录用，都同样要打电话到公司表示感谢，这样你会被认为是一个有礼貌、有素养的人。

总之，求职面试中的印象管理是一个较为复杂的策略性问题。良好的印象管理意味着求职者良好的人际交往技能和成熟，同时也体现了求职者在被动环境下的主动精神。如果求职者在面试的诸环节都能够充分准备，并对面谈的言语方面（内容和形式等）和非言语方面（表情、仪容、体态等）进行适当的管理，那么，求职者在面试者头脑中的印象肯定是不错的。

据纽约州立大学对《财富》前1000位公司的首席执行官调查，他们普遍认为：如果公司职员能展示给客户一个良好的形象，公司可以从中受益，员工的形象等于公司的形象；公司的形象直接影响着公司的利润，因此保持优秀的公司形象是管理者努力的目标之一。为此，西方许多国家的企业，普遍认为企业职员的形象就是集体（公司）的形象，许多公司把形象作为一个职员的最为重要的基本素质。因为他们知道，职员的形象不仅通过他们的外表，而且还通过沟通行为、职业礼仪等留给客户一个印象，这种印象反映了公司的信誉，产品及服务的质量，公司管理者的素质、层次等。通过对公司职员形象的判断，客户可以判断公司的服务、信誉，因而职员的形象直接影响着公司的信誉。所以，许多跨国公司不惜重金为自己企业的人员进行形象培训和设计，以提高职员的个人素质。这就是"印象管理"的重要性和突出表现。

成功学大师戴尔·卡耐基说："一个人的仪表反映一个人的内心世界。成功形象是装不出来的，只要把简单的细节做到精致，就会坐上成功的位置。"世界上所有伟大的成功人士们无不注重自己的外在形象。许多人不知道他们不能达到成功的目标是由于不具有形象的魅力。一个成功的政治家、企业领袖靠的不仅仅是自己杰出的才华，靠的不仅仅是自己能带给追随者的信念和对未来的承诺，更重要的是他们非常懂得形象的魅力并能够运用这种魅力，把这些承诺的价值具体表现出来，把属于他集体智慧结晶的思想生动地表达出来，让追随者把他的形象与自己追求的未来结合为一体。他们个性化的外表及人格化的魅力也是他们能够呼唤、吸引着千千万万的追随者的重要原因。形象是一种魅力，形象是一种价值，运用印象管理并保持自己的良好形象是成功者的智慧。

为什么给老板的第一印象真的很重要——首因效应

人与人第一次交往中给人留下的印象，在对方的头脑中形成并占据着主导地位，这种效应即为首因效应。

首因效应也叫首次效应、优先效应或"第一印象"效应。它是指当人们第一次与某物或某人相接触时会留下深刻印象。第一印象作用最强，持续的时间也长，比以后得到的信息对于事物整个印象产生的作用更强。

心理学研究发现，与一个人初次会面，45秒钟内就能产生第一印象。这一最先的印象对他人的社会知觉产生较强的影响，并且在对方的头脑中形成并占据着主导地位。某人力资源资深顾问就曾经指出："保持和复现，在很大程度上依赖于有关的心理活动第一次出现时注意和兴趣的强度。"并且这种先入为主的第一印象是人的普遍的主观性倾向，会直接影响到以后的一系列行为。

马鸣在参加鸿达公司的最后一轮面试那天别提多狼狈了。当马鸣到达鸿达公司指定的面试地点时面试已经快要结束了。大汗淋漓的马鸣赶到现场后，鸿达公司的谢老总瞟了一眼坐在自己面前的马鸣，只见他大滴的汗珠子从额头上冒出来，满脸通红，上身一件红格子衬衣，加上满头乱糟糟的头发，给人一种疲疲沓沓的感觉。谢老总仔细地打量了他一阵，疑惑地问道："你是研究生毕业？"似乎对他的学历表示怀疑。马鸣很尴尬地点点头回答："是的。"接着，心存疑虑的谢老总向他提出了几个专业性很强的问题，马鸣渐渐静下心来，回答得头头是道。最终，谢老总经过再三考虑，总算决定录用马鸣。第二天，当马鸣第一次来上班时，谢老总把马鸣叫到自己的办公室，对他说："本来，在我第一眼看到你的时候，我就不打算录用你，你知道为什么吗？"马鸣摇摇头。谢老总接着说："当时你的那副尊容实在让人不敢恭维，满头冒汗，头发散乱，衣着不整，特别是你那件红格子衬衫，更是显得不伦不类的，不像个研究生，倒像个自由散漫的社会小青年。要不是你专业知识扎实，就凭你给人的第一印象，你是不会被留下的。"

马鸣听罢，这才红着脸说明原因："昨天我前来面试时，在大街上看见有人遇上车祸，我就协助司机把伤员抬上的士，并且和另外一个路人把伤员送去医院。从医院里出来，我发现自己的衣服沾了血迹，于是，我就回家去换衣服。不巧我的衣服还没干，我就把我二弟的一件衬衫穿来了。结果一看时间不早了，所以就跑着过来了，虽然赶上了却成了那副模样。"

后来谢老总语重心长地对马鸣说："以后你应该特别注意，与陌生人第一次见面，千万要注意自己给别人的第一印象啊！第一印象对一个人来说，实在是太重要了，它是可以影响一个人的前途命运的。"

从上面讲到的马鸣的经历我们可以得知，人们往往通过看见一个人的第一面去判断和评价这个人，所以说第一印象对人是相当重要的。有时候，"第一印象"可以决定一个人的前程甚至命运。心理学家给"第一印象"取了一个很好听的专业名词，叫作"首因效应"。"首因效应"体现在先入为主上。这种先入为主给人带来的第一印象是鲜明的、强烈的、过目难忘的。对方也最容易将你的"首因效应"存进他的大脑档案，留下难以磨灭的印象。

有的人不谙此道，不太注重"首因效应"，因此而吃亏。

某大学一年级的指导员宗奇珍，在开学之初，就遭遇了这样一个学生——林子云。林子云是新生，宗老师初见他时他就衣冠不整，头上的帽子也歪到了一边，站在桌前报出自家名字时，左腿还一抖一抖地制造着"人造地震"。林子云留给宗老师的"首因效应"可以说是糟透了。宗老师想：这个学生肯定是一个调皮捣蛋、不爱学习的学生。于是，宗老师总是对林子云要求格外严格。

因为林子云给宗老师留下了一个调皮捣蛋的最初印象，所以宗老师特别留意这个吊儿郎当的林子云：他是否有逃课的坏毛病？是不是常在班上拉帮结派、打架闹事？在选班干部的时候，林子云根本不在宗老师的考虑范围之内。几个月过去了，宗老师才发现这位林子云并不像自己所想象的那么坏，他既不旷课也不打架，且遵守学校纪律，热心为班上做好事，课余时记日记、写文章，还在校报上发表了几首小诗呢！宗老师决定找林子云谈一次话。经过交流，宗老师又了解到：林子云性情温和，待人有礼貌，与同学的关系相处得十分友好融洽。他在报到那天之所以衣冠不整、歪戴帽子、左腿抖动，是因为他那天感冒了，又在长途汽车上颠簸了大半天，头晕脑涨的。行车时，他把脑袋伸出窗外呕吐，为了安全起见，他把帽檐儿拉向了一边。下车后，他又没注意自己的"光辉形象"，因此给班主任的"首因效应"太差，竟然成了老师密切"关注"的对象。但是半学期下来，林子云表现十分优秀，并不像宗老师想象中那么不堪。在第二次的班干部竞选中，林子云还众望所归地担任了班里的班长，并且表现一直很出色。

上面提到的林子云因为疏忽了自己给老师的第一印象，所以给老师留下了不好的印象；相反，如果一开始他就注重给老师一个良好的"首因效应"，也就不至于成为班主任"监督"的对象，影响了自己的进步。虽然我们也知道仅凭一次见面就给对方下结论为时过早，"首因效应"并不完全可靠，甚至还有可能会出现很大的差错，但是，绝大多数的人还是会下意识地跟着"首因效应"的感觉走。所以说，我们若想在人际交往中获得别人的好感和认可，就应当给别人留下良好的"首因效应"。

实验心理学究表明，外界信息输入大脑时的顺序，在决定认知效果的作用上是不容忽视的。最先输入的信息作用最大，最后输入的信息也起较大作用。大脑处理信息的这种特点是形成首因效应的内在原因。

首因效应本质上是一种优先效应，当不同的信息结合在一起的时候，人们总是倾向于重视前面的信息。即使人们同样重视了后面的信息，也会认为后面的信息是非本质的、偶然的，人们习惯于按照前面的信息解释后面的信息，即使后面的信息与前面的信息不一致，也会屈从于前面的信息，以形成整体一致的印象。在生活节奏如同飞快奔驰的列车的现代社会，很少有人会愿意花更多的时间去了解、证实一个留给他不美好第一印象的人。所以，现代人一定不能忽视首因效应。

商家怎样让你"贪小便宜上大当"——登门槛效应

明代洪应明在《菜根谭》中说："攻人之恶勿太严，要思其堪受；教人之善勿太高，当使人可从。"意思是说我们在教导别人时，应该掌握好尺度，循序渐进。只有当人们一开始接受了比较容易做到的事情，才能对更进一步的比较难做的事情心甘情愿地去接受。

美国心理学家曾做过这样一项实验，让两位学生访问郊区的家庭主妇。其中一位首先请家庭主妇们将一个小标签贴在窗户上或在一个关于安全驾驶的请愿书上签名。这是一个小的、无害的要求。两周后，另一位大学生再次访问这些家庭主妇，要求她们在今后的两周时间里在院内竖立一个呼吁安全驾驶的大招牌。这是一个大要求。结果答应了第一项请求的人中有55%的人接受了第二项要求，而那些第一次没被访问的家庭主妇中只有17%的人接受了该要求。心理学家把这种现象称为"登门槛效应"。

"登门槛效应"又被称为"得寸进尺效应"，是指当一个人先接受一个小的要求后，为了保持形象一致，他更可能接受一项重大的要求，犹如登门槛时要一级台阶一级台阶地登。因此人们在要求别人做某件对对方来说比较困难的事情时，应该利用"登门槛效应"的原理，一步一步引导对方，这样更容易顺利地实现自己真正想要的目的。

　　社会心理学的研究表明，当你一下子向别人提出一个较大的要求时，人们一般很难接受，而如果逐步提出要求，不断缩小差距，人们就比较容易接受。这主要是由于人们在不断满足小的要求的过程中已经逐渐适应，意识不到逐渐提高的要求已经大大偏离了自己的初衷。这是因为，人们都希望在别人面前保持一个比较一致的形象，不希望别人把自己看作反复无常的人，因而，在接受别人的要求，对别人提供帮助之后，再拒绝别人就变得更加困难了。如果这种要求给自己造成损失并不大的话，人们往往会有一种"反正已经帮过忙，再帮一次也无所谓"的心理，这样"登门槛效应"就发生作用了。

　　登门槛效应的原理就是把一个大的较难实现的目标分解成一些小的容易实现的阶段性目标，通过这些小目标的逐步达成，最终实现大的目标。

　　1984年的日本东京国际马拉松邀请赛和1986年的意大利米兰国际马拉松邀请赛中，日本选手山田本一出人意料地两次夺冠，令许多人很不理解。在夺冠10年后，山田在自传中解开了自己取胜之谜："每次比赛之前，我都要乘车把比赛的线路仔细地看一遍，并把沿途比较醒目的标志画下来，比如第一个标志是银行；第二个标志是一棵大树；第三个标志是一座红房子……这样一直画到赛程的终点。比赛开始后，我就以百米的速度奋力向第一个目标冲去，等到达第一个目标后，我又同样的速度向第二个目标冲去。40多公里的赛程，就被我分解成这么几个小目标轻松地跑完了。在我刚开始从事马拉松项目时我不懂这样的道理，我把目标定在40多公里外的终点上的那面旗帜上，结果我跑到十几公里就疲惫不堪了，我被前面那段遥远的路程给吓倒了。"

　　山田本一取胜的秘密就是运用了"目标分解法"，这是一个运用"登门槛效应"对自己产生促进作用的例子。

　　其实在我们的日常生活中有很多利用"登门槛效应"的例子。在商场中销售员经常使用的销售策略之一就是"登门槛效应"。我们不妨回想一下，推销员在推销商品时的情景，他是直接向你提出要求"请买一件××牌子的衣服吗？"事实往往并不是这样。在推销开始的时候，你甚至都不知道推销员到底要向你推销什么产品，只是让你先试穿一下某种衣服，这时你想自己并不一定要买，所以也就感觉无所谓，如果你这样想，那你可能就落入了"圈套"。因为从你答应推销员的第一个要求开始，"登门槛效应"已经在你身上起作用了，随着推销活动的推进，你可能最后就会买下这件你本来并不想购买的商品。

除了在商业活动中"登门槛效应"被广泛应用，我们可以想象自己的整个恋爱过程，这里也有利用"登门槛效应"的例子。男士在追求自己心仪的女孩时，运用的也常常是这种"登门槛效应"。如果一个男士在第一次见到自己心仪的女孩时就迫不及待地说："嫁给我吧！"那么，这个女孩一定会以为他是神经病。男士追求女孩的目的确实是想让女孩做他的妻子，但要达到这个目的，不可能一步到位。男士一定是从一点一滴的小事做起，比如邀请女孩看场电影、吃顿饭、周末一起春游等等一系列小要求开始，循序渐进地发展为女朋友进而结婚。

在学校的教育管理中，同样也可以运用"登门槛效应"。研究者曾在学校里做过这样的试验：在 A 班和 B 班中各选学习成绩比较落后的 10 名学生，对 A 班的对象单独作要求，在布置作业时，主要与本节课重点相符且与例题相类似，简单而少量，而其他学生除此之外另加难度稍大的题目。在作测试评价时，也是单独作要求，难度要小。而对 B 班的学生则与其他学生做统一要求，不做任何改动。一学期下来的实验结果表明，被实验对象中，A 班挑选出的 10 人中有 8 人及格，而 B 班的 10 人中只有 3 人及格。A 班的 10 个学生在学习中所表现出来的学习热情与学习态度明显高于 B 班的 10 个学生。在教育教学管理中，运用循序渐进原则，对学生先提出较低的要求，待他们按照要求做了，予以肯定、表扬乃至奖励，然后逐渐提高要求，这种方法可以激发学生们的上进心，使每个人都乐于积极奋发向上。

在生活中应用"登门槛效应"其实很简单，其原理就是循序渐进、目标分解，而且要注意分解后的阶段性目标一定要在人们可以接受的范围内。"登门槛效应"不仅可以用来向他人提出要求，同样也可以用来进行自我的激励与提升。其实这种大事化小、以小搏大也是我们人生的一种智慧。

先提大要求，遭否再提小要求——门面效应

我们在商场买东西的时候经常会遇到这种情形：卖家可能会先喊出一个特别高的价位，然后在买家的砍价下，卖家会降低价格作出让步，使其合理化。其实这种让步正是卖家的一种策略，因为最终成交的价格虽然比卖家开始出的价低，但往往就是卖家本来期望卖出的价格。而对于买家来说，因为成交价低于最开始的出价，他会觉得心理上可以接受，其实这又是中了卖家的"圈套"。

这种现象在社会心理学上称之为"门面效应"，它是与"登门槛效应"相反

的另外一种说服别人接受自己要求的方法：当你想让对方接受的是一个小的、但对方一般也不会答应的条件，那么你不妨先向他提出一个大的、更高的要求。对方会拒绝你大的更高的要求，但一般会接受你再次提出的那个小的要求。

"门面效应"利用的是人们的一种补偿心理，人们往往希望扮演慷慨大方的角色，所以拒绝别人在心理上是一件难事。因为拒绝会让人们无法扮演慷慨大方的角色，也会让人们产生负疚的心理，因此如果人们不得不拒绝别人的某一要求时，他们通常会希望为对方做一件小的、容易的事来平衡心里的内疚，以使自己能够继续扮演慷慨大方的角色。而"门面效应"就是利用了人们的这种心理来产生作用。

如果说"登门槛效应"是得寸进尺，那么"门面效应"就是弃尺得寸。

美国心理学家曾经做过一项实验，他要求 20 名大学生花两年时间担任一个少年管理所的义务辅导员，结果大家都拒绝了；随后，他又提出另一个要求，请他们带这些少年去动物园玩一次，其中 50% 的人接受了；而当他向另一组大学生直接提出这第二个要求时，只有 16.7% 的人同意。研究者就这种现象指出：如果对某个人提出一个很大而又被拒绝接受的要求，接着再向他提出一个小一点的要求，那么，他接受这个小要求的可能性就比向他直接提出小要求而被接受的可能性要大得多。许多人正是利用这种策略去影响他人，当他们想让别人为自己处理某件事情之前，往往会提出一个别人根本不太可能会接受的要求，待别人拒绝且怀有一定的歉意时，再提出自己真正要对方办的事情，由于前面的拒绝，人们往往会为了留住面子而接受随后而来的要求。

利用"门面效应"去影响他人，首先就是要提出一个大得别人根本不可能做到的要求，待别人拒绝且怀有一定的歉意后，他才亮出自己真正要对方办的事。我们可以对"门面效应"作一个直观的说明：比如我们要搬 50 斤重的货物，搬完后再搬一个 20 斤的，比较起来就觉得 20 斤的没有想象得那么重。

在日常生活的社会互动中，应用"门面效应"的机会很多。我们可以举几个例子。

当我们想向朋友借 500 元钱，如果我们这样问："朋友，借 500 块钱吧？"我们很可能得到对方这样的回答："这么多钱我可借不出来。"但是如果我们应用"门面效应"这样问："朋友，我最近手头很紧，借 1000 块钱给我救急，行吗？"对方可能回答："我哪有那么多！"你再接着问："那借 500 行吗？"这样一来你很可能就借到钱了。

再举一个例子：在商场中我们看中了一款衣服，价格是 400 元。你认为 200 元可以拿下来，所以就出价 150 元。但是卖家却并不同意。这样双方互相调整，最后 200 元成交了。200 元的价格达到了你的心理预期，你会对此很满意。其实卖家早就已经应用了"门面效应"。因此这件衣服的价格可能只有 150 元，而他们通过抬高价格来提高你的心理预期，这样虽然最后你砍下很多价，其实卖家还是赚了大头。这其实就是商家的打折策略。他们适时制造出各种名目，使出打折的手段——5 折、7 折，让你心动，也平衡了你的心理——只花了一半的钱就买了件名牌呢！而其实这个最终的折扣可能就是商品真正的价值，商家根本没有少赚一分钱。

"门面效应"应用的第三个例子是在管理领域。身为领导者，掌握基本的沟通技巧和说服策略是必要的。比如，一位中学校长在开学之初想要调整教师的岗位分配，拟定让王老师任三年一班的语文老师兼班主任。在找来王老师后校长却告诉他，学校计划让他带三年一班和二班的语文，并接手一班班主任。王老师可能认为自己的精力不能胜任而拒绝这个要求，这时校长就会"宽容"地安排王老师不用教二班的语文。这样一来王老师很可能就会接受校长本来的安排。

"门面效应"在生活中的应用非常广泛，但是它却是一把双刃剑，善加利用可以使沟通、交流事半功倍；但使用不当会造成不良后果。在应用门面效应时应该牢记"己所不欲，勿施于人"的道理。不要为个人利益而去利用他人的心理。我们向别人提出的要求应该是合理而且对方预计可以接受的，而不是那些侵害对方利益的要求。

为什么诸葛亮送女人衣服给司马懿——激将法

"激将法"是中国妇孺皆知、语焉能详的一种谋略，可用于对敌，也可用于对己。用于对敌，目的在于使其失去理智，暴躁莽撞，从而进入己方圈套。《三国演义》中诸葛亮派人送给司马懿一大箱女人的衣服，目的就是以此耻笑其胆怯，激其怒而出战。用于对己，则是为了振奋士气，激发潜能，增强战斗力。《三国演义》写诸葛亮只身下东吴游说，用的就是此法。除军事外，"激将法"在政治、经济、论辩及日常交往中的运用也是比比皆是。

在学校教育中"激将法"的应用很多。

我国著名数学家华罗庚少年时数学成绩并不好，初一时算术甚至不及格。有一次，老师公然在班上宣称：假如你们中将来会有一个同学没出息，那么这个人必定是华罗庚。这位老师并未意识到，他的奚落对华罗庚来说正好是"激将法"，正是这种奚落，促使只有初中学历的华罗庚发奋攻读，19 岁就开始发表数学论文，25 岁就跻身世界屈指可数的大数学家之列。

美国大发明家爱迪生小时候只上了几个月学，就被老师辱骂为"愚钝糊涂"的"低能儿"而退学。老师的歧视激发了爱迪生"长大了在世界上干一番事业"的大志，终成一代大发明家。

由上面的事例我们可以看出学校教育中的"激将法"就是通过心理交接，从反面触伤学生的自尊心，激起学生的逆反心理，使之转化为某种巨大的推动力，进而促使其发奋努力。"激将法"在社会心理学中属于"反面激励"的典型。

与反面激励相对应的有正面激励。

"正面激励"就是通过心理交接，从正面激发教育对象的自信心，使之升华为高涨的热情，进而促使其朝教育者所期待的目标行动。

"正面激励"与"反面激励"的方向不同，但目的和效果却是一致的。如何正确地运用需要看当时的具体情境。比如对于心理承受力有限的人适宜采用"正面激励"；对自卑感较重的人不宜采用"反面激励"。

某位文学教授担任某大学 4 个班的写作课老师。经过一段时间后，这位老师在某班宣布："在我教的 4 个班级中，咱们班的同学最有灵气，我认为未来至少有一半的人可望成为诗人。"随后这位教授就利用课余时间教他们写诗。两年之后这个班果真出现了一批学生诗人，不少人还在省级刊物发表作品。这就是正面激励。

这位教师之后教授几个班的现代汉语，很多方言区的学生普通话不好。结果这位教师有一次在课堂上突然说："我们班有几位同学普通话特别差，据我估计，即使再读一轮大学也过不了关。"说完，老师分别瞪了那几位同学一眼。结果一年以后，这几位同学普通话均大有进步，说起来完全就是国家标准。这是老师运用了"反面激励"。

我们运用"反面激励"时，一般都会引起对方的误解，这种误解可能在很长时间内无法消除。其实反而激励如果能与正面激励结合使用，会产生令人兴奋的结果。把"正面激励"和"反面激励"合二为一，即为"连环式激励"，其效应又更胜一筹。

爱因斯坦 3 岁时还不会说话，上小学时功课很差，被老师认为是一个"智力不佳，反应迟钝"的"笨头笨脑的孩子"。学校训导主任曾对他父亲断言："你的孩子将是一事无成的"，甚至勒令退学。而当爱因斯坦16岁考大学失败时，校长却热情鼓励他再次报考并寄予深切的期望。这里，老师的偏见和训导主任的"断言"无疑在客观上很好地发挥了"反面激励"的作用；而校长的鼓励和期望正好又起了"正面激励"的作用。这样一反一正，譬如一个皮球，先拍一下，利用反作用力使它跳起来，然后再顺势往上一托，利用作用力使它弹得更高。爱因斯坦日后能创立相对论，成为现代物理学奠基人，这种经历得说有重要作用。

"连环式激励"就是俗话说的"一个唱白脸，一个唱红脸"，应用这种方法需要激励者有着良好的配合。在我们的日常生活中需要使用激励的场合很多，我们应该明白正反两种激励的发生方式，合理地使用，才能产生积极的效果。

交际时为什么人会投其所好——自我呈现

每一个曾经前往牡蛎湾拜访罗斯福总统的人，都会惊讶于他那渊博的知识。研究罗斯福的权威作家伯莱特福写道："不论是牧童还是骑士，或纽约的政客和外交家，罗斯福都知道该和他说些什么，针对他的特长而谈。"那么，罗斯福又是怎样做到这一点的呢？答案其实很简单——不论罗斯福要见什么人，他总是会在来访者到来的前一个晚上晚些入睡，翻阅一些来访者会特别感兴趣的知识。因为罗斯福和所有领袖人物一样，深知通达对方内心思想的最佳方法就是和对方谈论他最感兴趣的事情。

在耶鲁大学担任教授的菲利普先生是个非常和蔼的人，他在早年就学到了这个道理。

菲利普在他一篇谈论人性的小品文中这样写道："当我8岁那年，有一次去姑姑林斯莉家中过周末。晚上，一位中年人来到姑姑家。在和姑姑随便聊了几句之后，他注意到了我。当时我对船的兴趣正浓，而这位来访的客人和我谈论了这方面的知识，令我产生了特殊的兴趣，他似乎对此也兴致很高，我们谈得很投机。他离开之后，我还对他赞赏不已。姑姑告诉我他是纽约的一位律师，本来他对有关船的事情是不应该如此热心的，甚至应该是毫无兴趣可言的。"

菲利普感到很奇怪，就问姑姑："可是，他为什么自始至终都在与我谈论有关船的问题呢？"姑姑笑着说："因为他是一位高尚而有修养的人。他见你对船很感兴趣，就谈论他认为能使你注意并高兴的话题，陪你聊天而已。通过这种方法，他使自己成了一个受欢迎的人。"最后，菲利普教授又补充说："我永远也忘不了我姑姑对我说的这番话。我从中明白了一个道理，如果你希望你的谈话对象对你的谈话感兴趣，你就要谈他所感兴趣的话题。"

为什么罗斯福总统和那位有修养的先生会选择对方最感兴趣的话题呢？谈论对方最感兴趣的话题又为什么能让对方高兴并欣然接受自己的意愿呢？

这就是典型的社会学中的自我呈现。自我呈现也是人类互动的最重要的特征，它是指为了使他人按照我们的意愿看待自己而在他人面前展示自己的努力。例如，许多人都制造某些使他们看上去很善交际的形象。在舞会上，由于介绍与一群证券经纪人相识，某个客人可能会对证券市场表现出浓厚的兴趣。与此类似，推销员也总是试图制造出与他们所售物品相符的形象。人们通常小心地策划他们的表演，以便使其行动与他们所想制造的印象一致。正如戈夫曼指出的，它总是为了使行动者能够更好地控制别人的行为，这种行为能够诱导出对方做出行动者所期望的行为。

所以，如果一个人在社会交际或商务交易上能够很好地运用自我呈现，那么他成功的几率就大大增加了。

下面是一封热衷于少儿事业的杰尔夫先生的信，他也运用了自我呈现而成功地实现了自己的目的。

"有一天，我感到我需要别人的帮助。"杰尔夫先生在信中写道："欧洲将举办童子军夏令营活动。我想邀请美国某家大公司的经理出钱，资助我和一位童子军的旅行费用。幸运的是，在我去拜访这位大公司的经理之前，我听说他曾开出了一张100万美元的支票。这可是100万美元的支票，要知道！随后不知什么原因促使他又将那张支票作废，也许是他为了记住某种我不知道的教训，他将这张支票镶入一个镜框作为纪念。于是，我见到他之后第一件事就是请他让我欣赏一下他的那张支票，并告诉他，我这一辈子从来都没有听说有人开过数额如此巨大的支票；我还要告诉我的童子军，说我的确看到过一张100万美元的支票。这位经理非常愉快地把那张支票递给我看了看。我一直赞叹不已，并请他把开这张支票的详细情况告诉我。"

你注意到了吗？杰尔夫先生在刚开始时，并没有和对方谈有关童子军或欧洲夏令营的事，也没有谈他想要对方帮助的事，他只是谈能够令对方感兴趣的话题，让对方愿意和他交谈。于是就出现了杰尔夫先生下面所说的情况：

"过了一会儿，我所拜访的那位经理问我：'哦，你来找我一定有什么其他事，对吗？'于是，我就把我的事情告诉了他。令我吃惊的是，他不但爽快地答应了我的请求，还十分大方地给了我更多的资助。我本来只请他出资赞助一名童子军去欧洲的，可是他慷慨地资助了5名童子军和我本人，给我开了一张1000美元的支票，并建议我们在欧洲玩上7个星期。然后，他又给我写了封介绍信，把我引荐给他在欧洲那些分公司的经理，吩咐他们到时候帮助我们。当我们抵达欧洲时。他又亲自去了欧洲，在巴黎亲切地接待了我们，带领我们游览了这座美丽的城市。从此以后，他就对我们的童子军事业非常热心，经常为家庭贫困的童子军提供工作的机会。"

杰尔夫先生又说："但是我也很清楚，如果我当时没有找到他感兴趣的话题，让他高兴起来，那么这件事不仅不会办得这么顺利，我想恐怕连1/10的机会都没有。"

在生活中，要想让一个陌生人在最短的时间内接受你并对你产生信任，无疑将是一件很困难的事。就像在商场上要和一个陌生人谈成生意，你要怎么做呢？聪明的人知道：首先要得到对方的认同和接受，只有这样你才能顺利地进入对方的世界，并轻松自如地与对方进行生意上的谈判，从而实现自己的业绩目标。那么，首先得把自己努力"装扮"成和对方一样——即谈论对方感兴趣的话题，以拉近彼此的距离。而在此时明确地投其所好的行为——社会学中说的自我呈现，就是最好的方法。

假如我是美国总统——拟剧论

戈夫曼认为，社会和人生是一个大舞台，社会成员作为这个大舞台上的表演者，都十分关心自己如何在众多的观众（即参与互动的他人）面前塑造能被人接受的形象。

梅罗维茨认为，在现代社会，媒介的变化必然导致社会环境的变化，而社会环境的变化又必然导致人类行为的变化，其中电子传播媒介对社会变化所产生的巨大影响更令人瞩目，因为它能更有效地重新组织社会环境和削弱自然环境及物质"场所"间一贯密切的联系。因此，梅氏声称，他提出新的媒介理论的目的就在于提供一种"研究媒介影响和社会变化的新方法"，以解释和说明人类传播活动中过去的、现在的和未来的这类变化现象。

梅罗维茨指出，戈夫曼只是分析了人际交流中"场所"不同、"话语"不同、所表达的情感亦不同的表面现象，而没有揭示出"场所"对交流情境为什么如此重要的真正原因。饭店服务员在"前台"和"幕后"的讲话固然不同，但是，如果他们在议论顾客的古怪行为时忘了关上通讯联络系统，而让这几位顾客听到了这种幕后的说笑，那么这种说笑就不再是"幕后"的，而是"前台"的了，也就显得窘迫而不适当，从而会影响整个事情的情境。所以，他认为，地点场所对情境之所以重要，是因为它们允许某些人听到和看到正在其间发生的交流活动，而不让其他人听到和看到这些传播活动。这就是说，由媒介所造成的信息环境比通常意义上的物质场所重要，而在确定信息环境与物质场所的界限时，接触信息的机会则是判断和辨别的一个关键因素。一间卧室可以充当某对夫妻之间进行密谈的环境，因为其他人没有机会接触到他们密谈的信息。同样，一位政府首脑将他对成千上万公众演讲的情境照搬到家庭或卧室之中，也是不适当的。因此，在梅罗维茨的媒介情境论中，情境就是信息系统是一个重要观点。构成信息系统的是"谁处在什么地点"和"什么类型的行为可被谁观察到"的两种情形，或者说是以人们接触社会信息——自己和别人行为的消息——的机会为核心。在这信息系统内，"信息不但在自然环境中流通，也通过媒介传播"，因此，"运用媒介所造成的信息环境如同地点场所一样，都促成了一定的信息流通形式。"

梅罗维茨的另一主要观点是：每一种独特的行为需要一种独特的情境。他认为，不同情境的分离使不同行为的分离成为可能，而不同情境的重叠或混淆则会引起行为的错乱，因此，真正不同的行为需要真正不同的情境。人们需要始终如一地扮演自己的社会角色，而两种或两种以上不同的情境一旦重叠或混淆，社会角色就会随之变化，面对混乱的角色特点，人们会感到困惑不解、不知所措。

情境是动态的和可变的。梅罗维茨不同意"拟剧论"者的情境静态观，认为："情境的分离和结合形式是一个可变因素，而不是个人或社会存在的一个静态的方面。制约此情境的分离和结合形式的因素包括个人的生活决定和社会对媒介的运用情况。"这就是通过人们在传播活动中努力使特定的行为与特定的动态的情境保持一致，从而前后一贯地演好某个规定的角色。但是，梅罗维茨指出，相安无事的人际交流情境，一旦遭到大众传播媒介的入侵，原先的和谐与平静往往会受到破坏，引起麻烦。因为，大众传播媒介的运用混淆了区分不同情境的界线，将那些只适合某些人观看的演出原封不动地搬给了整个社会来观看了。比如，20世纪60年代后期黑人权利倡导者斯托克利·卡迈克尔在不同的特定物质场所里演讲，他会既有忠实的黑人受众群，也有热情的白人听众群，因为他能根据听众对象的特点设计自己的演讲内容和风格，投其所好。但是，当他需要运用广播电视来讨论黑人权利时，他既找不到明确的解决办法，也无法设计出一种让两者都欢迎的演讲内容。于是，他在大众传播中采用了适合运动主体黑人需求的办法，结果他的演讲激发了黑人受众群的巨大热情，但却激起了白人受众群的敌意和恐惧。

在对上述观点的论证中，梅氏提出第三个观点：电子媒介能促成原来不同情境的合并。首先，它促成了不同类型的受众群的并合。梅氏认为，电子媒介不仅使在自然、物理环境中的团体传播的不同受众群趋向合并，也使许多世纪以来印刷媒介占统治地位下造成的不同受众群趋向合并。印刷媒介要求传播过程的参与者有阅读能力、懂写作技巧、接受一定的教育，这又会反过来影响和制约人们对印刷媒介的接触，从而形成适合不同文化层次和类型的受众群。相反，电视所展示的日常生活的视听形象，几乎"完全不是一种代码"，是一种一看就懂的画面，观看电视的技巧极易掌握，无需接受特殊的训练和教育。其次，电子媒介还促成了原先接受情境、顺序和群体的改变。原先读者阅读印刷品总是随着年龄和文化程度的增长，先读浅显、简单的，逐步再看深奥、复杂的；而看电视不需经过固定的阶段和顺序——人们不必先看简单的电视节目，然后才能看复杂的电视节目。原先印刷媒介的受众较为单纯和易于把握，现今电子媒介的受众是混杂的，不易把握。第三，电子媒介使原来的私人情境并入公共情境。梅罗维茨论述道：由于电子媒介代码的简单性，它们能将来自不同经验世界的视听形象显示给许多不同的受众群，造成了不同阶层的受众群对信息的更大程度的分享，从而促成许多公众领域的合并。他还认为，由于电子媒介的传播具有具体、生动和体现事件进展这一性质，公共经历和私人经历的界线有时变得比以往难以确定得多，甚至不可能确定。通过电视，人们可以观察到别人的私人行为，原来的私人情境成了公共情境。情形若任其发展，那么人将会成为日本传播学者所形容的"透明人"，因为每个人都没有隐私，都处于被公众观察之中。

"距离产生美"背后的秘密——保持适当的空间和距离

梓丹曾在报上发表过一篇短文，题为《距离也是一种美》。他在文中是这样写的：

人与人的交往何妨拉开一段距离。由于有了距离，所以就有了主体和客体的存在。视线通透了，看对方也长远些；而且主体和客体的位置常常可以互换。朋友交往，不必短期全线出击，炙热烫人；也不必利益稍有冲突，霎时势成虎牛。只需闲时常记起对方，给一个电话，听听对方的声音；相约去看一场电影，打打网球；星期日茶聚，海阔天空，握杯清谈。淡淡然，时间会流成溪流。交友之道，宛如观荷，亭亭如盖，盈盈欲开，最宜远观。而香随风送，无语沁人，至臻妙境。太过近前，反见残枝枯叶，腐水困积，不免败兴。每个人都有自己的空间，都有一方荷塘。我观彼荷，彼观我荷。自悦与悦人，享受优游与宽阔。

著名诗人雷抒雁先生有一首极有哲理的诗《星星》，他是这样写的："仰望星空的人总以为星星是宝石，晶莹透亮，没有什么瑕疵。飞上星星的人知道，那儿有灰尘、石渣，和地球上一样复杂。"说的也是"距离产生美"这个道理。

事物和事物之间如此，人和人之间是怎么样呢？叔本华曾说过这样一段话："社交的起因在于人们生活的单调和空虚。社交的需要驱使他们聚到一起，但各自具有的许多令人憎恶的品行又驱使他们分开。终于他们找到了能彼此容忍的适当距离，那就是：礼貌。"曾有人以豪猪作比喻，豪猪浑身长满了刺，在天冷时为了避寒都想互相利用体温，于是就尽可能地靠近，但又不能太近，因为身上都有刺，结果豪猪们就在谁也刺不到谁的前提下尽可能地靠在了一起。人与人之间的交往也应保持一种"豪猪的距离"。

这里就涉及社会学中的个人空间，社会学中的个人空间是指环绕一个人四周的直接区域。事实上，人与人之间的关系通常用身体之间的空间距离来测量。人类学家爱德华·T.霍尔做了大量的实验之后，提出了一种理论，认为个人距离有4种基本类型，每种类型的距离又都有自己的活动和关系特征。人们选择特定的距离进行互动，不仅反映着而且有时还塑造着人们之间的关系。

4种个人距离分别是亲密距离、个人距离、社交距离和公众距离。亲密距离是一个人与最亲近的人相处的距离，在0～45厘米之间。陌生人进入这个领域时，会使人在心理上产生强烈的排斥反应。我们看到，在拥挤的公共汽车里，互不相识的人通常保持着僵直的身躯，尽量避免身体的接触，另外，尽管可以经常看到一些孩子们在各种公共场合保持这种距离，但对于成人而言，在公共场合保持这种距离是很不合适的。专家们认为，亲密距离是人际交往中最为重要也最为敏感的距离，每个人都必须谨慎地把握这个距离。

个人距离的范围是0.45～1米。人们可以在这个范围内亲切交谈，又不致触犯对方的近身空间。一般朋友和熟人在街上相遇，往往在这个距离内问候和交谈；

社交距离一般在 1 ~ 3.5 米。其中 1 ~ 2 米通常是人们在社会交往中处理私人事务的距离。例如在银行取款时要输入密码，为了保护客户的机密，银行要求其他客户必须站在"一米线"之外。

2 ~ 3.5 米是远一些的社交距离。商务会谈通常是在这个距离内，相互之间除了语言交流，适当的目光接触也是不可少的，否则会被认为是不尊重对方。在屏幕上，电视节目主持人大多是中近景，这是为了缩短与观众的距离。因为这个景别的视觉效果是主持人与观众的距离只有两米左右。

公众距离一般在 3.5 ~ 7 米左右，往往是公众集会、知名人士给别人做演讲时保持的距离。超过这个距离人们就无法以正常的音量进行语言交流了。

霍尔指出，在不同的文化背景下，人际距离的准则会有所差异，但基本规律是相同的。和喜欢的人交谈要靠得近，熟人要比生人靠得近，性格外向的要比内向的人靠得近，女人之间比男人之间靠得近。仔细想来，在生活中人与人之间的和谐都建立在恰当的交往距离之上，而人与人之间的某些冲突却往往是从不恰当的距离开始的。因此，在交往时恰当地运用"距离语言"，我们才能在越来越拥挤的地球上找到合适的位置，在越来越频繁的人际交往中科学地把握好距离。

很要好的朋友关系被人们称作"亲密无间"，而人与人之间真正到了亲密无间的程度之后，又往往会自动滋生出许多矛盾。因此朋友之间保持一定的距离是很必要的，只是不同程度的朋友其距离的大小可以有区别。这里所说的距离，主要指的是应有的礼貌和尊敬。有些人一和人混熟了，就丢掉了分寸感，进入了所谓不分彼此的境界。物极必反，一到了这种程度，友情就快走向反面了。原因在哪里呢？就在于一旦到了"不把他当外人"的时候，就自然会把一些看似小节实际上始终挺重要的问题放到无关紧要的地位，例如：说话的态度和方式等。这样就势必增加了误会或摩擦的可能性。为什么许多恋人结婚前好得一天见不到就吃饭不香，三天见不到就没心思做事，一周见不到就会生场病，一个月见不到就差不多要命；可等到结了婚，按理应该算是遂了心愿，可不出一年关系就变了味？重要原因之一就是双方离得太近，彼此都不把对方当外人，模糊了彼此以礼相待的界限。不仅是夫妻之间，其实无论任何人之间，必要的距离都是不可缺少的。

《庄子·山木》有云："且君子之交淡若水，小人之交甘若醴；君子淡以亲，小人甘以绝。"孔子曰："仁者爱人"。这就是人际关系的至理名言，这就是保持人际关系的美的距离。好比太阳与地球的关系一样，早晚的太阳距离地球较远，使天空出现了灿烂的朝霞和晚霞，使人们感受到无比的温暖，中午的太阳距离地球较近，就使人感受到较热，每当一阵雷雨过后，它就使天空出现了灿烂的霓虹，向人们展现出一幅美丽的图画。

距离的存在让我们顿悟，原本优雅的山峰，欣赏其优雅，无需身临其境；原本汹涌的大海，领悟其汹涌，无需登上轮船；原本湛蓝的天空，欣赏其湛蓝，无需翱翔天际。万物之间均是因距离而产生美的，人与人之间也是如此。人与人之间的关系也是因能保持适度的距离而产生情感上的美。如夫妻之间、父母子女之间、兄弟姊妹之间、朋友之间、同学之间、同事之间、领导与下属之间、上级与下级之间，等等，无不保持在适度的距离上，才能构成和谐家庭、和谐环境、和谐社会。不同主体之间关系距离的远近，因人而异，而衡量这些关系的距离标准就是美，美就是令人值得回味的、值得颂扬的高尚的情感关系，美就是和谐关系，就是共鸣关系。

江山易改，本性难移——人格与交往

从前，有一个地方住着一只蝎子和一只青蛙。一天，蝎子想过一条大河塘，但不会游泳，于是它就央求青蛙道："亲爱的青蛙先生，你能载我过河吗？"

"当然可以。"青蛙回答道，"但是，我怕你会在途中蜇我，所以，我拒绝载你过河。"

"不会的。"蝎子说，"我为什么要蜇你呢，蜇你对我没有任何好处，你死了我也会被淹死的。"虽然青蛙知道蝎子有蜇人的习惯，但又觉得它的话有道理，它想，也许这一次它不会蜇我。于是，青蛙答应载蝎子过河。青蛙将蝎子驮到背上，开始横渡大河。就在青蛙游到大河中央的时候，蝎子实在忍不住了，突然弯起尾巴蜇了青蛙一下。青蛙开始往下沉，它大声质问蝎子："你为什么要蜇我呢？蜇我对你没有任何好处，我死了你也会沉到河底。"

"我知道，"蝎子一面下沉一面说，"但我是蝎子，蜇人是我的天性，所以我必须蜇你。"说完，蝎子和青蛙一起沉到了河底。

俗话说：江山易改，本性难移。这里的"本性"是就人格而言的。人格类似于我们平常说的个性，是指一个人与社会环境相互作用表现出的一种独特的行为模式、思维模式和情绪反应的特征，也是一个人区别于他人的特征之一。因此人格就表现在思维能力、认识能力、行为能力、情绪反应、人际关系、态度、信仰、道德价值观念等方面。人格的形成与生物遗传因素有关，但是人格是在一定的社会文化背景下产生的，所以也是社会文化的产物。

人格很复杂，它是由身心的多方面特征综合组成。人格就像一个多面的立方体，每一方面均为人格的一部分，但又各自独立。人格还具有持久性。人格特质的构成是一个相互联系的、稳定的有机系统。人格具有稳定性。在行为中偶然发生的、一时性的心理特征，不能称为人格。例如，一位性格内向的大学生，在各种不同的场合都会表现出沉默寡言的特点，这种特点从入学到毕业不会有很大的变化。这就是人格的稳定性。

人格的稳定性并不意味着人格是一成不变的。人格变化有两种情况：第一种情况，人格特征随着年龄增长其表现方式也有所不同。同是焦虑特质，在少年时代表现为对即将参加的考试或即将考入的新学校心神不定，忧心忡忡；在成年时表现为对即将从事的一项新工作忧虑烦恼，缺乏信心；在老年时则表现为对死亡的极度恐惧。也就是说，人格特性以不同行为方式表现出来的内在秉性的持续性是有其年龄特点的。第二种情况，对个人有重大影响的环境因素和机体因素，例如移民异地、严重疾病等，都有可能造成人格的某些特征如自我观念、价值观、信仰等的改变。

但是我们应该明确一点：人格改变与行为改变是有区别的。行为改变往往是表面的变化，是由不同情境引起的，不一定都是人格改变的表现；人格的改变则是比行为更深层的内在特质的改变。一个人如果想改造另一个人，应该明白，这种改变是有限的，因为一个人的人格具有稳定性。

在社会互动中我们应该学会尽量把握他人的人格特征，并且学会如何与不同的人交往。

小张和小李性情爱好各不相同，但他们同处一室，因而常常为一些事情争论不休。一天，小张从外面回来，由于在外面赶路觉得燥热，一进门便嚷着屋里太闷太热，随手将门窗全都打开。小李在家待了一天，哪里也没去，正觉浑身发冷，便责怪小张不该打开门窗。两个人互不相让，一个要开，一个要关，一个说闷，一个说冷，为一点小事闹了好半天，都认为只有自己才是对的。又有一次，小张从地摊上买了几件廉价的衣服，被小李看见了，小李责怪小张没眼光，他认为地摊上的衣服样式不好，而且质量很差，根本比不上专卖店的、大商场里的衣服。小张则认为地摊上的衣服便宜，穿几次不喜欢了可以丢掉，而且专卖店、商场的衣服都太贵了。小李说专卖店的衣服虽然贵但质量好、耐穿。为这件事双方争得面红耳赤。

这个世界上的人形形色色，没有任何两个人的性格特征完全相同。比如在日常生活中我们常看到，有的人谦虚好学，有的人狂妄自大；有的人公而忘私，有的人自私自利；有的人喜怒形于色，有的人则遇事不动声色；有的人和蔼可亲，有的人蛮横无理。而故事中的小张和小李，不过是性格不同的两个人凑到了一起。但是性格不同是不是一定意味着矛盾和争执呢？其实大可不必，我们既然理解了人和人本来就不同，就应该放开心胸，不必强求别人和自己一样。在一些非原则性的小事上强求别人，其实是在自寻烦恼。如果都像小张和小李那样，只从自身的角度出发看问题，固执己见，强人所难，我们的生活将不得安宁。和不同性格的人求同存异、和睦共处，其实是一种处世艺术。

每一个人都有自己的性格，在生活中，我们经常会因为性格问题与他人产生冲突、误解等，那么，我们如何与不同性格的人相处呢？

第一，要能够平等待人，不要有等级观念。倘若你觉得他们粗俗、缺乏修养、文化层次低，看不起他们，在任何场合都不与他们接触，这便是不平等的心理在作怪，那样只会导致相互间的隔阂和对立。事实上，一个看不起别人的人，也一定会被人看不起，甚至遭人唾弃。所以，当你不喜欢他人的生活方式或习惯时，最好是尊重他们并平等相待，切不要鄙视，不要认为与比自己身份低的人交往有失体面。其实，"布衣之交"最贴心、最牢靠，也对自己最有益处。

第二，要学会对对方感兴趣。对别人不感兴趣的人，他一生中困难最多，对别人的伤害也最大。一个你不感兴趣的人，你是不会跟他和睦相处的。因为不感兴趣就会导致感情疏远，感情一旦疏远就会产生隔阂，有了隔阂便会格格不入，这样就会使你越来越受到孤立，你就会失掉别人对你的关心和帮助，成为一个无关紧要的孤家寡人。因此，要摆脱孤独，与人和睦共处，就要学会真诚地对人感兴趣，要从一些生活小节上表现出对别人的极大热情和关注。

第三，要对人表现出宽容。《孔子家语》中说："水至清则无鱼，人至察则无徒。"往往一个心地纯真、修养颇高的人却容易缺乏容人的雅量，因为自己道德自律严，便由己及人，对别人的短处和缺点就难以容忍。倘若过于孤芳自赏、自命清高，就难以与人和睦相处，事业也会随之遭受挫折。

第四，要善于尊重和理解对方。在人际交往中，理解是交际的基础，只有相互间充分理解，才能彼此情投意合。当然，理解是建立在相互尊重的基础上，缺乏尊重就谈不上理解，甚至会产生曲解。

尊重别人与互相理解是社会互动保持健康有序的重要因素。学会尊重和理解首先是尊重别人的意见。能直言规过者，可谓净友。能当面提意见是相互理解和信任的表现，只有真正的朋友，才会放言无忌。所以，在交往中要善于听取对方意见，互相取长补短，只有这样，才能使交道越打越深。其次，要尊重别人的生活习惯。一个人的生活习惯是自幼形成的，是受家庭的教育和周围环境的影响而潜移默化的结果。生活习惯对于每一个人来说很难改变。一个人的生活习惯对社会和他人没有直接的利害关系，它只是由各自不同的性情决定的。一般来讲，什么样的性情，就会养成什么样的生活习惯。所以，尊重别人的生活习惯就等于尊重别人的人格。

我们在社会互动中要承认个体之间的差异性，并在承认这一差异性的基础上学会适应不同的人带给我们的不同感受，以及学会选择不同的互动策略来与不同的人进行互动。其实这一个学习过程对我们开阔视野、拓展社会行为能力也是有着巨大的帮助的。

为什么第一印象很重要——刻板印象

兄弟二人生活在一起，哥哥叫李解放，弟弟叫李海军。两兄弟一边在家帮父母耕地、担水，一边勤读诗书。这兄弟两人都写得一手好字，交了一批文化界的朋友。

有一天，弟弟李海军穿着一身白色干净的衣服，兴致勃勃地出门访友。在快到朋友家的路上，不料突然下起了雨，而且越下越大。当时李海军正走在前不着村、后不着店的山间小道上，只好硬着头皮顶着大雨往朋友家走。等到了朋友家，他已被淋成了"落汤鸡"。

李海军在朋友家脱掉了被雨水淋湿了的白色外衣，穿上了朋友借给他的一身黑色外套。朋友在家里招待李海军吃过饭，两人就开始谈诗论文，评议前人的字画。他们越谈越投机，越玩越开心，不觉天快黑下来了。这时李海军告辞回家，但因为自己的衣服湿了，李海军就把自己的白色外衣晾在朋友家里，自己穿着朋友借给他的一身黑色衣服回家。

李海军走到自己家门口时，还沉浸在白天与朋友畅谈的兴致里。李海军家的狗不知道是自家主人回来了，从黑地里猛蹿出来对他汪汪直叫。一会儿，那狗又突然后腿站起、前腿向上，似乎要朝李海军扑过来。狗突如其来的狂吠声和它快要扑过来的动作，把李海军吓了一跳。他十分恼火，马上停住脚向旁边闪了一下，愤怒地向狗大声吼道："瞎了狗眼，连我都不认识了！"然后顺手在门边抄起一根木棒要打那条狗。这时，哥哥李解放听到了声音，马上从屋里出来，一边阻止李海军用木棒打狗，一边唤住了正在狂叫的狗。然后他对李海军说:"你不要打它啊!应该想想看,你白天穿着一身白色衣服出去,这么晚了,又换了一身黑色衣服回家,假若是你自己,一下子能辨得清吗?这能怪狗吗?"李海军想了想,觉得也有道理,就不说什么了。那狗也似乎认出了李海军,不再汪汪叫了。

在这个故事中狗之所以没有一下子认出李海军,就是因为它对出门的李海军已经预先形成了一个印象:李海军是穿着白衣服的。所以刚看到李海军时,天又黑,没看清楚,只看到来了个黑衣人,忠诚的狗当然要提高警惕了。

案例中忠狗的行为是一种生理现象,这种现象可以解释为动物大脑对某一个印象有着强烈的反应。人类也同样具有这种生理现象,但是由于人类同时具有意识和丰富的心理活动,使得这种单纯的生理现象转变成了更加复杂的心理现象。这就是所谓的"刻板印象"。人们一旦对某件事物形成某种印象,往往很难改变。

刻板印象是社会心理学的一个概念,是指人们在长期的认识过程中所形成的关于某类人的概括而笼统的固定印象,是我们在认识他人时经常出现的一种相当普遍的现象。刻板印象之所以形成,主要是因为我们在人际交往过程中,没有时间和精力去和某个群体中的每一个成员都进行深入的交往,而只能与其中的一部分成员交往,因此,我们只能"由部分推知全部",由我们所接触到的部分,去推知这个群体的"全部"。

刻板印象既有积极作用,也有消极作用。刻板印象的积极作用是,它把现实中的人加以归类,从而有助于人们加工社会信息。它简化了人们所面临的复杂社会,把人划分为群体,使得人们在获得少量信息时就能对他人作出迅速的判断,从而预测他人的行为。同样,刻板印象也有其消极作用。虽然它在某些条件下有助于我们对他人进行概括地了解,但如果这种归类不符合该群体的实际特点,或者只是对某群体的非本质特征作出概括,就会形成偏见。而且一种概括而笼统的印象,毕竟不能代替活生生的个体,有时难免"以偏概全"——难道坏人就一定要生得面貌狰狞?好人就一定显得慈眉善目?如果不明白这一点,对人的认识就很容易产生偏差。

我们理解了刻板印象在社会互动中的重要作用,就要学会在社会生活中发挥它的积极作用,而不让消极作用影响到自己。在我们与人接触中尤其要注重第一印象,因为它在很大程度上会让对方形成对你的刻板印象,这种印象的影响是很深的，哪怕随着接触的深入你有更多的不同于第一印象的方面展示出来，但人们对你的印象还是会深受第一印象的影响。

李雪是一家外贸公司的职员，在第一天上班的时候，她早上 6 点就起床了，挑选了衣柜里最贵、最正式的一套职业装，精神抖擞地出了门。但是，人力资源部经理把她领到她所在的外联部后，就没再答理过她，部门里也没有一个人抬头看她一眼。最后，还是部门经理注意到了她，对她说："饮水机的水要换了，你给送水公司打个电话吧，还有，麻烦你去帮大家交一下手机话费，最近大家都很忙，没工夫去交。你回来时顺便在楼下的肯德基帮大家买一下午饭吧！"从办公室出来，她很失落，觉得自己像个可有可无的人。

当我们初次步入复杂的职场，许多毕业生觉得彷徨不安、不知所措，不知道该如何走好职场的第一步。其实这是人由一个熟悉的环境进入一个陌生环境的正常心态，只要注意调节，就会很快改善这种不良的心理状态。毕业生刚到一个工作单位，往往是同事关注的焦点，因为其他人对新同事还缺乏足够的了解，即使是已经接触过的人事部门和个别领导，对你的了解和认识多半也是浅层次的。因此，同事试图通过观察、接触，更多地了解、认识新来者。在大多数情况下，同事不会直截了当地询问、打听，一切都有赖于毕业生的自我表现，这种时候就要注意要给人留下良好的第一印象。

社会心理学研究表明：第一印象主要是获得了对方的长相、表情、姿态、身材、年龄、服装等方面的印象。这种印象虽然是初步的相互了解，但在对人的认知中却起着明显作用。如果一开始就给人留下不良的第一印象，很容易在别人心目中形成一种比较固定的看法，从而影响以后的发展。

一个人要形成良好的第一印象应该做到四点：一是主动交流，在同事心目中树立起容易沟通的印象；二是勤学好问，当然不要太过频繁；三是衣着得体，拿不准该穿什么时，就和其他人保持一致；四是少说多听，对工作有充分了解后再发表看法。

工作上的积极主动也会给人一种向上的印象，并且可以感染身边的人，从而获得大多数人的认同。初入职场的人，做事缺乏主动肯定不会被领导青睐，但是过于好问也会惹人烦。企业和学校有很大的不同，在学校，老师的工作就是传道授业解惑，所以学生可以"缠住"老师不放；但是在公司，很多问题都需要在工作中边做边学。职场中，人们总讲究一个悟性，就是说，很多事需要自己观察、自己体会，因为别人都有自己的工作，不可能总是充当你的老师。

从职场扩大到其他的社会交往活动，我们都要注意他人对我们形成的刻板印象，我们要纠正刻板印象的消极作用，而通过正确的方式发挥它的积极作用，让我们在人际交往中获益。

第三节　沟通的基本通道——社会知觉：理解他人

动作、注视和姿态——非语言沟通

首先，回忆一件令你感到高兴和兴奋的事——越感到兴奋越好，并仔细想一会儿；现在，再回忆一件使你感到愤怒的事——同样越愤怒越好；然后，再回忆一件令你感到悲伤的事——同样越悲伤越好。

现在比较一下这三种不同的情形下你的行为。当你的念头从第一件事转到第二件事再转到第三件事时，你是否改变了你的姿势，移动了你的胳膊或腿呢？你会发现，我们的心情和情绪的变化会经常反映在我们身体的姿势、位置和动作上。这些身体语言统称为非语言，非语言也是我们与他人沟通的一个重要的通道，通过非语言沟通我们可以从别人那里得到许多信息。

首先，身体语言经常能揭示他人的精神状态，人的一系列的动作，身体的一部分对另一部分所做的动作，表明了一种情绪的唤起，而动作的幅度越大则表明唤起或紧张水平越高。

而值得说明的是，许多关于他人内在情感的特殊信息通常会用手势表达，而手势在不同文化中是带着特殊含义的身体语言，同一个手势在不同的文化里有不同的涵义。美国的影评人罗杰·艾伯特竖起大拇指，代表推荐一部新片；但同样的手势在澳洲，就变成充满敌意的意思。这些不同民族的不同的体态语言，是很难被其他民族的人所了解的。在沙特阿拉伯，一个中年男子在与事业伙伴终止商业关系时，他可能会和他的事业伙伴握手；但此举可能会吓到美国的生意人，因为在美国，握手代表的是祝贺。

我们不是天生就懂这些姿势与表情。就像学语言一样，我们向拥有相同文化的人学习这些非语言沟通的技巧，包括较简单的微笑、大笑、哭泣，以及较复杂的情绪表现，包括惭愧和忧愁等。

如同其他形式的语言，在不同的文化中，非语言沟通的方式也有所不同。举例来说，研究人员在个体层次的社会学研究中发现，来自不同文化的人在一般的人际互动情境里，对于允许身体触碰的程度有所差异。所以，一个人在不同于自己的文化区旅行时，还是一定要注意这个手势的涵义。

下面列举了一些手势在不同文化里的不同含义：

（1）翘大拇指。在中国，翘大拇指表示"好"，用来称赞对方干得不错、了不起、高明。这个意思在世界上许多国家都是一样的。英美人伸大拇指，向上翘，意为"It's good"或"It's OK"。伸大拇指，向下翘，意为"It's bad"或"I don't agree it"。但是在一些国家还有另外的意思。比如，在日本，它还表示"男人"、"你的父亲"、"最高"；在韩国，还表示"首领"、"自己的父亲"、"部长"和"队长"；在澳大利亚、美国、墨西哥、荷兰等国，则表示"祈祷命运"；到了法国、印度，在拦路搭车时可以使用这一手势；在尼日利亚，它又表示对远方亲人的问候。此外，一些国家还用这一手势指责对方"胡扯"。

（2）将拇指和食指弯曲合成圆圈，手心向前。这个手势在美国表示"OK"；在日本表示钱；在拉丁美洲则表示下流低级的动作。

（3）用食指点别人。这在欧美国家是很不礼貌的责骂人的动作。

（4）伸出食指。在美国表示让对方稍等；在法国表示请求对方回答问题；在缅甸表示请求，拜托；在新加坡表示最重要的；在澳大利亚则表示"请再来一杯啤酒"。

（5）伸出食指和中指做 V 字状。"V"是英文"胜利"和法文"胜利"的第一个字母，故在英国、法国、捷克等国此手势含有"胜利"之意。但在塞尔维亚语中这一手势代表"英雄气概"，在荷兰语中则代表"自由"。

（6）食指弯曲。这一手势在中国表示"9"；在日本表示小偷，特别是那些专门在商店里偷窃的人及其偷窃行为；在泰国、新加坡、马来西亚表示死亡；在墨西哥则表示钱或询问价格及数量的多少。

（7）将手掌向上伸开，不停地伸出手指。这个动作在英美国家是用来招呼人的，意即"到这儿来"。

（8）伸出中指。这个手势在法国、美国、新加坡表示"被激怒"和"极度不愉快"；在墨西哥表示"不满"；在澳大利亚、美国、突尼斯表示"侮辱"；在法国还表示"下流行为"。

（9）伸出小指。在日本表示女人、女孩子、恋人；在韩国表示妻子、女朋友；在菲律宾表示小个子、年轻或表示对方是小人物；在泰国、沙特阿拉伯表示朋友；在缅甸、印度表示要去厕所；在英国表示懦弱的男人；在美国、韩国、尼日利亚还可以表示打赌。

再如，设想你在与一个人进行了简短的谈话，他（她）对你进行了短暂的触摸，你该如何反应呢？这一行为传达了什么样的信息呢？这要看与你接触的是什么人，是自己的朋友还是陌生人、是同性还是异性；接触的性质，是短时间的还是长时间的、是温柔的还是粗鲁的，与身体的哪一部分接触；接触发生在什么样的情况下，商业环境还是在医生的办公室。综合这些不同因素，你可以判断出这种触摸传达出来的是一种什么信息，接触可以表示爱情、性吸引、控制、关心甚至攻击。当然，尽管如此复杂，但如果接触是适当的，被接触者会做出积极的反应，如果是有违社会规范和道德的，也必将带来不好的社会影响。

平常和他人闲聊时，你知道应该要保持适当的距离；你也知道，在什么样的情况下，触碰他人是合适的，包括轻拍背部或是牵起某人的手。假如在一个原本气氛很和谐的会议中，突然有一个与会者身体往后一靠，双手在胸前交叉，嘴角略为下垂，你就知道可能会有麻烦了。这些都是"非语言沟通"——通过姿势以及脸部表情来沟通的方式。

你的表情出卖了你——微表情

撒谎是这个社会上司空见惯的现象，这个不可回避的事实同时也向我们提出了一个重要问题，我们如何识破别人在说谎。美国著名心理学博士、国际畅销书作者大卫·李柏曼，出了一本《看谁在说谎——5分钟内识破谎言》的书，向我们呈现了社会上普遍存在的形形色色的说谎，以及不同的甄别谎言的能力。其中提到识破谎言的相当一部分能力就是我们社会学上要讲的微表情。当人们在撒谎时，人们的面部表情、身体姿势和动作，以及说话的某些非语言方面等都有微妙的变化。

微表情是指瞬间闪现的面部表情，它是揭穿别人谎言的一个有效线索。这种反应在一个情绪唤起事件之后快速出现而且很难抑制。因此，他们恰能揭示人的真实感受和情绪。比如，你问一个人是否喜欢一样东西，在他回答时密切关注他的面部表情变化，如果你看到了一个皱眉之后紧跟着另一个微笑，那么这个就是他撒谎的信号，他在表达一个观点和想法，事实上他真正的想法恰是另一个。

人本身是不会说谎的，因为任何人说谎的同时都会引起一些细微的，不自主的生理、心理反应，而这些反应很自然地通过他的体态语言呈现出来。

　　语言是人类传达思想、进行交流的最重要的工具。然而有些情感往往用非语言的信号会表达得更加准确。研究表明，在人际交往的过程中，非语言手段所传达出的信息的可信度、可靠性也明显优于口头语言。当听者觉得一个人的言辞和他的行为之间存在矛盾时，他会更信赖后者。与身体有关的非语言表达方式称为体态语言，体态语言大致包括：表情、手势和姿势、触摸等。

　　面部处于人体首位，也是最暴露的部分，是人体传递情感信息的最重要的部分，是表达情感和态度的首要信息源。

　　脸部皮肤发红通常是说谎的反应。如果谎言被识破，说谎者更加紧张，有时会导致脸部充血，使脸部皮肤变红。

　　识别谎言的一个关键线索就是假笑。说谎人的微笑很少表现真实的情感，更多的是为了掩饰内心的感情世界。假笑并伴随着较高的说话音调是揭穿谎言的最有力的证据。

　　假笑缘于情感的缺乏。由于缺乏感情，微笑时神情显得有些茫然，嘴角上扬。一副愉快的病态假象。面部表情会无意识地将一个人的假笑暴露无遗。

　　微笑反映了真实情绪，产生于可以拉动嘴角向上的面颊肌肉。面颊肌强有力收缩时会拉长嘴唇，扯动整个面颊向上，使眼睛下的皮肤似口袋般松垂，同时使眼角下的鱼尾纹起皱。假微笑不像微笑那样分布对称，眼睛周围的肌肉并没有随之一起运动，眼睛不会眯起。

　　假笑保持的时间能特别长。真实的微笑持续的时间只能在二三秒到4秒之间，其时间长短主要取决于感情的强烈程度。而假笑则不同，它持续的时间比较长，同时会让人感到别扭。这主要是因为假笑缺乏真实情感的内在激励。其实，任何一种表情如果持续的时间超过5秒钟或10秒钟，大部分都可能是假的。只有一些强烈情感的展现如愤怒、狂喜例外，而这些表情持续的时间常常更为短暂。

　　假笑时鼻孔两边的表情常常会有些许的不对称。习惯于用右手的人，假笑时左嘴角挑得更高；习惯于用左手的人，右嘴角挑得更高。

　　有首歌唱道："你的眼睛背叛了你的心。"很多情况下，眨眼的频率、眼珠的朝向、视觉方式的变换等能够表达一定的心理内容。

　　眨眼的动作也可以反映内心活动。一般来说，人们在注意力集中思考时很少眨眼。这是因为从大脑提取信息的过程需要受到视觉的影响。当一个人眨眼过多时，他的思维没有活动；相反，当他的眨眼开始放慢时，说明他正进入思考状态。面试官可以通过面试者的眨眼动作判断面试者是否在进行思考。

最后，说谎者有时会表现出夸张的面部表情。他们可能比平时笑得更多或笑得更开或表现超常的过分的悲伤。某些人在拒绝了你的要求之后，迅速地表现出过分的歉意，就是一个最好的例子。

当别人试图欺骗我们的时候，我们只能仔细关注他们的话语或者只能关注他们的微表情，因为我们的认知能力很有限，很难同时关注两者。并且我们识别谎言的动机越强，就越会关注他们的语言，也就是更加会听他们在说些什么。而实际上，真正能识别谎言的线索都是非语言的，所以我们在进行社会交往的过程中，一定要注意包括微表情在内的非语言符号。

另一种非语言符号——香水

据说，香妃，这个传说中美丽神秘的女子，深得乾隆皇帝喜爱，不仅拥有滑嫩润泽的肌肤，并且身上还散发出一种奇异的香味，能将皇帝迷得神魂颠倒。这当然只是一个传说。但关于香味的秘密这恐怕不是仅有的一个。1998 年 12 月 27日《华尔街日报》上报道，Ari Kopelman 的总经理在拜访朋友时经常设法看一下主人的卧室。在一个又一个化妆台上，他看到了一大堆用了半瓶的香水堆积着。于是 Ari Kopelman 先生说："每个女人都积压了能用 157 年的香水。"

香水工业是在二战以后发展起来的，那时作战回来的战士们为他们的情人带来了经典的 Chanel5 号。随之昂贵的香水成为了梳妆台上的必备之物。香水工业在 20 世纪 80 年代达到 60 亿资产的盛况。到现在香水市场更是盛况空前，女人们都喜欢用一点香水来点缀自己，以使自己显得与众不同。

香水是散发女性魅力和性感的极品武器，将香水抹于颈部，让那暖融融又有点暧昧的香，在清风迎面时即能感受到，亦真亦幻，令人遐想，自然给你十足的回头率。而且在自己的手腕处轻抹一点，擦肩的时候轻撩一下发丝，女性特质便无限展现。现在不仅女士使用香水，男人们也同样使用香水。据调查，占 28% 的女性觉得男性在颈部涂香水最性感。这些女性认为颈部最令她们感到心跳加速，有时坐在车上，风迎面吹来，闻到男友颈上的香味，感觉很舒服；有 23% 的女性认为男性在耳后涂香水比较性感，这些女性认为耳后若有似无的香气，令人更想亲近；而也有 23% 的女性认为把香水用在胸膛的男人最性感，也最具安全感，令人不禁想要靠在他的胸前；另外还有占 14% 的女性认为男性将香水涂到手腕上最迷人，她们认为当男人用手轻轻搂住她时，就可隐约闻到香气。

人们经常使用的人造香味彼此传达非语言线索。香水和面部表情、目光接触、手势、身体动作这些非语言通道一样，在某种程度上也是一种非语言线索。通过香水，人们向别人传达一种微妙或不微妙的信息："我是浪漫的"、"我是敏感的"、"我是神秘的"，等等。

"我很优秀，你只是运气好"——自我服务偏见

设想你写了一篇论文，当你从教授那儿拿回来时，发现第一页上写着这样的评语："糟糕的文章，这是我今年看到的最差的文章之一。差"。你将会如何解释这样的结果呢？你很可能会倾向于关注外部环境——任务难度大、教授不公平、过分严厉的评价、自己没有足够的时间来做这个工作等。相反，想象当你取回论文时，上面写着这样的评语："出色的文章，这是今年我看到的最好的文章之一。优"。你又将把成功归功于什么呢？你很可能会用内部原因来解释——自己高水平的写作能力、自己写论文时的投入和努力等。

这种将肯定的结果归于内部原因而将否定的结果归于外部原因的倾向称为自我服务偏见。人们常常从好的方面来看待自己，当取得一些成功时，常常容易归因于自己，而做了错事之后，怨天尤人，把它归因于外在因素，即把功劳归于自己，把错误推给别人。它是一种主观主义的表现，也是一种归因偏见。它发生的范围很广泛，效应也很强烈。

人们不仅在加工和自我有关的信息时会出现一种潜在的偏见，人们在对积极和消极事件解释时，他们同样更乐于接受成功的荣誉，更倾向于把成功归结为自己的才能和努力，却把失败归咎于诸如"运气不佳"、"问题本身就无法解决"这样的外部因素。运动员在解释胜利时，一般会将其归因于自我本身，对于失败则归于其他因素，诸如错误的暂停、不公平的判罚、对手过于强大或是黑哨。在保险单上，出现了交通事故的司机们总是这样描述他们的事故："不知从哪里钻出来一辆车，撞了我一下又跑了"；"我刚到十字路口，一个路障忽然弹起来挡住了我的视线，以至于我没看见别的车。""一个路人撞了我一下，就钻到我车轮下面去了"。当公司利润增加时，CEO们把这个额外的收益归功于自己的管理能力，而当利润开始下滑时则会想：在经济不景气的情况下还能指望什么呢？政治家们也倾向于把胜利归功于自己（勤奋工作、为选民服务、声誉和策略），把失败归因于不可控的因素（本选区政党的组织问题、对手的姓名、政治趋势）。

罗斯和西科利还研究了婚姻中的自我服务偏见。他们发现，加拿大已婚的年轻人通常认为，他们在清理房间或照顾孩子这些方面所承担的责任要比配偶认为得多。在一个全国性的调查中，91%的妻子认为自己承担了大部分的食品采购工作，但只有76%的丈夫同意这一点。在其他研究中，妻子们对自己所承担家务的比例的估计，也高于丈夫们对她们的评估。每天晚上，妻子和丈夫总会把要洗的衣服随手丢到卧室盛衣篮的外面。第二天早上，他们中的一个会把衣服拣起来放进篮子里。当她对丈夫说"这次可该你去拣了"的时候，丈夫想："哼，十有八九都是我去拣的。"于是丈夫问她："你觉得有多少次是你拣的？""噢，"她答道，"差不多十有八九吧。"这些有关承担责任的自我服务偏见会导致婚姻不和，使离婚者把婚姻破裂的责任归罪于对方。

　　同样地，当人们得到比别人更多的奖励（如加薪）时，他们认为奖励很公平。我们总是将成功与自我相联系，而刻意避开失败对自我的影响，以此保持良好的自我形象。例如，"我考试得了A"相对于"历史考试教授给了我个C"。把失败或挫折归因于客观条件甚至别人的偏见，这总不会比承认自己不配获得成功更让人沮丧吧。威尔逊和罗斯指出，我们更乐于承认那些已经快淡忘的从前具有的缺点，认为那是"过去的我"具有的。滑铁卢大学的学生们在描述上大学前的自己时，其肯定与否定的描述一样多。但在描述现在的自己时，肯定的描述是否定的3倍。"我比原来见多识广了，也成熟了，今天的我比昨天更完善"，大多数人这样推断说。过去的自己是笨蛋，今天的自己是冠军。学生也显示出自我服务偏见。得知考试成绩后，那些成绩好的人倾向于接受个人型归因，把考试看成对他们能力的一种有效检验；那些成绩差的学生则更容易去批评考试本身。再想想教师们是如何解释学生们的好成绩或差成绩的。当无须故作谦虚时，教师们倾向于把优异的教学成绩归功于自己，而把失败归咎于学生。看起来，教师们更愿意这样推断："在我的帮助下，玛莉亚顺利地毕业了；不管我怎么帮梅琳达，她还是因没能及格而退学了。"每个人都高于平均水平，这可能吗？当人们拿自己和别人比较时，也会出现自我服务偏见。如果公元前6世纪的哲人老子的名言"是以圣人去甚、去奢、去泰"是正确的，那我们多数人都不太明智。在多数主观的和社会赞许性方面，大部分人都觉得自己比平均水平要高。和总体水平相比，大多数人都认为自己道德水平更高、更胜任自己的工作、更友善、更聪明、更英俊、更没有偏见、更健康，甚至更具洞察力，并且在自我评价时也更为客观。

　　我们一边轻易地为自己的失败开脱，一边欣然接受成功的荣耀，在很多情况下，我们把自己看得比别人要好。这种自我美化的感觉使多数人陶醉于高自尊光明的一面，而只是偶尔会遭遇到其阴暗的一面。

在人际交往中，由于每个人都渴望成功，又由于人们都会自动自觉地保护和提高自我的自尊或在他人面前表现好形象的愿望，所以会将肯定的结果归因于内部原因，而将否定的结果归因于外部原因。但无论怎样，这种自我服务偏见很显然是造成许多人际冲突的原因。在团队合作中，自我服务偏见会使合作中的人感觉是自己而不是其他的合作者做出了主要贡献，在合作不顺利时倾向于批评合作者，这样容易导致合作的终止；而夫妻之间的自我服务偏见，则容易导致夫妻在家务工作量上争吵不休，导致夫妻关系不和……自我服务偏见是一种归因错误，是影响人际交往的一大因素，所以，在与他人的沟通过程中要尽量避免这种基本的归因错误，以保证和谐良好的人际关系。

是偶然，还是必然——对应偏见

我们对自己所置身的社会生活的思考认识，虽然已经很好，但远非完美。实际上，我们在理解他人和我们自己时，常带着许多错误，这种错误使我们得出他为什么会有那样的行动以及将来如何行动的错误结论。基本归因错误是在解释他人行为原因时，过高估计性格作用的倾向。

设想一下这样的情景：一位男士开会迟到一小时，一进门，他就把文件掉在了地上。当试图捡起文件时，他的眼镜掉下来摔坏了。接着，他把咖啡溅到了领带上。你如何解释这些事呢？你很可能得出结论认为"此人杂乱无章而且笨拙"。这样归因正确吗？也许正确；但事实也许可能是这位男士因为机场不可避免的延误而迟到，因为文件用纸很光滑才掉在地上，因为杯子太热拿不住才洒了咖啡。你很少考虑到这些潜在的外部原因，社会心理学家称此现象为"对应偏见"——即使存在明显的情境原因，仍然认为他人的行为起因于（对应于）他的性格的倾向。这一偏见如此普遍，以致很多社会心理学家把它称为基本归因错误。简言之，我们倾向于认为他人如此行动是因为他们是"那样的人"，而不是因为许多外部因素影响了他们的行为。需要补充的是，一方面基本归因错误确实普遍发生。另一方面研究表明将他人行为归因于性格（内在）原因的情况，像更容易在一致性和区别性都较低的条件下发生。

为了找出产生这一偏见的原因所在，社会心理学家做了大量的研究，但答案仍不明确。一种可能是，当观察别人的行为时，我们倾向于注意他或她的行动本身；他人为发生的情境及影响行为的潜在情境因素经常消失在背景之中。所以，较之情境原因，性格原因（内部原因）更容易受到注意（它们更突出）。换句话说，从我们的角度，观察者落在我们的知觉范畴内，是我们注意的焦点，而影响此人行为的情境因素就没么显著，看起来对我们也没么重要。另一种解释是我们虽然注意到这些情境原因，但在归因思考过程中没有给予足够的重视。其他的解释是，当我们关注别人的行为时，我们倾向于假定他们的行为反映了他们隐藏的性格，然后试图纠正外因对行为的可能的作用（这儿包含着一种心理捷径）。但是，这种修正经常是不充分的——我们没有对外部因素的影响给予足够的考虑。在作出结论时，我们没有给予"机场延误"或"光滑的文件用纸"以足够的思考。

这种强调性格原因的倾向真的很普遍吗？或者，还是像社会行为和思想的许多其他方面一样，受到文化的影响呢？实际上，研究结果表明，文化确实起了一定的作用。具体比如说，基本归因错误在强调个人自由的个人主义的文化中如西欧或美国、加拿大，比强调团体成员合作、服从和相互依赖的集体主义文化中表现得更加普遍和明显。例如，在一个研究中，社会心理学家分析了两则刊登在报纸上的发生在美国的谋杀事件——一个是来自中国的研究生干的，另一个是白种人邮局职员干的。文章发表在英语版的《纽约时报》和汉语的《世界周刊》（在美国发行的一种汉语报纸）上。结果很清楚：英语文章比汉语文章在更大程度上将两个凶手的行为归因于性格因素。

由此我们得出结论，对应偏见在西方文化比在东方文化更明显，这一事实也可以通过下面的实验得以证明。研究者让美国和韩国的学生分别阅读据称是别人写的论文，这些文章有的赞成资本处罚，有的则反对。让一部分被试的学生相信写文章的人或者是自愿这样写的或者是被迫支持这一观点的。当问及作者对资本处罚的态度时，美国学生表现出了更强的对应偏见：他们认为，即使作者是被迫写这样的文章，也反映了作者的真实态度；相反韩国学生表现了较弱的这种偏见。

由此可见，文化因素也在归因这一基本的方面起着重要作用。

是什么蒙住了我的双眼——错误知觉

第二次世界大战期间发生过这样一个事情：1945 年 3 月，摩尔正在一艘潜水艇上。摩尔他们通过雷达发现一支日军舰队——一艘驱逐护航舰、一艘油轮和一

艘布雷舰——朝摩尔他们这边开来。

摩尔他们发射了3枚鱼雷，都没有击中。突然，那艘布雷舰直朝摩尔他们开来。摩尔他们的潜水艇潜到150英尺深的地方，以免被它侦察到，同时做好了应付深水炸弹的准备，还关闭了整个冷却系统和所有的发电机器。

3分钟后，天崩地裂。6枚深水炸弹在四周炸开，把摩尔他们直压海底——276米深的地方。深水炸弹不停地投下，整整15个小时，有十几二十个就在离摩尔他们50米左右的地方爆炸——若深水炸弹距离潜水艇不到17米的话，潜艇就会被炸出一个洞来。当时，摩尔他们奉命静躺在自己的床上，保持镇定。

摩尔吓得无法呼吸，不停地对自己说："这下死定了……"潜水艇的温度几乎有100多度，可摩尔却怕得全身发冷，一阵阵冒冷汗。15个小时后攻击停止了，显然那艘布雷舰用光了所有的炸弹后开走了。这15个小时，在摩尔感觉好像有1500万年。

惊人的恐怖给人造成了巨大的时间错觉，恐怖的感觉给人带来的不只是"度日如年"。时间错觉是指对时间不正确的知觉。除了时间错觉，在日常生活中，有时候人们也会产生各种各样的错觉，即我们的知觉不能正确地表达外界事物的特性，而出现种种歪曲。例如，太阳在天边和天顶时，它和观察者的距离是不一样的，在天边时远，而在天顶时近。按照物体在视网膜成像的规律，天边的太阳看上去应该小，而天顶的太阳看上去应该大。而人们的知觉经验正与此相反——天边的太阳看上去比天顶的太阳大得多。

简单地说，错觉就是不符合刺激本身特征的错误的知觉经验。它与幻觉或想象不一样，因为它是对应于客观的和可靠的物理刺激的，只是似乎我们的感觉器官在捉弄我们自己，尽管这样的捉弄自有其道理。

在日常生活中有着数不清的错觉。比如问一斤棉花与一斤铁哪个更重？许多人会脱口而出，是铁更重。因为人们总是倾向于认为体积小的物体比体积大的物体更重一些，这就是所谓的形重错误。再如，听报告时，报告人的声音是从扩音器的侧面传来的，但我们却把它感知为从报告人的正面传来。又如，在海上飞行时，海天一色，找不到地标，海上飞行经验不够丰富的飞行员因分不清上下方位，往往产生"倒飞错觉"，造成飞入海中的事故。另外，在一定心理状态下也会产生错觉，如惶恐不安时的"杯弓蛇影"、惊慌失措时的"草木皆兵"，等等。

关于错误产生的原因虽有多种解释，但迄今都不能完全令人满意。这是一个相当复杂的问题。客观上，错觉的产生大多是在知觉对象所处的客观环境有了某种变化的情况下发生的；主观上，错觉的产生可能与过去经验、情绪以及各种感觉相互作用等因素有关。

比较多的解释是从人本身的生理、心理角度出发，比如把错觉归因于是同一感觉分析器内部的相互作用不协调或多种分析器的协同活动受到限制，提供的信号不一致。但是，外在因素同样也会引起我们的错觉。曾有一个实验，分别从富裕家庭和贫困家庭挑选 10 个孩子，让他们估计从 1 美分到 50 美分硬币的大小。实验发现，来自贫困家庭的孩子比来自富裕家庭的孩子要高估钱币的大小，尤其是 5 美分、10 美分和 25 美分值硬币。而当钱币不在眼前，只靠记忆估测或者把钱币换成相同大小的硬纸板时，则高估情况会急速降低。这个实验形象地证实了在不同家庭环境中形成的态度和价值观对知觉有不可忽略的影响力。

错觉虽然奇怪，但不神秘，研究错误的成因有助于揭示正常客观世界的规律。研究错觉，可以消除错觉对人类实践活动的不利影响。如"倒飞错觉"，研究其成因，在训练飞行员时增加相关的训练，有助于消除错觉，避免事故的发生。此外，我们还可以利用某些错觉为人类服务。人们能够通过控制错觉来获得期望的效果。建筑师和室内设计师常利用人们的错觉来创造空间中比其自身看起来更大或更小的物体。例如一个较小的房间，如果墙壁涂上浅颜色，在屋中央使用一些较低的沙发、椅子和桌子，房间会看起来更宽敞。美国宇航局为航天项目工作的心理学家们设计太空舱内部的环境，使之在知觉上有一种愉快的感觉。电影院和剧场中的布景和光线方向也被有意地设计，以产生电影和舞台上的错觉。

成人 VS 小孩，成人你为何总会出错——定型化效应

你有没有发现，在社会生活中，对一些很简单的问题你总会答错，当知道问题的答案后，你才恍然大悟地说道：哦！原来是这样。问题其实如此简单。其实这些问题并不是别人有意难为你的谜语，而仅仅是因为在日常生活中你的思维被固定住了。不信，就看看下面两道有意思的小问题。

一位公安局长在路边同一位老人聊天，这时跑过来一位小孩，急匆匆地对公安局长说："你爸爸和我爸爸吵起来了！"老人问："这孩子是你什么人？"公安局长说："是我儿子。"

你知道这两个吵架的人和公安局长是什么关系吗？曾对 100 个人测试过这个

问题，但是 100 人中只有两人答对了，并且这两个人都是孩子："局长是个女的，吵架的一个是局长的丈夫，就是孩子的爸爸；另一个是局长的爸爸，就是孩子的外公。"

为什么成年人对如此简单的问题回答不正确，而孩子却很快就答对了呢？因为按照成人的惯性思维经验，公安局长应该是男的，从男局长这条线索去推想，无法找到正确答案；而孩子没有成人那么多的经验，也就没有思维定式的定型化，因而很快能找到正确答案。

在网上看到过这样的一个思维游戏：如果有人问你："什么老鼠两条腿走路？"你或许有些茫然。别人稍加提醒："想想动画片中的……"你不难找到答案："米老鼠！""那么什么鸭子两条腿走路？"你脱口而出："唐老鸭！"可是，两秒钟以后，你又会后悔：还有什么鸭子不是两条腿走路？！

为什么会这样？简直是恶作剧。做完上面的游戏你肯定会有这样的抱怨。其实没什么可抱怨的，因为并不是某个人在和你开玩笑，完全是思维定式在发生作用。这是无法回避的。

看完这两个问题，你是否觉得自己身上也有这种"思维定式"呢？因为人在成长的过程中，不自觉地会受到周围环境的影响，天长日久，耳濡目染，存在于世俗中的成规就会像一层密不透风的"茧"，紧紧束缚着成人的思维。

所谓"思维定式"，也就是社会心理学上所指的定型化效应，定型化效应是指个人受社会影响而对某些人或事持稳定不变的看法。它既有积极的一面，也有消极的一面。积极的一面表现为：在对于具有许多共同之处的某类人在一定范围内进行判断，不用探索信息，直接按照已形成的固定看法即可得出结论，这就简化了认知过程，节省了大量时间、精力。消极的一面表现为：在被给予有限材料的基础上作出带普遍性的结论，会使人在认知别人时忽视个体差异，从而导致知觉上的错误，妨碍对他人作出正确的评价。

定型化的形成，主要是由于在社会生活中，没有人有时间和精力去对每个群体中的每一成员都进行深入的了解，而只能与其中的部分成员交往，因此，只能由部分推知全部，用所接触到的部分，去推知这个群体的全部。可是，定型化一经形成，就很难打破，并且会对人的认知过程产生很大的影响。看过驯象的人都知道，驯象人只需要把象用很细的铁链拴上就可以了，许多人很难理解，细细的铁链怎能拴住力大无比的大象呢？原来，在象很小的时候就被拴在上面，小象虽然拼命挣扎，却无力逃脱，最后终于放弃了努力。

比如，市场咨询公司在招聘入户访问的员工时，一般都喜欢选择女性，而不太愿意要男性。为什么呢？这是因为在人的心目中，女性一般比较善良，具有亲和力，较少有攻击性，力量也比较单薄，因而入户访问时不会对主人造成太大的威胁；而如果换成身强力壮的男性，要求入户访问，则被拒绝的可能性要大得多，因为他们很容易使人联想到一系列与暴力、攻击有关的事情，增强人们的戒备心理。尽管大家都知道，事实并不是那么绝对的。由此也可见定型化对人际交往的影响有多大。因此，作为成人，一定要对定型化效应在人际交往中产生的障碍有充分的思想认识和足够的心理准备，尽可能有意识地避免。

某校一次期中考试，高三某班竟然有 3 个学生没有参加考试，另外还有一名学生缺考了语文和物理两门功课。当老师问到原因时，这几个缺考学生的理由竟然都是：因为自己前几次没有考好，所以这次考试担心再考不好。还有一名同学说，根据自己的考试"规律"，是一次好，一次坏，上一次考得不错，这一次要是再参加的话，肯定考不好。再者，依据自己的推断，如果这一次考试也算"考试"，那么，自己的最后一次考试，也就是高考，肯定就考不好了。而那个缺考语文和物理两科的学生的理由更是让人吃惊："我每次考试都有一门考不好，上几次分别是英语、数学和化学。这一次如果参加考试，就应该是语文和物理了，所以干脆就不参加语文和物理的考试了。"

思维定式的力量真的很可怕，难怪我们在日常的工作、学习过程中，经常会重复一些同样或相似的思考过程和行为方式，并产生思想上的惯性，不由自主地依靠过去的经验，按固定思路去考虑问题，而不愿意转个方向，换个角度想问题。

思维定式的副作用真的很大，有时完全可以导致人们在某些方面的判断失误。我们完全有理由相信：一个人一旦进入思维死角，智力就可能在常人之下。

定型化效应对人认知过程的影响，弊大于利。定型化的错误在于过度概括，即在有限的材料基础上作出了极其宽泛的结论。

思维定式的弊端有：

（1）忽视个别差异，经常导致对人的错误认识，作出错误结论。

（2）对人知觉的定型化会造成有失公正的社会偏见。

（3）按照既定的模式思考问题，不仅容易使人厌倦，更容易"麻痹"人的思想，影响潜能的发挥。

思维定式有诸多弊端，为了有效地规避思维定式给人们造成的不良影响，人们应该积极寻求方法，打破自己的思维定式。那么到底怎样才能摆脱自己的思维

定式呢？以下提供一些可供借鉴的有效方法。

（1）最好的方法就是摆脱旧有的思维习惯。首先，必须要有勇气和决心，虽然告别习惯是很痛苦的事情。

（2）另外，勇于用新的眼光和思维对待问题，也是打破思维的框框、解决问题的途径。现在我们用的弯曲的吸管就是一个普通的美国人发现的，他觉得直的吸管使用不方便，稍加改进，制成现在的弯曲吸管，申请专利后，他获得了几百万美元的奖金。

（3）还要学会转换角度思考问题。儿时学习的司马光就是我们学习的榜样。司马光小时候和小朋友们一同在花园里捉迷藏，可是，有一个小朋友却不小心掉到大水缸里了。小朋友都吓坏了，有的哭，有的喊，有的跑，只有司马光不慌不忙地举起一块石头向大缸砸去。缸被砸了个大洞，水流了出来，小朋友得救了。司马光没有采取费劲的直接把人从缸中拉出来的救人方法，而是采取了更简单的、见效更快的把水放出去的方法，他就是靠打破思维定式收到了事半功倍的效果。

总之，由于思维定式，使人们无法看清自己脚下并不清晰的前程，只要走出了思维定式，我们就能有机会看到许多别样的人生风景，甚至还可以创造出人生奇迹。因此，换个位置、换个角度、换个思路想问题，我们才会达到"山重水复疑无路，柳暗花明又一村"的境界。

以小人之心度君子之腹——投射效应

宋代文学家苏东坡是一个有名的大文豪，而他的父亲苏洵、弟弟苏辙也是当时有名的文学家，三人并称为"三苏"，在当时很有名气。而"三苏"之中，又以苏东坡最负盛名。但是据传说，苏东坡还有一个妹妹，名唤苏小妹，其人虽不算美，但其才华却不在苏东坡之下。民间一直流传着一个关于苏东坡和苏小妹试才华的有趣故事：

苏东坡和佛印是好朋友，一天，苏东坡去拜访佛印，与佛印相对而坐，苏东坡对佛印开玩笑说："我看见你像一堆狗屎。"而佛印则微笑着说："我看你是一尊金佛。"苏东坡觉得自己占了便宜，很是得意。回家以后，苏东坡得意地向妹妹提起这件事，没想到苏小妹说："哥哥你错了。佛家说'佛心自现'，佛印因为心中有佛所以看人就像佛，而你看别人是什么，就表示你看自己是什么。"

苏东坡听到苏小妹的话才恍然大悟，感到十分地羞愧。

其实，苏东坡和佛印互相认为的这个故事就是社会心理学上说到的投射效应。《庄子》中有这样一个故事：尧到华山视察，华封人祝他"长寿、富贵、多男子"，尧都辞谢了；华封人说："寿、富、多男子，人之所欲也；汝独能不欲，何邪？"尧说："多男子则多惧，富则多事，寿则多辱。是三者，非所以美德也，故辞。"

人的心理特征各不相同，即使是"福、寿"等基本的目标，也不能随意"投射"给任何人。

所谓投射效应，是指以己度人，认为自己具有某种特性，他人也一定会有与自己相同的特性，把自己的感情、意志、特性投射到他人身上并强加于人的一种认知障碍。即在人际认知过程中，人们常常假设他人与自己具有相同的特性、爱好或倾向等，常常认为别人理所当然地知道自己心中的想法。由于人都有一定的共同性，都有一些相同的欲望和要求，所以，在很多情况下，我们对别人做出的推测都是比较正确的，但是，人毕竟有差异，因此推测总会有出错的时候。

具体讲，投射效应有以下3种表现：

1. 相同投射

在与陌生人交往时，因为互相不了解，相同投射效应很容易发生，通常在不知不觉中就已然从自我出发作出判断。自己感到热，以为别人也闷热难耐，以致客人来了就打开冷气；自己爱喝酒，招待客人就推杯换盏猛劝酒。有的老师在讲课时，对于某些概念不加说明，以为这是十分简单的基本常识，学生们应该了解和熟悉，但是，在老师看来很简单的东西，在学生看来则不一定简单。这种投射效应发生的主要机制在于忽视自己与对方的差别，在意识中没有把自我和对象区别开来，而是混为一谈，认为他人也跟自己一样，从而合二为一，对对方进行了同化。

2. 愿望投射

即把自己的主观愿望加于对方的投射现象。认知主体以为对象正如自己所希望的那样。比如一个自我感觉良好的学生，希望并相信导师对他的论文给以好评，结果他就会把一般性的评语都理解成赞赏的评价。

3. 情感投射

一般来说，人们对自己喜欢的人越看越觉得有很多优点；对自己不喜欢的人，则越看越讨厌，越来越觉得他有很多缺点，令人难以容忍。因而人们总是过度地赞扬和吹捧自己喜爱者，而严厉地指责甚至肆意诽谤自己所厌恶者。这种现象在

爱情生活中表现得十分明显。

"以小人之心度君子之腹"就是一种典型的投射效应。当别人的行为与我们不同时，我们习惯用自己的标准去衡量别人的行为，认为别人的行为违反常规；喜欢嫉妒的人常常将别人行为的动机归纳为嫉妒，如果别人对他稍不恭敬，他便觉得别人在嫉妒自己。

但在日常生活中，我们却常常错误地把自己的想法和意愿投射到别人身上：自己喜欢的人，以为别人也喜欢，总是疑神疑鬼，莫名其妙地吃一些飞醋；父母总喜欢为子女设计前途、选择学校和职业……

美女为什么受人追捧——美即好效应

美女无论在哪个时代都很受人追捧，从古至今，历史上不知道流传下来多少描画美女的美丽画卷，多少歌咏美好女子的美丽诗篇，古今中外概莫能外。奇怪的是，下面这个故事的主人公却并不如此。

战国时候，哲学家杨朱和弟子有一次来到了宋国边境。天气很热，他们找到了一家小客栈休息。弟子不久就发现，店主的两个老婆长相与身份地位相差极大：一个长相一般的在柜台上掌管钱财进出，而一个长得很美的却干着洗碗拖地的杂活。弟子很困惑，就忍不住问店主人是什么原因。主人回答说："长得漂亮的自以为漂亮，不听管束，举止傲慢，可是我却不认为她漂亮，所以我让她干粗活；另一个认为自己不美丽，凡事都很谦虚，我却不认为她丑，所以就让她管钱财。"

对一个外表英俊漂亮的人，一般人们都会很容易误认为他或她的其他方面也很不错，这种现象在社会心理学中被称之为"美即好效应"。美即好效应由美国心理学家丹尼尔·麦克尼提出，这种现象在生活中很常见。但它给我们的启示是，印象一旦以情绪为基础，这一印象常会偏离事实，看不到优秀背面的东西，就不能很好地解读它。同样，如果仅仅看到美女美丽的一面而忽略其他方面的品质，最终将会得到不好的结果。因此，上面提到的店主是十分明智的。

在现实生活中，我们常常看到，当一个人在某一方面很出色——如相貌、智力、天赋等，人们往往认为他们在其他方面也会自然而然地出色。更有甚者，只要认为某个人不错，就赋予其一切好的品质，便认为他所使用过的东西、跟他要好的朋友、他的家人都很不错。

麦哲伦是近代航海事业的开拓者之一，他带领自己的船队成功地完成了环绕地球一周的壮举，向世人证明了地球是圆的。他之所以能够成功，得益于获得了西班牙国王卡洛尔罗斯的帮助。当时，自哥伦布航海成功以来，许多投机者或骗子为求得资助频频出入王宫，要求得到国王的资助进行新的航海探险。这使得争取到资助的难度增加了不少。麦哲伦为表明自己与这些人不同，在觐见国王时特地邀请了著名的地理学家路易·帕雷伊洛同往。

　　在当时，帕雷伊洛久负盛名，是公认的地理学权威，国王对他也相当尊重。进宫后，帕雷伊洛历数麦哲伦航海的必要性及种种好处。国王看到帕雷伊洛都如此推崇麦哲伦的计划，于是爽快地答应了资助这次航行，向麦哲伦颁发了航海许可证。其实，在麦哲伦等人结束航海后，人们发现帕雷伊洛当时对世界地理的错误认识及他所计算的经度和纬度的诸多偏差。由此可见，劝说的内容无关紧要，卡洛尔罗斯国王只是因为那是"专家的建议"，就认定帕雷伊洛的劝说是值得信赖的。正是国王的美即好心理效应——专家的观点不会有错——成就了麦哲伦的环球航行的伟大成功。

　　在企业里面，有多少管理者能像那位旅店的老板一样公允分明地用人呢？有很多领导，一看见艳丽出众的女孩子，不管她才能如何，都要尽收门下，给其最轻松的工作和最优厚的待遇。而能干、谦逊但长相平凡的员工，却得不到多少施展才能的机会，报酬也相应较低。

　　以貌取人的领导，最终会伤透下属的心，长期下去，务实之人定会悄然离别，而花瓶也不可能为你带来效益，最终企业只有等着关门。

　　在与别人的交往中，我们并不总是能够实事求是地评价一个人，而往往是根据已有的对别人的了解而对其其他方面进行推测，从对方具有的某个特性而泛化到其他有关的一系列特性上，从局部信息形成一个完整的印象，一好俱好，一坏俱坏。固然，有些人确实可以在很多方面都很优秀，但现实中这种人毕竟不多。现实中多的是有所专长但在许多方面都很平庸的人。古语云：人不可貌相，海水不可斗量。要是以貌取人，或是对一个人的能力以偏概全，你可能会丢失很多宝贵的东西。

　　在生活中，其实我们都在无意识地、执拗地利用着美即好效应。大多数人只要一闻到权威的气息，便会立即放弃自己的主张或信念，转而去迎合权威的说法；一看到某些人长相出众，就认为他们能力也不错，从而给他们很多机会。其实，美即好效应是一把双刃剑。在对人才的甄别上，我们应从本质上去认识，真正选

择有真才实学的人；在面对权威人士的观点时，要通过理性去进行鉴别，从而避免受到误导。只有这样，才不会有碍于你的成功。

在学校经常可以看到这种现象，老师对学习成绩好的学生，脸上往往流露出喜爱的神色，并器重和青睐他们。而对学习成绩较差的学生却往往歧视，并表现出讨厌的情绪。这就是美即好效应在教育中的具体体现。实践证明，这种"只见树木，不见森林"的片面看法使部分优秀学生产生心理错觉，无法正确对待自己；而另外一些学生仅仅因为分数不高，就会长期处在被老师的关爱遗忘的角落。这种人为造成的恶劣心理环境，不仅会引发学生情绪偏激，行为带有触发性和冲动性，容易产生逆反心理，而且必然导致学生的个性畸形发展，形成严重的心理障碍，从而使学生丧失积极向上的愿望，对生活失去自信。

"美即好效应"对德育的启示是"尺短寸长"，每个学生身上都有特长也有不足，教师要树立正确的学生观，用发展的、辩证的、全面的眼光看待学生，对每一个学生都要全面了解，不能让成绩"一票否决"，只了解差生缺点的一面，忽视了差生优点的一面。应努力做到尊重每一位学生，保持在教育过程中一切学生的平等，避免部分学生滋生优越感，而另一部分学生形成自卑感。

第四节　怎样相见、喜欢、成为熟人——人际吸引

为什么近水楼台先得月——邻近效应

宋朝俞文豹《清夜录》中记载了这样一个故事："范文正公镇钱唐，兵官皆被荐，独巡检苏麟不见录，乃献诗云：'近水楼台先得月，向阳花木易为春。'公即荐之。"

范仲淹是我国宋朝时著名的政治家和文学家，他学问很好，能诗能文。范仲淹曾多次在朝廷担任要职，也曾镇守过地方。有一段时间，在地方为官时总为朝廷推荐人才，于是他手下的不少人都得到了朝廷的提拔和重用，大家对他都很满意。这时候，有一个叫苏麟的官员，因担任巡检，常常在外，却一直没有得到提拔。当他见到自己周围的同事，无论职位比自己高的、低的都一个个得到了升迁，而自己却没人理睬，心里很不是滋味。他担心自己一定是被这位范大人遗忘了。怎么办呢？直接去找范大人吧，是去争官位，又不便说；不说吧，

心里又很不平衡。为此，他心情非常沉重。一天，他终于想出了一个好办法来，就是写首诗去向范大人请教，实际上去提醒他：千万别忘了自己！想到这里，苏麟高兴起来，他赶忙拿出纸认真地写了首诗，并将诗句呈给了范仲淹，很虚心地请他赐教。

范仲淹读着苏麟的诗，很快就会意地笑了。他吟诵着诗中的"近水楼台先得月，向阳花木易为春"的诗句，完全懂得了苏麟的言外之意。是呀！怎么能把他忘了呢？很快，苏麟得到了提拔。"近水楼台先得月，向阳花木易为春"的意思是，靠近水边的楼台因为没有树木的遮挡，能先看到月亮的投影；而迎着阳光的花木，光照自然好得多，所以发芽就早，最容易形成春天的景象。这两句诗写得很含蓄，它借自然景色来比喻因靠近某种事物而获得优先的机会。这在社会学上就是"邻近效应"。

在我们生存的地球上居住着60多亿人，但我们中的任何人都只可能认识、接触，并熟识其中很小的一部分。在这较小的群体里，只有较少的人会成为熟人，更少的人会成为朋友或敌人，而大部分人仍是陌生人。那么，到底是什么决定认识、接触以及吸引的水平呢？

我们居住的地方、学习工作的环境等这些看起来并不重要的细节却显现出了重要的作用，而我们常常忽视了它们对我们的人际行为的影响。回想一下，一个人是不是容易和他的邻居、同桌、同事等物理位置比较接近的人成为熟人？答案是肯定的。这就是我们要说的邻近效应。邻近效应，在人际吸引研究中，指两个个体在住所、教室位置、工作场所邻近，因而交往和成为熟人的可能性较高。研究表明，随机被安排在同一宿舍或邻近座位上的人容易成为朋友，同一楼内住得最近的人容易建立友谊。邻近性与交往频率有关。邻近的人常常见面，容易产生吸引。

邻近效应能够为人们制造交往和接触的便利，使邻近的人成为朋友的可能性也就变大。同时，地理上的邻近性也能引发人的好感。

1. 增强亲近感

邻近性一般都会增强亲近感。住得近的人自然碰面的机会也相对频繁，重复地接触就会引发、增强相互间的好感。

2. 强烈的相似性

人们大多选择社会地位、经济实力与自己相近的人为邻，而地理位置上的邻近性进一步增强了人们的相似性。

3. 越是邻近的人，其可利用度也越高

邻居之间不用花费太多的时间和费用便可成为好朋友，而且有很多事可以相互嘱托，有快乐可以共同分享。比如可以请邻居照看孩子或房子，家里不管发生什么大事小事都可以相互照应。

4. 认知的一贯性

与讨厌的人比邻而居，在心理上是难以忍受的。人们在交往中大多愿意接近与自己合得来、住所比较近的人。

阿根廷政坛伉俪为何可以比翼双飞——互补性原则

2003 年 5 月，内斯托尔·基什内尔就任阿根廷总统。2007 年 12 月，克里斯蒂娜·费尔南德斯就任阿根廷总统。正如 5 年前，阿根廷的基什内尔总统刚刚戴上绶带，开始执政生涯一样，2007 年 12 月 10 日，在隆重的权力交接仪式上，基什内尔将象征总统权力的绶带和权杖交给了他的妻子克里斯蒂娜·费尔南德斯。从此，阿根廷迈入了第一位民选女总统执政的时代。

人们不禁感叹，总统权力在夫妻之间移交，这样的例子在现代国际政治舞台上可谓罕见；人们也充满好奇，这是怎样的一对夫妻，能够在阿根廷的历史上浓墨重彩地书写一段比翼双飞的佳话。

克里斯蒂娜与基什内尔都是阿根廷正义党成员，他们早年一同参加过学生运动、遭遇过军事政变，在动荡的岁月里饱经历练，并逐步在政坛崭露头角。克里斯蒂娜曾经表示，她与丈夫的关系不仅是配偶，还是在政治上有着相近观点的伙伴。她接受美国《时代》周刊采访时说："我们对彼此充满了尊重，我们一起商量问题。"

在丈夫登上总统宝座前，克里斯蒂娜已经拥有丰富的从政经历。她 1989 年当选圣克鲁斯省众议员时，丈夫基什内尔是市长；她当选国家参议员时，丈夫当上了省长。多年以来，夫妻二人各自努力又互帮互助，在从政的道路上不断前行。

基什内尔和克里斯蒂娜堪称政坛"绝配"，他们之间的长处具有很强互补性：基什内尔长于经济，善理内政；克里斯蒂娜长袖善舞，精通外交。

基什内尔当政时阿根廷在外交上缺乏作为，基什内尔本人最讨厌出国访问和接待外国领导人。他对于国际事务并不关心，有时会见外国领导人时甚至出现不知所云的尴尬场面。一些尖刻的西方媒体讥讽基什内尔穿着和谈吐十分"土气"，甚至用"乡巴佬"来形容他。

克里斯蒂娜在这方面则优势明显。她不仅穿着时髦，谈吐优雅，而且非常喜欢出国访问，对于外交事务也十分在行。美国《纽约时报》评论认为，她有望成为拉美领导人中的"外交明星"。

这一对阿根廷政坛伉俪的佳话正是互补性原则的最好体现。

当两个人的角色作用不同时，互补性原则起着重要作用。互补性指人们喜欢那些与自己个性品质相反的人。一个主动的支配型男性和一个被动的顺从型女性彼此间有吸引力。选择与自己个性品质相反的人可以起到互补的作用，相互满足需要。互补性原则看起来似乎与相似性原则是矛盾的，但从角色作用的观点看却是一致的。支配型男性和顺从型女性在对男女关系中男女角色的看法上是一致的，他们认为男性应起支配作用，女性应当顺从。

互补性的吸引在生活中很常见，依赖性强的人会被喜欢照顾别人的人所吸引；害羞的人会喜欢外向而好交际的人；健谈的人会迷上相对安静的倾听者。

从性格方面看，如果男的性格刚烈，最好是找个性格温柔的女子为妻，因为柔能克刚。要是夫妻俩都是火爆脾气，可能会终日吵吵闹闹，内战不断。如果男的性格太过懦弱，最好是找个悍妇，外人知道懦夫家里有个河东狮也不敢轻易欺负他。至于老公受老婆欺负，那是家庭内部的事，对外人完全可以说："不是我怕老婆，是老婆不怕我。"

如果男人是事业型的，要想在官场上、商场上风风火火地干一番事业，最好是找个贤惠的女人充当贤内助，那是很理想的阴阳互补。她可以相夫教子，可以帮男人理财管家。娶个贤内助，男人在外面闯世界不用担心后院起火，也不用担心女人给自己找来诸多麻烦事或招来不测的横祸。岂不闻"妻贤夫祸少，子孝父心宽"？如果夫妻俩都是事业型的，各自为自己的事业而拼搏，可能会缺少生活的情趣，这样的婚姻多数很难走到最后。事业型的男人可以考虑找个全职太太或找个工作较为轻松的女人当老婆。事业型的女人则可以考虑找个缺少进取心的男人当老公。男女双方要多看对方的优点，正确看待对方的弱点，扬长避短，达到优势互补。

你为什么会喜欢那些喜欢你的人——相互性原则

春秋战国是我国百家争鸣的辉煌时期，在此期间出现了许许多多能言善辩的关心天下大事的有识之士，他们毕生游说列国，以实现自己的政治理想。其中苏秦被誉为战国时期的说客之冠，他以非凡的才智游说六国合纵联盟，尤其是在游说韩宣王时，他的不亢不卑的言辞赢得了韩宣王的信任。苏秦见到韩宣王后道："韩国北面有巩邑、成皋这样坚固的城池，西面有宜阳、商阪这样的要塞，土地纵横九百余里，拥有好几十万军队，普天下的强弓劲弩都从韩国出产，韩国的兵士又都能征善战。凭着韩国兵力的强大和大王的贤明，却侍奉秦国、拱手臣服，使国家蒙受耻辱以致被天下人耻笑，实在是不应该呀！"苏秦为了激发起韩宣王的信心和勇气，对韩国的军事实力进行了具体的分析并大加赞扬，具体、真实，毕竟韩国是当时七雄之一，其实力是相当强大的。

在这里且不论苏秦过人的智慧和策略，他在说服韩宣王的过程中，把韩国赞美得如此富足强大这一点，是着实说到了韩宣王的心坎里。在一个外人眼里，自己的国家竟是如此的强大，韩宣王怎能不暗自欣喜呢？因此，苏秦的赞美不仅使得韩宣王满心喜欢，并且还使韩宣王欣然接受了合纵抗秦。

世上谁都喜欢听赞扬的话，任何人都不例外。古语说得好：美言一句三冬暖，恶语伤人六月寒。在社会心理学人际吸引中有一个相互喜欢，即人们更容易喜欢那些喜欢自己的人。"相互性原则"指我们喜欢那些也喜欢我们的人，不喜欢那些不喜欢我们的人。一种满意的关系是双方的自我都受到支持的关系。在人际交往中，每个人都应该适当表达他们的喜欢和对他人的积极评价。因为我们中的所有人都喜欢得到积极的反馈，而不喜欢得到消极的评价。即使是相对温和或者善意的消极评价仍让人难以接受。

还有另外一种情况是，即使明知是不正确的消极评价或者并不适当的曲意奉承仍然非常受人欢迎。对于一个人来说，奉承可能看起来是十分的不真诚，但是那个被奉承的人会觉得别人对自己如此的评价是诚实而准确的。当一个下级非常明显地对组织中的高层表示友好而对下属又并不友好时，这个下级就会被认为是特别令人讨厌的，但是这种对上级的积极行为却是非常有效的个人策略。

明代才子解缙有次陪同朱元璋在金水河钓鱼，整整一上午一无所获。朱元璋十分懊丧，便命解缙写首诗。解缙犯了难：皇上没钓到鱼，已经够扫兴了，如再来一首扫兴的诗，那岂不会令龙颜大怒？但解缙毕竟不同凡响，他略加思索，一首诗便脱口而出：

数尺纶丝入水中，

金钩抛去永无踪。

凡鱼不敢朝天子，

万岁君王只钓龙。

朱元璋听了，笑逐颜开，刚才的烦恼烟消云散。

解缙的诗起了奇妙的效果。他强调了皇上的高贵地位，与平常百姓是有所反差的：普通人钓鱼，天子则是钓龙的，这金水河里没有龙，而凡鱼没有资格朝见帝王，所以你什么也没有钓上。这回答多么在"理"，多么乖巧。毫无疑问，解缙肯定得到了朱元璋更深的信任。

一项对于 150 名私企和国有企业管理人员的研究表明，那些在工作中运用讨好技巧的人薪水增加最快而且在 5 年内获得了最大的提拔。

社会心理学家 C. 贝克曼等人的研究表明，如果事先告诉甲小组成员乙小组成员喜欢他们，那么在以后重新分组时，甲小组成员愿意与乙小组成员分在一组。

"一回生，二回熟，三回见了是朋友"是怎么回事——交往频率原则

8 月 30 号，离大学开学还有 3 天时间，来自天山脚下的女孩雪就迫不及待地来到了她梦寐以求的大学，雪对未来充满了憧憬。由于 9 月 2 号才正式开学，所以现在到学校的新生还很少。萌来自东北，由于家离学校较远，所以也提前几天来了。雪到学校的当天下午在学校招待所下看见了这个性格开朗的东北女孩。第二天，雪去找自己所属的学院，于是在新闻传播学院门前又一次遇见了萌。雪和萌对彼此都有了一定的印象。后来，她们在学校餐厅、咖啡屋都遇见过几次。等到 9 月 2 号正式开学时，她们发现她俩竟然是同班同寝室的同学，所以，水到渠成地她俩成了好朋友。并且雪一直对别人谈起，觉得和萌特别有缘分。

一再地遇见一个人，这种偶然的没有事先安排的接触迅速地使两个人认识，并且见到熟悉的面孔总是让人觉得身心愉悦，为什么会这样呢？

事实证明，对一个新鲜事物刺激的重复通常会迅速提高这种刺激的正面评价。这也就是社会心理学上说的"曝光效应"。曝光效应是指人们对于其他人或事物的态度随着接触次数的增加变得积极的一种现象。例如，也许你会发现，你和你的邻居从来没有说过话，但你对他的态度却非常积极；歌曲或广告词越是重复，越有可能招人喜欢，为人接受，这是广播和电视经常利用的一种现象。

我们遇到面熟的人就会有亲切感，与外表、人品无关，人们容易对经常见到的人或离自己近的人抱有好感。

我们上学、上班的时间基本上是固定的。如果经常在同一时刻、在同一地点的话，总会有几个面熟的人。对这些面熟的人，即使没有说过话，也会有一种亲切感，就像对朋友、伙伴的感情一样。看到他们的身影，我们会缓解慌乱的情绪。

我们对人产生好感甚至喜欢上别人，是出于什么原因呢？其实，上下学、上下班时，从不相识到面熟的这一过程，都会成为喜欢别人的契机。

当我们被问到为什么会喜欢这个人，是什么魅力吸引了你时，一般我们都会例举这个人的相貌、人品为理由。但是，当我们不太了解一个人时，也可能会对他抱有好感。我们一般不会注意上下学、上下班时那些面熟的人的相貌和衣着，也看不出他们的行动中有什么醒目的特征，只是看着他们沉默站立的身影。但随着每天的重复，看到对方的次数的增多，我们对对方的好感也会增强。即仅仅因为与对象人或对象物接触的次数增多，对这个人或者事物的好感也会增强。

社会心理学家扎琼克在1968年曾经进行了一个交往频率与人际吸引的实验研究。他将被试者不认识的12张照片随机分成6组，每组两张，按不同的次序展示给被试者：第一组2张只看1次，第二组2张看2次，第三组2张看5次，第四组2张看10次，第五组2张看25次，第六组2张被试者从未看过。在被试者们看完全部的照片之后，实验者再出示全部照片，另加从未看过的第六组照片，要求所有被试者按自己喜欢的程度将照片排成顺序。实验结果发现，照片被看到的次数越多，被试者选择将其排在最前面的机会也越多。

社会心理学家莫尔兰等人通过在一个学院大教室安插助手以考察这种呈现频率的效应。女助手们并不与教授或学生进行交谈，她们只是进去坐在第一排让所有人都能看见。她们对上课的次数有意地进行不同的安排。在学期末，研究者向班上的学生展示这些女助手的照片，让学生们就对她们的喜爱程度进行评价。结果表明，出现频率越高的女性，越得到学生的喜欢，熟悉程度确实能增强人们之间的吸引力。

实际上，曝光效应只用于人们认为中性或积极的刺激。如果频频曝光于令人不快的刺激，那就可能加深而不是消除负面看法。并且这种交往频率效应的积极作用只适合于初见面的两个人之间，因为两个人当下的基本了解仅仅是从对方出现的次数进行信息考察的，并没有进行真正意义上的相互交流。当我们彼此交往机会增多时，自我暴露和相互了解的程度才会随之增加，两个人才能做到真正了解，误解和偏见才会慢慢得到消除，形成共同的见解和经验，相互间的吸引自然得到加强。在人际关系中，我们强调多沟通的必要性也正在于此，特别是对于素不相识的人来说，交往频率在人际关系建立的初期起着特别重要的作用。

为什么说"你对了，整个世界都对了"——情绪和吸引

公司要裁员了，张莉和卓莉都上了解雇名单，被通知一个月之后离职。两个人都在公司待了近 10 年。张莉在得知要被裁之后，逢人就大吐冤情："我在公司待了这么多年，没有功劳也有苦劳，凭什么解雇我呢？"开始的时候，别人还会安慰她几句，可后来她竟然含沙射影，仿佛自己被人陷害了似的，对谁都没有好脸色，闹得大家都怕碰到她。张莉还把气发泄在工作上，最后一个月，她把工作做得相当糟糕。

卓莉在得知要被裁之后，也很难过，但她的态度和张莉截然不同："既然只有一个月时间了，不如给大家留下个好印象。"于是，她逢人就道别："再过些日子我就要走了，不能再与你们共事了，请多保重。"大家见到她这么重感情，反而更亲近她了，这让她的心情好多了。在工作上，卓莉的想法是：在岗一天就应该负责一天，给公司、老板和同事留下美好的回忆，这样即使我走了，也会有人夸我、想念我。一个月很快到了，张莉如期离职，卓莉却被老板留了下来。老板说："像卓莉这样对工作认真负责的员工，正是我们需要的，我们怎么舍得她离开呢？"

大量截然不同的实验已经不断地发现积极情感可以导致对他人的积极评价——喜欢，而消极情感导致消极的评价——厌恶。

王红是某公司的前台秘书，工作比较琐碎。同事几乎每天都会听到这样的话："哎呀，这又是谁啊，拿了抹布也不洗干净？""拖把不知道放在哪里吗？""每天累死累活的，老板居然对我还是不满意！""要不是我，那么多事谁来做呀？"……

起初大家还会附和一两句，渐渐地所有人都开始对她的抱怨与诉苦感到头疼，有时真想提醒她一句："别说了。"但话到嘴边，碍于情面只好作罢。王红对此也不是没有知觉，只是她会回家继续向她的丈夫诉苦："没有人理解我。公司里的人都太坏了，没人体会到我的辛苦付出！"

当抱怨成为一种可怕的习惯时，它的力量是巨大的，几乎可以摧毁一个人的前程！当然，在此之前，它首先摧毁的是抱怨者的人际关系。没有人喜欢和一个满腹牢骚的人相处，再说，太多的牢骚只能证明你缺乏能力，无法解决问题，才会将一切不顺利归于种种客观因素。若是你的上司见你整日抱怨不停，他恐怕会认为你做事太被动，不足以托付重任。就像上面的王红一样，其实她每次都能把事情做得很好，但就是这个爱抱怨的习惯，让她的名字一次次地从经理助理的名单上被删除！一个人的情绪总会影响别人对自己的评价和看法，而消极的情绪则会使人产生厌恶和反感的情绪。这是情绪影响人际吸引的一个方面，其实情绪影响人际吸引还有另一种情况。

在日常的生活中我们经常无法意识到我们的情感源，我们仅仅知道有时候我们会伤心，有时候会非常沮丧。在这种情况下，我们的好恶很容易受我们心情的控制。一个人最近的经历、他的身体状况或者他某一时刻的心情，不仅会影响自己的感觉，还会影响到别人的评价。当一人的感觉处于积极状态时另一个人正好出现，他就会喜欢这个人；相反，当人的感觉处于低落时，遇到另一个人，这个人很可能会对另一个人产生厌恶感。

在我们生活中时常发生这样的事情，同样也是因为这个原因的影响。一个人 A 抱着愉快的心情去旅行，在同一个美丽的风景区会遇到一些人，在这所遇到的众多人之中有一个人 B 和他是同路的，这时 A 很有可能会和 B 攀谈起来，并对 B 产生积极的印象和评价。

折磨 A 多年的胃病犯了，正打算去医院，由于饮食无规律 A 的消化系统出现了问题，而这病已经使 A 心力交瘁。在医院就诊时遇到了一个等待就诊的病人 B 坐在自己旁边，这时，A 一般不会对 B 产生喜欢的情感，A 对 B 的反应就是不喜欢。

小 C 身体上有一些残疾并且体形偏胖，在学校里是一个不受其他学生喜欢，他常常很少参加班上的集体活动，因此，班里其他学生又认为他集体意识淡漠，性格有问题，背地里总是对他指指点点，觉得小 C 一定是个哪里出了问题的人。这样小 C 就很少和班里的人交流了，因为班上的人对他都有一种偏见。所以，小 C 平时一般就和隔壁班的小 D 玩，小 D 是小 C 的老乡，他不像其他人那样看不起小 C。但是小 C 班里的人平日里对小 D 也是窃窃私语的，他们也怀疑小 D 不正常，因为按他们的逻辑来说，和一个有问题的人（指小 C）在一起也应该不怎么正常。事实上，小 C 和小 D 都是正常人，其他人对他们的认识只是一种片面的认识和受到消极情绪影响的结果。这种现象在我们日常生活中经常存在。这种现象就是情绪和人际吸引的第三种表现形式，当一个人对另一个人 A 产生一种消极的情绪反应时，那么人们看到和 A 有接触的 B。人们就会对 B 产生消极的反应，尽管我们并不认识 B。这是消极情绪的转移。

总而言之，人和人之间的吸引和厌恶是一个很奇妙的过程，并不像我们想象中那么简单，而是受到了许多我们自己不知道和没有意识到的因素的影响。

像雾像雨又像风的房产公告——关联情感

2004 年时，一房产开发商在 ×× 花园购房指南上写道：小区是"绿化率超过 40%"的"空中花园"，小区中设有娱乐场、路灯、桌椅，供小区居民健身、休闲、交往；"同时设有停车位和自行车及摩托车间"；"×× 花园售后服务周到，物业管理一流，是本公司投资争创优质文明小区的样板工程，相当于标志性建筑"。然而，住户住进小区才发现，整个小区只有十几棵树，各项配套设施不齐全，"设有娱乐场、路灯、桌椅"更是纯属虚构。

某公司印制的"×× 小区用户手册"和"售房广告"，对外宣传称：×× 小区地理位置优越，是闹中有静、居家置业的理想场所，小区绿化率达 35%，小区配有 6300 平方米的综合市场和专业市场，实行全封闭"保姆式"物业管理，在本市率先实行"×× 小区商品屋质量保证书"和"×× 小区建筑产品使用说明书"，每户设立独立的水表和电表等。

2002 年 9 月 29 日，该巢湖分公司开始对外预售房屋，一些购房户和部分拆迁户开始入住 ×× 小区。购房户入住后很快发现，小区建设与开发商承诺的不一样。×× 小区内未建综合市场，无电气、消防、交通等生活安全设施，绿化面积更未达到开发商所宣传的 35% 绿化率。不仅如此，众多购房户等了 3 年也没拿到分户土地证和土地使用权证。

消费者王某从一家房地产开发商的广告传单上看到某小区有一块占地 20 亩的绿地，于是毫不犹豫地购买了这家房产公司的期房。可待到住宅竣工搬迁进这个小区后他才发现，所谓的 20 亩绿地，原来只不过是一块不大的草坪。

这些都是被天花乱坠的房地产广告所诱惑的人们的遭遇。调查结果显示，90% 以上的购房人对楼盘的第一印象来自广告，售楼处光顾的购房者大多数也是循着广告而来的。因此，给商品住宅设计一套天花乱坠的促销广告，往往成了开发商惯用的"市场敲门砖"。

因为，一提到房地产，人们总是自然地联想到一系列相关的东西，如一栋栋漂亮的洋房、别墅，豪华的汽车、舒适的业主会馆、高档的健身房等场景。所以，房产广告语中的"鸟语花香"、"绿树成荫"、"生态小区"、"碧波荡漾"、"尊贵、顶级豪宅"、"超一流的享受"等词语，也就是专门用来迎合买房者心理的。一些房产业界人士说："房地产广告最好做，无需多少创意，有时简直是玩文字游戏，有的连开发商自己也没搞清是啥概念。"然而人们就是愿意为这些房地产人士为他们设计的文字游戏埋单，这是为什么呢？

这就是关联情感的作用，即作用于人的潜意识以使别人的评价达到自己的目的。即试图卖掉自己的产品或服务的人，企图通过提供免费的服务或恭维我们来操纵我们的评价，这一现象在广告当中应用最为常见。广告通过各种创意引起我们的积极感觉，从而使我们对他们所要卖的产品产生兴趣。上面的房产广告就是最好的例子，房地产商们试图通过一系列美好景象来激发积极情绪，来控制购房者对他们的评价。

关联情感对人的作用远不止这一点，还有一点是把消极情感与自己的对手联系起来，使人们在评论对方时受到消极暗示，从而打败对方让自己获胜。社会学家做了一个实验，他向大学生呈现了两位候选人在政府工作的信息。其中一个提供了候选人的所有积极信息。同样的积极信息也呈现给另一个候选人，但增加了一条消极的措辞，比如帮朋友偷税漏税。仅仅是这一条消息的陈述致使后一位候选人得到了较少的积极评价，而且也影响到了投票。即使当这位候选人反驳了消极信息，仅仅有积极信息的那个候选人还是赢了。

面对这种情况，难道我们真的只有束手就擒吗？社会学家的研究表明，事实远没有那么简单。当听众没有接受政治教育时，对于候选人评价影响最强烈的因素是心情。而那些受过很好教育的人能够抵抗得住这种情感的操纵，并且还会倾向于以相反的方式作出反应。也就是说，当他们处于消极心情时他们会更积极，而处于积极情感时反而会更消极。

与此相类似的是，如果听众没有被有意激起对候选人的评价时，情感操纵会非常奏效。然而当人们有意地去作出一种评价时，他们会调整他们的评价以弥补情感信息所存在的偏见。一个人如果能将这些发现谨记在心，那么在面对一种情感引发的广告时，就会变得很理性，而不容易再被这种广告所操控。

"知己"是怎么回事——态度相似

在春秋时期，楚国有一位著名的音乐家，他的名字叫俞伯牙。俞伯牙从小非常聪明，天赋极高，又很喜欢音乐，他拜当时很有名气的琴师成连为老师。

学习了三年，俞伯牙琴艺大长，成了当地有名气的琴师。但是俞伯牙常常感到苦恼，因为在艺术上还达不到更高的境界。俞伯牙的老师连成知道了他的心思后，便对他说，我已经把自己的全部技艺都教给了你，而且你学习得很好。至于音乐的感受力、悟性方面，我自己也没学好。我的老师方子春是一代宗师，他琴艺高超，对音乐有独特的感受力。他现住在东海的一个岛上，我带你去拜见他，跟他继续深造，你看好吗？俞伯牙闻听大喜，连声说好！

他们准备了充足的食品，乘船往东海进发。一天，船行至东海的蓬莱山，连成对俞伯牙说："你先在蓬莱山稍候，我去接老师，马上就回来。"说完，连成划船离开了。过了许多天，连成没回来，俞伯牙很伤心。他抬头望大海，大海波涛汹涌，回首望岛内，山林一片寂静，只有鸟儿在啼鸣，像在唱忧伤的歌。俞伯牙不禁触景生情，有感而发，仰天长叹，即兴弹了一首曲子。曲中充满了忧伤之情。从这时起，俞伯牙的琴艺大长。其实，连成老师是让俞伯牙独自在大自然中寻求一种感受。

俞伯牙身处孤岛，整日与海为伴，与树林飞鸟为伍，感情很自然地发生了变化，陶冶了心灵，真正体会到了艺术的本质，才能创作出真正的传世之作。后来，俞伯牙成了一代杰出的琴师，但真心能听懂他的曲子的人却不多。

有一次，俞伯牙乘船沿江旅游。船行到一座高山旁时，突然下起了大雨，船停在山边避雨。俞伯牙耳听淅沥的雨声，眼望雨打江面的生动景象，琴兴大发。俞伯牙正弹到兴头上，突然感到琴弦上有异样的颤抖，这是琴师的心灵感应，说明附近有人在听琴。俞伯牙走出船外，果然看见岸上树林边坐着一个打柴人。

这个打柴人就是钟子期。俞伯牙把钟子期请到船上，两人互通了姓名，俞伯牙说："我为你弹一首曲子听好吗？"钟子期立即表示洗耳恭听。俞伯牙即兴弹了一曲《高山》，钟子期赞叹道："多么巍峨的高山啊！"俞伯牙又弹了一曲《流水》，钟子期称赞："多么浩荡的江水啊！"俞伯牙又佩服又激动，对钟子期说："这个世界上只有你才懂得我的心声，你真是我的知音啊！"于是两个人结拜为生死之交。

俞伯牙与钟子期约定，待周游完毕要前往他家去拜访他。一日，俞伯牙如约前来钟子期家拜访他，但是钟子期已经不幸因病去世了。俞伯牙闻听悲痛欲绝，奔到钟子期墓前为他弹奏了一首充满怀念和悲伤的曲子，然后站立起来，将自己珍贵的琴摔碎于钟子期的墓前。从此，俞伯牙与琴绝缘，再也没有弹过琴。

这就是我国古代著名的俞伯牙摔琴谢知音的故事。这个故事在中国广为流传，传为佳话。

俞伯牙钟子期在江边匆匆相遇便成为知音，以至于在钟子期死后，俞伯牙要将自己的琴摔烂，并发誓以后再也不弹琴。

相似性原则认为人们往往喜欢那些与自己相似的人。这里所说的相似性不是指客观上的相似性，而是人们感知到的相似性。实际的相似性与感知到的相似性是有联系的，而且前者往往决定后者，但二者不是完全对应的。感知到的相似性包括信念，价值观，态度和个性品质的相似性，貌吸引力的相似性，年龄的相似性，社会地位以及兴趣爱好的相似性等。许多研究表明，相似性与喜欢之间有直接联系。

对相似性原则的一种解释是，相似的人肯定了我们自己的信念，价值观和个性品质，起着正强化作用，而不相似的信念，价值观和个性品质起着负强化的作用。这种正负强化作用通过条件反射过程与具有这些特点的人联系起来，结果造成人们喜欢相似的人，不喜欢不相似的人。

另一种解释认为，相似性影响吸引是由于它提供了关于他人的信息。人们通常重视自己的信念，价值观和个性品质，所以对拥有同样特点的人容易产生好感。

社会心理学家研究表明，他人越是与自己相似，便越是喜欢这个人。T.M.纽科姆的现场研究证明，在研究开始时，那些在信念，价值观和个性品质上相似的人，在研究结束时成了好朋友。婚姻介绍所的工作也往往以双方的相似性作为参考依据。

但是，人们在早期交往中，信念，值观和个性品质的相似性往往显示不出来，此时年龄、社会地位、貌吸引力往往起着重要作用。随着交往的加深，信念、价值观、个性品质等因素的作用便逐渐突出，甚至超过其他因素。

从古至今，流传着多少知音的千古佳话。于千万人之中，于千万年之间，不仅遇见了那个想要遇见的人，那个与自己情志相投、兴趣一致的人，那么怎能不产生如获至宝的感觉？相同的态度、相同的价值观，最终使他们成为了志同道合甚至同生共死的至交好友。

·第四章·

男人来自火星，女人来自金星——两性关系与心理差异

第一节　大相径庭的男人和女人——不一样的两性

男人靠说，女人靠感受——男女不同的表达方式

　　科学家曾做过一个实验，对几小时大至几个月大的男女婴儿给以同样的玩具，稍后再重复一次看他们的反应。结果发现，女孩的大脑对人和人的脸部做出了反应，如芭比娃娃；男孩则对事物与它们的形状做出了反应，如飞机、变形金刚。据此，科学家得出了一个结论：男孩喜欢事物，女孩喜欢人物。

　　科学测试表明两性之间通过他们不同的大脑结构感知同一个世界。人的脸部更容易吸引女婴，她们对视的时间比男婴长3倍。男婴对移动的没有规则形状和模糊的东西感兴趣。12周大的女婴能辨认出家人，并表现出对家人的信任与好感，但男婴却不能够。然而男婴更容易识别曾经玩过的玩具。这个不同点是非常明显的。

　　对学龄前儿童进行测试，测试表明女孩能记起与她一起玩耍过的小朋友及他们的表情，而男孩记起更多的是所看到的事物及它们的形状。如果在学校，几个女孩不论是坐着聊天还是玩耍，旁人观察每个人的身体语言后，很快就能看出谁是她们中的领头人。

　　如果一个女孩建一个什么东西，它往往是一个长的、低轮廓的建筑，中间有人，且重点在人物的塑造上；如果男孩建造一个建筑物，他往往是与其他人比较谁的更大、更高。在幼儿园，女孩子们会对新来的女生表现出热情，并且她们很快地就能知道彼此的名字；但一个新来的男孩受到的待遇就完全不同，只有当他被认

为对这个集体有用时他才能被接纳。

这种男女不同的感知方式直接决定了男女不同的表达方式，比如，有一对夫妇正在驾车行驶，妻子问丈夫道："想停下来喝点什么吗？"丈夫实话实说："不想。"他们继续行驶。结果呢，确实想停下来喝一杯水的妻子十分懊恼，因为丈夫没有理解她的愿望；丈夫看到妻子在生气也气得很，心里嘀咕："她干吗不直接说啊？"男女的表达方式的不同，从亚当和夏娃时期就开始了。男人总认为有什么想法和不满就直接说出来，对方才能知道，才能想办法去解决，不必猜来猜去；而如果不把不满说出来，对方便无法了解到你的真实想法和目的。女人则不习惯把什么不满都直接说出来，而是希望凡事都能保持良好和谐的关系，所以她们多半采取宽容的态度。女人也不习惯用清晰明白的言语来表达情绪，女人认为如果男人真的在乎自己的话，就不会一点也察觉不出自己的不满情绪，女人认为即使自己什么也没有说出来男人也应该知道。说到底，女人的沟通是先感知再进行语言沟通的；男人则是先说出来再去感受。

硬汉 VS 典雅——性别角色认同

在男人戏中，"硬汉"最受人欢迎。之所以这么说，是因为不论是男性观众还是女性观众都喜欢，女性观众喜欢硬汉形象，是因为硬汉形象符合了女性对男性的期望和认同；男性观众喜欢硬汉形象也是基于一种对性别角色的认同和肯定。

从电视剧《像雾像雨又像风》、《背叛》、《浮华背后》、《征服》，到《军歌嘹亮》、《半路夫妻》、《我非英雄》、《落地，请开手机》等电视剧，可以说孙红雷留给观众的印象一直都是铁铮铮的硬汉。孙红雷的每一次出镜都是让大家印象深刻的男子汉。在电影方面，孙红雷也仍然塑造着自己的硬汉形象，包括《七剑》、《铁三角》、《天堂口》等影片，都已经成为孙红雷的代表之作，更让孙红雷的硬汉形象在观众心中根深蒂固。在 2009 年各个电视台播放的电视剧《潜伏》中，孙红雷精湛的演技又一次为他赢得了良好的口碑。

在演艺界这个纷繁变幻的舞台上，无数的演员就像流星划过天际一样陨落，能在演艺圈屹立数十年已属不易。但赵雅芝在演艺界艺龄已逾 30 年，并且从香港红到东南亚，号召力仍不减当年，我们不能不说这是一个奇迹。

1978 年，一部《倚天屠龙记》让年轻的赵雅芝在香港电影界崭露头角，接着就是《楚留香》，她因饰演苏蓉蓉一角，一炮而红遍港台、东南亚。她以荧屏上那温柔美丽的形象，亲切甜美的笑容，轻巧灵活的身姿，一跃而成为出演古典美女的第一人选。而后，就是红遍中国的《戏说乾隆》《上海滩》《新白娘子传奇》，赵雅芝曾饰演了无数温柔善良的角色，她用她的美丽婉约感动着一代代的观众。

世界上有百媚千红，有些人美得妖冶艳丽，有些人美得冷若霜雪，有些人美得清纯秀丽，但是这些都不及赵雅芝的美，因为她的美是一种由表及里透彻的美，美在心灵。就像她所饰演的众多角色一样，端庄典雅，大方得体。赵雅芝惊世的容颜和典雅的气质为无数女性树立了一个标杆，也赢得了不计其数的女人的艳羡和追捧。赵雅芝符合东方女性审美标准。

从社会学的角度看，观众们喜爱孙红雷和赵雅芝的原因在于，在人们的潜意识里，他们符合了人们理想中的男人和女人的样子。

在社会学上，性别角色就是个体一生所扮演的最基本也是最重要的角色。"男人就该像个男人，女人就该像个女人"就是最通俗的说法。

"认同"的涵义包括以下两方面：

一是认为跟自己有共同之处而感到亲切，承认、认可和赞同；

二是自觉地以所认可的对象的规范要求自己，按所认可对象的规范行事。

认同是在与他者发生关系的过程中产生的。因此顾名思义，认同有"认识同化"的意思，有"对某一现象承认认可并且自愿地按其规范行事"的含义。

社会认同是指"个人的行为思想与社会规范或社会期待趋一致"，社会认同表现为三个层面，即价值认同、工作或职业认同和角色认同。其中角色认同是指人们在社会中必须在不同的时间和空间扮演不同的角色，各种角色都有一种约定俗成的行为标准，一个人如果能够赞同社会对某个角色的行为标准，并按这个行为标准行事，就是角色认同。

性别有"性别"和"社会性别"之分。前者指男性和女性的生理差别，后者指男女两性在社会文化的建构下形成的性别特征和差异，即由社会文化形成的对男女差异的理解，以及在社会文化中形成的属于男性或女性的群体特征和行为方式。

性别角色认同指获得真正的性别角色，即根据社会文化对男性、女性的期望而形成相应的动机、态度、价值观和行为，并发展为性格方面的男女特征，即所谓的男子气和女子气。

下面介绍一下儿童性别认同发展的 3 个阶梯，让我们对性别认同的发展有所

了解。

从呱呱坠地的那一刻起，婴儿就有了性别的烙印，从姓名、服饰、玩具，到以后的行为要求、生活方式、父母对他们的期望，婴幼儿正是从爸爸妈妈对待他们的态度和行为要求中逐渐地理解性别。

两岁半到3岁期间，孩子对"我是谁"开始有初步的概念，他们会用"我"或"我的"来表示自己或属于自己的，而对自己的性别的认同，则是孩子建立自我概念很重要的一环。这个阶段的孩子，从在幼儿园上厕所时男生、女生必须分开以及男生不能穿裙子等方面，开始意识到男女有别。孩子会很好奇地想知道自己究竟是男生还是女生，究竟是和妈妈一样还是和爸爸一样。不过，这时他们还不大能真正明白男女的不同。

第一阶梯：3岁前对性别的理解只是外部特征层面。

3岁前的幼儿就能够很响亮的说出自己的性别，但他们对性别的理解只是外部特征层面的。开始时，幼儿会好奇地问妈妈，自己是男生还是女生；是和妈妈一样，还是和爸爸一样。逐渐地，他们学会从发型、衣着上来辨别男性或女性，不过，这时他们还不大能真正明白男女的不同，同时他们也不能理解性别是恒定不变的。

第二阶梯：4岁时对性别的意识开始丰富。

到了4岁，幼儿的性别意识开始丰富许多。他们对性别的差异也比3岁时更好奇。比如，当幼儿发现男女上厕所的方式不同时，通常会好奇地问"为什么男生要站着尿尿，而女生要蹲着尿尿"？

同样，他们对自己的生殖器也产生了好奇，想看看自己的和别人的有什么不一样，并在此基础上感受到男性和女性在生殖器上的差异。有时，听到有人提起"小鸡鸡"等字眼，会觉得神秘而咯咯地偷笑。甚至有的幼儿会因为实在太好奇，玩起脱裤子之类的游戏。这时，幼儿的性别刻板印象也在加强。他们会坚定地认为，男孩子玩洋娃娃是不正确的，女孩子也不能玩那些打仗游戏。

建议父母尽量以最自然的态度处理，也借机教导孩子如何保护自己的隐私。如果发现孩子喜欢玩这类游戏，不妨将孩子的注意力转移到其他事物上，或避免让会一起玩这样游戏的孩子聚在一起。

第三阶梯：5岁以后真正开始了解两性的差异。

幼儿5岁以后真正开始了解两性的差异，他们知道除了外表的不同外，还包括生殖器官的不同。如果你问他们，男生和女生有什么不一样，最常听到的答案可能是："男生不可以穿裙子"，"女生可以留长发"等。但如果你一直追问，他们会有些不好意思地告诉你："男生有小鸡鸡，女生没有。"由于对性别的理解，这时的幼儿对性别也开始敏感起来，开始懂得不好意思和回避。他们也真正理解性别不会随时间、外部特征、愿望的变化而变化。

同样，当大人提到与性有关的东西时，5岁的孩子已经会表现得不好意思，对自己的身体也开始变得矜持，这个年龄段的孩子在换衣服或上厕所时可能会要求关门。不过，大部分的时候，男孩女孩还是可以愉快地在一起玩耍相处，并不在意性别的差别。

在性别角色理解方面，学龄前的儿童会将许多玩具、衣着用品、工具、游戏、职业甚至是颜色与一种性别联系起来，而与另一种性别严格隔离，形成非常刻板的性别角色印象，这种现象直到儿童中期才会得以缓解。

性别差异除了男女生理上的不同之外，强大的社会压力从婴儿一出生便不断地影响他们，要求他们去扮演符合社会文化认同的性别角色。幼儿时期，受父母及家庭影响最深，随着孩子年龄的增长，同学、老师、学校以至整个社会，都在慢慢地使孩子扮演适合他（或她）性别的行为模式。

从超级女声到《王的男人》——中性之美

"雄兔脚扑朔，雌兔眼迷离，双兔傍地走，安能辨我是雄雌。"中学学古文《木兰诗》时一直有这样的疑问，一个女子混进军营十几年，竟然没一个人能辨认出来，花木兰在隐瞒女性身份上要花费多大的心思和精力啊，真是一件不可思议的事！那个梁山伯也是！同窗几载，竟然也没认出祝英台是女儿身，着实是一件令人难以理解的事。因为在我们现代人看来，在古代男女有太大的区别，先不说难以遮掩的耳洞，就是光一个三寸金莲也足够明显了吧，更不用说古时候女人说话的那种柔声细语、姿态上的弱柳扶风了。说到底，在古代男女两种性别还是有着十分明显的区分的，是无法混淆的，因为区别太过明显。

当时代走到现代社会，而男女的定义似乎已经变得越来越没有清晰的轮廓界限了，女生五官硬朗，短发干净利索，穿着中性，时常一副帅气风范，而且越来越自信独立；而男性也不乏阴柔之美，服饰更是鲜亮混搭，追求个性，无视世俗评定。阴阳模糊不清，性别符号已经变得轻若鸿毛，性别角色趋于淡化，一个全新的中性男女时代已然来临。

自"超女"李宇春凭其帅气的中性外形颠覆了国人的传统审美观——"本是女娇娥，却偏像男儿郎"的风格成了众人追逐的对象后，一向擅长复制翻版的娱乐圈再度成就了尚雯婕、刘力扬等一大批在个人魅力中点缀着力量、弹性的女孩，使"中性美"在受众中进一步蔓延，并逐渐确立为一种新的前卫风向标。

当"回眸一笑百媚生"的女性不再成为所有人垂青对象的同时，我国男性的传统审美视角也在悄然生变。韩国演员李俊基在电影《王的男人》中将阴柔美男的倾城绝色演绎到极至：他那彻底颠覆传统阳刚威猛形象的长发、横扫入鬓的凤眼、微启的樱桃小嘴，不仅助长了近年来在亚洲地区的"美男旋风"，就连我国的"美人关"、"加油好男儿"等选秀节目中的许多男孩都呈现出"阴柔"的气质，"我型我秀"的师洋还一度成为颇具社会舆论争议的焦点。

不可否认，在娱乐传媒的强势催化之下，人们的现实生活正在或多或少地发生变化。越来越多的女生开始拒绝长发和裙子，而男生"安能辨我是雄雌"的倾向也开始显现。中国人拥有典型的含蓄内敛的东方文化特质，但在经济信息全球化的刺激下，人们的社会生活节奏日益提速，情绪浮躁导致人们在面对传统架构和新生事物时往往选择后者。"中性化"恰在人们对于传统的审美标准感到疲劳时出现，让人们在一成不变的定式里耳目一新。具备逆反心理的青春期青少年正是这种意识行为的主要标榜者。

人在从这个意义上说，对中性的爱好，可以看作是对纯真年代的一种怀想。同样的，在人类的童年时期，中性美也是理所当然的标准。被孟子视为男性美标尺的子都是绝对阴柔的形象，著名的前汉三杰里的张良，面目姣好就如同女子；而在地球的另一端，希腊英雄里的第一条好汉阿喀琉斯，也曾有过站在女子群中不被认出的经历。

中性也被称为第三性，它是一种生理与心理的平衡，如果非让我们用两个词来定义，即中性男人应该是精致的，中性女人应该是刚柔的。

中性男人的标签去粗取精之后是这样一副模样：磨炼出一副精致的外表，他们的骨骼并不瘦，但经过精心锻炼打磨后，显得格外高挑精致，肢体也很匀称，很合理。皮肤是细腻的，嘴巴是干净的，口气是清新的。他们拒绝抽烟，也不嗜酒，偶尔他们的指间会转动一杯红酒，那是格调，是优雅，是闲情逸致。他们要温文尔雅，彬彬有礼，头脑发达，满腹经纶，对待朋友要优雅和周到。

中性女人有着另一种风情、知识和智慧，当体力的能量释放变得不再那么重要时，人们也来越被智慧型的女人和靠知识而改变生活质量的女人所折服。这样的女人性格是独立的，思想是深刻的，见解是独到的。或许你可以说她是冷艳的，但冷艳却有冷艳的味道。

她们对于婚姻和家庭也不像外人所误解的那样潇洒得冷酷，其实她们只是提炼碱性成分中理性的元素。她们也有千般柔情、万般情怀，只不过她们的柔情不在泪水中挥洒，她们的情怀像深藏多年的醇酒，唯有知己才有缘知遇。

不管是男人影响了女人，还是因为女人影响了男人，当性别的自然束缚相对削弱的时候，精品男人和女人的独到魅力也会尽情彰显。

健康生活的状态是不属于性别的，它应该属于没有性别累赘的，如果生活中的诸事只被性别符号所左右，必然违背了我们作为人的本意。女人特有的阴柔气质已经明显淡化，她的亮点在于她着装和言行的中性化——兼具男性与女性的气质特征。中性化的形象在谈判桌上具有一定的心理优势——不会因为显得柔弱而被歧视，也不会因为太过阳刚与客户轻易闹崩。中性的出现可能正是体现了社会进步，时代的包容性在增大，男男女女可以按照自己本性的喜好去打扮，不必迫于传统角色的压力去穿着！

为什么睡美人需要王子的亲吻才能醒来——性别刻板印象

在著名的童话故事里，被恶龙下咒的睡美人需要英勇的王子来营救，并且只有王子的亲吻才能唤醒沉睡中的睡美人。美丽无助的灰姑娘，在继母的折磨下艰难地生活，也只有王子的到来才能获得救赎。白雪公主的故事也同样如此，吃了女巫的毒苹果的白雪公主，被小矮人们放在了美丽的棺材里，邻国的王子刚好经过这里，王子用自己对白雪公主的一片真情解除了白雪公主所中的毒苹果的毒，白雪公主从此和王子过上了幸福的生活。诸多童话故事中，美丽却无助（或受困）的公主都需要王子的解救才能脱离苦海平安无事，而少有受难的王子需要公主的搭救之类的情节，为什么会是这样呢？

社会学早就注意到了这个问题，这种现象在社会学上的解释叫作性别刻板印象。所谓性别刻板印象，是指社会对男性（或女性）产生的一种比较固定的、类化的看法。是还没有进行实质性的交往，就对某一类人产生了不易改变的、笼统而简单的评价，这是我们认识他人时经常出现的现象。

社会对女性的认知就是柔弱无助的、需要男性帮助的并且属于从属地位的。中国人所谓的"英雄救美"也是这个道理。社会上对女性有一定的约束，其中关于好妻子的标准就是如此。人们认为好的妻子应该做到这些：

（1）准备好饭菜。总是提前计划好要准备一顿怎样的美餐，大多数的男人在回家的时候都很饿，需要一顿美餐，尤其是他自己喜欢吃的菜。这是让老公知道你一直在为他考虑并且关心他的需要的表现。

（2）收拾好自己。不能整天邋邋遢遢、不修边幅，应该适当地修饰一下自己的装扮，穿上干净得体的衣服，头发打理好，还可以适当带上一个小的装饰品。老公回来的时候让自己看上去很明朗，因为他一整天一直都和一些因工作而疲惫倦怠的人在一起，他回到家的时候要让他觉得你生气蓬勃。

（3）勤于收拾屋子，保持环境清洁。在老公下班之前，把家里整理干净，以便保持家里环境的清新舒适。

（4）听他的话。也许你有许多重要的事要跟老公说，但是在他到家的那一刻先不要说。记住，要让他先把他的话说完，他的话比自己的话重要得多。

（5）把教科书、玩具、纸等收拢起来，使桌面看上去整洁有序，并保持干净卫生。

（6）任何时候都给他温暖的笑脸，尤其是见到他的时候一定要高兴。

（7）让他觉得舒适。让他倚在舒适的椅子上或躺在卧室里，为他准备好他爱喝的茶或饮料。

（8）对他不要表现出质疑。不要质疑他的正直和公正，也不要对他的行为发出疑问。

（9）把老公第二天要穿的衣服拿出来熨好，并放在特定的位置。

这是社会对好妻子的期望，也就是说，身为女性就应该做到这些，社会也认为做到这些才能称得上是一个好妻子。这是社会对女性的要求，但对男性不会做出这样的要求。相反，社会对男性是另一种要求。"男儿志在四方"，"男儿有泪不轻弹"，因此，男孩们从小就被塑造成必须拥有主动、刚强、豪迈、独立、自主、冒险等个性。而个性文静、害羞、柔弱、顺从、内向的男性，在人们的眼中成为异类，甚至被人嘲讽为"变态"，在这种价值观的浸染下，某些男孩子的情绪往往会受到压抑。

刻板印象常常是一种偏见，人们总是习惯于把人进行机械地归类，把某个具体的人看作某类人的典型代表，把对某类人的评价视为对某个人的评价，这种行为最直接的后果是影响正确的判断。

性别刻板印象所造成的负面影响远不止此。例如，女性因"女孩子要有女孩子样，不要粗野"，"淑女不该做粗重的工作"，使得女孩子缺乏许多锻炼体能、培养生活技能的机会，结果当面对社会暴力事件时，常只能束手无策，成为受害的一方。从这里我们就可以发现，性别刻板印象不仅同时限制着两性，更让双方在面对日渐多元的社会时无法适应而以争执或埋怨收场。又如求学阶段的男女，常被引导为男性适合选择理科、女性选择文科为宜，很多人因此无法因兴趣或专长找到适合的类科，而影响到工作也备受限制，使得某些工作领域长期只有单一性别在从事，而造成社会失衡。所以，我们要改变刻板印象带来的职业选择及其他连带的影响。

女人属于家庭 VS 男人属于事业——性别认同

在人们的观念中普遍认为：男人比较重事业，女人则比较重家庭，男主外女主内早已成为不言而明的社会认同。在人们普遍的价值认同里，事业是一个男人成功的标志，一个男人要想获得一定的社会地位和声望，就必须拥有一定的成就。这也与我国经历的数千年的封建社会有关。古代男人通常都是家庭的顶梁柱，没有事业，就很难承担家庭的经济负担。另外，一个男人不能放弃事业，很多的时候男人的魅力展现在他专注的工作中，也显示在其认真负责的态度中，一个男人的价值很大一部分也体现在其事业上，所以男人不能没有事业。男人拥有事业，更像个男人，是证明男人能力的一种方式。一个没有事业没有能力的男人，就会显得自卑；而女人通常都喜欢事业有成的男人，感觉这样才有安全感，没有事业的男人会被女人认为窝囊、没有出息。对于男人来说，感情是易变的、捉摸不定，而事业，一旦拥有，就是一种资本。所以，长久以来，男人们都被认为是属于事业的，是需要到外边奋斗搏杀的。

与男人不同，社会对女人的认同是回归家庭。家是女人一生的事业，也是女人婚姻的归宿。做为女性最渴望的是什么？作为女性，天性里就有对婚姻、对完美的追求。在女性的心灵深处，婚姻能够使女性灵魂得到真正慰藉。女人是否幸福并非用成就衡量，家庭是很重要的一环，因为家庭同时也是男人获得心灵慰藉的地方。当男人结束一天的厮杀，回到自己的窝，他最需要什么？不是递过一双拖鞋，也不是一顿丰盛的晚餐，男人自己有手，这些事情他自己能做。男人需要的是自己的另一半帮他卸下身上沉重的盔甲，摘去脸上麻木的面具，弹去肩头沾染的尘土，需要一双手来包扎起伤口，需要一个宽容的心灵来倾听他的烦恼，需要一个微笑来欣赏他的成就，更需要一个智慧的头脑和他一起设计未来的战斗……

查尔斯·卓别林说过："对我而言，我的母亲似乎是我认识的最了不起的女人……我遇见太多太多的世人，可是从未遇上像我母亲那般优雅的女人。如果我有所成就的话，这要归功于她。"

一位作家认真总结了这一理想："男人所渴望的是这样一种人，她不但只为他一个人操碎心，而且可以抚平他额头上的皱纹，可以带来宁静、秩序和稳定；他每天回到家时，她可以温柔地调节他的情绪和控制他得到的东西；他希望有人能够让家中的所有东西都飘洒着女人那种难以言状的芳香，具有生命那种生机盎然的温暖。"男人想从女人身上享受到的美感、温暖和亲密感，不再具有形体的性质。她不是集中体现了事物的那种可直接供玩赏的性质，而是变成了它们的灵魂。她内心深处的隐秘的纯粹的存在，比肉体的神秘性更加高深莫测。她是房子的灵魂，也是全家人和这个家的灵魂。家庭是女人一生的事业，好女人就是让家充满爱、花朵与阳光，在每一处细节精耕细作，这是她们的天职，更是她们的乐趣所在。做一个幸福的居家女人，是无数女人的理想，因为只有家中才有真正的爱人。由此可见，人们把女人在家庭的地位看得有多重要。

一直以来，在人们的意识里都是男人属于事业，女人更多的都回归家庭，这在社会学上属于一种社会对性别的认同。很久以来，人们普遍认为在男性和女性间观察到的大多数差异是以生物因素为基础的，不同类型的研究已颇具说服力地表明许多典型的男性和女性的特征事实上是后天习得的，换句话说，就是社会赋予的。既然是社会赋予的，也便会随着社会形势的变化而发生变化，随着社会的更加开放，越来越多的女性走向了社会并获得了经济上的独立地位，因此男人属于事业、女人只属于家庭的观念也相应发生了变化。

妇女们，你们为什么要学跆拳道——家庭暴力

尼加拉瓜妇女玛丽亚幼年就生活在家庭暴力的阴影下。结婚后，她又陷入了另一个家庭暴力的怪圈中，时常遭到丈夫对自己使用暴力。通过学习跆拳道，她重新获得了自信。玛丽亚说："现在我不怕任何人的攻击了，因为我完全可以保护自己了。"目前已经有200多名尼加拉瓜妇女参加跆拳道学习课程。教练说，除了学习防身术，学生们还在学习的过程中建立了自信。

家庭暴力一直是困扰尼加拉瓜社会的一个问题。据尼加拉瓜警方的统计，仅2009年前3个月，就有6名妇女因家庭暴力死亡。据尼加拉瓜一个妇女权益组织的统计，每三名尼加拉瓜妇女中就有一人生活在家庭暴力的阴影下。面对越来越严重的家庭暴力问题，尼加拉瓜的妇女权益组织建议女性学习跆拳道，以保护自身的安全。

　　家庭暴力，是指发生在家庭成员之间的，以殴打、捆绑、禁闭、残害或者其他手段对家庭成员从身体、精神、性等方面进行伤害和摧残的行为。家庭暴力直接作用于受害者身体，使受害者身体上或精神上感到痛苦，损害其身体健康和人格尊严。家庭暴力发生于有血缘、婚姻、收养关系生活在一起的家庭成员间，如丈夫对妻子、父母对子女、成年子女对父母等，妇女和儿童是家庭暴力的主要受害者，有些中老年人、男性和残疾人也会成为家庭暴力的受害者。家庭暴力会造成死亡、重伤、轻伤、身体疼痛或精神痛苦。

　　家庭暴力是一个全球性的问题。在世界各国，家庭中虐待妻子的现象都十分常见。据调查统计，20世纪全世界有25%～50%的妇女都曾受到过与其关系密切者的身体虐待。全国妇联的一项最新抽样调查表明，在被调查的公众中，有16%的女性承认被配偶打过，14.4%的男性承认打过自己的配偶。每年约40万个解体的家庭中，25%缘于家庭暴力。特别是在离异者中，暴力事件比例则高达47.1%。据资料统计，目前，全国2.7亿个家庭中；遭受过家庭暴力的妇女已高达30%。家庭暴力引起的后果是严重而且是多方面的，因为发生在家庭中而得不到及时有效地制止和处理，很容易导致婚姻的破裂和家庭的离散，同时使加害人有恃无恐。并且，发生家庭暴力的家庭中的孩子通过耳濡目染、潜移默化，在他们长后大大增加了使用暴力的可能性。

　　30%中国家庭存在家庭暴力，从调查分析情况看，产生家庭暴力的原因有诸多方面，归纳起来主要体现在：

　　（1）观念错位——贪恋婚外情导致家庭暴力。伴随着改革开放和市场经济体制的确立，人们的思想观念发生了深刻的变化。一些人在各种传统的、现代的、本土的、外来的思想、文化、观念、习俗的激烈碰撞中，思想迷失了方向，道德观念特别是婚姻道德观念发生了错位。一些男性视糟粕为时尚，以拥有"婚外情"作为向人炫耀的资本，有的在外与"二奶"长期非法同居，生儿育女。回家则对妻子"横挑鼻子竖挑眼"、使妻子"左右不是"，以种种借口逼迫妻子离婚，更有甚者，将所包"二奶"带回家中居住，把妻子赶出家门，妻子稍有反抗，则会招致家庭暴力，调查中，由婚外情引起的家庭暴力占 30%。

（2）一些男性性格扭曲、品行不端，直接引发家庭暴力。一些男性性格扭曲，常常无端怀疑妻子生活作风不检点，不许妻子和别的男性说话，不许妻子贴补家用外出打工赚钱，妻子若有反抗，就会遭到家庭暴力；一些男性沾染上不良习惯，整天贪于玩乐，游手好闲，在外赌博、酗酒、嫖娼无所不为，有的横行乡里，危害百姓，是人见人恨的恶霸。这些人无家庭责任感，有不顺心的事就回家向妻子、孩子耍威风。如在外赌博输钱后，逼妻子出去借钱，借不来就会遭到暴力。妻子若欲提出离婚，男方就扬言要杀其全家，在他们的威逼恐吓下，妻子常常忍气吞声，不敢告发。此类情况占总数的 22.5%。

（3）严重的大男子主义思想作祟引发家庭暴力。一些男性大男子主义思想根深蒂固，总是以居高临下的心态任意摆布和欺侮妻子，以威逼打骂妻子为能事，常常因一点点生活小事，对妻子大打出手，以此来满足自己"男子汉大丈夫"的自尊心。这种情况占 23%。

（4）历史原因和社会原因。从历史发展来看，我国长期以来"男尊女卑"传统的夫权思想，在当前市场经济形势下有所抬头；从社会角度来看，一是我国妇女的地位存在事实上的不平等，二是社会上多数人认为"家庭暴力是家庭内部的事"、"清官难断家务事"。劳动社会化程度不高、生育风险还基本上由女性自身承担等诸多因素的影响，使女性处于下岗、失业率高、再就业难的境地。

据统计，截至 2009 年 9 月，城镇登记失业女性占总数的 48.6%，而在岗上的女性，多数仍处于从事繁重而简单的劳动行列之中，从调查情况看，97% 的家庭中，女性的收入低于男性，男女两性实际收入确实还存在一定差距，与男性相比，女性仍属于低收入群体。在农村，特别是边远贫困地区的妇女，大部分妇女还没有独立的经济来源和家庭经济支配权，这就造成了其在经济上过于依赖丈夫的事实，一些女性甚至被丈夫视为生活上的累赘，常因向丈夫索要生活费遭到家庭暴力。

（5）在法律宣传和教育方面开展得不够广泛和深入。许多公民没有意识到家庭暴力是侵权行为，是违法行为，而社会舆论对此采取宽容态度，而未能给予及时地、大张旗鼓地谴责，对施暴者没有威慑作用。

（6）从男性遭受家庭暴力袭击的情况来看，主要分为三种情况：

一是女性的经济收入远远高于男性，男性下岗后收入微薄或年老体弱，在家中挺不起腰板，家庭地位降低。这样夫妻之间一旦有了矛盾，男性肯定在精神上占不了上风，动起手来也自然不如女性下手狠。

还有一种情况是夫妻俩体力上的差距，女性长得高大强悍，男性却矮小瘦弱，感情基础又不是很好。在夫妻吵架升级为厮打时，矮小的男性往往不是女性的对手。

另外一种情况是，女性有了外遇，看男性越来越不顺眼，一旦被男性发现不轨行为，自恃外面有了靠山，对男性大打出手，甚至有的还联合第三者殴打男性。

天津社会科学院老年问题专家郝麦收教授认为，女性专制主义是导致男性遭遇家庭暴力的主要原因，而中国长期的家长制则是生成女性专制主义的土壤。

家庭暴力的后果严重，危害性极大。归纳如下：

（1）严重影响、破坏了社会组成细胞——家庭。

在一个家庭中经常发生家庭暴力，必然会影响夫妻的感情。当妻子无法受其丈夫的暴力时，往往选择离婚、离家出走甚至以暴抗暴等途径摆脱遭受的暴力，这样会致使家庭破裂、毁灭。

（2）影响子女的正常生活和成长。

经常发生家庭暴力的家庭，对孩子的身心健康有着严重的影响。特别是直接对孩子施暴时，更容易使孩子的情绪产生恐惧、焦虑、厌世的心理，轻者影响孩子的情绪，使他们自卑、孤独，影响学习和生活，严重者使孩子们离家出走，荒废学业，甚至还走上犯罪的道路。

（3）家庭暴力侵害了妇女的人格尊严和身心健康，甚至威胁生命。多数妇女都是在被施暴时惨遭残害，暴力行为严重地侵犯了妇女的人身权利。

（4）家庭暴力给社会带来了不稳定因素。不及时有效遏止家庭暴力，受害者本人又不知用法律保护自己，在忍气吞声、长期遭受暴力的扭曲心态下，采取了法律禁止的手段——故意杀人，酿成恶性事件，给社会带来恶劣的后果，极大地危害了社会安定的局面。

"我想我会一直孤单"——单身

我想我会一直孤单，这一辈子都这么孤单，有越多的时间就越觉得伤感。喜欢的人不出现，出现的人不喜欢。想过要将就一点，却发现将就更难。自由和落寞之间怎么换算？我独自走在街上看着天空，找不到答案，我没有答案……

刘若英的这首歌唱出了不少人的心声。这也正说明了当下的一个现实，单身的人越来越多。统计数据显示，1990 年，北京 30 ～ 50 岁单身人数约在 10 万左右；2002 年，北京、上海等地这个年龄段的单身人数达到 50 万，其中女性超过六成。

单身，是指一个人成年以后仍然是一个人生活而没有配偶，可以是从没结婚的，也可是已经离异的，还可以指丧偶的。

零点调查公司 2002 年的一项关于城市婚恋观的调查显示，上海等城市女性认同独身观念的有 82.79%，在高学历女性群体中，这个比例达到 89.94%。而这一比例还将进一步扩大。

都市单身女性大都存在"三高"特点：学历高，基本上都具有本科以上学历，部分还有"海归"背景；收入高，年薪在 5 万元以上，一部分甚至已经超过 50 万元；社会层次高，要么在热门行业任职，要么在单位任中层干部以上职务。

她们经济独立，生活自由，敢于投资，无压力的消费和物质化的生存，使单身女性成为拉动时尚消费的绝对主力。

有社会学者提出，大量单身女性的出现，一方面表明女性社会独立性越来越强，尤其是经济独立的女性已经越来越多，同时也标志着青年人获得成人感的标志在悄无声息地发生变化。

过去，年轻人获得成人感的两个标志是，有工作并且已经结婚。但现在的状况是，这两方面都越来越滞后。日本《东京新闻》公布的一项关于日中青年就业观比较的调查显示，中国青年在事业和家庭中，愿意选择事业成功而对家庭可以有一定的牺牲的人，比日本青年在面临同样的问题的人要高出 3 倍。因为中国正处在从机会匮乏到机会剧增的时代，最容易激发人的社会成就动机。

有社会学者更进一步提出，大龄单身青年的存在，标志着"单身家庭"已经开始在中国社会凸显，这同时是对传统家庭概念的挑战。尽管"单身家庭"这个概念在社会学的百科全书上并不存在，但大龄单身青年至少是一个相对稳定和独立的消费单元，而社会不应该漠视"单身家庭"的事实存在。

中国社会科学院社会学所副研究员沈杰认为，单身作为一种生活方式，被越来越多的年轻人所接受和选择，这正是个体主义取向增强的表现。但是，"人本是群体的动物，单身只是现代化进程当中的一个独特的现象，也可能是一个过渡阶段的现象"。

社会学家认为，单身不可能成为社会的主流，现代化程度很高的国家，单身的比例也只有 20% 左右，这种现象的出现是受经济、社会、文化、心理的影响，更多的是一种进步的表象，但在某种意义上实际又是远离人本的悖论的消极的影响。

现代化一个很重要的价值观变化就是个体化的自我取向很强，因为人们在寻求自我潜能和价值实现的过程当中，对于个人空间尤其是心理上的空间需求越来越大，同时私域的要求也在扩大，这些都促使现代人的个性增强，导致社会的多元。

单身状态的人要用幸福量表来测定的话，他们一定不会有很强烈的幸福感。沈杰说，人本是群体的动物，单身不会是人类发展过程中一个永不变化的现象，当人类向高级阶段发展时，回归家庭是肯定的趋势，但那个时代的家庭与今天的家庭可能很不一样。

第二节　问世间情为何物——爱情

问世间情为何物——爱和爱情

社会心理学家认为，爱是一个较广泛的概念，包括对人民、对父母、对师长等的爱，而爱情则一般专指男女之间的亲昵关系。社会心理学家 E.C.哈特菲尔德和 G.W.沃尔斯特在 1981 年把爱区分为恋爱和友爱。恋爱是一种用不同爱情术语解释的强烈生理状态，一种混合的情感，包括温柔和性感、兴奋和苦恼、焦虑和欣慰、利他和嫉妒等。恋爱被定义为一种与他人结合的强烈愿望。相互的恋爱伴随着满足和狂喜，单恋则伴随着空虚、焦虑或失望。恋爱往往包含把对方理想化的倾向，往往是盲目的不可控制的情绪状态。友爱则是不那么强烈的情绪，包括友好感情和深刻理解，其特点是友好、谅解、关心对方。它是比较现实的，把对方视为现实的人，不像恋爱那样把对方理想化。友爱被定义为人们对与其生活密切相关的人的情感。

Z.鲁宾把喜欢与爱区别开来。他认为，爱的因素是对对方负责、温柔体贴、自我揭示、排他性。喜欢则指为他人所吸引，尊重对方，认为对方与自己相似。他制定了测量喜欢和爱的量表，以把二者区别开来。在预测男女爱情的发展上，爱的量表比喜欢的量表更有预测力。

恋爱社会心理学家 D.T.肯德里克等人认为，可用强化原则去解释恋爱。从某人那里接受的强化越大，人们便越可能爱这个人。这意味着，恋爱是由强烈积极的体验所激起，由强烈消极的体验所扑灭。但少数人持相反的观点。如 R.斯托勒认为，对立、神秘、风险等引起性兴奋。多数心理学家认为，愉快和痛苦都能点燃爱情。从生理上看，愉快和痛苦都是强烈的唤起，喜悦、热情、兴奋与愤怒、嫉妒、憎恶等都会引起神经系统的交感反应，如脸红、出汗，心跳、呼吸加速等。因此理论家们认为，愉快和痛苦都可能点燃爱的体验，D. 达顿等人1974年的研究证明了恐惧和性吸引之间的联系。他们让年轻男性测试者分别走过两座桥，一座是危险的吊桥，一座是安全的正常桥。当每个测试者过桥时让一位年轻美丽的女大学生迎面走来，要求测试者填一份问卷。填写后女大学生把自己的电话告诉测试者，告诉他如需了解问卷详情，可以打电话找她。结果表明，在危桥上遇到女大学生的33名测试者中有9人打了电话，在正常桥上遇到女大学生的测试者则只有两人打了电话。

按照S.沙赫特提出的情感二因素论看，情绪体验依赖于生理唤起和认知标记。人们莫名其妙地感到害怕时，往往以环境来解释。沙赫特把这个理论应用到爱情上，认为爱情是生理唤起和适当认知标记的结合。你在思念恋人时，此时任何情景引起的生理唤起的加强都可能被解释为爱情的增强。如一对暴风雨中的恋人比在一般条件下更易于增强爱情，因为暴风雨引起的唤起被解释为爱情了。当然，如果其他解释很明显，便不会解释为爱情。爱情和喜欢是不同的，但喜欢是爱情的基础。社会心理学研究表明，影响喜欢的因素也影响爱情，影响喜欢的因素，如相似性、满足性、接触频率、外貌吸引力、互补性等也都是决定一个人最终选择什么人做恋人或伴侣的重要条件。所以，相似的人、住得邻近的人、交往频率高的人、外貌吸引力大的人、角色作用互补的人之间容易发生爱情。

美国的研究结果显示，男性比女性更易于产生爱情，女性比男性更易于中断爱情。而且男性中断爱情后双方还可以保持一般朋友关系；如果女性中断爱情，就难以保持这种关系；女性比男性更易于体验爱的激情，男性对爱情的看法更具浪漫色彩。

一对男女有"夫妻相"是怎么回事——相似性

据说，前苏联的科学家曾就此做过专项的研究，认为形成"夫妻相"的原因，是由于长期生活在一起的两个人，其饮食起居、待人接物、喜怒哀乐、价值取向等嗜好和习惯，经长期的潜移默化而趋于一致，从生理变化的角度来科学地判定这一现象的形成。我们中国的老百姓们对此却有着另一种观点："不是一家人不进一家门嘛！"既含蓄又言简意赅，并且人们还认为有夫妻相的人是有福气的。

这丝毫不令人吃惊，100多年来的研究一致表明，夫妻之间在态度、价值观、兴趣和其他等方面具有相似性。并且，一项跨时间的纵向研究也表明，这种相似性随时间的增减几乎没有改变。换句话说，结婚时夫妻便很相似，这种相似随时间不会增加也不会减少。因为好的夫妻关系总有很大的相似，所以一对打算结婚的恋人在除身体吸引和性之外，都会仔细考虑他们之间的相似之处与不同之处。

美国科学家研究指出，人的外貌特征与自己的性格是对应的，有什么样的外貌，就会有什么样的性格。当双方的个性相差太远时，虽然谈恋爱时会产生很强烈的吸引力，但结婚以后，这种差异太大的个性，就不容易让夫妻俩产生共鸣了。相反，如果双方的外貌特征、性格相似，婚后就容易找到共同语言。并且，夫妻一起生活的时间越长，感情越好，长得就越像对方。

相关研究曾显示，那些从基因上来讲比较相像的夫妇，往往会拥有更为快乐的婚姻生活。性格和身体特征上的相似点或许是测量基因上类似之处的一种方法。

而英国科学家最近着手对"夫妻相"产生的原因进行调查研究。研究过程中，他们让11名男性参与者和11名女性参与者通过照片对160对夫妇的年龄、魅力和性格特点进行评价。由于丈夫和妻子的照片是分开进行观看的，因此这些参与者并不知道其中究竟谁和谁是一对夫妻。

研究者发现，参与者对事实上是夫妻的男人和女人的外貌和性格特点的评价都很类似。而且，相处时间越长的夫妻，人们对他们的评价也就越相似。对此，研究人员推测说，相同的生活经历可能会对夫妇的外貌产生潜移默化的影响。

为什么结婚时没想到会离婚——假想相似

以下是两个苦恼的年轻人的痛苦和困惑。

小米和相恋了7年的男友终于结婚了，两人从大学一路走到现在，虽然中间也有吵吵闹闹，但他们的感情还是好得让人羡慕。他们之间不是没有经过考验，但不论是多么大的考验他们都一起过来了，他们俩始终觉得对方是最适合自己的，自己一直在寻找的和自己共度一生的人就是眼前的人。于是他们的感情十分稳定，真的是美煞旁人。有情人终成眷属，两个真心相爱的人终于走进了婚姻的殿堂，开始了人生新的生活。结婚后的两人应该是恩恩爱爱、比翼双飞的，但小米却向朋友说出了一些并不如愿的婚后生活。

　　小米说："结婚前我和我老公的感情很好，哪怕就是吵架，在我看来也是甜蜜的，我们对待事物的看法也很有默契，想做什么、要做什么都是心有灵犀的，诸多方面的相同态度足够我们保持生活的和谐美满了。但是我发现结婚后一切都看起来不一样了，尽管他还是一样。面对生活中许多的小事大事，我们都没有办法达成一致意见，有时甚至相互和解都要做出很大的一番努力。所以，现在我总觉得开心不起来了，干什么事情都没有兴趣了，原来我恨不得每分每秒都和他黏着，现在我更喜欢自己独处，并且变得异常敏感，他一句不经意的话、做一件不经意的事情，我都觉得无法忍受。

　　"说实在的，我感觉现在一天更像混日子地过，像是履行夫妻的义务。有时候，我怀疑是不是我自己变了，但我却不知道我因为什么变了，感觉自己好像没有婚前那么爱他了，一切看来都感觉无所谓了。但是应该声明的是，我并不是因为喜欢上了别人而对他这样，我俩之间倒是很忠诚专一的。

　　"我现在感觉以后的路很迷茫，我甚至想想都觉得烦。我很想回到过去，可是我知道是不可能的。我这到底是怎么了？我不想这样下去了，时间长了，我们的感情肯定就完蛋了。"

　　小奇也是和妻子结婚后，婚姻生活出现了一些小矛盾。

　　"结婚后自己就变成了宅男，天天就爱待在家里！我觉得出去没什么好转的，我周围的朋友都基本没结婚！他们也是乱玩疯玩！我总觉得我要和他们在一起我会变得很坏！所以下班回来就在家里休息休息，看看电视、上上网！

　　"但是我老婆就不同了！朋友多得不行，基本每天都有活动，想和她一起逛还要约时间！她和她那些朋友也就是逛逛街、聊聊天，时不时地在酒吧里喝酒，但是喝到很晚，基本到半夜1点左右才回来，我们就吵得很凶！我不是多心，她不是那样的人，只是觉得结婚后不应该这样，但是这也不是经常性的！反正我和她吵架基本是吵完了该什么样还是什么样，一点效果都没有，所以我很伤心！

　　"基本什么好话说了也白说，吵了也白吵，说得多了又嫌烦，比我还有理，说我不让她出去，回来晚了我就是这烂样子！还说不想回来！我现在非常苦恼，以前我们不是这样的，以前无论什么事我们总能找到双方都能接受的解决方法，都尽量让对方高兴，现在结婚了，不同的地方反而更多了，多得让人应接不暇。达不成和解反而更加伤害了我们之间的感情，真不知道该怎么办？"

　　以上小米和小奇的亲身经历也是许多年轻人在婚后都会遇到的问题。在谈恋爱时，两人都爱得如胶似漆，当时觉得对方是最适合自己的，因此愿意为彼此作出让步和改变。可当真正步入婚姻的殿堂，夫妻日日朝夕相处，在繁琐的日常生活中慢慢发现两个人其实有太多不同的地方，有时甚至怀疑对方是否是最适合自己的，因此在遇到问题双方意见不同时，就很可能会引起争执，一直吵吵闹闹伤害了感情。

这种现象在社会心理学中被称之为假想相似。假想相似是指两人所认为的某些方面彼此之间的相似程度，与他们的实际相似程度不符。相似的人会结婚，并且关系相处得好，其假想相似也很高。夫妻之间假想出来的相似往往比实际情况要高，并且婚姻满意度也与相似及假想相似有正相关。

社会心理学家比较了夫妻、恋人和朋友之间的"五大人格"，研究发现：任何关系中两人的相似性都要高于随机组，但夫妻的相似性比恋人和朋友要高。然而，假想相似在恋人之间最高，这大概就是前面提到的浪漫幻觉。朋友和夫妻在这方面则要现实得多。夫妻比恋人有更多实际相似、更少假想相似，这表明许多恋人确定关系后，会改变自己的某些态度，使其具有更多相似。

在沉迷于恋爱时，浪漫的幻觉使得双方的眼里就只能看见对方的好，也不自觉地看到对方和自己相似的地方而，但意回避和自己不同的地方；当走入婚姻后，恋爱时的浪漫幻觉渐渐退去，有的只是每日柴米油盐的现实生活，此时人们更客观、更理性，因此就能更加清醒地认识到互相的不同，矛盾就由此产生。

但是，结为夫妇的年轻人不能因此就草草结束自己的婚姻，因为和自己结了婚的人曾经也是自己在茫茫人海中选中的和自己最合适的，虽然婚后发现双方有诸多不同，两个人毕竟是两个独立的个体，观点、意见不同也很正常，在生活中慢慢磨合就会好起来。我们的父辈们也是这样慢慢过来的；而如果另换一个人和自己结合结果也是同样的，很有可能还不如现在好，这样的例子在社会上不是没有。

总而言之，在婚姻中假想相似是很正常的想象，我们只要端正态度，以一颗平常心对待，在痛苦的磨合之后就会渐渐尝到婚姻的蜜果。

为什么总有些人不能获得幸福婚姻——自恋

在古希腊神话传说中，有一个美少年叫纳西司，他不为美丽钟情的姑娘的爱情所打动，却常常因欣赏自己倒映在水中的影子而陶醉。弗洛伊德把这种自我欣赏、自我迷恋叫作"自恋"。

在社会心理学中，自恋是指一种过于自我接受的人格类型。自恋者总感觉自己优于他人，追求的是爱人的钦佩与爱慕，对批评很敏感，对他人缺乏同情心，并有一定剥削性。这种人很少能获得幸福的婚姻，因为他 / 她追求的是钦慕自己的理想恋人，而不是与自己相似的人，也不是能给自己提供情感支持的人。实际上，自恋者想要的只是赞美，而不是另一个自恋者，也不是亲密感。

所以对于婚姻中的自恋者，不一定需要一个能够满足其特殊要求的人与自己相似，而是想让自己像王一样，受到对方的全面关注、欣赏甚至恭维。这种人总比其他人更难以拥有和谐的关系，而这种人格倾向也是导致婚姻失败的一个重要因素。

在现代社会中，女人的地位越来越高，并且在有的家庭里，女人的收入远远高于男人。在这种情况下，很容易形成一种女人越来越自以为是，男人为了宠爱娇妻，常常是心甘情愿地做牛做马、任劳任怨的情形。发展到后来就形成了一种习惯，在家庭中，逐渐形成了妻子掌权的局面。妻子发号施令，俨然一派"女皇"风范；丈夫则唯唯诺诺，典型的"男佣"作为。在这样的情况下，相处日久，危机迟早会爆发。但如果妻子能够及时认识到自己的错误，并及时地给予丈夫尊重，那情况就不同了。请看下面的故事：

森夫妇俩在别人眼里可谓是一对模范夫妻，两人每天都携手上下班，事业上更是比翼齐飞。森是学校化学教研组骨干教师，工作认真负责，她教的班级始终是全校第一。丈夫是校团委书记，一直为校方所器重。夫妇俩生活上勤俭节约，并常利用自己的专长去兼职，以争取更多收入，结婚不到 4 年，不但买了房子，还有了 10 万元存款。

可是，这个在众人眼中堪称楷模的家庭，却潜藏着危机。长期以来，森的经济收入一直处于丈夫之上，所以森总是对丈夫强调"经济基础决定上层建筑"的理论，在家中颐指气使，家务上更是以发号施令为主。

在家中，丈夫主动承担起一切家务，而她更是理所当然地拒绝"油烟"、拒绝"肥皂"。不仅如此，有时当丈夫把买米、做饭、洗衣、喂养孩子以及室内外卫生全部承揽下来之后，她还会有所不满，指责丈夫这没干好、那没做对，让丈夫随着她的"指挥棒"转，将丈夫当成"男佣"使唤，而自己则成了一个十足的"女皇"。

起初，森对这种情况不以为然，反而总觉得是自己领导有方，管教得当，丈夫才会如此俯首听命。直到有一天，她在与儿子玩耍之时，儿子小心翼翼地轻言细语："妈妈，你以后不要对爸爸那么凶了，好不好？"一语惊醒梦中人，这使森一下子意识到自己在家庭中扮演了什么样的角色，这不仅在孩子心目中留下了极坏的印象，而且对丈夫也极其不公，无形中让他沦为了"妻管严"的角色。

审视这一段婚姻历程，森发现家中早已失去了本应有的"民主"、和谐、温暖、友爱的和睦气氛，总是处在一种是是非非的矛盾之中。在她的威镇下，丈夫整天在委曲求全、胆战心惊的心理支配下生活，失去了欢乐，丧失了自信。他的"言听计从"实际上已经是一种表面上的应付。他已经好久没有和她交心了，学会了编造各种借口拒绝回家，他们俩在思想上、情感上已经产生了一条鸿沟。

想到此，森不由冒出一身冷汗，幸亏她醒悟及时，否则这样发展下去，难保不铸成大错，导致家庭的破裂。

森开始慢慢地修正自己的一些行为，给予丈夫尊重，给予丈夫关心，不再总支使丈夫并主动分担一些家务。丈夫的脸上渐渐地浮现出发自内心的微笑，家庭中温馨友爱的气氛又日益浓厚了。

妻子发号施令，指挥丈夫做这做那，天长日久，干活的人难免不会心生怨气，再勤快的人也要罢工。

其实，这是一种错位，女人地位的提高，并不意味着要凌驾于男人之上，而是要与男人平等相待、互商互谅，在家务上更是要公平互助，各尽所能。

妻子在分担家务的同时，如果想对丈夫所做的家务给予指导批评，千万莫做"河东狮吼"状，可以试着采用以下"伎俩"来改善情况。

1. 见机行事

见机行事，亦即察言观色、伺机而动。此为一门极其高深的学问，不仅适用于日常的人际交往，更可在家务之争中大显身手。要想将这一技巧运用自如，首先要非常了解自己的丈夫，熟悉他的脾气，掌握他的爱好，也就是说你要倾注全部的爱意，时刻关心、关注你的丈夫，唯有如此，你才能在熟知他可能有的动向的基础上见机行事。

2. 重在参与

对大多数男人来说，整理家务的确是他们所不擅长的（当然，这不排除他们其中一部分是家务高手），他们生来没有这样的天分，后天在父母身边又不注重培养，所以妻子们要放低对他们的要求。只要他们是真心参与，妻子们就不要太在意质量，毕竟他是因为爱你才会付出。妻子们要发挥精神，强调重在参与，不要指责批评，要经常从旁协助，给予鼓励支持，日久天长，自会有一个家务高手诞生。

3. 学会幽默

幽默是家庭生活中的调味品，有助于家庭气氛的轻松活跃，有助于夫妻间巧妙化解矛盾。夫妻生活，形影相随，哪有那么多"原则"、"定律"可讲。遇到说不清的家务小事时，不妨以幽默方式来处理，定会收到良好的效果。例如，当丈夫把菜做咸时，妻子不妨幽他一默："盐又减价了吧？"把丈夫问得莫名其妙之时，不妨加上一句："这里盐比菜多。"丈夫笑过之后自会有所改进。

4. 用爱奖励他

男人事业的成功，是众人显而易见的。女人为使男人热衷于家务，也可以让男人的家务成果化暗为明，使别人能够看见他的成果，让他有被认同的成就感。例如，当朋友们来家里做客时，若称赞客厅洁净、卧室整齐，妻子这时立刻就要归功于丈夫："不好意思，这些都是我丈夫的功劳。"——即使他只做了十分之一，你也说他做了全部，这是一种爱的奖励，会极大地增强丈夫对掌控家务的热情与自信。当然，在做这些的同时，也不要忘了用甜言蜜语滋润他。

婚姻是一本收支平衡的账簿，无论在行动还是情感上，只有夫妻双方的支出和获得、奉献和牺牲达到基本均衡，才有心灵的平和与快乐。在每一天的平凡中主动奉献，给予对方尊重，他也会从对方那里获得同样的回报，因为爱意味着互相给予。

为什么"我爱你，与你无关"——无偿之爱

我爱你，与你无关

即使是夜晚无尽的思念

也只属于我自己

不会带到天明

也许它只能存在于黑暗

我爱你，与你无关

就算我此刻站在你的身边

依然背着我的双眼

不想让你看见

就让它只隐藏在风后面

我爱你，与你无关

那为什么我记不起你的笑脸

却无限地看见

你的心烦

就在我来到的时候绽放

我爱你，与你无关

思念熬不到天明

所以我选择睡去

在梦中再一次地见到你

我爱你，与你无关

渴望藏不住眼光

于是我躲开

不要你看见我心慌

我爱你，与你无关

真的啊

它只属于我的心

只要你能幸福

我的悲伤

你不需要管

这是德国著名诗人歌德的著名情诗《我爱你，与你无关》，这种全情付出，完全为对方着想的感情在社会心理学上被称之为"无偿之爱"。"无偿之爱"，是一种单向情感，指爱上一个不爱你的人，而自己愿意为之无偿付出。

金庸先生的《天龙八部》是最受大众欢迎的小说之一，就其原因除了宏大的场面、曲折跌宕的故事情节之外，各英雄豪杰们的侠骨柔情也是一大看点。在《天龙八部》的诸多爱情里，有一个人的爱是那样的执着、那样惨烈，但同时也是那样的无偿和纯粹，正是我们在这里讲到的无偿之爱，那就是庄聚贤对阿紫的爱。

庄聚贤爱阿紫，愿意为阿紫做任何事，为了阿紫他不顾自己的生命安全，帮助阿紫修炼邪门武功；他只为阿紫的一场开心，只为逗乐阿紫，不怕自己的痛苦，给自己铸上了一个铁头，被阿紫耻笑为"铁丑"他也无所谓，只要阿紫开心；阿紫的眼睛瞎了，他甚至心甘情愿地将自己的眼睛挖下来给了阿紫，一切都只为阿紫着想。庄聚贤后来也糊里糊涂地做了丐帮帮主，在去少林寺参加武林大会的路上，遇见丁春秋，在"交火"过程里，他为了阿紫，甚至不顾堂堂丐帮而给丁春秋下跪，这不说是一帮之主，单对于任何一个男人来说，都是奇耻大辱，但是庄聚贤为了阿紫就可以。

然而不幸的是，这位他心心念念的阿紫姑娘，一直深爱的是自己的姐夫乔峰，竟然从来就没有爱过他。在乔峰死后，阿紫终于说出了自己的真实想法，于是阿紫从自己眼睛里抠出眼珠扔给庄聚贤，说"我还给你，我就不欠你的了"，然后阿紫毅然决然地随乔峰而去。没想到的是，当阿紫最后跳下悬崖的时候，庄聚贤也跟着跳了下去，口里还在喊着阿紫姑娘。庄聚贤不是不知道阿紫不爱他，但他对阿紫就是死心塌地，愿意为她做任何事。你不喜欢我没关系，你喜欢别人也没关系，你讨厌我甚至恨我都没有关系，只要我能让你开心，就已心满意足，这就是庄聚贤对阿紫的爱。

一项调查结果显示，大约 60% 的人都曾有过无偿之爱这种体验。男性，尤其是青春后期及成年早期的男性，这种体验要比女性多，并且男性经历的无偿之爱也比双向情感更多。在无偿之爱中，徒劳无功的人会感到自己被人抛弃，而没有追求行动的人心里则会感到内疚。

社会心理学家哈特菲尔德和沃尔斯特提出激情之爱的产生需要三种必要条件。第一，人们生活在一个充满爱情的世界里，在歌曲、神话和故事中处处都有各类恋人的形象。这些形象使人们在现实生活中也会产生与其类似的情感、感受。第二，"恰当"对象的出现。"恰当"可能意味着外表迷人的异性———一位年轻女郎，或有内涵的绅士———比如，有头脑、受过教育、有稳定职业。第三，根据沙赫特的情绪二因素理论，人们还得具备可以解释为"爱"的生理唤醒。恐惧、沮丧、愤怒或性兴奋都无关紧要，只要它可以被解释为爱。用百老汇的一句老歌来说，就是"你没生病，不过是在恋爱"。

为什么有那么多人殉情——激情之爱

在社会心理学上，激情之爱是指一种对另一个人强烈的、有时不太现实的情感反应。深陷其中的人往往将其解释为"真正的爱情"，然而在旁观者看来，这更像是"头脑发昏"。

我们常常听人说，人会坠入爱河，但从未听说过有人坠入"友河"。与一般的人际吸引、友情甚至恋情不同，激情之爱是一种强烈甚至不现实的情感投入。它经常发生在一瞬间，正如哈特菲尔德说的"像一下子被香蕉皮滑倒一样"。拥有这种情感的人往往以飞蛾扑火的炽热情感奔向对方，会使人感觉到强烈的爱的感觉。

激情之爱是无法预计的，往往在一瞬间就会产生，一切毫无预兆，并且感觉到无法控制自己，会不顾一切地去追求对方，甚至无法考虑未来会怎样。陷入这种爱情的人，感觉到对方让自己无法抵挡，甘愿为之放弃一切，他除了专注地上爱一个人之外，不再理会其他事情。这种情感如此强烈，使人过后很难想象平时竟会那么开心。我们都曾有过这样的经历，在我们小时候或上初中时，突然莫名地喜欢上了一个穿着漂亮裙子的女孩，喜欢和她接近，愿意和她玩。那个时候的我们可能根本连爱情是什么东西都不了解，但是我们却非常清楚自己的感受，自己是那么深地喜欢上了这个女孩。这种感情或许与爱情本身无关，只是当时自身产生的一种强烈的感情吸引，它剧烈而盲目，你甚至说不出喜爱的具体理由。

社会学家哈特菲尔德制定了一个激情之爱量表，用来测量这种感情的程度，其中的题目，比如有"如果离开你，我会感到很失落"，"对我来说，你是最理想的对象"。

爱上陌生人，大概你会觉得像是电影中的情节，但绝大多数人会承认有过这种经历———一见钟情。甚至在实验条件下，类似的情况也会发生。当实验者要求从来不认识的一对男女互相对视2分钟，或让他们进行自我表白，结果发现都会产生对对方的好感。而对视或握手这类行为更容易使那些相信一见钟情或"爱可征服一切"的人产生爱的感觉。总之，激情之爱混合着性吸引、生理唤醒、对身体亲昵接触的渴望以及对对方同等爱的回报的渴望等众多成分———还会伴随着对可能发生的关系破裂所产生的担忧。

一些大学生为了爱情双双殉情、某人杀死恋人后服毒殉情等关于为爱情赴死的事件频频见诸报端，他们或因为爱的对方无法得到父母的认同，或因为对方变心自己无法接受事实，还有的仅仅因为两人闹矛盾拌了几句嘴，他们就选择走向绝路。这些过激的行为都属于激情之爱的范畴，激情之爱是一种意愿性的行为，前提一：两人真心相爱，爱得越深激情越高涨；前提二：爱而不可得，苦苦的相思之情，最令人内心充满激情。司汤达说：真正的爱情属于激情之爱，直接的冲动，简单的爆发。所以为爱殉情等一些过激的行为在日常生活中是相当常见的现象。

但是激情之爱的强度太大，来势太猛，很难永久保持。激情之爱完全建立在情感之上，而不会考虑到其他一切客观的现实因素，所以更容易破碎，因为它更多是出于狂热，而非理智。

在人的青少年时期或一个人陷在爱的漩涡之中无法自拔时，都会产生这种情感体验，他们会用失去理智的头脑去维护自己对爱的理解，但这种非理智的行为往往不能收到正面的效果，这也是激情之爱给人们造成的最大负面影响之一。

人是一种情感动物，深陷爱情时往往会变得盲目和自私，但是人们也应该清楚地认识到这一点，能够时刻保持着一颗冷静的头脑去分析爱和自身所处的情境，要让自己能够穿透爱的迷雾，看清楚爱的本质，给自己一个明智的选择，而不应该让自己因为某种激烈的情感而陷入困境。

"执子之手，与子偕老"的秘诀——公利行为

"死生契阔，与子成说；执子之手，与子偕老。"这是《诗经》里描写爱情的著名诗句。意思是说，生死相依，我与你已经发过誓了；牵着你的手，就和你一起白头到老。这是一个征战在外不能归的士兵，对妻子分别时誓言的怀念，两情缱绻，海誓山盟，痛彻心扉。从此，"执子之手，与子偕老"成了生死不渝的爱情的代名词。在今天浮躁功利的时代，见过了太多"不求天长地久，但求曾经拥有"或"过把瘾就死"的速食爱情，"执子之手，与子偕老"的爱情也就成了人们心中最浪漫的事。

可人间事常难遂人愿。人们步入婚姻时，通常都带着很高的期望，他们对婚姻成功的几率看得很乐观。尽管美国有超过一半的婚姻以离婚告终，但尚未结婚和结婚10年以上的人对自己将来离婚的可能性估计都不高，分别为10％、11％。而实际上，目前的离婚率在64％左右。这不单是美国的问题，在日本，1990年到2000年之间离婚率上升了55％。

那么，夫妻之间到底发生了什么问题，使原本充满甜蜜爱意的恋情，一点点消磨变淡，甚至让彼此都对对方充满怨恨？

爱情是理想的，婚姻则是充满了世俗的现实因素的。也就是说，每一个人都需要用现实而客观的眼光来解读和看待婚姻中出现的一切问题。首先，你应该明白，没有一个爱人（包括自己）是完美的。无论对方看上去有多完美，终有一天会被发现有些缺点。例如，人们会失望地发现夫妻之间实际上的相似没有想象的

那么多。随着时间的推移，那些个性中不好的一面会变得让人无法忍受。甚至那些曾经看上去可爱、与众不同的个性也会慢慢地不再受欢迎，甚至变得令人讨厌。有社会学家在研究中指出，如果当初是被另一个人的独特所吸引的话，那么最终导致这种不欣赏的机会会很高。

有些婚姻问题具有普遍性，因为任何亲密关系中总会遵循一定的共同规律。如果只是一个人，他想做什么就可以做什么，但当两个人一起生活，他们就必须共同来决定吃什么饭、由谁来做、什么时候开饭。同样，还要决定是不是要看电视、看哪个节目，现在洗碗还是等到明天，哪里放自动调温器，现在做爱还是换个时间——这样成千上万、大大小小的决定。必须同时考虑两个人的需要，这也意味着在独立与亲密之间会存在不可避免的冲突。一个必然的结果是，98.8%的夫妻会意见不合，每月至少发生一次或更多冲突。

借助代价与收益的概念，也可以建立一个反映婚姻交往方式的概念体系。收益与代价数相比，所得数值越大，关系的质量越好。社会学家区分出了几种不同类型的代价与收益，在正负维度之外，还加上了有意和无意这一维度。此外还有一类，其代价包括主动承担困难、迎合爱人需要而委屈自己等行为，也就是公利行为——付出"代价"使爱人和关系受益。

公利行为，是指在一个关系中的奉献行为，表现出这种行为的人付出代价而有利于伙伴或关系本身。比如说，丈夫对妻子的衣着打扮表示赞许和欣赏、妻子认真听取丈夫在工作上遇到的困难和苦恼、妻子为了丈夫事业的发展而主动找了一份自己并不喜欢但却对丈夫的生意有帮助的工作等，这样的行为都是一些有积极意义的公利行为。

要经营一个美满的婚姻，除了要客观对待彼此的不相似性、意见不合以及代价和收益之外，一方的生病、出事故、失业以及情绪或生理上的疾病，甚至婚外恋等也需理智对待。婚姻成败的关键便是，有没有能力去避免所有这类困难。"嫁给我吧，我会爱你一生一世。"海誓山盟再迷人，也抵不过漫长琐碎的现实生活。

激情、阻碍，哪一个造就了爱情——罗密欧与朱丽叶效应

来自农村的高胜强是一个勤奋上进的小伙子，在大学里他成绩优秀并积极参加学校的各项活动。他和导师的女儿宇文夕慧是同班同学，一起就读于某大学新闻系，两个优秀的人在大学里产生了美丽的爱情。

尽管宇文夕慧是一个典型的都市女孩，但她一点也不嫌弃来自农村的高胜强，两个人在四年的大学生活里沉淀下了深深的感情。他们决定毕业之后，都留在北京发展，家里已经给夕慧安排好了在就读的大学做讲师，而高胜强则奔走于各个招聘会找工作。年轻人的奋斗并不是那么容易的。他们两个在为自己将来的小日子幸福地奔忙着，虽然辛苦，但只要心里幸福，一切都是甘愿的。

但天公不作美，夕慧的父母给夕慧找了一个家庭条件也特别好的"海龟"，从法国留学回来，在银行工作。父母亲友都劝夕慧早点"弃暗投明"，都劝她要实际一点，不能跟着一个农民的儿子过苦日子。父母暗暗地以聚餐为名，安排夕慧去相亲，还让夕慧和"海龟"看电影等等，都被夕慧拒绝。两个人的爱情因为遭到阻碍，而更加紧紧地坚定了彼此在一起的心，这让他们觉得他们的幸福来之不易。高胜强在一家报社做起了记者，父母的百般阻挠并没有使他们两个分开。

夕慧的父母看着女儿这样死心塌地地跟着高胜强，自己心里也不知道是对是错，二老不明白，女儿为什么就看上了这个一穷二白的穷小子？

在回答这个问题之前，我们先来看看英国著名作家莎士比亚的《罗密欧与朱丽叶》的故事。《罗密欧与朱丽叶》是莎士比亚的经典名剧，讲述了罗密欧与朱丽叶两个年轻人相爱，但由于双方家族的世仇，他们的爱情遭到了双方家庭的极力阻挠，但他们却置双方父母的反对于不顾，将爱情进行到底，最终阴差阳错双双殉情。这样的荡气回肠的爱情很容易引起众人的共鸣。

但到底是激烈的爱情让人们产生了一种与重重阻碍做抵抗的能力呢，还是巨大的障碍及强烈的反对声造就了爱情？

一直以来，人们都对爱情的神圣力量深信不疑，相信爱情可以使人们迸发出无穷的力量，与一切困难和阻碍作斗争。然而社会学家却得出了完全相反的意见，社会学家认为罗密欧与朱丽叶激烈的爱情不是因为跨越了巨大的障碍，而是因为有巨大障碍的存在，所以造就了他们伟大的爱情。如果没有双方家族的强烈反对和亲友的重重阻挠，他们的爱情并不会那么炽热坚决，更不会如此荡气回肠。由此，社会心理学家把巨大障碍成就的激烈爱情称为"罗密欧与朱丽叶效应"。它是恋爱逆反心理的一种表现形式。所谓"罗密欧与朱丽叶效应"，就是当出现干扰恋爱双方爱情关系的外在力量时，恋爱双方的情感反而会加强，恋爱关系也因此更加牢固。

著名社会心理学家德斯考尔等人在对爱情进行科学研究时发现，在一定范围内，父母或长辈越干涉儿女的感情，这对青年人之间的爱情就会变得越深。就是说如果出现干扰恋爱双方爱情关系的外在力量，恋爱双方的情感反而会更强烈，双方的恋爱关系也会变得更加牢固。

在心理学中，逆反心理指的是一种比较稳定的，对客观事物表现与一般人对立或相反的情绪体验或行为倾向。也就是说，作用于个体的同类事物，超过了个体感官接受的界限，使个体感官饱和后产生一种相反的感知与体验，产生了一种与常态性质相反的逆向反应。爱情的逆反心理就是这种心理状态在爱情生活中的反映。

在现实生活中，爱情的逆反心理有多种表现类型，如有的恋人，为了使恋爱及早成功，一方过早地、不适当地做出过于亲昵的行动，被对方认为是轻薄之举，结果欲速则不达，反而使爱情告吹；又如有的女性，对苦苦追求自己的小伙子爱答不理，相反却倾心于冷落自己的男性，认为这样的男性才有个性，百般去讨好并不爱她的人。还有，正在恋爱中的男女，如果一方突然疏远了对方，对方反而表现得更加热情主动；如果一方狂热地追求对方，对方往往不是热情相对，而会目中无人，漠然对之；两个恋人之间不时闹点小矛盾，争吵几句，事后，双方关系反而会更加融洽。

那么，产生逆反心理的原因都有哪些呢？

1. 好奇心

人天生都有好奇心，对于自己不了解的东西，总会产生浓厚的兴趣。如果一个人或者是一件事，旁人不能说清楚为什么它好或是不好，更没有分析它的利害关系，只简单地告诉你不要去接触这个人或这件事，想这往往会使人产生猜测，好奇心就会使他更加关注此人或此事，想弄清楚来龙去脉。

同样的，当周围的人都对一个人表现出热情和关注时，而唯独你不感兴趣，则这个人反而会对你产生兴趣，他会怀疑你是不是在某些方面和其他人不一样，想要探个究竟，因为你使他产生了逆反心理。

2. 自尊心

一些较有个性的女性朋友，在恋爱时受到男朋友的冷落，或者受到父母、亲人、朋友的阻碍后，往往感到自尊心受到了伤害。这时，她们不会去想自己的选择对不对，反而使她们的那种"越得不到的越想得到"的逆反心理越来越强烈。恋爱中的人，都想自己的恋情得到别人的肯定，如果得到的是别人的否定，就深深刺伤了她们的自尊心，很容易产生对立的情绪，为了表示不满，表示反抗，她们往

往会做出一些让人后悔莫及的事情。某报纸上就曾登过，一个女孩因为父母反对她与男朋友的恋情，为了表示反抗，在一个晚上从6楼跳下来，导致当场死亡。

3.心理发展的必然

恋爱过程中，达到双方心理相容，即两人在价值观、人生观、志趣与感情等方面观点一致，就具备了恋爱成功的心理要素。如果感情没有达到那种亲密的程度，也就是未达到心理相容的程度，而表现出过分地亲昵，或对对方发号施令，都可能引起对方的反感，不利于感情的培养。相反有可能使对方形成一种逆反心理，恋爱遭到失败。如果已达到心理相容的程度，则恋爱更易成功，因为任何外界阻力干扰都会成为推动力。

心理学家发现，对于越难获得的事物，在人们的心目中地位越重要，价值也会越高。学者们尝试以阻抗理论来解释这种现象，他们指出当人们的自由受到限制时，会产生不愉快的感觉，而从事被禁止的行为反而可以消除这种不悦。所以才会发生当别人命令我们不得做什么事时，我们却会反其道而行的现象。"罗密欧与朱丽叶效应"的表现症状是，外界阻挠越大，越要爱得"荡气回肠"，在旁观者的眼中两人的爱是"轰轰烈烈"的，所以，一定要理性对待这种现象，如果孩子早恋，一定要警惕"罗密欧与朱丽叶"效应。

孩子进入青春期后，男女生之间交往挺正常，接近是很正常的事，有利于青春期性冲动的合理释放，也有助于孩子的身心健康和人格发展。这时，如果老师和家长简单粗暴地禁止、惩罚，只会使事态走向反面。大人越反对，他们联系越紧密。如果方家长不强烈反对，说不定"罗密欧"和"朱丽叶"早分手了。相反，这些陷于"青春恋情"却又不知真正爱情为何物的孩子，会因为外界给他们的压力而变得更加团结，想方设法把联系转入地下，让家长、老师防不胜防，甚至造成大患。所以，家长和老师们也要对这一有较深刻的认识。

第三节 亚当和夏娃的对话——两性沟通

女人的唠叨是一剂慢性毒药——两性迥异的谈话方式

有些女人结婚后便认为：只要自己看紧一点，只要自己不厌其烦地对丈夫说，就能够管住丈夫，使他不至于背叛自己，并且听自己的话。其实这种想法是非常愚蠢的。

很多年以前，法国的拿破仑三世，也就是拿破仑的侄子，爱上了全世界最漂亮的女人欧仁尼，并且和她结了婚。拿破仑三世和他的新婚妻子拥有财富、健康、权力、名声、美丽、爱情、尊敬——所有都符合十全十美的罗曼史的条件。从来就没有婚姻之圣火会燃烧得那么热烈。但不幸的是，这堆火很快就变得摇曳不定，热度也很快就冷却了——只留下了余烬。拿破仑三世能够使欧仁尼成为一位皇后，但无论是他爱的力量也好，他帝王的权力也好，都无法使这位法兰西妇人中止她的唠叨。因为她中了忌妒的蛊惑，竟然藐视他的命令，以至不给他一点私人的时间。当他处理国家大事的时候，她竟然冲入他的办公室里；当他讨论最重要的事情时，她也干扰不休。她不让他独自一个人待着，总是担心他会跟其他的女人亲热。她还经常跑到她姐姐那里数落她丈夫的不好，又说又哭，又唠叨又威胁。她会不顾一切地冲进他的书房，不住地大声辱骂他。拿破仑三世即使身为法国皇帝，拥有十几处华丽的皇宫，却找不到一处不受干扰的地方。

欧仁尼这么做，可以得到些什么呢？答案如下：我们可以引用莱哈特的巨著《拿破仑三世与欧仁尼：一个帝国的悲喜剧》里的一段话来证明："于是拿破仑三世经常在夜间，从一处小侧门溜出去，用头上的软帽盖着眼睛，在他的一位亲信陪同之下，真的去找一位等待着他的漂亮女人，再不然就出去欣赏巴黎这个古城，在神仙故事中的皇帝所不常到的街道上溜达溜达，呼吸着原本应该拥有自由的空气。"

这就是欧仁尼唠叨所获得的结果。不错，她是坐在法国皇后的宝座上；不错，她是世界上最漂亮的女人，但在唠叨的毒害之下，她的尊贵和美丽并不能保持住爱情。欧仁尼只能够提高她的声音，哭叫着说："我所最怕的事情，终于降临在我的身上。"降临在她的身上？其实是她自找的。这位可怜的女人，一切都是由于她的忌妒和唠叨。

在地狱中，魔鬼为了破坏爱情而发明的肯定会成功且恶毒的办法中，唠叨算是最厉害的了。它总是不会失败，就像眼镜蛇咬人一样，总是具有破坏性，总是置人于死地。

据说，林肯一生最大的悲剧，也是他的婚姻，而不是他的被刺杀。他结婚23年来的每一天，他的妻子就没停止过抱怨，她老是批评她的丈夫，他的所有，从来就没有对的。他老佝偻着肩膀，走路的样子也很怪。他提起脚步，直上直下的，像一个印第安人。她抱怨他走路没有弹性，姿态不够优雅。她模仿他走路以取笑他，并唠叨着他，要他走路时脚尖先落地，就像她所学来的那样。他的两只大耳朵，成直角地长在他的头上的样子，她不喜欢。她甚至还告诉他，说他鼻子不直、嘴唇太突出，看起来像痨病鬼，手和脚太大，而头又太小。

亚伯拉罕·林肯和他的妻子玛利·陶德，在各方面都是相反的，教育、背景、脾气、爱好以及想法，都是相反的。他们常常使对方不快。再举一个例子来说，林肯夫妇刚结婚之后，跟杰可比·欧莉夫人住在一处——欧莉夫人是一位医生的遗孀，环境使她必须分租房子和提供膳食。

一天早晨，林肯夫妇正在吃早饭，林肯做了某件事情，引起了他太太的暴躁脾气。究竟何事，如今已经没有人记得了。但是林肯夫人在盛怒之下，把一杯热咖啡泼在她丈夫的脸上。当时还有许多其他房客在场。当欧莉夫人进来，用湿毛巾替他擦脸和衣服的时候，林肯羞愧地静坐在那里，不发一言。

林肯夫人的忌妒，是那么的愚蠢、凶暴和令人不能相信，只要读到那些描述她在大众场合所弄出来的可悲而又有失风度的场面的文字，无论在多少年以后，都叫人惊讶不已。她最后终于发疯了。

对她最客气的说法，也许是说，她之所以脾气暴躁，或许是受了她初期精神病的影响。如此的唠叨、咒骂、发脾气，是否就改变了林肯呢？在某方面说，的确使林肯有所改变。确实改变了他对她的态度，确实使他深悔他不幸的婚姻，以及使他尽量避免和她在一起。当时他们居住的春田镇的律师一共有 11 位之多，林肯也是其中一位。在这么小的镇上，这么多的律师要赚取生活费并不容易。于是，当法官大卫·戴维斯到各个地方开庭的时候，他们就骑着马跟着他，从一个郡到另一个郡。如此，他们才能在第八司法区所属各郡郡政府所在的各镇弄到一些业务。每个星期六，其他的律师都想办法回到春田镇，和家人共度周末。但是林肯并不回春田镇——他害怕回家。春天 3 个月，然后秋天再 3 个月，他都随着巡回法庭留在外面，而不走近春田镇。

他每年都是如此。乡下旅馆的情况经常很恶劣，但尽管恶劣，他也宁愿留在旅馆，而不要回到自己家里去听他太太的唠叨和受她的气。

这些都是林肯夫人、欧仁尼皇后唠叨所获得的结果。她们带给她们生活的只有悲剧。她们毁坏了一切她们所最珍贵的所有。或许如《泰晤士邮报》所说的："许多太太们自己在不停地慢慢挖掘婚姻的坟墓。"

女人和男人的谈话方式是完全不同的，你往往会看见一个唠叨的女人和一个缄默的男人。那么，女人总是喋喋不休的印象是如何形成的呢？德波拉·坦南做了许多关于男人与女人交流方式差别的研究，他提供了一个答案。戴尔·斯潘德（《人类语言》的作者）认为许多人本能地认为，女性与小孩一样应该是用来看而不是用来听的，所以她们所说的话就显得太多了。许多研究表明，如果女人们在一个群体中说得和男人们一样多，人们就会认为她们说多了。斯潘德的观点有一定的真实性。男人认为女人说得多的另一种解释是因为女人总是在男人不说话的场合说话：电话里、在和朋友聚会的社交场合，她们不讨论那些男人们认为有趣的话题；像在群体中或独自在家的夫妇——换句话说，就是在私人谈话的场合中。典型的美国家庭的现象就是一个缄默的男人和一个唠叨的女人，这种模式的家来源于我们所描述的不同的目标和习惯，这就是为什么女人们总抱怨男人"他不和我说话"——然后就是"他不听我说话"的原因。

当出了一些问题，人们就去找理由抱怨：要么抱怨他们要交往的这个人，"你总是提要求，固执，自以为是"；要么抱怨这个人所属的同一群体（所有的女人都爱提要求，所有的男人都自以为是）。一些宽宏大量的人则是抱怨一种关系（我们只是不能交流）。但实际上，这种指责过度地使用，许多人就认为他们有了什么问题。

如果某个人或某种关系确实值得谴责，就不会出现这么多不同的人遇到相同的问题的情况了。真正的问题是谈话的方式。男人和女人的谈话方式不同，如果在谈话方式上出了问题，即使愿望再美好，想通过对话的方式来解决，都只能使问题更糟糕。

两极对话——男女不同的思维方式

生活中，人们常常发现这样的现象：男人喜欢独占电视遥控器不断变换频道，而女人不介意观看哪个频道；压力之下，男人喝酒、做糊涂事，而女人则吃巧克力或逛商店。女人批评男人不敏感、不体贴，不爱说话，很少表达爱意；而男人批评女人不会看路标，废话连篇。男人认为男人是最理智的，而女人认为女人才是。

为什么男人与女人的思维方式如此不同？澳大利亚研究身体语言和行为学的专家皮斯夫妇在经过大量的研究和调查后认为，男女头脑的差异决定了男女之间的行为能力、生活方式和两性交往等方面的差异。

1. 为什么女人爱聊天，男人会"自言自语"

男性的大脑是高度区域化的，按区域来分类和储存信息。在度过忙碌的一天后，男性的大脑信息会分类存档。而女性的大脑并不以这种方式存储信息，所有问题不停地在女人大脑中涌现。女人在被要求解决问题时常说："把它交给我吧"或"我会考虑解决的"。而男人会毫无表情、默默地考虑问题，只有当他找到答案，他才会高兴地表示。男人在大脑中"说话"，因为这不需要口头表达能力，而女人用口头表达能力来沟通。当一个男人遥望天空发呆时，大脑扫描显示他正在大脑中"自言自语"。女人看到会以为男人不开心，就会尽力和他说话，给他找些事做；而男人常常因为思路被打断而生气。

男人和男人相处时，他们能长时间坐在一起仅有只言片语而不觉得别扭。如果男人安静地与女人坐在一起，女人们会认为他沉闷乏味，或者不愿加入她们。如果男人想和女人相安无事，他们就不得不说得多些。

2. 处于压力之下时男人和女人会有什么行为差异

有这样的说法，心情焦躁的男人会喝酒并去侵犯他人；心情焦躁的女人会吃巧克力并去抢购东西。当男人和女人同时处于压力中时，就可能像一个情感雷区，谁都想控制对方。男人可怕的沉默让女人感到害怕，女人开始大叫，男人就不知如何是好。为了让他感到好受点，女人试着去鼓动他说他的问题，但这可能是最坏的事，他会告诉她滚开，让他自己一个人待着。

3. 男人和女人为什么会分手

一个男人的生物冲动是向一个女人提供她需要的东西来证明他的成功。让女人欣赏他的努力，如果她满意，他就感到满足；而如果她不觉得幸福，他就会感到失败，认为那是因为他不能向女人提供足够的东西。男人常说"我从来没有让她感到幸福"，这是一个充足的理由。

4. 为什么情绪化中的女人难对付

当一个女人难过或是很情绪化时，她可能挥舞手臂乱哭乱叫，不停地用富有感情的形容词讲述自己的感受。她需要被照顾、关心，有人倾听。但男人只会按照自己的思维打断她，认为她需要的是："把我的问题解决了吧。"所以，男人不去安抚，而向她提供建议。对于女人来说，情绪化的表现是一种交流方式，她可以很快恢复并忘记，但男人却感到对她的问题有责任找到解决办法，否则，就会认为自己很失败。这就是为什么当一个女人情绪化时，男人会感到难受或生气，要她不要哭的原因，男人害怕女人一哭就没完没了。

5. 为什么男人隐藏他们的感情

男人具有勇敢和不示弱的遗传基因，所以女人都会问："为什么不说说他们的感受？"当他生气和不高兴时，他会把自己逼入绝境或离群独思。

男人天性多疑、爱竞争、自控、有防范意识，是隐藏自己感情的孤独者。对于男人，变得情绪化会被认为失去控制。社会环境强化男人的行为，教他们应"像一个男人"、"不能哭"；而女人的大脑已预先形成了应更开放、诚实、合作、更有牺牲精神、善于表现感情的机制，知道不必总是控制自己的感情。那就是为什么当男人和女人同时遇到问题，彼此都对对方的反应感到迷惑不解的原因。

6. 为什么男人讨厌被劝告

一个男人需要感觉到他有能力解决他自己的问题，如果他去麻烦好朋友，除非他认为别人有更好的解决方法。

当一个女人试着让一个男人讲他的感觉和问题时，他会坚持把这看作是对他的批评，认为他没有能力，而实际上，她是要帮他感觉更好些。对于一个女人来说，提供劝告和建议是使相互间更信任，而不是认为男人不行。

7. 女人爱听"我爱你"，为什么男人不肯说

说"我爱你"对女人来说不困难，女人的大脑思维结构使她的世界充满感觉、情感、交流和语言。女人凭她的感觉知道，她是处于依恋阶段还是坠入爱河；而一个男人不能完全确定什么是爱情，可能分不清欲望、迷恋和爱，他所知道的只是不能放弃这个女孩……也许这就是他想象的爱情。在这种关系维持几年后，男人才认识到自己是否在恋爱。而女人知道爱情是否存在，所以大多数关系是由女人结束的。

许多男人是恐惧承诺者，但当一个男人最终跨过那条线对她说"爱"时，他甚至想在每个地方告诉每一个人。

"剩女"是如何产生的——自惑心理

"剩女"，是最近比较流行的一个新名词，是指现代都市中，那些具有高学历、高收入、高智商、长相也无可挑剔，却因她们择偶要求比较高，导致在婚姻上得不到理想归宿的大龄女青年。

剩女一般都拥有稳定的收入、体面的工作，生活环境舒适幽雅，却在爱情上迟迟停留不下来。"剩女"一族被社会称为"单身派"，也称为"3S女人"：Single（单身）、Seventies（大多数生于20世纪70年代）、Stuck（被卡住了）——单身，这些人一般具有高学历和高收入，条件优越。比她们年纪大的女人，孩子

都上小学了，比她们年纪小的也在挑三拣四之后喜气洋洋地嫁人了；比她们聪明的没她们漂亮，比她们漂亮的没她们聪明——可偏偏被剩下的就是她们。

2009年，据相关数据显示，北京"剩女"已突破了50万，而这仅仅是保守数据。《海峡时报》一篇文章称北京"剩女"的数量已达80万，创世界之最。那么这么多的"剩女"是如何产生的呢？

有的人说，"剩女"是被男人制造出来的。因为她们独立、有工作、有房子、有车子，普通的男人没有这样的自信找一个这样的女朋友；至于优秀的男人，一方面他们更追求事业、追逐名牌，他们在婚姻方面更不着急；即使愿意早些回归家庭的优秀男人又往往不甘心在她们背后默默付出，要做好她们背后的男人压力太大。事实上，出类拔萃的男人们都宁愿选择一个比她们更加年轻、漂亮和相对温柔的女人。所以有的人说，"剩女"不是被男人制造，而是"自造"。

"剩女"们执着地寻找心目中的"白马王子"，而不愿意随随便便把自己"凑合"给一个普通人，她们都信奉"把握你可以把握的，而对你无法把握的，不强求、不忧心如焚"。她们一边等待自己的白马王子的出现，一边悠然自得地享受着自己的"单身"生活。

而心理学专家则把"剩女"的产生归因于"自惑"心理。所谓"自惑"，也就是心理上的自我困惑，自我干扰。自身产生的心理障碍，会形成一种阻力。当然，谁也不会有意识和自己过不去，但由于有了自惑心理，就常常不自觉地干出蠢事，造成爱情上的失败。

恋爱中的自惑心理有多种表现：

（1）择偶标准方面的心理障碍。

"剩女"们一般都有自己的事业，自视很好，总认为自己很优秀，因此择偶眼光也很高，对男方的长相、才华、学历、人品、经济、地域等各方面都很挑剔，结果择偶范围狭窄。

（2）"谈的对象越多，成功的希望越少"——在多值对应下的对比效应干扰。

这里的"多值对应"，是指一个人多次谈恋爱。谈的次数越多，其成功的希望似乎越少，这是为什么呢？也是由于自惑心理在作祟。"剩女"一般都有多次恋爱的经历，恋爱的次数越多，两人恋爱的成功率也就越来越低了。原因何在呢？因为一次次的恋爱不再像以往那么真诚、纯粹，因为单纯地被对方所吸引而愿意和对方厮守一生了。相反，在多次恋爱之后，恋爱的心态也变得复杂了起来。她们每谈一次恋爱，都会拿现在这个人与之前的人做全方位的权衡比较，由于恋爱经验的增多，她们择偶的要求也就更高、更实际，因此恋爱成功的几率也变得很小。其实，"剩女"们择偶就像猴子掰棒子，在成为"剩女"们之前，常常有很多人追求，但她们始终觉得将来还会有更好的再等着她，因此，对身边对自己穷追不舍的人通通看不上，最终，在一次次相亲和恋爱之后沦为了"剩女"。

（3）女权主义意识甚强，特别重视自己的感受，越来越个性化，越来越自我。相处中，男方一旦有与自己观念不同的地方，她们便立即产生反感情绪。

（4）很多人可能会因为一次刻骨铭心的恋爱所伤，从此固执地认为，她此生不会再有真正的爱了，于是，便有一种自残的心理。

（5）在外力作用下形成的自惑心理。女权主义思想、自视过高、心灵的伤害等使几乎所有的"剩女"都有了不同程度的心理障碍。她们生怕找不到比周围女性朋友的丈夫更优秀的男人，遭人笑话。

爱情中的自惑心理对"剩女"们的恋爱、婚姻产生了极大的负面影响。她们感情上空虚且喜欢顾影自怜，自视甚高而孤芳自赏，给自己的心理造成了一定程度的阻碍。"剩女"们应该正视自己、面对现实，要知道婚姻不是做给别人看的，只有自己才知道怎么回事。真爱是用任何东西都换不来的。

为什么"情人眼里出西施"——晕轮效应

晕轮效应，又称"光环效应"，属于心理学范畴。晕轮效应指人们对他人的认知判断首先是根据个人的好恶得出的，然后再从这个判断推论出认知对象的其他品质的现象。如果认知对象被标明是"好"的，他就会被"好"的光圈笼罩着，并被赋予一切好的品质；如果认知对象被标明是"坏"的，他就会被"坏"的光圈笼罩着，他所有的品质都会被认为是坏的。这种强烈知觉的品质或特点，就像月亮形成的光环一样，向周围弥漫、扩散，从而掩盖了其他品质或特点，所以就形象地称之为光环效应。

晕轮效应最早是由美国著名心理学家爱德华·桑戴克于20世纪20年代提出的。他认为，人们对人的认知和判断往往只从局部出发，扩散而得出整体印象，也即常常以偏概全。一个人如果被标明是好的，他就会被一种积极肯定的光环笼罩，并被赋予一切都好的品质；如果一个人被标明是坏的，他就被一种消极否定的光环所笼罩，并被认为具有各种坏品质。这就好像刮风天气前夜月亮周围出现的圆环（月晕），其实呢，圆环不过是月亮光的扩大化而已。

据此，桑戴克为这一心理现象起了一个恰如其分的名称"晕轮效应"，也称作"光环效应"。

心理学家戴恩做过一个这样的实验。他让被试者看一些照片，照片上的人有的很有魅力，有的无魅力，有的中等。然后让被试者在与魅力无关的特点方面评定这些人。结果表明，被试者对有魅力的人比对无魅力的人赋予更多理想的人格特征，如和蔼、沉着、好交际等。

一般来说，热恋中的男女，在很大程度上往往会因为对方的某一外在原因，把对方视为自己心目中的完美恋人，"情人眼里出西施"讲的就是这么一种感觉。这种审美错觉在客观上好像是失真的，但是在主观上却是真实的一种心理体验。

在19世纪40年代初，英国有一个著名女诗人，名叫伊丽莎白·芭蕾特。她原来是个百病缠身的人，而且已经年近40，却还独守闺中。但她却写得一手好诗，拥有众多的诗迷。其中一个叫勃朗宁的诗迷比她小6岁，向芭蕾特求爱。但她鉴于自己的身体状况，觉得两人并不合适，坚决地拒绝了他。但勃朗宁坚持不懈，终于打动了她那颗已关闭许久的心。两人第一次见面的时候，勃朗宁拉着芭蕾特的手说："你真美，比我想象的美得多。"爱的魔力是无穷的，一段时间之后，芭蕾特的身体竟然奇迹般地有了很大的好转。在众人看来，芭蕾特相貌平平，而且身体还不健康，何美之有？可勃朗宁却在她的诗里发现了她的内在美，由内向外扩散，芭蕾特成了他眼里最美丽、可爱的女人。

然而，我们也要辩证地去看待"情人眼里出西施"这一种心理活动，切不可盲目地对它加以推崇。因为，对于缺乏理性和理智的人来说，一味沉浸在"情人眼里出西施"的心态中，头脑狂热发昏，就有可能播下苦涩的种子。尤其是处于初恋中的青少年，由于心理发育还不够成熟，常常不能冷静、客观地审视对方，见其优点而不见其缺点，甚至把缺点也看成了优点。例如，有位女子爱上了一个颇为英俊潇洒的男子，在她的心目中他的英俊潇洒遮住了其他一切。当他有些粗鲁时，她却认为是豪爽；他不讲卫生，她却认为是不拘小节；他欺软怕硬，她却认为这是能屈能伸；甚至他和别的女人眉来眼去，她还认为这是他有魅力的表现……直到最后她吃了大亏，才后悔莫及。

从心理学的角度看，晕轮效应的形成原因，与我们知觉特征之一——整体性有关。我们在知觉客观事物时，并不是对知觉对象的个别属性或部分孤立地进行感知的，而总是倾向于把具有不同属性、不同部分的对象知觉为一个统一的整体，这是因为知觉对象的各种属性和部分是有机地联系成一个复合刺激物的。譬如，我们闭着眼睛，只闻到苹果的气味，或只摸到苹果的形状，我们头脑中就形成了有关苹果的完整印象，因为经验为我们弥补了苹果的其他特征，如颜色（绿中透红）、滋味（甜的）、触摸感（光滑的），等等。由于知觉整体性作用，我们知觉客观事物就能迅速而明了，"窥一斑而见全豹"，用不着逐一地知觉每个个别属性了。

对人知觉时的晕轮效应，还在于内隐人格理论的作用。人的有些品质之间是有其内在联系的。比如，热情的人往往对人比较亲切友好，富于幽默感，肯帮助别人，容易相处；而冷漠的人较为孤独、古板，不愿求人，比较难相处。这样，对某人只要有了"热情"或"冷漠"的一个核心特征，我们就会自然而然地去补足其他有关联的特征。另外，就人的性格结构而言，各种性格特征在每个具体的人身上总是相互联系、相互制约的。例如，具有勇敢正直、不畏强暴性格特征的人，往往还表现在处世待人上襟怀坦白、敢作敢为，在外表上端庄大方、恳切自然。而一个具有自私自利、欺软怕硬性格特征的人，则会在其他方面表现出虚伪阴险、心口不一，或阿谀奉承，或骄横跋扈。这些特征也会在举止表情上反映出来。于是，人们既可从外表知觉内心，又可从内在性格特征泛化到对外表的评价上。这样就产生了晕轮效应。

晕轮效应的最大弊端就在于以偏概全。其特征具体表现在这样 3 个方面：

一是遮掩性。有时我们抓住的事物的个别特征并不反映事物的本质，可我们却仍习惯予以个别推及一般、由部分推及整体，势必牵强附会地误推出其他特征。随意抓住某个或好或坏的特征就断言这个人或是完美无形，或是一无是处，都犯了片面性的错误。青年恋爱中的"一见钟情"就是由于对象的某一方面符合自己的审美观，往往对其思想、情操、性格诸方面存在的不相配处都视而不见，觉得对象是"带有光环的天仙"，样样都尽如人意。同样，在日常生活中，由于对一个人印象欠佳而忽视其优点的事，举不胜举。

二是表面性。晕轮效应往往产生于自己对某个人的了解还不深入，也就是还处于感、知觉的阶段，因而容易受感觉的表面性、局部性和知觉的选择性的影响，从而对于某人的认识仅仅专注于一些外在特征上。有些个性品质或外貌特征之间并无内在联系，可我们却容易把它们联系在一起，断言有这种特征就必有另一特征，也会以外在形式掩盖内部实质。如外貌堂堂正正，未必正人君子；看上去笑容满面，未必面和心慈。简单把这些不同品质联系起来，得出的整体印象必然是表面的。

三是弥散性。对一个人的整体态度，还会连带影响到跟这个人的具体特征有关的事物上。成语中的"爱屋及乌"、"厌恶和尚，恨及袈裟"就是晕轮效应弥散的体现。《韩非子·说难篇》中讲过一个故事。卫灵公非常宠幸弄臣弥子瑕。有一次弥子瑕的母亲病了，他得知后就连夜偷乘卫灵公的车子赶回家去。按照卫国的法律，偷乘国君的车子是要处以刖刑（把脚砍掉）的，但卫灵公却夸奖弥子瑕孝顺母亲。又有一次，弥子瑕与卫灵公同游桃园，他摘了个桃子吃，觉得很甜，就把咬过的桃子献给卫灵公尝，卫灵公又夸他爱君之心。后来，弥子瑕年老色衰，不受宠幸了。卫灵公由不喜爱他的外貌而不喜爱他的其他品质了，甚至以前被他夸奖过的两件事，现在也成了弥子瑕的"欺君之罪"。

那么，我们如何正确认识和避免发生恋爱中的晕轮效应呢？

1.保持理智

人们常说"恋爱中的人智商为零"，这句话不是没有道理的。因为在热恋中的人，感情占主导地位，在认识对方上会存在很大的偏差，一般只能看到对方好的一面，而自动忽略对方不好的方面。

2.听取家人和朋友的建议

所谓"不识庐山真面目，只缘身在此山中"就是这个道理，恋爱中的人往往会是"当局者迷"，而自己的亲戚朋友是对自己最好的人，同时他们也是保持清醒的人，他们会给出一些相对比较中肯的建议。

3.树立正确的人生观和价值观。

人的人生观、价值观是产生审美错觉的内在原因。心理学中的刻板印象说明，人们很容易将美和真、善联系在一起。美丽的外貌容易引起人们对真、善的联想，从而对人产生好感，这是一种自然的心理反应。如果一个人拥有真、善的内在本质，人们也会认为他是美的，这是正常的心理效应。但无论对真、善的理解还是对美的欣赏，都离不开正确的人生观、价值观的引导。只有建立了正确的人生观、价值观，在评价一个人时才能达到真、善、美的统一，才能既关注内在美，又不忘外在美。

人为什么对初恋念念不忘——恋旧心理

唐朝著名诗人元稹有一首诗《离思》——"曾经沧海难为水，除却巫山不是云。取次花丛懒回顾，半缘修道半缘君"是人们经久传唱的经典爱情诗。前两句话的意思：经历过无比深广的沧海的人，别处的水再难以吸引他；除了云蒸霞蔚的巫山之云，别处的云都黯然失色。原诗以沧海之水和巫山之云隐喻爱情之深广笃厚，见过大海、巫山，别处的水和云就难以看上眼了，除了诗人所念、钟爱的女子（诗人的妻子），再也没有能使他动情的女子了。从此，"曾经沧海难为水，除却巫山不是云"也就成为了对爱人忠贞和永恒怀恋的一种表示，后人引用这两句诗，多喻指对爱情的忠诚，说明非伊莫属、爱不另与。

小佳与相恋6年的男友分手了，开始的时候小佳痛不欲生，她觉得她失去了一生中她最爱的人，再也不会有一个人能如此深刻地进入自己的心。在经过一段时间的调整之后，小佳告别了眼泪，收敛了内心的痛苦，走向了坚强。

小佳放开心扉，准备再全身心投入下一次的恋爱……新的恋情开始了，小佳努力地重新去了解，去发现自己眼前这个人，去一点点地磨合……小佳用心地去尝试与他相处、沟通。相处久了，小佳很明显地能感觉到，自己的内心不知不觉地拿现在的男友与以前分手的男友相比较。

小佳知道人没有十全十美的，人与人也是不同的，每个人都各有各的优点，可是当某件事发生以后，对现在的男友所作出的行为举动，她会下意识地拿以前的男友所作出的结果去对照，有的时候，小佳会感觉到还是以前的男友好，他会让自己更开心，更有亲近感；而现在的男友，很内向，很老实，与他的相处，不知不觉会让她感觉到陌生，有距离感。本来觉得自己已经走出以前阴影的小佳，总是时不时地会产生这样的对比，那么以前那些美好的回忆又会历历在目了。

小佳曾说："不是我不想忘，真的不是……感觉自己的灵魂被他抽走了似的，对他的念念不忘是无能为力的。"小佳的朋友知道她的这种情况后，狠狠地训了她。印象最深的两句就是："也许太多的回忆给了你太多的对比"；"前方是绝路，希望在转角……"她承认朋友的话对她的影响很大，但是她又很迷惑了。"其实我真的走出了以前那段恋情的阴影，要不然，我也不会再去认识新的朋友，可是既然走出了，为什么潜意识里还会出现与往事的比较呢？我不知道是不是每个人都会有这种情况，都会拿以往与现在相对照吗？真的感到很茫然……"

有相同经历的恐怕不止小佳一人，这种困惑也是许多人的困惑。这就是恋爱中的恋旧心理，有的人在讨论婚恋心理时，曾经出过这样一个测验题：考古学者与记者之间，你会选择哪一位做恋人？考古学者恋旧，能带来安全感和稳定性；记者追逐新闻，能使爱情时刻保持新鲜感。

青年人恋爱中的恋旧心理，是一种消极的心理反应，它会对青年人造成一种严重的障碍，使他们不能实事求是地选择对象。许多大龄未婚青年的年龄越来越大，而仍旧单身，原因就在于恋旧心理的干扰，错过了一次又一次的择偶良机，影响了幸福生活。

所以，恋旧心理造成的危害是很大的，应当设法加以避免或克服。

首先，要把自己挑选恋人的条件清晰化、明确化，这是克服恋旧心理的前提条件。因为含含糊糊的条件，会使人自觉或不自觉地产生动摇，难下决心。而在制订条件的时候，首先要认准条件的主次。对一个人来说，价值观、道德、人品、能力等内在事物，应是主要的，而家庭背景、职位、长相、身材等外在事物，应是次要的。

其次，应当认识到条件是不断变化的。比如说，对方虽然暂时在经济上有些困难，但如果他有进取心，且能吃苦，将来仍可致富。所以，在确定择偶条件时要抓住主要的、根本的东西。

再次，既要防止横向与别人的对象比，又要防止纵向同自己过去相遇过的对象比，以免增加恋爱上的新的困难。这一点非常重要，应当从选择对象之初就预防这一点，争取尽快选中自己理想的恋人。大男大女，如果以往的恋爱经历印记太深，已产生了恋旧心理，应及早调整择偶的条件，早日促成丘比特之箭的降临。否则，经过多次恋爱以后，不管是男方没看中女方，还是女方看不起男方，心理状态都会复杂起来。人总有长处，也有短处，十全十美的人在生活中是绝难找到的。

最后，不要过多地回顾。老是沉浸在对以往的回忆中，会使你迈不开脚步和鼓不起勇气去寻觅新的幸福。失去的东西不会回来，你可以感慨"有些人，一旦错过就不再"，但这不能阻碍你向前看的目光。有的女性由于恋爱受挫，留下了心灵的创伤，于是对男性产生不信任感，使青春在伤感和惆怅中默默消逝。其实这大可不必，谁能说纯真的恋情对于人来说只有一次？回顾是难免的，但不能以此当成一成不变的"标准"，那样会造成"曾经沧海难为水，除却巫山不是云"的无穷哀叹。

当自己感到暂时难以摆脱失恋的痛苦或以往的恋人时，最好从情人身旁"逃跑"。这是由于你心爱的人生活在你的周围，朝夕相处，未免产生怀旧心情。也可以多参加各种活动，不必局限于自己所在的那个圈子里，接触的范围广了，心境自然也放开了。

事实上大多数青年男女都会为以往的恋情保留一份美好的回忆，每个人都有属于自己的隐私和个人的情感空间，而且大多数人一般都能把握好分寸。由于人们存在着一种普遍心理："失去的总是最美好的"，所以才会对永远失去的念念不忘。其实，恋爱中的恋旧心理既是难以摆脱的情感印记，也是人们内心的一种自我束缚。人有权选择爱与不爱，但是如果在没有调整好自己的心态之前，拉着另一个人来一起背负这样的情感重负，至少是对他人的不尊重，日后两人的感情也会矛盾重生。这样对任何一个异性都是不公平的，是情感生活中的极端自私行为，这绝不是爱情。

"事业型女人"VS"家庭妇男"——角色交换

可以说自古以来就是样，而且人们认为这是上帝的安排：男人在外面为生存与敌人作战，他的老婆在他后边尽其可能支持他，让他没有后顾之忧。她钦佩他有勇有谋、行动果敢为他建立温暖的小窝儿，以便在他需要安宁的时候回到这里来。而她的男人，这位斗士，则全力以赴荣获战功。然而现在看来，这种状况并不是上帝安排的。

照看孩子、洗衣做饭、打扫卫生、买菜购物……天天如此。这是典型日本家庭主妇的生活。但是近年来，随着越来越多的日本已婚女性迈出家门走向社会，她们在外工作、养家糊口，而越来越多男性开始尝试新的生活方式，一支"家庭妇男"队伍也正在悄悄兴起。因此，男人和女人在工作和生活中扮演的角色发生了很大的变化。

在传统观念里，人们认为抚养孩子就是妇女们的事。然而现在社会上，好的工作机会让越来越多的日本女性获得了经济上的独立，她们的社会地位也发生了很大的变化。相比于勤俭持家的贤妻良母，她们更愿意成为独立自强的职业女性。即使是有了孩子之后，她们也不愿意因此而放弃自己的事业。日本神奈川大学公共事业学院院长山崎树子说："从单个的家庭开始，日本社会将面临真正的转变，妇女们不愿意要孩子了。"

事实上，这种现象并不是只有日本才有的罕见现象，在世界上的其他国家也都存在，这说明了男女角色的转换。

据不完全统计，中国的"家庭妇男"这一现象所占的比例正在逐年攀升，这一现象在都市生活中表现得尤为突出。据说，在韩国这个男性外出工作养家观念根深蒂固的国度里也出现了类似的怪事，2006年韩国不愿出去找工作的男性首次超过了100万。根据马里兰州大学人口学家的调查，大约有11%的美国家庭实行的是这种新型的社会分工。美国人口局 2006 年发布的报告称，在调查的 580 万居家父母中已有 14 万"家庭妇男"；2007 年 3 月发布的报告，这个数字已经上升到近 16 万，而 2004 年的数字才 9 万多一点。人口局的专家说，实际上这个数字可能更高，因为他们没有调查统计单亲家庭以及灵活工作制的人。在这些家庭里，女人才是养家的人。

基于"家庭妇男"的不断增长，英国开设了不少"家庭妇男"网站。美国不仅有著名的"A Man Among Mommies"博客，还有诸如"DC Metro Dads"这样的"家庭妇男"组织供"家庭妇男"们交流，为"家庭妇男"提供服务。2005 年德国还举办过"最佳妇男比赛"，一等奖是 3000 欧元，当时有 6000 人参赛，规模不小。德国阿伦斯巴赫市民调查机构调查发现，"家庭妇男"这个群体是这样的："兴趣：家务、住所，对自然保护、阅读、医学、音乐、政治感兴趣的程度超过平均水平；价值观：社会平等，宽容对待外国人和其他信仰者，帮助受难者，环境保护，对家庭的负责；此外，保持良好的外貌、好客、保持与朋友的联络交流对他们也很重要。"

夫妻俩社会角色的调换，并不是一件轻松简单的事情，新型家庭里充满了矛盾和压力。夫妻既要适应新的分工，尤其是让男人学会做家务、看小孩，还要迎接周围人的闲言碎语。但是为了家庭的安定团结、社会的和谐稳定，"家庭妇男"们任劳任怨、忍辱负重，做出了不可磨灭的成绩。

有分析家称：在 21 世纪，不同行业的兴衰将更加明显，而这将会导致大批行业性的失业人口，其中的男性如果找不到新的工作，回家将成为必然，并慢慢得到社会的认可。而且女人挣钱的本领也得到了越来越多的男人认可。过去如果男人能挣相当可观的钱，女人的工作就是可有可无的；但是现在当女人能够挣大钱时，男人的工作是不是也可有可无？根据美国《新闻周刊》的调查，大约 34% 的男人认为可以不工作或是减少工作时间。因此，今后夫妻俩轮换内外角色的可能性还将越来越大。"疯狂主妇"这光荣称号，已经不再是妇女们的专利，不少的"家庭妇男"将晋升为"疯狂家庭妇男"。

自古以来，男主外女主内的家庭模式就为社会所认同，但是现在这种家庭模式无疑已经受到了一定挑战。现代社会女人不仅获得了受教育的机会，还纷纷走向社会，以自己的实力去和男性竞争，并且也表现出了一定的竞争力；现在越来越多的男士开始走下厅堂、进入厨房，成为与 lady 们争夺半边天的"家庭妇男"，虽然男性在担任"全职家庭妇男"过程中也承受着不少压力（因为"家庭妇男"

并不能完全被人们接受），但仍然有许多敢为天下先的男士们勇敢地作出了尝试。这种在社会和家庭中角色的转换也是社会进步的一种表现。我们也应该张开双臂，热烈地拥抱"家庭妇男"的春天的到来。

婚外恋——婚姻越轨

国外某著名研究机构调查显示，20世纪90年代，女性有婚外性行为的比例约是30%～36%，男性有婚外性行为比例约是40%～50%；在英格兰、苏格兰、威尔士，男性有婚外性行为的为45%，女性有婚外性行为的为42%；在芬兰，男性有婚外性行为的为44%，女性为19%。

根据1998年对全国初中以上文化程度人口的一项调查，接近30%的受访者认为，妻子有外遇是可以接受的，30%以上的人认为丈夫有外遇是可以接受的，而且将近一半的人认为男人更喜欢有外遇。这个结果也可以从另一项调查中得到佐证。

某大学曾经做过一项调查：33%的人认为"只要有感情，就允许婚外性行为"；12.4%的人认为，"只要配偶不反对，就可能"；只有28.9%的人认为，婚外性行为"不利于家庭的稳定，应反对"；总体而言，大约60%的受访者对婚外性行为是持肯定或有条件肯定或宽容态度的，其中大学生对有婚外性行为持肯定或宽容态度的也高达55.5%。

我国某城市曾对500对离婚案例的抽样调查显示，有40%的离婚人士表明配偶有婚外性行为，而且在发生婚外性行为的人士中女性多于男性，且大多数是普通市民。甚至对中国一些城市的离婚调查显示，女性因丈夫有第三者而要求离婚的占64.8%，男性因妻子有外遇要求离婚的占48.6%。我国另一城市对1000对离婚夫妇所作的"对婚姻不满的原因"调查中，羡慕他人家庭或注意他人配偶的比例为：男性为53%，女性为37%；与异性接触频繁的男性为32%，女性为41%；与他人有暧昧关系的男性为11%，女性为29%。

婚外恋及婚外性行为其实一直是婚姻中挥之不去的阴影，古往今来，它一直是一种重要的社会现象。当然人们对它的认识与态度在不同的时代是不同的。

婚外恋是指已婚者与法定配偶之外的人发生恋情。人们对婚外恋的态度是不断变化的，从对这种行为的称谓变化上我们可以看出人们对待它的态度：通奸—第三者—婚外情。"通奸"这个词汇带有明显的贬义色彩，在人类历史上的特定时期还被当作犯罪行为。但是"婚外情"是个中性词，人们可能还会对其津津乐道。

婚外恋是一个客观的事实，是一件不容回避的事情。通常婚外恋的结果只能有两种：一是打破当前的组合转向新的组合；二是夫妻双方在经过一段"战争"之后回归到原来的婚姻关系中。

婚外恋的发生在男性与女性之间有着不同的原因。一般男性发生婚外恋的原因主要有以下几点：

（1）对妻子不满的男人，他们会到家庭外寻求补偿。

（2）有钱、有权的男人，他们的金钱和地位特别会导致他们受到年轻貌美女性的青睐。

（3）公司的老板或上司。他们经常有机会碰到一些值得他们追求或主动追求他们的年轻女性。

（4）四五十岁的男人。这个时候，男人一般事业有成、囊中不菲，并且显得稳重有责任心、社会阅历丰富，因此成为很多年轻女性的幻想目标。

（5）家有"大女子主义"的男人。碰上这样妻子的男人没有地位，没有威严，于是很可能会寻找一个"温柔的羔羊"，以维持心理的平衡。

（6）经受失业或降职等不幸遭遇的男人，他们会通过婚外情寻求寄托或宣泄。

（7）朋友圈子中的一些人有外遇的男性。

（8）父母亲中有过外遇的男性。国外学者的研究发现，大凡有婚外情的人，其父母辈或祖辈十之八九也都经历过婚外情。

除了这些原因，男性发生婚外恋的原因还有许多，但不能说具备这样特征的男性就一定会发生婚外恋。

而婚外恋发生在女性身上又有着与男性不同的特点：

（1）寂寞心理，由于工作原因或是两地分居，一些丈夫经常不在妻子身边。如果这样的丈夫缺乏家庭责任感，不关心妻子，久而久之，必然使夫妻之间的感情趋向淡漠，使妻子产生寂寞心理，感到没有精神依托。此时，如果遇上合适的异性，妻子就可能丧失抵御诱惑的能力。

（2）怨恨心理：性生活是夫妻生活中一项十分重要的内容。如果丈夫因为性功能障碍，或因为追求事业终日忙碌，忽视了给予妻子温情，或丈夫在外面贪恋酒色，不能满足妻子正常的生理需要，久而久之，就会使妻子产生怨恨心理，从而极有可能"红杏出墙"。

（3）报复心理：有的丈夫对妻子不忠，在外面偷情猎艳，一旦事情败露，往往会导致不愉快的结局。如果做妻子的考虑欠妥，一怒之下可能产生报复的心理，去寻找寄托。

（4）优越心理：有的妻子或学历比丈夫高，或地位优越于丈夫。如果做丈夫的不愿积极进取，就容易使妻子"恨铁不成钢"，觉得丈夫配不上自己。所以各方面条件都比丈夫好的妻子出现婚外恋的几率大。

其实不论男性有婚外恋还是女性有婚外恋，我们都可以从社会心理学的角度来考察这种行为发生的机制。一般来说婚外恋的发生有着以下几种心理因素：

（1）补偿心理。有的人因为夫妻分居，寂寞难耐；或者因为夫妻一方有生理缺陷，生理上得不到满足；或者夫妻关系不和，因而主动寻找第三者或乐意接受第三者予以补偿。

（2）贪财心理。有的人因为贪图对方的钱财，不顾自己的人格，主动委身于对方，从而形成婚外恋。

（3）欠情心理。有些情人最终未能成眷属，双方各自成家，或一方成家后另一方不愿成家依然暗恋着对方，当一方生活困难或夫妻感情不和时，另一方觉得还欠着对方的情因而主动投入旧情人怀抱，旧情复萌，从而产生婚外恋。

（4）报复心理。有的夫妻因为一方有外遇，又不听规劝，另一方为了报复对方，主动寻求第三者，从而产生婚外恋。

（5）图貌心理。有人因为贪图女方的美貌或男方健美的身躯，主动示爱，从而产生婚外恋。

（6）享乐心理。有的人认为人生在世，应该吃喝玩乐、趁着年轻及时行乐，因而滥交异性，从而产生婚外恋。

（7）报恩心理。有的人因为生活有困难而得到对方帮助，或者因丈夫长期在外，家庭长期得到对方照顾，自己无以为报，只好献上身体，从而产生婚外恋。

（8）相悦心理。有的男女因为工作上相互帮助、支持，久而久之，双方均有好感，两情相悦，从而产生婚外恋。

（9）互利心理。因为婚外恋能带来一定物质上的利益，所以发生这种行为。

婚外恋作为一种婚姻越轨行为，不论人们对它的观念和态度是否放开，终究会对当事人双方造成心理上的伤害。因此在婚姻关系中，如果不是遇到不可抗力，还是要尽量避免婚外恋的发生。同时夫妻双方也应该共同经营婚姻和家庭，营造一个和谐的生活空间。一般来说，经营婚姻夫妻双方可以做到以下几点：

（1）互相配合各取所长。每个人都应该提醒自己，双方不同的爱好能使婚姻生活更加多姿多彩。

（2）回忆过去的甜蜜时光。心理学家研究表明，如果夫妻双方经常怀念过去的浪漫时光，他们一定也会跟恋爱时一样相处。

（3）学做一个好听众。夫妻婚后矛盾的最常见原因就是双方都不能认真倾听对方说话。让配偶知道你正在听他讲的话，即使你不同意他的观点，也能令他感到你对他的了解和重视。

（4）常沟通，多理解。心理学家说：如果婚后因为受到别人的影响，开始用否定的眼光看待对方，不久便会使夫妻关系陷于窘境；而当他们试着互相理解时，婚姻危机也得到缓解，挽救了一个行将破裂的家庭。夫妻间应该相互沟通，经常交流思想，共操家务，营造一种共进共退的氛围。

（5）保持生活的新鲜感。每天一成不变的生活容易产生厌恶心理，当夫妻双方觉得沉闷，失去浪漫温馨气息时，不妨做一些改变。例如偶尔去饭馆吃一顿，夫妻营造一个久违了的二人世界——去看场电影或逛街购物，在一些特别的纪念日如配偶的生日、结婚纪念日、情人节等，夫妻双方互赠礼物等，都会给婚姻生活平添一份浪漫，一丝温馨。

我们说婚姻与家庭是需要经营的，新婚时的激情不能长期成为婚姻的纽带，只有在夫妻双方同舟共济的生活中，才能保持爱情的新鲜，并最终把这份爱情转化成浓浓的亲情，真正做到执子之手，与子偕老。

第四节　"相敬如宾"也不够——两性相处

女人在乎的是脸，男人在乎的是面子——面子

女人总担心自己很快地老去，所以驻颜术是她们不懈的追求。据一项调查显示：现在的都市女性用于美容的开支已经占到月收入的 10% ~ 15%。照此计算，如果一个都市女性月收入 3000 元，那么她每月就有 300 ~ 450 元是用于脸部保养的，也就是说，单单在脸上的消费，平均每天就要花去 10 ~ 15 元，由此可见，女人确实挺在乎脸。翻开如今满街飞的各类时尚杂志，映入眼帘的就是铺天盖地的美容广告，想想这份调查，你就不难理解为何商家要不惜血本做广告了。这几年流行的整容更是把女性的这一天性发挥到极致。女为悦己者容，这在以前专指

男女情感，现在它的内涵包含得更广泛了。女人的脸不仅是给爱人看的，更重要的是为职场上的形象考虑和自身爱美的要求，还有永葆青春。更有些爱美的女性认为，不化妆的话根本不能出门。翻开女性随身携带的手包，里面可以什么都没有，但化妆品是不能缺的，口红、眉笔、小镜子，至少这三样一样都不能少。说女人把脸武装到了牙齿也不为过，现在各类牙饰也被走在时尚潮流前沿的女性所接受，更有甚者，她们连舌头也不放过，还会在舌头上打洞。

男人就不像女人那样注重自己的脸，在干燥的冬天给自己擦上一点保湿霜就已经心满意足了。男人更注重的是面子，所谓人家敬我一尺，我敬别人一丈，讲的就是面子的事。北京男人是最会用语言给人面子的，不管相识不相识，他一开口就是"哥们儿"，敬人先嘴甜，很多人喜欢听北京男人讲话就在这。

我国自古就有"男儿有泪不轻弹"的说法。男人爱面子，部分原因也是受传统观念的影响。中国人往往赋予男人极高的期望值——男人要肩负起"兴国富家"的重任，而这一重任增强了他们的自尊感和成就欲，养成了他们爱面子的秉性。在激烈的生存竞争中，不少男人身体有创痛、心灵有委屈，可为了面子，他们只能将创痛和委屈隐藏起来，压抑下去，并且还须频频向世人展示那艰涩的笑脸。倘若一个男人被人说成"像个男子汉"，这无疑是最高的褒奖。

在男人眼里，面子是男人的商标和旗帜，有了它，男人才能称其为男人。男人的一生，无非是为面子跋涉、拼搏的一生。在时代变迁的今天，能够成就一番事业，或者就是在平淡无奇的生活中能够征服平庸，这都会让他们感到很有面子，因而意气风发、神采奕奕。

男人对妻子有个不高的要求，即在家里他可以得"妻管严"，可以成"床头跪"，但在外人面前妻子则要表现出尊重他。这种爱面子的虚荣心男人都有，个中道理很简单：如果一个男人被人知道在家里抬不起头，在外面也只有做奴隶的资格。男人对付河东狮吼的女人往往皱眉头痛，可是为了面子，为摆脱尴尬，男人会说："好男不和女斗，男人不和女人一般见识。"男人经常遗失东西，但为了面子，不被人耻笑为"糊涂虫"，他反而会说："没关系，旧的不去新的不来。"这就是"死要面子活受罪"的男人的典型体现。

"人活一张脸，树活一张皮"这话对男人来说，那是最合适不过了。对于男人而言，别的地方受到伤害可以忍受，唯独不能伤害的就是他的面子。在男女交往中，如果饭后女性主动说："这顿饭我请吧！"这比当众给他一巴掌还难受，也许对恋人来说，谁埋单并不重要，但对男人来说，"钱"永远是个敏感的东西。

所以，女性最好不要在埋单的事情上去体现自己的体谅与独立。男人爱面子，他们成功时不敢狂喜，失败时不敢叹气，伤心时不敢流泪，茫然时不敢求助。死爱面子的男人有时候还真是不容易呢！

男人女人的埋单哲学——性别"平等"

"男女吃饭，男人埋单"，似乎人们已经很习惯这回事。而对女人而言，假如这男人不埋单，是不是他在自己心里的形象就会大打折扣？如果 AA 制，男人是不是就在女人面前抬不起头了？与此相对的是，现在女性意识日渐提高，女人可以和男人一样叱咤风云于职场，一样买房、买车，甚至比男人赚得更多。然而，几乎没有一个女人不愿意享受男性替她埋单的幸福感。这是为什么呢？有人说，想看清一个女人的真面目，要在她卸妆之后。想看清一个男人的真面目，则要在跟他分手之后。想知道男人和女人的感情心理，便要看他们付账时的态度。

人们已经记不得男女吃饭男人埋单的"始作俑者"是谁了，但是这一"光荣传统"却被人们一直继承和发扬下来了。期间，不乏对此种世风大声疾呼和大吐苦水的人，但是想要扭转这一情况，做到真正的男女埋单平等怕是还需要不短的时日吧。然而细心的人发现了男人埋单时的一些微妙之处，下面就简单介绍一些，从埋单中透露出的微妙的男女关系。

男人们埋单时候的态度，会随着两人的感情轨迹及时变换。譬如，如果男人完全不看账单便付钱，并慷慨地付小费，说明他正在追求着这个女人；当他开始留意账单上的项目，说明他已经把这个女人追到手；当他开始翻查账单，并埋怨收费太高，说明他跟这个女人感情十分稳定；当他只是瞟一眼账单，然后由女人掏钱，则这个女人已经成为他的太太，掌握经济大权……

相反，女人完全不看账单，只留意男人付多少小费，表明她刚刚开始和同去的男人交往；当她开始留意账单上的项目，并嘱咐男人不要付太多小费时，她已经爱上这个男人；当她开始翻查账单，并埋怨男人付太多小费时，她已经成为他太太。

倘若一男一女争着付账，那么完全可以判断：此二人绝非情侣。男人不能太小气。而这个男人到底有多在乎你，从他愿意为你"投入"多少就能看出几分。没有一段恋爱离得了物质基础，而埋单付账这类事，虽然琐碎，却能从细微之处体现一个人的性格和品行，进而不经意地凸显心理状态。

现代人总讲究男女平等，约会实行 AA 制的也不在少数。当一个女人说："让我们的晚餐 AA 制吧。"男友收到的信号有可能是："我不想因为钱的缘故觉得欠你什么。"所以，如果男友总是抢先埋单，那么她不会与其争抢，而选择别的方式来平衡，例如送上些实用的小礼物之类。

还有一种情侣，他们从不把谁付钱说得清清楚楚，但是其实质仍与 AA 制异曲同工。其中的奥妙就在于一个简单的规矩——谁提出邀请谁付钱。

女人愿意付账的原因有四：

（1）她是他太太；

（2）她刚刚收到男人一份名贵的礼物，所以"良心发现"，获利回吐；

（3）他是她的旧情人，她要向他炫耀她生活得比他好；

（4）这个男人妄想追求她，她要挫一挫他的自尊心。

若说男女吃饭是游戏的话，男女埋单就是战场，在这看不见硝烟的战场上，没有血雨腥风，也没有刀光剑影，男女在暗暗较量中，毫不费力地享受着彼此情感的变化。这也算是一个很有趣的现象了。

为什么男女搭配干活才不累——异性效应

有这么一个有趣的现象：在宇宙飞行中，占 60.6% 的宇航员会产生"航天综合征"，如：头痛、眩晕、失眠、烦躁、恶心、情绪低沉等，而且一切药物均无济于事。这到底是为什么呢？在南极考察的澳大利亚科研人员也得了这种怪病，晚上失眠，白天昏昏沉沉，用了许多方法，均无法治愈。经过调查研究，得出的结论竟是"没有男女搭配，是性别比例失调严重，导致异性气味匮乏的结果"。因此，美国著名医学博士哈里教授向美国宇航局提出建议，在每次宇航飞行中，挑选一位健康貌美的女性参加。谁知，就这么一个简单的办法，竟使困扰宇航员的难题迎刃而解。于是，有人戏称"异性效应"现象在我们人类征服宇宙的过程中也发挥了巨大的作用。

有心理学家还发现，在对现实生活的研究中，在一个只有男性或女性的工作环境里，尽管条件优越，卫生符合要求，自动化程度很高，然而，不论男女，都容易疲劳，工作效率不高。

这就是我们常说的"男女搭配干活不累"，心理学上把这一现象称之为"异性效应"。在人际关系中，异性接触会产生一种特殊的相互吸引力和激发力，并

能从中体验到难以言传的感情追求，对人的活动和学习通常起积极的影响。这种现象称为"异性效应"。

现代社会，人们的生存压力越来越大，所以异性交往是生活最好的调料。在日常学习、工作和生活的交往中，如果能正确而恰当地运用"异性效应"，则往往会收到良好的效果。

林女士是某公司公关部经理。她联系颇广，出师必胜，为公司立下了赫赫战功。公司的原料奇缺，材料科的同志四处奔走，却连连碰壁，而李女士外出联系，不久问题便迎刃而解；公司资金周转严重失灵，急需贷款，急得总经理像热锅上的蚂蚁一样，又是李女士风尘仆仆，周旋于银行之间，竟获得贷款上百万元。李女士因此备受领导器重，工资、奖金一加再加。有人试图总结李女士成功的秘诀，发现她除了具有清醒的头脑、敏捷的口才、丰富的知识和阅历及接物待人灵活之外，还和她端庄的容貌、娴雅的仪表也有很大的关系。由此可见，在请求帮助和商洽事情时，"异性效应"不时闪现出独特的作用，尤其是俊男俏女，如果能合理地驾驭"异性效应"，则往往会取得满意的效果。

在日常生活中，我们经常可以看到男营业员接待女顾客，一般要比接待男顾客热情些。上述李女士成功的原因主要在于：如今的社会还是一个男性占很大优势的社会，外出办事多数要和男性打交道，由女性出面较为顺利，这同样也要归功于"异性效应"。这种现象是建立在异性相吸的基础上的。人们一般对异性比较感兴趣，特别是对外表讨人喜欢、言谈举止得体的异性感兴趣，这点女性也不例外，只不过不如男性对女性那么明显。有时为了引起异性注意，男性还特别喜欢在女性面前表现自己，这也是"异性效应"在起作用。不过"异性效应"不能滥用。

"异性效应"是一种普遍存在的心理现象，这种效应尤以青少年为甚。其表现是有两性共同参加的活动，较之只有同性参加的活动，参加者一般会感到更愉快，干得也更起劲、更出色。这是因为当有异性参加活动时，异性间心理接近的需要得到了满足，因而会使人获得程度不同的愉悦感，并激发起内在的积极性和创造力。男性和女性一起做事、处理问题都会显得比较顺利。

国外有关专家曾按现象的平均统计水平评价男女品质，认为男女是可以互相补充的，他们的不同倾向将相互补偿。对于男女交往的好处可以从不同的角度去体验和总结，这里只是简单归纳出几条：

第一，事业上互助。随着社会的发展，人们的事业心大大增强，一般都渴望在某一方面、某一领域有所成就，以实现个人价值。如有一位女作家的爱人是科研所的研究人员，对创作一窍不通，虽然很支持她搞创作，但不能给予具体的指点、帮助。她结识了几位异性作家朋友，大家定期相聚，在相互探讨中提高了创作水平。类似这样交异性朋友，大都是"一棵树上的鸟"，为共同的事业相识，又在事业的进步中加深友谊。在这里，一个人不仅得到具体帮助，而且得到异性的赏识和鼓励，增强了自己的自信力。近几年，各种沙龙、小型联谊会的兴起，正是适应了这种择友的需要，不少人在这里结识了异性"知音"。

第二，智力上互启。科学证明，男女的智力没有明显的高下之分，但却有着智力类型的差别。比如在思维方面，女人比较讲求实际，她们的思维活动比较具体，妇女的智力更适应于应用科学和接近实际的科学。男人更倾向于抽象思维领域，他们更多地用综合方法对待现实，善于概括、热心于抽象科学，思维往往是离奇和大胆的。在同异性交往中，男女均可取长补短，提高自己的智力水平。

第三，气质上互补。男女之间的气质有所不同。男性气质多反应强、意志坚强、一般有更多的迎战能力，进攻性强，富有反抗精神。女性气质多灵活好动、感情充沛、情绪多变，她们的气质特性典型地表现为反应快，动作敏捷灵巧。在男女交往中，双方的气质可潜化在对方身上。

第四，感情上互慰。人的感情是极其丰富的，除了爱情，还有同情、亲情、感激之情等，因此异性之间可以有不带爱情色彩的情感交流。

它可以使人感受到温暖，达到心理的平衡。

一般说女人细腻温和、多富有同情心，男人则情感热烈、意志坚强。有的男人愿向女人吐露自己的不幸和遇到的难堪，诉说自己心灵的秘密，在同情声中平静下来；有的女人愿向男性朋友诉说自己的犹疑和愁苦，在鼓励声中稳定了情绪。有的"话逢知己"，总觉得有共同语言，在谈吐中慰藉各自的心灵。这种情感交流是微妙的，也是在同性身上得不到的。

第五，精神上互悦。有些人交异性朋友是为了娱乐，他们在共同活动中得到精神上的愉悦，接触多了就成了朋友，如牌友、球友等。在和异性朋友同乐中，感到一种和同性朋友在一起所没有的自豪、满足、和谐。

总之，男女交往的好处是很多的。一位伦理学家说过：男人真正的力量是带一点温柔色彩的刚毅。如果一个男人集中的全是男性的特征，就会因枯燥单调而令人生厌。男人具体存在于不同性别特征的搭配之中，这使他们的性格更加丰富多彩，更表现出男性的魅力。同样，对于女性也是如此。

再说，在一般情况下，一位漂亮的姑娘主动表示愿意陪着你坐一坐、聊聊天，任何一个心理正常的男子都不会断然拒绝吧？甚至反应迟钝的会变得思路敏捷；沉默寡言的会变得侃侃而谈、头头是道、滔滔不绝……无数事实证明，除了某些出于政治阴谋或其他肮脏的目的而施用的"美人计"外，一般来说，这种做法也有可取之处。有时候，这种"异性效应"还能使素昧平生的双方在事业和爱情上互相促进。

长相知不相疑，女人最大的致命伤——猜疑

猜疑，就是无中生有地起疑心，对人对事不放心。在家庭生活中，如果有了猜疑之心，对待配偶、看待事物，就不能从客观实际出发，进行合乎逻辑的判断、推理，而凭借一点表面现象，主观臆断，随意夸大，进而扭曲事实，得出一个不切实际的结论；或者先入为主，先设框框，然后察言观色，甚至无中生有，把幻觉当真，把一些毫无关系的现象也当作事实材料，生拉硬拽来当作证据。

猜疑会使家庭中本来小小的疙瘩发展成长期的不和。自古至今，不知有多少家庭因为猜疑而变得争吵不断或形同陌路，甚至导致解体。因此，要想使家庭幸福，夫妻之间就必须停止猜疑。在你想方设法跟踪、调查你配偶的时候，你是否想过他会如何对待你呢？《圣经》上有这样一段话："你们怎样论断人，也必怎样被论断。你们用什么量器量给人，人也必用什么量器量给你们。"在你对配偶不信任的同时，你的配偶也必将在怀疑你。

有这样一个疑神疑鬼的贵妇，总是怀疑自己的先生有问题。当她在美容院洗头时，美容师悄悄地对她说："要小心你先生哟！我最近看到他老是在外面游荡，鬼鬼祟祟的，不知道在胡搞什么！"

"依你说，我该怎么办呢？"这位贵妇着急地问道。

"赶快请个私家侦探跟踪他，看看他到底在哪儿偷腥，然后和警察一起捉奸。"美容师给了她一个建议。

贵妇立刻高薪请了私家侦探。

"我老公昨天下午去过什么地方？"当侦探第二天向她报告成果时，这位贵妇急切地问道。

"他昨天下午到过一家时装店、一家女用皮鞋专卖店，以及一家高级美容院……"

"他去那些地方干什么？"这位贵妇大惑不解地问。

"他是去跟踪你的，夫人！"

人的心思很微妙，当你用何种尺度去看人时，你的脑波正开始发射出这样的意念，别人可以接收到，以致做出相同的响应。因此多想积极、正面的意念，我们将得到同样的回报。

古往今来，大多数女人的忌妒心都是很重的。

曾经有一位离了婚的妻子，流着泪叙述自己与丈夫之间发生的一连串不该发生的事。

她与丈夫原本是同事，先生跑外勤业务，她是内勤的会计，婚后，她辞掉了工作，共同编织着美好的生活，尤其是生下了女儿后，更是心满意足，一家三口其乐融融，是一个令人羡慕的美满家庭。

可是，在他们女儿10岁的时候，有人偷偷告诉她，她丈夫下班后经常和新来的会计刘小姐在一起。

这一天，他很晚才回家，妻子满腹狐疑地问他："你到哪里去了？""在工作啊！"丈夫认真地回答。"什么工作？"妻子追问。"拜访客户。"丈夫不耐烦地回答。"和谁一起去的？"妻子继续追问。"难道我做什么事都得向你报告？"丈夫有点恼怒。

本来，在妻子刚起疑心时，做丈夫的若好好解释一下，让妻子安下心来，就什么事都没有了，可是，她丈夫当时刚下班回家，身心俱疲，没有精神和耐心面对妻子的质问，对妻子的态度自然就差了点，于是，更加深了妻子的怀疑。

于是，她便找了私人侦探暗中调查先生的行踪，终于获得了"确切的证据"，几张丈夫与刘小姐走在一起的照片。

那天夜里，她晃动着手中的照片说："你看看，多神气！快40岁的人了，旁边跟着一个小女生。"这时做丈夫的尴尬万分，急忙解释说："我们一起去车厂对账有什么好大惊小怪的？""那么一起去电影院，也是去对账的吗？"妻子问道。"看场电影算什么？你这样偷拍别人的照片是非法的！"丈夫辩解道。

一气之下，妻子跑到先生的公司，把照片往经理面前一摊，要求经理把丈夫调到别的分公司去。第二天，经理训了他一顿，便立刻把他和刘小姐分别调到不

同的分公司去了。

这么一搞，丈夫与刘小姐的"绯闻案"一下子尽人皆知，他在公司的形象和升迁都受到严重的影响。受到这种打击后，他每天晚上就把怨气发在妻子身上。妻子以为这一切都是暂时的，等到丈夫接受现实之后就没事了。谁知从那次之后，他与刘小姐却偷偷来往得更密切了，最后终于向妻子吐出了那可怕的两个字："离婚。"

妻子这下着急了，又哭又闹，到处找先生的家人和公司领导告状，要求他们对他和那个介入人家家庭的"第三者"做出严厉的处分，并且迫使他们分开，她积极地想通过这些努力，把丈夫的心拉回自己身边来。可是，随着妻子一次次的告状，夫妻间的裂痕越来越大，丈夫的心越飞越远，一个月后，他真的向法院提出了离婚。

法院经过调查得知，她的丈夫与刘小姐起先并没有什么越轨行为，确实是因工作关系常常一起出去，但都不是单独在一起，即使是去看电影，也还有其他同事一起去。但是妻子却把事情闹大，也把他与刘小姐变成同命鸳鸯，才使他与刘小姐的关系更进一步地发展下去。

妻子这时才恍然大悟，是她自己的吵闹把丈夫推向了另一个女人，但是现在也后悔莫及，事情到了这种地步，丈夫的心早就属于别人了。

古往今来，有许多婚姻都是被"疑心病"拆散的，一些刚结婚的年轻夫妻，往往因为一句玩笑话、一件小事，甚至子虚乌有的事情而无端怀疑，闹得不可开交。有些做妻子的太过神经质，因而失去了明辨是非的能力，自导自演了一出出不该发生的婚姻闹剧。

妻子喜欢猜疑，做丈夫的千万不可以掉以轻心，要试着体会妻子对你的感情、理解妻子的心思，把事情解释清楚，问题才能迎刃而解。

权力不属于家庭——大男子主义

在家庭中，如果一方气势凌人，轻视对方，会极大地伤害伴侣的自尊。彼此尊重是爱情存在的基础。台湾著名作家柏杨先生曾说过："男女之间，获得爱容易，获得尊重困难。夫妻之间如果仅仅有爱而无敬，那种爱再浓也没有用，总有变淡变无的一天。尊重和轻视只隔一层薄纸，一旦瞧不起，便再也爱不起来。"

在家庭里，不尊重配偶的情况常常发生在男性身上。也许是由于几千年封建思想的残留，也许是女性本身的弱势，时值21世纪，大男子主义仍然屡见不鲜。"只管自己吃饱"就是大男子主义的一种表现。这种男人最大的特点是自私过甚。人都有一点私心，这原本是无可厚非的，可是这种男人，想到的只是自己享受，一点家庭的责任都不想负，毫无婚姻的责任感。他们最关心的是自己是否快乐，从不考虑妻子和家人的感受。他们可以在外面胡吃海喝、灯红酒绿，而把家务、子女的教育等一切都推给妻子。

明就是这样的男人，他一天到晚过得优哉游哉，早上起床妻子把饭做好，他吃完把嘴一抹溜溜达达上班去了。中午经常是呼朋唤友到酒馆里去大吃一顿，晚上到家吃完晚饭就看电视，家务活从来不帮妻子干一点。他对别人说："男人么，就应该这样，自由自在，天马行空，不能被妻子管着。"

有时候，妻子实在是忙不过来，想让他帮忙做一点家务事，明就把眼睛一瞪："什么？咱家的规矩就是男人只管外面的事，家里的事情都是女人的，忙不过来，慢慢干就是了。"天长日久，妻子的怨气越来越大，终于有一天妻子罢工了，饭也不做了、衣服也不洗了、屋子也不收拾了，家里乱成了一团。明回家一看，怒火冲天，把妻子一通大骂："反了你了！你想干什么，家里的活不都是你的么，你不干难道还想推给我吗？"

"不光活我不干了，日子我也不想跟你过了。"妻子说着眼泪就下来了："我和你结婚到现在，家里你都管过什么？什么事不得是我自己去忙活，你自己吃饱了什么都不管，孩子从生下来到上幼儿园，你帮我照看过一次吗？衣服你洗过一件吗？家里有钱没钱你问过一声吗？你就知道自己和那些狐朋狗友大吃大喝，出去潇洒，心里根本没有我们娘俩，明天咱们就去办离婚手续，谁愿意给你当牛做马你找谁去。"

像明这样的丈夫过于自私，不能给妻子以平等、关怀和宽容，将妻子当成自己的私有财产，或者说，妻子成了他的仆人，每日都在照顾他的饮食起居，家庭成了他的饭店和旅店，而自己对这一切都不管不问，长此以往，感情就会被他的自私心杀死。

对于女人来说，能够平等地对待自己、尊重自己的男人才是可以托付终身的伴侣。而只管自己吃饱，对妻子不屑一顾的男人，他即使在别的方面非常优秀，也无法长久地吸引住女人的心。

使家庭幸福的源泉——积极情绪

在家庭中，如果做丈夫的能够体贴、关心自己的妻子，并将这种体贴、关心落实到行动上，那么这个家庭便能够幸福美满。

做丈夫的要想把温情武器用好，就必须要使温情出自内心，而不是强装出来的。出自心底的温情除了用语言来表达，更需要用实际行动来证明。

每天都主动为妻子做些事情，不仅是表示温情，而且也是对妻子的理解与体贴。料理家事与养育小孩，的确是女人在婚后最沉重的负担。根据统计数字显示，妻子每周花在杂事上的时间，要比丈夫多出20个小时，想想看，几乎要一天的时间。如果妻子白天也工作，那就是一根蜡烛两头烧，难怪她疲惫不堪。

为妻子做事，为了避免乱忙一气，不妨列出一张单子，把要做的事情写上，这些事必须非常明确，而且能让她开心，又不会使两人产生冲突。例如，帮孩子洗个澡、做饭时帮忙照顾孩子、倒垃圾或周末帮忙打扫房间。每天为她做一件单子上的事，项目当然根据情况要经常变化。但不管怎么样，都应该持之以恒地做，让妻子充分感受到你的爱意，这样才能使两个人的关系和谐顺畅。

每天为妻子做件事益处很多。美国的一项研究发现，爱做家事的男人最迷人，孩子也较听话。因为爸爸参与家事，就能给孩子一个好榜样，孩子便能从父亲身上学到社会责任，也能学到待人处世的方法。至于会做家事的男人，则让妻子觉得暖心又迷人。调查也发现，许多女人觉得男人在使用吸尘器时最性感。如此性感而温情的男人，他的婚姻自然会美满而幸福。

主动拥抱你的家人。中国人受过太多痛苦和折磨，在历史的轨迹中常见悲情，以致表现在个性上，总显得较为严肃拘谨，所以最不擅长用肢体语言表达对他人的爱和关怀。有时偶尔被要求在大庭广众面前表现一下爱意时，常是显得生涩腼腆，甚至不知所措。我们太重视内敛，习惯深藏不露，唯恐别人看穿我们的内心世界。在严峻的外表下，虽然藏有一颗温柔的心，但是别人所看到的，却是只可远观不可近觑的威严。孔子说："君子不重则不威。"为了重与威，中国人常少了一分温柔与慈爱，用肢体表达情感时，往往显得紧张僵硬、生涩而不自在。

为人父母者常以为让孩子生活温饱，凡事足矣。所以我们总能从一些文章中看到，父亲大都呈现严父的形象，而母亲则只是一个操劳沉重的背影，较少看到一家和乐、温馨自然的情境。现在的父母观念已通，渐渐能够自然地向孩子流露慈爱和关怀，所以亲子关系也显得自然融洽多了。在爱中长大的孩子，能够较容易表达内心的感受，心灵也是比较健康的。

其实，有人遭遇难处或伤痛时，一个亲切的拥抱，会带来极大的安慰。尤其在一些安慰的言词不足以道出心中的感受时，用一个有力的拥抱，可以表达更深的心意和感情。如果你将此法应用在与家人相处的时候，那么你必将能够赢得一个温馨和睦的家庭。

有一位年长的太太曾含着泪向一位朋友诉说，她说她这辈子没有真正抱过她的先生，在他们过去的30多年里可能有一些不为人知的问题存在。那一天她在听完名为《心灵聚会》的演讲后，回到家里主动走过去和先生拥抱，虽然只是一个小小的举动，但她说她的内心却得到极大的释放和安慰。

西方基督教中的神——耶稣为孩子祝福时，是将孩子抱在怀里，那是一个何等美丽的画面！让我们学习多抱抱孩子、多抱抱父母、多抱抱配偶，试着对他们说："谢谢你，让我抱抱你！"多一些主动、多一些表达，让心中的爱也能透过肢体和语言呈现出来，不要只是一味地放在心里，或在故人已矣时，才流露出心中的思念。

现在就试试吧！用热情的拥抱表达你对家人和伴侣的真挚感。在艰涩和不习惯后，你将会更自在，也会渐渐地习以为常。

要殷勤有礼。殷勤有礼可以使家庭幸福。调查表明，我们对待自己的家人，居然赶不上对待陌生人那样有礼。没有获得允许，我们不会想去拆开朋友的信件，或者偷窥他们私人的秘密。只有对我们自己家里的人，也就是我们最亲密的人，我们才敢在他们有错误时污辱他们。

瓦特·邓路之是美国最著名的演说家之一，并且是一位总统候选人詹姆斯·布雷恩的女儿的丈夫。自从多年以前他们在苏格兰的安德鲁·卡内基家里相遇之后，邓路之夫妇就过着令人羡慕的愉快生活。他们幸福和睦的秘密何在呢？邓路之夫人说："要注意的一点是，在婚姻之后也要殷勤有礼。但愿年轻的太太们，对于她们的丈夫就像对待陌生人一样有礼！假如泼辣，任何男人都会跑掉。"不讲理是吞食爱情的癌细胞。

礼貌对于婚姻，就像机油对于马达同等的重要。奥利佛·文德尔·何姆斯写的并受读者喜爱的《早餐的独裁者》这本书，大概在美国的任何家庭都有，但是在他自己的家里却没有。事实上他太考虑别人了，即便心情不好，也尽量想办法不让他的家人了解。他要自己承受这些不快，还要不使不快影响到其他人。

这是何姆斯的做法。但是普通人怎样呢？他在办公室里出了差错、失去一笔买卖，或挨了老板一通官腔、他累得头痛，或没能赶上公交车——他几乎还没有回到家，就想把气出在家人的头上。

在荷兰，你要把鞋子留在大门外面，然后才能走进屋里。其实我们都应当跟荷兰人学一学，在进到屋子之前，把一天工作上的麻烦，脱下留在外面。对顾客，或者生意上的伙伴尖声讲话，许多人都会很后悔，但对太太大吼却不以为然。然而，在个人的幸福快乐方面，婚姻比事业更加重要、更加切身。一般人假如有快乐的婚姻，就远比独身的天才生活得更快乐。俄国伟大的小说家屠格涅夫受到整个文明世界的赞誉，可是他说："假如在某个地方有某个女人对我过了吃晚饭的时间还没有回家这件事觉得十分关心，我宁愿放弃我所有的天才和所有的著作。"拥有幸福婚姻的机会，究竟有多少呢？戴尔·卡耐基的夫人桃乐丝·狄克斯认为，半数以上的婚姻都是失败的。但保罗·波皮诺博士的看法却相反。他说："男人在婚姻上取得成功的机会，比他在任何行业上获得成功的机会都大。进入商界的男人，40%会失败；而步入结婚礼堂的男人和女人，40%会成功。"

对于这件事情，桃乐丝·狄克斯的结论是如此的：跟婚姻相比，在我们一生中，生命只是一支插曲，死更是一件小事。每个男人都知道，用奉承的方式可使他的太太情愿做任何事情，而且什么也不顾地去做。他知道，假如他只夸奖她几句，说她把家庭管理得如何的好，说她如何地帮助了他而不必花他一分钱，她就会把她的每一分钱都赔上。

每一个太太都明白她丈夫了解这些事情，由于她早已把如何对待她的方式完全告诉了他。但他宁愿不顺从她的意思，反而花钱吃不好的东西，把钱浪费在为她买新衣服、新型豪华轿车上，而不去花精神来奉承她一点，不情愿以她所要的方式来对待她，她真不知道该喜欢他呢还是讨厌他。综上所述，假如你要维持家庭生活的幸福快乐，你就必须得注意：要学会殷勤有礼。

难道真是"老婆是别人的好"——艳羡心理

"老婆是别人的好，孩子是自己的好"，这是我国由来已久的一句俗语。那么这到底是为什么呢？其实并不能简单地归结为审美疲劳和近处无风景，而是因为生活太过漫长而琐碎。不论曾经经过多么精挑细选选择出来和自己共度一生的"完美人"，在日复一日简单而重复的生活中，也会变得厌烦和遗憾。又因为厌倦了身边的人，所以总觉得别人的老婆看上去总是那么称意。

生活中，经常能听到男人们类似这样的抱怨声：

A：还是你聪明啊，选的老婆精明能干，而且做得一手好菜，家务活也是老婆一肩挑，可以让你落得清闲自在，真是令人羡慕啊。这才是贤妻啊，兄弟好福气！

B：你才是好福气的，天天回家有一个如花似玉的大美女等着你，幸福啊！好饭好菜算什么啊？要是我要有个天仙一样的老婆，那我就什么烦恼都没有了，保准比现在更有工作劲头。

有人这样调侃说，男人们都希望自己有两个老婆，一个是黄脸婆式的，能够下得厨房，做得一手好菜并包揽家里全部家务活，让自己落得清闲逍遥；一个是张曼玉式的，上得厅堂且端庄优雅，带出去会为自己赚足面子。张爱玲在《红玫瑰与白玫瑰》里曾这样写道："也许每一个男子全都有过这样的两个女人，至少两个。娶了红玫瑰，久而久之，红的变成了墙上的一抹蚊子血，白的还是'床前明月光'；娶了白玫瑰，白的便是沾在衣服上的一个饭粒，红的却是心口上的一颗朱砂痣。"男人们总是不满足的，老婆一旦到手了，就觉得"完全不是那么回事"，就会产生厌倦心理，总觉得别人的老婆是好的，没有得到的似乎永远是最好的。殊不知，站在别人的角度或许就会发现自己妻子的好了。其实，别人也都和自己一样"不识庐山真面目，只缘身在此山中"。

为什么老婆总是别人的好啊？仔细琢磨，发现其中很有学问。

1.距离产生美

结婚之后，夫妻二人朝夕相处，数日不见的相思之情少了。结婚前只注意看对方的优点了，时间长了对方身上的缺点也一览无余了，天天只对着一张面孔，只听到同一分贝的声音在耳边唠叨，新鲜感渐渐消失。反而容易从妻子以外的人身上找到新鲜和好奇的感觉。之所以新鲜是因为有些距离，像是有点雾里看花，朦朦胧胧、似清非清，男人捕捉到的仅仅是浮光掠影的表面现象，而无法看到其实质性的东西。这朦胧能产生一种美。这也是用距离美解释网上能够恋爱的主要原因。许多有过网恋经历的人都说：网恋是见光死。这就是从浮光掠影到实质性的距离没有了，而导致网恋死亡。俗话说得好：小别胜新婚。说的也是距离产生美，相信许多过来的朋友深有体会。打个比方：老婆就像一本书，当你开始拿到手的时候，兴致盎然，废寝忘食，孜孜不倦地读。当你看完了，故事情节都知晓，滚瓜烂熟，那你会扔在一边的。相比之下，一本新出版发行的书肯定会让你产生浓厚的兴趣。

2. 心态不同

在与妻子以外的女人相处时，就像和自己老婆没结婚那会儿一样，会小心翼翼有意表现自己优秀的一面，而避免自己不足的地方，以获得对方的好感。本来这个女人就是"河东狮吼"，此时此刻她也会柔声细语，柔情万分；本来就是一个"东海的母夜叉"，她此时也会楚楚动人，婀娜多姿。妻子就不同了，天天要与你居家过日子，不会造作，也无需掩饰，加上生活负担、家务琐事，磕磕碰碰，难免口角。而在与妻子发生诸如拌嘴等不愉快的事情后，就会念及自己看到的别人的老婆好的一面，而对自己老婆的缺点越来越无法忍受。

3. 心理上的感觉不同

中国古代有句话叫作"久居兰室而不闻其香"，和妻子待得时间长了，妻子的优点会渐渐地被忽略。也是常见的一种厌倦心理，比如一件自己最喜欢的东西，时间久了感情也会慢慢变淡。这种心理上的感觉，造成你即便天天与西施相伴也难感其美了。每一对夫妻都是因为爱而结合的，在婚前你一定会觉得自己的恋人才是世界上最可爱的人，比谁都好，于是调动自己所有的智慧去追求。婚后觉得妻不如人，只是一种心理错觉。其实，真正能够和自己同甘共苦共渡难关的就是自己的妻子。

4. 欣赏的角度不一样

丈夫欣赏自己的老婆和欣赏别的女人所站的角度完全不同，男人看妻子是站在丈夫的角度，丈夫总希望自己的妻子完美无缺、胜人一筹，要"出得厅堂，下得厨房"。还有部分男人则希望自己的妻子在厅堂是淑女，在厨房是保姆。而男人看别的女人则大多是从朋友、同事、同学的角度去观察，交往中务必谦恭、友爱，处处表现绅士风度，即便是在街头看"春色"（女人风景），也觉得在街上匆匆而过的女人个个靓丽。

从这种思想出发，见别的女人当然可爱之极，人家温柔体贴、美貌楚楚动人，就感觉自己的妻子缺乏风度。总之，这种"求全心理"往往以人之长比妻子之短，于是就感到自己的妻子不尽如人意。

5. 男女之间的那种原始的异性间相互吸引

婚外与别的女人接触，最根本的是男女间相互的吸引，这是一种本能。美国一位著名的心理学家说，男人情感的最佳倾诉对象是女人，女人的情感最佳倾诉对象是男人。于是，我们在聊天室里总能发现，一对对的男女就像搭配好了似的在聊天。当然，同性之间也会聊天，但远不如男女之间聊得有深度和有长度。

6. 夫妻相处久了难免有些磕磕碰碰

是人就会有这样或那样的缺点，男人是如此，女人同样不会例外。做妻子的在柴米油盐和锅碗瓢盆的交响曲中，繁杂的家务使得她难免心有不快，特别是时下的男人缺点也不少，诸如抽烟喝酒、打牌赌博、常常深夜才归等，女人当然会说上几句。再者爱唠叨是女人的天性，如果是在女人的生理周期，针尖大的小事女人也会当成是西瓜，胡乱发脾气、使性子是常有的，常常令男人火冒三丈，无所适从。男人于是发出感叹：怎么娶了个如此的悍妻，看看人家某某女人多好！

而对于婚外女人则不同，别的女人用不着和你过日子，不用操劳什么吃喝拉撒的事，和你在一起，都是些最美妙的时光，因而也没有什么需要唠叨的，也就没有产生矛盾的基础。如果这个女人是你的情人，那说出的话语也尽使你神魂颠倒，即便是为她赴汤蹈火，男人也在所不辞，而情人也会接受你的缺点。

典型的例子就是：妻子会把你的打火机从家中扔出去，而情人则会送一个打火机给你。如果别的女人嫁给你的话，过不了多久，你又会发出同样的感叹。在别的男人眼中，你的妻子又是很优秀的。

前苏联著名的教育家霍姆林斯基的话很有道理："当年轻的夫妻共同创造幸福时，当在平凡的相互关怀中培养起细腻、最牢固的人类财富时，于是爱情就是永久的，那时就不可能产生有这个人比妻子（或丈夫）强的情况。"

为什么离别时那一回眸最难忘——近因效应

徐志摩著名的诗篇《沙扬娜拉》里写道：

最是那一低头的温柔
像一朵水莲花
不胜凉风的娇羞
道一声珍重，道一声珍重
那一声珍重里有蜜甜的忧愁——
沙扬娜拉！

"沙扬娜拉"，在日语里是"再见"的音译。

这首小诗写于 1924 年 5 月陪泰戈尔访日期间。作者抓住最富有日本女性特点的温柔娇羞的神态来描画，表现了对日本女郎的由衷赞美。在欣赏这首诗的同

时，我们也不禁想到最后日本女人留给诗人的美好印象。

这里就涉及到"近因效应"。所谓近因效应，与首因效应相反，是指在多种刺激一次出现的时候，印象的形成主要取决于后来出现的刺激，即交往过程中，我们对他人最近、最新的认识占了主体地位，掩盖了以往形成的对他人的评价，因此，也称为"新颖效应"。多年不见的朋友，在自己的脑海中的印象最深的，其实就是临别时的情景；一个朋友总是让你生气，可是谈起生气的原因，大概只能说上两三条，这也是一种近因效应的表现。在学习和人际交往中，这两种现象很常见。

心理学者卢钦斯做了这样的实验：分别向两组被试者介绍一个人的性格特点。对甲组先介绍这个人的外倾特点，然后介绍内倾特点；对乙组则相反，先介绍内倾特点，后介绍外倾特点。最后考察这两组被试者留下的印象。结果与首因效应相同。卢钦斯把上述实验方式加以改变，在向两组被试者介绍完第一部分后，插入其他作业，如做一些数字演算、听历史故事之类不相干的事，之后再介绍第二部分。实验结果表明，两个组的被试者，都是第二部分的材料留下的印象深刻，近因效应明显。

美国心理学家卢钦斯用编撰的两段文字作为实验材料研究了首因效应现象。他编撰的文字材料主要是描写一个名叫吉姆的男孩的生活片段，第一段文字将吉姆描写成热情并外向的人，另一段文字则相反，把他描写成冷淡而内向的人。例如，第一段中说吉姆与朋友一起去上学，走在撒满阳光的马路上，与店铺里的熟人说话，与新结识的女孩子打招呼等；第二段中说吉姆放学后一个人步行回家，他走在马路的背阴一侧，他没有与新近结识的女孩子打招呼等。在实验中，卢钦斯把两段文字加以组合：

第一组，描写吉姆热情外向的文字先出现，冷淡内向的文字后出现。

第二组，描写吉姆冷淡内向的文字先出现，热情外向的文字后出现。

第三组，只显示描写吉姆热情外向的文字。

第四组，只显示描写吉姆冷淡内向的文字。

卢钦斯让四组被试者分别阅读一组文字材料，然后回答一个问题"吉姆是一个什么样的人？"结果发现，第一组被试者中有78%的人认为吉姆是友好的，第二组中只有18%的被试者认为吉姆是友好的，第三组中认为吉姆是友好的被试者有95%，第四组只有3%的被试者认为吉姆是友好的。

这项研究结果证明，信息呈现的顺序会对社会认知产生影响，先呈现的信息比后呈现的信息有更大的影响作用。但是，卢钦斯进一步的研究发现，如果在两段文字之间插入某些其他活动，如做数学题、听故事等，则大部分被试者会根据活动以后得到的信息对吉姆进行判断，也就是说，最近获得的信息对他们的社会知觉起到了更大的影响作用，这个现象叫作近因效应。

近因效应指在总体印象形成过程中，新近获得的信息比原来获得的信息影响更大的现象。研究发现，近因效应一般不如首因效应明显和普遍。在印象形成过程中，当不断有足够引人注意的新信息，或者原来的印象已经淡忘时，新近获得的信息的作用就会较大，就会发生近因效应。个性特点也影响近因效应或首因效应的发生。一般心理上开放、灵活的人容易受近因效应的影响；而心理上保持高度一致，具有稳定倾向的人，容易受首因效应的影响。

现实生活中，近因效应的心理现象相当普遍。小王与小李是小学的同学，从那时起，两个人就是好朋友，对对方非常了解，可是近一段时间小李因家中闹矛盾，心情十分不快，有时小王与他说话，动不动就发火，而且一个偶然的因素的影响，小李卷入了一宗盗窃案。小王认为小李过去一直在欺骗自己，于是与他断绝了友谊。其实这就是近因效应在起副作用。

朋友之间的负性近因效应，大多产生于交往中遇到与愿望相违背、愿望不遂，或感到自己受屈、善意被误解时，其情绪多为激情状态。在激情状态下，人们对自己行为的控制能力和对周围事物的理解能力，都会有一定程度的降低，容易说出错话，做出错事，产生不良后果。因此，凡事在先须加忍让，防止激化，待心平气和时彼此再理论，明辨是非。

绅士风度——男权主义的华丽外衣

有一次，一位美国某跨国企业的总经理对自己的秘书说："我不太明白，英国很多阶层的男士都可以叫绅士，官员可以叫绅士，律师可以叫绅士，医生可以叫绅士，商人可以叫绅士，甚至无业的人也可以叫绅士。贵族里有绅士，贫民里也有绅士。为什么这么多人、各行各业的人都可以叫绅士？你去帮我打听一下，绅士到底是什么意思。"过了两个多小时，秘书回来跟总经理说："总经理，给您查到了，绅士就是不给别人添麻烦的人。"

"绅士"一词最早出现在英国，在当时，英国的绅士通常会手拿文明棍，头戴大礼帽，身着笔挺的西装，足蹬亮皮鞋。而所谓的绅士风度，是西方国家公众特别是英国男性公众所崇尚的基本礼仪规范，要求在公众交往中注意自己的仪容举止，风姿优雅，能给人留下彬彬有礼和富有教养的印象。就是要求男性要有着良好的个人修养：待人谦和、衣冠得体、谈吐高雅，同时还要有渊博的知识、有爱心、尊重女性、无不良嗜好以及良好的人际关系。简单来说，绅士就是举止优雅、心地善良的男士。

在中世纪的英国，"gentry"——绅士阶级——是一个社会阶层，社会地位仅次于贵族。此阶层的男性成人当时称为"gentleman"——绅士。"绅士"的基本规范来自17世纪中叶的西欧，由具有英雄气概的中世纪欧洲骑士发展而来，随后这种风尚在英国盛行并发展到极致，绅士风度便成为了英国民族文化最明显的标志之一。英国的这种绅士文化同时也是英国社会各阶层在向上流社会看齐的过程中，以贵族精神为基础，掺杂了各阶层某些价值观念融和而成的一种全新的社会文化。

绅士文化源于中世纪的骑士精神。骑士精神是西方上流社会的文化精神，其制度产生于中世纪欧洲的上层社会。中世纪的骑士本身就是一些中、小封建领主，骑士身份的获得，是一名武士进入上层社会的标志。作为一种贵族封号，骑士必须经过长期的服役，并通过一定的仪式才能获得。如果出生于贵族家庭的子弟想成为骑士，他必须七八岁后即按照自己出生的等级依次到高一级的封建主及其夫人身边当侍童，14岁后为随从，即见习骑士，接受专门武士骑士训练，21岁时通过严格的考试和隆重的仪式，宣誓及其他宗教礼仪后，才正式取得骑士封号。从这样一种制度产生的文化，是一种封闭的贵族文化，其文化精神也是一种贵族文化精神。骑士制度中有骑士不得与平民交手的规则，可见其气质。它看重身份，注意修养，恪守诺言，尊重法规，是一种重视荣誉、信仰秩序的文化精神。

中世纪的欧洲骑士崇尚所谓的8大美德：谦恭，正直，怜悯，英勇，公正，牺牲，荣誉，灵魂！欧洲的骑士精神和道德准则体现的是上层社会的一种贵族文化的精神，它是一种道德和人格精神，它的基础是个人身份的优越感。在这种骑士精神中积淀了西欧民族远古尚武精神的某些积极因素：对个人的人格的爱护和尊重，为被压迫者和被迫者牺牲全部力量乃至生命的勇敢精神，把女子作为爱和美在尘世上的代表加以理想化的崇拜等都体现了骑士精神的优良品质。西方学者在对骑士精神的研究中指出：从选择品德的倾向来说，传统在欧洲占上风。

在西方的文化传统中，中世纪的骑士精神对现代欧洲的民族性格的塑造起着极其重大的作用。由骑士精神衍变形成的西欧民族中所谓的"绅士精神"形成了现代欧洲人注重个人身份和荣誉，讲究风度、礼节和外表举止，向往崇尚精神理想和尊崇妇女的浪漫气质以及恪守公开竞赛、公平竞争的优良品质。总的来说，骑士精神及后来的绅士精神使现代欧洲人民族性格中既含有优雅的贵族气质成分，又兼具信守诺言、乐于助人、为理想和荣誉牺牲的豪爽武人品格。

现在绅士风度已经成为英国文化的一个标志，也是英国男士给世人的一种"刻板印象"。但是这种有着良好精神品质的行为方式在现代国际交往中越来越被提倡，尤其是在商务礼仪、外交礼仪等场合中，有着良好绅士风度的男士总会受到欢迎。绅士风度基本的要求是考究的着装、文雅的举止、尊重女性、尊重人格、对传统文化的继承与发扬、对生活质量的追求与建造，绅士风度彰显了男人的刚毅、坚韧、含蓄、深沉与宽宏大量的人格之美，留给他人"出类拔萃，风度不凡"的良好印象。

英国传统的绅士风度主要包括 3 点：（1）服装穿着上的合适得体，要符合自己的身份，同时要适合所在的场合；（2）性格内向，具有幽默的社会交往方式；（3）女士优先的礼仪原则。

而经过多年的发展，现代意义上的绅士风度主要有几点：（1）讲究仪容和服装整洁。（2）言行举止彬彬有礼，文雅大方。在交际中，作介绍时，西方国家的习惯是先将男的介绍给女的，将年轻的介绍给年长的，将地位低的介绍给地位高的，不能颠倒顺序，否则认为是不礼貌的。（3）文明用语，礼貌待人，不做任何越礼之事。文明用语，是绅士风度的一种礼貌表现。"请"、"您"、"谢谢"、"对不起"、"再见"，这些文明用语表现一个人的教养和风度。

绅士风度虽然包含各种社会交往的场合，但我们可能更多的是在男性与女性交往中注意绅士风度。男性在社会交往中彬彬有礼往往可以表现文明社会男性的道德风范，也可以看出一个男性的受教育程度。男性的风度不仅应表现在与女友的交往中，还应表现在日常生活中对女士的态度上。现代男性的绅士风度在具体训练中有 7 条要领：

（1）应该先向所遇到的熟悉的女士微微点头打招呼。如果某位女士向您走来，请您记住，如果她主动伸出手，您才能与她握手。

（2）在公共场所偶然遇到熟悉的女士互相问好时，可以不握手，但必须把手从口袋里拿出来，把烟从嘴上拿下来，如果吃着东西要停止咀嚼，当然，女士也一样。男士在大街上随便让女士停下脚步是有失体面的，哪怕是熟人。如有急事当然可以例外。

（3）如果您与女伴走在街上遇到熟人，您不能把女伴晾在一边没完没了地与熟人交谈。您可以把熟人介绍给女伴，但是如果您必须与熟人谈什么事情而且三言两语说不清楚，可以另约时间见面或打电话联系。

（4）如果某女士坐您开的车，您一定要打开车门让女士先坐在副驾驶的位置上，您再坐到自己的位置上。女士下车的时候，您要先下车，为女士打开车门。在车内探过身子打开车门的做法不雅观。当然，也不能让女士自己取出行李物品。

（5）在咖啡馆或饭店与熟悉的女士会面时，要从座位上略略欠身以示欢迎。如果女士走近您，要站起来与其交谈。

（6）晚会上您的女友要去卫生间稍事整理，您可以把她送到大厅，但要小心地绕行，以免打扰正在跳舞的人。

（7）晚会结束后，如果有条件要开自己的车或打的送女友回家，别忘了谢谢女友接受邀请参加晚会。一般是看着女友走近楼门或家门。更礼貌的做法是，从汽车里出来，把女友送到她的家门口。

总之，男性在与女性交往中要表现得懂礼貌、尊重对方、强调自我的尊严、讲究礼仪，这样才能被认为是有绅士风度。

第五节 为何“白毛女”不能嫁“黄世仁”——谈婚论嫁

婚姻的序曲还是坟墓——同居

下面是两组调查：

在美国，1988 年对 15～19 岁女性的调查表明，在 15～17 岁期间有过性经历的女性占 38.4%；在 18～19 岁期间有过性经历的高达 74.4%。另据 1990 年对美国中学生性经历的统计表明，大约在 17～19 岁期间，有 60.8% 的男生和 48% 的女生已有过性经历。在现在美国已婚的夫妻当中，有 37% 宣称他们婚前已经同居。

北京大学医学部公共卫生学院近年对北京市 5 所高校 1310 名在校大学生的调查结果显示：半数以上的学生认为在双方相爱、关系稳定、准备结婚的情况下，婚前性关系是可以接受的。对性行为的进一步调查显示：有过婚前性行为的男生占 15%，女生占 13%。首次发生性关系的平均年龄，男生 18.7 岁，女生 19 岁。江苏省社会学学会婚恋家庭咨询中心的调查结果也显示，70% 左右的人认为婚前性行为可以理解，而且有 15% 的未婚女性婚前怀孕。另外根据 1998 年对全国初中以上文化人口的随机调查，60% 左右的被访者认为男性和女性的婚前性行为是"可原谅"和"不算错"的。

同居是指两个人出于某种目的而暂时居住在一起，现一般用于异性之间。同居跟结婚不一样，结婚是获得了法律的承认的，不可以随便解除关系，解除婚姻关系必须要通过一定的法律程序；而同居是不被法律承认的一种行为，可以随时出于当事人的意愿而终止关系，对双方都具有很大的自由度。

未婚同居现象目前在我国已经普遍存在，且呈快速上升趋势，尤其在大中城市，已被越来越多的人接受、宽容和认可。新一代年轻人把同居当作一种"时尚"。有资料显示，在苏南地区外来的打工女工中，40% 有婚前性行为或未婚同居经历；在广州外来打工女工中，60% 有婚前性行为或未婚同居经历。有关专家指出：要慎重对待同居，特别是一些女性。同居对于男性和女性的影响是很不相同的。美国有研究表明，曾与女人同居的男人中只有 1/3 的人后来和那个女人结了婚。也就是说，2/3 的同居关系没有走向婚姻。最终没能结婚的那 2/3 的女性情况如何呢？曾和一位男子同居的经历像年轮一样刻在自己的心里和身上，很难很快地走出并摆脱它带来的影响，一切得重新开始并十分艰难。

在诸多选择同居的人们看来，他们的内心也并不是坦然而坚定的，似乎是一种不得不的情境下的自然选择，同时，他们也对这份感情存在着迷惑或不信任。有专家认为，这种相对自由状态中有不负责任的因素存在，现代年轻人由于社会的竞争压力感到浮躁和迷茫而不愿付出，未婚同居的状态使人更多地去设想自己而不是两个人的未来，这实际上更让他们对婚姻缺乏信心而造成认识上的误区，以为婚姻仅仅是索要，而增加对婚姻的期望值。对于一个法制化社会来说，婚姻生活中的财产划分和拥有孩子的权利是有法律规定的，这些婚姻中的事情在未婚同居的人群中也会遇到，一旦分道扬镳时的痛苦会比离婚更少吗？可能只是少一道手续而已吧。针对越来越多的未婚同居族，有人甚至呼吁立法规范。有社会学家在谈到这一问题时却有另一番见解："应该说，同居还是有一些好处的。因为同居的过程本身就是男女双方互相了解、磨合的过程，慢慢地两个人都能感觉到和他（她）在一起会不会幸福。一旦分手，同居的人比结婚的人付出代价小得多，'结婚'这个词的含义远不止两个人生活在一起那么简单，一旦离婚，在社会舆论、经济、感情上付出很大。而同居者他们不必为经济、感情上付出太大，因为许多年轻人之所以选择分手，也意味着对他们的将来并不乐观。这里有一点应该注意，同居者付出的代价主要是在社会舆论方面，尤其是女性要背负比男性更多的社会压力。一般人们会指责她丧失童贞，但这其实没有道理，因为她（他）要同居是他们的生活方式，童贞也并不只针对女性才有，男性同样也有，社会不该用双重标准评价同一件事情。"

有调查显示，有过同居经历的人在结婚后离婚率也比没有同居经历的人要高得多。其实，说到底，同居的两个人之间如果没有坚固的感情基础做后盾，到最后恐怕只能是赔了夫人又折兵的悲惨境地。

明星富豪的结合是帕累托最优——婚姻

婚姻关系是一种交换关系，人为什么要结婚？抛开异性相吸、感情需要等不谈，单从经济学的角度考虑，人们很容易会想到资源的优化配置——帕累托最优。

帕累托最优是指资源分配的一种状态，在不使任何人境况变坏的情况下，不可能再使某些人的处境变好。如果一场婚姻能够使没有任何人处境变坏的情况下，至少有一个人处境变得更好，就可以被称为帕累托改进。当没有任何帕累托改进余地，就意味着现状已经达到了帕累托最优。很多生意上成功的男人选择与漂亮妩媚的女人结婚就是这个道理。

漂亮女人与富豪的婚姻是典型的"交换"案例。富豪一方支付物质成本，另一方付出的是青春和美貌。然而青春、美貌是短暂易逝的资本，一旦容颜老去，不能再满足对方需求，而对方满足你的需求的质量却没有相应下降，对方很容易会因为付出和得到的不对等而心理失衡，这种交易也就很容易"破裂"。

一对新婚夫妇到郊外游玩，途中经过一片湖沼。妻子看到湖中悠游的一对白鹅，便对丈夫说："亲爱的，你看它们生活得多么美好，但愿我们也跟它们一样。"

丈夫一言不发。傍晚，在他们回家途中，又经过那片湖沼，又看到一对白鹅。妻子又说："你看它们仍然相处在一起，一直不分离。"

这时，丈夫开口了："亲爱的，你再仔细看看，那只母鹅已经不是早上那只了。"

从经济学的角度看，富翁属于增值资产，美女则是贬值资产，不但贬值，而且是加速贬值。美女也许在未来5年时间内，仍能够保持窈窕的身材、俏丽的容貌，但每年都在减退。美貌消逝的速度会越来越快，如果外貌是美女仅有的资产，那10年后她的价值显然会贬值太多。

中国的婚姻历来讲究门当户对，所谓门当户对，主要就是指婚姻双方的婚前财产、家庭地位要对称，不可差异太大。豪门婚姻多不稳定，破裂的原因就在于门户的不对等。经济地位的悬殊可以导致各种各样的问题，经济上依赖于富豪，美女自然也就无法阻止富豪日后的出轨。地位悬殊和其他美女的替代效应是豪门婚姻破裂的两大诱因。

美女与富豪的结合看似是帕累托最优，其实他们之间并非是资源的最优组合，一是他们的经济地位不对等，二是富豪的财富随着时间增值，而美女却随着时间贬值。

美国也有"父母之命，媒妁之言"——同类婚

在我国古代，婚姻讲究"父母之命，媒妁之言"，其说到底就是要讲究门当户对。门当户对，旧时指男女双方的社会地位和经济情况相当，结亲很适合。古人说的"门当户对"有其合理性。恋爱是两个人的事情，但婚姻是两个家庭的事情。家庭氛围、家庭的生活方式和文化是在一个家族一代一代沿袭下来的，即便周围的环境有变化也是不会轻易改变的。两个家庭如果有相近的生活习惯，对现实事物的看法相近，生活中才会有更多的共同语言，才会有共同的快乐，才会保持更长久的彼此欣赏，也才会让婚姻保持持久的生命力。这是非常有道理的说法。旧时人们说的门当户对，在社会学中被称之为同类婚。

然而，生活中所存在的婚姻形式并不全是同类婚，尽管研究证明同类婚夫妻双方的幸福指数比较高。生活中仍有许多人梦想着能找到一个所谓有钱的金龟婿，在他们看来，只有物质上的充裕才能保证婚姻的幸福，事实果真是这样的吗？

天天从不否认自己是一个物质女人，但她觉得自己作为一个出色的女人，绝对有追求物质最大化的权利和资本。身材高挑、容貌靓丽的她，在一家大公司做翻译，熟练掌握两门外语。

因为工作的关系，她常常要随公司的老总出入各种高档场所，耳濡目染那些有钱人潇洒、奢华的生活，她的心里不知有多美慕。可是，她出身于平民之家，每个月两千多元的工资，想过上那种生活，便只有嫁个有钱人这一条出路。

浩的出现改变了这一切。浩是她公司的一个大客户，年轻、英俊，最重要的是多金（虽然是继承的家族企业）。他对她是一见钟情，她内心激动不已，虽藏着一万个"我愿意"，但表面上她却装作很矜持。另外，她也想考验浩对她是否

是真心。天天对恋爱的态度是认真的，她觉得它一定要以婚姻为前提。

她的矜持反而吊起了浩极大的胃口，他采用玫瑰、高档服饰和钻戒的攻势，很快就彻底地俘获了天天的芳心。

她的生活从此开始与众不同，天天上下班有名牌跑车接送，衣着光鲜亮丽，消费的限度不再是价格的高低，而是她内心的欲求。在公司里，她不用再为五斗米折腰，她不卑不亢地发表自己的见解，因为钓到金龟婿的她，工作已经不是生存的唯一依靠。

天天钓到了一个金龟婿，可以在物质生活方面不用发愁了，但爱情方面的又有谁可以保证？这种只注重物质而忽略许多现实问题的婚姻是不可能幸福的。幸福不仅仅靠物质就能得到。

金龟婿，这个美称出自唐代诗人李商隐的《为有》诗："为有云屏无限娇，凤城寒尽怕春宵。无端嫁得金龟婿，辜负香衾事早朝。"将丈夫称为"金龟婿"，与唐代官员的佩饰有关。据《新唐书·车服志》载，唐初，内外官五品以上，皆佩鱼符、鱼袋，武后天授元年（公元690年）改内外官所佩鱼符为龟符，鱼袋为龟袋。并规定三品以上龟袋用金饰，四品用银饰，五品用铜饰。

金龟既可指用金制成的龟符，还可指以金作饰的龟袋。但无论所指为何，均是亲王或三品以上官员。后世遂以金龟婿代指身份高贵的女婿。但在现代汉语中，其"贵"的含义正在逐渐减弱，而"富"的含义却有逐日加强之势。很多人为了物质放弃爱情，只求嫁有钱人。

社会学的研究表明，绝大部分的婚姻都是同类婚，即夫妻双方在经济、教育、价值取向、家庭背景等诸多方面都很类似。幸福的婚姻也大部分都是同类婚，而且维系婚姻稳定的，不是爱情，而是夫妻双方的背景相似和互相帮助。很多的未婚男女，陷入了甜蜜恋爱中，而并不能了解婚姻的这些现实因素，一味地相信自己的感觉，最后却没有真正得到属于自己的幸福婚姻，就是很好的例子。

在美国，名义上说，白人可以和黑人结婚，犹太人可以和基督徒结婚，社会名流可以和下等人结婚。但是事实上，大部分美国人都选择那些经济、种族和宗教背景与自己基本一致的人结婚。很显然，这种具有共同社会特征的人之间的婚姻方式就是同类婚的例子。事实证明，人们与那些在特性上与自己相似的人结婚，这样的婚姻幸福度也比较高。

同类婚有两种重要的社会功能，一种是孩子接受前后一贯的社会化的机会比较多，如果夫妻双方异质性比较强，他们就会在教育孩子方面出现许多争议，会对下一代产生许多负面影响；另外，夫妻在其他事情上的争吵也会减少。因为社会地位相当的人往往会有共同的价值观，所以同类婚会使相对幸福的婚姻机会增多，减少离婚的几率。

在传统社会里，同类婚交由"父母之命，媒妁之言"所安排的婚姻来保证。而在现代社会生活中，同类婚是大多数人倾向于与"同类人"交往这一事实的典型反映。并且即便他们没有这种偏好，他们与自己群体内的成员相遇、相处的机会还是要远远大于与"外群体"成员接触的机会。美国人倾向于同和自己有共同宗教信仰、属同一人种的人结婚。尽管不同人种之间的通婚率要普遍，但尽管如此，人们还是强烈倾向于在同一阶级内部通婚。人们还通常与相同年龄段的人结婚。

为什么金龟婿并不靠谱——婚姻倾度

社会学家曾做过一个实验：把男女划分成甲、乙、丙、丁若干等，实验者发现，甲等的男人一般找乙等的女人，乙等男人找丙等女人，而甲等即最优秀的女人可能因为"曲高和寡"而根本找不到能与之相配的男士，相反丁等的女人可以选择的男人范围最大。这就是社会学上所指的婚姻倾度。婚姻倾度，就是指男人、女人在寻找配偶时候认为，男人比女人在收入、年龄、教育程度等方面高一些的倾向。说白了，就是男人向下找，女人向上找。其实找对象应该是找跟自己般配的。

一个年轻漂亮的美国女孩在美国一家大型网上论坛金融版上发表了这样一个问题帖："我怎样才能嫁给有钱人？"

我下面要说的都是心里话。本人25岁，非常漂亮，是那种让人惊艳的漂亮，谈吐文雅，有品位，想嫁给年薪50万美元的人。你也许会说我贪心，但在纽约年薪100万才算是中产，本人的要求其实不高。

这个版上有没有年薪超过50万的人？你们都结婚了吗？我想请教各位一个问题——怎样才能嫁给你们这样的有钱人？我约会过的人中，最有钱的年薪25万，这似乎是我的上限。要住进纽约中心公园以西的高尚住宅区，年薪25万远远不够。我是来诚心诚意请教的。有几个具体的问题：一、有钱的单身汉一般都在哪里消磨时光？（请列出酒吧、饭店、健身房的名字和详细地址。）二、我应该把目标定在哪个年龄段？三、为什么有些富豪的妻子看起来相貌平平？我见过有些女孩，

长相如同白开水，毫无吸引人的地方，但她们却能嫁入豪门。而单身酒吧里那些迷死人的美女却运气不佳。四、你们怎么决定谁能做妻子，谁只能做女朋友？（我现在的目标是结婚。）

——波尔斯女士

下面是一个华尔街金融家的回帖：

亲爱的波尔斯：我怀着极大的兴趣看完了贵帖，相信不少女士也有跟你类似的疑问。让我以一个投资专家的身份，对你的处境做一分析。我年薪超过50万，符合你的择偶标准，所以请相信我并不是在浪费大家的时间。

从生意人的角度来看，跟你结婚是个糟糕的经营决策，道理再明白不过，请听我解释。抛开细枝末节，你所说的其实是一笔简单的"财""貌"交易：甲方提供迷人的外表，乙方出钱，公平交易，童叟无欺。但是，这里有个致命的问题，你的美貌会消逝，但我的钱却不会无缘无故减少。事实上，我的收入很可能会逐年递增，而你不可能一年比一年漂亮。

因此，从经济学的角度讲，我是增值资产，你是贬值资产，不但贬值，而且是加速贬值！你现在25岁，在未来的5年里，你仍可以保持窈窕的身段，俏丽的容貌，虽然每年略有退步。但美貌消逝的速度会越来越快，如果它是你仅有的资产，10年以后你的价值堪忧。

用华尔街术语说，每笔交易都有一个仓位，跟你交往属于"交易仓位"，一旦价值下跌就要立即抛售，而不宜长期持有——也就是你想要的婚姻。听起来很残忍，但对一件会加速贬值的物资，明智的选择是租赁，而不是购入。年薪能超过50万的人，当然都不是傻瓜，因此我们只会跟你交往，但不会跟你结婚。所以我劝你不要苦苦寻找嫁给有钱人的秘方。顺便说一句，你倒可以想办法把自己变成年薪50万的人，这比碰到一个有钱的傻瓜的胜算要大。

这就是社会学上所说的婚姻倾度。婚姻倾度是指男人倾向于和比他们年轻、文化水平比他们低、职业声望不如他们的女性结婚。这样，丈夫拥有相对较高的地位。妻子们希望能够"仰视"她们的丈夫，丈夫们也希望她们是如此。这种婚姻模式带来的现象叫作"婚姻倾度"。

第一，婚姻倾度是一种自然现象，全世界都存在。其规律是，越是发达的社会，婚姻倾度越低；落后保守的地区，婚姻倾度大，这是因为落后地区男女更不平等，生活更容易仅仅依赖男人一个。另外，社会阶层越高，婚姻倾度越小。中上层的夫妻更加般配，夫妻比翼齐飞是比较常见的模式。

第二，婚姻倾度大，男方可能不得不承受较差的家庭收入状况。我们发现，大凡一个单位的男女同事之间（该男女二人属于同一水平），一般女的都比男同事过得好，为什么？因为女的另一半比这个女的强，而男的另一半比这个男的弱，两个家庭的总能量就会有较大差别。更有甚者，女的没有工作，或者收入很少，在今天欲望极高、压力极大的城市里生活，不如你的邻居的感觉是肯定不舒服的。另外，婚姻倾度大，容易导致家庭生活一方主导，夫妻双方平等交流就成为奢望。

第三，婚姻倾度大，男方心理优势明显，女方被背叛和被抛弃的风险大增。很多破裂的婚姻，都与女人婚后停步不前有关系，这使寻求平等伴侣的男性觉得孤独而出轨。

第四，婚姻倾度不是一成不变的，变化过大肯定影响婚姻生活的幸福程度，如果女方大大高于男方（婚姻倾度倒置），这对于寻求正常婚姻倾度的男性来说是不能忍受的，由此会导致婚姻解体。主要由年龄构成的婚姻倾度，随着男人的年老体衰，受气是必然的。一个男人的母亲，坚决反对其儿子找一个年龄小的老婆，理由就是，那样他老了会受气。

第五，偏好年龄倾度的男人值得怀疑。男人喜欢年轻女人，并非意味着他们喜欢娶年轻女人为妻，那种一定要找年轻女人为妻的，可能是心理年龄偏低的男人，这种男人不够成熟，而且很可能这种男人没有其他优势，试图利用年龄积累的优势，可是这个优势会很快地消磨殆尽。男人的成就高低，跟年龄可没有太大关系。与其找一个潜力开发殆尽的所谓成熟男人，不如找一个有发展潜力的年轻小伙子。

离婚不是怪物——离婚

伍兹"偷腥门"曝光后，虽然他公开发表了道歉声明并且无限期退出高尔夫球运动，但其形象一落千丈。据美国媒体报道，伍兹离婚案，将改写全球运动员最贵的离婚费用数字。

"飞人"迈克尔·乔丹一度接近完美，但功成名就的他还是没能抵挡住诱惑，不断爆出私生子、出入夜总会等丑闻，最终妻子胡安妮塔对于这桩单方面维系的婚姻失去了信心。2006年年初，乔丹被一个陌生女子告上法庭，原因是他把该女子骗上了床。胡安妮塔终于愤而结束了这段 17 年的婚姻，并分得了乔丹 4 亿美元家产中的近一半，还包括她与乔丹在芝加哥的一处房产和对 3 个孩子的监护权。

几个人在聊天，谈到西方国家离婚率比中国高的问题，一位学者戏言道："西方的爱神是个小孩子，嘴上无毛办事不牢，所以离婚率高；而中国的婚姻主要靠月下老人，自然牢靠多了。"

不过，现在月下老人也办事不牢了。如今，我国已一跃成为"离婚大国"，每年都有 100 多万对劳燕分飞。换句话说，每两分多钟就有一宗离婚案。离婚者的婚龄在缩短。

根据在中国婚姻法学研究会举办的"婚姻法修改研讨会"上披露的资料，20 世纪 80 年代以来，中国人的离婚数量迅速上升，如果用结婚与离婚之比来表示，1980 年结婚的有 716.6 万对，离婚的有 34.1 万对，大约为 21：1；1995 年，结婚的有 929.7 万对，离婚的为 105.5 万对，大约为 8.8：1。从人民法院受理的一审离婚案件数量来看，1990 年是 81 万多件，1991 年 86 万多件，1994 年 103 万多件，1997 年达 124 万多件。尽管我们尚不掌握确切离婚率，但是，从这些数据中，我们仍然能够判断，中国的离婚率在上升。

其中最重要的原因正如最高人民法院在一次报告中提到过的：一是越来越多的人反对封建婚姻的束缚，为追求幸福的婚姻和充实的精神生活，要求离婚，这种要求是合理的，从这点来看，离婚率升高也是一种社会进步的表现；二是少数的暴发户喜新厌旧，或喜新不厌旧，利用金钱玩弄异性，这是一种丑恶的社会现象，受伤害的一方，更应该通过离婚和法律手段来捍卫自己的权益。

以上是现实生活中导致离婚的一些具体原因，其实离婚也是有其理论依据的：从现代婚姻理论观点看，男女走向婚姻，是因为婚姻能给其带来某种满足。婚姻给男女双方的需求带来的满足的程度，称为婚姻效用。根据这一理论，离婚从逻辑上可以划分为"效用放弃"和"效用代替"两种形式。

所谓效用放弃，即由于婚姻中的双方或一方无法忍受婚姻障碍，而"主动地"选择放弃婚姻以及由婚姻带来的效用。效用代替，是指人们自觉或不自觉地将现有的婚姻关系与可能的选择进行对比。如果外在的选择优于现在的婚姻，那么婚姻很有可能破裂。也就是说，婚姻中的一方主体因为有了新的关系——可以提供新的效用，进而选择离婚。比如，某一方有了第三者，从而提出离婚。

社会学研究调查表明，女人越富有，离婚的几率就越高。即女性经济独立也是影响离婚率的一大因素。婚姻的崩溃不仅是因为女人的收入增加了，而且因为她开始变得比丈夫更成功，女人在经济上的成就已成为离婚案增加的一个重要因素。

导致这种现象的原因可能是因为家中权力的转移致使女人不再满足只被埋没于繁杂细碎的家务中，转而期待在家中拥有更多的发言权，令丈夫在家中的地位发生了动摇。

另一个原因可能是随着女人赚钱能力的提高，她的自信也在一步步建立，即使离开丈夫她也有足够的能力养活自己。

凯瑟琳是美国阿肯色州立大学的经济学教授，通过对112740位女性经济状况进行调查后发现，这些妇女之中，有95980位女性已婚，16760位离婚。而导致离婚率提高的一个重要原因，即是女人经济财政的独立。英国离婚的人数已经持续4年不断增多，仅2004年一年，其离婚人数就增加了0.2%，共计167116人选择结束自己的婚姻。凯瑟琳还发现了一个规律：与家庭总收入对比，家庭中女方的收入每增加1万英镑，婚姻破裂的几率就相应提高1%。

凯瑟琳说："财政独立使得女性更易作出离婚的决定。此外，似乎女性的经济成就真的会导致家庭内的摩擦。"

此外，成功女性更易离婚还有其他原因。伦敦一家律师行的家庭律师古里特说："同20～30年前比较，离婚法例的诠释对妇女更有利，因此她们更有信心可以摆脱一段婚姻。"社会学家认为，社会财富分配状况的变迁一方面改变了婚姻与资产获得之间的关联，另一方面也使女性有更多的机会获得经济上的独立。因此，婚姻不再承担曾经是必需的经济功能；也有人解释说，妇女地位的独立使她们更少把离婚与羞耻联系在一起，更多地追求自己的满足，离婚成了一种正常的生活选择，就像买东西一样。

由此可见，爱情并不是构成婚姻的唯一条件，影响婚姻稳定的因素有很多，造成离婚的因素也就远非上面所提及的几个。除了前面提到的几个因素之外，还有其他一些。对中国离婚状况的初步研究表明，离婚的原因多种多样，更多的是因为女性因不堪忍受丈夫的暴力、遗弃、虐待、不尽义务、酗酒、赌博、吸毒、犯罪和嫖娼等恶习或与丈夫性格不合而急于逃离不幸婚姻。不过这并不是主流的意见，对上海的一项调查表明，"性生活不和谐"是导致离婚的主要因素；也有更加现实的解释，认为现代人对婚姻品质的期望值远远高于上一辈。一旦婚后的现实与婚前的期望产生矛盾且不可调和，离婚就是必然的选择。

事实上，不仅中国如此，工业化国家也大都经历了同样的过程，而且这个过程尚在继续中。举例来说，1960～1970年，英国的离婚率以每年9%的速度稳步增长，10年中，离婚率几乎翻了一倍；在美国，1970年的离婚率为4.7%，1980年涨到了10%，1989年涨到了13.8%；根据《今日美国》2001年3月的资料，在过去的15年中，有43%的初婚者已经离婚。

尽管绝大多数人都希望自己的婚姻美满长久，但婚姻以外普遍存在的两性关系事实告诉我们，结婚只是向社会公开了一桩婚姻，却并没有承诺两人之间一定要常相厮守。就像结婚一样，离婚也是重要的社会事实。

婚姻为什么会有"七年之痒"——厌倦心理

七年之痒，是指人们的婚姻到了第七年可能会因婚姻生活的平淡规律，感到无聊乏味，要经历一次危机的考验。"痒"即不舒服之意。这个考验是感情中的转折点，一旦成功，感情便能朝向良性健康的方向发展；反之，则可能二人分道扬镳、分崩离析，最终可能导致感情解体、劳燕分飞。

结婚久了，新鲜感丧失。从充满浪漫的恋爱到实实在在的婚姻，在平淡的朝夕相处中，彼此太熟悉了，恋爱时掩饰的缺点或双方在理念上的不同此时都已经充分地暴露出来。于是，情感的"疲惫"或厌倦使婚姻进入了"瓶颈"，如果无法选择有效的方法通过这一"瓶颈"，婚姻就会终结。

桂姐和老公的爱情是平淡的，起码在别人眼里是这样的。桂姐是一名高中老师，他是一名大学老师，在别人的介绍下，两人相亲了。相亲的过程也是那么的普通，同去的熟人都叽叽喳喳讲个不停，他们俩低着头坐着，等待对方先开口说话，一直等了10多分钟，饮料都喝完了还是没有说一句话。后来，他们就这样分头回家了，不过还是给彼此留下了不错的印象。在桂姐眼里，觉得他憨厚老实，人也算本分。他认为桂姐够文静，与他性格应该合得来。后来，他们又约会了几次，两个人话都很少，就在校园里安静地走来走去。

恋爱半年左右的时间，他们结婚了。平淡的爱情里，没有花前月下，没有铺天盖地的玫瑰，甚至连甜言蜜语都没有。求婚算是他们恋爱中最浪漫的情节了，他第一次给桂姐送了一束玫瑰。桂姐被感动哭了，就这样，婚姻生活开始了。应该说，桂姐是结婚后才真正了解老公。尽管他不爱说话，人却非常体贴，很会照顾女孩子。和他在一起，很有安全感。再加上他教授中文，身上散发着一种文人特有的忧郁气质。婚后，他们生下一个儿子，生活一直都过得非常平静。

当走过第七个年头的时候，传说中的"七年之痒"真的不期而至了。那时候，因为熟悉所以常常会忽略彼此。那段时间，他们都特别忙碌，他忙着评职称，辅导学生写论文；桂姐既要照顾高三毕业班，又要接送儿子，每天忙得像个陀螺，危机便是在这种疲惫中悄悄产生的。不可否认，步入中年的老公比以前更有魅力，他幽默的讲课方式更是赢得了不少女学生的青睐。某天，桂姐偶然在他的手机上发现几条学生发来的信息，语气暧昧，发送者是青青。凭着桂姐对老公的了解，桂姐知道，这个信息很可疑，因为老公一般不会在自己的手机上随便存别人的号码。

聪明的桂姐并没有大吵大闹，也没有兴师问罪。而是从那以后特地抽出时间来陪老公散步。散步时桂姐假装漫不经心地与他谈起某个同事因为出轨而离婚、离婚后孩子没人照顾等事情，趁机挽着他的手臂说："很多同事都羡慕我们的家庭，我也觉得很幸福，感谢你和孩子！"听完桂姐一番感性的话语后，她老公挽紧了她的手臂。从那以后，即使再忙，桂姐也会抽出时间和他交流。在特殊的日子，桂姐还会给老公写信，常常让他感动得一塌糊涂。经过桂姐的一番努力，他们夫妻不仅平安地度过了"七年之痒"，而且感情比以前更加深厚了。

爱情和婚姻就像温室里的花朵，是娇艳美丽的，但同时也是脆弱的，需要我们每个人去努力经营。经营得当，你就能够尽享婚姻爱情之花的甜蜜；如果疏于管理，就会自然败落。

婚姻是一种进入，进入意味着获得，体味着失去。当有情人牵手婚礼殿堂，面对的应是——从此有了家，有了固定的另一半，彼此能否共同迎接逐渐趋于平淡甚至是日复一日的生活呢？有人这样描述感情世界的心态轨迹"热恋—婚姻—无趣—疲惫—逃离"。又有多少人能熬过七年之痒？能不能靠着创意让七年之内不那么平淡，而顺利通过七年之痒的极限？下面就提供了一些夫妻双方可供参考的依据，希望夫妻们能够好好利用这些理念，像享受爱情一样享受自己的婚姻生活。

奉献理念——不要挑剔对方，不要希冀重新塑造对方。而应常常自问："我能够给对方带来什么——无忧的物质生活？充实的精神食粮？安全感、幸福感？"日常生活中发自内心地为对方做些什么，哪怕是最小的事情，一个拥抱、一个笑容、一个亲吻，让对方体会到温情。

留下空间——许多婚姻在束缚与反束缚中走向灭亡，于是许多人提出要给对方留有空间。其实应该先给自己留有空间，在婚外保持正常的朋友圈子，不要将婚姻作为自己唯一的精神寄托。在交往中不断提升自己的人生智慧，不断调整自己，适应婚姻。

调整期待——过高的期待会与现实形成反差，造成双方的压力。配偶不一定是你结识的异性中最好、最优秀的，但可能是最适合你的，这就足够了。

选择离婚——离婚并不像想象的那样可怕。如果双方都认定是错误的婚姻，离婚或许是最明智的选择。而离婚之后仍不能好好地反思自己，依然不明确自己到底需要什么的话，那才真正可怕。我们经常看到第一次离婚之后对于结婚和离婚都不太重视了的人，婚姻进入了不稳定状态，整个人生就出现了巨大的扭曲。

第六节　何以为家——社会的活力细胞

为什么婆媳关系是千古一大难——主干家庭的弊端

主干家庭是指父母和一对已婚子女生活在一起的家庭模式，通常包括祖父母、父母和未婚子女等直系亲属三代人。法国社会学家 F. 勒普累首先提出了主干家庭概念。他认为 19 世纪欧洲的家庭可以分为三大类：第一，父权家庭；第二，不稳定家庭；第三，主干家庭。父权家庭是指已婚子女及其所生子女均与父亲住在一起，处在父权的控制和统治之下。不稳定家庭类似于核心家庭。主干家庭中仅留继承人中的一个，其余则分门别居，但老家作为他们联络的中心。这种家庭多与封建宗法制度下的长子继承权密切相关。中国社会学家潘光旦在《中国之家庭问题》一书中称主干家庭为"折中制家庭"，认为它"有大家庭之根干，而无其枝叶"，是大家庭和小家庭间的折中形式。

主干家庭能在一定程度上培养代际之间的同情心，联络代际之间的感情。它也能在赡老、抚幼和管理家务上提供一些便利。主干家庭的缺点是家庭中有两对夫妻、两个中心，因而由谁执掌家庭权力问题难以解决。婆媳冲突就是一例。

80 后大多是独生子女，从小就是家里的掌上明珠，事事都是父母包办，娇气、任性是他们身上的通病。但是 80 后的媳妇们也并不是完全任由自己的脾气胡乱发泄的，她们对于公婆也有所克制，对于与公婆相处也有努力和让步，但不同的时代、性格和不同的生活经历使他们出现许多摩擦也是在所难免的。80后媳妇小敏讲述了自己的与公婆相处的亲身经历：

我是80后的一代人，我知道自己身上有许多80后的特点——娇气、任性。结婚之前，妈妈叮嘱我，结婚后就到了别人家，别人家不比自己家，一定不要惯着自己的脾气，自己的事情要学会自己做了，不能再想着依赖别人了，要和公公婆婆和和气气。对于妈妈的一番教导，我当然牢记在心。以前在家从不洗衣服的我，开始每天把自己的换洗衣服洗掉；吃完饭，我会把饭碗拿进厨房，擦干净桌子。对于这些举动，婆婆很满意，打破了她对我"娇气"的印象。女孩子对美容问题总是特别敏感。我每天起床后都会喝一杯蜂蜜茶，这是很多明星的保养秘诀，我自然深信不疑。住到婆婆家后，这个习惯我依然坚持，每天洗漱完后，我会喝一大杯蜂蜜茶。婆婆开始两天并没有说什么，一星期后，她问我，每天早上喝一大杯水，早饭怎么吃得下。我告诉婆婆我能吃得下，早晨喝水是我的习惯，婆婆坚持认为我是为了减肥、故意少吃饭才这么做的。婆婆为此还总在我面前念叨减肥多么不好，让我不要减肥。

除了早饭问题，还有就是睡眠问题。我的睡眠质量一直不太好，容易惊醒。婆婆有早起的习惯，并且每天早上起床都会很大声地和公公交谈，走路脚步声很重，还把电视开得很响。我知道她不是故意的，这只是她长久以来的生活习惯，但却成了我最大的问题。我一直不敢跟她提出，怕她觉得我这个媳妇怎么这么难伺候，连她的生活习惯都要干涉。直到有一次，她一早和别人打电话，声音响得连我老公都醒了，还以为她在跟谁吵架呢。起来一问，原来是在打电话。这次老公也意识到她的问题，提醒她说话小声点。随后的两天，她的确注意了很多，但习惯终究是习惯，不出一个星期，她还是老样子了。我想只有我去习惯她的习惯吧，没有别的办法了。

婆婆身上有着她那个年代的固有特点，比如消费特别俭省，觉得我花钱挺大手大脚的。老公给我买了件1000元的衣服，我会把价格打个对折再告诉婆婆。有一次我和老公带婆婆一起去逛街，我想买一套500块钱的化妆品，婆婆在一旁是怎么也不同意，说我一点也不知道节俭，什么化妆品不能用啊，干吗非用这么贵的。还说她自己一年到头只用几块钱的那种霜。我真的很无奈，现在都什么时代了，婆婆总喜欢拿她那个年代和我们现在比，真是没办法跟她沟通。

还有一个问题就是生小孩的问题，婆婆希望能够早点抱上孙子，因此总爱在我和老公面前念叨，说我们生了小孩她帮我们带，不费我们一点力气，尤其是看见或得知谁家有了小孩了或者别人问起婆婆有孙子了没有的时候。我和老公都不愿意这么早就要孩子，婆婆也不能体谅我们。因此，这个话题就成了一个永远无法讨论也无法达成共识的问题。

其实，老人和现代的年轻人出生的年月相差很远，在生活态度和生活习惯上都很不相同。上一代的人因为生活岁月的艰苦，她们吃尽了各种苦头，懂得节约与珍惜；而作为媳妇的下一代却因为生活环境的优越，很多人都没有经历过苦难的日子，她们大多比较铺张浪费。再加上现在时代的生活节奏加快，物质与精神生活不断完善，年轻的女人们追求时尚新潮，她们的"奢侈"生活让老人特别看不惯也接受不了，所以常常会在儿媳妇面前唠唠叨叨，数落不停，这时候如果做媳妇的来一两句对冲，那一场婆媳之间的唇枪舌剑肯定少不了。

婆媳纠纷就是这些"小事"引起的，不同的生活方式、不同的生活习惯、不同的文化背景、不同的家庭出身，对同一件事物都有可能产生不同的看法和做法。上辈人的思想观念和见解与年轻的一代存在着一条鸿沟，再加上老年人一般都比较固执，嘴里爱唠叨，所以通常老人的一些观念和做法让儿媳妇反感，继而出现隔阂。若是沟通不良，鸡毛蒜皮的小事也可能引爆大冲突。对那些家里莫名而生的"战火"，男士既要"摆平"又要"安抚"，也不是一件易事。在处理妻子与母亲之间的争执时，常常因为男士这种毫无弹性的解释与处置，使得事情日趋恶化。男士受"夹板气"也成为家常便饭了。

这就是主干家庭的弊端所在了。在这种婆媳共处的主干家庭里，因为有两对夫妻，所以有两个权利中心。儿子结婚前，母亲占据绝对的权威地位，可儿子结婚之后，母亲突然觉得以前只属于自己一个人的儿子现在却属于了另外一个"陌生女子"，自己在家里的权威地位一下子受到了动摇，儿子不再像以前一样对自己言听计从，而是被另一个"陌生女子"所左右。加之，婆婆和媳妇在生活习惯和观念上不同，所以很容易发生不愉快的事情。

尽管如此，主干家庭的模式在社会上也是普遍存在的。社会学家认为，主干家庭是由扩大家庭向核心家庭过渡的模式，有一定的生命力。1982年，中国进行的5城市家庭调查研究所得资料表明，主干家庭占家庭总数的24.29%，其数量仅次于核心家庭。主干家庭中，婆媳关系尽管给不少家庭造成了一些困扰和麻烦，但是话又说回来，进了一家门就是一家人，只要婆婆以更加宽大的胸怀像爱儿子一样爱自己的媳妇，媳妇也收敛起自己的脾气，像对自己的母亲一样去和婆婆沟通相处，婆媳总还是可以和谐相处、其乐融融的。

一心经营爱的城堡——核心家庭

核心家庭指两代人组成的家庭，核心家庭的成员是夫妻两人及其未婚孩子，通常不会和其他亲属住在一起。拉尔夫·林顿认为夫妻和子女是"一切家庭结构的基础"。他预言道："将来有一天只剩下最后一个人，他在生命的最后时刻也将寻找其妻子和孩子。"在核心家庭这种家庭模式里，可以完全规避和同族其他亲属们之间的摩擦和矛盾（比如难以相处的婆媳关系），使得夫妻二人都充裕的独处的时间和空间，也有助于营造良好浪漫的家庭气氛，对于维系和促进夫妻间的感情有着重要作用，是一种理想的家庭模式。下面提到的强和菁就是一个这样的例子。

儿子出生前，谁要是和菁说婚姻是爱情的坟墓，她总是会忍不住同人家争得面红耳赤。她的这种信念和看法，来自于她婚后的日子。丈夫强依然像婚前一样爱她、呵护她，用无声的爱使她感受到做妻子的幸福。

尔后，儿子呱呱坠地。那一刻，菁更深切地体会到了孕育的幸福之所在，儿子是她和他爱的结晶啊！强更是幸福地抱着儿子，小心翼翼地亲了又亲，眼角溢出激动的泪水。看起来那么腼腆的大男人，没儿子以前他的感情几乎很少有写到脸上的时候。这一幕，令菁莫名地激动。

儿子5个月了，小模样越来越像强。强每天一回家，第一件事就是亲儿子，然后抱着儿子去花园呼吸新鲜空气，给他唱歌，同他说话，还为他弹吉他，爱得不得了。菁一个人在旁边，就总有些又喜欢又羡慕的味道。强的公司本来就很忙，回家的时间大部分又给了儿子，菁以前习惯的那种浪漫温情和被重视的感觉，已经日渐匮乏了。好几次，她都注意到他同她缠绵时也在谈儿子，心里好不窝火。可是，她又找不到理由发作，只好找些借口不同他亲热。强也不强求，一转头就进入梦乡，让她又气又恨。

朋友们聚会时，菁就向她们诉说她的不满。可惜的是，她们几乎都不能准确地领悟到她的意思。

"我丈夫也是那样，有了孩子那段时间，他都成了孩子了……"

"不论如何，男人爱儿子难得啊。怕的是他不爱儿子，那样岂不是更辛苦……"

"结婚的女人都是用母爱来换取爱情的啦！是正常啦……"

如此，菁也就不再说什么，只是自己去生闷气。而且，她有意无意地开始回避那群经常炫耀幸福的女人们。

那一天下班回家，菁意外地发现强已经趴在儿子的摇篮边睡着了，往常他比她晚下班的。望着他和儿子那一脸幸福满足的神态，想起自己那灰色抑郁的心情，泪水滑落了下来。该死的强，有了儿子，连她也不要了！

"你怎么了，菁？"不知何时，强已经醒了过来，看着她满脸的不解。

"没什么，我只是有点不舒服。"菁抬起头，若无其事地擦了擦眼泪，转身走出了婴儿房。

她的背后留下强若有所思的目光。

菁的生日到了，但她却感觉不到一点点的欣喜。强昨天就说过了，今天他刚好要出远门办公务，请她原谅他不能陪她过生日。一大早，他就出门了。下班后，菁只好一个人去了餐厅，给自己要了蛋糕和葡萄酒。但是，她没有碰那蛋糕，她只是慢慢地品酒。想起往年丈夫跑前跑后为她庆祝生日的情景，她想哭，却哭不出来。若不是为了儿子，她原打算在外头一醉方休的。其实，她又何尝不爱儿子呢，她伤心的只是她失去的爱情。

回到家，照看着儿子甜甜地睡着了之后，菁就把自己的身躯重重地摔进了宽大的床上。蒙蒙眬眬中，不知何时客厅的方向响起了一阵舒缓清悦的吉他声，声声唤醒着她疲惫的心灵。菁慢慢走出去，看到客厅中央的桌子上放着一个大大的蛋糕，周围烛光跳跃，映着蛋糕中央 3 朵红艳的玫瑰。强坐在烛光下弹奏着吉他，目光深情地望向她。一种被电击般的感觉穿过菁的全身，她扶着门框，甜蜜的泪水喷涌而出。

强放下吉他，走过来，轻轻地拥住她："祝你生日快乐！"她点点头，仍不敢相信这一切是真的，她觉得自己又回到了那充满温情的岁月。

"亲爱的，是我不好！我一直以为，做了母亲的女人就不再需要那份柔情。我总是常听人说，女人有了儿子就不会再爱丈夫了，受到冷遇的是男人……可我恰恰犯了相反的错误！你看，我是多么粗心的人呀！"强带着她走向烛光。

菁什么也没有说，只是感觉到有一阵暖流流过她的心田。她已不再需要更多的语言，因为她还是世界上那个最幸福的妻子！

爱是婚姻的氧气，无论男人还是女人，无论身体还是精神，都离不开它的滋养。爱是主动地给予，想到爱别人，能够爱别人，是成熟的一种表现，也是一种能力，所以任何时候都不能忽视对伴侣的爱。核心家庭为夫妻双方充分表达对对方的感情提供了最佳的条件，也能有效地维护家庭的稳定。

核心家庭是一种社会上普遍存在的家庭模式。社会学家乔治·彼得·默多克进一步证实了核心家庭的普遍存在性。默多克认为，核心家庭所起的作用是其他集团不能起到的极为重要的作用。默多克把这些作用归纳为：性、生育、教育、生活。

（1）核心家庭满足性需要，减少了导致家庭破裂的性竞争。即核心家庭保证夫妻的性生活，从而有效避免了因性所引起的婚姻出轨。

（2）核心家庭保证妇女在其怀孕和哺乳期间受到保护。即在核心家庭里，妻子在怀孕期间能够得到丈夫周到的照顾和保护。

（3）核心家庭是濡化的必要条件。只有在一起生活的成年的男子和女子才有足够的知识使男孩子和女孩子濡化。

（4）女子因其生育作用而具有某种行为特点，男女之间存在解剖学上的和生理上的差别，因此男女分工更有利于生活。夫妻合作明确分工，能够保证家庭的经济生活和社会生活得以顺利地进行。

根据这种观点，核心家庭在异性性生活、生育、濡化和经济支持上起的有效作用超过其他任何制度。并且社会学家的研究表明，核心家庭是一种趋势。从前工业时代的英国开始，全世界的家庭结构正在逐渐朝核心家庭的方向发展。

更敏感、更脆弱的单亲学生——单亲家庭

提到单亲家庭，一般人直觉认为是离异家庭。但随着家庭、社会结构的多元，家庭可能因为各种因素而造成单亲，如离婚、配偶死亡、配偶工作居住两地、甚至未婚先孕等。由于单亲家庭的成因不同，及个人本身所拥有的内外在的资源不同，面对单亲的感受及调适也就有所不同。

单亲家庭的形式古已有之，然而单亲家庭概念的提出，却产生于欧美国家对当代婚姻现实状况的考察：欧美国家 20 世纪六七十年代的离婚高峰促成了大量离婚式单亲家庭的出现。中国从改革开放至今，由于快速增长的离婚率，离婚式单亲家庭的比重逐渐上升，由此而引发了单身父母的心理状态、生理问题、生活状况，单亲家庭子女的心理成长及教育等一系列问题，这些问题越来越为社会学家、心理卫生学家和政府等有关方面所关注。

离婚后，孩子大多和母亲同住，人们可能认为母子关系会更密切些，而事实上只有不到50%的母亲能保持离婚前那种融洽的母子关系，更多的是随时光流逝，母子关系愈加恶化。这个问题希望离婚的父母多加注意。

有些人认为，进入重组家庭，孩子的生活会有显著改善，作为重组家庭的一员，生活中顿时增加了更多的兄弟姐妹、更多的亲戚，重新拥有一个完整的家庭，有着必然的优越性。然而，不幸的是，孩子面临的其他问题却抵消了这个优越性。对单身父母来讲，再婚会带来爱与幸福的新希望，而对孩子，同样的事情却会诱发他们悲哀、愤怒甚至反叛的心理。也有调查显示，重组家庭的孩子更感到孤单、寂寞、无助。同时家长花在儿童身上的精力和时间，比原先家庭甚至单亲家庭都少得多，这些家长很少参加学校活动，不能很好地协助学校共同教育孩子。

单亲妈妈的数量一直高于单亲爸爸。但是随着社会的发展，单亲爸爸所占的比重在逐步增加。在美国，许多年前，几乎所有的父亲都不参与孩子的接生，但是现在90%多的父亲都亲眼目睹了自己孩子出生的那一刻，这样有助于男性对如何做一个父亲有一个更深刻的认识和理解，他们会花更多的时间来照顾孩子。著名心理专家郝滨分析认为：家长要对孩子们的心理健康多关心，要依据孩子的性格特征寻求恰当的教育方式，既要防止简单粗暴，又要防止过度溺爱。应及早发现问题并寻求专业帮助，及时解决，不要让心理问题严重影响孩子的生活和学习，而最终影响子女的终生幸福。

因为单亲家庭与父母双全的家庭不同，更应该关注单亲家庭儿童的心理健康，他们需要得到爱和关怀。因此在教育单亲家庭儿童应注意如下几点：

（1）给儿童充分的爱抚。家庭的亲人与幼儿园老师都要给单亲家庭的儿童更多的爱护，以补偿孩子失去的爱，使孩子心灵上的创伤得以愈合，使他们身心健康。父母给孩子的爱是真挚无比的，能给儿童无限的力量。但是，单亲家庭的儿童，既然已经在不同程度上失去了这种爱，那么其他的有关亲人、教师及同伴对他的爱也能在一定程度上给予弥补，成为鼓励儿童在人生道路上迈进的动力。

（2）满足儿童必需的物质要求。单亲家庭即使经济条件较差，也应该尽量关心儿童的生活，尽量为儿童创造必要的物质生活条件，使他们的物质生活水平同一般的父母双全的家庭的儿童相差不是太大。如果稍微差些，也应该尽量向儿童说明道理，消除其自卑心理，使他们能正确对待。

（3）引导儿童积极参加集体性的社会活动。单亲家庭的儿童，由于遭受不幸，往往心情压抑、性格内向、不喜欢社交。为此，家长和教师要特别注意引导他们参加集体性的社会活动，以培养其积极情绪和优良性格。

（4）培养儿童多方面的兴趣和某种特长，鼓励儿童积极成才。单亲家庭的儿童，由于心灵受了创伤，往往心情忧郁，而家长应该设法转移他们的消极情绪。比较好的办法是培养他们的各种兴趣或某种特长。如学乐器或学习唱歌、画图等，并鼓励他们不断努力，取得成绩。这样，儿童在生活中有了兴趣爱好，有了追求的目标，情绪就会乐观，性格也会在活动中受到锻炼而日益坚强，从消极、悲观的情绪中摆脱出来。

（5）离婚家庭应该做到文明离婚，离婚后，父母双方都应该做到继续关心孩子。不少离婚的父母，在离婚前争吵、反目，离婚后，还继续相互仇恨，不相往来，使儿童不胜痛苦。如何把离婚对下一代造成的心灵创伤减少到最低限度，这是很需要研究的问题。美国心理学家波斯诺特在《父母与子女》一书中提出这样的主张："离了婚的父母，虽然已经不是夫妻，但是最好的办法是继续做孩子的父母。"这话的意思是说，夫妻虽已离婚，但是父母与孩子的关系仍然存在，父母仍应该关心子女，为了孩子的幸福着想。如果父母双方确实能够为孩子着想，那么不仅离婚后能继续关心子女，离婚前也不应该相互诋毁、仇恨，以免伤害孩子的心灵。

单亲家庭的子女无疑比健全家庭的孩子们在心理上更敏感也更脆弱，为了能让单亲家庭的孩子也能有乐观的性格和阳光的人生，以下列举了6种巩固单亲家庭的方法，希望能给需要帮助的人带来启迪。

（1）经常地表达赞美和激励。注意在生活中彼此赞美，不要互相批评。

（2）要和孩子共同娱乐。要孩子说出他们最喜欢、最渴望家长说出的3句话。孩子们通常会希望家长说"我爱你"、"你可以晚睡"、"我们去公园"等等。

（3）把握所有机会，激励孩子的自尊心。

（4）培养孩子多元化的价值观、兴趣爱好等。降低家庭内部的纷争，不要强求家庭成员的一致性。

（5）教大家倾听的技巧。和孩子交流的时候，让他讲满10分钟，无论对错，不要批评他，让孩子确信你在倾听。然后，你闭上眼睛整个回想一遍，然后再和孩子交流。

（6）孩子在感情、就业等等问题上，难免会和你不一致，让孩子说出他自己的理由，如果交流没有效果，就不妨搁置几天再尝试。不要回避外界的帮助。无论是自己的朋友还是心理咨询师，都能够提供给你克服家庭障碍的方法。尽早

而不是事后才去寻求建议，将有助于更快、更便捷地解决家庭冲突。总而言之，单亲子女本来遭受的打击就很大，家长要给孩子更多的爱。

"丁克"家族——无子女婚姻

丁克的英文是DINK，是Double income and no kids的缩写，意思是"双收入、无子女"。

丁克家庭是近年来受海外生活方式的影响、在我国沿海开放城市出现的拒绝生育的家庭，即一对具有生育能力的年轻夫妇不要孩子，组成一个自由自在的"两个人的世界"，他们追求一种崭新的现代生活方式，视生育为负担。大量统计数字表明，丁克家庭在城市青年中的比例越来越突出，京、津、沪、穗等大中城市估计有60万丁克家庭。

生育本身是一种文化，一种文明程度，一种价值观。"不孝有三，无后为大。"我们过去一直是在"养儿防老"、"多子多福"的传统中，带着婚姻、家庭、子女的重负走过了一个漫长的人类文明史。"传宗接代"一直是我们婚姻的主题，孩子在家庭中占了突出的位置。直至今天这种格局才开始松动，家庭的新定义和多元家庭类型才开始出现。由于我国内地与沿海开放地区经济发展的不平衡，许多农村家庭为了多生孩子而费尽心思，不惜一切代价，甚至出现了"超生游击队"、"借种生子"的现象。当那些农村青年还为生不了男孩而苦恼时，城市的丁克家庭已经从生育的重负中解脱出来。他们的出现使得中国在婚姻与家庭的两极上出现了不同风格的青年：潇洒的与麻木的、乐观的与悲戚的、自立型的与生物型的。

现代的社会文化环境为丁克家庭的产生创造了条件，使其发展迅速，并带给我们全新的观念。从以生育为主的传统家庭，到以契约为主的现代家庭，家庭在婚姻这个坐标上开始向后者偏离，虽说它并不能代表现代家庭的大多数，但它预示了某种东西：家庭中只有生育是否只剩下一个"金色的外壳"？家庭中除了生育是否还有更丰富的空间？

下面是一个80后丁克女生的大声宣言，从这一情况，我们可以看出现代社会上年轻人的一些想法。

（1）不想被孩子束缚自由。

渴望过自己的生活，除了工作，能有属于自己的时间。约上闺密血拼、做瑜伽、看电影、蹦迪。要是有孩子，这所有的所有都将成为过去，一辈子再也不会属于自己了。

（2）爱情的保鲜不需要第三者。

在80后女生心目中，完美的爱情只属于两个人，这种观念也发展到现代"罗曼蒂克"的婚姻当中。她们渴望浪漫，喜欢烛光晚餐和玫瑰、钻戒，不喜欢被之外的第三者打扰。要是在和老公烛光晚餐的时候，怀里抱着吃奶的孩子，你还有心情穷浪漫吗？

（3）怀孕的过程是煎熬。

都说一个女人做了母亲才算完整，可10个月的辛苦不是每个人都受得了的。幸福是一辈子的，可痛苦也是刻骨铭心的。当刀子在你腹部划过，你会觉得自己在经历死亡。

（4）为了完美体形坚决不孕。

80后的女孩子爱美的程度惊人，每一个都巴不得做"时尚达人"。完美的体态，羡煞那些已为人母的女人。虽然生育后可以做纤体，但体形想恢复到孕前还是颇有难度的。自然的是最美的，为了自然的美体，不生育值得。

（5）工作压力大，家庭事业难兼顾。

现在毕业的大学生，不再是争相抢夺的香饽饽，找工作难，找份称心如意的好工作难上加难。即使是自己创业，想有一番成绩更不简单。事业型的80后"丁克女"，面对如此之大的工作压力，不甘心做家庭主妇的她们毅然选择了事业为重。

（6）教育孩子任重道远。

对于自己亲历父母供孩子上学的80后们，显然知道其中的困难。尤其现在教育从小抓起，最好的幼儿园、最好的小学、最好的中学、最好的大学，哪样不需要钱？没吃过什么苦的80后们，能不能承担起这个责任暂且两说，要是真因为力不从心耽误了孩子的前途，一辈子的悔恨的确能压死人。

（7）坚决奉行计划生育政策。

有意思的是，国家倡导少生晚育，没逼着不生。可觉悟高的"丁克女"们把这点当成对抗父母圣旨的尚方宝剑，把不生育当作响应国家号召。

（8）害怕生出畸形儿。

不是每一个新生的婴儿都是健康的，总有一小部分身体带有某种残缺。让他们承受这种痛苦也会成为父母一辈子的痛苦。不怕一万，就怕万一，中国人的小心谨慎在生孩子上也发挥到了极点。

（9）养儿防老早已过时。

这是不少 80 后对传统思想的叩问，也是值得反思的问题。没有孩子，当然可以活，和自己爱的也爱自己的人过一辈子就够了。养儿防老是 N 个世纪前的观念了，随着保险体制的完善，年轻的时候多存点，老了一样有保障，不一定非靠儿女养着。

丁克现象也早已引起了人们的关注，美国麻省理工学院和哈佛大学城市研究中心的一篇题为《美国的家庭：1960 ~ 1990》的研究报告，就曾对丁克家庭作出过新定义。

丁克家庭的特征：

（1）在文化构成上，他们一般受过高等教育，有较稳定的职业与较高的收入，一方面全身心地投入了作，一方面注重消费享受与精神世界的完美。他们从第二代的家庭关系看到了父辈忙忙碌碌的一生并为子女而失去了生活的浪漫和事业的追求的现实。他们不愿走父母的路，不愿为生育、为下一代而牺牲自己。

（2）在人生态度上，他们以个性独立为基础，强调两性平等，对家庭生育、培养子女的机能持否定态度，不愿被生育拖累事业，影响个人奋斗、物质与精神上的享受。选择丁克一族的青年一般是极现实的，又常常是事业型的。

（3）丁克家庭的形成常常取决于女性，因为她们更需要拥有浪漫。在家庭中女性承担了更多的义务，因此失去的空间也就更多。有了孩子女人就不再浪漫，她们在经历了生育的痛苦之后，开始踏上了哺—洗—喂—教艰难的历程，一直伺候着"小皇帝"长大成人，还要为他（她）留下积蓄、操办婚事，一系列的人生繁缛琐事令父母非常操心。难怪丁克一族的女性们说，生得太多，就是"生狱"。不少城市青年夫妇甚至有这样的感觉：不该生孩子，不该做父母。

（4）丁克家庭注重"追求生活质量"，他们拥有属于自己的闲暇时间。许多人说活得累，其实就是由于家庭的拖累而失去了自己应有的那一点空间，"活得累"其实就是"家累"。前些年有人设计了一种文化衫，上面印着粮票、布票、油票、户口本等，背在身后像一个大的包袱，这可以说是对家庭重负的一种调侃。

美国社会学家杰西·伯纳德指出："未来社会婚姻的最大特点，正是让那些对婚姻关系具有不同要求的人做出各自的选择。"从文化选择的自由这一点来看，开放的中国青年一直提倡"选择即是人生"，这无疑是社会的进步。有人为多生孩子而绞尽脑汁，自然也有人选择"不育"。而在现代化进程中，家庭已不再只是一个单一模式，家庭结构也会呈现出多元化的特点，个人的意愿将会充分地得到重视，丁克家庭也成为家庭格局中的一种，并被越来越多的人所接受。

"残破家庭"的产物——对孩子的影响

社会学家不仅关注离婚的原因，更对离婚给子女和他人带来的影响和离婚以后的婚姻选择感兴趣。既有的研究清楚地表明，离婚对家庭成员尤其是未成年子女的负面影响非常严重。根据美国国家卫生统计中心的资料，在美国，离婚牵扯到越来越多的未成年子女，1956年时涉及36万人，到1988年时，则涉及了109万人；从另一个方面来看，大约41%的孩子在他们15岁之前都会经历父母离婚。

沃勒斯坦和凯利对美国西海岸60对离婚夫妇的子女的跟踪研究表明，所有受牵连的131个孩子，在他们的父母离婚的时候都受到了强烈的情绪困扰，年幼的孩子感到困惑和恐惧，并把父母的离异归咎于自己；大一些的孩子虽然能够理解离异的动机，却仍然感到忧虑，甚至表现出愤怒。5年以后，尽管大部分孩子已经能够处理好自己与家庭之间的关系，但仍然有1/3的孩子仍处在困扰中，基本的表现是抑郁和孤独。沃勒斯坦进一步的跟踪研究表明，在10年、15年以后，尽管这些孩子已经成年，但父母离异的阴影仍然存在，甚至被带到了自己的生活中。所有人都认为，父母的离异对他们是一种伤害，而且不希望把这样的伤害带给自己的下一代，因此希望自己的婚姻能够建立在爱与忠诚的基础上，是一桩负责任的婚姻。

里查兹的研究则进一步表明，父母分居或离婚的孩子与正常家庭的孩子比较，前者具有一些共同的特点，譬如自尊心和学业成绩水平相对较低，成年后更换工作的频率更高，而且本人也有更大的离婚倾向。

但国内的研究却有不同的结果。有人指出，大多数父母在离异后都能顾及子女利益，想办法来愈合离婚给子女带来的创伤，加上相当一部分子女在父母离婚时尚年幼，实际上所受消极影响不大。并且这一研究还给出了一份对离异家庭子女的抽样调查结果，说明父母认为离婚对孩子有很大负面影响的只有5%~10%，有积极影响的10%~15%；由此，进一步提出，一些孩子由于家庭变故而更加成熟，自理能力更强，更富有同情心，更懂得尊重体贴长辈、生活较俭朴等。

从不良婚姻与离婚影响的比较出发，也有研究者提出，孩子心灵的创伤未必与双亲的离婚直接相关，很可能与父母经常在子女面前吵架打斗有关。因此，与其让子女在父母行为不良的完整家庭中艰难度日，不如让他们在宁静的单亲或再婚家庭中放松、愉快地生活。

尽管这些研究存在一些方法上的缺陷，研究结果也有值得进一步讨论的地方，但人类向往美好的婚姻并因为离婚而给社会带来了影响，却是不争的事实。正因为如此，尽管离婚的人可以选择单身、保持单亲家庭，但不少人也选择了再婚。

离婚到底对社会带来了怎样的影响，仍然是一个值得深入探讨的议题，尤其是在现在，结婚、离婚和再婚有着更加复杂的社会环境。

易碎品？还是比想象中更坚固——再婚家庭

当离婚成为了一种时尚，再婚也就被提上了日程。据德国官方统计，在离婚者中，大约有 1/4 会复婚，1/2 再婚，另外 1/4 会选择单身。在英国，在 28% 的年轻人的婚姻中，至少有一方是再婚者；35 岁以后，绝大部分结婚的人中一方是再婚者。在美国，大约有一半的婚姻中一方是再婚者。在中国，离婚 5 年内再婚的男性占 89%，女性占 79%；1999 年，全国有 120 万对夫妻离婚，但再婚的有 100 万对。

刘女士今年 36 岁了，她 23 岁时嫁给了自己青梅竹马的男子，两年后生下了他们爱情的结晶，婚后一直很幸福。可天有不测风云，在他们婚后的第三年，一场车祸夺走了爱人的生命，幸福的婚姻就这样轻而易举地被打破了。家人心疼刘女士一个人带着孩子太辛苦，于是家人在刘女士的丈夫去世的两年后，为其又张罗了一个新对象甘某。事实就是这么不如愿，甘某一向不喜欢这个孩子，时不时就会动手打人。刘女士实在无法忍受下去，于是两人离婚了。之后，家人见刘女士此等状况，为其再找结婚对象的想法也只得作罢。但是现在孩子长大了，刘女士才发觉自己一个人会时常孤单，但在经历了失败的婚姻之后，刘女士也不敢贸然再婚，因为她不敢相信再婚家庭还会给自己带来幸福。

孩子的确是再婚家庭的一个敏感"雷区"。很多人在再婚时已有自己和前配偶生的孩子，这些儿女常常成为引发家庭矛盾的敏感点。对于那些刚一进入新的家庭就要准备给别人的孩子当后妈、后爸的人来说，心理不轻松是人之常情。和继子女关系的好坏，不仅影响到再婚后的婚姻生活，也影响到再婚者的社会形象。但是这个问题也并非没有解决之道，通过感情投资，建立起孩子对你的信任感，便可以建立比较和谐的家庭关系。

在传统的观念里，再次开始一段婚姻并获得幸福绝非一件易事。因为第二次婚姻的故事，不再是在白纸上描画的，它不但被过去的故事所左右，而且掺杂着情感、亲子、财产等各种复杂的关系。因此，人们往往认为，再婚家庭要比一般家庭更为脆弱，更容易破裂。然而再婚真的是易碎品吗？再婚家庭真的有着无法调和的矛盾吗？

这其实还是要看婚后夫妻双方去如何经营。在再婚家庭中，也有不少人鉴于上一段婚姻的痛苦经历，因此十分珍惜再婚夫妻之间的感情，虽然各自的收入有限，但是和谐的夫妻生活使双方感受到了再次成家的温暖。再婚的人当中不少人认为：经历过一次婚姻磨砺的人，幼稚的会变得成熟；浮躁的会变得沉稳；脆弱的会变得坚强；脾气暴躁的，磨掉了火性；不擅和他人相处的，变得随和；甚至原来以自我为中心的，也变得善于为他人着想。

53岁的王自萍讲述了她再婚7年的经历："我和前夫曾是中专同学，他是个'霹雳火'脾气的人，常常因为一些小事，对我张口就骂、抬手就打，34岁的时候，我不堪再忍受他的打骂，提出了离婚。我是一个争强好胜的人，在单位工作一直很出色。再婚的时候我已经退休了，老伴是一名高级工程师。退休后我不愿待在家里，就和他商量，考个注册会计师。他不但没有阻挠，而且还鼓励我。从1996年到1998年，我足足考了3年试，后来在一个会计师事务所找到了工作。上班之余，我还有很多业余活动，爬山、下象棋、参加合唱团。所有的活动，我的老伴都特别支持我、理解我，他真的令我很感动。人随着岁月的流逝在变老，心却随着变化的生活年轻了。这一切都得益于我幸福的再婚生活。"

这些烦恼并不能都归咎为再婚，就是初婚家庭也可能遇到这些问题。其实，和所有初婚家庭一样，人们在初婚中遇到的烦恼，再婚者也都要遇到，日常起居、锅碗瓢盆，生活中的平凡和琐碎、夫妇间因为性格的差异产生的冲突。在某种意义上可以说，再婚家庭的不稳定性起码是在人们的想象中被夸大了的。

美国的一项研究也得出同样的结论：再婚者离婚，比人们想象中的要少些，绝大多数（74%）处于完整的第二次婚姻中，只有9%处于第三次或更多次的完整婚姻中，其余17%包括那些因配偶去世或离婚致使其第二次婚姻完结的妇女。

现代人之所以在婚姻关系濒临破裂时，较多地倾向于用离婚来解决矛盾，而不选择传统社会中忍耐、凑合的态度，这与现代人在婚姻关系中更注重感情满足、

更注重个性化是分不开的。而离婚后，把再婚作为主要的调节方式，是社会走向现代化所出现的积极产物。

何以为家——家庭的社会意义

我国古代讲求"修身、齐家、治国、平天下。"古人修身立事重在"齐家"，然后方可研究治国之道。可见古人把家作为一国之细胞单位，家和万事兴，家和则国和。

家到底是什么？社会学家说是社会的最小细胞；婚姻学家说是风雨相依的两人世界。究竟什么是家呢，许多人认为这是一个不值得思考的问题。那么先让我们来听一个故事吧。

有一个富翁醉倒在他的别墅外面，保安扶起他说："先生，让我扶你回家吧！"富翁反问保安："家？！我的家在哪里？你能扶我回得了家吗？"保安大惑不解，指着不远处的别墅说："那不是你的家么？"富翁指了指自己的心口窝，又指了指不远处的那栋豪华别墅，一本正经地断断续续地回答说："那，那不是我的家，那只是我的房屋。"

由上面这个故事不难看出家不是一个简单的概念，而是值得我们每个人深思的问题，家不是房屋，不是彩电，不是冰箱，不是物质堆砌起来的空间。物质的丰富固然可以给我们一点感官的快感，但那是转眼即逝的。试想，在那个空间中，如果充满暴力和冷战、同床异梦、貌合神离，家，将不成其为家，而成为一个争斗的战场。难怪有一些大款自我解嘲道："我穷得只剩下钱了！"

既然家不是财富堆砌起来的空间，那么家到底是什么呢？家在哪里？第二个故事将给我们较好的提示。

这是一个催人泪下的故事，它发生在南非。在南非的种族分裂内战时期，许许多多的家族备受战乱之苦，支离破碎，房屋被摧毁，人民被屠杀。有一个大家庭原来有几十口人，最后只剩下一个老祖母和一个小孙女了，这个老祖母年事已高，但当她得知小孙女还活着，老祖母便决心要找到她的小孙女，要不然，她睡不着、吃不香。为了找到她的小孙女，她历尽千辛万苦，辗转数万里，找遍了非洲大陆，最后一刻，她终于找到了她的小孙女，她激动地、紧紧地和小孙女拥抱在一起，这时这个老祖母说了一句意味深长的话："到家了！"在她的心中，她需要爱她的亲人，需要那份特别的真情实感，两个相互牵挂的人就是家啊！家在这里上升为一种信仰，一种支撑老人活下去的精神力量。概括地说，家是爱的聚合体，试看天下之家，皆为爱而聚，无爱而散。

寻找自己的家，在某种意义上是人类的宿命。而每个人，在本质上，都是无家可归的漂泊者。我们和浪迹天涯的人相比，只是多了一个物质的外壳，我们常常把这东西叫作"家"，但它并不总是使我们感到心灵安宁的地方。

我们的家到底在哪里呢？家在本质上是一个不断更新的范畴，正应了一句禅语："佛在心中"。家又何尝不是呢？家是一个感情的港湾，家是一个灵魂的栖息地，家是一个精神的乐园。家就是你和你家人在一起的情感的全部，而房屋等物质全部可成为"庭"。就这个概念来说，后者又是微不足道的补充。正确地认识这个概念，对我们的人生是大有裨益的，它让我们不会迷失方向，不会只去追求"庭"，而不去追求"家"。

儒学大家孟子说，不孝有三，无后为大。因此，一对男女组合成一个家庭，生儿育女也是家的一大使命。虽然现在有许多家庭都选择不生育子女，但那些形态并不是主流的家庭模式，主流的家庭模式仍然是一夫一妻加子女的核心家庭；因此，通过生养的方式保证家族的繁衍，进而保持社会的延续，是人们仍然在遵循社会繁衍的基本法则。

有人说，"父母是孩子的第一个老师，家庭是孩子最初的学校"。意思是说，一个孩子从一出生，到慢慢学会穿衣、吃饭、说话、行走，以及学会一些基本的生存技巧、对自我和社会的认知和了解都是在家庭里完成的。因此，家庭也担负着人实现社会化的责任，是一个人完成社会化的场所。

对于社会而言，家庭的其中一个重要意义是经济合作。在传统社会中，由于男女生理上的差异，导致了经济活动中的分工与区别，男性主要承担需要体力的活动，女性则主要承担技巧性的活动，并由此形成了分工合作的格局，使得家庭中的夫妻在经济互动中成为相互依赖的整体。通过男女分工和家庭成员的合作，不仅能满足家庭成员的基本生活需求，也能实现财富的积累；更通过生产，使财富的积累能够延续。同样，随着人类经济生活方式的变迁，家庭的经济意义在逐步减弱。以农业生产为例，尽管农民仍然要从事生产活动，但是，家庭的经济收益并不直接取决于农业劳动本身，而是更多地取决于农药、化肥、种子等农业生产资料和农产品市场。后者又越来越多地脱离了家庭的控制，被专门的生产和经营服务机构所替代。这样，经营活动中的很大一部分就让渡给了社会，而且家庭中的剩余劳动力也越来越需要在社会中进行消化，而不是从前的劳动力短缺。在工业生产中，家庭的经济意义甚至仅仅在于劳动力价值本身，因为绝大多数的城市家庭并不从事经营活动，而是依靠人力资源本身来获得维持家庭的生计。这样，基于分工意义上的性别之间的经济合作，也就完全失去了意义。

对性的管理也是家庭的重要意义。人类社会对性行为总是有所约束的。在不同的社会和不同的历史时期对性行为的观念和规则有很大的不同，但是，没有一个社会提倡甚至允许完全自由的性行为。而对人类性行为进行约束的重要方式就是家庭，家庭以相对稳定的形式来约束和减少滥交。之所以约束任意的性行为，社会学的基本解释是，性行为有可能导致新生命的产生。产生一个新生命容易，养育一个新生命却要耗费大量的社会资源。如果不约束性行为，谁来承担养育的责任？此外，性滥的另外一个危险就是直接威胁社会秩序。在社会中，每个个体都有自己的位置，位置之间有着有规则的排列，这就是社会秩序。社会通过双亲的社会位置进而确定新生命出世时的初始社会位置，由此才使得社会的基本秩序得以维持。而任意的性行为就可能使得社会无法确认新生命的初始社会位置，从而导致社会秩序的瓦解。

家庭是社会的细胞，社会由一个个家庭组成。每一个人都在为自己的家庭贡献着力量，同时每个人通过对家庭的奉献实现对社会的奉献。身在社会中的每一个人都在用自己的力量为家庭、社会的建设和发展贡献自己的一份力量。

·第五章·

人是否真的"生而平等"——社会结构和分层

第一节　"物以类聚，人以群分"背后的秘密——社会学中的群体

为什么说"远亲不如近邻"——地缘群体

在现在的安徽省桐城县，有一处保存完好的历史名胜，名曰"六尺巷"，是一条百来米长六尺宽的巷子，这条巷子源于清朝康熙年间，与当朝宰相张英有关。

在清朝康熙年间，安徽桐城县发生了一件当朝宰相张英与邻居叶秀才为了墙基争地界打官司的奇闻。因为张英家要盖房子，地界紧靠叶家。叶秀才提出要张家留出中间一条路以便出入。但张家提出，他家的地契上写明"至叶姓墙"，现按地契打墙有什么不对，即使要留条路，也应该两家都后退几尺才行。这时张英在北京为官，其子张廷玉也考中进士，在朝为官，老家具体事务就由老管家操办。俗语说："宰相家人七品官"，这位老管家觉得自己是堂堂宰相家总管，况且这样建墙也有理有据，叶家一个穷秀才的意见不值得答理，于是沿着叶家墙根砌起了新墙。这个叶秀才是个倔脾气，一看张家把墙砌上了，咽不下这口气，秀才自己能动笔，一纸状文告到了县衙，打起了官司。

一个穷秀才与当朝宰相打官司，而且理由也不十分充分，亲朋好友都为叶秀才担心，怕他吃亏，劝他早点撤诉，但叶秀才就是不听，坚持把官司打下去。张家管家一看事情闹大了，就连忙写了封信，把这事禀告了北京的张英。不久，管家就接到了张英的回信，信中没有多话，只有四句诗："一纸书来只为墙，让他三尺又何妨。万里长城今犹在，不见当年秦始皇。"

管家看了这首诗，明白了主人的意思，就来到叶家，告诉叶秀才，张家准备

明天拆墙，后退三尺让路。叶秀才以为是戏弄他，根本不相信这是真话。管家就把张英这首诗给叶秀才看。叶秀才看了这首诗，十分感动，连说："宰相肚里好撑船，张宰相真是好肚量。"

第二天早上，张家就动手拆墙，后退了三尺。叶秀才见了心中也很激动，就把自家的墙拆了也后退了三尺。于是张、叶两家之间就形成了一条百来米长六尺宽的巷子，被后人称为"六尺巷"。

张英让自家与邻居保持一个和谐的关系，演绎了"远亲不如近邻"的佳话。这则小故事也涉及一个社会学的理论，那就是地缘群体。地缘群体指以地理位置为联结纽带，由于在一定的地理范围内共同生活、活动而形成的群体，包括邻里、同乡、民族社区等具体形式，其中邻里是最典型的地缘群体。这类群体的出现比血缘群体要晚。比较稳定的、牢固的地缘群体是人类采取定居形式后的产物。

早在人类社会形成之初，人们以游牧狩猎的生产方式而聚集在一起，已经具备了一定的地缘关系，只不过此时这种地缘群体的关系是临时而不牢固的。

人类社会实现第一次社会大分工之后，即农业与畜牧业的分离带来了以土地为基础的农业经济的发展，人们结束了游牧部落的流动生活，定居下来，组成原始的农村公社，以土地为纽带的人们形成了比较稳定牢固的封闭式的地缘关系。此时比较稳定、牢固的地缘关系也就正式出现了。

在工业革命以前，一直是这种小农生产方式占统治地位，社会分工不发达，人们局限于较小的地缘范围，流动性很小，这时的地缘关系和血缘关系是相互渗透的，同乡、邻里往往是同宗、同姓，地域上的远近反映了血缘上的远近。

工业革命的到来，使社会第二次大分工得以实现，从而工业从农业中分化了出来，机器大生产和工业城市及现代交通工具的发展使人们摆脱了土地和小生产的束缚，远距离地、较快地涌向工业城市，人们的居住和工作只有相对的稳定性。人们居住和工作的流动不断形成新的开放型的地缘关系。从社会的发展看，这种开放型的地缘关系有不断扩大的趋势。

邻里是地缘群体最典型的形式。"远亲不如近邻"也是人们在此生活基础上总结出来的智慧的结晶。在古代的农耕社会以及现在的远离城市的偏远农村，乡亲们相亲相近、走门串户，邻里之间始终保持着一种纯朴友善的和谐关系，这种亲近的邻里关系就是地缘群体最原始、最本质的关系。

可是，在现代交际中，人们往往忽略了邻居这个环节。一个高楼，住进了现代化的文明，却也住进了邻里之间的冷漠。一堵墙，隔开的是两家人，但是不应该让它隔开人与人之间的沟通和交往，隔开彼此温暖的心。可是现在的社会，很多人住在楼房里，每天守住自己的那一点空间，几乎没有与生活圈以外的人接触的余地。在我们身边，有很多人不知道自己的邻居是何许人、做什么工作的，甚至不知道对方是男是女。虽然我们都在感受着生活的压力，没有安全感，不想让外界影响到我们正常的生活，但是我们忘记了这样一群在地理上与我们相近的人，让原本可以友善和睦的关系变得僵硬冰冷，也使我们的内心变得更加孤独和异化。

远水解不了近渴。其实在你最需要的时候，最能够及时给予你帮助的，往往不是你身在远方的朋友和同学，而是你的邻居。

他是某公司的一位董事长，当他的公司财源茂盛的时候，他的汽车碾扁了别人家的小鸡小鸭；他的狼犬自由散步，对着邻家的小孩子露出可怕的白牙；他修房子把建材乱堆在邻家门口。坦白说，他在邻居中间没有什么人缘。后来，他的公司因周转不灵而歇业，他与邻居们经常在街巷中相遇，邻居步行，他也步行。他的脸上有笑容了，他的下巴收起来了，他家的狼犬也拴上链子，他也经常弯腰摸一摸邻家孩子的头顶。可是，坦白说，他仍然没有什么人缘。

一天，他偶然跟人闲谈，谈到人世烦忧和恩怨。一位邻居随口说："人在失意的时候得罪了人，可以在得意的时候弥补；在得意的时候得罪了人，却不能在失意的时候弥补。"言者无心，听者有意，他若有所悟地点了一下头。

他暂时停止改善公共关系，专心改善公司的业务。终于，公司又"生意兴隆、财源广进"起来。他又有小车可坐，不过他的车从此不再按喇叭叫门，并且在雨天减速慢行，小心防止车轮把积水溅到行人身上；他的下巴仍然收起来，仍然时不时地摸一摸邻家孩子的头顶。再后来，他搬家了，全体邻居依依不舍地送到公路边上，用非常真诚的声音对他喊："再见！"

与人交往，你如果在对方身上用心了，对方就一定能够感受到你的心意，也一定会回报你温暖。尤其是邻里之间，见面的次数多，彼此之间的生活也有可能相互影响，所以如果你主动向对方示好，对方一定不会再如从前那样冷漠地对你。

当然，要想与邻里相处得好，一定要注意有效的沟通。沟通良好，意味着经由言语或非言语的方式，明确表达你的意向。更重要的是沟通良好还表示你了解对方想要表达的意思。

沟通同时也要掌握好技巧，在人多的时候，你不能表现出只对其中一两个你熟悉的人感兴趣，而是要把注意力分配到所有的人身上，除了特别注意正在说话的人以外，也要偶尔注意其他的人；对于那些说话说得很少或是神情不大自在的人，你更要特别留意，找机会特别关照一下他们，在他们正因为别人没有注意他们而感到不适的时候，你的关心对他们是莫大的安慰，正好把他们从窘境中解救出来。这样，即使是身边同时有不同的邻居在场，你也不会因为疏忽而冷漠了其中的任何一个，让对方觉得心里不舒服。这样，你在邻里之中也会变得越来越受欢迎。

"任人唯贤"还是"任人唯亲"——血缘群体

社会学中另一种社会群体就是血缘群体，它是一种基于成员间血统或生理联系而形成的群体，包括家庭、家族、氏族、部落等具体形式。血缘群体历史最为悠久。正因为血缘关系上的亲疏，造成感情厚薄、情分深浅的情况，于是在任用人才上"任人唯亲"和"任人唯贤"的争论就从来没有断过。

一种观点认为：天底下对自己至亲的人，就是自己的亲人，亲人是我们生命中最重要的精神支柱。在生活中，我们常常能听到"兄弟齐心，其利断金"，"打虎亲兄弟，上阵父子兵"，"一家人不说两家话"之类的话，而如果我们说一个人已经是"众叛亲离"，那就表示他已经无可救药，谁也帮不了他的忙了。

《论语》里所谓的"因不失其亲，亦可宗也"，其实表述的就是这种思想。全句如果翻译成现代语言，那就是：依靠不脱离自己的亲人，这样才是可效法的。由此可见我国古代对血亲关系是多么的看重。

《世说新语》里就有这样一个故事：

魏朝的时候，一个叫许允的吏部郎，管人事的，他用人多喜欢用自己乡里的人。有人就为此向皇帝告状，说他任人唯亲。于是魏明帝把他抓了起来。他怎么办呢？他对魏明帝说："孔子说'提拔你所了解的人'，臣的同乡，就是臣所了解的人。陛下可以审查、核实他们是称职还是不称职，如果不称职，臣愿受应得的罪。"皇帝一考核，这些人个个名声都非常好，十分称职，于是把许允释放了。

同样，故事还有一个：

晋朝的时候，朝廷积贫积弱，谢安想组建一支新式军队捍卫国家，在选将上一直颇费踌躇，因为他知道最合适的人选只有他的侄儿谢玄，最后他顶住各方面的压力用了他。淝水之战中，谢安又擅自做主，任命弟弟谢石担任前线大都督，侄儿谢玄任前锋，儿子谢琰任中前锋，后来以少胜多的大胜利充分证明，这一任命是完全正确的。

这两个故事都说明了一个道理，在某些时候，举荐自己熟知的人反而更能发挥出人才的优势。

在这一点上，北大的老校长蔡元培也做得非常好。举个例子，1917年，梁漱溟报考北京大学没有考上，而蔡元培曾读过他一篇《究元决疑论》的文章，非常赞赏，就说："梁漱溟想当学生没有资格，就请他到北大来当教授吧！"于是，梁漱溟被北大聘任，后来他果然成为一代国学大师。所以《吕氏春秋》里有一句话："外举不避仇，内举不避子"，只要人选得对，有时候倒并不一定要求方法的公平，因为我们都知道，很多优秀的、有创见的学生反而是不善于考试的。比如罗家伦，他当年考北大，数学考了零分，其他很多科目的成绩也都平平，但最后仍然能被录取，这就不能不说与某些人的大力推荐有关。他后来31岁就成为了清华大学校长，也是最年轻的清华大学校长。

另一种观点则认为，任人唯亲的用人思想从我国古代至今，从来都是为世人所诟病的。我们身边已经见到太多拉关系、走后门的事情，无一不是从个人私利出发损害社会功利的行为，任人唯亲是对社会的公平公正是一大破坏。因此，从个人利益出发的"任人唯亲"只能说是一种公私不分、自私自利了。事实上，"任人唯亲"的最大动因就直接来自假公济私、损公肥私的自私动机。

需要区分的两个概念是，"私利"是指个人利益，而个人对私利的追求有正当与否之分；"自私"则指不顾正当与否，不择手段地谋求个人私利。具体地说，"任人唯亲"的自私动机可能有如下四种考量：

一者，任人唯亲可以保障"投入回报"。亲近之人得到提携也就是受人恩惠，自然要"滴水之恩，涌泉相报"。虽然其他人得到提携，也可能给予回报，但总不如亲近之人可靠。且有其他各种盘根错节的关系予以保障，万一出了差池，也是"跑得了和尚，跑不了庙"。这种"回报"可以是"就地还钱"，也可以是"来日方长"，说不定什么时候自己倒霉了，不也有条"后路"。

二者，任人唯亲可以扩大自己的势力范围。亲近之人得到提携之后，可以成为自己继续不择手段谋求私利的可靠帮手，所谓"一个好汉三个帮"，最好逐渐形成一个潜在的帮派势力。

三者，任人唯亲可以扩展自己的安全空间。亲近之人即使不愿或没有能力成为自己的得力帮手，但他（她）得到了提携，至少不会坏了自己的"好事"（诸如贪污腐败、偷税漏税之类），这同时意味着减少了其他人可能来破坏自己所做"好事"的机会。

四者，任人唯亲至少可以"肥水不流外人田"。反正亲近之人得不到提携也可能以其他各种方式来纠缠，其结果总是要侵蚀、瓜分自己的私利蛋糕。与其如此，不如让亲近之人直接参与瓜分更大的公益蛋糕，也算是"肥水不流外人田"吧。

公允地说，"任人唯亲"不一定完全直接来自假公济私、损公肥私的自私动机。

其动因也许是为了减少甄别人选过程中时间、精力的损耗，毕竟亲近之人多半是知根知底之人，其才能、性格、忠诚性（只是对领导者而言）早已"久经考验"，用现代经济学的术语来说，这也算是降低了交易成本。

也许是考虑到亲近之人好沟通（对上级的旨意心领神会）、好管理（对上级的指令百依百顺），能极大地调动其积极性、发挥团队凝聚力（唯马首是瞻）。所谓"打虎亲兄弟，上阵父子兵"，中国人对这个意义上的"任人唯亲"大都不避讳，甚至颇有自豪感。

也许是来自情面难却，也许是为了知恩图报，或是性情相投、手足情深、爱屋及乌、同情怜悯、满足虚荣（被人拍马屁，岂不快哉？）等，总之是人之常情所至，其中似乎有情也有义。历史上，为什么许多官员都喜欢提拔自己的亲属，帝王都喜欢给自己的同姓王封地而不是给自己的异姓王封地，也是因为这个道理。

"任人唯亲"的谬误之处在于将只适合于人际关系领域的"亲疏有别"跨越到了公共领域，从而歪曲了人选任用的公共目标，破坏了人选任用的公共原则和程序。

事实上，从社会组织的角度来说，人选任用的目的无非是为了更好地达成组织的公共目标，因此，"任人唯贤"无疑是最佳选择。尽管"贤"者的标准及其选拔比较艰难，但总有公共原则和程序可循。而"任人唯亲"之"亲"者没有经受公平、公正、公开地选拔，其才智、德行不可能有保障。自然，最终结果往往是"成事不足，败事有余"。不仅当事者丢人，领导者丢面子，社会组织的公共事业也会受到莫大损失。不仅如此，"任人唯亲"在培植亲信、特权的同时也就是在废人不倦，并自毁长城。既然有"任人唯亲"的捷径可走，谁能耐得住自我修炼的寂寞之旅？谁愿意接受公平、公正、公开的苛刻检验？谁不会溜须拍马、攀龙附凤、"认祖归宗"？可一旦轻易得偿所愿，不是上了贼船，就是被"赶鸭子上架"。

与其同时，领导者自身落得的下场必然是威信扫地、毫无公信力可言。

最后要特别指出的是，其实任何社会组织都具有公共性，代表广大人民群众利益的公共组织自不待言，民营企业亦是如此（至少相对其组织成员而言），自然，社会组织中的职位也具有公共性，在这个意义上，社会组织中人选任用本身就是公共事务，即便是领导者或老板对此有决定权，也是公共权力的代理（至少在某个层面、某个部分是如此）。所以，"任人唯亲"是以自私自利、人际情义来侵犯、取代公共权力，是对公共权力的对抗、掠夺，是对社会公义的破坏、践踏。

同行是冤家——业缘群体

我国有句老话，"同行是冤家"。同行为什么会成为冤家呢？这是一个不得不让人深思的问题。既然是同行，那么就要生活在同一个圈子里。在同一个圈子里的资源是一定的，你多得一点，我就少得一点，我多得一点，你就少得一点，大家都想多得一点，于是不可避免地产生了竞争。人们常说，有竞争才会有进步，才能有发展，但竞争可能是良性的，也可能是恶性的。在现实生活中，恶性竞争往往居多。

生活中的烦恼、嫉妒、不满甚至仇恨多数是在"同行"中产生的。古人说"文人相轻"，其实并不是所有的文人都互相轻视，他们只轻视身边的文人。不光文人相轻，武人也相轻，我们在武侠小说里经常看见所谓的大侠，互相比武、杀戮。他们为什么要互相比武、杀戮呢？多半的原因是为争武林盟主之位，盟主只有一个，而"武林高手"居多，僧多肉少，所以比武、杀戮也就出现了。而"文武相轻"的例子却寥若星辰。因此，"同行是冤家"就可翻译成"同事是冤家"，甚至同性都可能成为冤家。一个单位谁提干、谁加薪，另一个单位的人不会在乎，他们只在乎本单位谁加薪、谁提干。在一个单位里，如果有人向领导打你的小报告，这个人一般不是别人，可能恰恰就是你本部门的人，甚至是你同一个办公室的人。离你最近的人可能伤你最深。

自古以来，人们似乎很难摆脱"同行是冤家"的宿命，但是在"冤冤相报"中，似乎也永远没有赢家。在"同行是冤家"的斗争中，不管是胜利者还是失败者，最终都伤痕累累，身心疲惫。"同行是冤家"的解药早已存在，只是人们没有发现。这可能是因为心已蒙尘，变得僵硬不堪。"己欲立而立人，己欲达而达人"。放之四海皆准的真理就是这么简单而朴素。

在社会学中，这种基于成员间劳动与职业间的联系而形成的群体（包括各种各样的社会经济组织、政治组织和文化艺术组织等具体形式）被称之"业缘群体"。这类群体的出现是生产力日益发展、社会分工越来越细、阶级社会逐渐产生的结果。业缘是人们在社会活动中结成的关系。业缘群体的形成与发展是与生产力的发展、社会分工的扩大相联系的。在现代社会中，人们的血缘关系和地缘关系已退居次要地位，而业缘关系占据了主要地位。

同事关系是多重社会关系中比较有特色的一重，首先，同事间地位是完全平等的，没有像领导与下级之间那样的距离。其次，同事是工作上的搭档，主要关系是通过工作的共同性这个纽带连接在一起的。它又有别于血缘亲情关系，亲情关系是天生的，同事关系则是后天的"偶然与必然性"的产物。假如以每个人每天工作 8 小时来计算的话，人们从参加工作到正式退休，差不多有 1/3 的时间都在跟同事相处。所以，同事关系对于一个人来讲是最重要的人际关系。那么，对于奋斗在职场上的人来说，应该怎样正确处理好与同事之间的关系呢？

（1）同事相处，阳光互撒。和同事相处并不是件难事。和谐的同事关系会让你和你周围的同事工作和生活在阳光下。

（2）静坐常思己过，闲谈莫论人非。俗话说："病从口入，祸从口出"，办公室里，同事之间通常只是隔着一扇小小的"屏风"，再加上工作的单调，聊天自然成为一件极平凡的事情了。但有些人说到兴起之时，口不择言，不管什么都像竹筒倒豆子那样一吐为快，往往一句话成为泼出的水，想收回也难了。同在一个单位，或者就在一个办公室，搞好同事间的关系是非常重要的。关系融洽，心情就舒畅，这不但有利于做好工作，也有利于自己的身心健康。倘若关系不和，甚至有点紧张，那就没滋没味了。导致同事关系不够融洽的原因，除了重大问题上的矛盾和直接的利害冲突外，平时不注意自己的言行细节也是一个原因。

（3）亲和力使你如浴春风。有人说：世界上最强的黏合剂就是你的亲和力。这句话是很有道理的。尤其对于整天面对枯燥工作的你，如果你要让自己的生活充满阳光，那么你首先要具有一种让人跟着激扬的情绪，尤其是要有一张笑容可掬的脸，积极的为人处世的心态等，其实这一切就是为营造良好的同事关系而具备的亲和力。

（4）敞开心扉，容纳大海。宽容别人是困难的，别人伤害了你时，大多数人都会选择憎恨，但是，憎恨是一种恶意，它会恶化、扼杀我们的快乐。耶稣说：

我们应该原谅我们的仇人"七十个七次"。我们也许不能像圣人般去爱我们的仇人，但是你只要给了他一颗宽容的心，他也就会给你一个机会。

（5）无论你多么能干，多么自信，也应避免孤芳自赏，更不要让自己成为一个孤家寡人。在同事中，你需要找一两位知心朋友，平时大家有个商量，互通声气。

（6）要想成为众人之首，获得别人的敬重，你要小心保持自己的形象，不管遇到什么问题，不必惊慌失措，凡事都有解决的办法。你要学会处变不惊、从容面对一切难题的本领。

（7）当你发觉同事中有人总是跟你唱反调时，不必为此而耿耿于怀，这可能是"人微言轻"的关系，对方以"老资格"自居，认为你年轻而工作经验不足，你应该想办法获得公司一些前辈的支持，让人对你不敢小视。

（8）若要得到老板的赏识与信任，首先你要对自己有信心，自我欣赏，不要随便对自己说一个"不"字；尽管你缺乏工作经验，但不必感到沮丧，只要你下定决心把事情做好，必定有出色的表现。

（9）凡事须尽力而为，也要量力而行，尤其是你身处的环境中，不少同事对你虎视眈眈，随时准备找出你的错误，你需要提高警觉，按部就班把工作做好，是每一位成功职场中人必备的条件。

（10）利用时间与其他同事多沟通，增进感情，消除彼此之间的隔膜，有助于你的事业发展。

（11）不妨让自己傻一点。在办公室的"刀光剑影"中，得与失的计算更是大智慧。吃亏就是占便宜，施小惠得大利，你的"失"会让你得到更多，认清了这个事情，你的竞争之路将会越走越平坦。人与人之间没有彼此信任，则没有互助互利；没有较深的感情，则没有愉快的合作。在人际交往与关系中重视情感因素，不断增加感情的储蓄，就是积聚信任度，保持和加强亲密互惠的程度。

（12）吃亏是一种隐性投资。应该说，传统的谦逊是现代职场每个白领必备的素质，也是职场竞争中一大护身法宝。

同事关系是现代职场中一个非常重要的内容。作为办公室的一分子，如果不融入这个群体，你避免不了要遇到别人的排斥、远离。单枪匹马的战争远远不如群策群力来得容易。所以在现代职场，能否处理好同事间的关系，会直接影响到你的工作，所以，你必须学会与同事在利益上竞争，在工作中合作，告别"同事是冤家"的狭隘想法，恰到好处地与同事共创"双赢"局面。

第二节 从"天使"PK"无赖" ——看社会分层

想象的共同体——社会分层与社会阶层

分层原来是一个地质学上的概念，指的是地质构造的不同层面。社会学家发现社会存在着不平等，人与人之间、集团与集团之间，也像地层构造那样分成高低有序的若干等级层次，因而借用地质学上的概念来分析社会结构，形成了"社会分层"这一社会学概念，社会学家用社会分层来分析人类社会的纵向结构。社会分层是指按照一定的标准将人们区分为高低不同的等级序列。

与社会分层相对应的就是社会阶层，社会阶层是指由于经济、政治、社会等多种原因而形成的，在社会层次结构中处于不同地位的社会群体，同一阶层的成员之间在态度、行为模式和价值观等方面具有相似性，而不同阶层的成员在这些方面存在差异。社会阶层是因为社会的等级分化而形成的具有连续性的等级序列。

马克思对于社会分层和社会阶层的研究在社会学中有着非常重要的地位。在社会分层问题上，马克思的阶级分层理论揭示了生产资料私有制条件下的社会不平等的根源，对阶级与阶层作出了全面的阐述和深刻的分析。马克思的社会分层理论主要可以归纳为以下几个方面：

（1）阶级的产生。阶级的存在仅仅同生产发展的一定历史阶段相联系，是私有制社会的普遍现象。

（2）划分阶级的标准。划分阶级的标准是人们在生产关系中所处的地位，主要是对生产资料的占有关系，以及由此决定他们在生产方式中所起的作用与领取社会财富的方式、数量等。

（3）阶级的内部关系。阶级内部成员具有共同的经济地位与共同的利益，他们的行为表现一致性程度较高。阶级有一个从自在到自为的发展过程。在阶级斗争中，同一阶级的成员有着共同的阶级意识；同时，阶级内部成员之间越来越紧密地联系起来，采取共同行动以维护自己的利益。

（4）阶级与阶层。每一阶级内部又分为若干阶层。各个阶层的利益、价值观和政治倾向有所不同。在社会改革和社会革命的过程中，不同阶层对革命的态度也不同。

（5）私有制社会中各阶级之间的关系。阶级存在是私有制社会中不平等的主要表现形式。在私有制社会中，由于各阶级的地位与利益不同，存在着阶级之间的经济剥削与政治压迫关系，阶级斗争与阶级冲突从来就没有停止过。阶级斗争与社会革命构成社会发展的动力。

（6）阶级的消灭。无产阶级与资产阶级是社会历史上最后的两大对立阶级。无产阶级的历史使命是消灭资产阶级，铲除滋生阶级与社会不平等的主要根源——私有制，建立公有制。无产阶级本身也将随历史的发展而消亡。生产力的充分发展、私有制的废除、阶级的消亡是根除社会不平等现象的前提条件。

在马克思之后，德国社会学家马克斯·韦伯在马克思社会分层理论的基础上提出了一套全新的社会分层理论，韦伯的社会分层理论与马克思的理论一样，在社会学界以及其他领域产生了深远的影响。

韦伯的社会分层理论总结为一个"三位一体"的模式。韦伯认为有三个标准用来对社会成员进行阶层划分：经济标准——财富；政治标准——权力；社会标准——声望。其中财富指的是社会成员在经济市场上的生活机会，也就是人们在市场上以其经济收入和财富来交换商品和服务的能力，或者说满足自己需要的能力。在这个意义上说财富实际上就是"市场购买力"，而用马克思的话说就是"钱袋的鼓瘪"。

韦伯理论中的财富并不涉及在所有制中所处的地位，财富的多少只是反映了人们在经济领域中的不平等。韦伯所说的权力则是指一个人即使在遇到反对时也能实现自己意志的能力。在这里权力实际上是一种强制力，权力分配反映了人们在政治领域的不平等。至于声望，指的是一个人在其所处社会环境中所得到的声誉和尊敬。韦伯很看重人的社会声望这个要素，他认为声望同人们的身份有关，也同人们的知识教养、生活方式有关。韦伯指出：具有相似身份和生活方式的人被称为身份群体，而不同的身份群体在社会生活中具有不同的声望，因此不同的身份群体也就具有了不同的社会地位。

韦伯提出的这三个划分社会的标准——即财富、权力、声望——可以看作是一种社会资源，在他看来，这三种东西在任何社会中都是既有价值而又稀缺的，因而人们总是要在各个社会活动领域千方百计地逐利、争权、求名。

韦伯认为这三种资源既相互联系又是可以相互转化的。例如财富上的差别可能同权力上的差别直接相关，权力同声望也有某种关系。但同时他也指出这三个标准又是相互独立的，任何一个标准都可以单独作为社会分层的标准。当然如果分别按三种标准对同一人群进行阶层划分，结果可能会出现比较大的差异。因此韦伯一方面强调三个标准的独立性，另一方面他又提出了著名的分层中轴原理：

即在不同的历史时期，三个标准的重要程度会发生变化，应该根据不同的历史条件确定优先的分层标准，即分层中轴。社会生活中的某一领域发生了重大变化，那么这一领域分层标准的重要性就会上升，成为社会分层的主要标准，也就是分层的中轴。

在韦伯提出分层理论之后，后来的社会学家在研究社会分层时大多继承了韦伯的理论，并在此基础上提出了各种分层模式和理论。其中主要有三种类型的社会分层理论。

第一种理论是把社会划分成几个大的阶级。在这种分层理论类型中，因为划分标准不同，而出现过许多具体分层模型，其中影响比较大的有：

（1）三个阶级理论，这种理论把社会分成上等阶级、中等阶级与下等阶级。

（2）两个阶级模式，美国社会学家 R. 林德与 H. 林德在《中镇》与《过渡的中镇》等著作中提出了"企业家阶级"与"工人阶级"的模式。企业家阶级由商业与工业管理者以及通常被称之为专家的人组成。其他人则属于工人阶级。

（3）美国社会学家米尔斯的阶级模式，美国社会学家米尔斯在《权力精英》一书中，把工人分成白领与蓝领两个阶级。白领是指从事脑力劳动的技术熟练的工人，其中包括管理者阶层。蓝领则是非熟练的体力劳动者。

第二种类型的分层理论是把社会成员划分成若干个层次。美国社会学家W.L. 沃纳等学者曾在 20 世纪 40 年代根据多重标准提出了 6 个层次的划分方法。这种方法其实就是把 3 个阶级模型再进行细分，即分为：

（1）上上层，由世世代代的富有者所组成，这些人既拥有大量的物质财富，又有上流社会特有的生活方式。

（2）下上层。他们虽然在财产上并不逊色于上上层，但他们还没有具备上流社会的生活方式。

（3）上中层。他们是一些成功的企业家和专业技术人员，居住在环境优美的郊区，有自己舒适的住宅。

（4）下中层。主要包括一些小店员、神职人员等。

（5）上下层。他们的收入并不比中层人员少，但他们主要从事体力劳动。

（6）下下层。主要是指无固定收入者、失业者以及只能从事一些非熟练劳动的人。

第三种类型分层理论就是续谱排列。这种分层方法是根据人们在职业分工、工资收入与身份声望等方面的具体而细致的差别，把社会成员划分成连续排列的多个小层，即所谓的续谱。美国社会学家帕森斯是这种分层理论的代表，他主张以职业作为分层的标准。帕森斯认为，在美国社会中最重要的分层标准是职业，财富与声望都依赖于职业。结构功能主义的分层理论在美国甚至其他国家长期占统治地位。美国的社会学家通过社会调查，把美国100多种职业按社会声望的高低排出名次来。其中1964年美国进行的职业评分最具有代表性：这次评定的职业上至联邦最高法院的大法官、医生，下到清道夫、擦鞋童，共87种，所得的分数最高为94分，最低只有34分，共列出40多个层次。

在第二次世界大战之后，人类社会发生了巨大变化。社会学家在研究社会分层时也越来越强调多元化的分层标准，以及使用综合指标来代替过去的单一指标。社会学家们同时采用多元分层标准，如收入、职业、教育、技术、种族、性别和宗教信仰等。

采用不同分层标准对社会成员进行阶层划分时，一些社会群体或职业在不同分层体系中的位置排列顺序可能是一致的或大体相同的，这种情况称为地位一致；一些社会群体或职业在不同分层体系中的位置排列顺序可能不一致甚至完全相反，这种情况被称为地位相悖。地位一致，它实际上意味着各种社会资源在不同社会群体中的分配是相对集中的，即各种资源优先被某些群体所占有，另一些群体可能很少占有这些资源。因此社会学家指出：高度的地位一致可能蕴含着社会冲突，特别是在社会资源分配不公时尤其如此。与此相对应，地位相悖的情况则说明各种社会资源在不同社会群体中的分配是比较分散的，它使得不同的社会群体可以在不同的资源分配体系中各得其所，它意味着社会结构的多元化。同时当代社会学家提倡用综合指标来综合多元化的分层标准，常用的综合指标是社会经济地位，它包含了人们的收入地位、教育地位和职业地位等内容。一些社会学家在研究中甚至采用更多的指标来进行社会分层，比如财产多少、房产的类型、本人受教育的程度、休闲方式等。

在当代社会，我们研究社会分层时常常提到"中产阶级"与"橄榄型"的社会结构。社会学家认为："中产阶级"是现代社会出现的一个新的社会现象。在传统的农耕社会，社会等级体系都呈现出"金字塔"的形式，即在财富、权力、声望方面占垄断地位的社会上层规模很小，而贫困者、无权者阶层规模巨大。

这种金字塔式的社会结构，是在等级森严、缺乏社会流动、权力与财富合一的社会里维持社会统治的产物。当人类社会由传统社会过渡到现代社会，随着财富的积累、社会公平观念的普及、社会流动频率的加快、权力与财富的分离，社会结构越来越呈现为"橄榄型"，即在收入和财富占有方面，社会顶层的巨富者和社会底层的绝对贫困者都是极少数，出现了一个日渐庞大的"中产阶级"。社会学家一般把社会上拥有中等经济收入的人称之为中产阶级。中产阶级主要由从事脑力劳动的行政管理人员、专业技术人员、商业营销人员以及职员、教师、店员、文秘等组成。

中产阶级的发展与壮大使得社会呈现一种橄榄型的结构，这对于社会的稳定有着巨大的作用。同时这种社会结构也标志着社会资源的合理分配，社会在整体水平上实现富裕。这也是我们进行社会建设的目标之一。

"宝马女"与"奥迪男"斗富——炫富

2009 年 10 月 28 日晚 10 时许，深圳一宝马车与一奥迪车在春风路、人民南路北行转弯辅道内发生轻微擦碰，宝马车的女司机下车后二话不说，直接扇了奥迪司机一耳光，并脚踹奥迪，宣称"打你像打狗"。

两车擦碰几乎不着痕迹，但车主在午夜闹了足足 6 小时。

"宝马女"："他开车时低着头打电话，撞了车还态度不好。他说我（宝马）318 没他奥迪贵，我 318 怎么啦？你就 1000 万也买不到我这个宝马车，怎么啦？你就有一亿也买不到我这个独一无二的车！"

目睹了争执过程的人指称："真是不讲道理啊，太过分了。没见过这么嚣张的女孩子。"双方争执期间，旁人劝阻，"宝马女"一一指点，"信不信连你我也敢打？"

社会学家将此现象称之为"炫耀性消费"现象——购买商品的目的在于通过夸富式炫耀博得社会艳羡而提升其社会地位和声望、荣誉，从而获得社会性的自尊和满足。也就是说，其主旨在于"斗富"。

1894 年，美国工业发展的速度已超过其他资本主义国家，跃居世界第一位。经济的飞速发展造就了一大批暴发户，而这些暴发户的行为则成了凡勃伦关注的焦点。凡勃伦以其敏锐的洞察亲眼目睹了"镀金时代"的暴发户们在曼哈顿大街购筑豪宅，疯狂追逐时髦消费品。有鉴于此，凡勃伦提出了"炫耀性消费"。

"宝马女"掌掴"奥迪男"说白了就是一种斗富心理。宝马女"担心被认为是穷人"，"希望被认为是富人"，"宝马女"声称"奥迪男"说"宝马不如奥迪贵"刺激了她，所以要用耳光回敬奥迪男。

目前，社会上业已形成了一个富裕阶层。在人们惯常的印象中，富人一方面被社会冠以"成功人士"的称号，另一方面个别富人又被指为"穷得只剩钱了"。他们在炫富、斗富的时候往往漠视对社会的影响。

11时40分，处理事故的口岸交警大队警员宣布，确实在宝马车上发现了细微的轮胎印，可能是两车贴近时造成，但从现场勘查来看，两车均未压线，按照交通法规，事故责任双方各一半。

交警开出处理意见通知书，要求双方签字，即可归还双方驾驶证件。本应就此散场，但"奥迪男"表示，自己只是司机，领导不让签字，等半个小时再说。副驾驶座上男子更指责交警办事不力，执法能力差劲。

"你们现在到底要不要处理？这个事情，我们也难做，我们七八个交警耗在这里。纠纷的事，派出所不是已经给你们处理了么？处理不合理，有权利向上一级部门申诉，这么一点点事，闹了3个多小时了。不仅耗你们的油，还耗国家的钱！"

"宝马女"坚决不签字，交警只得在意见书上写下"拒签"，对奥迪车予以放行。见状，"宝马女"挡在奥迪车前头，"浪费我几个小时时间，想走？没那么容易。""你们的时间也被他浪费了，我这也是在为你们讨公道啊。""宝马女"的说法让交警们哭笑不得。

2时10分，交警无法调和矛盾，南湖派出所民警又来到现场协调。现场民警、交警、巡防员多达近20人，但仍束手无策。民警提出，双方一起回派出所调解，遭到"奥迪男"拒绝。

凌晨2时40分，"奥迪男"和副驾驶座上的男子下车，沟通无果。3时，他俩钻入奔驰车，疾驶而去。

这一来，愈加激怒了"宝马女"。她驾驶宝马车，倒车到贴近奥迪，打开车上音响，大声播放舞曲，并对警方直言，"我对处理结果不满意，你们不现场处理我就把车给砸了，我就开车撞他。"

在交警和男友的反复劝慰下，"宝马女"最终同意，让交警将奥迪车拖回口岸交警大队，自己驾车驶离，次日再就处理结果提起申诉。凌晨3时50分许，人群散去，此时距事发已有6个小时。

一点小剐小蹭，在普通人的眼里，本应该是一件小事，但前后拉锯战用了6个小时，不仅耽误了自己的时间，还严重浪费了社会成本。南湖派出所方面两度出车，派出两位民警和六七位巡防员。交警先后有10余人来到现场，共派出5辆大小交警车和1辆拖车。这种以极大社会成本为代价的"炫富"、"斗富"应

该得到遏制。

在公路上，车与车之间除了有车型、性能、外表的差别以外是没有区别的，都要遵守交通规则，都要尊重应该尊重的法则。在马路上的炫富既不能获得区别于他人的社会地位，更不能让自己得到他人的尊重。路人对"宝马女"的指责就是例证。

德高望重有什么好处——声望

声望是指一个人从别人那里所获得的良好评价与社会承认，是拥有较高社会地位的另一种表现。

声望以多种形式出现：公众的接受与名誉、尊重与钦佩、荣誉与敬意。声望可以通过多种方式获得：特别善良、慷慨、勇敢、有创造性或者聪明的人通常得到声望的回报。金钱可以买到声望，权力可以控制声望，起码表面上是这样的。例如，当老约翰·洛克菲勒刚开始在石油上发大财的时候，公众对他嗤之以鼻。然而，随着时间的推移，他用巨额财富兴建博物馆、公园、基金会，投资慈善事业，不仅为自己，也为他的继承人赢得了声望。

富弼，字彦国，北宋洛阳人。他出身贫寒，从小读书勤奋，知识渊博。富弼举止豁达，气概不凡，当时有位前辈见过他后，赞叹说："这是辅佐帝王的贤才啊！"

富弼26岁踏上仕途。40多年里，他对国家竭诚尽忠，在处理外交、边防、监察刑狱、赈济灾民等事务中，取得了显著成就，不断加官晋爵，先后担任过仁宗、英宗、神宗三朝宰相，成为天子倚重、百官敬仰的名臣。

仁宗庆历二年（1042年），北方的契丹国屯兵边境，要求宋朝割让关南的大片领土。朝廷命富弼前往敌营谈判。在交涉中，富弼不顾个人安危，慷慨陈词，成功地维护了国家利益。他先后两次奉命出使，第一次赴任，正逢女儿得病去世；第二次上路，又闻报小儿子出生，他都没有回家看上一眼。归国后，朝廷为了褒扬他的功绩，授予他许多要职，他都谦逊地再三辞谢，不肯就任。

庆历八年（1048年），黄河在商胡决口，洪水泛滥成灾。当时富弼正遭到政敌的谗言诽谤，谪官在青州。他腾出公、私房屋十多万间来分散安排灾民，并出榜向当地百姓募集粮食，加上官仓中的全部存粮，都运送到各区散发。民间颂声载道。天子特派使者前来慰劳，并授任他为礼部侍郎，富弼却辞谢说："这是臣应尽的职责。"

富弼为人谨恭慈和，即使当了宰相以后，也从不以势傲人。无论下属官员或平民百姓前来谒见，他都以平等之礼相待。富弼年老退休，长期隐居洛阳。一天，他乘小轿外出被人发现，众人马上纷纷跟随观看，热闹的集市顷刻之间空无一人。司马光称颂他说："三世辅臣，德高望重。"

富弼出身贫寒，地位低微，通过自己的勤奋努力为国家鞠躬尽瘁、竭诚尽忠，为老百姓做实事，为朝廷布仁德，在平民百姓和下属官员面前，也总是以礼相待。富弼为自己赢得了良好的声望，不仅得到了朝廷的提拔官至宰相，还深受百姓的爱戴。因此，富弼获得较高的社会地位也是实至名归。

如果说，老约翰·D.洛克菲勒是先获得金钱，再通过金钱来收获声望的话；那么凭借《哈利·波特》而享誉世界的作者乔安妮·凯瑟琳·罗琳则是先获得了良好的声望，然后把它转化为巨额的财富的。而这两种情况也正是声望和财富之间的两种关系。

乔安妮·凯瑟琳·罗琳的《哈利·波特与魔法石》（1997）诞生了，几乎是一夜之间征服了世界各地的少年读者。2007年是"哈利·波特"系列小说问世10周年，这部作品改编成的电影也火遍了全世界。哈利的饰演者丹尼尔·雷德克里夫成为英国最富有的少年，鲁伯特·格林特和艾玛·沃特森不知有了多少的"粉丝"。该系列小说已被译成70多种语言，总销量已达到3.25亿册。罗琳也因创作了"哈利·波特"系列小说而名利双收。

声望是为众人所仰慕的名声，是社会分层的又一个方面。一个有声望的人往往会比一个名不见经传的人所说的话更有信服力；并且有声望的人本身也承载着一种荣誉，自我价值的认知也会随之得到提高。而多数情况下声望来自于占有一个公认的好职位。

第三节　人往高处走，水往低处流——社会流动

艾柯卡从职员到总裁——向上流动

在社会学上，一个社会成员或社会群体从一个社会阶级或阶层转到另一个社会阶级或阶层，从一种社会地位向另一种社会地位、从一种职业向另一种职业转变的过程叫作社会流动。它是社会结构自我调节的机制之一。个人一生中的流动，

指个人在职业和地位方面的水平的或垂直的流动。艾柯卡的事例就是社会流动的绝佳例子。

美国福特汽车公司是美国最早、最大的汽车公司之一。1956 年，该公司推出了一款新车。这款汽车式样、功能都很好，价钱也不贵，但是很奇怪，竟然销路平平，和当初设想的完全相反。

公司的经理们绞尽脑汁也找不到让产品畅销的办法。这时，在福特汽车销售量居全国末位的费城地区，一位毕业不久的大学生，对这款新车产生了浓厚的兴趣，他就是艾柯卡。他开始琢磨：我能不能想办法让这款汽车畅销起来？终于有一天，他灵光一闪，于是径直来到经理办公室，向经理提出了一个创意，在报上登广告，内容为："花 56 元买一辆 56 型福特。"这个创意的具体做法是：谁想买一辆 1956 年生产的福特汽车，只需先付 20% 的货款，余下部分可按每月付 56 美元的办法逐步付清。

他的建议得到了采纳。结果，这一办法十分灵验，"花 56 元买一辆 56 型福特"的广告人人皆知。"花 56 元买一辆 56 型福特"的做法，不但打消了很多人对车价的顾虑，还给人留下了"每个月才花 56 元，实在是太合算了"的印象。

奇迹就在一句简单的广告词中产生了：短短 3 个月，该款汽车在费城地区的销售量就从原来的末位一跃而为全国的冠军。这位年轻工程师的才能很快受到赏识，总部将他调到华盛顿，委任他为地区经理，并最终坐上了福特公司总裁的宝座。

艾柯卡原本只是企业里的一个普通员工，社会地位比较低微，在社会上的声望也相对较小，但在经过自己的努力之后，他们都慢慢成为了企业的管理层。不仅获得了企业给予的相对丰厚的经济回报，社会地位和在社会上的声望也都随之提高。由一个较低的社会阶层步入了另一个相对高级的社会阶层，这种现象属于社会流动中的向上流动。

在现代工业社会，尤其是在城市，这种流动也是一种普遍的现象。社会学对此种流动的研究，主要关注在人的一生中，在哪个年龄阶段、哪种职业地位的人发生流动的次数最多、他们向哪个方向流动等。

垂直流动（包括向上流动和向下流动）无论对个人还是对社会都极为重要。它影响社会的阶级、阶层和产业结构。如果一个时期内向上流动的频率超过向下流动，说明社会在进步，反之，说明社会在倒退。每个人都希望向上流动而不希望向下流动。但每个社会向上流动的机会分布是不均匀的，只有那些具备一定条件的人才有可能上升，这个条件就是知识、才能和机会。对社会来说，关键是要有各种合理的流动渠道，要有一套选优的标准和实施办法。这些渠道、标准和办法是在社会流动的实践中形成的，是一种社会选择，而不是决策人的主观设计。

社会流动会引起社会结构的变化，大多数人流动的方向和频率反映着社会变迁的方向。因此，社会流动被人们看作是社会变迁的指示器，是社会选择的一种途径。西方社会学研究社会流动的趣旨在于探索什么人、在什么环境中、具备什么条件才能够获得更多的向上流动的机会。一个社会能够创造更多的向上流动的机会，是社会充满活力的象征，是社会进步的表现。

高学历低收入的"蚁族"——向下流动

"蚁族"，是对"大学毕业生低收入聚居群体"的典型概括，是继三大弱势群体（农民、农民工、下岗职工）之后的第四大弱势群体。之所以把这个群体形象地称为"蚁族"，是因为该群体和蚂蚁有诸多类似的特点：高智、弱小、群居。据统计，仅北京一地就有至少 10 万"蚁族"。上海、广州、西安、重庆等各大城市都有大量"蚁族"，在全国有上百万的规模。

"蚁族"受过高等教育，主要从事保险推销、电子器材销售、广告营销、餐饮服务等临时性工作，有的甚至处于失业或半失业状态；平均月收入低于 2000 元，绝大多数没有"三险"和劳动合同；平均年龄集中在 22 ~ 29 岁之间，九成属于"80 后"一代；主要聚居于城乡结合部或近郊农村，形成独特的"聚居村"。他们是有如蚂蚁般的"弱小强者"，他们是鲜为人知的庞大群体。

中国青年报社会调查中心日前与腾讯新闻中心联合进行了一项在线调查（4130 人参加）——"你对人生缺乏热情吗"，结果显示，71% 的人认为现实生活中充满了焦虑，55% 的人对人生缺乏热情。"对人生缺乏热情"被认为是"下流社会"的最大特点。不少调查者自己也坦陈："还没爬到中层，就开始往下掉了。"

现在不少的年轻人、大学毕业生，也同样遭遇了"对全盘人生热情低下"的状态。许多人对于已经处于中等收入者状态的长辈或社会精英，充满了愤懑和不平，认为他们挡住了自己上升的路，他们占据了太多社会位置，也拉高了消费的水平。于是他们对社会充满了不满和抱怨，同时对于自己向上奋斗的信心也开始弱化，将自己生活中遇到的问题和挑战更多地归于社会，而不是自身的原因。于是他们会写匿名的帖子在虚拟的世界里表达他们在现实世界里被忽略的意见和看法。他们在网络中异常热烈和激烈，在现实中却意愿低下，相当沉默，同时以一种"个性"的张扬以及对于社会的批评，来表达在社会中无法抗争和奋斗的要求。

社会流动是指就一个人或一个群体而言，从一种社会地位或社会阶级向另一种社会地位或社会阶级的变化。简言之，社会流动就是社会地位的改善。而向下流动是指人们向一个较低地位移动。

曾几何时，大学是孕育白领的圣地。曾几何时，高学历就是高收入、高社会地位的保证。然而现在的社会现实是，大学生已经越来越由优势群体转为相对弱势的群体。大学生的生存现状是薪酬、就业、住房都对大学生造成了颇大的压力。很早之前的大学生可以享受福利分房。现在的大学毕业生不仅没有了住房福利，微薄的工资只能使他们在城中村等一些条件比较差、房租比较低的地方居住。

中山大学政治与公共事务管理学院教授岳经纶说："'蚁族'的出现也证明'80后'向上流动的机会相对要少，渠道也没那么顺畅，尽管'蚁族'不至于沦为最底层，但在社会地位上却处于'要上不上，要下不下'的尴尬境地。"

白领过剩，月嫂难求——水平流动

水平流动是从处于同一水平线上的一种职业向另一种职业的横向流动。所谓同一水平线是指两种职业在收入、地位、名声等方面基本相同。

当总经理叫李莉去他的办公室时，她正谈笑风生地和同事们交流在网上买房、抢车的经验。她放下内线电话，整整衣裙，走到经理的办公室前。推开门的刹那，她还以为他会像过去半年中每一次和她的单独谈话一样，表扬她的业绩，然后布置下一步任务。

谁知，她错了。

经理开门见山地对李莉说，由于经济危机已经波及公司的业务，公司从节约开支的角度出发，不得不开始考虑适当裁员。

她的心里"咯噔"一下，有种不祥的预感。

果然，经理停顿片刻，终于说出口："公司准备先从试用期的员工中开始裁员，由于你的试用期还没过……"

她叹了口气："经理，我明白您的意思，可是，我什么时候正式离职？"

他说："再过5天。"

她走出经理的办公室，将要离开银行的消息也随之传播开。

将近半年了，周围的同事和她已经相熟，接下来的几天，时不时有人关心地问她："接下来你怎么办？"当然，也有不少和她资历差不多的新人也忧心忡忡。

2008年经济危机失业高峰所波及的群体正是城市的白领阶层，以及正准备迈入这一阶层的众多大学毕业生。白领的需求过剩，一些白领转而做蓝领了。广州市市容环卫局下属事业单位的一次公开招聘中，13个环卫工职位竟然引来286名本科生、研究生争相抢夺。无独有偶。一个终日要与病死畜禽打交道的职位，竟也引来19名本科生和7名研究生角逐，最后1名博士、4名硕士和6名本科生被录用。

一方面是劳动力供给远远超过了经济增长带来的劳动力需求，出现总量型失业；另一方面是在经济体制改革和产业结构调整过程中，由于劳动力自身素质、技能不适应，出现大量岗位空缺，许多企业和地区技能劳动者短缺、保姆短缺等。

2007年的金猪年，月嫂难求。在广州、深圳等地，月嫂已经预约到了六七月。据某家政公司负责人李丽介绍，现在她们公司为客户从外地请了一名"金牌月嫂"，月工资是5300元。

要添丁了，是人生中的一件大喜事，但对于大连的市民吴先生来说却成了一件大难事，因为他的妻子快要临产了，可是找了大半年多还是没有找到月嫂。

吴先生妻子的预产期是7月初，可现在四处托亲朋好友找月嫂，却一直没有消息。他也咨询了不下10家的家政公司，可是都说让他等，可这一等就是半年多了，眼看妻子就要临产了，可是还是没有一家家政公司给他回过话。

无奈之下，吴先生就只有亲自登门去家政公司"抢月嫂"。"我一共去了7家家政公司，都说让我先登记，再回家等回话。"吴先生说，他到了一家家政公司，都向人家解释他的妻子快生了，等不了太久，如果有人愿意，他可以出高价聘请的。可是没想到的是，这些家政公司的工作人员都告诉他，现在有很多人比他还要急啊，现在请月嫂必须提前两三个月就预订。

甚至有一家家政公司还拿出了登记表来给他看，他发现，登记在册要找月嫂的人就已经有10多位了。

据了解，因预订月嫂的人很多，其工资也跟着水涨船高。大连一名初级的月嫂工资在1200～1700元之间，中级月嫂的工资在2100～2300元之间，高级月嫂的工资在2300～2500元之间，特级月嫂的工资已经高达2600～3000元了。"比去年同期涨了300元到500元。"一家家政公司的有关负责人说，去年一年月嫂的工资就涨了4次。

　　随着保姆工资上涨，保姆也成了大学生的择业选择，"从2008年8月到12月，平均一个月就有五六百人前来应聘，其中90%以上都是大学生，还有28个是硕士。"广州市一家家政公司的副总经理这样说道。川妹子家政公司首都大学生家政事业部，2008年暑假报名参加大学生高级家政助理培训班并被录用的学员已达200人，与往年相比人数翻了七八倍。这批学员大部分来自北京著名高校，都是在校生，其中不乏硕士研究生，具有素质高、英语水平高的特点。

　　研究生小张："我从小就做家务活，也特别喜欢孩子，以前还做过英语老师，在假期中做大学生保姆就想多接触一下社会，锻炼自己与人交往的能力，以后这些人际关系可能会对找工作有帮助。另外大学生保姆2000元左右的月薪还是挺有诱惑力的，利用这个机会多挣些钱，也可以减轻经济并不宽裕的家里的负担。"

　　无论是做白领还是做月嫂，最重要的还是赚取薪水、创造价值。离开工作，谈白领蓝领就没有价值和意义了。当月嫂工作的附加值上升了，月嫂的薪水自然高过了白领，而2009年6月份，在深圳出现了10万年薪的天价保姆。

跨国婚姻，爱情的温暖抵不过现实的冰冷——女性的流动

　　社会学研究表明，妇女可以通过婚姻获得社会流动，比男子通过职业获得的社会流动要大得多。这项研究揭示：男子的第一个工作一般"继承"其父亲的职业。然而，妇女往往和一个与其父亲职业地位相去甚远的男人结婚，因而与其丈夫的职业地位更为相关。

　　许多年轻貌美的女性不是想通过自己的扎实努力来获得较高的社会，而是想靠假结婚实现自己的美梦。这种现象在社会上已经不再稀奇。

　　据马来西亚华文媒体报道，四成嫁作"大马妇"的中国女子，被移民局发现是假结婚，为了可以继续逗留大马。移民局官员在经过调查及问话后，若发现存在假结婚的问题，将不批准女方的签证申请，并把她们遣送回国。在现实中，类似的事件层出不穷。把婚姻当作"融入"的方式也许无可厚非，但是把婚姻当作筹码，输掉的也许不仅仅是幸福。

　　浙江青田籍女子晓岚因商务考察来到葡萄牙，就是为了找个葡国人结婚，她坚信在葡国的土地上有一位白马王子在等待着她的到来。之后，晓岚经过在葡萄牙打工的朋友的介绍，认识了葡国中年男人乔治，两个人聊过几次之后就确立了恋爱关系，并领取了结婚证，然而幸福的日子并没有持续多长时间。事情的起因

是一个普通的电话，晓岚刚到葡萄牙的时候，连一个朋友都没有，只有一个远在南部法鲁区的高中同学，也是出于礼貌，到了葡萄牙之后不久，她就给这个同学打了一个电话。可就是因为这个电话夫妻俩大吵了一架，因为乔治觉得她"不规矩"，一到葡萄牙就给别的男人打电话，晓岚则觉得很委屈。从争吵到大打出手，以至于邻居报警，法官开出了隔离令，后来男方家人更是赤裸裸地威胁，扬言要把晓岚赶回国，甚至要让她"尝尝他们家族的厉害"。

对于一心想圆美国梦的人来说，申办婚姻绿卡是最快转换身份的方式。王小姐在与律师达成协议、支付订金之后，很快被安排与一位美籍公民见面，随后与男子拍婚纱照、选购婚戒、结婚。然而之后发生的事情却让王小姐陷入噩梦。该律师先是暗示若想让婚姻绿卡办得顺利成功，王小姐须给他特别的"性服务"，在王小姐拒绝之后，仍旧劝诱、威胁，随着申请案不断推延，最后王小姐不得不屈从。即便是付出如此代价，最后王小姐还是没能如愿获得婚姻绿卡。本希望借假婚姻获取身份，却落了个既被骗财又被骗色的下场。

新加坡国家人口秘书处前些时候公布的数据显示，新加坡本地异国夫妻显著增加，2008年在本地注册的婚姻当中，近40%是新加坡公民与外籍人士的联姻。全球化的趋势以及诸多国家采取的开放政策，促成了本国人与外国人的姻缘。不过，婚姻除了建立在两情相悦的基础上，还包括了对不同文化的接纳，还有与彼此家人的相处之道。

据新加坡华文媒体报道，新加坡人陈顺德和中国山东籍的妻子在1999年结婚，今年原本可以庆祝10周年纪念日，但两人今年初正式申请离婚。

陈顺德1996年被公司派到山东工作，到当地医院做例常身体检查时，认识了在那里当医生的妻子。他被女方坦率、体贴的性格吸引，于是展开追求攻势。拍拖3年后，两人共结连理。陈顺德指出，结婚前曾把妻子接到新加坡来玩。当时妻子和母亲相处融洽，母亲也没反对他们来往。妻子来到新加坡后很快取得永久居民权，但由于她的医科文凭不被本地机构承认，无法回到医生岗位，她又不想当护士，所以情绪有些郁闷。妻子找到华文补习教师的工作，情况好转。这时她却又和家婆开始发生摩擦。陈顺德说，开始时妻子与母亲为了琐碎事，比如说，母亲把妻子的东西摆在其他地方，让妻子找不着，就引发互相的不满。妻子和母亲会个别向他抱怨。婆媳关系越来越僵，后来，妻子会故意迟归，等到陈顺德放工后才回家，在家里也尽量不踏出房门。

陈顺德说："整个家冷冰冰的，她们根本没话谈，我成了传话筒。那段时间我心里很烦躁，很疲惫，当夹心饼干的滋味真不好受。"陈顺德不是没寻找解决的方法。因为是独生子，他不愿意和妻子搬出去住，丢下年迈母亲。他也想到辅导中心寻求帮助，但妻子和母亲却不愿意配合。对陈顺德来说，母亲和妻子像手心和手背，都是亲人，但是她们都性格倔强，加上年龄和文化上有代沟，一直无法好好相处。妻子在本地没结交到知心朋友，无法通过社交活动疏解家庭烦恼，最后导致离婚。

跨国结婚的整体数目不算少，但是婚姻维持下去却很难。文化的差异、思维的差异、传统观念的差异，所有的一切都成为每一桩国际婚姻必须直面的考验。相爱只需要两情相悦，相处却需要彼此的耐心、宽容，需要彼此对婚姻的悉心经营。

跨国婚姻不是以婚姻为目的的一场计划，也不是从相恋到分手的一个程序。我们相信在跨国婚姻中不乏让人羡慕的神仙眷侣，虽然关于跨国婚姻的负面报道让人感觉再温暖的爱情抵不住现实的冰冷，然而，我们仍旧期待"执子之手，与子偕老"的恒久幸福。

社会学家的一项研究表明，通过婚姻的流动向下与向上概率相当。所以，社会上的年轻女性不必花费过多心思想通过跨国婚姻来实现自己社会地位提高的美梦。因为社会学的研究表明接受教育与获得职业的过程对职业男性和职业女性来说已经非常相似。职业条件对于两性来说都是相同的，通往较高职业地位的道路主要是教育。所以说，女性依然可以通过接受良好的高等教育在职场上去和男性竞争，也只有依靠自己的拼搏和努力，实现女性向上流动的希望才会变大。

第四节　了解我们的生活圈——差序格局

你第一眼认识的世界——家庭

当我们第一次睁开眼睛看这个世界，看到的就是父母充满关爱的眼神，感受到的是家庭的温暖。家庭是我们第一个接触的社会组织，我们终其一生几乎都离不开家庭，我们生活于其中，找到情感的寄托。家庭是我们生活的场所，也是我们行走于社会的支持系统，没有家庭是人生最大的悲剧。家庭对于我们来说可以是最熟悉的，但有时也很陌生。我们学习了社会学有关家庭的理论，就可以更好地认识家庭，更好地经营自己的家庭。

家庭是由婚姻、血缘或收养关系所组成的社会组织的基本单位。一般来说家庭有广义和狭义之分,狭义是指由一夫一妻以及子女构成的基本单元;而广义的则可以扩大到家族的范围。家庭是最基本的社会设置之一,是社会最基本最重要的一种制度和群体形式。家庭是重要的社会单元,在过去家庭大多是自给自足,满足家庭成员的大多生理、心理的需求的单位,家庭有经济生产、安全保卫、教育、社会化、宗教等功能,进行物质、人口、精神财富再生产。而现在,家庭的很多功能都被其他社会组织分化了,比如子女教育被学校代替了,经济生产被工厂代替了,等等。但家庭在社会化、感情陪伴、经济合作、性规范等方面依然为社会的良性运行方面发挥着重要的作用。

家庭与所谓的家族和亲属还是有区别的。家族是指具有共同的祖先、血缘或具有姻亲关系、养育关系的人所组成的社会网络。一个家族并不一定居住在一起,以群体的形式发挥作用,但是他们彼此承诺,承担一定的责任和义务。整个家族有一个共同的文化纽带把大家联系在一起。

从家庭社会学的角度可以把家庭分成几种类型:

(1)核心家庭,由一对父母和未成年子女组成的家庭。

(2)扩展家庭:分为主干家庭和扩大/联合家庭。

(3)主干家庭:由一对父母和一对已婚子女(或者再加其他亲属)组成的家庭。

(4)扩大/联合家庭:由一对父母和多对已婚子女(或者再加其他亲属)组成的家庭。扩大家庭在中国古代曾经是一种理想的家庭模式,比如《红楼梦》中的贾府,那就是典型的扩大家庭。

但是现代社会的变迁使得家庭也发生了变化,很多新的家庭类型也出现了。

(1)单亲家庭:由单身父亲或母亲养育未成年子女的家庭.

(2)单身家庭:人们到了结婚的年龄不结婚或离婚以后不再婚而是一个人生活的家庭。

(3)丁克家庭:双倍收入、有生育能力但不要孩子、浪漫自由、享受人生的家庭。

(4)空巢家庭:只有老两口生活的家庭。

现在的家庭结构的不同主要是由于社会经济因素造成的。全世界的家庭结构正在逐渐朝核心家庭的方向转变。这种趋势与城市化、工业化以及现代化相关联。

刚才我们提到了家庭的功能,现在我们来详细说说家庭主要功能的内容。第一是家庭社会化的功能。家庭从很多方面讲,都是很适合承担社会化任务的。它是一个亲密的小群体，父母通常都很积极，对孩子有感情，有动力。孩子常常在依赖下，将父母看作是权威。可是，父母很少经过明确训练来使孩子社会化，家庭并不总能很有效果、有效率地完成这一功能。越来越多的学校和专业机构担负起这方面的责任，但是家庭在情感等方面对儿童的培养依然是不可代替的。

第二是情感和陪伴功能，这是家庭的核心功能之一。在现代社会，对成人和孩子来说，家庭是情感陪伴的主要源泉。对儿童来说，缺少父母的关爱会导致智力、感情、行为等方面的成长都受到伤害。对成人来说，也需要感情的关怀。从目前现状来说，家庭规模日趋小，新婚夫妇日趋单独居住，而人们又很少能从家庭以外获得友谊和支持，这迫使家庭成员在情感和陪伴上彼此深深依赖。提供情感和陪伴已成为现代家庭的核心功能。

第三是性的规范功能。对社会来说，性关系到人口的再出生，不是个人的事，所以在一般的社会里，强烈提倡合法生育和性规范的制度化，为的是使儿童能够得到良好的照顾和获得平稳的代际过渡。目前的现状是相对于以前在性方面对男女的双重标准，女性的性自由提高了；此外人们更能容忍婚外性生活了。但由此产生的问题是，有的人不愿意结婚了，有的人结婚了也不一定和配偶在一起了，使得配偶间的感情和陪伴关系的稳定性减弱了。

第四是经济合作的功能。在古代社会或者以自然经济为主的农村家庭来说，家庭通常是一个生产的主要单位。而在现代社会，随着工业化、信息化、城市化、现代化的发展，家庭的主要经济功能由生产转变成了消费，如汽车、房屋、电器的购买等。另外在现代社会，随着女性就业的增多，家庭中女性对男性在经济上的依赖在减少。

随着社会的变迁，家庭的变化也是非常明显的。现在人们对事业的投入增加，更多的时间和精力放在了家庭之外的生活中，家庭之间的感情变得淡漠许多，离婚率也逐渐升高。现代社会变化快，代际的差异很大，这就导致了所谓代沟的出现。代沟的加深引起了家庭社会化功能的减弱，学校等专业机构责任增强，夫妻之间通过养育孩子形成共同的目标的纽带减弱。而且核心家庭生活安排自由度加大，家庭成员更多地追求友谊和亲情的经济合作的功能下降了。随着男女之间地位的不断平等化，女性工作的越来越多，女性顾家时间变少，需要男性参与更多的家庭劳动。女性在经济上对男性的依赖减少，使得家庭的稳定性下降，使得单身现象增加，尤其是单身女性变得更多。由于经济上的解放，男女之间更多地追求情感的支持，对待性的态度也更加开放。

家庭的变迁从家庭规模和权威来讲，一方面家庭规模变小，逐渐核心化，单身家庭剧增。在我们国家，夫妻往往依靠父母带孩子，于是产生前所未有的"421"现象。核心家庭中跟着长辈居住的增多。

社会流动性增大，使得家庭流动性也增加。从抚养儿童总体来说，抚育层次提高，依靠学校增多，父母感情和性两者的关系稳定性减弱。一方面离婚率在增加，一方面独生子女容易受到家庭较多的关注，父母抚养孩子的时间和关系是否在变化，会对孩子产生怎样的影响还有待观察。现在对家庭赡养老人的要求降低了，更多老人独住、住到养老院或退休社区等地方去。从感情陪伴来讲，一方面，人际孤独感增加，对感情陪伴的需要增加了。婚姻的主要功能成了提供最亲密的关系，而且夫妇间共处相对以前大家庭和其他亲戚的相处多了。另一方面，双方的纽带少，共处的时间变少，对爱和婚姻的期望高，观念开放，使得联系容易断裂。家庭经济功能由生产转变到消费、财产处理等。随着离婚率增加、社会养老保障机制尚不完善，抚养、赡养、继承、分配、亲情纠葛等新矛盾日益增加。

总之，现代社会的家庭变得越来越纯粹，更少地承担社会功能，而更多地扮演心灵港湾的角色，这可以看作是一种历史的进步。我们在看待现在家庭的变化时应该有更开放的观念、更自由的态度，但同时也不要忘记身为家庭成员的责任，只有这样，才能使得家庭生活真正成为我们的情感伊甸园。

走出家门的小社会——社区

我们走出家门面对的是一个扩大了的生活圈子，我们的邻居组成了我们从家庭走出来面对的第一个陌生人的世界——社区。在社区里我们开始学习如何与那些不同于父母的非亲人进行交往，这是我们迈向社会的第一步。社会学所说的社区是指在一个固定的地理区域范围内，生活在其中的社会成员以居住环境为主体，行使社会功能，创造社会规范。

社区可以被看作是在一个固定的地理区域范围内的社会团体，其成员有着共同的兴趣，彼此认识且互相来往，行使社会功能，创造社会规范，形成特有的价值体系和社会福利事业。每个成员均经由家庭、近邻、社区而融入更大的社区。从这里我们可以看出社区的形成有四个要素：

（1）人，社区由人所组成。不论何种类型的社区，因人聚集与互动，方能满足彼此的需求。但人数多少才能形成一个社区，目前并无定论。社区太大、人数过多，将使彼此互动困难；但人数太少就一定不可能形成利益互惠与生活维持的团体。

（2）地理上有界限，以地理的范围来界定社区的大小疆界是一般人最能接受的对社区的定义。但是，并非所有的社区都有明确的地理划分。

（3）社会互动，社区内居民由于生活所需彼此产生互动，特别是互相依赖与竞争关系。比如社区内的居民的衣、食、住、行，以及教育、娱乐等活动都需要与他人共同完成。因此，相关的经济、交通、娱乐等系统即因此而形成，这些系统的建立使得社区成员逐步建立起社区规范。

（4）社区认同，社区居民习惯以社区的名义与其他社区的居民沟通，并在自己的社区内互动。同时社区居民形成一种社区防卫系统，居民产生明确"归属感"及"社区情结"。

其实对社区的认识也是逐渐成熟的，而且至今还有很多不同的观点，但是一定的地域、共同的纽带以及社会交往三方面是构成社区必不可少的共同要素。因此，人们可以从地理要素、经济要素、社会要素以及社会心理要素的结合上来认识社区。在城市里我们提到社区，人们一般都有明确的概念，比如居委会、大院儿、胡同等，都可以看作一个社区；而在城市以外的农村地区，一个村庄、小镇也同样是一个社区。总之社区一般是一个地理上的概念，不像其他的社会群体通常并不以地域作为特征。

社区像其他社会组织、群体一样，也经历了长期的发展和演变。早在社会学者形成社区这一概念之前，社区这种人类社会生活的重要现象就已存在。人类总是合群而居的。人类社会群体的活动离不开一定的地理区域，具有一定地域的社区就是社会群体聚居、活动的场所。我们可以说社区最早是农业发展的产物。在远古游牧社会中，居民逐水草而居，并无固定的住地。严格说来，那时的游牧氏族部落只是具有生活共同体性质的一种社会群体，不是今天所说的社区。其后，随着农业的兴起，从事农业生产的人口需要定居于某个地区，于是出现了村庄这样一种社区。随着社会经济、政治、文化的发展，在广大乡村社区之间又出现了城镇社区。自工业革命以来，人类社区进入了都市化的过程，不但城市社区的数量日益增多，而且城市社区的经济基础与结构功能都不同于以往的社区，其规模日益扩大，出现了许多大城市、大都会社区。

社区的类型和规模也不断地发展变化，同时相伴随的是社区功能的变化。以往无论是一个村庄或一个小城镇，还是一个城市，其地域范围都具有比较确定的疆界。比如一个完整的村庄的地域范围通常是以村民的聚居点为中心，并将由这个中心辐射到附近的各种服务功能的射线极限点联结起来，构成这个农村社区的地理区域。而一个完全的城市社区的地域范围，通常则是由其市区和包括若干小城镇及乡村的郊区构成的。每个社区都有一定的制度、机构和设施，为整个区域服务，以满足其成员的各种需要。每个社区的社区中心都设有服务性的商店、学校、工厂、政府机关、医疗单位、群众团体等，服务于整个社区范围。社区这种正是通过它的各种机构和设施的服务活动来推动各种制度的运行，使社区成员在本社区疆界内得以维持其全部日常生活。

但是工业革命以来，随着现代社会生活的发展，社区的地方性的差异逐渐减少。社会大众传播如广播、电视的普及，国家义务教育的推行，以及各地居民人口流动的增加，各社区之间在规范、价值观念以及行为模式上的差异程度已显著降低。社区的许多地方性功能已为"大社会"的普遍统一的功能所取代。在同一个大的区域范围内，社区与社区之间的相似点多于不同点。随着大城市、大都会的发展，社区地域范围的疆界也不如以往那么分明了。一个大城市往往包含着若干个原先相对独立的社区，但在市政府的机构设置和行政区划上则又可能与原先各社区的地域分界不一致。

长期以来，社区的基本功能是满足成员日常谋生的需要，社区居民一般都是在本社区内就地劳动谋生。但是现在情况早已经发生了变化，现代社区的许多居民每天都到本社区以外的地方去上班。因此，社区成员之间除了具有当地居民的共同利益，还分别具有各自从社区以外谋取生计的种种不同利益。这种情况就从社会交往上削弱了社区地域疆界的确定性。由于全国性的企业组织和政治、文化团体的出现，地方社区里的工厂、商店、社会团体等，有不少就是这些全国性组织系统中的下属单位和分支机构，其决策主要是听命于本系统的上级组织，而不是当地社区。因而，作为地方社会的社区，其自主性也有所削弱。

我们学习社会学应该清楚对社区的研究有着重要的意义。整个社会是由一个个或大或小的社区所组成的。任何一个社区就是一个规模不等的具体的小社会，是整个大社会的不同程度的缩影。从一定意义上说，社区研究是研究整个社会的起点。同整个大社会相比，社区则显得具体可感，易于把握。

一般地说，社会的一切活动都是在一个个具体的社区里进行的。整个社会普遍存在的一些现象必然会在各个社区里有所表现。社区研究是社会研究的具体化。人们通过社区研究对社会进行典型调查，可以见微知著，研究和探讨社会发展的普遍规律及同类社区的共同特点。通过社区研究，人们还可以了解某一社区的地方特点，因地制宜地进行改革和建设。从研究社会问题的角度看，一个社区所面临的许多问题，往往不是某一社区单独存在的，而是更大社会范围内的问题的具体表现。因而社区问题的研究，有助于发现和解决更为广泛的社会问题。

我们出生在一个家庭，而我们的家庭存在于一个社区之中，所谓远亲不如近邻，社区与家庭相似，也是初级群体的一种，它为我们提供了学习社会经验的场所，也为我们提供了情感交流和生活娱乐的空间。社会学能借给我们一双慧眼来看认识社会现象，那我们何不从身边的社区入手呢？

人类的避难所——城市

从社区再向更大的范围扩展我们的生活空间便是城市，在现代社会，城市是经济发展与人民生活的主要场所。在社会学里有专门的城市社会学来研究与城市有关的社会现象。城市一般是以非农业产业和非农业人口集聚形成的较大居民点，一般的乡镇也算作城市。城市的人口一般较稠密，包括了住宅区、工业区和商业区，并且具备行政管辖的功能。城市的行政管辖功能可能涉及较其本身更广泛的区域。

城市并不是一开始就出现的，而是随着社会的发展和文明的提高而出现的。城市的出现是人类走向成熟和文明的标志，也是人类群居生活的高级形式。早期的人类，居无定所，随遇而栖，三五成群，渔猎而食，一个人的力量有限，所以人们互相联合组成群体，随着群体的力量强大，收获也就丰富起来，人们逐渐开始了定居的生活。大凡人类选择定居的地方，都是些水草丰美、动物繁盛的处所。定居下来的先民，为了抵御野兽的侵扰，便在驻地周围扎上篱笆，形成了早期的村落。随着人口的繁盛，村落的规模也不断扩大，猎杀一只动物，整个村的人倾巢出动显得有些多了，且不便分配，于是，村落内部便分化出若干个群体，各自为战，猎物在群体内分配。由于群体的划分是随意进行的，那些老弱病残的群体常常抓获不到动物，只好依附在力量强壮的如体周围，获得一些食物。而收获丰盈的群体，不仅消费不完猎物，还可以把多余的猎物拿来，与其他群体换取自己没有的东西，定居更是成为了普遍的生活方式，城市的发展也就加快了脚步。

其实人类最早的城市具有"国"的意味。我国的春秋时代乃至更早，一个小国家往往就是一个城市再加上周边的农田；而更典型的就是古希腊的城邦国家，一城即一国。城市的起源除了定居这个条件之外，还有其他的因素，一般来说有3种认识：

第一种是防御说，它认为建城市的目的是为了不受外敌侵犯；

第二种是集市说，认为随着社会生产发展，人们手里有了多余的农产品、畜产品，需要有个集市进行交换，进行交换的地方逐渐固定了，聚集的人多了，就有了市，后来就建起了城；

第三种是社会分工说，认为随着社会生产力不断发展，一个民族内部出现了一部分人专门从事手工业、商业，一部分专门从事农业。从事手工业、商业的人需要有个地方集中起来，进行生产、交换，所以，才有了城市的产生和发展。

不论城市是如何起源的，城市都是人类文明的主要组成部分，城市也是伴随人类文明的进步而逐渐发展起来的。在农耕时代，伴随工商业的发展，城市崛起和城市文明开始传播，那时城市的作用是军事防御和举行祭祀仪式，并不具有生产功能，只是个消费中心。那时城市的规模很小，因为周围的农村提供的余粮不多。每个城市和它控制的农村构成一个小单位，相对封闭，自给自足。

其实真正意义上的城市是工商业发展的产物。比如中世纪的地中海沿岸，米兰、威尼斯、巴黎等，都是重要的商业和贸易中心；其中威尼斯在繁盛时期，人口超过20万。在工业革命之后，城市化进程大大加快了，由于农民不断涌向新的工业中心，城市获得了前所未有的发展。到第一次世界大战前夕，英国、美国、德国与法国等西方国家，绝大多数人口都已生活在城市里。这不仅是富足的标志，而且是文明的象征。

城市有着许多的类型，但基本是一个从事工商业的场所。其实"城市"这个词语本身就包含了两方面的含义："城"是一个地域的概念，表示的是人口的集聚地；"市"是一个商业的概念，表示的是商品交换的场所。而城市的出现，也同商业的变革有着直接的渊源关系。最初城市中的工业集聚，也是为了使商品交换变得更为容易而形成的。在城市中直接加工销售相对于将已加工好的商品拿到城市中来交换而言，则正是一种随着工业城市的出现而产生的一种商业变革。城市的规模、城市的功能、城市的布局和城市的交通，也都是随着工商业的发展而变化的。

城市社会学对城市作了不同等级的分类，如小城市、中等城市、大城市、国际化大都市、世界城市等，对城市等级分类的一个标准是人口的规模，我国根据市区非农业人口的数量把城市分为四等：人口少于20万的为小城市，20万至50万人口的为中等城市，50万人口以上的为大城市，其中又把人口达100万以上的大城市称为特大型城市。而从城市综合经济实力的角度以及世界城市发展的历史来看，城市分为集市型、功能型、综合型、城市群等类别，这些类别也是城市发展的各个阶段。任何城市都必须经过集市型阶段。

集市型城市，属于周边农民或手工业者商品交换的集聚地，商业主要由交易市场、商店和旅馆、饭店等配套服务设施所构成，比如我国若干乡村围聚而成的一个小镇。功能型城市，通过自然资源的开发和优势产业的集中，开始发展其特有的工业产业，从而使城市具有特定的功能。这种城市不仅是商品的交换地，同时也是商品的生产地。但城市因产业分工而导致功能单调，对其他地区和城市经济交流的依赖增强，商业开始由封闭型的城内交易为主转为开放性的城际交易为主，批发贸易业有了很大的发展。这类型的城市主要有工业重镇、旅游城市等，比如我国的大庆、攀枝花等。综合型城市，指一些地理位置优越和产业优势明显的城市。其经济功能趋于综合型，金融、贸易、服务、文化、娱乐等功能得到发展，城市的集聚力日益增强，从而使城市的经济能级大大提高，成为区域性、全国性甚至国际性的经济中心和贸易中心。商业由单纯的商品交易向综合服务发展，商业活动也扩展延伸为促进商品流通和满足交易需求的一切活动。像北京、上海这样的一线城市就是这样的综合型国际大都会。随着现代交通的不断发达，不同区域的联系变得越来越紧密，这就形成了城市群。城市的经济功能已不再是在一个孤立的城市体现，而是由以一个中心城市为核心，同与其保持着密切经济联系的一系列中小城市共同组成的城市群来体现了。比如日本的东京、大阪、名古屋三大城市圈，我国的上海所在的长江三角洲地区实际上也正在形成一个经济关系密切的长江三角洲城市群，其整体的经济功能已在日益凸现。

城市化是社会发展的必然趋势，因为农业生产水平的不断提高，使得更多的人不再从事农业生产，而转到工业和服务业，而工业和服务业的集聚特点使得它们基本都存在于城市中，所以更多的人会到城市谋生，这就是城市化的过程。现在发达国家平均城市化率约为70%以上，而我国仅在40%左右，随着社会经济的不断发展，我国城市化的脚步会越来越快。当然，城市的发展，也会带来许多社会问题，比如暴力犯罪的增加、失业、自杀等，如何兼顾城市发展和社会和谐是研究城市问题的永恒课题。

现代社会的权力主体——国家

当今这个世界是由一个一个国家组成的，我们每一个人都是某一个国家的公民，在国际交往中，国家通常都是行动的主体。国家是一定范围内的人群所形成的共同体形式。国家政权是国家的具体化身，也是通常意义上对国家的理解。它是一种拥有治理一个社会的权力的机构，在一定的领土内拥有外部和内部的主权。在国际关系的理论上，只要一个国家的独立地位被其他国家所承认，这个国家便能踏入国际的领域，而这也是证明其自身主权的关键。

其实所谓的社会并不等同于国家，我们可以进行这样一个划分：社会—政治—国家—政府，国家所处的位置大概就是这样。通常我们说的祖国与国家也是有区别的，祖国是一个地域、文化、历史、宗教，有时是民族及人种概念，带有丰富的感情色彩；而国家是一个政治权力机构。国家与政府也有区别，一般来说国家大于政府，尤其是国家是主权者的同义词，而政府是国家权力的执行者。但在国际舞台上，国家的概念比在国内政治中宽泛很多。此时国家是国际法中的主体，是该国范围内的整个社会的代表，是这个国家全体人民的代表。

一个国家有许多的组成要素，其中之一便是国家领土。所谓领土包括领土、领海、领空。领土是国家的基本要素，并不只是供人居住的一片土地，它同样构成了这个国家、这个民族的历史、文化、宗教记忆的一部分，是这个国家的象征，是联系人民、使他们自我认同及互相认同的纽带。最理想的领土边界当然是自然边界，比如山脉和河流。但在更多情况下，现代国家的边界是条约边界。

国家的另一个要素是人民。人民首先是指一个民族，从政治上讲则是指所有服从于一个主权权力的人民。它可以是一个民族，也可以包括若干民族；可以是本国人，即通过血缘关系得到此地位的人，也可以是外国移民，当他们离开自己的国土时，并不失去本国人民的资格。在现代国家中，人民首先是政治生活中的一个重要角色，是一个国家政治权力合法性的唯一来源，是一国的主权者。可以说，国家是人民的创造物。在国内政治的领域中，人民更多的是被定义为公民，即有权参加政治事务的人。它超越了人们在经济地位、文化、职业上的不同，使人们有了一个新的共同身份。

一个国家还必须有一个合法的政府，它是一国政治生活中的一个重要角色。在国内事务中，政府合法地管理着人民，公正地处理人民之间的冲突，以及作为中央权力处理与其他国内法人的关系。政府是一个权力机构，在现代法治国家中，公共权力必须在它制订的法律规定的范围内活动。

世界上的国家是多种多样的，国家的体制各有不同。如果按国家的组成民族来讲，我们可以把国家分为单一民族国家或多民族国家。而从政治上讲，我们可以将国家分为君主制国家、君主立宪制国家、共和制国家、民主国家或专制国家。从国家权力行使的角度，讲国家又分为单一制和联邦制。单一制国家的基本特征是中央政权垄断着全部宪法性权力，特别是立法权及司法权。单一制国家可以是中央集权型的，也可以是地方分权型的。联邦制国家是指中央政权与地方政权分享宪法性权力。

国家作为一个行为的主体有着多种职能。国家职能是国家每个组成部分的活动、具体任务和国家活动的形式。国家的职能是与国家存在的目的联系在一起的，国家有三个基本职能：保护国家免受其他国家的侵犯；保护国内每一个人免受他人的侵犯与压迫；举办个人或少数人不应或不能举办的事情。

我们在新闻里常听到外交上提到"和平共处五项原则"、"互不侵犯"等话语，其实这就是表明国家的权利。国家就好比个人在日常生活中拥有的权利一样，在国际关系中有着多种权利：

（1）独立权，指国家依照自己的意志处理内外事务而不受他国控制和干涉的权利。

（2）平等权，指国家在参与国际法律关系时，不论大小强弱，发展水平，都具有平等的地位和资格，平等地享有国际法上的权利和承担国际法上的义务。主要表现在：国家在国际组织或国际会议中平等地享有代表权和投票权；国家平等地享有缔约权；国家平等地享有荣誉权；国家之间没有管辖权等。

（3）自保权，指国家采取防御及自卫措施保卫自己生存和独立不受侵犯的权利。它包括国防权和自卫权两方面的内容：

①国防权是国家制定国防政策、进行国防建设、防备外来侵犯的权利。

②自卫权是国家遭受外国武力进攻时，单独或与其他有关国家一起进行武力反击的权利。国家可以单独自卫，也可以实行集体自卫。

国家除了对外有权利之外，就好比一个家长对自己的家庭有着一定的权利一样，国家对国内事务也有相应的管辖权：

（1）属地管辖权，指国家对其领域内一切不享有特权与豁免权的人、事、物进行管辖的权利。属地管辖权不适用于领域内依法享有特权与豁免的外国人或外国财产。

（2）属人管辖权，指国家对无论位于何地的具有本国国籍的自然人、法人或特定物进行管辖的权利。

（3）保护性管辖权，指国家对在该国域外犯有危害该国安全、领土完整、政治独立及其他重大政治、经济利益等罪行的外国人进行管辖的权利。保护性管辖权的行使一般有两个条件：

①外国人在领土外的行为所侵害的是该国或其公民的重大利益，构成该国刑法规定之罪行或规定应处一定刑罚以上的罪行。

②该行为根据行为地的法律同样构成应处刑罚的罪行。

（4）普遍性管辖权，指国家对任何人在任何地域所犯的严重危害国际社会普遍利益的国际罪行进行管辖的权利。比如现在海盗罪、战争罪、破坏和平罪、违反人道罪等已被公认为国家普遍管辖权的对象。国家的普遍管辖权只能在本国管辖范围内或不属于任何国家管辖权的区域行使。

国家不是从来就有的，也不会永远存在下去。人类发展创造了社会与文明，而国家只是社会发展在一定阶段内存在的事物，随着社会的进一步发展，国家最终是要消亡的。国家作为社会政治现象，随着社会的发展变化而发展变化。国家的发展表现为几种历史类型的更替。国家历史类型的变革，同社会形态的变革规律是一致的。随着社会经济类型的变化，国家的类型与功能也在发生着变化，旧的国家类型不断地被新的国家类型所代替。国家历史类型的更替过程也是社会进步与发展的过程。国家的消亡是一个长期的历史过程，是人类社会高度发达之后才能产生的现象，是国家在充分发挥自己的职能后的必然归宿。

对于国家的研究是很多学科的重要内容，一般来说社会学与政治学是最主要的研究者，我们学习社会学不应该仅仅局限在社会学学科本身，而是要综合多种学科、从多种角度来认识事物，这是寻求真理的必然途径，也是社会学本身的必然要求。

我们有着共同的精神世界——民族

相对于国家更多的是一个政治概念来说，民族更多的是从文化角度来理解。民族是一个历史范畴，有其发生、发展和消亡的过程。对于民族的概念学术界一直没有统一的认识。但是在一般的意义上讲，民族可以被解释为人们在历史上形成的一个有共同语言、共同地域、共同经济生活以及表现于共同文化上的共同心理素质的稳定的共同体。从这点我们可以看出民族与人种是不同的，民族是长期历史形成的社会统一体，是由于不同地域的各种族在经济生活、语言文字、生活习惯和历史发展上的不同而形成的。比如说美国就有很多的种族，但一般各种族都被称为美利坚民族。

其实"民族"一词使用非常广泛。不过在不同的情况下内涵多少有些不同。

广义上的民族泛指人们在历史上形成的、处于不同历史阶段的各种共同体，如原始民族、古代民族、近代民族、现代民族、土著民族等，甚至氏族、部落也可以包括在内。或用以指一个国家或一个地区的各民族，如中华民族、阿拉伯民族等。而狭义上的民族是指各个具体的民族共同体，如汉族、蒙古族、满族等。

从历史发展的角度来看，民族的产生也经历了一个过程。民族属于一定社会发展阶段的历史范畴，不是在人类社会一开始就有的，而是当人类历史发展到一定时期才产生的。当然随着社会的发展，到了一定的历史时期，民族就会消亡。

其实一个民族形成的过程实际上就是民族语言、民族心理、民族精神、民族经济和生活、民族文化、民族特征形成的过程。民族形成之后，各民族在共同发展和共同繁荣的过程中，共同性必然越来越多，差异性越来越小，民族同化、民族融合的因素也就逐渐增加，最终达到民族差别的消失，即民族融合的实现。

共同的文化是一个民族最核心的特点，也是一个民族区别于其他民族的本质特征。各民族在长期的历史发展过程中所创造出来的带有该民族特点、反映该民族历史和社会生活的文化，就是民族文化，它包括物质文化和精神文化。不过当我们提到民族文化时更多地是指精神文化，主要包括语言、文学、科学、艺术、哲学、宗教、风俗、节日等。其实世界上丰富多彩的文化形态的创造都是以民族为根基的。文化使民族与民族社会得以形成，为它提供最广泛的物质和精神以及其他方面的基础，并以其整体的内部结构和完整的外部面貌执行民族区分功能。在民族文化的内部结构中，存在着多种多样的背景、阶段、阶层、等级、各种利益集团以及语言、宗教等，都可能导致文化的存在与发展，但只要一个民族或民族社会仍然存在，它就总会具有某种共同的民族文化。

经济生活也是民族形成的一个因素，它指从民族角度出发或带有某种民族特点的经济。民族经济具有民族与经济两重因素。它并非是民族与经济两种现象或概念的拼合与相加，它是客观存在的普遍现象，是在民族共同经济生活的基础上形成的一个概念。每个民族都有自己的经济联系与经济生活。因此，任何一种民族经济必然具有与本民族自身相联系的某些特点。当然，随着社会的发展，民族之间的经济交往也日益增加，但是最初的经济活动更多的是在民族内部进行的，因为在早期一个民族共同居住在一个区域内，而这个区域就是所有成员日常生产和生活的场所。

民族的产生和发展是一个不间断的过程，历史上有数不清的民族产生，也有数不清的民族消亡。当然消亡一般不是这个民族的成员全部死亡，而更多的是被其他民族同化，或者几个民族融合成了新的民族。民族同化是一个民族因受另一民族影响而丧失了本民族的特征、接受其他民族的特征，变成其他民族的一部分的社会现象和社会过程。这种同化可以分为强迫同化和自然同化两种类型。

强迫同化，是指丧失本民族的特征、接受其他民族文化和特征的变化过程，是用强制手段，即凭借暴力和特权来实现的社会现象，典型的就是北美印第安人在美国西进运动中被白种人同化的过程。自然同化是指各民族在长期交往和相处中，互相影响，如生产劳动、生活方式、文化习俗、审美意识等都极其自然的发生变化，甚至改变了本民族的特征，在自愿选择、自然适应的过程中变成了另一个民族的现象。

自然同化其实和民族融合比较相似，民族融合指世界上一切民族的民族特征，在经过长期的共同性增长的基础上融为一体，民族差别得以最终消失。这是人类历史发展的必然趋势。但民族融合是一个长期的、自然的、缓慢的历史过程，并非一朝一夕、一蹴而就的。另一方面，比较落后的民族在长期的社会生活和经济文化交流中，因受先进民族影响而逐渐丧失本民族特征，与先进民族融为一体的社会现象，即"自然同化"的现象。

一个民族的存在与否，民族精神是非常重要的一个方面。民族性格中的正面和优秀部分，或民族道德与民族文化中的精华部分都可以被称为民族精神。民族精神有两方面的内涵，一是相对于民族和民族社会的物质实质存在而言，称民族精神存在。民族精神存在包括它现存的精神面貌，主要表现在人类心理的不同层面及其积淀之上，因此，它与民族心理的涵义是相互沟通的。另一方面，是狭义的民族精神，特指以既定民族和民族社会为背景的民族性格和民族文化中正面和富于肯定性价值的部分，它是对民族文化之优秀遗产的心理继承，是民族和民族社会生存发展的精神支柱。并具体地内含在民族社会与民族文化历史的发展过程之中。每一个民族都有自己的民族精神，这种民族精神具有某种核心价值，成为某种向心力的源泉。民族精神典型的例子就是犹太人，犹太人失去家园几千年，却依然保留自己的民族特色，而没有被其他民族所同化，并且为人类文明作出了很多贡献，都是因为他们有着非常深刻的民族精神和民族文化，这种精神就像一个纽带，使得犹太人永远有着自己的民族归属。

我们每一个人都有着自己归属的民族，这是我们精神情感的寄托。民族之间的交流与融合也是历史发展的必然。但是民族间也一直存在着很多问题，因为不同的文化导致出现价值观、习俗等方面的不同，这些不同有时得不到相互的理解，就会产生民族关系中的问题。民族间的相互关系问题，主要表现在政治、经济、文化、语言文字、风俗习惯、宗教信仰等方面。它是多民族国家中或在不同国家之间关系中经常遇到的社会问题，是在民族的活动、交往联系中发生的问题。只要民族存在，就会有族际社会，也就必然产生民族问题。民族特点导致民族差异，民族与民族差异的存在产生出不同的民族问题。而且，民族将是一个长期的历史存在，民族差异的持久性也将使民族问题长期存在。在不同的历史条件与时代背景下，民族问题的表现形态和内容不尽相同而已。

民族问题是历史的产物，尤其是在国际关系中，现在这种问题表现得很明显。解决这个问题最根本的在于民族间的相互尊重、相互理解，我们不仅要欣赏我们自己的民族文化，同时也要欣赏异民族的文化，互相学习各自的优点，抛开成见，这样才能真正建立一个和平美好的世界。

中、日、韩与儒家文化圈——文化共同体

现在我们经常能听到"共同体"这个词，比如欧盟、东南亚的东盟、北美自由贸易区等，都是不同类型的共同体。共同体是指社会中存在的、基于主观上和客观上的共同特征而组成的各种层次的团体、组织，既包括小规模的社区自发组织，也可指更高层次上的政治组织，还可指国家和民族这一最高层次的总体。共同体建立在个人、群体和组织在社会互动的基础上，依据一定的方式和社会规范结合成一个生活上相互关联的大集体，其成员之间具有共同的价值认同和生活方式、共同的利益和需求以及强烈的认同意识。共同体具有经济性、社会化、心理支持与影响、社会控制和社会参与等多种功能。

不同的共同体是建立在不同的基础上，比如现在比较常见的是经济共同体。但是一个共同体内部成员之间基本上都有一个相近的文化特征。因为文化的纽带最为深刻，最能把具有相近文化特征的个体或群体联系起来，而这种联系一旦建立，那么影响将是长远的。任何区域的一体化都有其共同的文化底蕴作支撑，有互信和认同的区域文化作平台。比如欧盟就是建立在欧洲文明的同一性以及共同的文化思想根源的基础上。任何共同体的形成都离不开相应的文化背景，因此文化共同体可以看作是任何共同体的根本。

文化社会学有一个观点，即认为文化是人们适应环境的结果，因此不同的地域共同体在不同的生存环境下造就了自己的文化，从而造成了文化的地域性差异。

现在有人倡导中、日、韩三国建立一个东亚共同体，就是建立在中、日、韩三国同属儒家文化圈、汉字文化圈、筷子文化圈这一共同文化基础上。处于东亚文化圈核心区的几个国家，在 9 世纪以前已经成为文化共同体。

但是近代以来，由于西方文明的进入，东亚文化共同体呈现出瓦解的态势，中、日、韩三国都在不同程度上向西方学习，而彼此之间的联系变得疏远了。不过近年来东亚出现了重建文化共同体的迹象，其中很明显的例子就是汉字使用的发展。日本近来计划新增 191 个常用汉字以方便民众阅读和书写，韩国一些专家建议在中小学恢复汉字教育等，都是中、日、韩三国努力恢复文化共同体的一种努力。

语言是文化共同体非常重要的内容，因为语言文字是文化的遗传密码，是文化传承的载体。瑞士哲学家布克哈特曾说："高居每个文化巅峰之上的是一部精神的杰作——语言文字。"很多学者指出：欧盟的建立，其基础就是欧洲各国的文字多起源于拉丁文字并且有着共同的基督教文化。所以东亚文化共同体的建立，汉字的共同使用是很重要的一个方面，它有助于唤起东亚民众共同的历史记忆、文化情感和价值认同。

文化共同体一般可以分成两类：第一类是在历史发展过程中自然形成的，这种共同体的各成员原本就分享着共同的历史文化传统，如欧盟、阿拉伯国家联盟等；第二类是由人们主动建立形成的，这种共同体的各成员合力弥补文化差异、寻找文化共性，比如东盟。而中、日、韩的东亚文化共同体属于第一类，历史渊源非常深，这也是现在重建东亚文化共同体的重要基础。

一个文化共同体一般会有一个核心国家，这个国家作为"领头羊"，使得共同体内部具有凝聚力和影响力。比如欧盟的雏形就是德国与法国结成的联盟，而德、法作为欧洲大陆的大国，在历史上一直都处在相当重要的位置。我们来看东亚文化共同体，中国是东亚文化的"母国"，也是东亚文明的"核心"。许多历史学家和社会学家指出：中国的发展与其说是中国崛起，不如说是中国复兴，而中国复兴不仅使东亚各国因经济、政治、文化等密切交流的需要而产生了解中国文化和回归本国传统的必要，更促使东亚文化重拾自信并推动着东亚文化的复兴与融合。

每一个文化共同体的建立，其共同文化的核心就是相同或相近的精神信仰和文化价值观。东亚同属儒家文化圈，而儒家文化是世界上为数不多的几种原生性文化之一。中国传统的儒家文化对日本和韩国有着极其重要的影响，从而形成了以中国为中心的"儒家文化圈"。儒家文化虽然产生于中国，但它已经远远超出了中国的范畴，成为了"东亚儒家"，形成了以"东亚儒家"为核心的世界"儒家文化圈"。

儒家文化的思想非常丰富，其中儒家的"和谐"思想对于历史上东亚文化圈的建立起着至关重要的作用。和谐是儒家最高的价值标准，同时也是整个中国传统文化的最高价值原则。儒家强调的"和"的思想是一种"中和"与"适度"的状态，由此而引出了"和而不同"、"求同存异"、"和而不流"等有关社会互动、社会关系的思想，这种思想对于文化共同体的建立乃至当今的国际关系都有着非常重要的借鉴意义。"和而不同"是人们处世行事应该遵循的准则，也是社会事物和社会关系发展的一条重要规律。中、日、韩三国在文化上的差异性是客观事实，而且长期以来形成的文化价值观也存在着不小的差异，而建立东亚文化共同体，儒家的"和谐"思想非常重要。

总之，一个共同体的形成，不论是历史自然发展的结果，还是出于某种目的人为构建的结果，对于全球化日益发展、世界各国联系日益紧密的当今世界来说，共同体的建立都是一个值得提倡的事情。同时我们也必须明白，共同体建立的基础是相近的文化，而共同体稳定发展的保障仍然是文化的共同进步。"和谐"应该成为一个文化共同体乃至世界和平与发展的基本价值观。

第五节　如何成为领导——社会组织的统治类型

以古法治国——传统型

对于已经存在的各种社会组织，都会有一个进行统治或领导的体系，这个体系可以看作是"命令—服从"体系。不论什么样的组织都有一个内部的管理体系，有人担当领导角色，有人担当被领导角色。那么这就涉及到统治类型，或者说管理类型的问题。按照马克斯·韦伯的著名理论，我们将历史上已经出现的统治类型归纳为三种：传统型、卡里斯玛型和法理型。

传统型是基于传统背景之上的合法化统治，在这种类型中，组织中的每一个人出于由来已久的忠诚而服从一个领袖，人们认为领袖拥有权力，是因为领袖本人及其祖辈从来就处于统治者的地位，统治者的权威是世代流传下来的，比如典型的家庭中的家长和家族中的族长，他们的权威基本上就是来自于历史流传下来的习俗。

什么是传统呢？我们可以说一旦某种行为方式变为常规化的一种行为，也就是经过长时间的社会发展，大家都默认了这种行为的合理性，那么这种行为就可以称为传统。这种常规行为或者说传统一旦形成，受它影响的人们就会去服从，这和法律还有所不同。传统是自然演化而非人们刻意制定所造成的，但是法律却是人为制定的。不过传统和法律有一个重要的区别，没有人专门从事一种职业——监督你按照传统行事，但是在法律范围内却有这样的职业——法官、警察等。

在传统型统治占主导的社会，虽然也有一整套行为规则来约束人们，但是却没有法治社会这么严密。法律系统本身有一套周详的逻辑。就严密性、系统性而言，常规与法律是不能比的。由于传统的行为规则没有法律的约束力强，所以在这种模式下就需要大量的解释性行为，就比如中国古代政府很重要的一个职能是教化，其实就是通过不断的教育来使民众能够学习到合理的行为规范。但其实在法律体系中解释也是必不可少的，美国最高法院的工作就是为宪法进行解释。法律这样逻辑上严密的规范系统都需要解释，更何况是严密程度及逻辑性远不如它的传统型统治系统。

由于这个关系，在传统型的统治下，权威者的权力就要比法制型中的权威大得多。这种差别不仅是数量的差别，更是质量上的差别。在传统型统治下，很多规则都是不成文的，统治者常常有极大的自由，对规则进行解释。这使得他的权威变得很大，被统治者不太容易向他挑战。最极端的就是统治者有着极端的权威，一切规则他都有着绝对的解释权。在法理型之下，人们服从的是法律，法律不是一个人说了算。而在传统型中，人们所服从的是权威者个人。不过统治者的权威也是由传统形成的，并不是随随便便就具有这样的力量。比如，在一个大家族类中，族长有绝对的权威，而他权威的来源就是传统，只有符合成为族长的条件并且坐在了族长的位子上，他才有这个权威，而如何才能成为族长这本身就是经过长时间的历史演变形成的。不过传统型的统治权威一旦形成就几乎是绝对的，除非族长本身违反了传统的规则，否则他就一直处于统治者的地位。

在传统型统治中，认为传统形成的规则是神圣不可侵犯的，所以如果有被统治者想要反抗，他其实反抗的是统治者个人，而不是这个体系，他们永远不会对传统本身作出质疑及反抗。其实这种反抗也算是一种革命，我们把它叫作传统式革命。革命者要推翻的是权威者而非传统本身。用它来描述中国历史上改朝换代的革命最为恰当：中国古代历次农民起义或者朝代更替，其实只是把统治者和他的集团推翻而已，但建立起来的新政权依然还是传统型的统治。

为什么传统能够成为一种正当的统治类型呢？韦伯说过："常规造就传统。

某些事件的有规律性地重现这个事实，就以某种方式赋予了它们应该享有这种尊荣。"这可以说是一种习俗的力量，当一种规则反复出现并被大多数人认可时，这种规则就有了约束力，就成了后人必须遵守的了。我们可以如此考虑，一方面传统之所以可以具有这种尊崇的地位，因而能够成为一种统治的力量，是由于传统所表现的是一种累积的智慧。一个传统能经过历代的传承而不被消灭或不自动消灭掉，是表示它有一定的长处，它应该是历代人累积下来的智慧的结晶。即使在日常生活中，在现代这个已经非传统化了的社会里，人们仍然尊重经验。经验所代表的也就是累积的智慧。就个人而言，我们一般用经验来指谓这种智慧，就整个民族或文化而言，我们则说这是传统。虽然传统中也有不合乎时代要求的落后的东西，但总的来说传统所带给人们的还是正面的东西。尤其是古代那种社会变化很少的社会中，经验几乎是知识唯一的来源，而经验是与年龄成正比的，因此老年人在传统型的社会中是被尊敬的。我们现在一提到传统就认为它是落后的，这其实是错误的。一个好的传统不仅不是反理性的，而且是理性的承载者。理性的活动只有在传统中才能进行。传统既代表累积的智慧，它当然就可以成为正当性的理据了。另一方面，传统总是某一个圣人或者一群智慧超群的人智慧的结晶，因此子孙后代尊崇这一传统是合乎常理的。由对传统的缔造者的尊崇进而对他所缔造的传统也同样的尊崇，也是传统为何能作为正当性的理据的道理。

由此我们可以看出，由于传统是累积的智慧，从人之常情来看尊崇传统也是理性的，那么传统也就很容易成为一种统治的力量。只有当生活环境有了相当大的变化时，对传统进行修正甚至是把整个传统放弃掉才成为合理的选择。虽然今天社会变迁剧烈，很多规则刚一出现就已经失去其合理性，但是千百年来的传统在一定程度上还是具有相当的力量的。毕竟传统是历史智慧的总结，而且还将有新的智慧添加进去，所以我们不应该也不可能完全放弃传统。当然，传统型统治在现在的家庭生活中还体现得很明显，这也是维系家庭乃至家族向前发展的力量。

领袖的人格魅力——卡里斯玛型

说完传统型统治，我们再来说说"卡里斯玛型"统治。这种统治类型是依靠领袖超凡的个人魅力而建立起来的。当然，由于是依靠超凡的个人魅力，所以这种统治往往也是最不稳定和最易发生变化的。在这种类型下，被统治者对统治者怀有敬畏和完全忠诚的情感，是建立在相信领袖具有超凡的禀性、非常的气质或者是魔幻般的才能，认为他因为拥有启迪和喻示的天赋而能够给服从者指明行动的方向，甚至能够创造奇迹这样一个基础上。一旦领袖失去了这种才能或者说人们不再相信领袖具有这种才能，那么这种统治就会瓦解。

德国历史上著名的"铁血宰相"俾斯麦就是典型的卡里斯玛型领袖。奥托·冯·俾斯麦，生于1815年4月1日，卒于1898年，普鲁士宰相兼外交大臣，是德国近代史上杰出的政治家和外交家，被称为"铁血宰相"。

1862年6月，俾斯麦出任普鲁士的宰相兼外交大臣。同年9月，在普鲁士议会的首次演说中，他大声宣称："德国所注意的不是普鲁士的自由主义，而是权力。普鲁士必须积聚自己的力量以待有利时机，这样的时机我们已经错过了好几次。当代的重大问题不是通过演说与多数人的决议所能解决的，而是要用铁和血。"俾斯麦的"铁和血"，是他统一德国的纲领和信条，他的"铁血宰相"的别称也由此而得名。俾斯麦正是凭借这种暴力，大胆而又狡猾地利用国际纠纷和有利时机，决定性地使德国通过"自上而下"的道路统一起来。

成为首相的俾斯麦在议会下院首次演讲中坚定地对议会说道"当代的重大问题不是通过演说和多数派决议所能解决的，而是要用铁和血！"随后国王对俾斯麦说："我很清楚结局，他们会在歌剧广场我的窗前砍下你的头，过些时候再砍下朕的头。"而俾斯麦则回应道："既然迟早要死，为何死得不体面一些？无论是死在绞刑架上抑或死在战场上，这之间是没有区别的，必须抗争到底！"

俾斯麦是德国近代史上一位举足轻重的人物。作为普鲁士德国容克资产阶级的最著名的政治家和外交家，他是"从上至下"统一德国的代表人物，其一生正是德国从封建专制社会过渡到资本主义，再走向资本主义列强的重要历史时期。俾斯麦本人虽然退出了历史舞台，但他的"铁血"政策却深深地影响了以后的德国历史。

"卡里斯玛"（charisma）这个字眼表示某种人格特质；某些人因具有这个特质而被认为是超凡的、禀赋超自然、超人的，或至少是特殊的力量或品质。这是普通人所不能具有的。所以我们可以说卡里斯玛是一种超人统治，是人们对超人力量崇拜的一种结果。其实卡里斯玛这个词来自宗教，韦伯说这是他从早期基督教的研究中借用过来的，它的意思是"恩赐的礼物"。不过韦伯在使用这个词语时已经将它的范围扩大，只要具有非凡品质的领袖，他都以卡里斯玛来命名。因此，除了宗教性质浓厚的先知、祭师等之外，像煽动家，甚至强盗集团的领袖等，也可以被视为是卡里斯玛式的领袖。

卡里斯玛式领袖的权威来自于人们对他这种超凡品质的承认。但是，在这种统治形态中，人们不是被迫承认这种权威，而是发自内心的认可这种超凡的能力，认为自己服从于领袖是一种责任。被统治者对卡里斯玛之认可，是卡里斯玛之有效性的决定性因素，此种承认是由被统治者自由给予，并须由具体事实——起初通常是一项奇迹——来保证。此种认可乃是对某些启示、对英雄崇拜、对领袖绝对信任的完全献身。当然，当卡里斯玛领袖已经确立起来后，人们就不必再需要确认这种非凡的品质了，而是要承担自己服从的责任，承认领袖。由心理层面而言，这项承认是个人对拥有这些特质者的完全效忠和献身。

卡里斯玛型也就是"魅力型"领袖，必须有超凡的品质和才能，这不仅是这类领袖一种特质，同时，它也指出了在什么样的情况之下这类的领袖才会出现。这类领袖在非常的情况下才会出现。非常情况需要非常的解决办法，非常的解决办法不可能靠只会办理日常事务的领袖，因此，只有靠具有非凡品质的领袖才能完成这项任务。这种非常的情况往往是一种艰苦的环境。所谓乱世出英雄，像项羽、曹操、李世民等历史人物都是卡里斯玛型领袖的典型代表。

卡里斯玛型领袖所要完成的既是非常的任务，因此日常事务对他们来说是没有挑战性的。在日常家庭生活中，是不可能出现卡里斯玛式有领袖的，卡里斯玛式领袖所领导的常常是一种革命性的运动，只有在革命式的运动中才会出现卡里斯玛式的领袖。我们可以看一下20世纪那些动荡的年代中出现的一些卡里斯玛型的领袖，比如毛泽东、斯大林、罗斯福、丘吉尔、戴高乐等，就很清楚地可以看到他们的出现都是在一种非常的环境之下所发生的，而他们所领导的也往往是一项非常的革命性的运动。

卡里斯玛统治是由一种非凡的人来解决非常的问题，因此在这种统治下，常规都是需要被打破的。在卡里斯玛式的统治下，没有那些形式主义的教条。在和平的时期我们办事讲求规范，但是在非常时期这些规范却成了阻碍。卡里斯玛式的统治是革命性的，是非日常性的，因此传统的教条在这里就没有意义。传统所代表的就是日常化及体制化，然而革命是非常的，它所要打倒的对象往往正是已经形成体制的东西。卡里斯玛式的公正在绝对的情况下是完全不牵涉到规则的；在纯粹的形态下，它与形式的及传统的规范是一种最极端的对比，并且它完全维持它的自主性于传统的神圣性及由抽象的规范所作的理性主义式的演绎之外。

最后，卡里斯玛式的领袖由于是反传统的，他的权威就不是建立在已经存在的任何规则基础上。卡里斯玛式的领袖必须依靠他的行为效果来显示他具有超凡的品质和才能，这样才能维持他的权威，他的使命最终的证明是他能为他的追随者及受他统治的人们带来福祉，而只有他能完成这个使命。法理型与传统型统治都是建立在一定规则基础之上的，但是卡里斯玛型的统治是革命式的，革命就是对规则的挑战，因此，无论在行政、经济或是司法方面，它都将已经有的规则彻底摧毁，这种统治事实上所寄托的只在于一个领袖所具有的品质。

但是，即使在传统型统治里是由一个个人来行使权威，也是有一套规则在制约着他，但是卡里斯玛式的统御最缺乏客观性，因而也最不稳定。卡里斯玛领袖一旦被认为丧失了他的超凡的品质，这种统治随时就会崩溃。所以这种统治最后都会转变，或成为传统型或成为法理型。卡里斯玛式的统治者所面对的是一个非常的任务，他要打破日常的例行公事。但是，没有人可以每天都活在非常之中，更没有一个社会可以完全忽视日常的事务，因此，卡里斯玛式的统治虽然鄙视日常性，它也不可能避得开它，所以卡里斯玛型的统治是要转化的。卡里斯玛型统治不得不转化的第三个原因是领袖的继承问题。由于这种统治完全寄托在领袖的个人品质之上，他的死亡对于这种统治必然会引起不可克服的困难，因此它也不得不转化。其实卡里斯玛统治还有一个更重要的因素，是领袖的追随者的利益能否得到实现。当卡里斯玛的统治建立起来之后，统治者集团期望能够长期保护他们的权力，权力不要在领袖过世之后就烟消云散，因此只有转变成规则体系下的统治才能长久维持。

对于领袖的继承问题有几种方法：

（1）通过一定的方法去寻找新的领袖。

（2）由卡里斯玛领袖生前指定他的继承人。

（3）追随者们集体决定继承人。

（4）把领袖的资格转化成世袭。

（5）把领袖的地位变成一种职位，这也是一种转化。

其实这些继承的方式之间也有相通之处，但这些并非是主要的问题。重要的问题是卡里斯玛统治随着时间的推移和社会情况的变化必然逐渐引出常规化的东西，这也就导致了它的逐渐转化，也就是说，卡里斯玛的统治的转化是历史的必然趋势。

在卡里斯玛型统治中最重要的就是领袖的超凡品质和追随者对领袖的信任与责任，在现代社会尤其在企业中存在很多这样的情况。那些初创的企业往往尚未建立完善的体制，都是靠着领导的魅力来整合员工一同向着一个目标前进，这个时期往往也是企业最具有活力的时候。当然，随着企业经营的稳定和扩大，个人

魅力型的统治方式必然会向制度型统治转化，那些成熟的跨国公司的内部管理体制就是这样，但这样往往却比较缺乏活力。如何把由于领袖的个人魅力带来的活力保持下去应该是组织建设中重要的课题。

一切都按规矩办——法理型

法理型统治是借助法律的正当性建立的合法化统治。在法理型统治类型中，由成文法律规定了统治者的地位，在这种情况下，个人对统治者的服从不是基于传统的血统和世袭，也不是由于对个人魅力的认同，而是根据人们所认可的法律对现实等级制表示承认。服从不是针对特定的某个人，而是主要体现于对由法律规定的某个职位的服从。在这种情况下，统治的类型已经被物化，也就是说人们服从某一个没有"人性"的规则，而不是现实中存在的人。法理型统治已经是非人格化的统治了。例如，美国实行的就是法理型统治。

美国总统是美利坚合众国的国家元首和政府首脑，同时是美国行政部门的最高领袖与三军统帅。依据美利坚合众国宪法第二条第一款，总统须年满35岁，居住美国14年以上，也一定要是出生时为合众国公民。

美国总统选举需要经过以下4个阶段：候选人提名，竞选，选举总统选举人，最后由选举人投票选出总统。

1. 候选人提名

一般上，在总统选举年的6月，各政党由各州选派代表参加全国代表大会，在会议上提名总统候选人。总统候选人的提名一般是在大会的第三天或是第四天进行。在全部州都提出候选人之后，就由大会代表通过个别投票方式选举本党的总统候选人，得到多数票的候选人将最终获得本党总统候选人的提名。

2. 竞选阶段

由获得政党提名的候选人在全国范围内进行竞选。这种全国性的竞选是总统选举过程中关键性的环节，一般在总统选举年的9～11月进行。竞选的形式包括在全国各地发表演说、接见选民，以及与竞选对手进行公开的辩论等。竞选活动的主要内容是向选民介绍本党的政治主张及候选人自己的施政纲领，向选民作出各种各样的承诺，尽可能争取最多的选民支持。

3. 选举总统选举人

美国总统选举制度是由宪法上的选举制度与政党制度结合构成的。根据美国宪法，总统不是由国会选举，也不是由选民直接选举，而是由选民选派的选举人选举。每个州的选举人数同该州在国会两院中的议员总数相等。目前美国 50 个州的总统选举人总数为 538 人，一旦一名总统候选人获得的选举人票达到 270 票，即超过全国选举人数目的一半，即可宣布当选。

4. 选举人投票选出总统

由总统选举人在总统候选人之间投票正式选出总统。当各州选出其总统选举人之后，这些人便组成选举团，并且在选举年的 12 月的第二个星期三之后的第一个星期一，在各州首府所在地分别投票，选举总统和副总统。最后，各州总统选举的投票结果将在选举之后的第二年的 1 月 6 日下午 1 时，由参议院议长在参众两院联席会议上公布。当选总统和副总统的就职时间是同年 1 月 20 日中午。

根据美国宪法，总统的任期是 4 年，只能连任一届。

从美国总统的选举过程我们能够看出，在法理型统治类型下，一个领袖要想获得权力，必须经过一个被法律规定了的程序，或者说一个人通过了特定的法律程序，就可以成为拥有某种权力的领袖，人们手中的权威不再是来自于传统的力量或是个人的影响力，而必须是法律所赋予的。

任何一个组织都需要有一定的规则来维持它的秩序，尤其是发展到一定规模后，更是要有成体系的法律来维持它的秩序。但是拥有法律并不一定就是法理型的统治类型，比如古代中国也有着比较完善的法律体系，但它依然是传统型统治。法理型统治不是由法律的内容所决定，法理型的统治不等于一个法律的秩序，而是由以下一些方面来进行描述的。

（1）法理型统治下必须具有一种法律的实证主义，这指的是任何规范只要按照一定的程序被制订就成为法律。在法理型的统治下，不仅是日常事务，而是任何事情都必须在法律的框架下实行。实证主义的最大特点是，制定法律本身也要依照一定的程序，它才能生效。法律之有效性奠基在它的制定程序上，而不是在它的内容。现代社会建立一种规则要使它具有正当性，必须通过一种程序性的正当化才能实现。在这种正当化及正当性的形态中，正当性的基础不再是以往传统中那种实质性的东西，例如，神、自然等，而是理性本身的形式原则。法律实证主义的另一个特色是将道德与法律分开。将道德或宗教作为立法的基础是传统型统治的做法。由于道德、宗教有实质性的内容，因此，法律最后的根据还是一些实质性的东西。实证主义则把这些实质的宗教、道德内容从它的基础上抽掉，而把法律建基在一种纯粹的形式及程序上。法律本身当然有实质的内容，但是它的基础却纯粹只是形式的。古代那种以起源神话式的理据建立起来的统治，过渡到了现代以理性的形式、原则的程序化手段来建立法律。

（2）法律由一组抽象的规则来组成。抽象规则与统治者个人的命令在性质上有相当大的差别。命令是下达给具体的人，要他或他们去做什么，甚至怎么做，这在军队中体现的尤为明显。但是抽象的规则并没有规定人应该怎么做，它只是规定人在做某件事的时候所必须遵循的规则。命令的目的是按照下令者的意图建立一种秩序，而抽象规则所希望制造的并不是某一个特定的秩序，它希望能够自发地产生一种秩序，而这种秩序是有相当程度的稳定性的。当然，在法理型统治中也是需要执法者的，但成熟的法理型统治是要排除执法者主观因素对于规则实行的影响的。由于法治是法理型统治的一个必然环节，服从法律所建构起来的秩序也就不是一个由命令所建构起来的个人式的秩序，它所产生出来的是一种非个人的秩序。在这种秩序中，人们所服从的是法律，而不是个人的命令。虽然法理型统治中也充满着各种命令，但是下令者的根据乃是法律，而不是他个人的意志。统治者下命令必须以法律为依据，所表示的是他自己也必须遵循法律。在法理型的统治中，任何人都不能成为超越法律的存在。在法理型统治中，统治者拥有的权力是根据法律所赋予的。他的权力来自于相应的职位，一旦他离开了相应的职位，他也就失去了相应的统治的权力。

（3）在法理型统治中，人们服从统治或权威时，本身都是作为组织的成员，所谓成员指的是一种身份的认同，也就是说，他的人身并不整个属于这个组织，只有在组织所管辖的领域内，他才有服从的义务。当然，国家是无所不在的，因此，从作为一个国家的公民这个立场上来看，提出成员这个概念好像意义不大，但是，如果就另一个角度来看，这是把公、私两个领域分开的一个重要的观念。由于只有当人们属于一个组织而成为它的成员时，他才有服从统治者的义务，在非组织所管辖的范围以外的领域，他就没有义务要服从。这与传统型统治不同，传统型统治中一个人的所有权益都是被组织所占有的。

（4）在法理型统治中，任何一个政治组织总有一个负责行政事务的领导集团。这就构成了一种特别的官僚体系。当然，在传统社会中组织也有它的官僚体系，但是它却没有明白地把公、私事物分得很清楚。在传统型统治下，行政组织本身都是属于个人的。比如在古代中国，它是皇帝的私产，所谓"普天之下，莫非王土"。大到皇帝是这样，小到一个知县，也是一样。但我们再来看法理型统治下的官僚体系，公私是绝对的分明。官僚体系中的资产完全属于公有，官僚可以使用它完全是由于他的职务的关系，而且，他也只能用它来办理公务。这种公私分开的组织方式最大的特点就是它的可计算性。官僚体系中的工作人员所具备的是达成最高效率所需要的专门知识，因此，他们所接受的是专门技术的训练。这也是为什么现代大学教育越来越技术化的最主要的原因。而中国传统士大夫的教育完全不是技术性的教育，而是培养人格的通识教育。

法理型统治其实是建立在工具理性这个基础上的，也就是说，现代社会人们考虑采取何种行为方式时基本上是一种"目的—手段"式的思维方式，是一种功利性的价值取向，现代文化的各个领域都是工具理性在其中的展现。法律形式主义以及现代式官僚组织都是工具理性的表现。工具理性导致了一种纯程序、形式的理性，它只注重手段的合理性，而不对结果进行是与非的价值判断。在法理型统治下，人们唯一能接受的只有理性的形式条件本身，而这种理性的形式条件是一种最低度的，可以被拥有任何价值观的人所接受的东西。因此，如果我们能从这个基础上建立起一组原则的话，大家都不会对它质疑。而程序理性正是这种不具有争议性的东西。这就是为什么法理型统治中程序理性能为权力提供基础的道理。但是这种只考虑手段而不考虑结果的程序理性是否就能为统治提供正当性的基础？是否就真能做到价值中立？这些问题是法理型统治所面对的最大及最深的挑战，需要我们进行进一步的研究。

·第六章·

我们每个人都被约束——社会对个体行为的影响

第一节　为什么社会需要法律和道德——当人性遭遇社会规范

社会秩序之痛——犯罪

一名韦姓男子向 19 岁的女友求婚遭拒，随后持菜刀砍杀女友，案发后自杀。孰料女友未死，韦姓男子自杀未遂，畏罪潜逃途中终究还是落了法网。法院一审以被告人韦某犯故意杀人罪，判处有期徒刑 12 年，剥夺政治权利两年，并赔偿附带民事诉讼原告人韦某各项经济损失 19660.70 元。

法院审理后认为，被告人韦某在与女友发生纠纷后实施杀害其女友，其主观上有非法剥夺他人生命的故意，客观上实施了非法剥夺他人生命的行为，且致其女友重伤，情节严重。该行为符合故意杀人罪的构成要件，构成故意杀人罪。被告人韦某在实施犯罪过程中，由于其意志以外的原因而未得逞，是犯罪未遂，依法可以比照既遂犯从轻或者减轻处罚。由于被告人韦某的犯罪行为给附带民事诉讼原告人造成的经济损失，应承担赔偿责任。对附带民事诉讼原告人诉讼请求中的合法、合理部分予以支持，据此作出如上判决。

我们一提到违法事件首先想到的可能就是犯罪。犯罪是违反社会规范，或者说社会失范的一种比较严重的情况。构成犯罪的行为一般都对社会秩序产生了比较严重的破坏作用。犯罪行为一直存在于人类社会，但是对于犯罪的内涵，也就是说什么才是犯罪行为，在不同的历史时期、不同的社会有着不同的界定。

对于犯罪的概念有着不同的划分方法。一般分为犯罪的形式概念、犯罪的实质概念和犯罪的混合概念三种。

犯罪的形式概念源于罪刑法定原则，犯罪的形式概念的形式是指从法律规范的意义上界定犯罪。犯罪的形式概念注重的是行为的刑事违法性，将刑事违法性作为区分罪与非罪的唯一标准，也就是以刑法的规定与否作为犯罪与否的标准。因此，犯罪的形式概念又可以称为犯罪的法律概念。在犯罪问题上，犯罪是一种客观存在的社会事实，是社会根据一定的价值标准对其进行否定评价的行为。但是如果刑法没有规定，那么这种行为就不能成为刑法意义上的犯罪。由此可见，犯罪的形式概念具有实体的法律内容。

　　犯罪的实质概念并不仅仅是对犯罪的法律界定，而是要揭示隐藏在法律背后的社会原因。犯罪的实质概念认为，犯罪不是一种单纯的法律现象，而首先是一种社会现象。犯罪的实质概念不仅仅是从法律条文中去理解犯罪行为，它其实是告诉人们一种行为为什么会被定性为犯罪。通过犯罪的实质概念，我们就能用社会学的视角来研究犯罪行为，分析犯罪与社会结构的关联性，加深对犯罪这种社会现象的理解。

　　犯罪的混合概念综合了形式概念和实质概念，指出了犯罪在形式上刑事法律所规定的范围，即刑法有规定的行为才是犯罪行为，另一方面又指出了犯罪的实质内容以及犯罪的社会危害性。但是混合概念在应用时也会出现问题，当一种越轨行为的形式与实质相一致时，我们容易认定它是犯罪行为；但是当这种越轨行为的形式与实质相冲突，例如某种行为违反了刑法的规定，但却无社会危害时，如何定义这种行为是否是犯罪就成了一个问题。

　　在我们国家，对于犯罪行为的规定依据就是形式与实质相统一的混合概念。

　　犯罪行为一般有着如下几个特征：首先是刑事违法性，是指触犯刑法，即某一个人的行为符合刑法所规定的构成犯罪的条件。在罪刑法定原则下，没有刑事违法性，也就没有犯罪，因此，刑事违法性是犯罪的基本特征。其次是法益侵害性，是指对于刑法所保护的利益造成了侵害。刑法保护的利益一般是关涉社会生活的重要利益，就是法益。在我国的刑法规定中，对于国家主权、领土完整和安全、人民民主专政的政权和社会主义制度、社会秩序和经济秩序、国有财产或者劳动群众集体所有的财产、公民私人所有的财产、公民的人身权利、民主权利和其他权利都列入了保护的对象。基本上刑法保护的利益可以分为国家利益、社会利益和个人利益。法益侵害行为是刑法明文规定的，因此某种行为是否具有法益侵害性，应以刑法规定为根据。一个行为如果不具有刑事违法性，就不可能具有法益侵害性，法益侵害性是刑事违法范围内的法益侵害性。犯罪行为的第三个特征是应受惩罚性，应受惩罚性是犯罪的重要特征，它表明国家对于具有刑事违法性和法益侵害性的行为必须进行惩罚。如果一个行为不应受刑罚惩罚，也就意味着它不是犯罪。因此我们要明白，犯罪是适用刑罚的前提，刑罚是犯罪的法律后果。

对于犯罪行为的分类有着不同的标准，根据不同的标准犯罪行为可以分成以下几类：

首先是重罪与轻罪的划分。重罪与轻罪在所有犯罪分类中是最经典的一种分类法。重罪与轻罪，主要是根据犯罪的轻重程度来划分。其次是自然犯与法定犯的划分，这种分类方法是理论上的一种分类方法，这种分类涉及对犯罪性质的基本认识。第三种是侵害私法益的犯罪与侵害公法益的犯罪，也就是侵害私人利益的犯罪和侵害公共利益的犯罪。其中公法益又可以分为社会法益与国家法益，因此在这种划分方法下，犯罪可以扩展为三类——侵害个人法益的犯罪、侵害社会法益的犯罪和侵害国家法益的犯罪。第四种是国内犯罪与国际犯罪的划分。国内犯罪是指违反国内刑法的行为，根据各国刑法可以确定其犯罪行为；国际犯罪是指违反国际刑法的行为。从一般意义上说，犯罪指的就是国内犯罪。但是当涉及国际刑法的时候，就产生国际犯罪的问题。国际犯罪又主要分为涉外犯罪和跨国犯罪：涉外犯罪是指具有涉外因素犯罪，包括主体涉外，例如犯罪主体是外国人；客体涉外，例如被害人是外国人或者危害的是外国财物等。跨国犯罪是指跨越两个或两个以上国度的犯罪，例如跨国贩运毒品或者同一犯罪分别在不同国家实施等。

犯罪行为是破坏社会秩序的危害严重的行为，我们在认识它们的基础上应该尽力规避。但是现在随着全球化的深入，世界各国之间的交往日益紧密，犯罪行为也越来越具有全球共性。目前国际犯罪的增加就是例证。现在很多犯罪行为不仅违反了一国的刑法，而且对国际上公认的准则形成了挑战，因此对于犯罪行为的打击越来越需要国际社会的合作。总之，我们应该正确地认识犯罪行为，从而加深对于社会规范和社会秩序的理解，同时使自己的行为能够符合社会的规范。

青少年抽烟、酗酒、自杀——越轨

现在社会上对于青少年犯罪越来越关注，而青少年犯罪已经成为了一种严重的社会问题。犯罪属于社会越轨行为中比较严重的一种，青少年犯罪的增多也反映出了当下青少年越轨行为的增多。这个社会问题不仅是个人问题，还涉及社会未来的建设和发展，因此我们应该对越轨行为尤其是青少年越轨行为进行比较深入的了解。

社会学家在对越轨行为定义时并没有明确指出越轨的确切内涵，而是认为在现实生活中将什么样的行为定义为越轨行为是很相对主义的，同一种行为在一种情境下可能被定义成越轨，而在另一种情境则相反。不同的行为在多大程度上将被认为是越轨行为，取决于它发生在何时、何地以及是谁所为。

国外有一个关于青少年犯罪的研究。研究者对比研究了两个不同的中学生群体，其中一个群体被研究者称为"天使"，另外一个被称为"无赖"。"天使"群体的成员经常逃学，每到周末他们就去喝酒、盗窃或做其他违法的事情。他们坐在自己的汽车里大声猥亵路过的妇女，在高速公路上大闯红灯，随意破坏建筑工地。

看到这些"天使"们的行为，我们大多数人很可能认为他们是犯罪者。但是，他们同一社区中的多数成员并不这么看。因为这些"天使"们是一些在社区里深受人们尊敬的公民的儿子，通常被看作是懂规矩的学生，只是偶尔来些恶作剧的好孩子。社区的居民将他们当作未来的领导人看待，期望他们做得更好。而警察对他们的行为也只是睁只眼闭只眼。

与"天使"的情况相反，"无赖"来自社会下层，他们做出的违法行为与"天使"没有区别，但他们却被社区居民视为惹是生非者。研究者在研究期间发现，每个"无赖"至少被拘捕过一次，这帮人一次次受到警方的收拾和折磨。而且，由于他们很少有机会搞到汽车，"无赖"们的偷窃、酗酒和野蛮行为常发生在他们自己的社区里，在那里，他们干什么都很容易被发现。在这一点上"天使"们做得很好，他们小心翼翼地在人们不认识他们的较远的社区干坏事，因此，他们的"恶作剧"瞒过了他们所在社区的居民。

这个研究表明，对于越轨行为或犯罪行为的确定与其说是依据这两个群体所做出的行为，不如说是依据公众对他们的行为的认知。处在社会下层的"无赖"们被视为罪犯，这是在鼓励他们继续将自己看作"坏人"，他们中的大多数将越轨行为持续到成年。与此相反，大多数来自中产阶级的"天使"们则继续上大学，并走上成功之路。从这个研究结果我们可以看出，青少年犯罪的本质以及其他类型越轨行为的本质比我们想象的要复杂得多。

社会越轨是指违反某个群体或社会的重要规范的行为。越轨的定义也会随着时间的推移而发生变化。在过去，离婚行为会使配偶双方的家庭蒙羞，其子女也会被打上新标记，成为"残破家庭"的产物。在那时，离婚行为被视为缺乏美德的象征。而在当代，人们对离婚行为的态度已经变得越来越宽容。越轨的定义也存在地域和文化上的差异。比如离婚行为或婚外情在某些地方被认为是可以接受的行为，而在另一些地方则被视为犯罪，而受到严厉的惩罚。

我们还应该知道，一种行为被视为越轨行为，就意味着这种行为必须是作为违规的行为而被观察、被定义的。比如，一个年轻人在超市里偷了包东西，如果售货员发现但没有将此事告诉其他人，而只是要求他归还物品的话，那么这个年轻人就不会被称为越轨者；相反，如果售货员坚持要控告他并且最终使这名年轻人进了监狱，那么这种行为就被定义成越轨行为了，这名年轻人也就成为人所共知的越轨者了。很多社会学家认为：在给越轨行为下定义时不要与特定的道德规范相联系，而是看发生某种不良行为的人与发现这种行为的人是否进行社会互动，并以其结果来定义这种行为是否是越轨行为。

一提到越轨行为，每个人对它的认识和感受是不同的，但一般情况下，提到越轨行为和越轨者，人们往往联想到那些堕落者、变态者或者疯子。其实这是我们对于越轨行为的一种误解或者是一种偏见。要正确认识越轨行为有以下几点要注意。

第一，越轨行为未必就是性质恶劣、危害严重以及社会不可接受的行为。越轨这个社会学的概念本质的意思是"不遵从"，也就是说不遵从通常的社会规范，在这个意义上我们可以将那些不守常规、富有创造性的天才文学家、艺术家和作曲家等称为"不遵从"者，即越轨者。还有一种情况，某种行为违反了规则，理论上是越轨行为，但由于所违犯的规则并未被广泛接受，人们就不会认为这种越轨是不道德的，因此人们对这种行为的态度也不会像对待那些公认的越轨行为一样。

结构功能主义大师罗伯特·默顿对反常和不遵从这两种行为进行了区分：反常越轨者一般是指那些基本上接受社会规则的合法性但却因个人目的而违犯的人；不遵从越轨就正好相反，不遵从越轨者相信规则本身就是坏的，他们认为有必要通过蓄意地和集体地违犯它而向它进行道义上的挑战。反常越轨者一般希望隐藏自己的行为，而不遵从越轨者则为了吸引人们的注意。不遵从越轨者的目标不是改变规则，他们的行为基于一定的社会理想，因此不遵从的越轨者常常被他们的支持者当作英雄。因此默顿认为：不遵从越轨行为和越轨者有着积极的意义，例如有创造性的艺术家的标新立异行为可能就会开创出艺术领域的新天地。

第二，越轨行为并非总是自愿的。有些人由于生理上的缺陷而不能对自己的行为完全负责，他们的越轨行为往往就会被宽大处理。但是对那些有能力遵从规则却最终未能遵从的人，就必须为他们的行为负全部责任。

第三，越轨行为未必是犯罪行为。大多数的犯罪行为都是越轨行为，但反之则不然。例如谋杀是越轨又是犯罪，赌博是犯罪但不明显是越轨，还有一些行为是越轨但不是犯罪，这样的例子就更多了，他们的越轨只是对社会规范的背离，而不是犯罪行为。

第四，越轨行为是一种普遍的文化现象，是人类社会本身具有的一种社会现象。法国社会学家涂尔干对越轨的研究非常出色，他指出越轨"是任何健康社会不可或缺的一部分"。

第五，越轨者可以是个人也可以是某个群体和组织。例如，一个公司非法向流水中排污水，这时整个公司的成员都是越轨者。

越轨行为作为一种普遍的文化现象，作为一个健康社会不可缺少的一部分，它有着特定的社会功能。社会学家认为：越轨行为在一定条件下有助于社会系统更好地发挥作用并朝理想的方向变化。

第一，越轨有助于明确社会规范。许多社会规范没有被人们明确地认识，通过人们对越轨行为的反应使规范得到明确。

第二，越轨能增进群体的团结。人们对违反规则的人怀有敌意，这种敌意能促进其他成员在感情上团结起来以对付破坏行为。所谓"同仇敌忾"指的就是这个意思。

第三，越轨能为社会系统的变迁作出贡献。某些越轨行为可能使其他群体成员意识到了某条规则的缺点，然后促进了这条规则的改变，进而引起社会的变迁。

第四，越轨促使人们更愿意遵从。当人人都遵从规则时，遵从行为就不被视为特别的美德。但是某越轨者得到惩罚，那些没有犯规的人就在心理上得到了补偿，遵从者守规矩的愿望得以强化。

但同样，越轨行为作为一种对社会规范的违反，还是有其危害性的。长期或广泛的越轨会导致社会功能失调。首先，如果越轨行为广泛流传，就可能弱化人们遵从的动机。例如如果你知道了你的许多同学都在作弊，你遵守考试规则的动机和信心都弱化了，你可能也会采取作弊行为。其次，越轨使生活充满了不可知性和危险性。我们遵守交通规则，这样才能使我们在公路上感到安全；我们在单杠上运动，期望监护人能够保护我们。人们在社会生活中都遵守自己的角色，但是如果有人越轨特别是社会影响力大的人越轨，那么这种信任感就会下降，越轨行为会削弱人们相互信任的纽带，而这个纽带对于社会构成是至关重要的。再次，越轨行为最严重的危害就是，当越轨渐渐严重地破坏掉对基本社会价值观的信任时，或者当越轨引发了社会不能容纳的冲突时，社会秩序可能崩溃，导致如战争等严重的社会灾难。

我们需要了解越轨行为，同时也要对越轨行为有一个正确的认识，认识到越轨的危害，同时也认识到它的积极的因素。通过对越轨行为全面的了解，我们才能在社会生活中注意自己的行为，更好地处理社会关系，开展社会互动，进行日常生活。

你是不是越轨了，我说了算——标签理论

我们对越轨行为已经有了一定的认识，那么如何对越轨行为进行解释和说明呢？对越轨行为的解释最早的是"神鬼驱使说"，这种理论认为越轨行为者是受鬼魂的驱使，人们是因为"中邪"才做出某些越轨行为的。到了19世纪，生物学获得了大发展，因此提出了一种"体质变态说"，这种理论认为越轨行为是由于遗传而得来的生物学上的变异结果。同样在19世纪，心理学也对越轨行为的原因作出了解释，这便是"挫折—侵犯说"，这种理论认为越轨行为是一种由挫折而产生的针对他人和社会侵犯性的行为。

社会学创立之后也对越轨行为进行了研究。起初社会学力图从社会的结构和文化中寻找越轨的原因，例如涂尔干和默顿的社会失范理论，塞琳的文化冲突论，科恩的亚文化群理论，莱默特和贝克尔的标签理论。其中标签理论影响较大，而且对于社会政策的制定和社会工作的开展都有着很强的指导作用。

标签理论形成于20世纪50年代的美国，60年代开始流行起来，到70年代成为美国社会学界研究越轨行为的占统治地位的理论，并在世界范围内产生重要影响。标签理论认为越轨行为是社会互动的产物。标签理论把研究的方向定为对越轨行为产生的过程而非越轨行为产生的原因进行研究，认为一个人之所以成为越轨者，往往是因为在社会互动过程中，在父母、老师以及社会组织处理个人的越轨行为时，被贴上诸如坏孩子、不良少年的"标签"，而这些标签是一种社会耻辱性"烙印"，它将越轨者同"社会的正常人"区分开来。而被贴上"标签"的人也在不知不觉中修正了"自我形象"，逐渐接受社会对其的不良的评价，并开始认同他人的观点，确认自己是坏人，进而被迫与其他的"坏人"为伍，进行更加恶劣的越轨行为。久而久之，越轨行为者愈陷愈深，最终无法自拔。标签理

论认为是社会或他人对越轨者的恶意反应，比如训斥、责骂、歧视、惩罚等，促使初级越轨者最终陷入"越轨生涯"。

标签理论的主要内容有三点：对越轨行为成因的重新解释，标签的张贴是有选择性的、越轨行为的养成是一种被辱的过程。

首先，标签理论通过社会界定的观点来解释越轨行为的成因。从社会界定的观点看，越轨行为并非先天的性格使然，也非社会化的结果，不应该从生理和心理上来解释越轨产生的原因。标签理论把注意力转到越轨行为本身，研究它们是如何被人界定，以及社会对它们是如何地反应。因此标签理论认为社会的反应才是越轨行为的成因。社会规范在被创造的同时也创造了越轨行为，因为遵守规范的反面便是越轨行为。越轨行为并不是由个人品质所决定的，而是他人应用规范及制裁于违反规范的人的结果。越轨行为是被人们认为的违反规范的行为。

标签理论认为世界上本来不存在越轨行为，是因为人们规定了社会规范，某种特定行为才成为越轨行为。社会团体制定了规范，并把破坏规范的人界定为越轨行为者，然后再以标签将他们公开地标示为"越轨者"，从而使这些越轨者走上了越轨的生涯。标签理论认为越轨行为的成因来自于社会反应，越轨行为是被社会建构而形成的。

其次，标签的张贴是有选择性的。标签理论认为并非所有的越轨行为都会被贴上标签。也就是说，标签的是否被张贴是在不同的地点、对待不同的人是有差别的。比如裸体行为是否是越轨行为，要根据发生的地点。一个人在自家的卧室、浴室里，没有人会因不穿衣服而受到指责，但在公共场所，不穿衣服便会遭到指责、斥骂，就成为了越轨行为。再比如杀人，在正常的社会生活中杀人是严重的越轨行为，但是在战争中，士兵在战场上杀人则不被视为越轨行为。张贴标签的选择性正好说明了越轨行为是被社会界定出来的。

标签理论还指出：同样的行为在一个社会中被视为正当的，而在另一个社会中可能就被视为越轨行为；同样在同一社会中，对于同样的行为，人们也会根据情况不同贴上不同的标签。这种现象产生的原因在于不同社会的社会价值观不同，而且在同一社会中，由于利益的不同，人们会对同一行为产生不同的认识。

因此标签理论在两方面认为标签的张贴是有选择性：一是标签的张贴是因人、因事、因时间的不同而有所差异；二是标签的张贴的选择性表现在标签的张贴在社会阶层中的不公平，社会的弱势群体更容易被张贴上标签。

标签理论的第三个要点是越轨行为的养成是一种被辱的过程。标签理论强调越轨行为的判定是相对的。标签理论认为越轨行为是越轨者和非越轨者之间的一种社会互动过程，而不是某一群体固有的特征。越轨行为的养成是一个被辱的过程。这个过程大致分为三个步骤：第一步是权威者或关系密切的人对越轨行为的觉察；第二步是越轨者的标签；第三步是越轨群体或越轨亚文化为加入该群体或文化的人提供越轨的社会化支持。一个人如果经历了这三个步骤，他就无法放弃越轨的行为方式，重新回到正常社会生活中来。

标签理论对于人们如何对待越轨者，以及如何开展社会工作帮助越轨者重回正常的社会生活有着很重要的指导意义。

因为标签理论认为许多人之所以成为越轨者，是因为周围的其他社会成员对他及其行为进行了消极的评价，因此，社会工作的一个重要任务就是要通过一种重新的正面评价，来使那些原来被认为是越轨者的人恢复为"正常人"。

社会工作的目的是帮助弱势群体能够适应正常的社会生活，使他们恢复社会生活能力，改善社会互动关系，提高社会生活质量，从而促进社会的良性运行和协调发展。弱势群体主要包括三类：一是那些在生理、心理和社会的某一方面受到某种损害的人或群体，二是那些在心理上有某种障碍和创伤的人，三是那些在社会关系上出现某种不适应和对立的人、群体和社区。

标签理论认为那些初级越轨者是一种潜在弱势群体。因为越轨行为是不可避免的，每个人都会越轨，因此人人都是"初级越轨者"。如果初级越轨者没有被贴上标签，那么通过自我的调节他们就能重回正常生活；但如果被贴上了标签，那么他们回归正常生活的过程就会受到阻碍，这时他们就成为了弱势群体，需要社会工作者的帮助。

另外标签理论认为：某一社会阶层的人更容易被贴上标签，因而这一社会阶层中的成员就成为了弱势群体。社会阶层中的弱势群体，是指那些由于社会分层而导致在权力、财富、地位等社会稀有资源比较匮乏的群体。这些群体由于更容易被贴上标签而不得不在越轨的道路上越走越远，结果成为更加弱势的群体，这就是一种恶性循环。因此社会工作就是要帮助他们走出困境。

一个人一旦被贴上标签后，自我形象和自我角色就会发生转变，开始从原先的社会生活环境中被隔离。他们的心理上会产生一种疑问，即怀疑自己究竟是否是坏人，并且由此产生一定程度的心理障碍，同时在被贴上标签之后，其社会关系也会发生剧变，从原来和谐的关系变化成被冷落、被歧视的境况，由此也会产生社会关系上的障碍。如果他们得不到积极的帮助，则可能走上越轨生涯。而社会工作就是要帮助这样的弱势人群重拾生活的自信。

标签理论让我们认识到其实每个人原本都可以平安度过一生，但由于被贴上了标签使得人生脱离正轨，最终不得不走上一生的悲剧。因此，标签理论强调人与人的交往应该怀着一颗善心，应该善待别人和别人所犯的过错。如果我们都不去轻易地给别人贴上标签，那么越轨行为的发生就会减少，这对每一个人来说都是一件幸福的事情。

你为什么会有负罪感——社会控制

社会控制是指社会组织利用社会规范对其成员的社会行为实施约束的过程。社会控制有广义和狭义之分，广义的社会控制，泛指对一切社会行为的控制；狭义的社会控制，特指对越轨行为的控制。

社会控制的概念首次应用于社会学，是在美国社会学家罗斯1901年出版的《社会控制》一书中。社会控制的基本特征主要包括：

（1）社会控制具有明显的集中性和超个人性。所谓社会控制的集中性，是指社会控制总是集中地反映了某一特定社会组织的利益和意志，不管这种社会控制具体的内容是什么以及采用何种手段，它都体现了特定社会组织的总体利益和最高意志。所谓社会控制的超个人性，是指社会控制不是以某一个人的名义实行的，而是以社会的名义代表某个社会组织施行控制。超个人性就是凌驾于个人之上，这样才能使社会控制能更有力地控制个人。

（2）社会控制的作用具有明显的依赖性和互动性。社会控制的依赖性，指社会控制只有依赖于社会实体才能起作用。比如社会组织、大众传媒等。社会控制的互动性，是指社会控制通过社会行为之间的相互影响而起作用，社会舆论典型地通过社会互动起到社会控制的目的。

（3）社会控制发挥作用的过程具有多向性和交叉性。社会控制的多向性，指实行社会控制的主体通过多种方式将有关社会控制的信息发射出去，而作为中间环节的多种信息传递媒介，又把各种社会精神因素和众多的社会个体相互联系起来，从而使社会控制成为一个多向交叉和多层联结的复杂过程。

由于划分方法的不同，社会控制可以被划分为多种类型，社会学家按照不同的标准，把它区分为不同的类型：

（1）正式控制和非正式控制。这是根据社会控制有无明文规定来划分的。

政权、法律、纪律、各种社会制度、社会中有组织的宗教，均有明文规定，它们属于正式控制的范畴；而风俗、习惯等则是非正式控制。

（2）积极控制和消极控制。这是按使用奖励手段还是惩罚手段来划分的。前者如奖状、奖金、奖章、记功、晋升等；后者如记过、开除、降级、判刑等。无论正式控制或是非正式控制，既可以采取积极控制的手段，也可以采取消极控制的手段。

（3）硬控制和软控制。这是按使用强制手段和非强制手段来划分的。政权、法律、纪律，都依赖控制力，属于硬控制范畴；软控制则依赖社会舆论、社会心理进行控制。社会风俗、道德、信仰和信念的控制属于软控制范畴。

（4）外在控制和内在控制。这是按控制是否依靠外部力量来划分的。内在控制即自我控制，指社会成员自觉地把社会规范内化，用以约束和检点自己的行为。外在控制是社会依靠外在力量控制其成员就范。外在控制与内在控制的界限是相对的，两者相互渗透和转化。

社会控制可以采用很多种方式。社会控制的方式是指社会以何种方式和手段去预防、约束或制裁其成员可能发生或已经发生的越轨行为。

首先是通过政权、法律和纪律进行社会控制。

（1）政权是统治阶级实行阶级统治的权力，是国家一切权力的基础。统治阶级通过建立行政体系、设置各级政府和委任政府官员来实现对内的管理，并凭借军队、警察、法庭、监狱等专政工具来对破坏国家利益、严重危害社会秩序的行为进行制裁。因此，政权是一种强有力的社会控制手段。

（2）法律是由国家的立法机关制定，国家政权保证执行的行为规则。它以国家规定的形式告诉人们可以做什么、不能做什么，并靠国家政权控制力量来推行，是最严厉、最权威、最有效的社会控制手段。

（3）纪律是国家机关或社会组织为其成员规定的行为准则，是他们用来指导和约束自己的成员，促使其承担一定的责任和义务，以实现组织目标的手段，具有一定的约束性和一定程度的强制性。

其次是通过社会舆论和群体意识进行社会控制。社会舆论是社会上众人关于某一事件或现象的议论和意见，它包含了对于此事件或现象的是非曲直之评价。由于社会舆论是一种公意，是大多数人的意见，因此，它对少数人的言行具有一定的指导、约束及社会控制作用。其内在的机制是：社会舆论作为一种评价性意见，会对少数人的、与众人意见不同的言行产生环境压力，少数人为了缓解这种压力，会改变或放弃原来的言行，与众人保持一定程度的一致。社会舆论可以产生两种控制效果，当它代表社会正义时是一种正确意见，有积极的社会控制作用。但是，社会舆论未必总能对社会现象给予正确评价，特别是对于新生事物，革新者畏于人言，就可能改变或放弃自己的观点，这时它的社会控制作用就是消极控制。

第三种方式是通过习俗、道德和宗教进行社会控制。

（1）习俗是人们在长期的共同生活中逐渐形成并共同遵守的风俗、习惯。习俗对人们的行为有指导和约束作用，在一定程度上发挥着社会控制作用。这表现为违背习俗的人常常会受到周围人的嘲笑、攻击和孤立。

（2）道德是以善恶评价为中心的行为规范的总和。它是对人的思想和行为的是非、善恶、正义和非正义、正当和不正当进行评价的标准。它包含了对一个人的人格进行优劣评价的因素。道德靠人们的内心信念、社会舆论来促使人们自觉遵守社会的行为规范。道德行为会受到社会赞扬，不道德行为则会受到社会的谴责，使行为者在思想上、心理上感受到压力。因此，道德对人的行为是有明显的指导意义，同时也对违反道德的行为具有控制作用。

（3）宗教是一种和神或神圣物相联系的信仰和规范体系。作为社会规范的宗教，主要表现为教规和宗教仪式。宗教通过教育和制裁两种手段来约束和控制其信徒的活动。在政教合一的情况下，宗教发挥着极强的控制作用。而在现代国家，随着宗教世俗化，它的控制力量在减弱。

社会控制的目的是维护社会的秩序，而要想使社会控制真正长久的有效，就应该把握社会控制的心理机制。社会学研究认为社会控制实际上是一种心理模式，认为尽管人们的行为方式是受一定文化制约的，但社会文化的因素并不能直接地发挥作用，社会文化的要求只有在成为个体的需要与动机时，才可能达到社会控制的目的。

社会学家认为：一种有效的社会控制，必须要考虑控制的目的与人的需要保持一致。社会控制规定了社会中人们满足自身需要的方式。但客观情况是同一种需要可以有许多不同的满足方式，而一个社会的文化只有规定了有限方式是被允许的，人们按照这些规定的方式共同生活，从而保证了社会秩序。但人们的需求是多元化的，如果一种需要不被社会允许但又是这个人必要的，那么越轨行为就可能发生。在这时人的心理需求既是控制的因素，也是失控的因素。

因此社会控制要掌握人的心理因素。如果一种社会控制通过奖励的方式不能使行为规范者得到心理的满足，而惩罚的方式又不能使越轨者真正感到痛苦，那么这种控制就失去了作用。从内部社会控制来看，人的一些动机是受社会制约的，但又不断地与社会规范抗争。因此社会控制应该把社会文化规定的首先规范内化到人的心灵中去，而这种道德规范的内化是与社会的奖励与惩罚方式联系在一起的。如果不道德的行为受不到谴责和相应的惩罚，而道德行为得不到真正的鼓励，那么道德规范也就失去了社会控制的作用。

所以我们要明白，社会控制的根本目的在于维护社会的秩序，同时通过社会控制的调节使社会不断向前发展。而社会控制的根本是把社会规范通过社会化的方式内化到每个人的心中，成为他们自觉的一种行为。即使是惩罚性的社会控制，也应该以内化社会规范为目的，而不能只是为了惩罚而惩罚。在社会控制执行中要注意掌握人们的心理因素，如果社会控制的目标能与人们的心理需求相一致，那么社会控制就能达到很好的效果。

第二节　无形的压力压得我好累——社会影响改变他人行为

人类行为——基因决定还是环境决定

人类的行为是一个很复杂的体系，一个人做出某种行为究竟是出于什么样的原因一直是包括心理学、生物学在内的众多学科研究的对象。但是对于人类行为是否有决定因素一直没有统一的定论。对于人类行为的看法基本上分成两种认识：一种是环境决定论，认为人类的行为是后天环境影响产生的；另一种就是基因决定论，认为人类行为的基本方式在先天就已经被决定了，后天的影响只是把它激发出来而已。这两种认识都由来已久而且各有证据，也都不能证明对方的错误，而我们对于人类行为的认识也就是在二者的博弈之中向前迈进。

我们现在经常能看到这样的电视节目：心理学家作为嘉宾对实施了家庭暴力或其他违法犯罪行为的人进行评论，对于他们为什么会出现这种反社会行为提出自己的见解。这种见解要么是感情经受严重创伤，要么是少年期受到过非常待遇等。这就是环境决定论，它认为人类的行为其实是先前所有环境因素的总和。在20世纪60年代环境决定论曾风靡一时，而其原因便是：所谓环境不正是教育、政策等人为因素的结果？可见人是可以教育好的，只要我们齐心协力营造一个良好的社会风尚，那么社会将逐渐趋于和平。

但是让我们来看看另一个案例：在美国有一位律师说服了加利福尼亚的一个陪审团，使他们相信，由于吃了高热量而无营养的食物使他的当事人丧失有条理思维的能力，从而不可能预谋犯罪，也就是谋杀。此案一出，引起了全社会的关注：难道我们的行为完全是体内激素控制的后果？如果按这个思路思考下去我们得出这样的结论：激素是基因的产物，而基因是父母给我们的先天的东西，这就表明我们的行为是先天决定而不是后天教化的结果。这便是基因决定论。

　　在生物学的发展史上，奥地利修士孟德尔通过豌豆实验最早发现并提出了遗传学定律。在 20 世纪初，一位英国医生伽罗德发现了一种尿黑酸症，这种病具有明显的家族遗传史，且符合孟德尔所说的显隐性规律。虽然这一发现在当时遭到了忽略，因为人们认为来自于植物的简单定律不可能适用于人体，但是随着遗传学的进步，这种偏见很快改变。现在我们每个人都知道人的生理性受基因所控制，但是一种新的偏见正在形成：这就是人的行为、个性由于其极端的复杂和可塑性，是不可能受基因操纵的。虽然动物学家在对动物行为进行研究时发现，动物的行为受基因所控制。但由于长期以来我们都认为，动物行为大多出自本能，人的行为大多出自于学习，而本能就是先天决定的东西，学习是来自于后天，因此对于动物行为的研究并不被认为适用于人类。

　　然而我们一直是过高估计了人的学习能力而忽略了本能特性，我们的身上带有非常多的本能的烙印。有这样一个事实：新生儿的吸吮反射等低级行为是完全出自于本能；如果我们把眼光放到更高级的人类行为上，我们会发现本能在更多的方面起着作用。我们以语言这种被认为是人类特有的高级行为为例。现在的语言学家倾向于认为，人与生俱来有一种渴望学会语言的本能。在这里我们要强调语言能力确实不是本能，但学习语言的冲动却是本能。有两方面的证据支持这一事实：首先，人学习语言总是在某一个特定的年龄段，过了这段时期，人就无法再自如地掌握一门语言，因此大多数人在正常情况下只能拥有一门母语。这正是本能的特征——只能在某个敏感时期被启动；其次，先天性智力障碍的人也能学会语言。

　　古希腊哲学家柏拉图有一句名言：知识就是回忆。按照通常的理解，知识是通过学习得来的，它怎么能与回忆有着联系？但结合语言学研究的结果我们就能明白，后天的学习就是对先天已有能力的一种唤醒过程。若是没有先天的基础，后天再怎么努力也是无济于事；但若是没有后天的唤醒，先天的能力也许一辈子都无法为本人所察觉。所以我们不能否定后天学习的重要性，但我们更应该注意先天基础的必不可少。有多少家长逼迫子女苦苦练琴、参加奥林匹克数学竞赛等，就是因为太痴迷后天的训练，从而不愿以平常心来正视子女先天已有的素质。所以我们应该全面地认识先天能力的作用以及对后天学习的影响。

不过如果我们过分强调本能的作用，会不会让我们失去后天努力学习的动力？这一点我们大可不必担心。教育学的核心理念"因材施教"就体现承认并尊重人的先天能力这一事实。在国外人们发现了导致阅读困难症的基因突变，但是老师非但没有因此而歧视、放弃这些学生，而是用特殊的教学方法去对待他们。在实际生活中，我们会遇到性格、才华各异的个人，如果一个人天生害羞，那么，学校、父母就不应施加压力要他成为一个能言善辩的演说家，而是让他寻找更适合于他的机会。这就是说，一个公平理性的社会就是让每个人都有机会展示自己的天性。我们可以这样认为：正是遗传天性而非环境决定个人的命运。但也许人们还认为有不被遗传所决定的智慧，那么这种智慧就应该体现在如何认识自己的天性，如何去寻找适合自己的环境。

那么我们回头再来讨论人的行为是遗传决定还是环境决定？每当被问及这个问题，人们几乎习惯性地接受后者而拒绝前者。其实这种认识是有历史渊源的：在 20 世纪 20 年代，遗传决定论左右了心理学、行为学的研究，但这种研究却被政治所利用，助长了种族主义的理论，这种理论在二战中造成了人类历史上最大的悲剧之一。当然，这种错误的根源不在于遗传决定论本身，而在于不正确的政治倾向利用了这种理论。不过随着时间的推移，遗传决定论逐渐失去了以往的显学地位。20 世纪 60 年代兴起了环境决定论。然而环境决定论也同样需要我们正确地看待，否则把一切都归于环境决定，将使我们的教育失去对人性的考察，失去对个人特点的关注，失去"因材施教"这个有价值的教育理念。

其实无论是环境决定论还是遗传决定论，都缺乏对一个人自由意志的关注。自由意志不仅是一个深刻的哲学问题，同样也是我们每个人在社会生活中时刻面对的问题。自由意志就是每个人自己给自己做主的能力。我们反对遗传决定论在很大程度上也是因为害怕它会剥夺这种能力，但环境决定论却并不一定就能让人获得这种能力，我们假设一个杀人犯的成因可从社会方面去寻找原因，那么我们如何体现个人的自由？相比之下遗传决定论反倒让人看到自由意志的可能。遗传学告诉我们，单基因决定某种性状的情况较为少见，尤其是行为、性格等复杂的性状，其控制基因更是名目繁多，而且这些基因还相互牵制，有些基因的启动还要受到后天环境的制约等。遗传学的这种情况就是一种混沌现象。混沌学告诉我们：一个复杂的系统对初始条件高度敏感，这种敏感导致系统未来行为的不可预测。混沌现象最好的例子就是天气预报：大气运动的基本原理很简单，毫无神秘可言，但天气预报屡报屡错的情况并不罕见，只因大气环流是一个对初始条件高度敏感的混沌系统，一旦初始条件——一个风向的改变——发生微小改变，结果可能就与预测千差万别。其实遗传基因与行为的关系就是这样一个混沌系统。因此我们可以认为，基因决定行为，但这绝不意味着个体行为就是一种高度可测、被严格决定的现象，即使我们有朝一日能够将基因完全定位。因此基因决定论并不否认后天环境的影响，而是相反更依赖于后天环境。

那么我们到底是应该如何看待人类的行为？是环境决定行为还是基因决定行为？这个问题至少在科学研究领域还没有定论，但是我们依然可以作出自己的判断。其实这两种论调反映出来的问题更多的不是有关科学而是有关哲学：这关系到一个人是听从内心的召唤还是顺服于外界压力。在哲学的前提下可能遗传决定论更容易让人接受一些，因为它更能体现一个人的自由意志。苏格拉底曾说，认识你自己。中国古人说：江山易改，本性难移。其实都是站在哲学的高度来看待这个问题。而我们要做的可能就是重视自己的天性，利用周围的环境发展自己的天性，使我们先天的能力与后天的学习结合起来，成就我们每一个人的美好人生。

离不开的"思想品德课"——道德的自觉

人类社会秩序的建立和维持最根本的要靠道德的约束。在人类的社会生活中，人们要进行复杂的社会互动，这必然导致社会形成一定的道德规范。但是这种道德规范并不是每个人天生就具备的，而是在人们的社会互动过程中，通过对个人价值和群体价值的多视角考虑，才创造和发展起来的。同时道德规范和人们的价值观也会随着社会的发展而不断变化。每个人都要经历社会道德形成、发展和变迁的过程，这就是一个道德社会化过程。一个人从家庭生活开始，经过不同社会群体活动的强化，把社会道德发展成为一种支配个体心理活动和行为的道德价值原则，这种内化的道德规范成为我们行为的内在驱动力。

道德内化是一个人社会化最重要的内容之一。社会道德规范最初是一种外在于个体的存在。道德内化就是个体接受了这种外在的道德并将之变为自己的一部分，当把外部的道德规范内化为个体自我的良心时，就可以认为，个体的道德发展达到了一个相对成熟的阶段。一个人道德的发展与完善，从实质上说就是一种社会化的过程，这一过程不是自然成熟的，而是教育促进的。

在一个人的社会化过程中，个体道德社会化可划分为儿童期、青少年时期以及成人期的继续社会化三个阶段。其中儿童期是道德形成的早期阶段，是道德社会化非常重要的时期。在这个时期，儿童的道德发展是从外在道德约束向内在道德约束转变的过程。在外在道德约束阶段，儿童对道德规范的认识是肤浅的，只能简单地根据某种结果来判断道德规范的善恶性质，他们的道德判断很容易受外部的价值标准支配和制约。从外在约束到内在约束的过渡中，儿童对道德规范的认识逐渐深刻起来，并逐渐学会自觉地判断道德规范的善恶性质。这一时期儿童更多地体现在由不知到知、由不懂到懂、由不会做到会做的过程，在道德选择和接受道德规范上表现出极大的困惑性和被动性。在这个过渡阶段，由于儿童把道德理解为外在规则和成年人期望的总和，所以更易于服从外部的权威，道德社会化的发展主要体现为对社会道德价值系统的适应和选择。由于这种适应和选择可能导致儿童在社会化过程中具有一定的随意性和盲目性，因此，家庭和学校就必须发挥一种引导的作用。

由于现代社会儿童很早就进入学校进行学习，所以儿童的社会化过程很多都是在学校完成的，道德社会化也不例外。学校能够选择道德社会化的内容，抵制不良因素的影响，把符合社会要求的信息加以传递和保存；另一方面，学校道德社会化具有系统性，表现在内容的系统性和社会化方式的系统性上，这种系统性在一定程度上使学校的社会化作用具有很强的目的性；学校社会化组织性程度比较高，这种组织性是儿童适应未来社会生活非常重要的方面，因此我们说学校教育在儿童道德社会化中起着非常重要的作用。

在学校中进行道德社会化，就好比我们一直在进行的思想品德课程一样，这个道德社会化的方式主要是教师教化、同辈群体影响和个体的内化。

由于儿童早期的整体社会化程度不高，行为更多的没有纳入普遍的社会规范中来，所以儿童早期的道德社会化往往被纳入强制性的轨道，这种强制性的社会化主要是教师的教化。在学校里，教师作为社会化的主要承担者，在教育学生的过程中会把符合社会规范的道德观念、道德行为传授给学生，并告诉学生应该去做什么、不应该去做什么，让他们对道德判断有一个最基本的价值标准。

人是社会性的动物，学习如何在群体中生活是社会化的根本目的所在。在学校中，儿童除了要接受教师的教育之外，在同辈群体的互动中学习道德规范也是非常重要的。同辈群体又称同龄群体，是由一些年龄、兴趣、爱好、态度、价值观、社会地位等方面较为接近的人所组成的一种群体。儿童独立地在家庭内外习得两套行为系统，随着年龄的增长，儿童喜欢家庭外的行为系统超过家庭内的行为系统。于是，家庭外的行为系统逐渐取代、超越了家庭内的行为系统，并最终成为其人格的一部分。因此，家庭外的环境，特别是同辈群体，是儿童社会化的重要环境。在学校生活中，由于在年龄、成熟程度以及经验上相差不大，由于没有了家长的教导、教师的教化，儿童的生活相对轻松、无拘无束，最容易结成同辈群体。群体对个体的影响主要通过群体舆论实现，舆论体现着群体对所属成员的要求——群体规范。同辈群体就是通过群体规范和群体评价对儿童道德社会化起作用的。如果群体规范是符合主流道德文化的，那就能促进儿童道德社会化发展；如果这个规范是违背社会道德规范的，那它将对儿童道德社会化带来消极影响。

　　道德社会化最根本的目的在于把社会道德规范内化到每个人的内心中，成为他们的一种自觉的行为方式和原则，也就是说，道德内化就是要把社会道德变成人的一种"本能"。在学校中，教师教化和同辈群体影响是儿童道德社会化的外部因素，但是外因必须通过内因起作用，这个内因就是个体内化。一个人是否完成了道德的社会化，最主要的根据就是个体的行为能够自觉地与道德规范相适应。如果某一个人没有行为选择的自主性，就会不得不或不敢做出某些行为，这说明这些行为是外部强制的结果，不是自愿的行为，道德规范还没有纳入他的心中。在学校里，不但要强调教师和同辈群体在儿童道德社会化过程中的重要作用，同时也强调儿童自我选择的作用。

　　一个人要想在社会中正常地生活，必须经过社会化；同样一个人也必须通过道德的社会化，把社会道德规范内化为自觉的行为，才能适应社会生活。其实在儿童进行道德社会化的过程中，同辈群体的作用是非常重要的，因为同辈群体就好比一个小社会，儿童在这个群体中通过各种社会互动来学习成人之后如何在更大的社会群体中生活。儿童实际生活在两个世界之中：一个是由父母、长辈、教师以及其他成年人所组成的成人世界，一个是由他们的同辈群体所组成的世界。尽管在儿童走向社会的过程中，成人世界有着巨大影响，但也必须借助一定同辈群体作为纽带和桥梁才能顺利完成。同辈群体所形成的亚文化不仅为学生道德社会化提供了角色体验，也为他们提供各种交际机会，从而影响他们的价值取向、道德意识和行为。但是我们同时也必须注意同辈群体内的不良现象，它们会对儿童的社会化产生消极影响。所以在儿童道德社会化的过程中，要利用好同辈群体的积极的引导作用，榜样的力量就是一个非常重要的内容。

　　儿童的生活范围比较狭窄，基本就是家庭、学校及部分社会，因此形成学校、家庭、社会"三位一体"的教育网络，对于儿童的道德社会化是非常必要的。在当代社会，道德多元化的趋势越来越明显，过去那种封闭式的学校道德教育已经不适应现代道德教育的需要，因此在教育形式上，必须要有一种海纳百川的宽广胸襟，建立学校、社会、家庭整合的道德教育系统，要有机结合心理疏导、情感陶冶、品德实践、榜样示范和自我教育等多种方式，运用多元化的教育方式，把学校教育、家庭教育和社会教育整合起来。只有这样，才能让儿童的道德社会化顺利完成，才能真正把社会道德内化到他们的心中。

"三人成虎"的真实原因——社会舆论对人的影响

《战国策》中记载了魏国大夫庞聪与魏王君臣之间的一段故事：

庞聪与太子质于邯郸，谓魏王曰："今一人言市有虎，王信之乎？"王曰："否。""二人言市有虎，王信之乎？"王曰："寡人疑之矣。""三人言市有虎，王信之乎？"王曰："寡人信之矣。"庞聪曰："夫市之无虎明矣，然而三人言而成虎。今邯郸去大梁也远于市，而议臣者过于三人矣。愿王察之矣。"王曰："寡人自为知。"于是辞行，而谗言先至。后太子罢质，果不得见。

"三人成虎"的成语由此而来。这段文字是说：魏国大夫庞聪和魏国太子一起作为赵国的人质，定于某日启程赴赵都邯郸。临行时，庞聪向魏王提出一个问题，他说："如果有一个人对您说，我看见在闹市的人群中有一只老虎，君王相信吗？"魏王说："我有点怀疑。"庞聪又问："如果是两个人对您这样说呢？"魏王说："那我也不信。"庞聪紧接着追问了一句："如果有三个人都说亲眼看见了闹市中的老虎，君王是否还不相信？"魏王说道："既然这么多人都说看见了老虎，肯定确有其事，所以我不能不信。"

"三人成虎"比喻说的人多了，就能使人们把谣言当事实。谣言一旦经不同的人多次重复就会被相信。魏王由开始不信地说"否"，到将信将疑地说"疑之"，到最终深信不疑而"信之"，一步一步表现出他对谎言态度的逐渐动摇和变化。庞聪直接说出背后议论他的人不止三人，他一心希望事先向魏王说明，"愿王察之也"，但遇上魏王这样缺乏主见、昏庸无能的君主，他怎么会去深入做明辨是非的调查呢？结果当然是使庞聪的忧虑变成了事实，这可就委屈了这位有先见之明却难以自保的庞聪了。

《战国策·秦策二》中秦武王与大将甘茂有一段对话："昔者曾子处费，费人有与曾子同名族者而杀人。人告曾子母曰：'曾参杀人。'曾子之母曰：'吾子不杀人。'织自若。有顷焉，人又曰：'曾参杀人。'其母尚织自若也。顷之，一人又告之曰：'曾参杀人。'其母惧，投杼逾墙而走。"

这个故事同样是"三人成虎"的例子：曾子是春秋时期的贤士，曾住在费地，费地有一个与曾子同名同族的人杀了人。有人告诉曾子的母亲说："曾参杀人了。"曾子的母亲说"我的儿子不会杀人"，她仍然照样织布。过了一会儿，又有一个人来说："曾参杀人了。"曾参的母亲仍然织布。又过了一会儿，又有人来说："曾参杀人了。"曾参的母亲害怕了，扔掉梭子，翻过垣墙逃跑了。

曾子是孔子的得意门生，同时也是孟子的恩师子思的老师，他的才学和品德自然是非常高尚并为世人所称道的。况且，曾子的母亲对自己的儿子自然是十分了解和信任的，应该说"曾参杀了人"这样的流言在曾子的母亲面前是根本没有市场的。然而，面对接踵而来的流言，原本非常贤淑的曾母，也会动摇一个母亲对自己贤德的儿子的信任。

这两则故事其实都体现了一个社会学原理：个体的行为是受社会影响的，其中社会舆论的影响非常重要。我国古代把社会舆论称为"舆诵"、"舆颂"、"清义"，指众人的意见。现代社会学同样把舆论看成是一种意见，认为舆论是多数人对于某一事件有效的公共意见，指相当数量的公民对某一问题的共同倾向性看法或意见。从本质上讲，社会舆论就是一种群体意识，而它向外表现为一种议论形态，往往以拥护或反对、赞扬或谴责的方式对某一公共问题作公开的评价。

社会舆论的形成因素很多，主要包括以下几个方面：

（1）存在某个涉及人们共同利益的问题或事件。

（2）有许多个人对这个问题或事件发表意见。

（3）在这些意见中，必有一种具有共同倾向性的意见。

（4）这种共同的意见会直接地或间接地对社会产生影响。

社会舆论的形成可以来自民众的一种自发行为，也可以来自媒体等社会机构意识的引导。舆论的这两种来源是可以相互转化的：一方面可以先从民众中来，然后经过相关渠道加以传播；另一方面则先由相关社会机构提出，然后在民众中传播。

社会舆论不同于个人的意见，它是在一定范围的群体内形成的一种公共意见，因此社会舆论有着自己的特点：

（1）舆论形成后被社会上一般人所赞同，并且在心理上产生共鸣。

（2）舆论的形成一定是经过相当长时间的讨论、辩论形成的。

（3）舆论一般都是从民众中产生的，在较小的社会团体中也会有舆论的存在。

（4）舆论形成后就会产生社会效力，能够对人的行为产生社会影响。

（5）舆论具有一定的影响目标。

（6）舆论形成后会在一段时间内发生作用甚至成为一种世代相传的固定化的心理制约力量，这时舆论便成为一种风俗。

（7）舆论具有多元化的性质，上不同的群体和阶层的需求和行为方式不同，因此针对某一社会现象的舆论内容也会不同，舆论的合理性都是相对的。

在社会中，舆论对个体行为或是集体行为影响很大，舆论的影响或作用有积极和消极之分：

我们首先来看舆论的积极作用：

（1）控制作用。积极的社会舆论对个人、社会团体和政府，能发挥一定的制约与监督作用。舆论一经形成往往就对人们关于某一事件或问题的言论和行为产生一种无形的控制力和约束力。

（2）指导作用。舆论是公众的意见，对个人具有一种心理上的压力，因而能够指导个人的言论和行为，使个人言行与舆论所代表的公众意见保持一致。

（3）协调作用。舆论是经集体酝酿后超越于一般利害关系形成的一种比较公正的力量。积极的舆论有助于人们增强团结，纠正不正当意见。

当然任何事物都是矛盾的统一体，都有正反两面，舆论也有着消极的作用：

（1）舆论的产生如果建立在对事情错误的认识上，一旦形成舆论后，便会造成大多数人的错误，这样就必定要影响到正常的社会行为。

（2）由于舆论具有强大的社会影响力，所以舆论可能会被利用来影响社会上正义的声音。

（3）不健康的社会舆论具有消极的控制、指导和协调作用，会使人的行为向着错误的方向前进，严重的可能会影响社会秩序。

对于舆论的消极作用，我们看到的"三人成虎"与"曾参杀人"的故事就能够明白，而《孙子兵法》中在军事行动中的反间计也可以算是利用错误舆论达到制胜目的的案例。我们要明白社会舆论所具有的社会影响力，同时也要学会判断社会舆论的合理性和正确性，尽量发挥社会舆论的积极作用，而把它的消极作用的影响降到最低。

少数服从多数是真理吗——集体无意识

集体无意识是指由遗传保留的无数同类型经验在心理最深层积淀的人类普遍性精神。人的无意识有个体的和非个体的两个层面。前者只到达婴儿最早记忆的程度，是由冲动、愿望、模糊的知觉以及经验组成的无意识；后者则包括婴儿实际开始记忆以前的全部时间，即包括祖先生命的残留，它的内容能在一切人的心中找到，带有普遍性，故称"集体无意识"。集体无意识的内容是原始的，包括本能和原型。它只是一种可能，以一种不明确的记忆形式积淀在人的大脑组织结构之中，在一定条件下能被唤醒、激活。"集体无意识"中积淀着的原始意象是艺术创作源泉。一个象征性的作品，其根源只能在"集体无意识"领域中找到，它使人们看到或听到人类原始意识的原始意象或遥远回声，并形成顿悟，产生美感。

弗洛伊德以揭示了人的精神结构而享誉于世，他认为："人的精神生活包含两个主要部分：意识的部分和无意识的部分。意识部分小而不重要，只代表人格的外表方面，而广阔有力的无意识部分则包含着隐藏的种种力量，这些力量乃是在人类行为背后的内力。"他还作过一个形象的比喻，说人的精神结构恰如一座冰山，其露出的1/8是意识部分，而淹没在水面以下的7/8是无意识部分。也就是说，无意识属于人的心理结构中更深的层次，是人的心理结构中最真实、最本质的部分。个人无意识和集体无意识有一个形象的比喻："高出水面的一些小岛代表一些人的个体意识的觉醒部分；由于潮汐运动才露出来的水面下的陆地部分代表个体的个人无意识，所有的岛最终以海床为基地就是集体无意识。"

因此我们可以认为所谓集体无意识，简单地说，就是一种代代相传的无数同类经验在某一种族全体成员心理上的沉淀物，而之所以能代代相传，正因为有着相应的社会结构作为这种集体无意识的支柱。

"集体无意识"是一种典型的群体心理现象，它无处不在并一直在默默而深刻地影响着我们的社会、我们的思想和我们的行为。

我们以股票市场为例子。股票市场作为一种典型的人类社会活动，其中的集体无意识现象常常存在。因为一方面股票市场参与者之所以来到这个市场，其本身一定具有某些共同的性格特征，另一方面是因为股票市场本身的波动性等特征更容易将个体的心智潜移默化地转向集体的意识。股票市场参与者的逐利性、投机性等共同特征决定了其很难淡化自己在市场交易中的得失观，也较难以更长远的视野和更辽阔的心怀来思考问题、处理交易，这天然地不利于交易者规避集体无意识现象的干扰；股票市场的波动性和流动性特征天然地是将集体无意识现象所导致的买卖行为发挥得淋漓尽致的外在条件，而这又将进一步"反射"和"强化"参与者的集体无意识。

我们要防止集体无意识对我们的行为造成消极影响，重要的就是多方面地收集信息，作出有比较的判断，同时要学会冷静，要给自己一个进行分析和判断的缓冲时间。只有做到价值中立和冷静判断，才能把集体无意识的消极影响降到最低。

心理学家荣格对集体无意识的研究影响最为深远，他认为："集体无意识是人类心理的一部分，它可以依据下述事实而同个体无意识做否定性的区别：它不像个体无意识那样依赖个体经验而存在，因而不是一种个人的心理财富。个体无意识主要由那些曾经被意识到但又因遗忘或压抑而从意识中消失的内容所构成的，而集体无意识的内容却从不在意识中，因此从来不曾为单个人所独有，它的存在毫无例外地要经过遗传。个体无意识的绝大部分由'情结'所组成，而集体无意识主要由'原型'所组成。"

荣格认为，无意识不仅是个人的，而且是集体的，来自一个共同发展历史的心理内部能量和形象界定了集体无意识，荣格对一般概念的象征模型——原始模型特别感兴趣。在这个模型中，所有的人都有共同点。荣格的心理治疗理论概念与其他理论概念的最大区别在于集体无意识，"集体的"这一术语指的是所有人类共有的以及对人类有重要意义的资料，"集体无意识"指的是"形成神话主题象征的一种人类思想的遗传倾向，这些象征是变化多端的，但没有失去他们基本的模型"。荣格认为某些思想和观念的倾向是遗传的，集体无意识的内容里包括本能和原型。本能是行为的推动力，原型是领会和构筑经验的方式。

我们了解集体无意识现象的存在，有助于我们理解在社会生活中为什么我们有时会有种"身不由己"的感觉。明白了集体无意识的原理，也有助于我们摆脱它的消极影响，增进我们行为的理性，更好地适应社会生活。

克服对社会的恐惧——个人情绪与社会生活

从前，有一个人以为自己误吞了一枚缝衣针，就觉得特别不舒服，甚至感到喉咙已经肿了。后来，他发现了那枚遗失的针，才明白自己并没有吞针，所有不舒服的感觉也就消失了。

有个岛上生活着一个未开化的民族村落。有一天，村里发生了一桩杀人案。村里的人相信巫师，为了查清罪犯，就请来了一名巫师。巫师心里嘀咕，如果查不出凶手，谁还会相信自己的魔法呢？于是，他让所有的嫌疑分子都喝了"法液"——一种有一定毒性但并不会毒死人的液体；并告诉他们，这种"法液"只对杀人凶手起作用，无辜的人不会有事。清白的人坚信"法液"不会伤害自己，大胆地喝下去，都安然无恙。但真正的凶手却陷于绝望之中，由于心存恐惧，"法液"使他的身体受到了很大的伤害，没过多久就死去了。

情绪与健康有关吗？回答是肯定的。生理学、心理学与社会心理学的研究都表明，情绪对人的健康具有直接的作用，可以说情绪主宰着健康。情绪是诸多心理因素中对身心健康影响最大、作用最强的成分。愉悦而稳定的情绪能使人精力旺盛，提高学习和工作效率，促进人际交往，保持身心健康，促进事业成功。相反，如果受不良情绪的影响，不仅会降低学习、工作效率，而且还会致病，甚至可以致死，损害身心健康。通过以上的事例可以看出，积极的情绪状态可以增强动物或人的抵抗力，消极的情绪状态则会对身体构成伤害。

凡是不能满足人们需要的事物，都可使人产生消极情绪体验。如愤怒、憎恨、悲愁、焦虑、恐惧、苦闷、不安、沮丧、忧伤、嫉妒、耻辱、痛苦、不满等。任何事物都有好、坏两个方面的特征，消极情绪也不例外：一方面，它是机体为适应环境而做出的必要反应，能动员机体的潜在能力，努力使自己适应变化的环境；另一方面，消极情绪是一种人体心理的不良紧张状态，会引起高级神经活动的机能失调，过分地刺激人的器官、肌肉及内分泌腺，使人体失去身心平衡，从而对机体的健康产生十分不利的影响。

在社会中我们总会遇到很多不如意的事情，都会对我们的心理和行为产生影响。我们如何克服这种影响，保持良好的情绪呢？

（1）不过分苛求自己。有些人把自己的抱负定得过高，根本无能力达到，却在别人面前天高海阔地谈论起来，受到别人嘲讽后，终日郁郁寡欢。有些人做事要求十全十美，往往因为小小的瑕疵而自责。如果把自己的目标和要求定在自己的能力范围内，自然就会心情舒畅了。

（2）在社会生活中对他人期望不要太高。许多人把希望寄托在他人身上，若对方达不到自己的要求，便会大失所望，其实每个人都有自己的优点和缺点，何必要别人迎合自己的要求呢？

（3）及时疏导自己的愤怒情绪。当你勃然大怒时，会干出很多蠢事，与其事后后悔，不如事前自制，把愤怒平息下去。偶尔也要忍让。要心胸开阔，做事从大处看，只要大前提不受影响，小事则不必斤斤计较，以减少自己的烦恼。

（4）暂时回避。在遇到挫折时，应该暂时将烦恼放下，去做些喜欢做的事，如运动、看电影等。也可以找人倾吐烦恼。如果把心里的烦恼告诉你的挚友、师长，心情就会顿感舒畅。

（5）为了别人去做一些积极的事情。帮助别人不单是使自己忘却烦恼，而且还可以确定自己的价值，更可以获得珍贵的友谊。

其实有了不良的情绪，要化解这种情绪最根本的是要把它宣泄出去。我们常说心里窝火，这股火如果不能及时灭掉，会把你自己烧得身心俱损。而灭火的最好方法就是让它从内心中移除，暴露在空气中，让阳光来化解它。

美国《读者文摘》曾记载过这样一个真实的"笑话"：一天深夜，一位医生突然接到一个陌生妇女打来的电话，对方的第一句话就是："我恨透他了！""他是谁？"医生问。"他是我的丈夫！"医生感到突然，于是礼貌地告诉她："你打错电话了。"但是，这位妇女好像没听见似的，继续说个不停："我一天到晚照顾四个小孩，他还以为我在家里享福。有时候我想出去散散心，他却不肯，而他自己天天晚上出去，说是有应酬，谁会相信……"尽管这中间医生一再打断她的话，告诉她，他并不认识她，但是她还是坚持把自己的话说完。最后，她对这位素不相识的医生说："您当然不认识我，可是这些话已被我压了多时，现在我终于说了出来，我舒服多了。谢谢您，对不起，打搅您了。"原来医生充当了一个听筒。

这个妇女的行为看似错乱，实际很正常。它形象地说明了一个人总要有一个倾诉、宣泄情绪的地方，而且往往是蓄之愈久，发之愈烈。

研究发现：情绪上的矛盾如果长期郁闷在心中，就会影响大脑的功能或引起身心疾病。情绪上的问题只要把它说出来，心情就会感到舒畅，因此表达能起到一定的情绪安定作用。我国古代有许多人在他们遭到不幸时，常常有感赋诗，这实际上也是使情绪得到正常宣泄的一种方式。有人经过研究认为，在愤怒的情绪状态下会伴有血压升高，这是正常的生理反应。如果怒气能适当宣泄，紧张情绪就可以获得松弛，升高的血压也会降下来；如果怒气受到压抑，长期得不到发泄，那么紧张情绪得不到平定，血压也降不下来，持续过久，就有可能导致高血压。

在遇到情绪困扰时，找朋友甚至陌生人倾诉积郁情绪，是进行情绪调节的好办法。这样，一方面使不良情绪得到发泄，另一方面在倾诉烦恼的过程中，也可以得到更多的情感支持和理解，并能获得认识问题和解决问题的新启示，增加克服困难的勇气。当有情绪困扰时应该及时宣泄，但宣泄应该合理。当有怒气的时候，一不要把怒气压在心里，不要把怒气发泄在自己身上。

现代社会生活很容易让人产生不良的情绪，这种情绪不仅会影响个人的身心健康，同样也会对社会造成影响。很多越轨行为甚至犯罪都源自不良情绪没有得到正确的化解。个人的自杀行为和很多过激的杀人案就是很典型的例证。因此我们要重视情绪对我们的影响，防微杜渐，把不良情绪在初现时就及时化解掉。

不被乌云蒙住眼——做好你自己

1947 年，美孚石油公司董事长贝里奇到开普敦巡视工作，在卫生间里，看到一位黑人小伙子正跪在地上擦洗污渍。每擦一下，就虔诚地叩一下头。贝里奇感到很奇怪，问他为何如此。黑人答道："我在感谢一位圣人。"

贝里奇问他为何要感谢那位圣人。

黑人小伙子说："是他帮助我找到了这份工作，让我终于有了饭吃。"

贝里奇笑了，说："我曾经也遇到一位圣人，他使我成了美孚石油公司的董事长，你愿意见他一下吗？"

小伙子说："我是个孤儿，从小靠锡克教会养大，我一直都想报答养育过我的人。这位圣人若能使我吃饱之后还有余钱，我很愿意去拜访他。"

贝里奇说："你一定知道，南非有一座有名的山，叫大温特胡克山。据我所知，那上面住着一位圣人，专为他人指点迷津，凡是遇到过他的人都会前程似锦。20 年前，我到南非登上过那座山，正巧遇上他，并得到他的指点。假如你愿意去拜访，我可以向你的经理说情，准你一个月的假。"

这位年轻的小伙子是个虔诚的锡克教徒，很相信神的帮助，他谢过贝里奇后就真的上路了。

30 天的时间里，他一路披荆斩棘、风餐露宿，终于登上了白雪覆盖的大温特胡克山。然而，他在山顶徘徊了一天，什么都没有遇到。

黑人小伙子很失望地回来了。他见到贝里奇后失望地问："董事长先生，一路我处处留意，但直至山顶，我发现，除我之外，根本没有什么圣人。"

贝里奇说："你说得对，除你之外，根本就没有什么圣人。因为，能帮助你

的只有你自己，你就是自己的圣人！"

20年后，这位黑人小伙子靠自己的拼搏成为美孚石油开普敦分公司的总经理，他的名字叫贾姆纳。

有的学者将意识大致分为潜意识、知觉意识、反思意识、超越意识。其中反思意识是指向自身，正如阿波罗神庙上的箴言：认识你自己。人首先要承认自我的存在、自我的价值，然后才能超越自我，从而有所成就。而故事中的青年人缺少的正是这种自我意识。要知道，只有自己才是自己的救世主，没有谁会帮你一辈子，将自己像菟丝子一样缠绕在别人的身上，终将一事无成，甚至面临绝境。所以我们要对自己说："自己才是圣人。"

当然我们认识自我的卓越价值，激励自己就是圣人，并不等于说盲目的自信甚至自负。我们要认识自己能力的不足，这时我们也需要借用他人的帮助。但我们要运用自己的智慧寻求帮助，能够从这种帮助中提升自己。

有一个叫帅克的小男孩，他很聪明，凡事都会多想一下。有一天妈妈带着他到杂货店去买东西，老板看到这个可爱的小孩，就打开一罐糖果，要帅克自己拿一把糖果。但是帅克却没有任何动作，他只是看看糖果，又看看老板，然后又依偎在妈妈身边。几次邀请小帅克却不抓，老板就亲自抓了一大把糖果放进他的口袋中。

回到家中，母亲很好奇地问帅克：为什么没有自己去抓糖果而要老板抓呢？帅克笑着回答说："因为我的手比较小呀！而老板的手比我的大多了，所以他拿的一定比我拿的多很多！"

这个孩子他很明白自己的能力有限，于是就借助于比自己强的人的力量，从而获得了更多的糖果。其实这是一种自我意识的表现。自我意识是在与他人的交往过程中，我们根据他人对自己的看法和评价而发展起来的，这个过程在我们的一生中一直进行着。只有拥有自我意识的人，才能对自己的能力及其他方面作出正确判断与评价。

一个人贵有自知之明，在社会生活中时刻注意培养自己的自我意识，确立自己的主体地位，才能使自己不被宏观社会的滚滚洪流淹没。美国的教育心理学家詹森曾经对他的孩子们讲过一个故事，用来教育孩子们学会确立自己的价值，培养自我意识。

一只秃鹰飞过王宫，看见王宫中的一只黄莺十分受国王的宠爱，于是就问黄莺："你是怎么得到国王宠爱的？"

黄莺回答说："我到王宫后，唱歌十分动听，国王非常喜欢听我唱歌，于是十分喜欢我，就经常拿珍珠来打扮我。"

秃鹰听了，心中很是羡慕，它想："我也应该学学黄莺，这样说不定国王也会喜欢上我的。"于是它就飞到国王睡觉的地方，开始叫起来。正好国王在睡觉，听了秃鹰的叫声，感到十分恐怖，就叫属下去看看是什么东西在叫。属下去了回来报告说是一只秃鹰不知道为什么在叫。国王感到十分愤怒，就吩咐手下去把秃鹰抓了来，并命令拔光秃鹰的羽毛。

秃鹰浑身疼痛，满是伤痕地回到鸟群中。它恼羞成怒，到处对别的鸟儿说："这都是黄莺害的，我一定要报仇！"

一个具有自我意识的人能够正确地认识自己、评价自己，并强调自我的价值和理想。但是生活中总是有很多人没有自知之明，他们总想着出人头地，却不去努力挖掘自己的能力，而是一味机械地模仿别人，结果弄巧成拙。更可悲的是，当他们达不到目的时，却不知反省自己，而是怨天尤人，这样的人只能面临失败的命运。

一个人要保持自知之明，学会时刻反省自己是非常重要的。

有一个犹太人，在他还是孩子的时候特别不爱学习，成天跟着一帮朋友四处游玩，不论他妈妈怎么规劝，这个孩子只当耳边风，根本听不进去。这种情况发生转变是在他16岁那年。

一个秋天的上午，这个长到16岁的少年提着渔竿正要到河边钓鱼，爸爸把他拦住，接着给他讲了一个故事，这个故事改变了他的人生。

父亲对他说："昨天，我和隔壁的杰克大叔去给一个工厂清扫烟囱，那烟囱又高又大，要上去必须踩着里边的钢筋爬梯。杰克大叔在前面，我在后面，我们抓着扶手一阶一阶爬了上去。下来的时候也是这样，杰克大叔先下，我跟在后面。钻出烟囱后，我们发现一个奇怪的情况：杰克大叔脸上蹭满了黑灰，而我脸上竟然干干净净。"

父亲微笑着对儿子说："当时，我看着杰克大叔的样子，心想自己肯定和他一样脏，于是跑到旁边的河里使劲洗。可是杰克大叔呢，正好相反，他看见我脸上干干净净的，还以为自己一样呢，于是随便洗了洗手，就上街去了。这下可好，街上的人以为他是一个疯子，望着他哈哈大笑。"

这个少年听完忍不住大笑起来，父亲也跟着笑了起来，然后郑重地说："真的，别人无法做你的镜子，只有自己才能照出自己的真实面目。如果拿别人做镜子，白痴或许会以为自己是天才呢。"少年听了，惭愧地低下了头。

从此以后，他不再去找那群顽皮的伙伴。他在以后的人生历程中，始终坚持反省自己，终于成为人类历史上最伟大的物理学家，他就是爱因斯坦。

在《论语》中，曾子说：吾日三省吾身。连圣人都要自我反省，何况是普通人呢。在你迷失自我的时候，不妨想想爱因斯坦的父亲给他的忠告：别人无法做你的镜子，只有自己才能照出自己的真实面目。然后，时刻反躬自省，修正自己的思想、行为和目标，在人生之路上稳步前行。

我们在现代社会中生活，面对着客观世界这个庞然大物，时常感到无所适从。在群体中生活，面对他人的千变万化，也会让我们迷失自己。其实每个人都是一个独特的个体，有着不凡的价值。我们要做的就是在宏观社会中保持住这个微观的独特的自己，只有当你能确定自己的独特存在时，你才能真正在社会中自由生活。

第三节　你总孤独，还是有归属感——群体对个体的影响

既是父亲，也是儿子——角色

每个人在群体生活中都要扮演特定的角色，而每一个角色都有着一整套与之相关的行为规范。人们在群体生活中进行交往，就是按照角色的要求采用相应的行为规范，不论是对自己行为的约束还是对别人行为的反应。每个人同时扮演着很多种角色，在不同的场合需要角色间的转换，甚至在同一个场合中在不同的时间点或者面对不同的人也需要进行角色上的调整。

在社会中，每个人都要扮演各种各样的角色，有时候，这些角色之间会发生冲突，能否处理好这种冲突，决定了我们社会角色扮演的成功与否。每个人都要在社会中扮演属于自己的社会角色。当个人在所履行的两个或多个社会角色之间或角色与人格之间有难以相容感时，就发生了角色冲突。角色冲突也可发生于个人遭受来自不同群体的不可调和的压力，或出现在角色定位模糊之时。角色冲突可导致焦虑、紧张、苦恼、效率下降，或使个人为解决冲突而从一个或多个不相

容的角色中撤退、重新定位或通过协调减轻对立诸方的压力。

人的一生，需要扮演的角色很多，你可能是领导、职员、父亲、母亲、丈夫、妻子、儿子、女儿……角色与人的心理健康密切相关，当他成功扮演各种"角色"时，既满足了社会的期望，也满足了个人的需求，所以他能过正常的生活。反之，那些不能胜任各种角色的人，则很可能在不同的生活处境中遇到困难，其中经常碰到的就是不能适应不同角色带来的麻烦。

如果我们在社会生活中不能在需要的时候自如地转化自己的角色，那么无论在心理上还是在行为上都会感到不自在。换言之，为了使日常的人际关系更为融洽，这种角色转换的能力是不可或缺的，即敏锐地观察出我们在各种情境下应扮演的角色并做出相应的角色行为。

角色转换失灵就会产生角色冲突，它是使人在社会互动中紧张的一个源泉。研究证明，总是生活在角色冲突中的人，会心率加快、血压增高。这种现象就是角色紧张。角色紧张对社会及个体的身心健康都非常有害。消除角色冲突，可以采取如下几项具体方法：

首先要学会角色换位。考虑和处理问题时，不要老是站在自己的角色位置上，而应当换个角色位置，即站在他人的立场，"将心比心"、"设身处地"地体验不同于自己的别的角色的需求、遭遇和感受。比如丈夫站在妻子的角度，妻子站在丈夫的角度，下级站在领导的角度，领导站在下属的角度，这样自然就能消除角色冲突，保持人际关系的和谐。其次是搞好角色调度。不同的角色有不同的权利与义务。我们在角色转换后，应当及时对所承担角色的权利与义务有明确的认识，对该角色应有行为作出清晰的理解，以求顺应变化，尽早进入新角色，转换角色行为。第三点是避免角色混同。角色的权利与义务是各不相同的，不能混为一谈，应当区别对待。如在异性交往中，男性要把妻子、女朋友、女同事区别开来；同样道理，女方也要把丈夫、男朋友、男同事区别对待。如果将这种种异性对象混同为一种角色，那就会出现很多矛盾和冲突。比如，男性在单位时是领导，习惯于发布命令、指挥别人，但回到家里，履行作为丈夫和父亲的职责时，就不能一味严肃正经。

我们在群体生活中、社会交往中只有对自己的角色有一个自觉的意识，并且学习与这个角色有关的行为规范，才能使自己的社会生活运转自如，才能在心理上得到宽慰，才能感受到快乐和幸福。

长者说话有分量——权威效应

我们从小就被教育要听爸爸妈妈的话，在学校要听老师的话，而到了职场则要听从领导的话。在其他的社会生活中，我们对于某种事物的看法往往也受着这个领域专家的思想的左右。这些人都可以被称为权威，他们在特定的生活领域内有着话语权，他们说出的话带给别人一种信任感。社会学家吉登斯说：我们现代社会有一个专家系统，这个系统控制着我们的社会生活。现代社会非常复杂，每一个人都不可能懂得所有的事情，所以对于我们不懂的事情我们就要听从权威专家的意见，而我们是信任这种意见的，正是这种互相的信任让我们的这个社会能正常运转。

一次，著名空军将领要执行一次飞行任务，但他的副驾驶却在飞机起飞前生病了，于是临时给他派了一名副驾驶员做替补。和这位传奇式的将军同飞，这名替补觉得非常荣幸。在起飞过程中，将军哼起歌来，并把头一点一点地随着歌曲的节奏打拍子。这个副驾驶员以为是要他把飞机升起来，虽然当时飞机还远远没有达到可以起飞的速度，但他还是把操纵杆推了上去。结果飞机的腹部撞到了地上，螺旋桨的一个叶片割入了将军的背部，导致他终生截瘫。事后有人问副驾驶员："既然你知道飞机还不能飞，为什么要把操纵杆推起来呢？"他的回答是："我以为将军要我这么做。"

这个现象在航空界就叫作"机长综合征"，是指在很多事故中，机长所犯的错误都十分明显，但飞行员们却没有针对这个错误采取任何行动，最终导致飞机出事。

这个故事揭示了社会生活中的一个规律，就是人们对权威的信任要远远超出对常人的信任。每个人都对身边的人或者对社会有一定的影响力，但影响力的大小各有不同。一般来说，权威人物容易对其他人产生更大的影响。假如你眼部不适，到医院就诊，如果其他条件相同，有一位眼科专家和一位刚从医学院毕业的年轻大夫供你选择，你会选择哪个呢？相信你一定会选择专家。

权威效应是指一个人要是地位高、有威信、受人敬重，那他所说的话及所做的事就容易引起别人重视，并让他们相信其正确性，即"人微言轻、人贵言重"。"权威效应"普遍存在，人们总认为权威人物往往是正确的楷模，服从他们会使自己具备安全感，增加不会出错的"保险系数"；另一方面人们总认为权威人物的要求往往和社会规范相一致，按照权威人物的要求去做，会得到各方面的赞许和奖励。

美国心理学家们曾经做过一个实验：在给某大学心理学系的学生们讲课时，向学生介绍一位从外校请来的德语教师，说这位德语教师是从德国来的著名化学家。试验中这位"化学家"煞有介事地拿出了一个装有蒸馏水的瓶子，说这是他新发现的一种化学物质，有些气味，请在座的学生闻到气味时就举手，结果多数学生都举起了手。对于本来没有气味的蒸馏水，由于这位"权威"的心理学家的语言暗示，而让多数学生都认为它有气味。

在现代社会，崇尚权威成了社会大众的一个普遍特征。社会中大多数人学识有限，对超出自身生活经验的问题不甚了解、不辨真伪，因而只能选择信任权威的意见。他们甚至不在乎"说什么"，而在乎说者本身的权威地位。但是过分地迷信权威本身是有害的，这会让错误扩大化，最终造成不可挽回的后果。

"权威效应"有它积极的一面，在日常生活中，积极、上进的"权威效应"是值得提倡的。如果权威人士给群众做出好的榜样，会有助于形成良好的社会风尚；而消极、颓废的"权威效应"则应该杜绝和制止。作为普通人，我们应该明白，其实"权威"也是凡人，他们或多或少都会受到时代和自身条件的局限。如果我们不能认识到这一点，而总是跪倒在"权威"的面前，那么我们就永远不会进步。

我们要学会对所遇到的问题首先尝试进行自我的判断。其实，用辨证法的观点来看，权威是相对的，如果我们足够努力、勤奋，我们也可以从非权威变成权威。

团结就是力量——凝聚力

有两种不同的群体，第一个群体中，成员们互相欣赏，具有强烈愿望促使群体目标实现，并且认为只有这个群体最适合自己。而第二个群体情况则完全相反，成员之间存在隔膜，不能分享共同目标，都在寻找另一个更让他们感到满意的群体。想一下，哪一个群体对成员的影响更大呢？答案很明显，第一个群体。

一个群体能否取得内部的和谐以及对外体现一种力量，关键就在于群体的凝聚力。而一个人在群体生活中能否得到提升，也要看群体是否具有凝聚力，内部是否和谐。

群体凝聚力又称群体内聚力，是指群体对成员的吸引力和成员对群体的向心力以及成员之间人际关系的紧密程度综合形成的，是使群体成员固守在群体内的一种内聚力量。这里所说的群体凝聚力并非等同于我们日常所说的群体团结的概念，两者是有区别的。内聚力主要是指群体内部的团结，而且可能出现排斥其他群体的倾向。

影响群体凝聚力的因素有很多种，主要包括以下几种：

（1）群体的领导方式。群体的领导们有其各自的领导方式，而不同的领导方式又会对群体凝聚力的大小产生不同的影响。心理学家经过试验发现，采用"民主型"领导方式的群体比采用"专制型"和"放任型"领导方式的群体成员之间更友爱，思想更活跃，态度更积极，群体凝聚力更高。

（2）群体成员的一致性。这里的一致性是指群体成员的共同性或相似性。如果群体成员有共同的目标、共同的需要、共同的兴趣爱好，则成员之间的行为表现容易达成一致，群体的凝聚力就更强。应该说，群体成员的一致性是凝聚力的基础。

（3）群体规模。群体规模的大小也是影响群体凝聚力的一个重要因素。群体规模过大，成员之间相互接触的机会则会相对减少，彼此之间的关系也会比较淡薄，易造成意见分歧，从而降低群体的凝聚力。若群体规模过小，群体力量不足，又会影响任务的完成。因此，群体的规模，应既能保证群体的工作机能，又能维持群体的凝聚力。

（4）外部的影响因素。外部压力也是影响群体凝聚力的一个重要因素。研究证明，当群体遭到外部压力时，群体成员会放弃前嫌，紧密地团结起来，一起抵抗外来威胁，从而有利于增强群体成员的团结精神，提高群体的凝聚力。

（5）群体成员需求的满足。任何一个人参加一个群体，总希望群体能满足其一定的需求，既包括物质上的需求也包括精神上的需求。群体满足个人需求越高，对成员的吸引力就越强。

（6）群体内部的奖励方式。群体内部的奖励方式对群体成员会产生不同的心理影响，进而影响到群体的凝聚力。只强调个人成功，对个人进行奖励，势必造成群体成员之间的矛盾。研究证明，个人和群体相结合的奖励方式易增强成员的集体意识和工作责任，有利于增强群体的凝聚力。

（7）信息的沟通方式不同，对群体成员的满意感、士气和群体凝聚力的影响也不同。群体成员的个性特征、兴趣和思想水平也影响群体的凝聚力。

一个好的群体，其凝聚力一定高，从而会有很高的士气、明确的动机和坚强的抗干扰力量。群体成员彼此的吸引力越大，则群体对成员的吸引力也越大，群体凝聚力就越高；增进成员之间的活动和交往，有助于增加群体的凝聚力。群体成员对群体的忠诚、责任感，对外来攻击的防御，群体成员之间的友谊，承担群体的任务等都可以表明群体凝聚力的高或低。凝聚力有利于群体任务的完成，有高度凝聚力的群体比缺乏凝聚力的群体工作效率要高。

社会心理学家做过一个实验，在严格控制的条件下检验群体凝聚力和对群体成员的诱导对活动效率的影响，发现无论凝聚力高或低，积极诱导都提高了活动效率，而且高凝聚力组活动效率更高；消极诱导则明显降低了活动效率。高凝聚力条件比低凝聚力条件更易受诱导因素的影响，这说明群体凝聚力越高，其成员就越能遵循群体的规范和目标。群体规范是决定群体凝聚力与生产效率关系的一个重要因素。

我们通过了解群体凝聚力的影响因素，进而应该明白，在群体生活中采用何种方法可以有效地增加群体凝聚力、提升整体的活动效率，这样，不论是群体内的交往还是群体间的互动，都会产生积极的结果。

为什么越出风头越优秀——社会助长与社会干扰

一位动物学家对生活在非洲大草原某条河流两岸的羚羊群进行了研究，他发现东岸羚羊群的繁殖能力比西岸的强，奔跑速度也不一样，每分钟比西岸的快 13 米。对这些差别这位动物学家曾百思不得其解，因为这些羚羊的自上而下的环境和属类是一样的，有一年他进行了一次实验，在东西两岸各捉了 10 只羚羊，把它们送到对岸，结果送到东岸的 10 只剩下 3 只，那 7 只全被狼吃掉了；送到西岸的羚羊繁殖到 14 只。这位动物学家明白了，东岸的羚羊之所以强健，是因为在它们附近生活着一个狼群；西岸的羚羊之所以弱小，正是因为它们生活的无忧无虑。

植物身上也有类似的"共生现象"，即许多植物共同生长，往往茂盛整齐，抗灾力强；如果一片荒地上只有一两棵树，则它们最终往往会死亡。

在动物和植物身上的这种现象在人类身上有着类似的体现，这就是社会助长效应。社会助长效应是指个体与别人在一起活动或有别人在场时，个体的行为效率提高的现象。

1897 年，社会心理学家特瑞普里特做了一个非常著名的实验：普里特研究发现，别人在场或群体性的活动，会明显促进人们的行为效率，他让被试者在 3 种情境下骑车完成 25 英里路程。第一种情境是单独骑行计时；第二种情境是骑行时让一个人跑步伴同；第三种情境是与其他骑车人竞赛。结果显示，单独计时情况下，平均速度为每小时 24 英里；有人跑步伴同时，时速达到 31 英里；而竞争情境则无更大改善，平均时速为 32.5 英里。因此，特瑞普里特认为个体在进行作业操作时，如果有他人在场，或是与他人一起从事一项行为操作，那么个体的行为效率就会提高，他把这个现象叫作"社会助长"。

社会助长效应对于人们合作从事工作有着积极的影响。但是社会助长效应是有条件的，在某些情况下大家一同工作不但不会产生社会助长效应，反而会使效率下降，这就是"社会干扰"。

到过日本京碧寺的人，都会被寺门匾额上的"第一议谛"4 个大字所吸引。这几个字龙飞凤舞、灵韵非凡，吸引了许多游客驻足欣赏。但是很多人不知道，这幅字是洪川大师写了 84 幅"第一议谛"之后才产生的。

大约两百余年前，洪川大师来到京碧寺，住持请他写这四个字。洪川大师每写一字，都要精心构思、反复揣摩，真可谓呕心沥血。可是替他磨墨的那位助手是个颇具眼力而又直言不讳的人。洪川的一撇一捺，只要有一点点瑕疵，他都会"挑剔"出来。

洪川写了第一幅以后，这位助手批评道："这幅写得不好。"洪川大师接连写了 30 幅，可没一幅让助手满意。不论哪一幅作品，他都能挑出瑕疵。

在一边的香客悄悄地对住持说："大师会不会是嫌润笔费给少了呢？"于是，住持向洪川委婉地提出了增加润笔费。

洪川本来就是个一丝不苟的人，见此情景，也不说话，耐着性子先后写了 84 幅"第一议谛"。遗憾的是，没有一幅得到这位助手的赞许。

最后，在这位"苛刻"的助手如厕的空隙，洪川松了一口气，在心无羁绊的情况下，一挥而就写了这 4 个大字。那位助手从厕所回来一看，跷起大拇指，由衷地赞叹道："神品！"

为什么洪川大师刚开始写不好字呢？这是因为有社会干扰。所谓社会干扰，是指身边有别人在场，他们的不恰当举动会引起我们工作效率的下降。

关于社会干扰，心理学家皮森在 1933 年的实验中进行了证明。他发现，有一个旁观者在场，会降低被试者有关记忆工作的效率。心理学家达施尔也提出，有观众在场时，被试者即使是做简单的乘法，通常也会出现差错。

社会助长与社会干扰的同时存在就说明，有时他人在场会引起社会干扰，有时则会引起社会助长。那么在什么情况下会引起社会助长，什么情况下会引起社会干扰呢？当作复杂的、生疏的工作时，人们的反应正确率较低，他人在场时，因为害怕其他人评价，就会紧张和焦虑，使工作效率降低；而当从事比较熟练的工作时，社会助长效应就会出现。

当然，群体对个体活动起的是助长作用还是干扰作用，还要看个体是否喜欢群体工作，如果他喜欢独自工作而不喜欢群体工作，那只会有干扰作用而不会有助长作用。

因此我们在群体中进行活动时，要考虑这两种作用。一个团队能否促进员工能力的发挥，关键在于我们是否能够恰当地利用它。首先要根据任务类型确定完成形式。在分配任务时，一般简单性的任务应该明确分工、责任明确，让大家一起共同完成，复杂性的工作则应该在集体讨论后给其单独思考的机会。其次要注意个体差异。有些人喜欢独自工作，就要尽量让他们进行自主工作，减少社会干扰；而有些人喜欢和其他人一起共同完成任务，则应为他们多设计和创造与他人合作、交流的机会，使他们因受益于相互鼓励、启发而产生社会助长。

社会助长与社会干扰是一件事情的两个方面，其中哪种产生作用取决于群体生活的策略。而我们所要明白的，就是如何把社会助长的作用发挥到最大，而把社会干扰降到最低。

大锅饭为什么吃不下去——社会惰化

法国人马克斯·瑞格曼在 20 世纪初做了一个拔河比赛的实验，他要求被试者在分别单独的与群体的情境下拔河，同时用仪器来测量他们的拉力。结果发现随着被者试人数的增加，每个被试者平均使出的力减少了。1 个人拉时平均出力 63 公斤；3 个人的群体拉时，平均出力是 53.5 公斤；8 个人时是 31 公斤。这种共同完成一项任务时，群体人数越多个人出力越少的现象，后来在其他人的实验中也得到证实。

这些现象不仅在实验中能里看到，在日常生活中也很普遍。这种现象就是社会惰化。所谓社会惰化，是指个人与群体其他成员一起完成某件事情时，或个人活动时有他人在场，往往个人所付出的努力比单独时偏少，不如单干时出力多，个人的活动积极性与效率下降。俗语说“一个和尚挑水吃，两个和尚抬水吃，三个和尚没水吃”，正是这种社会惰化现象的具体体现。

引起社会惰化的原因有几点：第一，社会评价的作用。在群体情况下，个体的工作是不记名的，他们所做的努力是不被测量的，因为这时测量的结果是整个群体的工作成绩，所以，个体在这种情况下就可以不对自己行为负责任，因而他的被评价意识就必然减弱，使得为工作所付出的努力也就减弱了。第二，社会认知的作用。在群体中的个体，也许会认为其他成员不会太努力，可能会偷懒，所以自己也就开始偷懒了，从而使自己的努力下降。第三，社会作用力的作用。在一个群体作业的情况下，每一个成员都是整个群体的一员，与其他成员一起接受外来的影响，那么，当群体成员增多时，每一个成员所接受的外来影响就必然会被分散、被减弱，因而，个体所付出的努力就降低了。

我们要在群体生活尤其是共同的工作中避免社会惰化作用的消极影响，要从几个方面努力。

第一是要确立群体的共同的目标、共同的期望。人类任何一个组织的延伸首先是基于人类彼此存在共同的需求，或者说是共同的好处。比如说原始人组成部落共同生活，是因为人们要共同抵御野兽的袭击，只有共同的狩猎才会有收获。进入工业社会后，雇员因为要维护自身的利益，对抗资本家的过度榨取，所以要结成工会。从这样的分析判断我们不难看出，任何人群和组织其实就是一个利益共同体，相同的利益要求是一个组织产生的首要前提。没有这一点，任何组织都不可能产生。因此群体的和谐发展必须让每一个团队成员都明白团队的目标是什么，自己在为这个团队目标奋斗中将会得到什么利益。这个目标既是团队对每一个成员的一种利益吸引，也是对大家行为方向的一种界定。否则，大家到这个团队工作的目的就不明确，进入之后的行为方向也不统一。

第二是群体内部良好的沟通是形成提升群体内聚力的重要途径。沃尔玛总裁曾经说过："如果你必须将沃尔玛体制浓缩成一个思想，那可能就是沟通，它是我们成功的真正关键。"美国某大学的研究表明，作为研究对象的40多家公司之所以面对互联网带来的商业机会行动迟缓，最主要的两个原因就是：交流的贫乏和行政上的混乱。因此有效的和经常的沟通能够加强群体内部的和谐。

第三是在群体内必须营造公平公正的氛围，创建公平公正的机制，保证成员得到公平公正的待遇。一种精神的形成必须以一种积极健康的机制来维系，使遵从团队精神、共同行为规范的成员能过上好日子，能得到高的报酬。反之，如果善良的行为被压抑、受打击，高尚的行为注定会惨遭夭折。这些机制，既有利益方面的，也有精神方面的。

社会惰化对于群体生活有着非常消极的影响，最明显的表现就是在企业中团队战斗力的下降。因此我们要研究引起社会惰化现象的原因，找到解决的办法，改变消极的群体内部氛围。

合作还是竞争，这是一个问题——囚徒困境

我们在社会互动中经常要与他人共同面对同一件事情或需要解决同一个问题，这时我们就会遇到是要竞争还是要合作的问题。因为竞争与合作的结果对于我们自身利益的最大化是有着至关重要影响的。这时我们就面临一个两难的选择，这就是所谓的"囚徒困境"。

囚徒困境是博弈论中的一个典型代表，同时也是社会生活中非常现实以及重要的一种社会实践活动。囚徒困境反映了个人最佳选择并非团体最佳选择这样一个客观实事。囚徒困境本身只是一个实验模型，但是在很多的社会领域，它都显现并对我们的社会决策产生重要影响。我们来看一个经典的囚徒困境模型。

1950 年，就职于兰德公司的梅里尔·弗勒德和梅尔文·德雷希尔拟定出相关困境的理论，后来由艾伯特·塔克以囚徒方式阐述，并命名为"囚徒困境"。经典的囚徒困境如下：

警方逮捕甲、乙两名嫌疑犯，但没有足够证据指控二人犯罪。于是警方分开囚禁嫌疑犯，分别和二人见面，并向双方提供以下相同的选择：

若一人认罪并作证检控对方，即背叛，而对方保持沉默，此人将即时获释，沉默者将判监禁 10 年。

若二人都保持沉默，即合作，则二人同样判监禁半年。

若二人都互相检举，即互相背叛，则二人同样判监禁 2 年。

在这种囚徒困境中，我们首先假定每个参与者都是利己的，都寻求自身利益的最大化，而不关心另一参与者的利益。参与者选择某一策略时如果得到的利益在任何情况下都比选择其他策略低的话，这种策略称为"严格劣势"，一个理性的参与者绝不会选择。另外，没有任何其他力量干预个人决策，参与者可完全按照自己意愿选择策略。

囚徒应该选择哪一项策略才能将自己个人的刑期缩至最短？两名囚徒由于隔绝监禁，并不知道对方选择；而即使他们能交谈，还是未必能够尽信对方不会反口。就个人的理性选择而言，检举背叛对方所得刑期，总比沉默要来得低。

我们可以设想困境中两名理性囚徒会如何作出选择：

（1）若对方沉默、我背叛，会让我获释，所以会选择背叛。

（2）若对方背叛指控我，我也要指控对方才能得到较低的刑期，所以也是会选择背叛。

其实两名囚徒面对的情况一样，所以二人的理性思考都会得出相同的结论——选择背叛。背叛是两种策略之中的支配性策略。这场博弈的唯一结果就是双方参与者都背叛对方，结果二人同样服刑 2 年。

但是囚徒们的这种选择虽然是个人利益的最大化，但却不是团队利益的最大化。以全体利益而言，如果两个参与者都合作保持沉默，两人都只会被判刑半年，总体利益更高，结果也比两人背叛对方、判刑 2 年的情况较佳。但根据以上假设，二人均为理性的个人，且只追求自己个人利益，均衡状况会是两个囚徒都选择背叛，结果二人总体利益较合作为低。这就是囚徒的困境所在，也就是个人利益与团体利益的困境所在。

在人类社会生活中我们很容易找到类似囚徒困境的例子，囚徒困境可以广为使用，说明这种博弈的重要性。

在政治领域我们可以考虑军备竞赛的问题。两国之间的军备竞赛可以用囚徒困境来描述。两国都可以声称有两种选择：增加军备（背叛）、或是达成削减武器协议（合作）。两国都无法肯定对方会遵守协议，因此两国最终会倾向增加军备。似乎自相矛盾的是，虽然增加军备会是两国的主观理性行为，但客观结果却是非理性的。这就导致了一种军事理论，即以强大的军事力量来遏制对方的进攻，以达到和平。

在经济领域我们可以举两国关税战的例子。两个国家，在关税上可以有两个选择：提高关税，以保护自己的商品——背叛。与对方达成关税协定，降低关税以利各自商品流通——合作。当一国因某些因素不遵守关税协定，独自提高关税（背叛），另一国也会作出同样反应（亦背叛），这就引发了关税战，两国的商品失去了对方的市场，对本身经济也造成损害（共同背叛的结果）。然后二国又重新达成关税协定，这时两国可能就会注意到共同利益最大化的问题。

在商业领域囚徒困境的例子是商家之间的广告战。两个公司互相竞争，两公司的广告互相影响，即一公司的广告较被顾客接受则会夺取对方的部分收入。但若二者同时期发出质量类似的广告，收入增加很少但成本增加。但若不提高广告质量，生意又会被对方夺走。此二公司可以有两选择：增加广告开支，设法提升广告的质量，压倒对方——背叛；互相达成协议，减少广告的开支——合作。若二公司不信任对方，无法合作，背叛成为支配性策略时，二公司将陷入广告战，而广告成本的增加损害了二公司的收益，这就是陷入囚徒困境。在现实中，要两个互相竞争的公司达成合作协议是较为困难的，多数都会陷入囚徒困境中。

最后再举一个体育比赛中的例子。自行车赛事的比赛策略也是一种囚徒困境。在著名的环法自行车赛中有以下情况：选手们在到终点前的路程常以大队伍方式前进，他们采取这策略是为了令自己不至于太落后，又节省体力。而最前方的选手在迎风时是最费力的，所以选择在前方是最差的策略。通常会发生这样的情况，大家起先都不愿意向前（共同背叛），这使得全体速度很慢，而后通常会有两位或多位选手骑到前面，然后一段时间内互相交换最前方位置，以分担风的阻力（共同合作），使得全体的速度有所提升，而这时如果前方的其中一人试图一直保持前方位置（背叛），其他选手以及大队伍就会赶上（共同背叛）。而通常的情况是，在最前面次数最多的选手（合作）通常会到最后被落后的选手赶上（背叛），因为后面的选手骑在前面选手的冲流之中，比较不费力。

其实在我们面对囚徒困境时，有一些方法可以让我们选择的策略能实现个人利益和团体利益的平衡。

（1）要学会友善。我们的策略必须"友善"，这一点最为重要。所谓友善就是说，不要在对手背叛之前先背叛。几乎所有实践都证明：有效的策略都是友善的。因此，完全自私的策略仅仅出于自私的原因，也永远不会首先打击其对手。

（2）学会宽恕。成功策略的另一个品质是必须要宽恕。虽然它们不报复，但是如果对手不继续背叛，它们会一再退却到合作。

（3）要学会不去嫉妒。是说不去争取获得比对手更大的利益。

应用这些方法可以得到这样一种结果，即自私的个人为了其自私的利益会趋向友善、宽恕和不嫉妒，友善的双方能够率先走出囚徒困境，达到利益的一致。

通过学习囚徒困境，能让我们在面对现实生活中的博弈选择时作出最有利的决策。当每个人都能学会估计其他参与者背叛的可能性，他们自身的行为就为他们关于其他人的经验所影响。缺乏经验的人与其他人互动，结果要么是典型的好，要么是典型的坏。如果他们在这些经验的基础上行动，他们可能在未来的交易中受损。随着经验逐渐丰富，他们获得了对背叛可能性的更真实的印象，变得更成功地参与博弈。不成熟的人经历的早期交易对他们未来参与的影响，可能比这些交易对成熟的参与者的影响要大得多。这也就是为什么年轻人的成长经验这么具有影响力，以及为什么他们特别容易被欺负，有时他们本身最后也成为欺凌弱小者的原因。

囚徒困境为我们在群体生活中更好地生活也提供了帮助。群体中背叛的可能性，可以被合作的经验所削弱，因为经过囚徒困境的人们之间建立了信任，因此自我牺牲行为可以出现。如果团体很小，积极行为更可能以互相肯定的方式——鼓励这个团体中的个人继续合作——得到反馈。这与相似的困境有关：鼓励那些你将援助的人，从可能使他们处于危险的境地的行为中得到满足。

总之我们理解了囚徒困境，学习制定正确有效策略的方法，对于我们在社会生活中逐渐成熟，逐渐变得更能适应社会有着非常大的帮助。

第四节　你为什么总是"随大流"——集合行为

你为什么总是随波逐流——从众心理

假设在一次重要的考试之前，你发现你所做的一道作业的答案与你一个朋友的答案不同，而这类题目可能出现在考试之中，你的反应会如何呢？你可能一点也不在意。设想一下，当你发现第二个朋友的答案也与你的不同，更糟糕的是，他的答案和第一个人的相同的时候，你的感受会如何呢？你偶尔感到焦虑是理所当然的。按这样下去，如果你发现第三个朋友的答案也与那两个朋友的答案一样，在这时你会明白你所面临的困境。你会接受哪种答案呢？是你自己的还是你的三个朋友的？

生活中充满着这种两难的选择——我们经常会发现我们自己的判断、行动和结论与他人的不同。在这些情况下，我们该怎么做呢？在回答这个问题之前，我们先来看一个有趣的故事。

在大街上，突然，一个人跑了起来。也许是他猛然想起了与情人的约会，现在已经过时很久了；也许是他要急着去拿什么东西……不管他想些什么吧，反正他在大街上跑了起来，向东跑去。另一个人也跑了起来，这可能是个兴致勃勃的报童。第三个人，一个有急事的胖胖的绅士，也小跑起来……十分钟之内，这条大街上所有的人都跑了起来。嘈杂的声音逐渐清晰了，可以听清"大堤"这个词。"决堤了！"这充满恐怖的声音，可能是电车上一位老妇人喊的，或许是一个交通警说的，也可能是一个男孩子说的。没有人知道是谁说的，也没有人知道真正发生了什么事。但是两千多人都突然奔逃起来。"向东！"人群喊叫了起来。东边远离大河，东边安全。"向东去！向东去！"于是，你就看到了整条街上的人全部向东跑的盛况。更有意思的是，他们中的绝大多数人都并不明确地知道自己为什么要向东跑。

这个故事和上面的假设说明的是同一个问题，那就是从众心理。从众指个人受到外界人群行为的影响，而在自己的知觉、判断、认识上表现出符合于公众舆论或多数人的行为方式。从众性是人们与独立性相对立的一种意志品质；从众性强的人缺乏主见，易受暗示，容易不加分析地接受别人意见并付诸实行。从众心理是一种常见的心理现象。从众的行为是在感受到群体压力之下的一种反应，如果不和大家保持一致，你会在生理或心理上产生一种不安的情绪，而这种不安的情绪可能会使人们产生一种"归队"的强烈愿望——与自己身边的人保持一致。因此，这种不安和压力会迫使一个人去接受别人的观点和做法，从而从众现象就产生了。

通常情况下，多数人的意见往往是对的。从众服从多数，一般是不错的。但缺乏分析，不作独立思考，不顾是非曲直的一概服从多数，随大流走，则是不可取的，是消极的"盲目从众心理"。

有这样一则幽默故事：一位石油大亨死后到天堂去参加会议，一进会议室发现已经座无虚席。于是他灵机一动，大喊一声："地狱里发现石油了！"这一喊不要紧，天堂里的人们纷纷向地狱跑去。

很快，天堂里就只剩下那位大亨了。这时，大亨心想，大家都跑了过去，莫非地狱里真的发现石油了？于是，他也急匆匆地向地狱跑去。但地狱并没有一滴石油，有的只是受苦。

对于幽默故事，人们可以一笑了之，但股市的盲从行为往往会造成"真金白银"的损失，恐怕就不会那么轻松了。

生活中有不少从众的人，也有一些专门利用人们的从众心理来达到某种目的的人，某些商业广告就是利用人们的从众心理，把自己的商品炒热，从而达到目的。广告宣传、新闻媒介报道本属平常之事，但有从众心理的人常就会跟着"凑热闹"。

从众心理对人的影响确实很大。造成人产生从众心理的原因是多方面的。在群体中，由于个体不愿标新立异、与众不同感到孤立，而当他的行为、态度与意见同别人一致时，却会有"没有错"的安全感。从众源于一种群体对自己的无形压力，迫使一些成员违心地产生与自己意愿相反的行为。

生活中也确有些震撼人心的大事会引起轰动效应，群众竞相传播、议论、参与，但也有许多情况是人为的宣传、渲染而引起大众关注的。常常是舆论一"炒"，人们就易跟着"热"。

不同类型的人，从众行为的程度也不一样。一般来说，女性从众多于男性；性格内向、自卑感的人多于外向、自信的人；文化程度低的人多于文化程度高的人；年龄小的人多于年龄大的人；社会阅历浅的人多于社会阅历丰富的人。

从众行为表现在方方面面，工作中、生活中、学习中，都有所表现。我们了解人的从众心理，并恰当地处理其行为，是很有意义的。

目前，不少投资者乐于短线跟风、频繁操作，而血本无归的例子也不乏少数。

上海证券交易所发布的《中国证券投资者行为研究》显示，中国证券投资者行为有三个显著特点，即短线操作、从众行为和处置效应。而调查结果显示，即使在行情上升130%的2006年A股大牛市中，仍然有30%左右的投资者是亏损的，这其中的重要原因是盲目从众、短线投机所致。

投资者的"羊群效应"或从众行为，是行为金融学中比较典型的现象。从众行为让投资者放弃了自己的独立思考，必然成为无意识投资行为者，这其中蕴藏着极大的风险。

投资者的羊群行为，不仅容易导致股市出现泡沫，使市场运行效率受损；同时也使系统风险增大，加剧了股市的波动。在"羊群效应"作用下，投资者在股市涨的时候热情高涨，跌时则人心惶惶，使市场投机氛围加重。

投资心理学告诉我们，证券投资过程可以看成一个动态的心理均衡过程。但在证券市场存在的"羊群效应"作用下，往往会产生系统性的认知偏差、情绪偏差，并导致投资决策偏差。投资决策偏差就会使资产价格偏离其内在的价值，导致资产定价的偏差。

而资产定价偏差往往会产生一种锚定效应，反过来影响投资者对资产价值的判断，进一步产生认知偏差和情绪偏差，这就形成一种反馈机制。在这个"反馈循环"中，初始"羊群效应"使得偏差得以形成；而强化"羊群效应"，则使得偏差得以扩散和放大。

从众心理人皆有之，但以被动为前提的从众，势必使你的独特失去价值。

专家、学者如是说——迷信和服从权威

1938年9月21日，一场凶猛异常的飓风袭击了美国的东部海岸。美国著名历史学家威廉·曼彻斯特在他的名作《光荣与梦想》中记载并描述了这场罕见的风暴。书中写道："下午2点30分，海水骤然变成了一堵高大的水墙，以迅猛之势，

向巴比伦和帕楚格小镇（位于纽约长岛）之间的海滩劈头压来。第一波海浪的威力如此之大，以至于阿拉斯加州锡特卡的一台地震仪上都记录下了它的影响。在袭击的同时，飓风携带着巨浪以每小时超过100英里的速度向北挺进，这时，水墙已经达到近40英尺高，长岛的一些居民手忙脚乱地跳进他们的轿车，疯狂地向内陆驶去，没有人能精确地知道，有多少人在这场生死赛跑中因为输掉了比赛而失去了生命。幸存者后来回忆道，一路上，人们都将车速保持在每小时50英里以上。"

其实，当地气象学家们已预测到了这场飓风的规模和到来时间，但因为一些不便公开的原因，气象局并没有向公众发出警告。事实上，绝大多数的居民通过家中的仪器或者通过其他渠道都获知飓风即将来临，但由于作为权威部门的气象局并没有发出任何预报，居民们都出人意料地对即将到来的大灾难漠然视之。如果说预报员这次变成了瞎子，那么全体居民也都跟着啥也看不见了。

"后来，许多令人吃惊的故事被披露出来，"曼彻斯特写道，"这里有一个长岛居民的经历。早在飓风到来前几天，他就到纽约的一家大商店订购了一个崭新的气压计。9月21日早晨，新气压计邮寄了过来。令他恼怒的是，指针指向低于29的位置，刻度盘上显示：'飓风和龙卷风'。他用力摇了摇气压计，并在墙上猛撞了几下，指针也丝毫没有移动。气愤至极的他立即将气压计重新打包，驾车赶到了邮局，将气压计又邮寄了回去。当他返回家中的时候，他的房子已经被飓风吹得无影无踪了。"

这就是绝大多数当地居民采取的方式。当他们的气压计指示的结果没有得到权威部门的印证时，他们宁愿诅咒气压计，或者忽略它，或者干脆扔掉它！

尼古拉·哥白尼，波兰伟大的天文学家，创立《天体运行论》，推翻了地心说。罗巴切夫斯基，俄国天才数学家、喀山大学教授，推翻传统几何学，非欧几何学创始人之一。阿尔伯特·爱因斯坦，犹太裔美国杰出物理学家，推翻了力学假说和以太论。

意大利科学家乔尔丹诺·布鲁诺，不迷信权威，在当时占统治地位的宗教的"地心说"盛行时，坚持哥白尼的日心说，后被视为异教徒，结果被活活地烧死了。他是科学的殉道者。

伽利略挑战亚里士多德，做了关于重物下降的"比萨斜塔实验"。伽利略在比萨斜塔上用两个不同重量的铁球经过实验得出了一个结论：物体做自由落体时，不因重量而呈现不同的速度。亚里士多德认为：不同重量的物体，从高处下降的速度与重量成正比，重的一定较轻的先落地。这个结论到伽利略时差不多近 2000 年了，还未有人公开怀疑过。物体下落的速度和物体的重量是否有关系：伽利略经过再三的观察、研究、实验后，发现如果将两个不同重量的物体同时从同一高度放下，两者将会同时落地。于是伽利略大胆地向"天经地义"的亚里士多德的观点进行了挑战。伽利略提出了崭新的观点：轻重不同的物体，如果受空气的阻力相同，从同一高处下落，会同时落地。

只有不迷信权威，有敢于向权威挑战的勇气，科学才会进步。

笼罩全球的病毒阴霾：甲型 H1N1——恐慌

2009 年 4 月 26 日，一种叫"猪流感"的病笼罩墨西哥，并不断地向全世界扩散。

5 月 2 日，加拿大艾伯塔省一猪场的猪身上检测出甲型 H1N1 流感病毒，这是世界上首次发现猪受这种新病毒感染。此后全球不断有猪感染甲型 H1N1 型流感的报道。

2009 年 6 月 11 日，WHO 发布了仅次于最高级的五级流行病警报，9 月 24 号，WHO 又发布了六级最高警报。其实在这个过程中，流行的状况没有多大的变化，可是疫情却一级接一级地提上去。过了 3 个半月，WHO 自己明确地承认没有发生什么严重的问题。首先猪流感的死亡率都没有宣传的那么严重，中国死亡病例截至 11 月 9 日是 30 例，全球死亡病例是 6000 多。

11 月 19 日，国家禽流感参考实验室在黑龙江省双城市一屠宰场生猪中检出 4 份甲型 H1N1 流感病原学阳性样品。

全世界的人们迎来了新一轮的恐慌，同时恐慌性情绪也在中国弥漫，"甲流"俨然成为公众关注的焦点。在经历了 2003 年非典型肺炎这个不速之客的肆意骚扰和随后的禽流感的不期而遇之后，人们的卫生安全已经受到极大的威胁和挑战而这次甲型 H1N1 流感的爆发更使人们一个个噤若寒蝉。

甲型 H1N1 病毒，是猪群中一种可引起地方性流行性感冒的正黏液病毒，因此在流感爆发之初被俗称为"猪流感"。而"猪流感"爆发后不久，我国的生猪价格落到了当年的谷底。个别新建猪场的场主在猪贩子"猪价将会越来越低的"的忽悠下，以 7 元 / 千克的价格卖掉了猪场的猪，边卖边哭边砸猪圈。直到 2009 年 4 月 30 日，世界卫生组织宣布，该组织不再使用"猪流感"一词指代当前疫情，而开始使用"A（H1N1）型流感"一词。中国卫生部也于同日发表公告说，"猪流感"的称谓将改称为"甲型 H1N1 流感"。改名之后，猪价迅速反弹，一周时间就恢复到 11 元 / 千克；这个价格相当于是大家心理能承受的底价。

新闻媒体上每天都会报道流感疫情向全球国家蔓延的新情况，以及全球各国新增感染甲型 H1N1 流感的人数和因感染了甲型 H1N1 流感而致死的人数。因为当时正值入冬，新闻媒体宣称，当年 90% 的流行性感冒都是甲型 H1N1 流感。

和当年爆发非典型性肺炎一样，口罩开始脱销，并出现了许多据称可以预防甲型 H1N1 流感的口罩。美国宣布公共卫生进入紧急状态。在我国香港，官民不约而同列阵布防。不仅特区政府启动应变措施；经历了 2003 年非典一役的市民实时进入"安全模式"，各地区不少连锁药房的口罩被抢购一空。向香港医管局供应口罩的 3M 公司表示，最近口罩订单大增，已加大产量，不会影响对局方及市面的供应。屈臣氏及万宁的口罩曾一度断市，有药房表示，全日卖出近 200 盒口罩，将会补货应市。

另外，治疗新型甲型 H1N1 流感的药物"特敏福"和"乐感清"，生产这些药物的药厂也被一些医院和私人医生抢购一空，还需要向澳大利亚药厂加订以备使用。此外，许多据称能够预防甲型 H1N1 流感的民间药方也纷纷流传于坊间。这是当时全国人民紧张的精神状态的一个缩影。

受甲型 H1N1 流感疫情的影响，许多在国外的留学生纷纷回国，还在社会上引发了强烈争议。社会上不断有声音谴责留学生不关心国内人的生命安危，在毫无防护措施的情况下擅自回国。总之，甲型 H1N1 流感的爆发使全国乃至全世界人们陷入了巨大的恐慌之中。

恐慌是一种广为人知的大众行为，它是面临迫近的危险时为获得安全而进行的逃逸。恐慌通常出现在这样的情况下，虽然有逃离路径，但数量有限或正在消失，因此看起来只有一些，而不是所有人能够逃离。典型的例子是爆发火灾的剧院、餐厅和夜总会中的人们会不顾一切地相互践踏着冲向出口，这样的事件最严重时有数百人丧失。恐慌也是集合行为的一种。事实上，科学理性的数据告诉我们，甲型 H1N1 流感并没有我们想象中那么令人恐惧。以下是分析这个情况的数据：一个 60 亿人口的人群，一年正常的死亡人口率是在 1% 上下，那么半年中的正常死亡人口就在 2000 万到 3000 万。而全世界这半年的甲型 H1N1 流感死亡病例加起来只有 4000 左右，不到人口的 0.05%。相比之下，全世界这半年因肺癌死亡的人口就不少于 500 万，肺炎的死亡率也比它高得多，而且 WHO 曾经把肺炎和流感死亡的人数放在一起来报道。其次，甲型 H1N1 流感的严重程度没有宣传的那么严重，大量的全球的确诊病例绝大部分是在美国，但这是因为美国从 5 月份、6 月份开始，把 37.5 摄氏度以上的人一律记为甲流。可是人被确诊后就回家了，也不吃药，也并没有什么情况发生。

有人认为，在人与人之间传播的猪流感在全球性范围内造成恐慌更像一场巨大的群众心理恐怖操纵，然后大家拼命地去买药，而唯一能从中得利的是那几家能生产抗病毒性感冒的全球制药巨头。我们不清楚这种观点是否属实，但有一点却是可以肯定的，那就是像这种集合行为很容易被别人操纵，而使群众陷入盲目和非理性。

从追逐名牌到个性婚礼——流行的驱使

名牌，现在已是很平常的词，很多人都喜爱名牌，名牌已是充斥在人们日常生活中的一大重要元素，从耐克、阿迪达斯、kappa、puma、李宁、艾格、香奈尔……在提倡追求个性的今天，选择自己喜欢的名牌似乎已经成为了"个性"的一个部分。对名牌的热衷已经慢慢地向低龄人群渗透，而青少年也成为追逐名牌的一大群体。因此，曾有报道说，校园里的学生购买名牌成风，攀比心理日益严重，不仅影响了自身的学业，也不利于其自身价值观的形成。社会上曾经一度为没有经济能力的青少年应不应该追求名牌引发了大量争论。

现在很多家庭已渐渐富裕起来，家长们想培养孩子们的穿着品位，让他们穿名牌。因此，有一部分人认为：追求名牌是跟得上时代的标志。在这个经济、文化相对发达的时代，保持俭朴既跟不上时代的脚步，也不利于内需的扩大、经济的增长。况且，名牌产品具有许多的优点，如质量好、售后服务保障好、外观精美等，也可以在别人面前树立一个良好的形象，体现自己的品味，"人靠衣装，佛靠金装"，穿上名牌，感觉就不一样，人也自信起来了。

名牌绝不是浪得虚名！名牌是各行业的追求完美的人努力用心创造的结果。追求名牌就是追求优质的生活，人活着就是为活得更好、更有质量。同时，追求名牌也是对企业和优秀设计师的肯定。

也有人认为，作为青少年不应该追求名牌，因为在当今社会，名牌的价格一般是比较昂贵的，而作为中学生，能力有限，实在是没有购买名牌的能力。再言之，作为中学生应该以学业为重，秉承先人的艰苦朴素作风，要在社会掀起一股俭朴之风，而所谓的名牌热、名牌风，正是我们应该拒绝和打击的，我们中学生的世界应该不存在浮华、奢侈之风，我们要杜绝攀比和求异心理，努力学习，拒绝名牌！

在名牌话题还在争论不休的时候，80后个性婚礼又触到了人们敏感的神经。

经历了朴素婚礼的20世纪60年代、70年代结婚的人怎么也想象不到，现在年轻人的婚礼可以颠覆传统和个性张扬。

自古以来，结婚都要选在上午举行，过了中午就是不吉利的。我们的前辈们谁敢过了中午再举行婚礼仪式啊，那是不被约定俗成的社会习俗所允许的。然而，现在的年轻人都把婚礼定在了晚上，因为他们普遍认为在晚间举行婚礼气氛更加浪漫温馨。以前，人们在选择结婚的日子时，也需要大费周章精心挑选所谓的"黄道吉日"，结果新人们在同一天、同一家酒店结婚的事情时常发生，这使得人们在订酒店时发生了许多问题，导致了新人们对酒店的不满。而现在新人们在择婚日期上也有了更大的自由度，结婚不需要非得都聚在所谓的"黄道吉日"。传统的婚姻习俗就这样被年轻人轻而易举的摒弃了。

80后这一代人与父兄们的一个很明显的差异在于这一代人很自我、个性张扬。这一代人会毫不矜持地张扬自己的爱情经历，越来越多的新人通过MV、录像片、歌曲、FLASH等形式展示自己的恋爱经历，并与宾客们分享爱情的浪漫，相比长辈们的羞涩和保守，这一代人活力四射的个性在婚礼上表现得很明显。

80后这一代人是伴随着互联网发展而成长起来的，网络是这一代人认识世界和改造世界的工具，也潜移默化地成为这一代人的生活方式。据不完全统计，大约三分之一的新人是通过网络结识、相恋，或者是通过网络来维持感情的，网络渐渐介入人的情感生活，关于网络的元素也频繁在这一代人的婚礼上出现，QQ情缘主题、网络婚礼、婚礼视频等众多新颖时尚的形式成为这一代人婚礼上独树一帜的特点。

2009年春晚刘谦的魔术表演大放异彩，整个2009年可以被称之为魔术年，这一年各种各样的魔术遍地开花并大放异彩。因此，在婚礼上表演魔术，又成了个性婚礼的一大看点。当新郎出场，挥手之间，魔术师将新娘'变'了出来；新郎当众跪地求婚，魔术师又'变'出一朵玫瑰花，随着花瓣层层剥开，花蕊成了一枚钻戒！这就是一个典型的魔术婚礼。由于受到新人们追捧，不少婚庆公司在婚礼表演中添加了"魔术"元素，以此招揽生意。而婚庆公司的经理说，主题式魔术婚礼的收费比普通婚礼贵10倍，但仍有不少新人愿意尝试。

从青少年对名牌的追捧，到80后对婚礼的个性追求，都是人们求新求异的表现，也是一种流行趋势的驱使。

流行也是一种集合行为。流行指的是在一时间深受人们喜爱的服装样式或行为方式。它是一种对习惯的"习惯性"背离，但同时仍处于可接受的行为范围之内。流行具有短暂性以及具有吸引大众的特点，往往表现出一定的盲目性。

中学生追求名牌的大部分原因，是因为名牌产品质量较好，企业诚信度较高，具有一定的市场竞争力。名牌产品通常是引领潮流的标志，有助于消费者建立良好的个人形象，增强个人的信心，也有利于刺激消费，扩大内需，促进经济发展。但是名牌产品真的那么好吗？2006年12月29日，一批西班牙、意大利等欧盟国家进口名牌皮鞋因质量不合格在杭州市郊某垃圾处理场被浙江省工商局集中销毁，其中包括LV、D&G、Valentino等十多个世界顶级品牌。并不是所有名牌产品都具有以上所述优点，这也造成了青少年追求名牌产品的盲目性。

一些尚未被主流社会和大众普遍接受的新兴事物，经过了某些特殊的途径引起了某些阶层、团体、族群或者有影响力的个人的注意，后来绝大多数的人开始关注它、使用它、了解它，这就是流行。所以说流行是一个很广义的词，它可以改变我们现在的生活习惯。人类的文明与文化就是出现——流行——发展——普及的过程。

从中我们可以看出，这个世界有两种人：一种是带动和改变流行的人；一种是在后面永远跟风的。现在的多数所谓追逐流行的人，认为流行是时装、时髦、消费文化、休闲文化、奢侈文化、物质文化、流行生活方式、流行品味、都市文化、次文化、大众文化以及群众文化等概念所组成的一个内容丰富、成分复杂的总概念。这个总概念所表示的是按一定节奏、以一定周期，在一定地区或全球范围内，在不同层次、阶层和阶级的人口中广泛传播起来的文化。流行经常被看成是无关紧要的事情，然而作为社会身份的象征，它可以成为社会分层体系中具有特殊意义的要素。19世纪的社会批评家索尔斯坦·凡伯伦指出，流行可以作为一个反映社会价值观和态度的指标，此外在个人的层面上，穿戴着当前最潮的服饰是用来向别人展现自己有品位并且也有经济实力追随流行文化潮流的一种有效方式，因为这也体现出了一个人的社会地位。

"疯狂的郁金香"的狂热——群体无理性

郁金香原产于小亚细亚，一般仅长出三四枚粉白色的广披针形叶子，根部长有鳞状球茎。当时刚被引种到欧洲，数量稀少。17世纪的荷兰是当时欧洲资本主义最早得到发展的国家之一，人们相对富裕。荷兰人好冒险，也喜赌博，美丽迷人而又稀有的郁金香就成为他们投机的对象，投机商开始大量囤积郁金香球茎以待价格上涨。在舆论鼓吹之下，人们争相购买和种植郁金香，最后对其表现出一种病态的狂热，以致拥有和种植这种花卉逐渐成为身份的象征。欧洲各国的投机商也纷纷拥集荷兰，郁金香开始成为人们的投机物。一时间，人们为花疯狂！

谁都相信，郁金香热将永远持续下去，世界各地的有钱人都会向荷兰发出订单，无论什么样的价格都会有人付账。欧洲的财富正在向须得海岸集中，在受到如此恩惠的荷兰，贫困将会一去不复返。无论是贵族、市民、农民，还是工匠、船夫、随从、伙计，甚至是扫烟囱的工人和旧衣服店里的老妇，都加入了郁金香的投机。无论处在哪个阶层，人们都将财产变换成现金，投资于这种花卉。

在没有交易所的小镇，大一点的酒吧就是进行郁金香交易的"拍卖场"。酒吧既提供晚餐，同时也替客人确认交易。这样的晚餐会，有时会有二三百人出席。为了增加顾客的满足感，餐桌或者餐具柜上往往整齐地摆放着一排排大花瓶，里面插满了盛开的郁金香。

一个真实的故事也许可以更加生动地说明那个时代的氛围和人们的心情。据说海牙有一个鞋匠，在一小块种植园上培育出了一株罕见的"黑色"郁金香。消息传开后，一伙来自哈勒姆的种植者拜访了他，说服他把花卖给他们。最后，鞋匠以 1500 荷兰盾的高价把自己的宝贝卖给了他们，没想到，买家中有一个人立即把黑色郁金香摔到地上，用脚将其踩成一摊烂泥。鞋匠惊呆了。买家们却轻松地解释说，他们也培育出了一株黑色郁金香，为了确保自己的花是独一无二的，他们情愿付出一切代价，若有必要，上万荷兰盾也在所不惜。

到 1636 年，郁金香的价格已经涨到了骇人听闻的水平。以一种稀有品种"永远的奥古斯都"为例，这种郁金香在 1623 年时的价格为 1000 荷兰盾，到 1636 年便已涨到 5500 荷兰盾。1637 年 2 月，一株"永远的奥古斯都"的售价曾高达 6700 荷兰盾。这一价钱，足以买下阿姆斯特丹运河边的一幢豪宅，或者购买 27 吨奶酪！相对于这种顶级郁金香来说，普通郁金香的涨幅更是"疯狂"。1637 年 1 月，1.5 磅重的普普通通的"维特克鲁嫩"球茎，市价还仅为 64 荷兰盾，但到 2 月 5 日就达了 1668 荷兰盾！别忘了，当时荷兰人的平均年收入只有 150 荷兰盾。

在这股狂热到达巅峰时，也就是 1636 至 1637 年的那个寒冬，人们不仅买卖已收获的郁金香球茎，而且还提前买卖 1637 年将要收获的球茎。球茎的期货市场就这样诞生了。球茎在实际进行货物交割之前不需要实际支付货款，这又进一步加剧了郁金香的投机。由于刚刚形成的期货市场没有明确的规则，对买卖双方都没有什么具体约束，使得商人们有可能在期货市场上翻云覆雨，买空卖空，这更使得已经被"吹"得很大的郁金香泡沫，在短时间内迅速膨胀。

1637年，一种叫Switser的郁金香球茎价格在一个月里上涨了485％！一年时间里，郁金香的价格涨了59倍！有暴涨必有暴跌。一个水手误吃了一个昂贵的球茎后若无其事，谨慎的投机者开始反思这种奇怪的现象，他们对郁金香球茎的价值产生了根本性的怀疑。有人觉得事情不妙，开始贱价卖出球茎，一些敏感的人立即开始仿效，随后越来越多的人卷入恐慌性抛售浪潮——暴风雨来了！

卖方的大量抛售，使得市场陷入了恐慌状态。这时的郁金香简直成了烫手的山芋，无人再敢接手。球茎的价格也犹如断崖上滚落的巨石，暴跌不止。荷兰政府发出声明，认为郁金香球茎价格无理由下跌，劝告市民停止抛售，并试图以合同价格的10％来了结所有的合同，但这些努力毫无用处。一星期后，郁金香的价格平均已经下跌了90％，那些普通品种的郁金香更是几乎一文不值，甚至不如一个洋葱的售价。最终所有的"苦果"只能由投机者自己咽下。

几乎是在一夜之间，不知有多少人成为一文不名的穷光蛋，富有的商人变成了乞丐，一些大贵族也陷入无法挽救的破产境地。受害者当中既有文化程度颇高的知识分子，也有大字不识一个的文盲，因为贪婪是没有任何阶层界限的。

到1636年底，任何最后残存的理性都早已远离了荷兰的郁金香市场。虽然人们大都知道郁金香球茎的价格早已远离其正常的价值，但是他们宁愿相信别人会比他们更"傻"，会心甘情愿地付出更高的价钱。但无论如何，投机狂潮也不可能永远持续下去，事实也的确如此。郁金香狂热的终结，终于不期而至，最大的"傻瓜"终于还是出现了。

灾难的结果导致了人们对郁金香的无比痛恨，画家们也得到了发挥才能的天地。在著名画家扬·勃鲁盖尔创作的一幅讽刺画中，一群愚蠢的猴子正在热火朝天地进行着郁金香交易。无论是种花人、花商，还是参与其中的投机者，都受到了画家的无情嘲弄。

在社会上，群体无理性是一种集体的狂热，狂热是一种具有重大和持续影响程度热烈的时尚。这一"郁金香热"如此剧烈，以致投机者们愿意用价值上万美元的财产来换取待价而沽的郁金香球茎。大量的土地用于种植郁金香，荷兰于是不得不依靠粮食进口来满足人们的需要。这种群体的无理性是群体盲目追求的结果，其负面效应是致命的。所以，人们在了解了此种集合行为后，遇事应该保持冷静的头脑去分析辨识，以免使自己遭受打击和损失。

空穴来风的"都市传奇"——谣言是这样形成的

在诸多谣言中，有这么一类独特的谣言被称为"都市传奇"。都市传奇是指在都市间被广为流传的一种民间故事，它通过面对面的交流或通过某种媒体进行传播。虽然细致的考察能毫无例外地发现这些谣言是毫无根据的，但它们往往被说成是发生在朋友的朋友身上的真实故事。都市传奇看起来似乎合理，但是同时又存在奇怪而又讽刺意味的歪曲，是一种特殊形式的谣言。

都市传奇在美国、欧洲和日本等经济繁荣、都市密集的地区广为流传，究其原因，一来是这些传奇中时间、地点的细节及故事来源等信息颇具可靠性，二来是故事内容贴近生活，很能符合本时代民众的阅读口味和审美旨趣。这些都市传奇，虽然就其深层本质来说，与传统传奇有一脉相承之处，但就其表现与传播形式而言，则多呈现新颖的形态。

故事内容通常匪夷所思，引起人们新奇、愤怒、惊恐、恶心等负面情绪。都市传奇之所以受到广泛接受，除了因为多是恐怖故事，也具备了无厘头的趣味性，很容易成为茶余饭后的话题。它有点像是故事接龙，经由口耳相传，故事也会变得愈来愈长，并添加许多原始版本不存在的细节。来自特殊的经验或见闻，在庞杂的城市系统中，使得人们产生"这是前所未闻的新领域"的误解，甚至深信不疑，进而成为下一个传播者。

一开始可能只是对某个现象产生误解，于是提出可能性的猜测，经由转述（二手传播）逐渐加强内容，其中也包括了有意图地透过谎言或玩笑产生的流言或八卦。由于城市生活与媒体的快速发展所产生的现代奇谈也可以称作都市传奇。不过，现在城市与农村社会的信息差距正逐渐消失，都市传奇这个名词相对于乡野奇谈来说，在现实状态下变得名不副实。

社会学家詹·哈罗德·布伦凡特推广并普及了他称为"都市传奇"的一种集合行为。下面就是一些这样的例子。

从20世纪60年代开始，香港中文大学都流传着"一条辫子"女鬼的传说。据说有一天，一名中大男学生于夜间在校园内的一条小径返回宿舍途中，发现在路边有一名辫子少女在哭泣。男生于是走近想问个究竟，怎料女子回头面向男生，她的脸上也有一条辫子。男生即场吓晕了。从此，这条小径就被该校学生称为"一

条辫子路"。

一个小伙子和他的女伴将车驶入他们最青睐的"爱的小巷"去听收音机并且亲热一下。这时音乐突然停住，播音员插入进来的报道说，本地区有一强奸抢劫案犯刚刚逃离现场，他的右手握着一个弯钩。这对情侣害怕起来，驱车离开了。男孩送女孩到家门口，然后下车为她开门。此时，他看到一个弯钩就挂在车门把手上。

有位妇人，她的孩子送给她一台微波炉。一天，她给爱犬洗完澡后将它放在微波炉里烘干。自然，当她打开微波炉时，狗已经彻底烤熟了。

一天晚上，一个男人在驱车回家的路上到一家炸鸡店买了一份快餐。他一边吃着快餐一边继续驱车回家，突然他咬到一块味道奇怪的东西，他把那块东西扔回袋中，回家后仔细观察了一番。那的确不像他所熟悉的鸡块。于是第二天他把这块东西带到公共卫生局去作分析。公共卫生局的人告诉他，那是一块炸老鼠。他们说这种事情时常发生，老鼠可能钻进奶油糊中被溺死了，而炸鸡店的雇员看也没看一眼就把它扔进了炸锅里。

大多数的城市传奇采取的形式是对现代生活危机四伏的"警世名言"。布伦凡特指出，"弯钩"反映的是对青少年性行为的负面后果的广泛关注；"微波炉里的狗"是对现代技术的不确定性的反应；"炸鼠"来自对可能不合格和靠不住的底薪雇员以及雇用他们的公司的猜疑。因此，它们与其他集合行为一样，都市传奇可以解释为在模糊不定的状况下为减轻压力所做的努力。他们强调新鲜事物的危险——性解放、微波炉、快餐店，并蓄意地肯定了传统的行为模式——性克制、老式的技术和在家里烹调与进餐。

都市传奇说到底是一种谣言。谣言，指没有事实存在而捏造的话，没有公认的传说。谣言是利用各种渠道传播的对公众感兴趣的事物、事件或问题的未经证实的阐述或诠释。谣言是集合行为的一种形式，是人们共享信息和思想的方式，或者说是所有易于引发诸如恐慌、骚乱之类更复杂的集合行为的初级阶段。

根据上述定义，谣言没有真假之分，因为是未经证实的信息，所以无法确定谣言的真假。1947年，美国社会学家奥尔波特和波斯特曼给出了一个决定谣言的公式：谣言＝（事件的）重要性×（事件的）模糊性；他们在这个公式中指出了谣言的产生和事件的重要性与模糊性成正比关系，事件越重要而且越模糊，谣言产生的效应也就越大；当重要性与模糊性一方趋向零时，谣言也就不会产生了。

现代环境下，利用灵活无序的网络传播，谣言传播的速度更快、作用力更强。

有些流言在传播中常常变样，这一方面是接受者和传播者的记忆错误所致，更重要的是各人在传播过程中有意无意地加上自己的主观色彩。

谣言通常为了一部分人达到某种目的而发布，例如：增加知名度、吸引目光、诋毁他人、制造声势、转移视线等。

谣言是社会大众传播不可或缺的一部分，也是人们日常精神文化生活中的调味料。一个稳定繁荣的文化传播社会应该有一定的谣言产生几率与其相适应，谣言越多，反映出社会文化传播活性越强（人们对于传播的积极性越高），反之，则说明这个社会的大众传播或者人际传播缺少活性。谣言和生活的关系：以前有个游戏，叫"传话"，基本上大家都会玩。一个人想出一句话作为"种子"，比如"某某同学今天独自在单位食堂吃了顿午饭"，不出 5 个人，估计就可能会在口水的发酵作用下变为"某某同学和某某在酒店"。这个就是语言神奇的地方。其实生活中大一部分的事端或者说无端之事就是来自于这样自觉或者不自觉的"传话"。这样的"传话"包括了那种叫"谣言"的。

什么是谣言？美国社会学家 G．W．奥尔波特和 L．波斯特曼总结出一个谣言的公式：$R = I \times A$。

R 是 Rumour，谣传；I 是 Important，重要；A 是 Ambiguous，含糊。

一件事情（或一个人）可能会引起谣言，说明这件事情（或这个人）有一定重要性（所谓"焦点事件"、"热门人物"），或者一定的含糊性（非公开性，往大了说，比如某些机构的财务收支状况，无法及时获得准确消息的某地实际情况。往小处看，比如某人的私生活等）而如果说一件事或（一个人）较受关注，又处于非公开状态，那么对于谣言，是最具有培植空间的。披露不为人所知的事情未必都是传播谣言，但是有一点可以肯定，来历不明，没有详尽扎实事实支持的虚假消息，往往都回避了大多数人可以及时、准确查证到的内容。就是因为其不透明度给人一种宁可信其有的心理暗示。

要成功发布一则谣言，首先要对如下概念进行分析理解：

（1）谣言制造：谣言的信息要与传播者有一定相关度，有相当的重要度，并且易于传播。

（2）传播渠道：一般有三个层面（首先是谣言的发布者进行首次传播；再次由第二传播者进行相互间传播，形成谣言；最终由第三方对谣言本身进行批驳）。

（3）反谣言机制：

①法律制约，违反以及触及法律的谣言，法律将对其压制。

②道德行为规范制约，一些谣言在涉及道德底线或者行为习惯底线的时候也会在传播过程中被中断。

③第三方干扰，当谣言发挥一定作用的时候，有些另有目的的第三方可能对其进行干扰，从而改变谣言内容，利用谣言。

第五节　向左走，向右走——助人和攻击

浇开心灵的美丽之花——对他人的爱心

在现代生活中，我们越来越感受到人与人之间的隔阂与冷漠。人们之间的情感纽带不再像从前那样紧密，群体中的生活也不再像从前那样让我们感到温暖，得到一种心灵的寄托。人们情感的疏远与淡化也是现代性的一个重要现象。信仰的缺失与精神家园的失去，让现代社会中的人无所适从。其实在群体生活中，在社会互动中，与人为善、充满爱心是社会交往的根本。只是我们现代人能做到这一点的越来越少，能体会到这一点的也越来越少。这种恶性的循环是现代社会很严重的一个社会问题。

古罗马的大斗兽场是一块充满血腥的死亡之地，那里面已经发生过千百次人兽相搏，千百人都在那里被活活杀死了，很少有人能幸免。但是那里也出现过一次奇迹，也许有的人还不曾听闻。那次，在斗兽场上，罗马皇帝把饿了好几天的狮子放了出来。当时，缩在墙角的囚徒阿尔托克利斯颤抖着拎起长矛，默默地祈祷。他想自己快要完蛋了，但愿狮子能给自己留下一个全尸。饿极了的狮子一眼就瞅到墙角的人，它仰天长啸一声之后，便迫不及待地猛扑上去。阿尔托克利斯眼睛一闭，把长矛向前一刺，狮子却灵巧地避开了。就在这千钧一发之际，那只狮子突然停止了进攻，并且围着阿尔托克利斯打起了转转。然后它又忽然停了下来，缓缓地在阿尔托克利斯身边卧了下来，温顺地舔着他的手和脚。

全场顿时鸦雀无声，不一会儿猛地爆发出热烈的欢呼声。罗马皇帝也大为惊讶，破例把阿尔托克利斯叫上看台来询问缘由。

原来在三年前，阿尔托克利斯在路边发现了一只受了重伤的狮子，他小心翼翼地给狮子包扎了伤口，并照料它直到它伤口愈合，才送它回到森林。今天在斗兽场里遇见的正是这只狮子！

听完了阿尔托克利斯的讲述，罗马皇帝啧啧称奇，也大为感动，立即赦免了阿尔托克利斯。

"爱出者爱返，福往者福来。"人要保持一颗博爱的心，热爱你身边一切有生命的东西。当你把爱洒向人间万物时，这份爱同样也能惠及自己。

其实真正的爱心比一切物质财富都重要，它能让你用宽容的心态去面对世界，享受生活。

娜塔沙是一个 5 岁的小女孩，她的父母由于车祸都去世了，留下她和奶奶相依为命，她们住在楼上的一间卧室里。一天夜里，房子起火了，奶奶在保护孙女时被火烧死了。大火迅速蔓延，一楼已是一片火海。

邻居已打电话呼叫火警，但他们只能无可奈何地站在外面观望，因为火焰封住了所有的进出口。娜塔沙在楼上的一扇窗口处哭叫着喊救命，人群中传布着消息：消防队员正在扑救另一场火灾，要晚几分钟才能赶来，但是没有人敢冲入火海去救娜塔沙。

就在这时，一个男人扛着梯子出现了，梯子架到墙上，人钻进火海之中。当他再次出现时，手里抱着娜塔沙，下来后，他把娜塔沙交给迎过来的人群，然后消失在夜色中。

经调查，娜塔沙在世上已经没有亲人了，几周后，镇政府召开群众会，商议谁来收养她。一位教师愿意收养她，说她保证让孩子受到良好的教育。一个农夫也想收养娜塔沙，他说孩子在农场会生活得更加健康惬意。其他人也纷纷发言，述说把娜塔沙交给他们抚养的种种好处。最后，本镇最富有的人站起来说话了："你们提到的所有好处，我都能给她，并且能给她金钱和金钱能够买到的一切东西。"从始至终，娜塔沙一直沉默不语，眼睛望着地板。"还有人要发言吗？"会议主持人问道。

这时，一个男人从大厅的后面走上前来，他步履缓慢，似乎在忍受着痛苦。他径直来到娜塔沙的面前，朝她张开了双臂。人群一片哗然，他的手上和胳膊上布满了可怕的伤疤。娜塔沙叫出声来："这就是救我的那个人！"她一下子蹦了起来，双手死命地抱住了男人的脖子，就像她遭难的那天夜里一样。她把脸埋进他的怀里，抽泣了一会儿，然后，抬起头，朝他笑了。

这是美国的某位社会心理学家在一次朋友的聚会上讲述的发生在他所在社区的一个真实故事。爱是无价的，是任何财富都买不到的。要想得到爱，必须付出爱。爱又是无言的，会让被爱者永远铭记。

　　我们希望从他人那里得到关爱，但往往却忘记了对别人施予自己的关爱。爱心是需要传递的，这就是一个社会互动的过程。在这个过程中，每个人都能得到丰厚的回报。

　　5月的第二个星期日，母亲节到了，索菲亚却很忧郁，因为她的双亲远在800英里外的俄亥俄州。那天早晨，她曾给母亲打过电话，祝她老人家母亲节愉快，母亲提到，春天了，家里的庭院绚丽多彩。在她们谈话时，这位年轻妇女几乎嗅到了紫丁香那诱人的芬芳——那些花开在母亲家门外的一株茁壮的丁香树上。

　　后来，当她对丈夫莫迪克说起她是多么想念那些紫丁香时，她丈夫猛地从椅子上站起来，说："我知道哪儿能找到你要的东西，把孩子们带上，我们走！"于是，他们开车沿着罗德岛北部的乡间道路行驶。这天，阳光明媚，碧空万里，周围绿草如茵，充满生机，令人心旷神怡——只有在5月中旬才能有这样让人心情清爽的天气。

　　他们停车的道路两旁，长满了茂密的雪松、松柏和矮小的桦树，却看不见一株丁香。莫迪克说："跟我来。"他们刚爬到半山腰，就感到花香扑鼻。孩子们开始兴奋地向山上跑着。紧接着，索菲亚也跑起来了，她一口气跑到了山顶。

　　在那里，一株株美丽多姿的丁香树上开满了硕大的、松果状的花朵，压得枝头几乎弯到地上。这些花远离驱车旅行的游人，享受着专属于它们的一方宁静天地。索菲亚微笑着奔向离她最近的那一株，把脸埋在花丛里，尽情地汲取那迷人的芳香，陶醉在美好的回忆之中。

　　然后她开始十分细心地这儿挑一个嫩枝，那儿选一个嫩枝，并用小刀把这些嫩枝割下来。她不慌不忙地剪着，并欣赏着，好像每一朵花都是精美的稀世珍宝一样。

　　当他们驱车往回走时，孩子们唧唧喳喳地说个没完，莫迪克开着车，索菲亚则微笑着坐在那儿，周围簇拥着鲜花，眼睛看着远方，心里充满了幸福。

　　离家不到3英里了，这时，索菲亚突然向丈夫喊道："停车！就在这儿停车！"莫迪克刹住了车。他还没有来得及问什么，索菲亚已经跳下车，匆匆忙忙地往附近一个长满野草的山坡上跑去，手里依然捧着那簇丁香花。

　　原来，在山冈上设有一所疗养院。这天春光明媚，所以病人们纷纷走出来晒太阳，有的同亲属们一起散步，有的坐在门廊上。索菲亚跑到了门廊尽头。在那里，一位老妇人正坐在轮椅上，她耷拉着脑袋，背对着众人，显得很孤独。只见鲜花越过门廊栏杆，出现在这位老妇人的膝上。这时她抬起头，笑了。索菲亚和她聊了一会儿，两人都容光焕发。然后，索菲亚转过身，跑回到她家人这边来。

汽车开动了，轮椅上的老妇人招着手，挥动着花束。"妈妈，"孩子们问道，"她是谁呀？您为什么把我们的花给她呢？她是谁的妈妈？"索菲亚说："我并不认识她。可是今天是母亲节，而她又是那么孤单。谁看见花会不高兴呢？再说，我有你们，我还有我的妈妈——虽然她离我很远。她比我更需要这些花的。"

孩子们明白了。然而，莫迪克的心情却不能平静。第二天，他买来6株丁香树苗，栽在院子的四周。从那以后，他又陆续栽了许多株。如今，每年的5月份，他们家院子里都充满了丁香的芳馨。每逢母亲节，他们都不会忘记那位老妇人孤单的背影，并在这一天让笑容再一次绽放在她的脸上。

人生活在这个世界上，都是需要爱的慰藉的。没有爱的生活，只能是一片死寂的荒漠。我们应该反思真正的财富是什么，真正的文明社会应该是什么样子。现代社会物质的富足迷惑了我们的双眼，让我们不能发现生活的真谛。我们看看那些有着虔诚信仰的人们，也许他们的物质生活是贫乏的，在我们的眼中他们是贫穷与落后的，但我们谁又能看到他们眼中闪烁的智慧之光？所以我们应该在社会生活中学会善待他人，学会奉献爱心，学会用精神的价值来评价我们现有的生活，这样你会开启一扇通往幸福的天堂之门。

比邪恶更可怕的是冷漠——旁观者效应

1964年3月13日夜3时20分，在美国纽约郊外某公寓前，一位叫朱诺比白的年轻女子在结束工作回家的路上遇到歹徒。当她绝望地喊叫："有人要杀人啦！救命！救命！"听到喊叫声，附近住户亮起了灯，打开了窗户，凶手吓跑了。当一切恢复平静后，凶手又返回作案。当她又喊叫时，附近的住户又打开了电灯，凶手又逃跑了。当她认为已经无事，回到自己家上楼时，凶手又一次出现在她面前，将她杀死在楼梯上。在这个过程中，尽管她大声呼救；她的邻居中至少有38位到窗前观看，但无一人来救她，甚至无一人打电话报警。这件事引起纽约社会的轰动，也引起了社会心理学工作者的重视和思考。人们把这种众多的旁观者见死不救的现象称为"责任分散效应"。

旁观者效应也称责任分散效应，是指对某一件事来说，如果是单一个人被要求单独完成任务，责任感就会很强，会做出积极的反应；但如果是要求一个群体共同完成任务，群体中的每个成员的责任感就会很弱，面对困难或遇到责任往往会退缩。因为当一个人独立完成任务时责任感很强，而当群体完成任务时，每个人却希望由他人分担更多的责任。

类似的事在中国也发生过。2005 年 12 月 28 日，家住四川省成都市武侯区的熊某和妻子一起骑自行车出门上班，谁知途中竟被人追杀。当熊某身中数刀，趴在地上呼救时，围观的数百人竟然都作壁上观，无人出面制止，也无人拨打电话报警。2005 年 4 月 25 日下午，一个 19 岁女孩被一男子尾随进公厕，惨遭 20 余分钟的蹂躏。尽管女厕内不断传出痛苦的嘶喊声，但围观的 40 多名市民竟无一人出来制止。

国外的两位社会心理学家为了了解这种现象做了一个著名的实验。他们让 72 名不知真相的被试者分别以一对一和四对一的方式与一名假扮的癫痫病患者保持距离，并利用对讲机通话。试验要检验一个结论：在交谈过程中，当那个假病人大呼救命时，72 名不知真相的被试者所作出的选择究竟会是什么样子。实验结束后的统计显示：在一对一通话的那些组，有 85% 的人去报告有人发病；而在有 4 个人同时听到假病人呼救的那些组，只有 31% 的人采取了行动！实验表明，在紧急情况下，只要有他人在场，个体帮助别人的利他行为就会减少，而且旁观者越多，利他行为减少的程度越高。

社会心理学家进行了大量的实验和调查，研究得出这样一个结论：对于这种现象的出现不能单纯地指责众人的冷酷无情或道德沦丧，因为在不同的场合，人们的援助行为确实是不同的。

旁观者效应产生的原因是由于"社会影响"及"责任分散"。社会影响是指一个人在不能获得确切情况以便做出干预紧急事件的决定时，他就去观察别人的行动，看看他们会做出什么反应。不幸的是，那些旁观者很可能也在观察别人的反应，于是很快就发展成一种"集体性的坐视不救"的局势。另一个原因就是责任分散。当一个人遇到紧急情境时，如果只有他一个人能提供帮助，他会清醒地意识到自己的责任，对受难者给予帮助。如果他见死不救，会产生罪恶感、内疚感，这需要付出很高的心理代价。而如果有许多人在场的话，帮助求助者的责任就由大家来分担，造成责任分散，每个人分担的责任很少，旁观者甚至可能连他自己的那一份责任也意识不到，产生一种还有别人会去救这样一种心理，结果造成"集体冷漠"的局面。

旁观者效应是客观存在的，是人们社会心理的一种正常反应。所以我们在遇到这种事情的时候，不要过多地去指责那些见死不救的人冷酷无情，而是应该反思当我们遇到这种情况的时候，我们是否能够做得比他们更好。但是我们也不能对这种现象一味地坦然面对，因为这种心理特性会让我们更趋向于集体的冷漠，我们不可以在主观上完全无视正在发生的危险。如果我们在面对危难时有着一种幸灾乐祸看好戏的心态，那只是说明我们心灵的黑暗。每个人的能力有大有小，当别人遇到危难时也许我们没有勇气去直接施以援手，但是我们至少应该有一个帮助弱者的意识，尽自己的能力去做一些事情。只有当每个人都能有意识去克服旁观者效应的消极影响时，我们的社会才会真的走向文明。

我们为什么需要榜样——亲社会行为

人们在共同的社会生活中经常会表现出类似这样的行为，比如帮助、分享、合作、安慰、捐赠、同情、关心、谦让、互助等。社会心理心理学家把这一类行为称为亲社会行为。亲社会行为又叫积极的社会行为，它是指人们表现出来的一些有益的行为。亲社会行为的目的不是为了得到外来的奖赏或害怕惩罚，而是出于自愿。亲社会行为是人与人之间在交往过程中维护良好关系的重要基础，对个体一生的发展意义重大。

我们要思考是什么样的力量使得人们选择做出亲社会行为以及亲社会行为对我们的社会生活有什么意义？社会心理学中有一个行为主义的观点，这种观点认为亲社会行为不仅使我们能够获得来自社会的、他人的和自我的奖励，而且能够避免来自社会的、他人的和自我的惩罚。这会促使人们形成积极的社会价值观，有利于人们的身心健康，还会使人们获得或巩固友谊。此外，帮助别人还有提升心境的作用，当受助者的痛苦消除并开始快乐起来的时候，助人者同样会受到这种情绪的感染，使自己也变得更加愉快。

亲社会行为是在每个人社会化的过程中培养起来的。一个经历过正常社会化过程的人都在一定程度上会有亲社会行为。因此，在儿童社会化过程中有意培养亲社会行为，对于儿童的成长以及日后适应社会生活有着非常重要的意义。

亲社会行为的培养首先要帮助儿童理解自己的情绪，进而理解别人在相同情境中可能产生的情感。当儿童手指碰伤、玩具跌坏、想参加游戏却遭到同伴拒绝时，父母不仅要启发儿童讲述自己的情绪，使其激动的情绪得到正确表达与发泄，并且要安抚他的情绪，并引导儿童对不满情绪作出正确的理解。父母的同情、建议加上讲述时的宣泄，会使幼儿较快地恢复平静愉快的心情。有时，当幼儿看到别人处于同样情境时，成人可启发幼儿伸出援助之手。

　　培养亲社会行为的第二个要点是成人要及时表示对亲社会行为的语言肯定。有些家长衷心地喜欢子女帮助、关心他人，和他人分享与合作，他们对亲社会行为的言语肯定较多，子女的行为也就更加稳定地向利他方向发展。与此相反，有些父母比较斤斤计较自家的利益，对他人的亲社会行为持批判或怀疑的态度，其子女的亲社会行为也比较差。社会心理学家做过这样的实验：号召一些 3 ~ 6 岁的孩子把赢得的奖品捐助给生活有困难的儿童。心理学家对第一组的孩子说："我知道你是个喜欢帮助别人的孩子。"对第二组的孩子说："你会这样做的，因为我希望你这样做。"对第三组的孩子什么也不说，随便他们捐不捐。然后，在孩子觉得无人监督的情况下，观察三组孩子对捐助箱投入的多少。结果发现第一组捐得最多，第二组次之，第三组最少。由此可见，父母有意无意的语言肯定对培养孩子亲社会行为有多么重要。

　　在培养亲社会行为时第三点要注意培养孩子的移情能力。移情是儿童对来自另一人的情感暗示或者对另一人所处的情景所产生的一种不随意的替代性反应，表现出感受到与另一人相似的情绪体验。移情的程度在于一个人对别人的想法和情感的敏感性。因此，移情可以帮助儿童摆脱"自我中心"的倾向和增强对别人的理解。移情和同情都建立在对别人内心状态的理解能力之上，但移情比同情更进一步，它要求儿童学会站在别人的角度上想问题，产生同样的感受。有时儿童不能发现别人是否受到压抑，自己是否应当帮助别人，是因为情景中情感的暗示线索不很明确，也看不清影响别人情绪的原因，他们就可能不认为别人有困难，或不理解别人需要帮助。

　　社会心理学家和儿童教育学家都认为，移情能力是良好道德行为的情感基础，能理解和体谅别人、能同情别人的痛苦和不幸的孩子，更容易表现出亲社会行为。美国社会心理学家霍夫曼认为，移情能力的产生和发展要经历 4 个阶段：

　　（1）婴儿从出生到 2 岁，如果附近有别的婴儿在哭，孩子便也会哭，这是一种模仿行为，也是最原始的移情形式，但不是道德行为。1 岁左右的孩子看见照顾自己的亲人哭泣时，马上感到压抑不安，会轻拍亲人的脸，把自己的头埋在亲人的膝上，既像是安慰人，又像是寻找安慰。1 岁半的孩子看见同伴哭泣，会把自己的玩具给同伴玩。

　　（2）3 ~ 6 岁是移情发展的第二阶段，6 岁的孩子能看出别人高兴或不高兴，并因之感到兴奋或压抑，不过他以为别人和自己的感受总是一样的，不大理解别人可能有和自己不同的意见或感情。有一个关于 3 ~ 6 岁幼儿移情的实验表明，当关着门的另一室中传出儿童的哭声时，约有50%的幼儿露出关心的表情，17%的幼儿表示悲哀，10%的孩子跑去喊成人帮助，5%的孩子表示焦急；但还有18%的孩子自顾自游戏，或明显地表示不同情。

（3）8岁左右是移情发展的第三阶段，这时的孩子大多数能接受关于他人情感的较为微妙的暗示，也知道在同一情景下各人可能有不同的感受。

（4）进入少年时期是第四阶段，12岁左右的少年能够不依赖当前的情景线索去理解或预测他人的情感变化。但是同龄少年中移情能力有很大悬殊。

社会心理学家和教育学家指出：成人在培养儿童的移情能力时，应充分利用图书、故事等具有生动形象的事物或指出当前情景中出现的亲社会行为，鼓励儿童谈论他人的情感体验，引导儿童观察和赞赏故事及现实情景中周围成人或同伴的亲社会行为的表现，使儿童认识到亲社会行为可导致对双方均有益的后果：接受帮助的人因解决了困难而高兴，乐于帮助别人的孩子，有时会受到赞扬；即使没有表扬他，他也会感到做好事是令自己心里很愉快的事。

当儿童学会了站在别人的立场上看问题，他的分享、互助、合作、慷慨、友爱的行为自然而然地会得到增强。社会心理学家指出对他人的困难常常主动表示热情帮助和关心的父母，以充满爱心的情感态度进行说理教育，并强调行为动机和行为后果的父母，能使子女越来越善于理解和体谅他人，较多地产生帮助别人的动机和行为。研究还发现：常常从事力所能及的家务劳动的孩子，比在家里从不尽任何义务的孩子有更多的亲社会行为；而仅仅用说教和强制命令的方式指示孩子关心他人的父母无法获得较好的效果。

亲社会行为是构建社会秩序、维护社会稳定的重要因素，亲社会行为会加强人们之间的情感纽带，使人际关系和社会交往能够向着积极的方向发展。在群体生活中，如果成员间的亲社会行为很多，那么群体的凝聚力会得到增加，反之则会削弱，甚至导致群体崩散。而且亲社会行为会让人们的心里产生一种满足感，这对于增加社会生活的满意度、提升人生价值同样具有非常重要的价值。

暴力升级、网络游戏毒害社会——媒体暴力

1999年，美国科罗拉多州哥伦比亚高中发生了一起震惊全美以及整个世界的血腥暴力事件。两名18岁的中学生在校园枪杀了12名学生和1名教师并造成23人受伤，随后他们举枪自杀。媒体报道称二人都是射击游戏《毁灭公爵》的狂热

爱好者。二人曾于事件发生前一年拍过一盘录像带，在影像中，这两名中学生曾穿着军用雨衣，模仿着《毁灭公爵》的模式，这与后来发生的真实事件惊人的相似。好莱坞后来根据这起事件改编成了两部电影《大象》和《迈克·摩尔在美国》。

这个事件在当时轰动一时，由此也引发了人们关于大众传媒及影视游戏作品中涉及暴力等具有不良倾向的内容对于青少年成长甚至成年人社会行为的消极影响。社会学家把这种现象称之为媒体暴力，认为正是由于具有广泛传播性的媒体在其内容中不断出现、渲染甚至宣扬有关暴力等负面的社会现象，导致了人们越轨行为的增加。

媒体暴力一般被认为是包括报纸杂志、图书、电影、电视、电子游戏等在内的媒体含有或刊登暴力内容，并对人们正常生活造成某种不良影响的暴力现象。媒体暴力可以分为两种：（1）真实的暴力，即指媒体对犯罪行为如凶杀、爆炸、强奸、抢劫，以及社会秩序混乱如城市骚乱、战争等暴力案件的报道。（2）幻想中的暴力，即指在一些影视剧和娱乐节目中存在的虚构的暴力场景，如在电视剧里大量存在的暴力镜头，一些儿童节目中出现的暴力游戏等。

媒体暴力一直就存在，但是在近些年大有上升趋势。人们展开报纸、打开电视、走进影院，充斥眼球的很多都是有关暴力的内容。这些内容无形中在我们的潜意识里埋下了不安分的种子，如果遇到合适的土壤，可能就会破土而出。

当今时代大多数人对媒体都有不同程度的了解，媒体中出现的大量暴力内容无异于向受众宣告了一个没有安全感的社会存在，加剧了人们对暴力的麻木感与宽容度。青少年群体最易受媒体暴力的消极影响，他们对媒体的特性、功能以及影响的认识还比较模糊，甚至是错误的。他们接触媒体的主要目的除"放松自己"外，主要是"学会与人交往"，即通过对媒体内容的接触、学习和理解，获得社会经验，学习社会行为，因此青少年经常忽视了媒体暴力对自身潜移默化的负面影响。

媒体暴力对于现实的暴力行为有着很深的影响。媒体暴力作为一个社会问题之所以愈来愈引起人们的关注，是因为很多人相信媒体暴力对社会中的现实暴力有直接或间接的影响和促进作用。社会学的大量研究已经证明了这一点。偏爱暴力娱乐的儿童和年轻人比起那些很少看暴力片的孩子进攻性指数要高得多。社会学家通过研究电视发明前后社会变迁的过程，指出了媒体暴力对现实生活的影响。

首先是对媒体内容的观察与模仿。国外一项调查发现，在因暴力入狱的男性犯人中，有25%到34%的人承认他们在犯罪时有意识地模仿电视中的暴力犯罪手段。其次是媒体的暗示和激发作用。媒体暴力激起或暗示了人们的进攻性思想，进而促成了暴力行为的实施，个体想要出击的愿望被媒体画面证明是正当的，因为在画面中无论是英雄还是坏蛋都使用暴力复仇，并且常常没有对错和结果。第三点是媒体提供了一个虚拟参与的机会。

20 世纪 20 年代，电影工业大量介入到普通美国人的生活，人们对新兴电影工业的影响关注度迅速增加。1928 年美国电影调查委员会邀请了一批大学的心理学家、社会学家和教育学家，由一个私人慈善基金会提供经济援助，对有关电影影响儿童的各方面进行了一系列调查。经过 3 年的调查研究，他们得出结论，电影似乎把所有新的想法带给孩子们，影响他们的态度，刺激他们的感情，向他们展示与多数成人不同的道德标准，并影响他们对世界的理解和日常行为。电影影响力研究的结论强化了人们的担心。这些担心造成公众对电影生产者施加压力，要求他们"净化行为"。

事实证明，媒体对于暴力的过度渲染，影响和促进了现实社会的暴力现象，其对社会的危害性是多方面的。媒体暴力对儿童健全人格的形成危害尤其严重。其实媒体暴力不仅会危害未成年人，同时也会对某些成年人造成影响。媒体暴力的大量出现，会营造出一种虚拟的社会氛围，让人们认为真实的社会就是这样充满了暴力、凶杀和色情，媒体把本是社会生活中很不起眼的一次暴力行为聚焦放大，大量的"媒体暴力"无异于向受众宣告了一个没有安全感的社会的存在，这加剧了人们对暴力的麻木感与宽容度，削弱了公众的辨别能力和对社会的批判精神。

20 世纪 60 年代以来，媒体暴力有越来越泛滥的趋势，它不仅在数量上有增加，而且变得更加图像化。1969 年，美国暴力原因与防范国家委员会经过一年半时间的研究，从它的 7 个特派小组与 5 个调查研究组的报告中提出了一项 15 卷本的报告，显示了公众对于媒体所表现的暴力与日常暴力之间的联系越来越多的关注。

媒体给我们呈现的暴力世界已经成为了一种模式化的世界，在这个世界中，暴力被以一种不现实的但又具有潜在危险的方式表现出来。长期接触媒体暴力，使人们更加带有进攻性。在众多媒体暴力引发的不幸事件中，因为媒介数量的快速膨胀和传播内容无限增加而导致的媒介生态失衡成为一个重要话题。如何引导或创造条件使公众掌握科学的接触和使用媒介的能力，是保证媒介正常发挥社会作用、保证媒介进步的重要前提。社会学家指出：批判性的媒体解读能力的获得是个人和国民在学习如何应付具有诱惑力的文化环境时的一种重要资源，学会如何解读、批判和抵制社会文化方面的操纵，可以帮助人们在涉及主流的媒体文化形式获得力量。它可以提升个人在面对媒体文化时的独立性，同时赋予人们用更多的权力管理自身的文化环境。

　　针对媒体暴力，要单纯的改革媒体的传播内容是不现实的。所以只能从提高公众的媒体素养入手。媒体素养的概念起源于 20 世纪 30 年代的英国和丹麦。英国当时提出这一概念的目的是通过媒体教育行为来同媒体作战，鼓励公众"认清并抵制"大众传媒的影响，要求人们正确看待媒体的巨大力量，了解媒体讯息特性，从而重新认识媒体。媒体素养的提高要通过媒体素养教育。媒体素养教育是 20 世纪下半叶在欧洲、北美洲、大洋洲以及拉丁美洲、亚洲部分地区渐兴渐进的一种新的教学科目。媒体素养教育赋予人们完善的知识结构，提供人们解读媒体信息的正确视角，培养人们不被媒体信息所牵制的能力，以及控制自己信念和行为的能力，在接受知识与信息的同时远离媒体暴力，使受众成为积极的信息使用者。

· 第七章 ·

社会环境与社会变迁——社会对群体行为的影响

第一节　从母亲们罢工看人类繁衍——人口再生长和社会发展

母亲罢工 VS 人类繁衍——人口再生产

种群的繁衍是生物的基本生存目标，而人类作为生物大家庭的一员，同样把人口的再生产作为人类生存和社会发展的根本。与人口相关的问题可以看作是人类社会的基本问题，而人类社会几乎所有的矛盾，比如粮食危机、能源危机、战争等其根源都是人口增长与资源有限之间的矛盾，所以研究人口再生产问题是社会学和社会人口学的核心议题。

一个国家或地区的人口总体，是由不同年代出生的、不同性别的个体组成的。随着时间的推移，老一代陆续死亡、新一代不断出生、世代更替，使人口总体不断地延续下去，这就是人口再生产。

不同的国家和地区的人口再生产的发展历程有着共同之处。按照人口出生率、死亡率和自然增长率，可以划分出以下4个人口再生产类型。

1. 原始型

在人类社会发展早期，生产力水平低下，人们主要依靠天然食物来维持生存，抵御疾病和自然灾害的能力很低，加上战乱频繁，人口死亡率高，而且变化较大，人口出生率稳定在高水平，经常出现死亡率超过出生率的情况，人口增长速度极为缓慢。总体上表现为高出生率、高死亡率和很低的自然增长率。

2. 传统型

在以手工劳动为基础的农业经济条件下，生产力水平有了提高，促使粮食供应和人们的生存环境有了一定的改善，人口寿命延长，死亡率有所下降，但是仍然处于较高的水平。由于农业社会需要多生产子女来帮助从事农业生产，出生率仍然很高，人口增长速度有所加快。总体上表现为高出生率、较高的死亡率和较低的自然增长率。

3. 过渡型

工业革命带来了人类历史上生产力的大发展。人们的生活质量不断改善，特别是医疗卫生事业不断进步，导致人口死亡率持续下降，而且降幅较大。随着工业化和城市化水平的提高，加上节育措施的出现，出生率也有所下降，但是下降速度较慢，使得同期的出生率大大高于死亡率，自然增长率保持在较高水平上，人口增长迅速。总体上表现为高出生率、低死亡率和高自然增长率。

4. 现代型

随着生产力不断提高，特别是现代科技飞速发展，推动了社会进步和生活观念的变革。人们越来越倾向于选择晚婚晚育和小家庭，甚至不愿生育，使得出生率不断下降，趋于低水平并且逐步稳定，死亡率稳定在低水平，人口增长趋于低增长或者零增长，有时还出现负增长现象。总体上表现为低出生率、低死亡率和很低的自然增长率。

社会学家和社会人口学家研究了多个国家和地区人口再生产类型演变历程，发现芬兰从18世纪80年代到20世纪70年代的人口再生产的变动情况，堪称为人口再生产类型转变的代表性例子。

前工业化时期，芬兰人口再生产以高出生率、高死亡率和低自然增长率为特征。例如1782～1790年，出生率平均高达3.8%，死亡率也高达3.2%，人口自然增长率为0.6%，增长速度缓慢。

工业化开始后，芬兰人口死亡率有了明显的下降。1825～1830年期间，死亡率下降到2.4%，出生率仍在3.8%的水平上，结果人口增长速度加快，年平均自然增长率达到1.4%，人口再生产以高出生率、低死亡率和高自然增长率为特征。

随着工业化的发展，芬兰人口死亡率继续降低，人口出生率也有了较大幅度的下降。1910～1915年期间，人口死亡率已降到1.7%，出生率也降到2.9%，人口自然增长率为1.2%，增长速度放慢。

随着现代科技的发展，芬兰无论是人口死亡率、出生率还是自然增长率，都降到了很低水平，1970～1976年的出生率、死亡率和自然增长率分别为1.3%、1.0%和0.3%，人口再生产类型为典型的"现代型"。

从世界来看，目前发达国家或地区已经完成人口再生产类型的转变，即人口再生产类型已经处于低出生率、低死亡率和低自然增长率的"现代型"；大多数发展中国家或地区的人口死亡率虽然降至与发达国家持平，但是出生率仍然较高，人口再生产类型属于高出生率、低死亡率和高自然增长率的"过渡型"。因为发展中国家人口约占世界总人口的80%，因此总的来说，世界人口再生产类型属于"过渡型"。

从全球范围来看，不同国家和地区因为生产力水平不同，以及社会、经济、文化、环境等存在差异，人口再生产类型各自具有一些特点。

（1）发达国家或地区基本处于现代型。欧洲的人口自然增长率为－0.1%，多个国家人口已经连续多年为负增长。日本的人口自然增长率已降到0.2%的低水平；北美等国的人口自然增长率稍高，约在0.4%到0.8%之间。

（2）发展中国家或地区，基本处于过渡型。亚洲和拉丁美洲的许多国家人口出生率高达2%以上，自然增长率超过2%。其中某些国家的人口再生产正在或者已经进入"现代型"。在大洋洲除澳大利亚和新西兰外的其他国家同样处在过渡型。非洲国家2005年的出生率和自然增长率分别高达3.8%和2.4%，其中一些国家的出生率接近或超过5%，自然增长率接近或超过3.5%。由于我国大力开展计划生育工作，人口转变速度较快，目前人口再生产类型已呈现低出生、低增长的"现代型"的趋势，但由于我国人口基数大，所以每年新增人口数还是比较多。

（3）在一些欠发达的国家和地区，由于粮食短缺和战争危害，使得人口再生产还处在高出生、高死亡的传统型。

人口再生产的发展在世界范围内是不平衡的。从全球来看，人们在为人口过多而忧虑，但有的国家已经在为人口减少而感到恐慌了。这些人口减少的国家主要是发达国家，分布在欧洲和东亚。据统计，2005年，欧盟的妇女总和生育率已经降到1.4以下。其中最低的是西班牙，妇女总和生育率只有1.33。为此，欧洲各国都在为"婴儿荒"而采取应对措施。但是，2005年世界上生育率最低的并不是欧洲国家，而是东亚的发达国家。考虑到这些国家在历史上都受到了儒家文化的深刻影响，这一点就更加令人惊奇。2005年，日本的总和生育率为1.33，新加坡是1.26，而韩国的总和生育率更是降到了惊人的1.08。同年香港的总和生育率更是全球最低，为0.91。其实，中国内地的总和生育率也早已降到了2.1的更替水平以下，只有约1.7，只是因为我国年轻的人口结构，才使得我国的人口仍呈现增长趋势。

人口是一个社会存在和发展的基础，因此维持一定的人口数量是每一个社会都必须考虑的问题。但是由于人口分布不均，很多人口方面的社会矛盾和政治矛盾就突现出来。如何能在全球范围内平衡人口再生产，使得保持一定数量的国家人口与减缓全球人口的过快增长得以实现，是人类社会未来生存和发展的根本问题之一。

人少为患？——21 世纪的人口问题

现在一提到人口问题我们更多的想到"人满为患"，地球空间能装得下多少人，是我们非常关注的一个问题，而这个问题是人类发展的根本问题之一，在现在和未来都会影响着我们的生活。可以说我们现在的很多社会问题根源都是人口问题。但是与"人满为患"的担忧相比，很多专家认为在 21 世纪人类面临的人口问题可能是"人口锐减"，这个现象将像 20 世纪人口爆炸一样给人类社会带来深远的影响。

社会人口学家认为，一个社会的总和生育率应为 2.1，即每位妇女平均得生 2.1 个孩子，才能达到人口的更替水平。而如果低于这个水平，人口便将呈下降趋势。目前，发达国家的人口生育率多数已低于这个水平。如果我们只看单个国家，人口呈下降趋势是完全可能的。我们的近邻日本就面临人口下降的问题：日本年轻一代很多人注重享乐而不愿组建家庭，或组建了家庭却不愿履行家庭的责任，结果出现很多"单身贵族"和"丁克"家庭，以至于日本的生育率已下降到每位妇女仅生 1.3 个孩子的水平；日本未来将面临劳动力的严重不足。

关于人口下降的问题有着不同的预测。比如联合国的一项预测称：到 2050 年，世界人口将增长 50%，届时地球总人口将达到 90 亿。所以说至少在 21 世纪的前半世纪，世界面临的还主要是人口爆炸的问题。但是在 21 世纪后半叶，人类社会可能就要面临"人少为患"的社会问题。

我们现在就要思考一下人口下降是一件好事还是一件坏事。一些学者曾提出：世界人口现在是严重超出能与人类在地球生态系中的位置相适应的水平，要解决好环境问题就得通过某种途径让人类的数目下降。他们认为必须使人口数目大幅度下降才可能实现地球生态系统的稳定与和谐。这种观点认为，要是世界人口比现有的水平少几倍，人类的生存和发展跟资源的矛盾不那么尖锐的话，很多问题会容易解决得多。因此这种持这种观点的学者认为，世界人口如能大幅度下降，应该是一件好事。

这种观点为我们思考人类的发展提供了一种方向。不过从社会学的角度我们要进行进一步的思考：什么样的社会机制能使人口大幅度下降？此机制的运作将使社会组织及其运行方式面临什么样的挑战？需要做什么样的调适？

人口下降导致的第一个社会问题就是会造成劳动力不足。研究发现：一个时期出生率的下降，会使一代人以后处于工作年龄的人口比例下降而老龄人口比例增大，也就是平均一个劳动者要以其劳动来负担的非劳动人口数将会增加，这便是人口下降会导致劳动力不足的原因。比如美国在二战后经历了一个婴儿潮，随后进入一个出生率相对较低的时期，现在婴儿潮出生的一代人已开始相继进入退休年龄，便让美国政府感到很大的压力，因为在美国的社会保障制度下，政府得为退休者提供不少养老金。退休者自己不从事生产活动了，拿着养老金要购买的物品就得由现在处于工作年龄的人来生产。由于这些退休的人占人口比例比较高，购买力又比较强，这就有可能导致整个经济体系的劳动力相对不足。

那么我们如何理解劳动力不足的问题呢？很多学者提出一个思路：充分利用现代的科学技术，多搞自动化，以减少生产体系对劳动力的需求。以现代科技的水平，很多生产领域可以不用多少劳动力就能维持。例如，粮食的生产在历史上曾经是困扰很多国家的重大问题，但在现代，美国仅有3%左右的人从事农业生产，却不仅能满足本国的需要，还能大量地向别国出口粮食，这便是现代科技之力量一个典型的体现。在其他很多领域，可以说现代科技也已使所需要的直接从事生活资料的人数大为下降。从理论上说，如果让现代科技充分发挥作用，在人口减少和老龄化的情况下，要解决物质生活资料生产的问题似乎也并非难事。此外，现代科技也使很多种工作的繁重程度大为下降，成为老年人也可适当从事的工作。这样，老年人也不是必然要成为完全依靠年轻人的纯消费者。

但是从社会学的角度来看，这又涉及分配体制的问题。科技只是提供了由少数人生产足够所有人消费的物质生活资料的手段，但由少数人生产的生活资料如何能合法地转移给大量的非生产人员消费呢？仍以美国为例，要解决婴儿潮一代人进入退休生活后带来的问题，从政府的角度可以有两种做法，一是增加财政赤字，二是增加税收。前一做法无非是把税收的负担再往将来推移，能够进行的程度是有限的，特别是在美国政府已经债台高筑的情况下；后一做法在美国的体制下来推行起来也有很大难度，因为这样做得说服处于工作年龄的人，让他们愿意多做出不少牺牲。

　　由此看来，在现代科技的条件下，人口的减少并不必然地降低一个社会生产其所需的生活资料的能力。但是存在着两个因素，如果把这两个因素考虑进去，人口下降的确会减少劳动力人口。这两个因素一个是现代社会组织的复杂化，一个是人们在职业选择上的价值观。

　　从理论上讲，现代科技如果以合理的体制使其充分发挥作用，可以使一小部分人就能生产足够整个社会消费的生活资料。但现代社会中，很多人从事的工作已不是直接创造生活资料的生产性劳动，而更多的是服务性劳动。当然服务业中也有一些劳动确实创造了社会价值，如一些给人们的生活带来便利、舒适和惬意的服务，维持生活过程和社会正常运行所需的管理、控制等，但更多的却不直接创造社会的物质财富。一个社会系统越复杂，越需要以大量的能量来维持系统的秩序，导致实际产出的财富下降。因此如果想让科技进步发挥更大的作用，从社会组织上来看需要加以简化，从而使直接从事生产性劳动的人口比例增加。

　　社会组织方式是造成现代社会从事生产性劳动的人所占比例降低的宏观因素，相对应的微观层次上的因素便是人们在择业上表现出来的文化价值观。现在人们择业的总体倾向是远离生产性劳动：农民希望进城当工人，进了城的人则希望自己的子女能读大学，从而不必当工人。也就是说人们更倾向当白领而不是蓝领，更不是农业生产者。众多的人在这样的择业价值观的引导下，为社会组织的复杂化提供了动力。其实研究表明，一些发达国家出现劳动力不足，往往不是总体的劳动力不足，而是缺乏愿意从事某些"低级"（生产性）工作的人不足。现在，发达国家可以通过接纳来自发展中国家的移民来补充生产性劳工的不足，中国的发达城市也可以通过接纳进城农民来达到类似的目的。但如果发展中国家发达起来，将不能再为发达国家输送大量的劳工；一个国家的城市化水平提高后，也将失去来自农村地区的廉价劳动力。

　　其实对于择业价值观的问题，可以依靠市场的运作来调节。例如在中国南方的一些城市已出现只有中专、技校文凭的熟练工人在劳力市场上很抢手，而拿着大学文凭的毕业生却有不少找不到工作的情况。农产品的低廉价格使农业生产的吸引力下降，这也是一个世界性的问题。但如果城市化的发展使得从事农业生产的劳动力不足之时，农产品的紧缺将会导致其价格的上升，进而导致从事农业生产的人收入的增加及其社会地位的上升。

　　其实不论是社会组织形式的调整还是人们择业观的改变，相对于人口下降的趋势来说都有着滞后性，也就是说当劳动力不足问题已经出现并发挥作用时，社会组织和择业观可能才开始反应并进行调整。因此，对于一个国家的政府来，说如何做到未雨绸缪，把人口下降导致的一系列问题对社会发展的不利影响降到最低，应该是需要重点考虑的问题。

男多女少成社会心病——人口结构

人口结构又称人口构成，是指将人口以不同的标准划分而得到的一种结果，反映一定地区、一定时点人口总体内部各种不同质的规定性的数量比例关系。它依据人口本身所固有的自然的、社会的、地域的特征，将人口划分为各个组成部分所占的比重，一般用百分比表示。构成这些标准的因素主要包括以下几类：年龄、性别、民族、教育程度、职业等。一般来说，通过人口结构可以反映出一个国家的大体的社会和经济状况。

从人口性质特征来划分，人口结构类别可归纳为人口自然结构、人口社会结构、人口地域结构三大类。

（1）人口的自然结构是依据人口的生物学特征划分，主要有性别结构和年龄结构。人口的自然结构既是人口再生产的必然结果，又是人口再生产的基础和起点，对人口发展规模和速度有重要的制约作用，从而对社会经济的发展产生重要的影响。同时，社会经济的产展也通过一系列中间环节对人口自然结构起制约作用。

（2）人口的社会结构是依据人口的社会特征划分，主要包括阶层结构、民族结构、文化结构、语言结构、宗教结构、婚姻结构、家庭结构、职业结构等。社会经济发展以及社会生产方式决定人口社会结构及其变动；人口社会结构反作用于社会经济发展。人口的社会结构对人口再生产有重大的影响，不同的社会阶层、民族、文化、宗教、婚姻、家庭、职业和部门，其生育率、死亡率和自然增长率不同，平均寿命也有相应的差异。

（3）人口的地域结构是依据人口的居住地区划分，主要有人口的自然地理结构、人口的行政区域结构和人口的城乡结构。人口的地域结构状况与地理环境、自然资源、经济发展有关，合理的人口地域结构有利于开发和利用自然资源，促进城乡经济的发展。人口地域结构也是形成人口出生率、死亡率、平均寿命地区差异的重要原因。

人口结构是社会、经济、文化发展和人类自身发展的历史产物，了解人口结构变动的趋势，对于进行人口预测、制订经济与社会发展规划、制订人口政策和社会经济政策等，有着重要的意义。

在进行人口结构研究中，年龄结构是最主要的划分方法。以年龄划分人口的时候，大致上有三个模型：

第一种是成长型，即出生率大大超过死亡率，人口中的青少年比例非常大。这种类型的社会人口将会在较短的时间内快速地增加，因而根本就不用担心劳动力的问题。

第二种是稳固型，即人口的出生率与死亡大抵相当，青壮年占社会人口的比例中等偏上。这种类型的社会中人口的数量会保持在一个较为稳定的状态中，不会出现较大幅度地增加或减少。

第三种是衰老型，即人口的出生率略低于或等于死亡率，老年人在人口中所占比例较大，并且会越来越大。这种类型的社会人口趋于老化和减少。人口老龄化是世界上很多国家面临的问题。

除了年龄结构，性别结构是另外一个比较重要的划分方法。根据生物学的原理，人类生育男性后代和女性后代的几率是一样的，也就是说各占50%，一般情况，正常的出生性别比例是104至107，男婴比女婴略多一些。从整个世界范围内来看，也确实是如此。但是不同的国家和地区由于文化观念不同以及某些特殊原因，会导致人口结构中的男女比例失调。

据统计，目前我国男性总数比女性多3700万。其中，15岁及15岁以下的男性比女性多出1800万，有人预测，到2020年，中国处于婚龄的男性人数将比女性多出3000万~4000万——平均5个男人就有1个讨不到老婆。我国某权威研究机构曾对我国的性别出生比进行过抽样调查，结果发现中国乡村出生人口性别比为122.85：100，高于全国119.58：100的平均水平。这就表明，在农村地区，每出生100个女孩，就同时出生122.85个男孩，同时在性别比失调这个问题上，农村的情况要比城市更严重。

人口结构上男多女少的性别失调，加上社会意识上的男强女弱的婚姻定式，会导致一些社会问题。婚姻问题就是其中最被人提及的。现在由于女性对男性的结婚要求比较高，使得很多男性被阻挡在婚姻的门外，再加上性别比例失调带来的天然的"光棍"问题，未来这个问题如何解决，至少目前还没有找到有效的方法。而现在虽然在法律上规定不能对胎儿进行性别鉴定，但这并不能阻止重男轻女的思想和行为。因此转变社会文化价值观，提倡男女平等的生育观和客观公正的婚姻观，是解决性别比较失调问题的根本出路。

我国的婚育二胎证——计划生育

我们每个人都知道"计划生育"，一般人理解的计划生育也就是"一个孩子"的政策。当然计划生育很多时候也是和劳动致富联系在一起的，比如在农村地区我们能看到"少生孩子多种树，少生孩子多养猪"、"一家一个孩儿，致富奔小康"这样的宣传口号。那么计划生育具体的内容是什么呢？它对我们国家的社会发展有什么影响呢？就让我们深入了解计划生育这个"全国人民都知道的事情"。

计划生育是我国的基本国策，是在全国或整个地区范围内，对人口发展进行有计划的调节，使人口的增长同社会和经济的发展相适应。它的主要内容及目的是：提倡晚婚、晚育，少生、优生，从而有计划地控制人口。计划生育这一基本国策自制订以来，对中国的人口问题和发展问题起到了很重要的积极作用。

我国的计划生育政策对社会的发展产生了很积极的影响：

（1）有利于国家加速资金积累。实行计划生育，使国家用于新增人口的消费减少，从而加速资金积累。

（2）有利于劳动就业。实行计划生育，可以使每年进入劳动适龄人口减少，从而有利于劳动就业。

（3）有利于提高全民族的人口质量。实行计划生育，国家可以把积累下来的资金用于教育，使更多的人受到更多更好的教育和技术训练，从而达到提高全民族的人口质量的目的。

（4）有利于优化资源配置和提高人均资源水平。实行计划生育，可以缓解人地矛盾，提高人均占有耕地面积、人均占有粮食的水平。

（5）有利于农民少生快富。实行计划生育使每个家庭的人口减少，不仅可以减少家庭消费，而且使家庭主要成员腾出更多的时间和精力投入到发展家庭经济和健康娱乐中，从而保证家庭幸福、社会稳定。

不过在经历了几十年的发展之后，计划生育政策也需要做出一些积极的调整，以使我国更快更好地向前发展。我国的计划生育在城市中普遍实施一对夫妇只生一个孩子的政策，因此很多人认为计划生育的基本国策等同于一个孩子的政策。其实，只生一个孩子的政策只是特定时间段实施的短期政策，因为如果总是保持一个孩子的政策，那么在经过一个时间点后，我国的人口将出现下降；同时我国现在已经开始进入老龄化社会，但却是一种"未富先老"的社会现状，如果人口下降过快，我国将变成一个老年人占大多数的国家，这会直接导致社会有效劳动力的不足，影响我国的健康发展。

人口无论是在数量还是在结构上的变迁，都会对国家安全产生深刻影响，而中国今天正处在新一轮人口变迁中。其实我国人口结构变迁的影响已经开始显现，我们应该认识到这种变化将会给社会的发展带来何种影响。

进入 21 世纪，我国的人口再生产情况发生了重大变化。在 20 世纪五六十年代，我国的人口再生产模式由高出生、高死亡、低增长的"传统型"转变到高出生、低死亡、高增长的"过渡型"，而经过多年的发展，尤其是实行计划生育政策以后，我国人口再生产的模式到 20 世纪末转变为低出生、低死亡、低增长的现代型。虽然由于人口基数的问题，每年新生儿的数量还是比较大，但是出生率下降的趋势基本不可逆转。

按照近代以来发达国家人口再生产模式的变化规律来看，随着我国的工业化和城市化进程的不断向前推进，中国人的生育观念的变化将不可避免的变为少生与优生，出生率下降的趋势不可逆转。与我们文化相近的日本和韩国在现代化过程中的人口变迁的历史已经证明了这一点。这个变化会对我国未来的发展产生深远的影响。

第一点是可能会影响我国的发展动力。社会人口老龄化的不断推进，社会总抚养比增大，用于老龄人口养老、医疗等的费用增多，将使国民收入中用于消费的部分增加，而用于投资的部分将不得不减少，使支撑国家长远发展的财政能力受到制约。

第二点是对我国军事安全的影响。最近我们能明显感觉到我国对于军事安全的需要越来越高。但我国的军费开支并不是很高，占 GDP 的比重也不是很大。随着老龄化的发展，用于消费的部分增多，投入到国防的国民收入将来可能会受到限制。随着我国国家利益的日益拓展，对军事保障能力的要求会越来越高，如果军事开支受到较大限制，对于我国的国家安全有着消极影响。而且一个老龄化的社会在兵源等问题上也有着不利因素，整个社会对军事威胁的承受能力将受到影响。

第三点是影响我国的社会安全。社会人口结构的变化对我国的社会保障体系提出了严峻考验。中国人口正由传统农业人口向现代工商业人口转换，大量农业人口进入城市后，一旦城市经济发生危机，可能会产生一些社会问题。从一些国家从传统农业社会向现代工商业社会转型的情况看，这个问题不能不引起重视。同样，我国存在的男女比例失衡问题也是一个潜在的社会不安定因素。

第四点就是影响我国的文化安全。我国一直是一个对家庭文化非常重视的国家，传统社会也是一个以家族及在此基础上扩大而成的乡村作为社会整合力量的一种社会组织形态。但是独生子女群体不仅在改变人口结构、社会结构，也在改变文明结构。很多研究已经表明：独生子女在对家庭和社会的责任、集体意识、合作精神和牺牲奉献观念等方面，与以往多子女家庭出身的人群相比，有显著差异。而这些意识和价值观念对于社会的整合、社会秩序的稳定以及社会文化的发展都有着积极的作用。

虽然我国现在每年的新生人口还很多，但是我们应该未雨绸缪，来思考如何应对未来人口减少的问题。我们要考虑由于出生率下降而导致的社会新生人口规模出现大幅下降以及人口性别比失衡程度加重等问题。同时我们也要考虑中国的文化传统不至于在一两代人之间就完全断裂。

就经济发展的潜力来讲，我国的"人口红利"已经呈现下降趋势，专家预计中国的"人口红利"可能将于 2015 年左右丧失，因此加快产业升级，摆脱单纯的劳动密集型经济发展模式，即加快经济结构转型，是我国保证未来发展的重要措施。

总之，事物总是处在发展变化之中，没有一成不变的东西。我们应该学会用历史的和社会宏观的眼光来看待问题，认识到要根据历史环境和社会环境的不同来调整自己的行为与观念，只有这样，我们才能把握发展的脉搏，永远站在时代的前列。

未来社会的人口趋势——老龄化

人口老龄化是指总人口中因年轻人口数量减少、年长人口数量增加而导致的老年人口比例相应增长的动态过程。人口老龄化的具体标准是：国际上通常把 60 岁以上的人口占总人口比例达到 10%，或 65 岁以上人口占总人口的比重达到 7% 作为国家或地区进入老龄化社会的标准。

具体来讲，人口老龄化有着两方面的含义：一是指老年人口相对增多，在总人口中所占比例不断上升的过程；二是指社会人口结构呈现老年状态，进入老龄化社会。老龄问题包括老年人问题与老龄化问题，而老年人问题与老龄化问题相联系，但又不完全相同，一般把有关老年人的社会保障和权益保护看作"老年人问题"，把有关老年人增加对社会经济发展的影响称为"老龄化问题"，所以说老龄化问题是从人类社会经济发展的历史宏观角度来看待老龄问题。

全世界60岁以上老年人口总数已超过6亿，有60多个国家的老年人口达到或超过人口总数的10%，进入了人口老龄化社会行列。社会人口老龄化问题已经引起了世界各国政府的重视和关注。20世纪80年代以来，联合国曾两次召开老龄化问题世界大会，并将老龄化问题列入历届联大的重要议题，先后通过了《老龄问题国际行动计划》、《十一国际老年人节》、《联合国老年人原则》、《1992至2001年解决人口老龄化问题全球目标》、《世界老龄问题宣言》、《1999国际老年人年》等一系列重要决议和文件。联合国强调："21世纪的社会人口老龄化是人类历史上前所未有的，对任何社会都是一项重大的挑战。各国应该设立老龄化问题国家级协调机构，在国家、区域和地方各级制定综合战略，把老龄问题纳入国家的发展计划中，为老龄化社会的来临做好各项准备工作。"

社会人口老龄化为什么会成为问题？首先是因为世界性的人口老龄化是历史上未曾出现过的社会现象。从根本上讲，这种人口转变是医疗进步、教育水平明显提高和经济发展的直接成就，也是公共卫生事业，例如饮用水卫生、克服营养不良、克服传染病和寄生虫疾病，以及降低母婴死亡率的结果。所以可以认为，社会人口老龄化现象的出现是人类社会进步的结果。

人口老龄化对于社会的发展和日常社会生活有着非常深远的影响。扶养老年人与扶养少年人所需社会资源不同，负担也大不相同。研究表明，扶养一位老人的平均费用与抚养一名儿童的费用比例大体上为2：1～3：1，因此随着老年人口的增加，社会费用的支出将不断增长。

医疗费用及退休金是社会对老年人主要的支出项目。在一些发达国家中，由于实行高所得税、高社会福利的政策，社会保障费用已接近国民收入的1/3。有些国家的养老支出甚至超过了国防预算。在我们国家，1978年离退休职工支出为17.3亿元，1990年上升到388.9亿元，2003年已达到4088.6亿元；医疗费用从1990年的76.2亿元增长到2003年的271.3亿元。现在我国每年用于养老支出的费用占GDP的5%左右。

老年人最需要的是丰富的精神生活。许多经济发达国家老年人自杀率居高不下，各种类型精神疾病困扰着广大的老年人群，其原因在于这些国家家庭联系松散，丧偶以后独居的老人尤其感到孤立无助。同样，老年人也需要充实的精神生活。

对于社会人口老龄化的趋势我们不必过分的紧张，因为这是社会发展的一个必然结果，但我们也要认真对待，把这种趋势的消极影响降至最低。

我国已经迎来了人口老龄化社会，但我国的人口老龄化问题有着特殊性。首先我国的人口老龄化提前达到高峰。由于我国实行计划生育政策，使得人口出生率迅速下降，加快了我国人口老龄化的进程。其次，我国是在社会经济水平不太发达状态下进入人口老龄化。发达国家的人口老龄化呈现出"先富后老"，而我国进入老龄化社会呈现出"未富先老"，由于经济底子薄，所以在解决老龄化带来的问题时难度较大。

但计划生育政策对我国老龄化问题有着积极的作用。计划生育工作使我国的劳动力总量直到老龄化严重的 21 世纪 30 年代前后，仍可保持在总人口 50% 以上。因此，今后数十年内都是我国劳动力充沛的黄金发展时期。我国的主要任务是发展经济，增加就业，不会发生经济发达国家劳动力缺乏的问题。

但是同时我们也必须看到，人口多、土地少、资源相对缺乏仍将是我国长期存在的基本国情。因此，只有提高劳动生产率、加快发展，才能更好地满足扶养老人的各种需求，才是解决老龄化问题的根本出路。

对于如何应对人口老龄化，家庭结构的变化需要作为一个参考因素。我国的家庭结构正在发生迅速的转变。这种转变的影响将反映在社会结构及功能、人际关系及代际关系、家庭内经济流动、生活方式及价值观念等许多方面，这些变化也会对老龄工作产生深刻的影响。政府应当相应地在社区建设、养老保障、医疗体制、社会服务等方面做出适当的安排。

世界在应对人口老龄化的过程中提出很多理念，其中健康老龄化的观念日益受到国际社会的关注。联合国提出，将健康老龄化作为全球解决老龄问题的奋斗目标。健康老龄化是指个人在进入老年期时在躯体、心理、智力、社会、经济 5 个方面的功能仍能保持良好状态。一个国家或地区的老年人中若有较大的比例属于健康老龄化，老年人的作用能够充分发挥，老龄化的负面影响得到制约或缓解，则其老龄化过程或现象就可算是健康的老龄化或成功的老龄化。实现健康老龄化需要社会各方面协调一致的努力，也需要老年人的积极参与。

总之，人口老龄化作为现代社会发展的一个必然，我们必须学会去面对。当然，任何事物都会存在正反两方面的社会功能。如何强化老龄化现象的正功能，弱化

其负功能，是我们应对老龄化问题的关键。

社会生活的保护伞——社会保障

社会保障是指国家和社会在通过立法对国民收入进行分配和再分配，对社会成员特别是生活有特殊困难的人们的基本生活权利给予保障的社会安全制度。社会保障的本质是维护社会公平进而促进社会稳定发展。

社会保障的产生和发展经历了一个历史变迁的过程。在古代社会，世界各国就都出现过各种形式的社会救济、救助活动。比如在中国是以家族为单位的内部扶助，或以乡村为单位的邻里帮扶。而在欧洲，则是教会以慈善名义展开各种救助活动。

随着工业革命的产生和工业化的进展，大量农民被逐出土地，丧失生计，流入城市。这些生活没有着落的人造成了不小的社会问题。1601 年，英国政府颁布《伊丽莎白济贫法》，以缓解贫困者的生存危机。19 世纪末，随着垄断资本主义的发展，失业人数增加，贫富差距扩大，各种社会矛盾激化，出现了许多与社会福利相关的社会服务运动。为使每个社会成员能够依法得到基本的生活资料，欧洲首先诞生社会保障制度。德国首相俾斯麦于 1883 ~ 1889 年间先后制订并颁布《疾病保险法》等保险立法。这些保险法标志着现代社保制度的诞生。

1935 年，美国罗斯福政府颁布《社会保障法》，实行老年保险和失业保险。政府加强了对社保制度的干预，社会保障逐渐走向法制化和社会化的发展途径，大批从事社保工作的社会工作者应运而生。1945 年，在二战后英国首次大选中获胜的工党全面实施《贝弗里奇报告》中提出的建设福利国家的主张，全面实行社会保障。1948 年，英国宣布建成"福利国家"。欧美发达资本主义国家也相继仿行。

一般来说，社会保障由社会保险、社会救济、社会福利、优抚安置等组成。其中，社会保险是社会保障的核心内容。

（1）社会保险，是指国家通过立法建立的一种社会保障制度，目的是使劳动者因年老、失业、患病、工伤、生育而减少或丧失劳动收入时，能从社会获得经济补偿和物质帮助，保障基本生活。

从社会保险的项目内容看，它是以经济保障为前提的。一切国家的社会保险制度，不论其是否完善，都具有强制性、社会性和福利性这三个特点。按照我国劳动法的规定，社会保险项目分为养老保险、失业保险、医疗保险、工伤保险和生育保险。社会保险的保障对象是全体劳动者，资金主要来源是用人单位和劳动者个人的缴费，政府给予资助。依法享受社会保险是劳动者的基本权利。

（2）社会救济，是指国家和社会对生活在贫困线以下的低收入者或者遭受灾害的生活困难者提供无偿物质帮助的一种社会保障制度。从历史发展看，社会救济先于社会保险。早在 1536 年，法国就通过立法要求在教区进行贫民登记，以维持贫民的基本生活需求。1601 年，英国制订了济贫法，规定对贫民进行救济。中国古代的"义仓"也是一种救济制度。这些都是初级形式的社会救济制度。

维持最低水平的基本生活是社会救济制度的基本特征。社会救济经费的主要来源是政府财政支出和社会捐赠。

（3）社会福利分为广义和狭义。广义的社会福利，是指国家为改善和提高全体社会成员的物质生活和精神生活所提供的福利津贴、福利设施和社会服务的总称。狭义的社会福利，是指国家向老人、儿童、残疾人等社会中需要给予特殊关心的人群提供的必要的生活保障。

（4）优抚安置，是指国家对从事特殊工作者及其家属，如军人及其亲属予以优待、抚恤、安置的一项社会保障制度。在我国，优抚安置的对象主要是烈军属、复员退伍军人、残疾军人及其家属；优抚安置的内容主要包括提供抚恤金、优待金、补助金，举办军人疗养院、光荣院，安置复员退伍军人等。

社会保障包括了以下几个必备要素：

（1）依法建立。即现代社会保障制度遵循的是立法先行的原则，是通过社会保障立法来确立社会保障制度，法制规范是社会保障制度赖以建立的客观基础与依据。

（2）突出以人为本。它以保障和改善国民生活、增进国民福利为宗旨，包括经济保障与服务保障。

（3）具有经济福利性。即从直接的经济利益关系来看，因有政府、雇主与社会各界的参与和分担责任，受益者的所得要大于所费。

（4）属于社会化行为。即由官方机构或社会团体来承担社会保障的实施，而非供给者与受益方的直接对应行为。

社会保障有着不同的保障层次，具体可以分为 3 个层次：

（1）经济保障。即从经济上保障国民的生活，它通过现金给付或援助的方式来实现，解决的是国民遭遇生活困难时的经济来源问题。

（2）服务保障。即适应家庭结构变迁与自我保障功能弱化的变化，通过提供服务的方式来满足国民对个人生活照料服务的需求。如安老服务、康复服务、儿童服务等。

（3）精神保障。除了经济保障与服务保障需求外，人们在现实生活中还离不开相应的情感保障，即精神慰藉也是人的正常、健康生活的必要组成部分。现代社会保障日益承担着为需要者提供精神保障的责任。精神保障属于文化、伦理、心理慰藉方面的保障，它突出地体现了社会保障制度的人性化要求，从而属于更高层次的保障。

日本的社会保障制度包括：

（1）社会保险，主要是医疗保险、公积金、工人灾害补偿保险、雇用保险等。

（2）公共援助，主要是生活援助、住居援助、教育援助、医疗援助等。

（3）社会福祉，主要是儿童福祉、母子福祉、伤残人士福祉、老人福祉等。

（4）公众卫生。

日本的社会保障主要由二战后开始实行，有着自身的特点，其中最受人关注的是社会保险。日本的社会保险，除了劳灾保险外，其他如公积金、雇用保险和健康保险等，个人皆要缴交保险金。

日本的公积金是二重制。1961 年 4 月 1 日开始，日本实施国民公积金制度，规定 20 岁以上、60 岁未满的国民都要加入，是为基础公积金。另外，就业的人士如果在私营机构工作，便加入厚生公积金；如果是国家或地方的公务员，则加入共济公积金。公积金的供款，一般来说都是雇主和雇员各负担一半。如果雇员所扶养的妻子及子女都没有入息，他们所加入的国民公积金就由该雇员供款。但这种情况，是会有津贴的。日本公积金的保险率，男女有别，并非划一，大体上男的保率为 124‰；女的是 119‰。加入公积金后，在退休或即将退休之年，可以申领老龄退休金。有关退休金的金额，自然因为加入的公积金不同而各异，其中最优厚的是共济公积金，因其退休金是按投保者的最高月薪来计算。

日本的医疗福利不是无条件的全面照顾，而是要求国民尽可能购买保险。我们通称的医疗保险在他们来说，名为健康保险。一般的伤病不需入院治疗，在接受诊断后，可出示保健证，即可免付医药费 70%，本人实付 30% 费用。投保者入院治疗，本人负担医药治疗费 20%。费用金额在出院时先行缴付，然后凭收据交回投保机构取回 80% 的医疗费。对那些患有重病或长期需要接受治疗的投保者来说，长病久医，虽然仅负担二成或三成的医疗费，但亦相当沉重。为此，国保和私营的保险机构都作出相应措施，以解决投保者面对巨额医疗费的困难。在日本暂住的外国人和留学人员亦可加入国民保健计划，所得到的医疗保险跟日本人无异。

社会保障制度是现代国家的一项基本制度，社会保障制度是否完善已经成为社会文明进步的重要标志之一。社会保障制度的作用主要表现在：

（1）建立健全同经济发展水平相适应的社会保障制度，是一个国家稳定发展的保障。

（2）建立健全社会保障制度是社会稳定和国家长治久安的重要保证。

（3）社会保障制度是社会公平的平衡器。

在我们国家，现行社会保障制度还存在着以下几个方面的问题：

（1）社会保障覆盖面还不够宽。

（2）社会保障基金筹措困难。

（3）多头管理、体制分散。

（4）失业保险面临前所未有的压力。

（5）人口老龄化对整个社会保障体系都产生影响。

我国的社会保障制度的建设有着以下几个目标：

（1）坚持社会统筹和个人账户相结合，完善职工基本养老保险制度。

（2）进一步推进医疗保险制度改革。

（3）继续做好城市居民最低生活保障落实工作，全面实施农村居民最低生活保障制度。

（4）完善社会救助制度。

（5）加快建立农村养老保险、医疗保险和最低生活保障制度。

（6）进一步增强社会保险费征缴力度。

一个国家社会保障制度的建立和建全是这个国家社会发展的表现，也是一个社会文明程度的表现。社会保障的根本目的是让人们没有生存上的压力，从而能够把精力投入工作中，并且让社会上的所有人尤其是弱势群体也能够享受社会进步带来的财富。但是在一些发达国家，很多人有能力工作而不去工作，依靠福利政策过着舒适的生活，白白消耗着社会的财富，这就是社会保障体制不完善造成

的一个弊端。因此我们在考察社会保障制度时，应该把促进社会和谐和发展作为衡量一种制度是否优秀的标准。

第二节　世界末日论——人类会不会消失

农业总干事为何 24 小时绝食——粮食危机

时光转到 2009 年，当人们以为粮食危机离我们已经远去时，世界上很多人却在为饥饿苦苦挣扎。2009 年全球饥饿人口已突破 10 亿，为过去 40 年来最高值。每 6 秒钟就有一名儿童因饥饿或相关疾病死去。为什么在经济发达的今天，在强调社会责任的同时，还有这么多人饿肚子？

位于非洲中西部的喀麦隆由于人口增长速度快，但农产品产量却并未随之增长，农用工业在国民经济当中所占的比重也不高，市场上充斥着大量进口的生活必需品，加上浮动的价格都无法保证喀麦隆的粮食供应。喀麦隆政府面临的首要问题是粮食安全。

同样位于非洲的肯尼亚，政府在 2009 年 7 月 9 日宣布，由于该国面临严重粮食危机，近千万人生活受到影响，全国将进入紧急状态。肯尼亚总统新闻办公室发表声明说，2008 年初的选举骚乱影响了一些粮食主产区的播种，此后该国又发生旱灾，导致粮食作物大面积减产，全国出现严重的粮食短缺问题。如今，许多民众面临饥荒，尤其是艾滋病人、孤儿等弱势群体以及城镇地区的贫民受到的影响更为严重。

同样是在亚洲，也有国家为粮食发愁。斯里兰卡连日干旱将致使其粮食面临减产威胁。据官方消息透露，斯里兰卡水稻可耕种面积减少了近 30%，现在正面临与 1994 年同样的农业灌溉危机，国内粮食产量很可能出现供不应求现象。为了满足国内需求，斯政府将不得加大粮食进口力度。关于粮食进口的具体数量，斯官员称现在讨论为时尚早。

在亚洲，朝鲜领导人强调，既要最大限度地利用现有耕地，也要开垦包括海涂在内更多新的可耕地，以解决粮食问题。

越来越多的国家受困于粮食危机，2009 年 11 月 16 日，联合国粮农组织年度报告指出，贫穷国家的粮食危机伴随着全球的经济危机，已经导致全球的饥荒剧增。今年有超过 10 亿人营养不良，为过去 40 年来最高值。而其中人口最多的是亚太地区，一共占了 6 亿多。

英国商业农民团体主席亨利·费尔曾经说过这样一句话："全球局势正在传递这样的信号：我们正在走出粮食供应丰富期，进入一个粮食供应更为短缺的时期。"世界银行的数据显示，小麦、水稻、玉米这三种主要粮食作物，在 20 世纪 70 年代每年的产量增长 2.4%，而当时世界人口的增长率在 2% 以下。但从 20 世纪 80 年代中期以后，主要粮食作物的增长下滑到 1.5% 以下，大大低于人口增长速度。粮食供应不足从那时起就已经显现，国际市场的供应也日渐趋紧。

据联合国粮农组织测算：2008 年度世界粮食库存由 2002 年度的 30% 下降到 14.7%，为 30 年来之最低；世界粮食储备仅为 4.05 亿吨，只够人类维持 53 天，而 2007 年度世界粮储可供人类维持 169 天。据国际谷物理事会称，2009 ~ 2010 年度全球粮食产量将低于需求水平，从而导致库存下滑。2008 ~ 2009 年度全球粮食产量数据下调了 200 万吨，为 17.82 亿吨；2009 ~ 2010 年度全球粮食产量预计为 17.2 亿吨，比上一年度再次下滑。2009 ~ 2010 年度全球小麦产量预计减少 5.1%，为 6.52 亿吨，而玉米产量可能减少 1.7%，为 7.71 亿吨。粮食储备的大量减少已成为全世界人民无法忽视的问题。

粮食的价格在不断上涨。2007 年夏季，美国次贷危机爆发，全球粮食危机接踵而至。自 2005 年以来，全球主要粮食价格已经上涨了 80%。2007 年，全球粮食价格继续大幅上涨，其中玉米上涨了 47%、小麦上涨了 112%、大豆上涨了 75%。从 2008 年 1 月到 4 月 4 个月内，大米价格上涨了 141%。到 2008 年 7 月，大米价格达到了 19 年来最高价，小麦价格创下 28 年来的最高价。大豆从 2000 年 1 月份的每吨 500 美元上涨到 2008 年 6 月份的每吨 1580 美元，玉米从 2000 年 1 月份的每吨 230 美元上涨到 2008 年 6 月份的每吨 750 美元。

当前的粮食价格已经突破了历史最高纪录，粮食价格上涨态势可能将持续到 2010 年。粮食价格的上涨必将导致更多的贫困人民买不起粮,将面临着饿肚子的威胁。

国际货币基金组织表示，粮价的上涨伤害了贝宁和尼日尔等非洲贫穷国家的利益，同时也伤害了从孟加拉国到中国、印度等众多亚洲国家以及中东部分国家的利益。随着中国和印度日益富裕的人口需要更多的蛋白质，亚洲存在更为持久的需求增长。

2009 年世界粮食安全首脑会议在罗马召开。这次会议的目的是敦促一些国家领导人承诺每年向贫穷国家提供 440 亿美元援助，帮助这些国家实现粮食自给。

世界粮食安全峰会召开在即，为激发全球"饱汉"的"饥饿"意识，联合国粮食及农业组织总干事雅克·迪乌夫主动发起了24小时绝食行动，警示人们关注饥贫。联合国秘书长潘基文在2009年11月15日加入绝食，声援迪乌夫。参与绝食的潘基文将饿着肚子在世界粮食安全首脑会议上发言。他认为，在世界粮食过剩的情况下，还有这么多人挨饿是不可接受的。

迪乌夫在饥饿和寒冷中于办公室过夜，在接受美联社记者采访时说，粮农组织总部办公室没有取暖设备，他只能披上大衣，戴上帽子和围巾睡觉。

"我睡得还不错，"迪乌夫说，"唯一的问题就是太冷，晚上气温只有8摄氏度。"

迪乌夫的绝食行动意在声援全世界10亿面临饥饿的民众，敦促各国伸出援手，消除饥饿。迪乌夫预计，2050年世界人口可能达到91亿，若要满足全世界人口的温饱需求，粮食产量需要增加70%。

世界粮食计划署发出倡议，希望富裕国家10亿民众每周捐款1欧元（约1.5美元），帮助贫穷国家中10亿民众摆脱饥饿威胁。

眼下饥饿仍在蔓延，很多经济学家担心，国际金融危机过后，世界可能会面临更为严重的粮食危机。

为什么郊区比市区空气好——热岛效应

众所周知，市区里的空气环境不如郊区好，并且无论是春夏秋冬，市区里的温度总是会比郊区的温度高，这就是热岛效应。热岛是由于人们改变城市地表而引起小气候变化的综合现象，是城市气候最明显的特征之一。由于城市化的速度加快，城市建筑群密集、柏油路和水泥路面比郊区的土壤、植被具有更大的热容量和吸热率，使得城区储存了较多的热量，并向四周和大气中辐射，造成了同一时间城区气温普遍高于周围的郊区气温，高温的城区处于低温的郊区包围之中，如同汪洋大海中的岛屿，人们把这种现象称之为城市热岛效应。

城市人口密集、工厂及车辆排热、居民生活用能的释放、城市建筑结构及下垫面特性的综合影响等是其产生的主要原因。热岛强度有明显的日变化和季节变化。日变化表现为夜晚强、白天弱，最大值出现在晴朗无风的夜晚，上海观测到的最大热岛强度达6℃以上。季节分布还与城市特点和气候条件有关，北京是冬季最强，夏季最弱，春秋居中，上海和广州以10月最强。年均气温的城乡差值约1℃左右，如北京为0.7℃~1.0℃，上海为0.5℃~1.4℃，洛杉矶为0.5℃~1.5℃。

城市热岛可影响近地层温度层结，并达到一定高度。城市全天以不稳定层结为主，而乡村夜晚多逆温。水平温差的存在使城市暖空气上升，到一定高度向四周辐散，而附近乡村气流下沉，并沿地面向城市辐射，形成热岛环流，称为"乡村风"，这种流场在夜间尤为明显。城市热岛还在一定程度上影响城市空气湿度、云量和降水。对植物的影响则表现为提早发芽和开花、推迟落叶和休眠。

城市热岛效应是城市气候中典型的特征之一。它是城市气温比郊区气温高的现象。城市热岛的形成一方面是在现代化大城市中，人们的日常生活所发出的热量；另一方面，城市中建筑群密集，沥青和水泥路面比郊区的土壤、植被具有更大的函授比热容（可吸收更多的热量），而反射率小，使得城市白天吸收储存太阳能比郊区多，夜晚城市降温缓慢，所以仍比郊区气温高。

城市热岛是以市中心为热岛中心，有一股较强的暖气流在此上升，而郊外上空为相对冷的空气下沉，这样便形成了城郊环流，空气中的各种污染物在这种局地环流的作用下，聚集在城市上空，如果没有很强的冷空气，城市空气污染将加重，人类生存的环境被破坏，导致人类发生各种疾病，甚至造成死亡。

那么为什么会造成城市热岛效应呢？气候条件是造成城市热岛效应的外部因素，而城市化才是热岛形成的内因。一般认为热岛成因有以下几点：

（1）城市内拥有大量锅炉、加热器等耗能装置以及各种机动车辆。这些机器和人类生活活动都消耗大量能量，大部分以热能形式传给城市大气空间。

（2）城区大量的建筑物和道路构成以砖石、水泥和沥青等材料为主的下垫层：这些材料热容量、导热率比郊区自然界的下垫层要大得多，而对太阳光的反射率低、吸收率大；因此在白天，城市下垫层表面温度远远高于气温，其中沥青路面和屋顶温度可高出气温8℃~17℃，此时下垫层的热量主要以湍流形式传导，推动周围大气上升流动，形成"涌泉风"，并使城区气温升高；在夜间，城市下垫面层主要通过长波辐射，使近地面大气层温度上升。

（3）由于城区下垫层保水性差，水分蒸发散耗的热量少（地面每蒸发1克水，下垫层失去2.5千焦的潜热），所以城区潜热大，温度也高。

（4）城区密集的建筑群、纵横的道路桥梁，构成较为粗糙的城市下垫层，因而对风的阻力增大，风速减低，热量不易散失。在风速小于6米/秒时，可能产生明显的热岛效应，风速大于11米/秒时，下垫层阻力不起什么作用，此时热岛效应不太明显。

（5）城市大气污染使得城区空气质量下降，烟尘、一氧化碳、二氧化硫，含量增加，这些物质都是红外辐射的良好吸收者，致使城市大气吸收较多的红外辐射而升温。

如何防止"热岛效应"？

（1）选择高效美观的绿化形式、包括街心公园、屋顶绿化和墙壁垂直绿化及水景设置，可有效的降低热岛效应，获得清新宜人的室内外环境。

（2）居住区的绿化管理要建立绿化与环境相结合的管理机制，并且建立相关的地方性行政法规，以保证绿化用地。

（3）要统筹规划公路、高空走廊和街道这些温室气体排放较为密集的地区的绿化，营造绿色通风系统，把市外新鲜空气引进市内，以改善小气候。

（4）应把消除裸地、消灭扬尘作为城市管理的重要内容。除建筑物、硬路面和林木之外，全部地表应为草坪所覆盖，甚至在树冠投影处草坪难以生长的地方，也应用碎玉米秸和锯木小块加以遮蔽，以提高地表的比热容。

（5）建设若干条林荫大道，使其构成城区的带状绿色通道，逐步形成以绿色为隔离带的城区组团布局，减弱热岛效应。

减弱城市热岛效应的建议：

（1）要保护并增大城区的绿地、水体面积。因为城区的水体、绿地对减弱夏季城市热岛效应起着十分可观的作用。

（2）城市热岛强度随着城市发展而加强，因此在控制城市发展的同时，要控制城市人口密度、建筑物密度。因为人口高密度区也是建筑物高密度区和能量高消耗区，常形成气温的高值区。

（3）如北京市位于平原中部，三面环山。由于山谷风的影响，盛行南、北转换的风向。夜间多偏北风，白天多偏南风。因此，在扩建新市区或改建旧城区时，应适当拓宽南北走向的街道，以加强城市通风，减小城市热岛强度。

（4）减少人为热的释放，尽量将民用煤改为液化气、天然气并扩大供热面积也是根本对策。

因为水的比热大于混凝土的比热，所以在吸收相同的热量的条件下，两者升高的温度不同而形成温差，这就必然加大热力环流的循环速度，而在大气的循环过程中，环市水系又起到了二次降温的作用，这样就可以使城区温度不致过高，就达到了防止城市热岛效应的目的。

此外，市区人口稠密也是热岛效应形成的重要原因之一。所以，在今后的新城市规划时，可以考虑在市中心只保留中央政府和市政府、旅游、金融等部门，其余部门应迁往卫星城，再通过环城地铁连接各卫星城。

综上所述，热岛效应给人们带来的危害的确不小，但若能够正确地利用已有的技术，控制城市的过快发展，合理规划城市，这个问题并非不可解决。

地球上水的面积不小，能喝的很少——水污染

美国的富兰克林曾经说过："井不干，人们是不知道水的价值的。"目前，全世界每年约有4200多亿立方米的污水排入江河湖海，污染了5.5万亿立方米的淡水，这相当于全球径流总量的14%以上。

第四届世界水论坛提供的联合国水资源世界评估报告显示，全世界每天约有数百万吨垃圾倒进河流、湖泊和小溪，每升废水会污染8升淡水；所有流经亚洲城市的河流均被污染；美国40%的水资源流域被加工食品废料、金属、肥料和杀虫剂污染；欧洲55条河流中仅有5条水质勉强能用。

联合国发布的资料表明：目前全球有11亿人缺乏安全饮用水，每年有500多万人死于同水有关的疾病。据联合国环境规划署预计，世界上将有1200万人死于水污染和水资源短缺。如果人类不改变目前的消费方式，到2025年，全球将有50亿人生活在用水难以完全满足的地区，其中25亿人将面临用水短缺。

由于人们饮用了被污染的水，这正是人得病，甚至传染的主要起因之一。据有关报道，发展中国家中估计有半数人，不是由于饮用被污染的水或食物直接受感染，就是由于带菌生物如水中孳生的蚊子间接感染，而罹患与水和食品关联的疾病。这些疾病中最普遍且对人类健康状况造成影响最大的疾病是腹泻病、疟疾、血吸虫病、登革热、肠内寄生虫感染和河盲病（盘尾丝虫病）。联合国教科文组织发布的数据显示，大约80%的疾病是由质量低劣的饮用水造成的。

在"世界环境日"联合国秘书长安南宣读的声明说，全球每6人中有1人在生活中无法固定获得干净的水源。世界卫生组织估计，仅仅因为饮用了不安全的水以及缺乏卫生用水而得的疾病，每年死亡的总人数在500万人以上。亚洲开发银行认为，约有42%的亚洲人口寿命缩短是由于水源污染和卫生条件差引起的。

世界卫生组织统计，世界上许多国家正面临水污染和资源危机：每年有300万～400万人死于和水污染有关的疾病。在发展中国家，各类疾病有80%是因为饮用了不卫生的水而传播的。初步调查表明，我国农村有3亿多人饮水不安全，其中约有6300多万人饮用高氟水，200万人饮用高砷水，3800多万人饮用苦咸水，

1.9 亿人饮用水有害物质含量超标，血吸虫病地区约 1100 多万人饮水不安全。

统计显示，每年全世界有 12 亿人因饮用污染水而患病，1500 万 5 岁以下儿童死于不洁水引发的疾病，而每年死于霍乱、痢疾和疟疾等因水污染引发的疾病的人数超过 500 万。

全球每天有多达 6000 名少年儿童因饮用水卫生状况恶劣而死亡。在发展中国家，每年约有 6000 万人死于腹泻，其中大部分是儿童。

我国城市水污染问题严重，根据水利部门监测结果，1998 年监测的 176 个城市河段中，52% 的河段污染较重，据统计，1999 年全国城镇废污水排放总量为 606 亿吨，其中工业废水量占 67%，废水污水排放总量较 1980 年增加了近一倍。1980 年全国受污染的河长比例为 21%，1999 年增加到 38%。2005 年，全国废水排放总量为 524.5 亿吨，城市污水处理率仅为 149.8 万吨。其中工业废水占 39% ~ 35%，城市污水占 61% ~ 65%。据监测，多数城市的地下水受到一定程度的点状和面状污染，且有逐年加重的趋势。

根据国家环保局发布的中国环境质量公告，全国七大水系中，珠江、长江水质较好，辽河、淮河、黄河、松花江水质较差，海河污染严重。411 个地表水检测断面中，Ⅰ ~ Ⅲ类的断面仅占 41%，Ⅳ ~ Ⅴ类的断面占 32%，劣 Ⅴ 类水质的断面达 27%，说明已有 59% 的河段不适宜作为饮用水水源。

与河流相比，湖泊、水库的污染更加严重。2005 年，28 个国控重点湖泊及水库中，满足 Ⅱ 类水质的仅有 2 个，满足 Ⅲ 类水质的只有 6 个；Ⅳ ~ Ⅴ 水质的有 8 个，劣 Ⅴ 类的竟达 12 个，即 72% 的湖泊和水库已不宜作为饮用水水源，43% 的湖泊和水库失去了使用功能。目前全国有 25% 的地下水体遭到污染，35% 的地下水源不合格；平原地区约有 54% 的地下水不符合生活用水水质标准。

据全国 118 个城市浅层地下水调查，一半以上的城市市区地下水严重污染。2005 年，全国主要城市地下水污染存在加重趋势的城市有 21 个，污染趋势减轻的城市有 14 个，地下水水质基本稳定的城市为 123 个。

河流、湖泊及地下水所遭受的污染直接影响到饮用水源。来自国家环保总局的一组最新数据显示，我们的饮用水，50% 以上是不安全的。目前我国农村约有 1.9 亿人的饮用水有害物质含量超标，城市中污水的集中排放，严重超出水体自净能力，许多城市存在水质型缺水问题。从 2001 年到 2004 年，全国共发生水污染事故 3988 起，平均每年近 1000 起。2005 年发生了松花江水污染事件、珠江北江镉污染事件、沱江污染事件等重大污染事件，在全国乃至国际上造成十分严重的影响。

2005 年，远海海域水质保持良好，局部近海域污染严重。胶州湾和闽江口中度污染，劣Ⅳ类海水占 50%；珠江口、辽东湾、渤海湾污染较重，Ⅳ类、劣Ⅳ类海水比例在 60%~80% 之间；长江口、杭州湾污染严重，以劣Ⅳ类海水为主。

2005 年全海域共发现赤潮 82 次，累计发生面积约 27070 平方米，其中有毒藻类引发的赤潮次数和面积大幅增加。大面积赤潮集中在浙江中部海域、长江口海域、渤海湾和海州湾等，东海仍为赤潮的重灾区。海洋的污染对海洋渔业、养殖业造成巨大损失，并间接危害人类健康。赤潮主要对沿岸鱼类和藻类养殖造成影响，因赤潮造成的直接经济损失逾 6900 万元。

中国预防医学科学院环境卫生监测所进行的饮用水监测显示，水质量问题已经非常严重。全国 26 个省、区的 180 个县市，有 43.3% 的人在喝着不安全的水。近来关于水污染的报道越来越多，愈来愈严重。

经过多年的建设，我国水污染防治工作取得了显著的成绩，但仍然存在一定的问题。不足之处有：

（1）结构性污染问题突出。一些流域造纸、化工企业数量仍然过多，一些企业"旧病复发"继续超标排污，污染负荷难以削减。许多地方做的是表面文章，达标排放"零点行动"一旦结束，一些企业便"旧病复发"。

（2）控制生活污水、面源污染缺乏力度。生活污水和面源污染（即化肥、土壤等造成的污染）在一些流域已成为主要污染来源，如滇池，生活污染源占 45% ~ 56%，面源污染占 33% ~ 40%，滇池在实现工业化污染源达标排放后，虽然工业污染物的排放量明显下降，但在缓解湖水富营养化方面效果并不明显。国家环保总局的一份资料显示，一些流域城市污水处理厂建设进展缓慢，已成为水污染防治工作中的薄弱环节。

（3）枯水季河流自净能力差，污染有所加重。

（4）一些地方仍未能正确处理水利建设与环境保护的关系，加剧了水的恶化，一些地方为了防洪抗旱和保证工农业用水，修建了很多水库、闸坝，如淮河流域就建有水库 5000 多座、闸坝 4000 多处。有的地方闸坝一堵就是一年，等到水变黑变臭，便将污水下泄，污染下游。"流水不腐"的道理谁都懂得，但"三河三湖"流域，许多地方变成了"死水一潭"，因此，一些流域达标排放后又出现反弹。

应采取的措施：

（1）继续健全有关的法律体系，加大监督执法力度和普法宣传，提高干部

群众的法律意识。

（2）加强水污染防治和监测的管理，建立水环境保障体系，逐步实现统一管理、科学管理和民主管理。

（3）推广节水技术，引用生产工艺和废水处理回用技术，继续降低污水排放系数。

（4）调整产业结构。特别在缺水地区，限制耗水、排污大的行业发展。

（5）建立投入保障机制，坚持多渠道、多层次、多方位筹集资金，确保水污染防治工程建设和管理措施的实施。

某剧组被下令停拍——湿地破坏

2010 年 1 月，某剧组在郑州黄河湿地的核心区内违规拍戏，造成黄河富景生态园严重破坏。当地林业局以及森林公安局更是强令剧组停拍，并要求三日内提交整改方案。

黄河湿地有植物 598 种，占全省植物总科数的 35.3%，总种数的 14.7%，另有黄河区域特有的黄河虫实、荷花柳及国家二级重点保护植物野大豆等珍稀植物，是鸟类重要的繁殖越冬地，也是迁徙鸟类重要的停歇地。郑州黄河湿地堪称植物基因库，这些植物很多是珍稀物种，如国家二级保护植物野生大豆，它的基因可用于大豆的改良。郑州花园口湿地有陆生野生脊椎动物 217 种，其中鸟类 169 种、兽类 21 种、两栖类 10 种、爬行类 17 种。每年秋冬时节，各种候鸟迁徙到郑州黄河湿地过冬。

据郑州黄河湿地管理中心防控科科长段志强介绍，该剧组未经过管理中心的审批就在湿地内进行拍摄，对湿地造成了多方面的破坏，40 多亩原生态湿地遭到践踏，野生红柳遭啃噬严重，大型机械和大量人员进入湿地使湿地土质变硬，而且所产生的噪音也影响到候鸟的正常生活。发现该剧组对湿地的破坏情况后，黄河湿地管理中心于 2010 年 1 月 7 日上午会同郑州市林业公安局，以及惠济区湿地管理站等部门举行了专题会议，决定对剧组下达停止拍摄通知。7 日下午，该剧组从黄河湿地撤走。

地球上有三大生态系统，即：森林、海洋、湿地。"湿地"，泛指暂时或长期覆盖水深不超过 2 米的低地、土壤充水较多的草甸以及低潮时水深不过 6 米的沿海地区，包括各种咸水淡水沼泽地、湿草甸、湖泊、河流以及泛洪平原、河口三角洲、泥炭地、湖海滩涂、河边洼地或漫滩、湿草原等。

按《国际湿地公约》定义，湿地系指不问其为天然或人工、长久或暂时之沼泽地、湿原、泥炭地或水域地带，带有静止或流动、或为淡水、半咸水或咸水水体者，包括低潮时水深不超过 6 米的水域。

湿地覆盖地球表面仅有 6%，却为地球上 20% 的已知物种提供了生存环境，具有不可替代的生态功能，因此享有"地球之肾"的美誉。湿地是地球上具有多种独特功能的生态系统，它不仅为人类提供大量食物、原料和水资源，而且在维持生态平衡、保持生物多样性和珍稀物种资源以及涵养水源、蓄洪防旱、降解污染、调节气候、补充地下水、控制土壤侵蚀等方面均起到重要作用。

湿地是位于陆生生态系统和水生生态系统之间的过渡性地带，在土壤浸泡在水中的特定环境下，生长着很多湿地的特征植物。湿地广泛分布于世界各地，拥有众多野生动植物资源，是重要的生态系统。很多珍稀水禽的繁殖和迁徙离不开湿地，因此湿地被称为"鸟类的乐园"。湿地是地球上有着多功能的、富有生物多样性的生态系统，是人类最重要的生存环境之一。

中国湿地面积占世界湿地的 10%，位居亚洲第一位、世界第四位。在中国境内，从寒温带到热带、从沿海到内陆、从平原到高原山区都有湿地分布，一个地区内常常有多种湿地类型，一种湿地类型又常常分布于多个地区。但是在人口爆炸和经济发展的双重压力下，20 世纪中后期大量湿地被改造成农田，加上过度的资源开发和污染，湿地面积大幅度缩小，湿地物种受到严重破坏。

例如：我国东北部第一大湖呼伦湖由于多年来疏于治理，周边及补给河流两岸生态长期遭到人为破坏，加之自然因素影响，致使湖水水位下降近两米，湿地萎缩，大小河流水量明显减少或断流，近年来湖边芦苇和湿地大面积消失，湖周围严重沙化，严重危及我国北方绿色屏障呼伦贝尔草原和大兴安岭林区的生态环境。作为中国北方鲜见的水乡、华北地区最大的湿地生态系统，白洋淀被誉为"华北之肾"。但是，白洋淀湖面从 20 世纪 50 年代的 561.6 平方公里锐减到今天的 366 平方公里。湖水的容量也大量减少，整个淀区水位持续下降。湖水水质从三类退化到四类和五类，生物栖息地特别是淀区周围退化造成了生物多样性的减少，现在白洋淀地区的水生植物已经减为 47 种，鱼类减为 24 种，鸟类减为 190 种，野生哺乳动物减为 14 种。

黑龙江省三江平原湿地面积由 20 世纪 50 年代的 34000 平方公里降至 80 年代的 16316 平方公里，再骤减到目前的 4490 平方公里，湿地面积急剧缩减了近 3

万平方公里，致使生态环境恶化，87亿立方米地表水也随之消失。

青海湖区由于气候变暖、连年干旱，加之过度开垦放牧、不合理的人为经济活动和人们重治理轻预防，又缺乏治理的科学方法和资金等原因，使大面积草场退化、水土大量流失，荒漠化日趋严重，青海湖水位逐年降低，青海湖水位以每年12米的速度在下降。近年来，因湖体萎缩，湖出露面积已达100余平方公里。

我国的湿地保护应以维护湿地景观和生态系统结构的完整性为基本前提，树立湿地结构完整性、功能系统性的新观念，突破以往单一线性规划思路，应用系统科学与统筹法规划思想，以湿地功能为科学依据，保护好重点湿地区域和特殊的湿地类型；统筹安排湿地恢复工程项目，建立和完善湿地管理体系，才能充分发挥湿地在环境保护和国民经济建设中的经济和社会效益。

广东停建垃圾焚烧厂——空气污染

早在2006年，广州市规划局就已批准番禺区生活垃圾综合处理厂的选址为番禺大石会江村。2006年到2009年3年间，关于番禺区要建垃圾焚烧发电厂的报道也不断见诸报端。广州市国土局、番禺区政府、市规划局、市发改委也分别在自己的官方网站或有关新闻中披露这一工程的进展情况。

在广东省番禺市民成功抗议停建垃圾焚烧厂之后，花都人民再次掀起了在自己门口建立垃圾焚烧厂的抗议。

"番禺垃圾厂停建让我们看到希望。"近200名花都区居民带着材料和小横幅到广州市城管委信访，质疑花都公示垃圾焚烧发电厂环评情况为何没有告知民众，并一致反对在自己家门口建设垃圾焚烧发电厂。城管委副主任张建国答复："公示不等于环评通过，如果民意反对，绝对不建焚烧厂。"

同时，白云区太和镇永兴村的5名村民代表也向城管委递交了请愿书，反对某垃圾焚烧发电厂在该村选址建设。永兴村村民说，1991年到2005年，该村患癌症的村民很少，但自2005年垃圾焚烧发电厂建成投产以来，该村患癌症的村民人数上升了80%，呼吸道疾病患者也明显增加。

二恶英是一种自然界中本没有的化合气体，最大的产生源来自垃圾中的塑料制品焚烧，此物极难降解，国际癌症研究中心已将其列为人类一级致癌物。

欧洲垃圾处理巨头——意大利"马可波罗环境集团"在华公司负责人近日声

称，意大利人讨厌垃圾焚烧发电，这种技术在欧洲已是淘汰技术，因为它会带来很多疾病，比如二恶英导致胎儿畸形等。当然，如果垃圾得到很好的焚烧，就不会产生二恶英，但这很难做到，一是当前技术达不到，二是成本非常高。所以，意大利主要采用更环保的垃圾分类回收加上垃圾填埋发电。

以日本为例，日本的垃圾焚烧炉已从高峰时的 6000 座减为 1490 座左右，除了因为技术上的原因淘汰落后设备外，更主要是因为国民的反对控制了垃圾焚烧项目的发展，因为从 20 世纪 90 年代以来，陆续发现垃圾焚烧炉附近的蔬菜被污染、空气中测得的二恶英水平是其他工业国家的 10 倍，这些事实启蒙了日本国民。

另外，美国从 1995 年开始停止了此类项目的建设，并把建成的厂逐步关掉；2007 年，欧盟立法者规定，到 2020 年，欧盟国家 50% 的生活垃圾和 70% 的建筑垃圾都应该得到回收再利用，而不是填埋和焚烧。自 2007 年起，德、英、丹、荷、挪等国相继作出了新决策，不再新建可燃废物与城市垃圾填埋场和焚烧炉厂；1996 年，北美洲五大湖区 52 个焚化炉结束运作；德国、荷兰、比利时等欧洲国家也相继颁布了《焚烧炉禁建令》。垃圾焚烧是造成空气污染的一个重要方面，但它更有其他许多方面的危害：

1. 对人体健康的危害

人需要呼吸空气以维持生命。一个成年人每天呼吸大约 2 万多次，吸入空气达 15 ~ 20 立方米。因此，被污染了的空气对人体健康有直接的影响。

大气污染物对人体的危害是多方面的，主要表现是呼吸道疾病与生理机能障碍，以及眼、鼻等黏膜组织受到刺激而患病。

比如，1952 年 12 月 5 ~ 8 日英国伦敦发生的煤烟雾事件死亡 4000 人。人们把这个灾难的烟雾称为"杀人的烟雾"。据分析，这是因为那几天伦敦无风有雾，工厂烟囱和居民取暖排出的废气烟尘弥漫在伦敦市区经久不散，烟尘最高浓度达 4.46 毫克／立方米，二氧化硫的日平均浓度竟达到 3.83 毫升／立方米。二氧化硫经过某种化学反应，生成硫酸液沫附着在烟尘上或凝聚在雾滴上，随呼吸进入器官，使人发病或加速慢性病患者的死亡。这也就是所谓的光化学污染。

由上例可知，大气中污染物的浓度很高时，会造成急性污染中毒，或使病状恶化，甚至在几天内夺去几千人的生命。其实，即使大气中污染物浓度不高，但人体成年累月呼吸这种污染了的空气，也会引起慢性支气管炎、支气管哮喘、肺气肿及肺癌等疾病。

2. 对植物的危害

大气污染物，尤其是二氧化硫、氟化物等对植物的危害是十分严重的。当污染物浓度很高时，会对植物产生急性危害，使植物叶表面产生伤斑，或者直接使叶枯萎脱落；当污染物浓度不高时，会对植物产生慢性危害，使植物叶片褪绿，或者表面上看不见什么危害症状，但植物的生理机能已受到了影响，造成植物产量下降，品质变坏。

3. 对天气和气候的影响

大气污染物对天气和气候的影响是十分显著的，可以从以下几个方面加以说明：

（1）减少到达地面的太阳辐射量：从工厂、发电站、汽车、家庭取暖设备向大气中排放的大量烟尘微粒，使空气变得非常浑浊，遮挡了阳光，使得到达地面的太阳辐射量减少。据观测统计，在大工业城市烟雾不散的日子里，太阳光直接照射到地面的量比没有烟雾的日子减少近40%。大气污染严重的城市，天天如此，就会导致人和动植物因缺乏阳光而生长发育不好。

（2）增加大气降水量：从大工业城市排出来的微粒，其中有很多具有水气凝结核的作用。因此，当大气中有其他一些降水条件与之配合的时候，就会出现降水天气。在大工业城市的下风地区，降水量更多。

（3）下酸雨：有时候，从天空落下的雨水中含有硫酸。这种酸雨是大气中的污染物二氧化硫经过氧化形成硫酸，随自然界的降水下落形成的。硫酸雨能使大片森林和农作物毁坏，能使纸品、纺织品、皮革制品等腐蚀破碎，能使金属的防锈涂料变质而降低保护作用，还会腐蚀、污染建筑物。

（4）增高大气温度：在大工业城市上空，由于有大量废热排放到空中，因此，近地面空气的温度比四周郊区要高一些。这种现象在气象学中称做"热岛效应"。

（5）对全球气候的影响：近年来，人们逐渐注意到大气污染对全球气候变化的影响问题。经过研究，人们认为在有可能引起气候变化的各种大气污染物质中，二氧化碳具有重大的作用。

从地球上无数烟囱和其他种种废气管道排放到大气中的大量二氧化碳，约有50%留在大气里。二氧化碳能吸收来自地面的长波辐射，使近地面层空气温度增高，这叫作"温室效应"。经粗略估算，如果大气中二氧化碳含量增加25%，近地面气温可以增加$0.5 \sim 2℃$。如果增加100%，近地面温度可以增高$1.5 \sim 6℃$。有的专家认为，大气中的二氧化碳含量照现在的速度增加下去，若干年后会使得南北极的冰融化，导致全球的气候异常。

人类不易察觉的慢性毒药——土壤污染

20 世纪五六十年代，对环境问题尚无足够认识的日本部分地区片面追求工业和经济发展，曾发生了两起震惊世界的环境公害事件：富山县因高含镉大米导致的慢性中毒，引发了"骨痛病"；熊本县因汞污染引起"水俣病"，造成 2248 人中毒，其中死亡 1004 人。这些都是因为土壤、水体长时间污染，进而导致农产品和养殖水产品污染而引起的。

2006 年 8 月，甘肃省徽县发生了"铅中毒"事件。当时，这个县水阳乡的两个村庄共有 368 人查出血铅超标，其中 14 岁以下的儿童 149 人。经环保部门调查发现，位于这两个村庄附近的一家铅冶炼厂是重要污染源，造成当地土壤、空气和水体污染。虽然这家工厂后来被勒令关停，但如何给那些遭受污染损害的村民以有效的补偿，如何从根本上转变那种以群众健康甚至生命为代价的粗放型增长方式，却是一个难题。

近 10 年来，现代工业快速发展，在带来 GDP 不断增长的同时，也带来了触目惊心的土壤污染。这种污染，正在通过被渗透的土壤和生长于其上的蔬菜、农作物，侵害着我们的身体。

现在，无论是经济快速发展的沿海地区，还是致力于开采矿产资源的西部地区，一些地方政府在片面追求 GDP 增长的思想误导下，放松了环境保护这根弦，最为常见的是对资源进行毁灭性开发和利用。如部分地方政府在招商引资中出台各种优惠政策，其中比较重要的一条就是，放宽企业的环境准入标准。这样，一些高污染企业就从发达国家或发达地区，迁移到国内尤其是不发达地区。在产业地区转移的同时，也伴随着工业污染的转移。

据报道，目前我国受镉、砷、铬、铅等重金属污染的耕地面积近 2000 万公顷，约占总耕地面积的 1/5；其中工业"三废"污染耕地 1000 万公顷，污水灌溉的农田面积已达 330 多万公顷。例如：某省曾对 47 个县和郊区的 259 万公顷耕地（占全省耕地面积的 2/5）进行过调查，其结果表明，75% 的土地已受到不同程度的重金属污染的潜在威胁，而且污染趋势仍在加重。污水灌溉等已造成大面积农田的土壤污染。如沈阳张士灌区用污水灌溉 20 多年后，污染耕地 2500 多公顷，造成了严重的镉污染，稻田含镉 5 ~ 7 毫克 / 千克。天津近郊因污水灌溉导致 2.3 万公顷农田受到污染。广州近郊因为污水灌溉而污染农田 2700 公顷，因施用含污染物的底泥造成 1333 公顷的土壤被污染，污染面积占郊区耕地面积的 46%。20世纪 80 年代中期对北京某污灌区进行的抽样调查表明，大约 60% 的土壤和 36% 的糙米存在污染问题。另一方面，全国有 1300 ～ 1600 万公顷耕地受到农药的污染。除耕地污染之外，我国的工矿区、城市也存在土壤（或土地）污染问题。

我国因土壤污染而造成的危害：

（1）土壤污染导致严重的直接经济损失。对于各种土壤污染造成的经济损失，目前尚缺乏系统的调查资料。仅以土壤重金属污染为例，全国每年就因重金属污染而减产粮食 1000 多万吨，另外被重金属污染的粮食每年也多达 1200 万吨，合计经济损失至少 200 亿元。对于农药和有机物污染、放射性污染、病原菌污染等其他类型的土壤污染所导致的经济损失，目前尚难以估计。但是，这些类型的污染问题在国内确实存在，甚至也很严重。例如：我国天津蓟运河畔的农田，曾因引灌三氯乙醛污染的河水而导致数万亩小麦受害。

（2）土壤污染导致食物品质不断下降。我国大多数城市近郊土壤都受到了不同程度的污染，有许多地方的粮食、蔬菜、水果等食物中镉、铬、砷、铅等重金属含量超标或接近临界值。据报道，1992 年全国有不少地区已经发展到生产"镉米"的程度，每年生产的"镉米"多达数亿千克。仅沈阳某污灌区被污染的耕地已多达 2500 多公顷，致使粮食遭受严重的镉污染，稻米的含镉浓度高达 0.4 ～ 1.0毫克 / 千克（这已经达到或超过诱发"骨痛病"的平均含镉浓度）。江西省某县多达 44% 的耕地遭到污染，并形成 670 公顷的"镉米"区。据南京环保所报道，南京市的市售蔬菜几乎都受到一定程度的硝酸盐污染。其中，大白菜和青菜的硝酸盐污染最重，其次为菠菜；萝卜的污染相对较轻。北京、上海等大中城市蔬菜的硝酸盐污染超标现象也十分普遍。

土壤污染除影响食物的卫生品质外，也明显地影响到农作物的其他品质。有些地区的污灌已经使得蔬菜的味道变差、易烂，甚至出现难闻的异味；农产品的储藏品质和加工品质也不能满足深加工的要求。

（3）土壤污染危害人体健康。土壤污染会使污染物在植（作）物体中积累，并通过食物链富集到人体和动物体中，危害人畜健康，引发癌症和其他疾病等。目前，我国对这方面的情况仍缺乏全面的调查和研究，对土壤污染导致污染疾病的总体情况并不清楚。但是，从个别城市的重点调查结果来看，情况并不乐观。我国的研究表明，土壤和粮食污染与一些地区居民肝肿大之间有明显的关系。

（4）土壤污染导致其他环境问题。土地受到污染后，含重金属浓度较高的污染表土容易在风力和水力的作用下分别进入到大气和水体中，导致大气污染、地表水污染、地下水污染和生态系统退化等其他次生生态问题。

有专家指出，一个占地10公顷的污染企业每年可能给当地政府带来成百上千万元的税收，殊不知，如果这10公顷土地被污染，可能需要花上亿元甚至十多亿元的投入才能恢复。如果不加以治理，仅由土壤本身自然恢复，一般需要耗费两三百年甚至上千年的时间。

土壤污染具有隐蔽性和滞后性。大气污染、水污染和废弃物污染等问题一般都比较直观，通过感官就能发现。而土壤污染则不同，它往往要通过对土壤样品进行分析化验和农作物的残留检测，甚至通过研究对人畜健康状况的影响才能确定。因此，土壤污染从产生污染到出现问题通常会滞后较长的时间。如日本的"骨痛病"经过了10～20年之后才被人们所认识。

土壤污染的累积性。污染物质在大气和水体中，一般都比在土壤中更容易迁移。这使得污染物质在土壤中并不像在大气和水体中那样容易扩散和稀释，因此容易在土壤中不断积累而超标，同时也使土壤污染具有很强的地域性。

土壤污染具有不可逆转性。重金属对土壤的污染基本上是一个不可逆转的过程，许多有机化学物质的污染也需要较长的时间才能降解。譬如，被某些重金属污染的土壤可能要100～200年时间才能够恢复。

土壤污染很难治理。如果大气和水体受到污染，切断污染源之后通过稀释作用和自净化作用也有可能使污染问题不断逆转，但是积累在污染土壤中的难降解污染物则很难靠稀释作用和自净化作用来消除。

土壤污染一旦发生，仅仅依靠切断污染源的方法则往往很难恢复，有时要靠换土、淋洗土壤等方法才能解决问题，其他治理技术可能见效较慢。因此，治理污染土壤通常成本较高、治理周期较长。鉴于土壤污染难以治理，而土壤污染问题的产生又具有明显的隐蔽性和滞后性等特点，因此土壤污染问题一般都不太容易受到重视。

辐射污染：大量的辐射污染了土地，使被污染的土地含有了一种毒质。这种毒质会使植物生长不了，停止生长！

焚烧树叶：树叶里含有一种有毒物质，在一般情况下是不会散发出来的，但一遇火，就会蒸发毒物。人一呼吸，就会中毒。

当前，虽然我国土壤污染十分严重，但国内相关的法律法规却不尽完善。健全和完善环境相关法律法规，是拯救被污染土壤的必由之路。我国环境保护

"十一五"规划明确提出：开展全国土壤污染现状调查，建立土壤环境质量评价和监测制度，开展污染土壤修复示范。对持久性有机污染物和重金属污染超标耕地必须实行综合治理。

对此，有关专家建议，国家环保部门应双管齐下治理土壤污染。一方面，设立不受地方控制的土壤污染监察体系，强化对企业的土壤污染评估与监察；另一方面，提高企业污染成本以震慑企业，赋予遭受工业污染的民众通过合法渠道索取赔偿的充分权利，提高赔偿标准，迫使企业作出选择：要么投资于土壤污染治理，要么应付民众的巨额索赔。

第三节　在历史中看社会——城市化

远去的乡村——作为历史进程的城市化

人类社会二百年的现代化进程使我们从传统社会步入了现代社会。传统社会向现代社会的转变最重要的变化是经济上由农业为主的自然经济向大机器生产的工业经济转变，伴随着生产方式的转变，在人们居住方式等社会形态方面则发生着由乡村到城市的转变。这一过程我们称之为城市化。城市化也叫城镇化、都市化，是由农业为主的传统乡村社会向以工业和服务业为主的现代城市社会逐渐转变的历史过程，具体包括人口职业的转变、产业结构的转变、土地及地域空间的变化。

经历了工业化的现代社会城市是人类文明的标志，是人们经济、政治和社会生活的中心。城市化的程度是衡量一个国家和地区经济、社会、文化、科技水平的重要标志，也是衡量国家和地区社会组织程度和管理水平的重要标志。

城市化是人类进步必然要经过的过程，经过了城市化，标志着现代化目标的实现。

对于城市化的含义在社会学界及整个学术界有着不同的看法，一般来说学者们会从人口学、地理学、社会学、经济学等角度对城市化的概念进行阐述：

（1）从人口学角度来看，城市化是农村人口转化为城镇人口的过程。城市化就是人口的城市化，指的是"人口向城市地区集中或农业人口变为非农业人口的过程"。

（2）从地理学角度来看，城市化是一个地区的人口在城镇和城市相对集中的过程。城市化意味着城镇用地扩展，城市文化、城市生活方式和价值观在农村地域的扩散过程。

（3）而经济学是从工业化的角度来定义城市化，认为城市化就是农村经济转化为城市化大生产的过程。经济学家普遍认为城市化是工业化的必然结果，因为一方面工业化加快农业生产的机械化水平、提高农业生产率，同时工业扩张为农村剩余劳动力提供了大量的就业机会；另一方面，农村的落后也会不利于城市地区的发展，从而影响整个国民经济的发展。而加快农村地区工业化大生产，对于农村区域经济和整个国民经济的发展都是有着很积极意义的。

（4）从社会学的角度来说，城市化就是农村生活方式转化为城市生活方式的过程。社会学家认为城市化不是目的，而只是一种手段，发展的根本目的是为了提高社会的生活水平，改善人们的生活质量，促进人的技能和素质的提高，提高人类社会的整体发展水平，使人与人、人与自然的关系达到和谐发展。

石家庄市的建设与发展就是一个很典型的城市化过程。石家庄村创于明朝初年，原是正定卫的军屯和官庄。直到清康熙二十七年（1688年）废除卫所军屯制，石家庄才成为隶属正定府获鹿县（今鹿泉市）的一个小村庄，与当时的政治中心正定城隔滹沱河相望。据清光绪《获鹿县志》记载："石家庄，县东南三十五里，街道六，庙宇六，井泉四"。20世纪初，石家庄村的面积还不足0.1平方公里，仅有200户人家，600余口人。

1902年，由法国和比利时投资兴建的卢汉铁路（京汉铁路）修到了石家庄，并在石家庄设立了车站，因石家庄名气不大，以相距不远的振头镇命名，叫振头站。1903年正太铁路（今石太铁路）动工兴建，为了减少费用，避免在滹沱河上架桥，将正太铁路起点由正定改为振头站。历史的事变如万花筒，让世人应接不暇。由于偶然的因素，石家庄成了两条铁路的交汇点，而由此带来了一个区域在世纪之初的重大变故，一个乡野小村被隆隆的车轮托起，使一个区域的政治、经济、军事、文化中心南移，先取代正定，后取代保定，成为控燕京南门、扼冀晋咽喉、连齐鲁中原的华北重镇。

正太路起点南移，是石家庄由乡村向城市化迈进的诱因，真正起基础作用的因素，还是现代工业的兴起和发展。伴随铁路线的通车，一批近代工业相继兴办，其中包括：在石家庄村东创建的正太总机厂（今石家庄车辆厂前身）；大兴纱厂即石家庄大兴纺织股份有限公司；井陉矿和正丰矿等。近代大工业的兴起，带动了中小工业的兴起和发展。1920 年在铁路以东建造石沧路场子，同时，平和轧棉公司、万华肥皂公司等企业也在铁路东兴起。随之，大批农村人口向石家庄集中。到 1930 年，仅产业工人就达 1.6 万人，大大促进了石家庄城市化的进程。

20 世纪初叶，石家庄还是获鹿县辖下的一个小村，那时的获鹿就是通燕赵、连三晋的货物集散地，素有"日进斗金的旱码头"之称，但是，随着正太铁路的兴建通车，日进斗金的旱码头逐渐东移，石家庄的商业、服务业日渐繁荣，逐渐取代了获鹿的地位，成为向近代化城市迈进的又一重要因素。

虽然不同的学科从不同的角度对城市化作出了解释，但是对于城市化的内涵，不同学科之间还是存在着一致性，即城市化就是一个国家或地区的人口由农村向城市转移、农村地区逐步演变成城市地区、城市人口不断增长的过程；而在城市化的过程中，城市基础设施和公共服务设施不断提高，同时城市文化和城市价值观念成为主体，并不断向农村扩散。我们可以从 5 个方面来认识城市化的本质：

第一，城市化是城市人口比重不断提高的过程，城市化表现为大批乡村人口进入城市，城市人口在总人口中的比重逐步提高。第二，城市化是产业结构转变的过程。随着城市化的推进，使得原来从事传统低效的第一产业的劳动力转向从事现代高效的第二、第三产业，产业结构逐步升级转换，国家创造财富的能力不断提高。第三，城市化是居民收入水平不断提高的过程，城市化使得大批低收入居民群体转变为高收入居民群体，因此城市化过程又是一个市场不断扩张、对投资者吸引力不断增强的过程，也是越来越多的国民在发展中享受到实惠的过程，是一国中产阶级形成并占主体的过程。第四，城市化是一个城市文明不断发展并向农村渗透和传播的过程，城市化的过程也是农村和农民的生产方式和生活方式文明程度不断提高、不断现代化的过程，也就是城乡一体化的过程。第五，城市化过程是人的整体素质不断提高的过程，在城市中大部分的国民从事着先进的产业活动，有着较高的生活质量，人们的生活方式、价值观将会发生重大变化，社会将建立起根本区别于农业社会的城市社会新秩序。

总之，社会学认为从根本上来讲城市化就是生产力进步所引起的人们的生产方式、生活方式以及价值观念的转变的过程。

城市化是对人类生产生活方式变化的一个总体称谓，但从具体某一地区的城市化过程来看，城市化基本上有 3 种推进方式：集中型城市化、分散型城市化、旧地型城市化。这 3 种城市化方式在历史上的不同时期各自占有主导的地位，但从总体上来看，3 种方式是同时存在、同时发生作用的。

集中型城市化就是农村人口和非农经济活动不断向城市集中。这种城市化的方式是城市化早期以及一般情况下的方式。伴随着工业化的过程，城市不断吸纳着农业人口，不断地扩大工业产业大军，使得城市规模不断扩大、人口不断增长，这种变化一方面为工业化提供了大量的工人，促进了工业及服务业的发展，但另一方面，如果没有有效的城市管理，大城市将面临环境恶化、人口过多、社会保障滞后、失业危机加剧等情况，如果处理不好将会影响城市的发展和人民的幸福。不是每个城市都适合集中型城市化，不能盲目地建设特大型城市，而是应该优化地理上的分布，在几个中心地带建立特大型中心城市，而其周边应该以中小城市为主。不然会造成产能过剩、资源浪费，尤其当劳动人口的分布逐渐合理之后，很多本不具备建设特大城市条件的城市会面临城市发展动力不足的问题。因此现代城市化提倡都市化的理念，在国家划分若干区域，在每个区域中建立一个大都市，并以它为主导带动整个区域内城市合理发展。

　　分散型城市化是指城市经济活动和人口向外扩散。这种城市化的方式意味着大城市城郊及其周围非城市地域的迅速发展。分散型城市化在空间形态上又可分为两种形式：

　　（1）外延型城市化。即城市从地域上逐渐延伸，形成规模不等的"城市带"或"城市群"。

　　（2）飞地型城市化。即大城市为了长远发展的需要，在距自己一定距离处新建一个城市或使原有居民点发展为城市，这种方式就是人们常说的卫星城战略。分散型城市化在城市的中级乃至高级阶段占主导地位。

　　旧地型城市化是指原来的农村地区，在并无城市直接作用和影响的情况下，由于资源的发现和开发、对外交通地位的建立、生产结构的变化等原因，使得农民脱离土地，从事非农业生产、农村地域转化为城市地域的过程，也就是农村城镇化的过程。这种城市化的方式对于我国人口众多且农业人口比例较大的国情来说，是一种比较合理也比较容易实现的城市化方式。可以避免人口大量地向少数城市集中，使得城市功能无法正常运转，同时也使得人口流出地劳动力不足而无法发展。

　　城市化既是一个经济发展的自然过程，也是一个人为主导的建设过程。而对于当下的城市化来讲，人为主导的因素更加重要。要通过合理的规划把城市化引导向正确的方向，避免发达国家历史上城市化过程中出现的许多问题。人是城市的主体，人民生活的幸福是城市化的出发点和归宿。城市化的过程首先要确立以人为本的思想，要明确城市应该成为人们幸福生活的场所，而不仅是一个从事生

产活动的地方。城市化的过程不可避免的会出现一些问题，只有走以人为本的可持续发展之路，才是城市化健康发展的长久之路。

为什么真正的有钱人都住在郊区——郊区化

城市是人类文明的标志，但是在城市化经过充分发展之后，原有的城市功能已经饱和，这时就会出现郊区化。郊区化的倾向在那些大都市中表现得尤其明显。

纽约的郊区化过程很具有典型意义，大体经历了三个阶段。

第一阶段是将居民住宅迁移到城市郊区，即城市居住功能郊区化。1940年前，人们工作生活主要集中在纽约市中心。随着纽约城市规模急剧膨胀，居住环境严重恶化，原住在纽约市内的中产阶级越来越愿意在纽约郊区购房或建房，公路的发展使公交汽车和小汽车成为人们出行的便利工具，从而使他们有条件能够住到郊外。20世纪50年代至60年代是纽约实行城郊化的高潮阶段，大量居民由市中心移往郊区。

第二阶段是在纽约郊区城镇建立大型购物中心等商业网点及将工厂企业搬到郊区，即城市商业功能和产业功能郊区化。从20世纪60年代至70年代，纽约市郊区城镇建起了许多大型购物中心，人们不必再为购买生活用品而往返于纽约市中心商业区。统计资料显示，美国目前的郊区商业区已经超过1.5万个，郊区商业区的零售额也已超过整个社会零售总额的半数。原来往返于市区与郊区之间的工作生活方式大为改变，郊区城镇成为许多中产阶级人士主要的生活工作空间。1980年，纽约市人口由1970年的789万人减少到707万人，10年降幅超过10％。20世纪80年代以后，产业功能郊区化使纽约的城市中心功能发生了引人注目的变化。

第三阶段是建立边缘城镇。边缘城镇是在纽约市周边郊区基础上形成的具备居住、购物、娱乐等城市功能的新城镇。如今，纽约四周有许多边缘城镇，其中包括被视为纽约卧室的长岛以及与纽约市相邻的新泽西州的一些城镇。这也就是人们概念中的大纽约地区。纽约周边的边缘城镇解决了传统城市面临的噪音、交通、住房、大气污染等方面的问题，为城市居民提供了良好的生活空间。总的看来，这些边缘城镇都具有以下几大特点：一是大都有高速公路相通，距纽约只有一个小时左右的车程；二是基础设施齐全完善，除拥有足够的停车设施及大型商场外，还有影院、饭店、俱乐部、运动场等娱乐设施；三是自然绿化程度很高，大多数居民居住在由绿色草坪环绕的别墅型住宅中。

所谓的郊区指中心城市行政边界以外的邻接地域，主要是城市化地区核心以外的城市边缘。郊区化，即城市郊区化，是城市在经历了中心区绝对集中、相对集中和相对分散以后的一个绝对分散的阶段，它表现为人口、工业、商业等先后从城市中心区向郊区迁移，中心区人口出现绝对数量的下降。郊区城市化是城市郊区乡村型社会地域组织向城市型社会地域组织演变的过程。从 20 世纪 50 年代以来，西方许多发达国家的大城市掀起了一次又一次郊区化浪潮，这是第二次世界大战以后世界城市化进程的新现象，也是城市化高度发展的产物。

郊区化发展是城市工业大发展、科学技术进步、市民环境意识增强等综合因素的结果。一般而言，郊区化的发展经历了以下主要过程。

首先是人口居住郊区化阶段。西方国家工业化后期出现了"大城市病"，导致了一些富有阶层迁往郊区居住，他们白天到市中心区上班，晚上回郊区休息居住，这种郊区特有的居住功能被形象地称之为"卧城"，这是大城市郊区化发展的初级阶段。

其次是工商业郊区化阶段，这就出现了半独立卫星城。20 世纪中叶，这是郊区提供大面积廉价的土地供迁出企业扩建或新建以及灵活、快速、安全的汽车运输迅速发展的结果。随着中心市区那些难以承受高昂地价和环境成本的工厂企业的外迁，促使与它们有联系的小厂也跟着外迁，从而掀起了工业郊区化浪潮。紧随其后的是市中心商业以超级市场或购物中心的形式向郊区和居民地带延伸其服务范围。随着中心城区工商业的郊区化，郊区"卧城"的规模、功能以及居民的生活方式均发生了巨大的变化，郊区逐渐成为中产阶级工作、生活和居住的重要场所，但与中心城区仍具有紧密的联系和依赖关系。所以，原来功能比较单一的"卧城"开始演变为半独立性的卫星城镇。

第三阶段是服务业和办公场所郊区化，即边缘城市阶段。20 世纪 60 年代以来，零售、旅馆、科技教育，文化娱乐等服务性行业大规模向郊区扩张，交通通讯和网络技术超速发展以及高级住宅和办公楼郊区化发展。半独立性的郊区卫星城镇高度产业化，城市功能多元化趋势明显增强，逐步演变成具有相对独立地位的"边缘城市"，成为城市扩散进程中新的集聚中心和边缘经济增长极，双向吸纳着中心城区和农村居民来此就业居住。这一阶段属于城市郊区化的成熟阶段。

城市郊区化所产生和带来的积极作用有：

（1）城市郊区化在一定程度上缓解了大城市中心区的人口过度集中、住宅紧张和交通拥挤状况，改善了城市工作条件，促进了人地关系的进一步和谐。

（2）注重区域社会经济发展的整体协调，通过制定和实施完善的区域规划，促使城市产业、部门在地域空间范围内的协调布局，有利于充分发挥城市在生产、流通、生活、消费等领域的整体功能。

（3）改善了城市的环境质量。

郊区城市化往往和另一种城市化类型即逆城市化一同讨论。逆城市化是指由于交通拥挤、犯罪增长、污染严重等城市问题的压力日见增大，城市人口开始向郊区乃至农村流动，在那里形成一个绿色的生态环境。原有的市区则出现"空心化"——人口呈现负增长，以人口集中为主要特征的城市化由此发生逆转。我们要注意郊区城市化和逆城市化存在着差别：郊区城市化和逆城市化分别处在城市化进程中的不同阶段。城市化一般分为几个阶段：起步阶段、郊区城市化阶段、逆城市化阶段、再城市化阶段。郊区城市化是城市化过程中刚刚起步阶段的时候形成的产物；而逆城市化则是由于经济水平的提高，城市化进程较高的时候，这时人口往往向郊区迁移。而且郊区城市化所建立的新城与原城市是接壤的，但逆城市化却并不是这种情况。其实这两种城市化最本质的区别在于二者发生的原因不同：郊区城市化是一个城市自然扩张、良性发展的过程，是伴随经济发展而出现的现象；而逆城市化是由于原城市内部环境的恶化导致的人为变动过程。

但是这种郊区化也呈现一种问题，尤其是对我国这种人多地少的国情来说。在经历了近些年快速城市化之后，我国的一些城市病开始逐渐暴露出来。其主要表现为：（1）布局分散、城市整体规划相对落后。在城乡结合部位的规划与管理出现真空地带。（2）占地过多，土地利用矛盾突出。（3）道路交通、公共服务等基础设施建设相对不足和落后。（4）城市历史文化遗产不能得到良好保护。（5）城市建设在大规模的城市郊区化历程中，由于缺乏合理的规划而显得问题重重。

因此我们在对待城市郊区化时要采取谨慎的态度，首先要明确这是一个城市发展自然进化的过程，同时又要考虑人为因素对它的引导作用。总之城市作为我们生活的主要场所，我们应该让其向着更好的方向发展。

消失的世界——传统社会

我们现在所提的加快工业化进程，这是近代以来人类社会的一个趋势。工业化开始于18世纪末19世纪初的欧洲，伴随着工业化，人类社会逐渐进入了工业化社会或者称为现代社会，而在工业社会以前的时代被称为传统社会或者前工业化社会。亚洲、拉丁美洲及非洲进入工业化社会比较晚，而且很多国家现在仍然没有完全实现全面的工业化，但是全球化的进程使整个人类社会远离了传统社会，而步入了现代社会。从传统社会过渡到现代社会，社会的很多方面发生了巨大的变革，而社会学正是在这种变革中产生的，社会学最初的目的就是研究现代社会与传统社会的不同并且讨论人们在现代社会中面对的种种问题。传统社会对我们来说已经逐渐远去，但是在许多地方我们依然能看到它的痕迹。比如在中国，由于发展的不平衡，很多地方可以见到传统社会形态与现代社会形态的一种交叉，而人们在面对这种变化时往往表现出一些不适应。因此我们应该了解传统社会的一些特征，这为我们正确认识现代社会提供了一个参考标准，让我们能够把握住社会发展的脉搏。

传统社会有几个基本的特征：它以自然经济为主，是一个礼俗型的社会，人口大多居住在乡村，农业是经济的主要部门，社会形态一元化。

传统社会的经济基础是自然经济。自然经济受到自然界的影响很大，缺乏抵御一般性自然灾害的能力。而且传统社会社会管理水平比较低，战争频发，这些因素都可能造成各种社会性的灾难。在传统社会，灾荒是破坏性最大的社会灾难，如果任其发展下去就会引发社会的变乱——这种变乱的最主要形式主要是人口的流移死亡、农民的暴动与异族的入侵。社会变乱会导致劳动力锐减、土地废弃与国民经济的破败。当社会经济荒废到一定程度时，变乱的程度会逐渐下降，最后会出现新的统治者，社会秩序逐渐平稳，新一轮的发展时期开始。

传统社会是一个礼俗型的社会，也就是说社会秩序的维护不是靠法律，而是靠礼仪和道德。传统社会是一个乡村生活占主导的社会，在乡村的生产生活中，礼俗型的人际关系类型占优势。这种关系主要靠血缘关系和地缘关系来维持。在传统社会中有着血缘关系的人们拥有共同的财产，以情感、共同的习惯以及在此基础上的回忆作为纽带。父子关系是其中最重要的关系。因为任何社会关系都必须有一个权威，父亲正是家庭中的权威，他对子女负有生产生活上的指导指挥的责任。地缘关系是由居住的相近产生的，它是乡村中家家户户间的关系。仅仅是居住的相邻以及各家土地相连就使得他们必须有一些联系，而且各家各户之间会有详尽的了解。而为了强化这种关系，会有一些被特别确定和神圣化的村庄习俗。当然在传统社会中的乡村，村民之间往往都有着或远或近的血缘关系，因此血缘与地缘在乡村中是共同起作用，并且共同维持着乡村社会的稳定。

在礼俗型的关系中，人们之间十分了解熟识，说着相同的语言，有着相同的生活方式。在这种关系中，父权或族权是主要的权威，权威与服从者之间的关系是：

权威者对人们的生活有着全面的指导，而服从者则必须全方位地服从权威。这种权威与服从的关系存在着不平等，而这正是由礼俗和道德进行约束的。在传统社会中，由于人们主要是靠血缘和地缘联系在一起的，因此在人们的社会关系中人的地位、权利和义务基本上被先天决定，人们在社会互动中的自由性较小。

在传统社会，由于人们的社会地位和权利基本被先天条件所决定，社会各阶层间缺乏自由流动的机制，所以不同阶层的人个人发展的机会是不平等的。一些人可通过另一些人的庇护而获得不同于别人的地位和利益，这就是所谓的特权。历史上大贵族、大官僚本人不仅享有很多的特权，同时他们的子孙和其他亲属也享有很多特权。官位品级越高，那么获得的特权就越多。传统社会中还存在男尊女卑的现象。男子在社会中享有比女子更多的特权，女子要听丈夫的指使。传统社会中年长者比年少者更有资历，一切事情年长者比年少者拥有更多的发言权。

传统社会中，普通民众一般都会产生一种平均主义的思想，这种思想是对特权的一种反抗。它反映了社会底层民众反抗社会不公、憧憬未来的一种理想观念。平均主义主张绝对平等，反对压迫和剥削。然而传统社会经济资源匮乏，这种民众的反抗运动由于缺乏先进思想的引导，往往产生了相反的结果——产生了新的特权阶层。因为平均主义并没有触及平等的本质，也就是在社会中获得发展机会的均等，因此平均主义所强调的只是每个人最终结果的均等，结果就会造成漠视个人的价值、借口社会整体的利益而牺牲个人合理的利益这样的结果。

在传统社会中，由于资源缺乏、生产力水平低下，决定民众不能得到真正的人身自由，所以人身依附在传统社会中十分普遍，比如中国传统社会中仆人对老爷的依附，古代欧洲领地上的民众对领主贵族的依附等。传统社会是一个严格、完备的等级制社会。君临天下的君主位居这个社会的核心和主导地位。君权凌驾于一切社会成员之上，以此为尖塔，渐次层层往下，构成社会等级体系。在这个体系中，等级越往下，人数越多，那里的人身依附程度越强、人的尊严越加丧失。一旦沦落到最低的社会等级，人则带有充分的人身依附性，几乎被剥夺人的尊严，平等和自由无从谈起。

我们目前生活在现代工业化社会，为了更好地理解传统社会，我们可以把传统社会的一些方面与现代工业化社会作个比较。从居住方式来看，传统社会是乡村的，而现代社会是城市的；从社会生产方式来看，传统社会是封建的，而现代社会是工业化的；从社会分工来看，传统社会是简单的劳动分工，而现代社会是复杂的劳动分工；从社会政治形态来看，传统社会是权威指导与服从的，而现代社会中人人由于自愿结合而平等；从社会流动、社会地位来看，传统社会中社会关系是长久的、固定的、封闭的，各人的权利义务由一系列规则确定，而现代社会的社会关系是相对短暂的、自由灵活的、开放的，各人的权利义务由后天决定；在传统社会中，血缘和地缘关系占主导地位，超出这两种关系的人际交往是很少的，人际交往的范围也是很小的，因此人们头脑中关于人际关系的观念也只有这两种关系，如果某些人想在这两种关系之外建立新的人际关系，仍然只能以这两种关系为模式，而在现代社会交换关系占主导地位，而且以这种关系为主导的人际交往的范围可以很大，因为在人们的头脑中，这种关系的观念已广泛地占有主导地位，因此，人们可以通过这种关系在很大的范围内寻找合作伙伴、建立各种组织，同时人们会把"交换"的观念运用到经济活动以外的其他社会领域。

总之，传统社会与现代社会最根本的差异在于：传统社会是一个以礼仪和道德——礼俗——为维持社会秩序手段的一元化的社会，而现代社会是一个以法律为维持社会秩序手段的多元化社会。生活在城市中的人们可能已经体会不到传统社会的这种状态了，但在中国的很多乡村还依然保留着传统社会的生活方式。随着社会的发展，传统社会必然会从世界上消失，到那时我们会享受到全面现代化的好处，但同样也会面临现代化社会带来的问题，尤其是对人精神层面的影响。我们研究传统社会应该学会从中发现一些美好的东西并继承与发扬，为我们能更好地生活在现代社会提供帮助。

现代世界——工业化社会

我们所生活的现代社会开始于工业化，也就是说我们可以把现代社会称之为工业化社会。工业化社会是以工业生产为经济主导成分的社会，是继农业社会或传统社会之后的社会发展阶段。工业化在18世纪末20世纪初开始于欧洲，欧洲也最先迈入了现代社会。进入20世纪以后工业化的速度加快，而且范围也不断扩大，尤其是第二次世界大战以后，伴随着亚洲、拉丁美洲、非洲国家的民族解放运动，工业在这些国家和地区呈现了快速发展的态势。时至今日，全世界都进入了工业化时代，虽然工业化的程度不同，但放眼全球，人类已经全方位地生活在了一个统一的现代社会中。

工业化深刻地改变了这个世界，这种变化不仅仅发生在人们普遍关注的政治、经济、国际关系、文化等领域，同时也发生在人们常常忽视但每一个人都身处其中而且可以感触到的社会生活领域。社会的变化不仅仅由于工业机器化大生产，而且越来越以科学技术革命为动力。科技的进步通过对人类社会生产、生活环境、活动范围、生活内容、生活节奏以及生活观念等各个层面的改变而改变了整个社会生活，使人类社会生活不断地趋于现代化。进入 20 世纪，科学技术飞速发展，尤其是二战以后，以核能技术、计算机技术、微电子技术、光纤通讯技术、生物技术、海洋工程技术等方面的重大突破和应用为主要标志，现代新技术革命的浪潮席卷全球，给人类社会生活带来了更大更快的变化。人类社会生活的重大变化、发展是与作为人类智慧结晶的科学技术的发展变革密切关联的。

　　工业化社会最大的特点就是城市化。进入 20 世纪，城市化的速度越来越快。工业革命以后，大机器工业生产方式把人口前所未有地集中起来，大量的农村人口集中在工业中心，形成了近代城市。进入 20 世纪后，受科技革命的影响和现代工业化的推动，城市化的加速明显加快。根据历史统计资料，在 1900 年，世界有拥有 100 万人口的城市总共只有 10 个，而到 1970 年增加到 162 个，1985 年增至 270 个；在 1900 年世界城市人口总数只有 2.24 亿，1950 年增至 7 亿，1960 年增至 9.94 亿，1975 年增至 16.5 亿。现在发达国家的城市化程度达到了 70% ~ 80%，而发展中国家虽然城市化程度还不高，但发展非常迅速。虽然现代城市的大发展带来了各种各样的问题，但是城市化依然是判断一个国家或地区现代化水平的标志。

　　工业化必然导致城市化，而城市化不仅意味着城市人口的增长和城市数目的增多，它对人类社会生活的各方面都有着深刻影响，这种影响反过来又把社会推向了现代化。

　　从人们的饮食来看，城市的发展使生活节奏加快，促进了食物的商品化、大众化，改变了乡村时代的单家独户制作食物的自给自足状态。食物的商品化、大众化促进了食品加工业的发展，适应城市生活节奏的快餐工业和饮食服务业风行全球。由于饮食业的发展，城市居民中的"外餐族"越来越多，在家共同进餐的悠然之乐逐渐减少。城市化导致的饮食生活的变化还促进了国际间食品和饮食习惯的交流，使全球性的食品工业和饮食文化得到了发展。

　　人们的居住方式也发生了改变。传统的散居环境被集中居住代替，高楼大厦取代低矮的单门独户的平房，宽阔的街道和立体交通体系取代了羊肠小道，人工雕琢的城市公园取代了乡村自然的小桥流水，不夜城通明的灯火取代了日没而息的乡村的黑暗。此外，与城市相连的高速公路、港口、机场、铁路、光缆、卫星转播站等设施使城市与外界息息相通，促进了相关产业的发展，加强了人们之间的联系。

在现代社会中，人们的行为方式也发生了改变。由于公共交通设施日趋发达，人们在城市上班、回家、购物等，动则乘公共汽车、地铁、出租汽车或环城火车，交通极为便利。人们走出城市走向世界，动则乘坐飞机、高速列车等。以城市为中心的海、陆、空立体交通网络彻底改变了现代人的地球观。在现代人的眼里，地球不再是广阔无边、难以走到尽头，而是一个小小的"地球村"。

工业化与城市化引起了重大的社会变迁，使整个社会面貌发生了翻天覆地的变化。社会产业结构的变化首当其冲，随着工业化的深入，硬产业逐渐向软产业的转化，最明显的表现就是由制造业向服务业的转变，从业人员越来越多地转入服务行业。目前发达国家的服务业从业人员已超过全部社会从业人员的一半，发展中国家的一、二、三产业的从业人员也逐步发生变化：第一产业所占比重日渐减少，第二、三产业尤其是第三产业在稳步增加。在1978年，我国第一产业从业人员占社会劳动总人数的比重为70.5%，第二产业占17.4%，第三产业只占12.1%；而到了1992年，第一产业占58.5%，第二产业占21.7%，第三产业占19.8%，第三产业迅速发展。

新中国的工业化进程始于1953年的第一个五年计划，我国并没有采用西方国家一般由轻工业起步的工业化道路，而是采取了重工业起步的道路，实行"优先发展重工业"的战略。这一战略的实施，取得了明显的效果，重工业快速增长。1952年至1965年期间，重工业总产值年均增长15.5%，高于轻工业年均增长率5.5个百分点，重工业在工业总产值的比重也迅速由35.5%提高48.4%。从1953年到1980年，全国基本建设投资中，工业投资占54%，而工业投资中重工业投资所占比重高达89%，主要投资于电力、冶金、化学、煤炭、机械等行业。在这一时期，中国用了近30年的时间，初步构造起了独立、相对完整的工业体系，工业化进程也由起步阶段逐步进入了工业化的初级阶段。

到1978年，第二产业在GDP的比重达到48.2%，重工业占工业总产值的比重为56.9%。第二产业的比重远远高于同时期的发展中国家。为了解决严重的结构矛盾，中国开始进行工业化战略的重大调整，调整了单纯发展重工业的思路，开始采取消费导向型的工业化发展战略，优先发展轻工业。以纺织工业为代表的轻工业获得了快速发展，在1980年至1985年的工业总产值中，轻工业的比重迅速由47.0%上升到49.6%。

与此同时，轻重工业逐步协调增长，轻重工业的互动发展机制逐步形成，重工业开始加强轻工业所需的工业原料和机械设备的生产和供应，而轻工业则通过产品的市场开拓，增加了对重工业产品的需求。

在 20 世纪 90 年代中期，居民消费结构出现升级，彩电、冰箱等传统家电类消费依然保持较快增长，同时空调、电脑和通信器材等需求高速增长，推动了电子信息产业的高速增长。1994 年、1995 年的电子工业产值年增长率分别达到33.4%、32.7%。电子工业成为这一时期极为显著的高增长行业，并保持了长时间的持续高增长。通信、电子产业增加值占 GDP 的比重由 1989 年的 1.4%提高到2001 年的 4.2%。2001 年电子工业占全国工业总产值的比重由 1989 年的不到 5%上升到近 10%；规模总量的快速扩张使其对经济增长的拉动作用十分明显，电子信息产业对工业增长的贡献率接近 20%。由于电子信息产业具有技术密集度高的特点，从而推动了产业结构向高度化演进。

人际关系也随着工业化发生了变化。现代社会人与人之间的交往、接触机会大大增加，人际交往的基础由以往乡村时代在血缘和地缘关系为主转变为以利益、业缘关系为主。然而在现代社会，随着人与人的交往越来越频繁，人与人之间的交往感情却日趋淡漠，清淡如水，传统的乡村式的温情被现代化的交往准则取代。在人际关系中，家庭出现了更加深刻的变化，现代社会人们的自由、独立观念的增强，导致夫妻—子女型的核心家庭取代了旧式的大家庭，而在家庭关系中男女平等的新型关系已经确立。

现代社会还是一个信息化的社会。到 20 世纪中后期，随着计算机、微电子技术、现代通讯技术和信息处理技术的惊人发展，人类社会出现了由工业社会向信息社会的转变。人类社会的这一重大变化使社会生活日趋信息化。知识爆炸是现代社会的显著特点。在 19 世纪，人类的知识量大约 50 年翻一番，到 20 世纪初缩短为 30 年，20 世纪中叶只需要 10 年，到 20 世纪 80 年代只需 3~5 年即可实现人类知识量的翻番。随着知识量、信息量的急剧增加，人们在社会生活各个领域都在与信息发生密切联系。为了适应人类从泛滥成灾的信息流中迅速、准确、有效地获取和传递信息的需要，从 20 世纪 70 年代起，现代信息技术兴起，使整个社会生活信息化、自动化。

现代化大大提高了社会生活水平，人们的社会生活方式出现了分层，这种分层不仅体现在不同国家和地区之间，也体现在同一国家的不同地区之间。我们可以把生活方式的层次分为三种：生存型层次的生活方式、发展型层次的生活方式、享受型层次的生活方式。生存型的生活方式是人类以维持生命、满足最基本的生理需求为主要目标和内容的生活方式；发展型的生活方式是人类以推动社会生活的改善，满足对社会物质文化发展的需要为主要目标和内容的生活方式；享受型的生活方式是人类以满足高度的物质和精神享受需要为主要目标和内容的生活方式。

目前对于大部分发达国家和中等国家来说，人们的社会生活是处于发展型层次上。处在这一层次的工业化社会中，社会生活是由钟点支配的。人们为了适应机器运转的需要而制定了某些时间为工作中的休息时间，规定了适当的节假日。在这种社会里，人们都会在大致相同的非工作时间里同时进行消费，从事精神文化交流等活动，社会生活表现出明显的大众特性和同步性。随着工业化进程的深入以及新的科技革命的推动，少数发达国家的社会生活已迈向享受型层次。在这种社会中，大多数劳动者都是从事脑力劳动，劳动者的闲暇时间明显地增多，劳动者本身也由机器时代的乏味的简单劳动转化为创造性的有趣味的劳动。在享受型社会中，人们从事的劳动本身与"闲暇"已没有什么本质区别，人们在劳动之外拥有更多的闲暇时间。当然世界的现代化发展是很不平衡的，目前仍有许多国家和地区还处在生存型社会阶段，即使是在发达国家也还存在着相当比例的人口不得不为生存而担忧。因此，如何更加公平地让所有人都能享受人类文明发展的成果，是我们必须面临的问题。

我们总结现代工业化社会基本上有以下几个特点：

（1）以大机器的使用和无生命能源的消耗为核心的专业化社会大生产占据了社会经济的主导地位；

（2）科学技术高度发达，生产效率全面提高；

（3）社会分化剧烈，社会分工精细；

（4）社会流动性增强，业缘关系取代了血缘和地缘关系成为人们社会关系的主要形式；

（5）城市数量增加、规模加大，农业人口的比重降低至半数以下；

（6）交通运输工具和通讯联络手段高度发达；

（7）人的思想观念充分更新，竞争意识和时间观念加强，

当然工业化也给现代社会带来了不少问题，而这些问题最根本的表现在两个方面：人与自然关系的紧张以及社会人际关系的冷漠。前者让整个人类社会的生存与发展面临重大考验，而后者让人们逐渐失去了自己的精神家园；前者导致了

战争、粮食危机等各种问题，而后者导致了自杀率上升、离婚率上升、心理疾病增加等社会问题，能否有效地解决这些问题关系到人类社会能否健康地向前发展。我们学习社会学就是要了解身边的世界，以思考解决问题的办法和出路。

发达社会的未来——后工业社会

人类社会在经历了二百年的现代化或者说工业化进程之后，已经过渡到了后现代或后工业社会。由于现代化的进程最先开始于欧洲，所以时至今日，欧洲国家可以说一步步地走完了现代化的各个阶段，进入到了后现代社会。但是对于亚洲、拉丁美洲及非洲国家来说，还没有完全实现工业化，也没有完全步入现代社会。但是随着全球化的不断深入，世界各国之间的联系已经变得相当紧密，文化之间的交流也是如此。因此欧洲经历的后现代社会的种种特性也渗透到了其他地区，这就使得广大发展中及不发达国家和地区同时经历着现代化及后现代化两种社会变迁形态，使得研究社会变得更加复杂。现在社会学对于后现代社会或后工业社会的研究并不成熟，这是因为后现代社会本身还发展得并不成熟，而且人们对于它的体验还处在很模糊的阶段。但是正如社会学家创立之初社会学家们致力于研究传统社会过渡到现代社会所发生的社会现象一样，当代的社会学家也致力于研究现代社会向后现代社会过渡所产生的各种问题。

在社会学研究中，社会学家把人类社会分为三个基本的阶段——前工业社会、工业社会和后工业社会——这是以工业化为标准进行划分的。前工业社会或称为传统社会是生产力发展水平不高，机械化程度很低，主要以农业、渔业、采矿等消耗天然资源的经济部门为主的社会形态；工业社会或称现代社会的特征是大机器工业生产取代了以往的农业、手工业生产，生产力水平大幅度提高，经济部门主要以制造业即第二产业为主；而后工业社会或称后现代社会是工业社会进一步发展的产物，后工业社会的主要特点是信息、知识创造和传递速度加快，信息技术、知识经济成为经济生活的主流，主要经济部门是以加工和服务为主导的第三产业，诸如运输业、公共福利事业、贸易、金融、保险、房地产、卫生、科学研究与技术开发等。

欧洲国家最先步入后工业或后现代社会，这一过程大约发生在二战后的20世纪60年代。由于第二次世界大战给人类社会带来的巨大灾难，在人们的心中留下了巨大创伤，人们开始在战后反思工业化带来的负面影响以及现代社会的种种社会问题。这使得一种后现代主义在学术界逐渐兴起，这种思想伴随着冷战不断发展，在 20 世纪 80 年代末达到了高峰。这种后现代主义思潮在心理上改变了人们对现代社会的看法，改变了人们认识世界的方式，为后现代社会的发展提供了一种精神力量。另一方面，战后重建工作以及冷战的刺激在科学技术上带来了一次飞跃，一般称之为第三次工业革命，这一变化为后现代社会的发展提供了物质力量。一般来说后工业社会或后现代社会具有以下 5 个特征：

（1）由工业社会向后工业社会过渡过程中，社会的经济结构从商品生产型经济逐渐转向服务型经济。一国的经济随着逐步工业化，各产业的生产率将发生变化，从而必然会产生大多数劳动力转向制造业的发展趋势；但是随着工业自动化程度提高，工业需要的劳动人数下降，另一方面随着国民收入的增加，对服务业的需求越来越大，因此劳动力又将向服务业方面转移。所以我们说后工业社会首要的特征就是：大多数劳动力不再从事农业和制造业，而是从事服务业。服务业指的是除农业和制造业之外的商业、交通运输、娱乐、科研、教育等其他行业。

（2）技术阶层在职业分布结构中逐渐处于主要地位。职业分布的变化是区别后工业社会和工业社会的第二个方面。职业分布的含义不仅指人们在何处工作，还指他们从事何类工作。随着服务型经济的发展，工作重心转向办公室、教育机构和政府部门，自然引起职业向所谓的"白领职员"转移。例如在美国，直到 1956 年，白领职员总数才第一次超过蓝领工人总数，此后这两者的比例进一步扩大，到 1970 年已经超过 5∶4。不过职业分布结构最重要的变化是专业和技术职员的增长，这部分职员的增长率是从业人员总数增长率的 2 倍。还有一项统计数字更能说明全貌，这就是科学家和工程师人数。他们是后工业社会的主力军。整个技术阶层人数的增长率是劳动力总数增长率的 2 倍，而科学技术人员的增长率则是劳动力总数增长率的 3 倍。

（3）在后工业社会，理论知识日益成为创新的源泉和制定社会政策的依据，也就是说后工业社会是以知识经济为主导的社会形态。工业社会是生产商品、协调人与机器关系的社会。后工业社会则是围绕知识，为了创新和变革，实施社会控制和指导而组织起来的社会；这样也就形成了必须从政治上加以管理的新型社会关系和新型结构。虽然知识对任何形态社会的发展都是必需的，但是在后工业社会，知识本身的特征发生了变化。理论知识占据主导地位，成为制定决策、指导变革的决定力量。理论的重要性超过了经验，知识被编码成抽象的符号系统，使之能用以描述迥然不同的经验。当今任一现代社会，都依赖于创新和对变革实行社会控制。由于人们对创新的性质看法有了这个变化，使理论知识变得无比重

要。在现代社会中，一个领域的发展是否能顺利进行越来越取决于理论工作的进展。理论知识日益成为社会的战略资源，而学校、研究所和智力部门日益成为后工业发展的动力源泉。

（4）随着后工业社会的发展，科学技术的变革方式也会发生变化。后工业社会有可能掌握进行社会变革的新手段，这就是对技术的发展进行规划和控制。科学技术未来的发展方向可能是技术控制和技术评价会根据一套新的技术预测模式。社会依赖技术和创新的程度越高，社会体系中的不确定因素也就随之增加。但是，新的预测方法和计划规划技术的产生，有可能开创社会发展上的一个新阶段，在这个新阶段中，人们能够预先自觉地规划技术变革，从而减少未来社会发展的不定因素。

（5）后工业社会上至国家决策下至个人决策的方式可能会发生改变，一种新的"智能技术"可能会随之诞生。随着社会的发展，人们要处理的问题越来越复杂。在 18 世纪和 19 世纪，科学家们所处理的问题大多是双变量或三变量、四变量问题。但是随着工业化进程的推进以及后工业时代的到来，无论是科学界还是日常生活，都面对着大量复杂的问题，例如统计力学中的分子运动计算、保险业保单中的平均寿命计算、人口遗传学中的遗传分布计算等。当人们面对越来越复杂的世界时，人们迫切地需要一种新的技术能够弥补人脑的不足，这会促使一场新的技术革命，也可能从根本上改变人类的生活。

现在从全世界整体来看，人类社会正处在工业社会与后工业社会的过渡阶段，而且不同地区的发展很不平衡。这种不平衡加上文化之间的差异，究竟未来的人类社会会发展成什么样子，虽然许多学者都作出了卓有成效的研究，但是前景依然不是十分明朗。我们学习社会学，在面对这个问题时应该更加具备一种历史性的视野，能够从更广阔的角度来看待人类社会的变化。

第四节　社会问题——需要人类共同面对的问题

不患寡而患不均——社会不平等和贫富差距

社会不平等是所有社会制度面临的一个永恒话题，包括公开承诺平等观念是公民权利中不可缺少的组成部分的自由民主制。但遗憾的是，社会事实已经证明实现平等是很难的。在现代市场经济制度中，不平等是无法避免的。为了追求社会平等，许多学者与政治家做出了很多努力，比如想通过将富人的财富重新分配给贫困者的办法来消除不平等。西方福利国家制度和高水平征税是进行这方面尝试的两种做法。然而，这些做法不能消除贫困，所谓的福利往往不能物尽其用。现在追求社会平等的观念正在被一种更具活力的方式来修正，即开始强调机会的平等以及多元主义和生活方式多样化的重要性。

现在有关平等的认识也在进一步演化。也许社会不平等在未来相当长的时间内还会存在，但我们正在努力缩小这种差距。在经济、社会、文化方面，女性要比前几代享受更多的平等。但是随之而来的我们的社会也面临着新的风险和威胁。这些风险在贫困者和富人之间并没有多大的区别。污染、环境破坏以及城市的过度增长这些我们自己制造出来的危险正在成为新的不平等的诱因。当我们开始应对这些新的挑战的时候，国家与福利服务的作用必然受到检验。福利不只与物质繁荣有关，而且也与人的全部幸福有关。社会政策关心提高社会凝聚力、促进相互依赖的网络，并且努力使人们的自助能力达到最高程度。权利和责任正在拥有新的重要性。这不仅是针对那些处于社会底层试图工作、不再依靠福利的人而言，而且也包括那些位于顶层的人。他们的财富使他们无法逃避公民、社会与财政的责任。

社会不平等与社会分层有一定的联系。社会学所说的社会分层指的是依据一定具有社会意义的属性，一个社会的成员被区分为高低有序的不同等级、层次的过程与现象。而社会不平等首先就是社会分层所显现出来的一种现象。按照马克思的阶层学说，出现社会不平等是因为各阶层对相对稀缺的社会价值在占有量、获取机会和满足需求的程度上存在着差异性。另一方面，社会流动也是社会不平等的一个诱因。社会流动是指人们在社会关系空间中从一种地位向另一种地位的转移。这里所研究的社会流动主要是职业。在既定的社会分层体系中，不同层级的人们由于掌握的资源有多寡之分，也影响了层际的流动，导致了社会不平等改善的困难。比如每一个分层中的人们都有不同的先赋条件——家庭出身、亲属关系等，自获条件——自身的努力获得的知识、技术等，就业制度和社会成员对各种职业所作的主观评价和排序等个人条件和社会条件，这些都对社会不平等的形成有着深刻的影响。一般来说，处于下层的人们具有的以上条件要比上层人们的差。虽然下层的人们有更大的潜力向上流动，但这是理论上的判断，在现实中往往是困难重重。

社会化与社会角色是影响社会不平等的一个因素。人们在社会化的过程中，不断受社会文化的内化和学习社会角色，逐渐适应社会生活，并逐渐养成独特的个性和人格。不同社会阶层的人有不同的生活环境，这些都会影响其行为方式和以后的发展。另一方面，社会角色是人们对具有特定身份的人的行为期望，它是构成社会群体或组织的基础。不同的阶层对于行为的期望不同，这种主观因素可以促进也可以制约人们向更高的阶层流动。如果一个人思想保守，那么他失去了向上流动的主观愿望，自身的社会地位可能会保持不变甚至降低。

我们还不能忽视文化的影响。整个社会的平等观念及其他有关社会流动、社会分层的观念会影响人们的行为方式，而不同阶层形成的亚文化也会对该阶层内的人形成约束。这种约束可以是正向的，即让人们努力向上流动；也可能是负向的，让人们安于现状。有一种观点认为，贫穷可能在某些群体中形成了一种文化观念，一旦如此，那么他们就没有能力通过自身的努力实现社会地位的改变。文化观念又使社会形成一种社会规范，这种规范体系中的风俗和价值观念在不同的阶层中是不同的。在贫穷阶层中，某些观念可能是制约其向上流动的桎梏。

还有一点是利益的分配问题。不同阶层已经形成了一定的社会群体，社会群体在广义上是指一切通过持续的社会互动或社会关系结合起来进行共同活动，并有着共同利益的人类集合体；在狭义上是指由持续的直接的交往联系起来的具有共同利益的人群。这里强调的是"共同利益"。不同阶层的利益可以有交叉，但根本的利益还是不同的。较上层的人们往往在同一件事情中受益更大，因为他们占有更多的社会资源，这也就导致了在利益分配过程中社会不平等再一次地被放大。社会中总是存在着弱势群体，弱势群体在面对风险时的抵抗力很低，如果没有政治力量和社会力量的有意支持，他们往往会随着社会的发展而愈加显得无助。

我们如何解决贫困问题呢？当然从一般意义上来说，通过个人的努力总是能改变自身的社会地位，但现代社会已经发展到具有严密的组织结构，个人的力量是很难突破的。

因此我们就要考虑在制度上进行完善，来为人们提供一个向上流动的可能。

第一，完善社会保障制度。根据实际情况，对于相对稀缺的社会价值物，国家要进行宏观调控和合理配置，缩小贫富两阶层中占有相对稀缺的社会价值物量的比例和差距，杜绝富裕阶层垄断相对稀缺的社会物。同时，要对相对稀缺的社会价值物进行评价，要对长期有效的相对稀缺的社会价值物的配置给予关注，也要对新生的相对稀缺的社会价值物进行预测，确保不能为富裕阶层完全独占或垄断。

第二，在人的社会化过程中要有外力进行正确的引导。对贫穷阶层给予更多的鼓励和优惠政策，使他们对脱贫抱有坚定的信心和坚决的恒心；对富裕阶层进行教育感化，让他们热心于社会慈善事业，实行积极扶贫助贫政策，对于有成效的，要给予奖励，在社会化过程中正确引导人们对社会角色中的行为的期望。鼓励贫穷阶层通过诚实劳动、合理合法地脱贫致富，抑制投机取巧思想的产生；禁止富裕阶层剥夺贫穷阶层，运用不正当的手段经营谋生。

第三，我们要从文化观念入手，用一种进步的价值观代替已经过时的价值观念。在不断满足人们对文化需要的前提下，不断丰富物质文化和非物质文化，在贫穷阶层中大力宣扬先进文化，逐步让贫穷阶层摆脱落后和愚昧的思想观念。当然我们要尊重贫穷阶层的特有文化，避免造成文化冲突。

第四，应该扩大弱势群体的活动范围。所谓的活动范围并不是简单指的是生活范围，更多的指各种社会活动的范围。通过扩大弱势群体的就业领域，给予弱势群体更多的劳动空间和机会，使贫穷阶层脱贫致富。对贫穷阶层的能力进行合理评价，最好能够使贫穷阶层的能力在劳动中得以充分表现，还要使贫穷阶层的能力适合劳动的要求，真正使劳动力得以最大限度的发挥。还要对贫穷阶层进行劳动培训，使他们掌握更多的技能技巧，适应社会发展的需要，也使他们自身的价值得到提高。

贫富差距和社会不平等是现代社会不可回避的社会问题，我们应该正视它的存在，通过合理的方式来进行改善。因为社会的发展应该让所有成员都能享受到文明的成果，共同创造美好的未来。

靠技术进步还是减少人口——如何摆脱资源危机

当今的世界，科技进步、经济的发展在增加社会财富、提高生活水平的同时，也产生了一系列的危机，其中被人们提起最多的就是环境破坏与资源危机。资源是我们生存的根本保障，一旦没有足够的资源，人类社会就不能正常运转甚至崩溃。资源是稀缺的，但人口是不断增长的，这种矛盾其实是人类社会各种社会问题产生的根源。而这个矛盾在当今世界更加突显出来。

面对资源消耗和短缺，一直以来人们都在研究如何才能解决这个问题。我们说资源危机的根源在于资源的有限性和人口增长的无限之间的矛盾，那么人们在研究这个问题时基本就是从这两个方面来考察。有些学者认为科技的进步能够使人类为自然资源找到人工制造的替代品，为稀缺的资源找到更丰富的自然资源。举例来说，当木材在16世纪稀缺时，美国开始使用煤作为能源；当20世纪用于制作象牙台球球丸的象牙短缺时，便奖励寻找替代品，结果赛璐珞被发明出来，这又导致了塑料的出现；当19世纪为生产灯油而将鲸捕猎得近乎灭绝时，煤油从石油中提炼出来用以点灯，石油工业就从此产生并发展起来。而且现在卫星和光纤维代替了传递电话的昂贵的铜。所以不少学者认为最后的资源是人类的发明。当人口增长时，人类发明自身也在积累，当它被人们利用之时，就变成增值的资源。而且从另一方面来看，当人口不断增加时，找到科学家和发明家的机会就越大，这些人的发明将长期增加人类的福利。而且，人口的压力和资源的压力还会迫使人们进行经济政策的改革，为有效利用资源创造条件。这些措施都会使人类超越自然的束缚，而且技术进步带来的新的资源比老的资源更便宜也更丰富。从人类历史事实上看，人口增长带来的是资源的增长而不是减少，而人们的生活质量也越来越高。在1万年以前，只有300万人能活下来；而到了19世纪，地球上能够养活10亿人；而在今天，更多的人都能生存下来，所以说人口的增长其实是会带来资源的变革，资源的使用只要合理就不会产生危机。

但是另一种观点现在更有说服力。人口的增长所导致的自然资源短缺确实有可能促使人们进行技术创新和市场变革，生产出更多的资源，以抵消资源的消耗。然而事实的确并不总是尽如人意：如果人口增长过快而技术革新跟不上，就有可能导致人均国民收入的停滞甚至实际减少，形成恶性循环；另一方面，技术创新的原动力在一个复杂的社会中不是或主要地不是由人口因素所引起的资源短缺，而是由其他非常复杂的政治、经济、文化等因素所决定。人口的增长、资源的短缺并不一定导致技术创新，相反很有可能阻碍技术创新，因为工业社会中的技术创新是以节省劳动、提高劳动生产率为特点的，这点与利用大量劳动力的劳动密集型经济不同，它难以由人口众多产生出来。比如在农村，由于劳动力过剩，大量的剩余劳动力必须就地消化，这就影响到农业采用新技术和规模经营。有一项权威的研究指出：在人口稠密地区，人口每增加10%，GDP只相应提高6.7%，即人均产出下降3.3个百分点，其中贫困人群的产出下降最多。这个数据就说明了人口的增加并不一定就会刺激技术革新，从而使资源的极限得到提高。

我们还可以从农业的角度来看待这个问题，人口增长会导致农业生产强度的增加，这会降低土壤生产力。激励农民采用技术革新来强化农业生产，改变土地的承载力，但这样的强化往往导致土地肥力的减退，一定程度上会阻碍农牧业的发展。农业技术带来的有利因素会被人口增长带来的不利因素抵消掉。

我们还可以假设一下，如果不降低人口的出生率，而是试图凭借技术进步来解决由人口增长所带来的资源危机，会发生什么情况呢？比如我们现在在开发核能，那现在我们就前瞻性地探讨一下氢能源的利用情况。假定在不远的将来，热核聚变研究取得了突破，以至于海水中的重氢能够被用做产生原子能的燃料，那么，如果世界人口保持不变，而且能源的消耗速度也不变，那么海水中的重氢将可以使用100万年。但是，如果世界人口以每年1%的速率增长，即使每年所消耗的能源与以前一样多，那么，上述100万年燃料的储存也将在920年内用完。从100万年到920年，表明了人口指数增长对能源使用年限的巨大影响。当然有人认为这种计算没有考虑资源使用率的提高问题，依靠科技进步，人类完全有可能使得每一年消耗的能量只有以前的一半。这难道不会大大延长能源的使用时间？我们可以再计算一下，假定人口仍然以不变的速率增长，我们所能做的只是降低能源的消耗，在经过一个类似的计算后，得到了一个令人失望的结果：海水中的重氢只能使用990年。这些计算都说明单纯的技术进步对于解决能源危机效果不大。只要人口以指数形式增长，那么，资源永远也满足不了人类的需要。

其实其他的所谓的替代资源也一样，比如风能，比如太阳能。总之，如果不限制人口的增长，那么任何能源的使用都是有极限的。联合国最乐观的推测是，到2050年全球人口将达到75亿的顶峰。有科学家预计，世界人口到2025年将达到85亿，2050年将达到100亿，最后在22世纪世界人口达到120亿以后走上稳定。如果人口的增长真能如此的话，也许技术进步可以解决人类未来所面临的资源危机。

但我们仍然应该清楚，减少人口增长才是解决资源危机更有效的方式。我们还是回到刚才重氢的例子，假如我们将人口增长率从1%减少到0.5%，并且假定每个人口的能源消耗保持不变，那么海水中的重氢的使用寿命将从920年增加到1700年。1700年是一个不小的数字，但是，在人类的历史径河中，也仅仅是一个小片断。我们已经经历了6000年有文字记载的文明史，还想拥有更长的人类发展史。要达到这样的目的，需要我们将技术进步和减少人口增长这两种方式结合起来，以更有效地解决人类所面临的资源危机。

不要把穷人拒于城市之外——贫困问题

贫困相对于富足，类似于贫穷。因为贫穷而生活窘困，称之为贫困，是一种社会物质生活贫乏的现象。贫困是一种社会物质生活和精神生活的综合现象，其主要根源是物质生活条件缺乏与精神生活没有或缺乏出路。贫困的真正含义是贫困人口创造收入能力和机会的贫困；贫困意味着贫困人口缺少获取和享有正常生

活的能力！

　　贫困一直是人类社会面临的重大社会问题，进入 21 世纪以来这一问题更加突显。我们应该如何定义贫困？一般我们把贫困分为绝对贫困与相对贫困两种情况。"绝对贫困"的概念是建立在对生存能力的考察上，指为了维持身体的健康存在而必须满足的基本条件。如果一个人缺少维持人类生存的基本必需品，例如充足的食物、住房以及衣服等，那么我们就说这个人生活在贫困之中。"绝对贫困"的概念被视为是普遍适用的。因为年龄与体格相当的人不论在地球的任何地方所需要的生存条件基本是一致的，所以绝对贫困有一个普遍适用的标准。

　　但是这个标准并不被所有人接受。相对贫困的概念因此被提了出来，不少学者认为相对贫困的概念更合理。相对贫困也就是把贫困与在一个特定社会中占主流的一般生活水平相联系。"相对贫困"概念认为贫困要从文化上来定义，而不应该根据某些普遍的标准来测量。绝对贫困认为每个地方的人类需要都是完全相同的是错误的。事实上，维持生存的基本条件在同一个社会内部和不同社会之间都会不同。在一个社会被看作是必需品的东西，在另一个社会可能就是奢侈品。例如，在大多数工业化国家，自来水、抽水马桶以及水果和蔬菜等被看作是健康生活的基本必需品，在生活中没有它们的人可能被认为是贫困的，但是在不发达的国家，这种生活设施并不一定是必需的，因而根据具备或不具备这些条件来测量贫困就失去了意义。

　　其实不论是绝对贫困还是相对贫困，要确定它们都存在一些困难。测量绝对贫困的一种普遍应用的技术就是——根据在一个特定社会中维持人类生存所必需的基本产品的价格确定一条贫困线。收入低于贫困线的个体或家庭被认为是生活在贫困之中。不过这种只使用一个单独的贫困判断标准可能带来一些问题，因为这种定义没有考虑到人们生存需要随时间和地点会产生的变化。例如，在同一个国家内，一些地区的消费水平要比其他地区高，基本必需品的费用也因地区而异。另一个例子，从事体力劳动的人对食品的消费可能要多于白领。这种单一的判断贫困的标准往往会把一些实际收入不能满足基本生存需求的人计算到贫困线之上。

　　绝对贫困的判断存在问题，相对贫困的概念本身也是非常复杂的。随着社会的发展，对于相对贫困的理解也必须改变。随着社会变得越来越富裕，相对贫困的标准必须逐渐向上调整。例如，在中国从前汽车被看作是奢侈品，但是今天在很多地方这已经变成了可以接受的一般消费品，甚至是生活必需品。其实现在甚至那些社会中最不富裕的成员也要比以前富有多了，但如果相对贫困的标准不改变就不适应现在的社会环境了。现在甚至那些最低收入的家庭也享有比20年前更多的商品和服务。然而，如果据此提出贫困不再存在也是错误的。其实当社会整体越来越富裕时，社会中最富裕的成员与最贫困的成员之间的差别变得日趋明显。在低收入家庭中，仍然广泛存在着营养不良、健康不佳、接受教育和公共服务的机会有限以及居住环境不安全等问题。这些指标表明，从有关方面来看，贫困仍然深深地植存在于每一个社会中。

我们如何看待贫困问题呢？有一种观点认为贫困者应对自己的贫困负责任；而另一种是认为社会的贫困是所谓的社会结构力量或者说不合理的制度造成的。认为贫困者要为自己的困境负责的看法由来已久。早期解决贫困的努力，比如19世纪在欧洲出现的济贫院就是基于这样一种信念，也就是说，贫困是由于个人对环境的不适应或者是身患疾病。贫困者被看作是由于技能、道德的缺乏或身体方面的缺陷，缺少动机，或者能力低于一般水平而无法在社会上取得成功的人。社会地位被看作是对一个人的才能和努力的反映。那些应该成功的人确实成功了，同时其他的能力不足的人注定要失败。生活中的这种胜利者和失败者的存在被认为是一个事实。

因为政府对于企业家和个人抱负的强调鼓励了在社会上"成功"的那些人，并且支持了那些不为环境所束缚的人，所以从20世纪80年代开始，认为贫困者应自己负责的观点重又兴起。对于贫困的解释经常是在贫困者的生活方式，以及与之伴随的假定他们持有的态度和观点中寻找答案。很多人认为有一种贫困文化存在于贫困者群体中，贫困并非是个体不适应的结果，而是贫困者的孩子们在一个更大的社会与文化气氛的影响下社会化的结果。贫困文化之所以在几代人中得以传递，是因为年轻人从很小就认为期望得到更多的东西没有什么意义。相反，他们听天由命地安于一种贫困的生活。

对于贫困文化的研究认为，不是因为"他们自己的错误"而成为贫困者的人，如寡妇、鳏夫、孤儿或者残疾人、与依赖文化类型的人属于不同范畴。那些依赖政府福利救济金的贫困者与进入劳动力市场的贫困者是不同的。其实福利国家的发展带来一种削弱个体通过劳动获得财富这种观念，很多人成了福利的依赖者，他们宁愿接受施舍。福利在一定程度上已经腐蚀了人们工作的动力。

第二种从社会制度角度解释贫困的方法强调制造个体难以克服的贫困条件的更广泛的社会过程。这种观点认为社会内部的结构性因素，如阶层、性别、族群、职业地位、教育成就等因素塑造了资源分配的方式。这种解释批评了人们经常把贫困者缺乏抱负心看成是"依赖文化"，事实上这不过是他们受环境束缚造成的一种后果。减少贫困不能只靠需要改变个体状况，更需要致力于在全社会中更加平等地分配收入和资源的政策措施。最低工资标准、社会保障的公平等就属于试图弥补持续的社会不平等的政策措施。

贫困是一个十分复杂的问题，虽然它首先是指经济范畴的贫困，即物质生活贫困，但贫困涉及社会发展的更深层问题。贫困的存在有着历史与现实的双重原因，因而，贫困又是一个历史性的范畴。所以我们说贫困不只是经济概念，更关乎基本的公民权利、能力，其实质是一种权利和能力的贫困。诺贝尔经济学奖获得者阿马蒂亚·森这样描述贫困："贫困不是单纯由于低收入造成的，很大程度上是因为基本能力缺失造成的。"比如与高额医疗、养老、教育、住房等民生支出，对应的公民获得健康权、养老权、教育权、居住权的能力缺失。所以我们在研究贫困问题时应该从更广泛的社会文化的角度来考察。

经济危机下的硬伤——失业问题

失业是现代社会长期存在的一种问题，进入 21 世纪后，全世界进入了新的发展时期，社会转型加剧，失业问题更是被人们所关注。失业是指有就业能力并且有就业要求的人口没有就业机会的经济现象。也就是说失业是针对有劳动能力并愿意工作的人而言，对于没有劳动能力的人不存在失业问题；如果有劳动能力的人虽然没有职业，但本身不想就业，那么也不被称为失业者。

失业有许多种情况，按照国际劳工组织的标准——凡是在规定年龄内一定期间内（如一周或一天）属于下列情况的均属于失业人口：（1）没有工作，即在调查期间内没有从事有报酬的劳动或自我雇佣；（2）当前可以工作，就是当前如果有就业机会，就可以工作；（3）正在寻找工作，就是在最近期间采取了具体的寻找工作的步骤，例如到公共的或私人的就业服务机构登记、到企业求职或刊登求职广告等方式寻找工作。

失业问题的产生有许多原因，在社会学研究中有许多的理论来解释失业问题，我们可以从几个方面来讨论失业问题。首先我们来讨论技术进步对失业的影响。一直以来很多学者都认为因为技术的进步使得很多工作可以用机器来完成，而且单人的生产率提高，所以就业岗位就变得少了。技术进步带来的自动化大生产是经济发展的必然趋势，那么我们不禁要问，随着技术的进步、生产力的提高会不会产生更高的失业率？是不是未来我们的工作机会将越来越少？对于这个问题有两种观点：第一种观点认为技术革命带来的后果是工作性质和劳工组织的改变。很多学者认为随着技术的进步生产中需要的劳动力越来越少这种观点是不对的。我们拿美国举例，在 20 世纪五六十年代，美国的失业率特别低，但这一时期美国生产力的发展却是非常快的。进入新世纪，美国的失业率不断攀升，但是生产力的发展速度却仅有 20 世纪中期的一半。

第二种观点则认为，随着计算机及其他节省人力资源的设备与新技术在工作场所中的运用，在未来失业肯定会有一种固定的增长。自动化、计算机化、机器人及其他方面的技术变革会使很多特定类型的工作机会丧失，尽管技术进步会创造一些新的工作机会，但是失去的工作岗位比这些新的工作机会更多，而且新工作机会的增长远远赶不上劳动力的自然增长速度，而且随着知识更新的加快，人们改变工作性质的能力其实是变低了，这就导致寻找新的工作岗位变得困难。

虽然在对待技术进步与失业这个问题上有着不同的观点，但更多的学者还是认为技术进步的确带来失业率上升的问题。

除了技术的进步，社会不平等和各种各样的歧视也会导致失业问题，比如求职过程中遇到的招男不招女的性别歧视、对乙肝患者的歧视、对大龄从业者的歧视等。我们还是拿美国举例，1999 年美国有 8% 的黑人失业，而白人工人的失业率仅为 3.7%。在美国，女性的失业率要高于男性，50 年前，大约 2/3 的劳动者为男性，直到 20 世纪 70 年代，妇女在劳动力性别构成中的比例才开始上升。另一方面从美国妇女的职业构成来看，差不多 70% 的妇女集中从事教师、售货员、护士、秘书等少数职业，工资都不是很高。一般来讲，假如男性赚 1 美元，女性只能赚 0.7 美元。我们再来说说个人的年龄因素是如何影响到就业与失业。16 ~ 17 岁的美国年轻人，特别是十来岁的少数民族成员，有着特别高的失业率。

另外由于劳动力成本的问题也会导致失业。公司为了追求利润，总是倾向选择具有廉价劳动力的地区开展业务，比如美国跨国大公司纷纷在其他国家设立分公司，把很多就业机会带到了发展中国家。在我国当前大学生就业也是一个大问题，不得不说很多岗位并不需要大学学历就可以胜任，而且报酬要少很多，这样企业当然会选择需要更低劳动报酬的人。

从另一个角度我们还可以把失业分为自愿失业与非自愿失业。所谓自愿失业，是指工人所要求的实际工资超过其边际生产率，或者说不愿意接受现行的工作条件和收入水平而未被雇用而造成的失业。由于这种失业是由于劳动人口主观不愿意就业而造成的，所以被称为自愿失业，无法通过经济手段和政策来消除。而非自愿失业，是指有劳动能力、愿意接受现行工资水平但仍然找不到工作的现象。这种失业是由于客观原因所造成的，因而可以通过经济手段和政策来消除。经济学中所讲的失业是指非自愿失业。

我们不考虑自愿失业而只考虑非自愿失业的话，可以发现失业问题受社会整体运行的影响，比如所谓的结构性失业、摩擦性失业、周期性失业。

结构性失业是指劳动力的供给和需求不匹配所造成的失业，其特点是既有失业，也有职位空缺，失业者或者没有合适的技能，或者居住地点不当，因此无法填补现有的职位空缺。结构性失业在性质上是长期的，而且通常起源于劳动力的需求方。结构性失业是由经济变化导致的，这些经济变化引起特定市场和区域中的特定类型劳动力的需求相对低于其供给。造成特定市场中劳动力的需求相对低可能由以下原因导致：第一是技术变化，原有劳动者不能适应新技术的要求，或者是技术进步使得劳动力需求下降；第二是消费者偏好的变化，消费者对产品和劳务的偏好的改变，使得某些行业扩大而另一些行业缩小，处于规模缩小行业的劳动力因此而失去工作岗位；第三是劳动力的不流动性，流动成本的存在制约着失业者从一个地方或一个行业流动到另一个地方或另一个行业，从而使得结构性失业长期存在。

摩擦性失业是指生产过程中难以避免的、由于转换职业等原因而造成的短期、局部失业。这种失业的性质是过渡性的或短期性的，它通常起源于劳动的供给一方，因此被看作是一种求职性失业，即一方面存在职位空缺，另一方面存在着与此数量对应的寻找工作的失业者，这是因为劳动力市场信息的不完备，厂商找到所需雇员和失业者找到合适工作都需要花费一定的时间。摩擦性失业在任何时期都存在，并将随着经济结构变化而有增大的趋势，但从经济和社会发展的角度来看，这种失业存在是正常的。

周期性失业是指经济周期中的衰退或萧条时，因社会总需求下降而造成的失业。当经济发展处于一个周期中的衰退期时，社会总需求不足，因而厂商的生产规模也缩小，从而导致较为普遍的失业现象。周期性失业对于不同行业的影响是不同的，一般来说，需求收入弹性越大的行业，周期性失业的影响越严重。也就是说，人们收入下降，产品需求大幅度下降的行业，周期性失业情况比较严重。通常用紧缩性缺口来说明这种失业产生的原因。紧缩性缺口是指实际总需求小于充分就业的总需求时，实际总需求与充分就业总需求之间的差额，说明了紧缩性缺口与周期性失业之间的关系。

失业对处在任何职位的人都是一个潜在的威胁，不仅是体力劳动者，所谓的白领也是一样。失业问题不仅仅是一个经济领域内的问题，更是一个全社会领域内的问题。比如失业会使生活满意度下降，产生家庭暴力；失业将影响子女教育的问题；失业会成为社会稳定的不利因素，影响社会治安；失业还是自杀的一个主要原因，日本是世界自杀率非常高的国家，而大部分自杀都是因为失业。毋庸讳言，失业问题对一个社会的影响远不止如此，这些只是冰山的一角。在当今全球化的进程中，失业问题更加复杂化，如果不能妥善加以处理，会连带产生其他许多的社会问题。

大同世界的幻想——种族歧视

我们可能都知道前南非总统曼德拉，他的一生就是与种族主义、种族歧视作斗争的一生，而他的梦想就是这个世界不再有族群之间的仇视，所有的人类都能平等地生活在地球上。但遗憾的是，种族歧视问题在今天依然没有得到有效的解决。在过去的南非，种族歧视突出地表现为种族隔离，这是白人种族主义者的基本国策，这一政策一直持续了300多年，直到曼德拉领导斗争的胜利。其他地方比如美洲的黑人、印第安人，大洋洲的土著居民，欧洲的原殖民地移民、少数民族和外国工人，亚洲的"部落民"和种姓集团等，都是今天种族歧视的受害者。

种族歧视问题首先来自于偏见，虽然直到现代社会才出现种族这个概念，但偏见是人类历史上普遍存在的。偏见指的是一个群体的成员对另一个群体成员的观念或态度。一个带有偏见的人所持有的先入之见往往是基于传闻，而不是直接的证据，甚至在面对新的信息的时候也顽固不变。偏见并不一定都是负面的，人们可能会包容那些对于自己所属群体有利的偏见，而对与自己不同的群体则怀有负面的偏见。有些人一旦持有对某个特定群体的偏见后，就会拒绝对其进行公正客观的认识。

社会心理学中有一个刻板印象的概念，偏见经常源自刻板印象，源自对某一群体成员固定的、僵化的刻画。刻板印象其实经常出现在我们身边，比如一提到黑人我们认为他们都是天生的运动员，一提到中、日、韩三国，就认为都是刻苦、努力的学生等一类的观念。有些刻板印象包含少许真理的成分，但经常被过度夸张，刻板印象经常是人们借此对某些对象发泄其实并不是由他们所造成的敌意或愤怒。刻板印象在文化观念中根深蒂固，即使明显歪曲了现实，也很难被改变。

偏见描述的是人们的某种态度和意见，那么歧视就不仅是意见，而是针对其他群体或个体的实际行为。在剥夺某一群体成员的对其他群体来说是开放的机会等行为中可以看到歧视的存在。比如就业中出现的种族歧视，一个黑人求职被拒绝，而这份工作却给了白人。虽然偏见通常是歧视的基础，但两者可以独立存在。一些人可能带有偏见的态度，但他们并不采取行动。同样重要的是，歧视行为也并不一定直接出于偏见。例如，在美国经常会有白人购房者不愿意购买黑人街区的房产，并不是因为对那里的住户怀有敌意，而是担心房产将来会贬值。在这里，偏见以一种间接的方式影响了歧视的行为。

从一般的偏见和歧视我们可以过渡到对种族歧视的讨论。我们经常听到"种族主义"这个说法，其实种族概念是种族主义存在的基础——是基于有社会意义的身体差异的偏见。种族主义者是相信由于种族差异的存在，使某些个体优于或劣于其他个体的人。种族主义通常被认为是某些个体或群体所持有的行为或态度。许多人认为种族主义并非只是一个一小撮人所持有的思想，相反，种族主义是一种深刻的社会价值观。在一定程度上种族主义可能被制度化了，它以一种系统化的方式弥漫在整个社会结构中。比如警察、公共医疗卫生服务和教育体系等制度中，在其行为准则中可能或多或少都存在有利于某个族群而不利于另一个族群的地方。

其实在现代社会，类似于过去美国"3K党"那种极端的种族歧视已经不多见了，在生物学上的种族概念也已经被抛弃，今天种族歧视已经不再明确的从身体的差异上来表现。这种转变最典型的例子是美国合法隔离的结束和南非种族隔离的崩溃。以上两个个案都通过把身体特征与生物学上的劣等直接相连来表明种族主义的态度。今天，只有在暴力仇恨的犯罪案件中或某些极端主义者群体的讲台上才偶尔会听到这种露骨的种族主义者思想。但这并不是说种族主义的态度已经从现代社会中消失了。相反，种族主义以一种新的面貌出现，它利用文化差异的理念排斥某些群体。

这种新的种族歧视认为，种族的高等和劣等的等级是根据主体的文化价值观构造的。那些远离主流的群体会被边缘化，或因拒绝同化而被贬低。这种新的种族主义有时带有明确的政治性，在教育领域和大众传媒领域表现得很明显。比如某国媒体基于自己的价值观来批评在其他国家的社会现象，在学校的教材中突出本国历史而对它国历史文化的内容加以修改，这都是新的种族主义。新的种族主义的实现越来越依托文化而不是生物学的依据，所以很多学者认为当今世界是一个"多元种族主义"的世界，这种现象在一定程度上可以促进不同种族之间的沟通与理解，但其中也暗藏着危机。如何化解矛盾达到大家共赢的局面，是现代社会发展的重要课题。

我们刚才提到心理上的偏见是形成歧视的原因之一。其实除了刻板印象之外，还有一种现象也会造成歧视。就是说如果一个人对某一族群抱有偏见，那么他很可能会对其他不同于自己的族类群同样怀有偏见，这样的人可能就是在其社会化的过程中已经形成了产生偏见这样一种思维方式。心理学家西奥多·阿多诺在20世纪40年代进行了一项著名研究，为了评估偏见的程度，研究者们设计了几种衡量等级，有一个等级要求人们对一系列强烈仇视犹太人的声明回答他们是同意还是不同意，那些表现出对犹太人持有偏见的人，也会倾向于对其他少数群体持负面的态度，研究得出的结论是：这种人具有一种权威式人格，他们倾向于对上级表示谦恭，而对不如自己的人则表示轻蔑，他们极易产生偏见和歧视。这种权威式人格是一种教养方式的结果，是在社会化过程中形成的。如果父母没能对子女直接地表现出他们的爱，表现出来的是冷漠的态度以及要求子女服从纪律，那么当子女们长大成人之后，他们一般理解不了那种模棱两可的情景，不能采用一种辩证的思维去考虑事物，所以就倾向于以一种刻板印象的方式来思维。

这种心理学上的研究受到了许多的质疑，但它仍然是一种很有说服力的理论。不同于心理学家研究，许多社会学家更多的是从社会自身的文化和结构中寻找产生种族主义与偏见的原因。比如社会学中与族群矛盾相关的概念有族群中心主义、族群封闭性和资源配置。族群中心主义说明在族群外部人看来，它倾向于根据自身的文化标准来评价其他群体文化。所有的文化都带有一定程度的族群中心主义。此外，我们很容易发现在族群中心主义与刻板印象式思维之间存在着密切的关系。人们习惯于把本族群之外的人视为异类、蛮族或者是道德、智力低下者。大多数文明发达的社会都这样看待较弱小文化族群的成员，而正是这种态度在人类历史中引发了无数的族群矛盾。族群封闭性往往伴随着族群中心主义出现。"封闭"指的就是各群体努力维持使自己与其他群体分离的一些界限。这些界限通过排斥的手段形成。正是这些排斥手段加剧了各个族群之间的分裂。比如限制或禁止族群之间的通婚，限制族群间的贸易往来以及在居住方面实行族群隔离等。在过去的美国黑人就承受了这三种排斥手段：有些州宣布种族通婚为非法。南部各州制定了法律来保持黑人与白人在社会与经济方面的相互隔离。在绝大多数城市中至今仍有被隔离的黑人聚居区。

种族歧视包括其他一些歧视一直是人类社会的一大问题，在今天也许表现得不太明显，但它仍然存在，而且会制约整个社会的发展。当然我们一直在努力消除歧视，1963年11月20日，《联合国消除一切形式种族歧视宣言》第一次宣告，要迅速消除世界上一切种族歧视。1966年3月7日，联合国大会通过的《消除一切形式种族歧视国际公约》规定：在政治、经济、社会、文化或公共生活的各个方面（如交通工具、旅馆、餐馆、咖啡馆、戏院、公园等），禁止一切种族歧视。缔约国承担义务，防止、禁止并消除各种种族歧视，特别是种族分离和种族隔离，保证不分种族和民族，人人有在法律上一律平等的权利。凡传播种族优越或仇恨思想，煽动种族歧视，对任何种族或民族煽动和实施强暴行为，概为犯罪，应依法惩处。

我们学习社会学更应该形成一种开阔的视野，能够平等地看待不同种族之间的差异，能够发现不同文化的独特的价值。已故著名社会学、人类学家费孝通先生说过："各美其美，美人之美，美美与共，天下大同"。这就是他对于文化交流的看法，我们不仅能认识自己的文化的优点，也能看到异文化的长处，最后通过交流达到互相之间的认同，共同创造美好未来。

·第八章·

社会学常识——不可不知的社会学知识

第一节　社会学基本研究范式

功能主义

社会学古典时期的三位大思想家涂尔干、马克思与韦伯分别开创了三种研究范式，后世的众多社会学理论都是从这三种研究范式中取得的灵感。现在我们就分别来阐述这三种研究范式。

功能主义是社会学建立伊始首先发展成熟的一套理论体系，它的基本原则来自于达尔文的进化论并借鉴了生物学的思想。19世纪，生物学获得了长足的发展，那时有关人体、微生物以及遍布全球的动植物的知识不断增长，其中最伟大的成就就是查尔斯·达尔文吸收了这些新知识并以自然选择来解释物种进化，从而使生物学获得了空前的声望。早期的社会思想家自然地将生物学的一些概念运用到了社会学中。

社会学的创始人奥古斯特·孔德以及紧随其后的赫伯特·斯宾塞提出了功能主义的最基本原则：社会与生物有机体在许多方面是相似的，这种与生物有机体类比的观念中包含了三个要点：第一，社会与生物有机体一样都具有特定的结构。生物有机体是由细胞、组织和器官构成；而一个社会也可看作一个有机体，它是由群体、阶级和社会设置等部分构成的。第二，与生物有机体一样，一个社会要想得以延续就必须满足自身的基本需要。最基本的例子就是一个社会必须要有能力从周围的环境中获得食物和自然资源，并且将它们分配给社会成员，这样才能使社会有机体存在和不断发展。第三，与构成生物有机体的各个部分相似，社会系统中的各个部分也需要协调地发挥作用，这样才能维持社会的良性运行。

最早明确提出功能主义概念的是斯宾塞，他和他的追随者们都坚持认为任何社会系统都会自然地趋向均衡与稳定，同时，社会中的各部分对社会的稳定都发挥了一定的功能。因此，功能主义认为社会是一个复杂的系统，它的各部分能够在功能上满足整体需要，从而维持社会的稳定。后来的一些学者吸收了"社会与生物有机体相似"这一功能主义的基本思想，并且对其进行了提炼和补充。涂尔干就是其中非常重要的一个，他被视为当代功能主义的奠基人。涂尔干把社会看作是一个由道德价值观上的共识来规范的一种特殊的有机体。在他所著的《社会分工论》一书中指出人类社会组织分化与功能特殊化之间的关系，组织之间的功能互补成为社会稳定生存的重要条件，至此功能主义才真正成为了有解释力的优秀理论。

进入 20 世纪，在涂尔干功能主义与以人类学家马林诺斯基为代表的功能主义的共同作用下，美国社会学家帕森斯发展出了现代社会学的第一个宏大理论——结构功能主义。结构功能主义认为社会是具有一定结构或组织化手段的系统，社会的各组成部分以有序的方式相互关联，并对社会整体发挥着必要的功能。整体是以平衡的状态存在着，任何部分的变化都会趋于新的平衡。

美国社会学家 T. 帕森斯在 20 世纪 40 年代提出了结构功能主义这一名称，他在以后的许多论著中为形成结构功能主义的系统性理论作出了很大努力，并成为结构功能分析学派的领袖人物。帕森斯的结构功能主义认为，行动系统有四个子系统——有机体系统、人格系统、文化系统和社会系统，而社会系统是其中之一。在社会系统中，个体之间的关系结构形成了社会系统的基本结构。而个体之间的互动形成了特定的社会角色，社会角色作为角色系统的集体，同时又是由价值观和规范构成的社会制度，因此它成为了社会的结构单位。而一个完整的社会系统必须能够保证自身的维持和存在,因此社会系统就必须满足4种功能条件：①适应。确保系统从环境中获得所需资源，并在系统内加以分配。②目标达成。制定系统的目标和确定各目标的主次关系，并能调动资源和引导社会成员去实现目标。③整合。使系统各部分协调为一个起作用的整体。④潜在模式维系。维持社会共同价值观的基本模式，并使其在系统内保持制度化。这四种功能由谁来执行？从对应关系来看就分别是经济系统、政治系统、社会共同体系统和文化模式托管系统。这其实比较容易理解，适应解决的是生存问题，需要通过经济活动来实现；目标达成涉及大到国家小到家庭的行动方向，而这是政治行为的强项；整合是社会成员凝聚力的要求，社会共同体能够提供相应的支持；至于潜在模式维系，这就涉及了文化圈的概念，拥有共同文化价值观的人们总是能在潜意识里形成一个稳定的团体。社会系统的这四个功能在社会系统内部相互联系，而当社会系统与其他系统之间、社会系统内的各亚系统之间，在社会互动中具有输入—输出的交换关系，而金钱、权力、影响力和价值观就是必要的交换媒介。通过这样的不断交换使社会活动得以有序化，并且这种社会秩序逐渐从自由散漫变得像机器一样精细动作，这就是社会秩序的结构化。在帕森斯看来，社会系统是不断趋于均衡的，社会系统的四种功能如果得到满足，则可以使整个社会系统保持稳定性。

在帕森斯之后，罗伯特·默顿是结构功能主义的另一个主要代表人物。他发展了结构功能方法，默顿的理论被称为"经验功能主义"。默顿认为，在对社会系统各部分功能的分析上，应该注意分析社会文化对个人、社会群体所造成的客观后果。他提出外显功能和潜在功能的概念，前者指那些有意造成并可认识到的后果，后者是那些并非有意造成和不被认识到的后果。例如，大学的一个显功能是使年轻人接受教育，为将来承担专业化的工作打下基础。而大学的一个潜功能则是把一部分人口（正在上大学的人）排除在劳动力市场之外，从而减缓经济生活中的压力。进行功能分析时，应判断所分析的特定社会系统的性质与界限，因为对某个系统具有某种功能的事项，对另一系统就可能不具有这样的功能。另一方面功能还有正负之分，对群体的整合与内聚有贡献的是正功能，而使群体破裂的则是负功能。例如，当宗教把社会成员团结在一起的时候它就是在发挥着正功能；当军队在保护一个社会免受伤害时，它也是正功能的；然而，当宗教使得不同信仰的人之间发生冲突，当军队耗尽了医疗和教育机构等更紧迫的社会需求所需的资源时，它们发挥的却又是反功能。默顿主张根据功能后果的正负净权衡来考察社会文化事项，这就类似于企业在一个财年结束时进行利润计算以确定是否盈利一样。他还引入功能选择的概念，认为某个功能项目被另外的功能项目所替代后，仍可满足社会的需要。社会制度或结构对行动产生的行为影响是默顿理论重点考察的课题之一。他认为，社会价值观确定了社会追求的目标，而社会规范界定了为达到目标可采用的手段。如果文化结构与社会结构之间发生脱节，就会出现社会失范状态，导致越轨行为。

除了帕森斯与默顿，结构功能主义的代表人物还有K.戴维斯、M.J.利维、N.J.斯梅尔塞等社会学家。在整个20世纪50年代，结构功能主义在美国社会学中占据主导地位。但是从20世纪60年代中期开始，结构功能主义受到了相当多的批评。

其中有的批评直接针对它的功能逻辑前提，特别是对它采用唯意志论和目的论的解释方式，也即把系统各组成部分存在的原因归之于对系统整体产生的有益后果或正功能，进行了猛烈的抨击；有的批评它只强调社会整合，忽视社会冲突，不能合理地解释社会变迁。另外功能主义还在其他一些问题上受到了批评，主要是因为它所反映的社会观从本质上是保守的。由于它强调共享价值观并且将社会看成是由为整体利益共同发挥作用的各部分所组成的，功能主义似乎给不赞同这些社会价值观并企图改变它们的人们只留了极少的空间。批评家指责功能主义在很大程度上忽视了对社会的不满和社会冲突。由于功能主义是如此依赖秩序、稳定和共识，它甚至可能曲解了社会的真正本质。很多批评者指出，社会不能完全类比于生物体有机体，因为社会的各个部分并不总是为了整体利益而通力合作的。社会中的某些组成部分处于冲突之中；某些部分的获利则是以其他部分的利益受损为代价的。

对功能主义最严厉的批评来自于被称为"冲突主义学派"的人。他们认为功能主义视角在研究稳定的社会时也许是十分有用的，但是社会冲突从来都是社会的一个重要现象，如果不能有效地解释社会冲突，那么这种社会学理论就是缺乏合理性的。但是不论人们如何对功能主义进行批评，它依然是一个重要的社会学理论体系，为我们提供了一种成熟而又有强大解释力的研究社会现象的思维方法。时至今日，功能主义依然是社会学理论大厦的重要基石，而我们需要从中不断汲取营养并发展这种理论，在与不同理论体系的比较中找到更有效的研究方法。

冲突主义

冲突主义形成一个成熟的理论流派是在第二次世界大战之后，但追溯冲突主义研究范式的开端可到马克思。像其他古典社会学家一样，马克思也是一个研究内容涉猎广泛的思想家，他的理论被多个社会科学学科均奉为经典。而就社会学而言，作为古典社会学三大名家之一的马克思，他开创了冲突主义这一研究范式。

社会系统基本存在两种状态——即稳态和冲突状态，因此社会学的研究基本从这两方面出发，只是不同的学者所选择的侧重点不同。冲突现象作为社会生活中普遍存在的现象，在社会学创立伊始就引起了社会理论家的关注。但是那时功能主义研究方兴未艾，冲突主义的研究范式并未形成规模。20世纪40年代中期以后，以帕森斯为代表的结构功能主义成为了社会学界主流的研究方向，强调社会成员共同持有的价值取向对于维系社会整合、稳定社会秩序的作用，将冲突视作健康社会的"病态"，努力寻求消除冲突的机制。但是在20世纪50年代中后期，随着第二次世界大战后短暂的社会稳定状态的消失和各种冲突现象的普遍增长，许多社会学家开始对帕森斯理论的精确性产生怀疑。这些对结构功能主义持怀疑或批评态度的社会学家们从古典社会学家，特别是马克思、韦伯、西美尔等人有关冲突的思想中汲取营养，批评和修正结构功能主义的片面性，逐渐形成一个继结构功能主义学派之后有重大影响的社会学理论流派——即冲突主义。冲突主义学派的主要代表人物有：美国的科瑟尔、柯林斯，德国的达伦多夫，英国的赖克斯等。

冲突主义反对结构功能主义片面地研究社会的稳定状态，而仅把社会冲突现象视为社会秩序的混乱，冲突主义认为冲突现象才是社会的常态，社会的发展是各种冲突相互运动的结果，而社会稳定状态只是社会冲突或社会矛盾达到暂时平衡时的状态，也就是说社会是一个动态过程，其追求的也是一种动态的平衡。冲突主义特别强调社会生活中的冲突性，并以此来解释社会变迁的原因。

一种理论流派的形成有赖于一批采用相同的理论原则、相似的研究方法，得出彼此相互关联的研究结论的学者们各自所发展出的理论。刚才提到了冲突主义理论流派的四位最重要的社会学家，下面我们就分别概述一下他们的冲突理论。

科瑟尔可以说是"冲突主义"理论流派的开创者，他在他1956年出版的《社会冲突的功能》一书中最早使用了"冲突理论"这一术语。科瑟尔反对帕森斯在结构功能主义理论中所认为的冲突只具有破坏作用的片面观点，试图把结构功能主义的分析方法和社会冲突分析模式结合起来，修正和补充帕森斯理论。科瑟尔研究的基本出发点来自于德国社会学家西美尔提出的"冲突是一种社会结合形式"这一命题，并且在总结前人有关社会冲突研究的基础上开展了进一步的研究，广泛探讨了社会冲突的功能。科瑟尔认为，社会冲突具有正功能和负功能。在一定条件下，冲突具有保证社会连续性、减少对立两极产生的可能性、防止社会系统的僵化、增强社会组织的适应性和促进社会的整合等正功能。

冲突主义研究方法的开端可以追溯到马克思，同样西美尔也对此作出了巨大的贡献，同为德国人的达伦多夫继承了本国同行前辈的研究传统，为二战后的冲突理论的发展作出了新的贡献。达伦多夫的理论认为，社会是一个二元的对立统一体，社会现实有两张面孔，一张是稳定、和谐与共识，另一张是变迁、冲突和强制。社会学不仅要建立一种和谐的社会模型，同样要建立一种冲突的社会模型。

因此出于对社会现实进行研究这样一种实证研究的传统，不能只对一种社会状态进行关注，必须全面地考察所有的社会存在。社会学必须走出帕森斯所建构的均衡与和谐的"乌托邦"式的幻想，建立起一般性的冲突理论。1957年达伦多夫出版了《工业社会中的阶级和阶级冲突》一书，其中达伦多夫主要吸取了韦伯关于权威和权力的理论，以此为基础建立了自己的阶级和冲突理论。他认为，社会组织寻求的目标不是一个均衡的社会系统，而是一个依靠强制性进行协调的联合体。社会组织内部的各种不同位置具有不同等级的权威和权力，社会结构中固有的这种不平等权威的分布，使社会分化为统治和被统治两大彼此对立的准群体。在一定条件下，一个准群体组织可以表现出明显的利益倾向，而成为一个利益群体，由此可以引发群体性冲突，从而导致社会组织内部权威和权力的再分配，经过这样一个激烈的冲突过程，在达到一个新的平衡后，社会将暂时趋于稳定与和谐。但权威的再分配同时也是新的统治和被统治角色的被重新确立的过程，这种对立并没有消除，而是在和谐中潜伏着冲突的危机，一旦时机成熟，社会成员就会重新组织起来，进入另一轮争夺权力的冲突。社会现实是冲突与和谐的循环过程，而这种权力的不断再分配就是这一过程的推动力。

赖克斯的冲突理论更多地偏向于马克思有关社会冲突的理论解释。赖克斯从马克思主义的基本立场出发，反对帕森斯以价值规范为重心的秩序理论，强调在建立社会模型时应该优先考虑物质生活资料的分配方式。在1961年出版的《社会学理论中的关键问题》一书中，赖克斯描述了"统治阶段的情境"：统治集团支配社会生活的各个领域，并运用强制性权力迫使社会整合。在这种情形中，经济分配体系向不同群体分发一定量的物质生活资源；政治权力体系分配权力以"防范任何破坏经济分配体系的行为发生"；终极价值体系确认"这种政治权力体系的合法性"；宗教仪式则具有"促使人们遵从终极价值体系的功效"。他认为，这种货币→权力→价值→仪式的一体化社会结构，是为统治阶级的利益服务的。生活手段分配上的极端不平等，必然造成被统治阶级不满情绪的日益增长，促使其成员将个人利益置于群体利益之下而结成集体行动者。一旦统治和被统治阶级之间的权力对比发生变化，社会就会由"统治阶段的情境"向"革命情境"运动，最终导致统治阶级的倒台。冲突的双方即使认识到激烈的冲突将会比适度的让步付出更高的代价，从而彼此作出妥协，但这种"休战情境"也是极不稳定的。冲突双方继续寻找能够满足自己单方面利益的手段，一旦找到了这种手段，权力的平衡立即被打破，冲突随即重新取代暂时的和平。

相对于前面三位，柯林斯的理论比较晚，1975年柯林斯出版了《冲突社会学：迈向一门说明性科学》一书，这标志着冲突理论的研究进入了一个新的阶段。早期冲突论者只是对结构功能主义进行补充和修正，认为秩序理论和冲突理论同是有用的理论工具。但是柯林斯认为，社会冲突是社会生活的中心过程，仅仅提出一种补充性"冲突理论"不足以说明这一过程，必须建立一门以冲突为主题的社会学。早期冲突论者主要关注宏观社会结构问题，并把社会结构视作外在于个人的强制性力量。柯林斯则认为，社会结构是行动者的互动模式，是在行动者不断地创造和再创造中产生并得以持续的。对宏观社会结构的理解不能脱离建构这些结构的行动者。他吸取了现象学和民俗学方法论的研究成果，力图为宏观社会学奠定微观基础。早期冲突论者注重理论和意识形态问题，柯林斯与他们不同，他强调必须建立假说—演绎的命题系统，并从经验上加以验证，唯有如此，才能使冲突社会学真正成为一门说明性科学。柯林斯为冲突理论的研究打下了新的基础，标志着狭义上的"冲突理论"作为一个流派已经式微。

冲突理论一经产生便在社会学界引起了强烈反响，很快这一全新理论便渗透到社会学多个分支学科的研究中去，尤其在政治社会学、组织社会学、种族关系、社会分层、集体行为、婚姻家庭等研究领域相继出现了大量以冲突概念为框架的论著，对当代社会学的发展产生了巨大影响。

理解社会学

韦伯作为社会学古典理论三大奠基人之一，他以一种独特的视角来认识、研究社会学的各种课题，这些充满了独到性的理论影响了以后的很多学者，同时也开辟了一种新的视角、新的方法去看待社会，去研究社会。韦伯认为，社会学被称为理解社会学，就是致力于解释性理解社会行动并通过这种理解对社会行动的过程和影响作出因果性的说明。韦伯的理解社会学可以是理性的观察，也可以是对被研究对象进行一种移情的体验，韦伯对所研究的社会现象作出因果性的说明并不是想要发现事物背后的普遍规律，而是针对某一社会现象背后的具体因果关系作出理解性的解释。韦伯的社会学研究范式不同于当时流行的把社会现象当作外在于个人的客观存在物和实证主义，而是综合了实证主义和人文主义，更多地从个人的角度出发来解释社会现象产生的原因。韦伯的社会学方法论是独特的，他所提出的"价值中立"和"理想类型"的方法论原则不仅是他的理解社会学的核心，而且也开辟了一条新的社会学研究的方向，对后世社会学的发展产生了非常重大的影响。

我们说韦伯的社会学是一种不同于实证主义的理解社会学。虽然从19世纪社会学创立之日起，实证主义的研究方法就充斥着社会学界，所有的研究都以向自然科学靠拢而自豪。但韦伯却认为，社会科学是人文科学，它的研究对象是活生生的人，因此是无法像真正的严格意义上的自然科学那样发展的。社会学要体现出自身的科学性和客观性，并不一定就要像自然科学那样与实证紧密相连。在韦伯所处的时代，这种观点是非常先进的，因为它表明了韦伯将社会学定义在一个与自然科学不尽相同的层面上，为其自身的研究乃至社会学的定位提供了一个新颖的空间。由此足见韦伯的思想的独特性。

韦伯说社会学是理解性的，应该着力于对人的社会行为作出一种解释性的说明，人类的社会行动才是韦伯的社会学的研究对象。韦伯的社会学研究方法最应该引起我们注意的就是他对"理解"的理解了。韦伯所谓的"理解"基于两种因素：纯理性的观察方法和拟情式的体验方法。前者指的是运用逻辑、数学等理性的工具对行为的各种因素和其中的意义进行完全清晰和理智的把握；后者指的就是运用主观思维能力在大脑里重新塑造他人在进行这种行为时的情况、环境和内心的感受，然后将自己代入其中，重新体验他人当时的心灵、情绪，以有效地把握他人的行为动机，达到理解的效果。这一点对韦伯所说的"理解"非常重要，因为很多社会行动都不具有清晰的逻辑顺序，研究者只有通过拟情方法才有获得正确认识的机会。

在韦伯的方法论中，他把"理解"分为两种：首先是直面性理解，即通过对社会行动的观察，从社会现象的表面就能理解其意义，如我们可以通过 $2 \times 2 = 4$ 这个公式来理解2与2相乘的结果的数学含义；其次是解释性理解，即通过动机来把握行动者赋予行动的意义，比如警察办案过程中对于犯罪者动机的推断。在韦伯看来，解释性理解才是理解社会学的重点与核心。韦伯认为仅有理解是不够的，他的解释性理解更是为了对行动进行一种因果性的说明，即通过解释性理解与因果性分析的方法结合，将对社会行动的解释和理解与行动具体的进程相比较，从而进行对主观理解的验证。当然，这种因果性说明不同于自然科学中的那种绝对的因果分析。自然科学的因果判断模式往往是"A怎样决定了B"，而他提出的社会学的因果说明的模式则是"A在多大程度上影响了B、导致了B"。也就是说，他认为社会学以及社会科学具有特殊性和独立性，因此没有固定的规律可言，而只有具体的因果关系。并且，韦伯还认为社会科学中的因果关系具有多元化的特点，即影响社会或历史的因素极其繁多，我们无法找到全部确定的因果关系。复杂的社会行动常常是许多情况和因素共同作用的产物，我们无法把握全部的细节。人类社会和我们所创造的历史有太多的不确定性，其原因就在于——面临同样的历史时刻和社会环境，处在同样决定地位的不同的人可能作出不同甚至完全相反的决定。

韦伯的社会学理论的独特性就在这里显现出来。在韦伯生活的年代，学术界存在着两股对立的学术流：一种便是实证主义，它提倡用实证的方法对待社会科学，认为绝对的因果关系规律也适用于社会科学；另外一种便是以狄尔泰、李凯尔特等人为代表的历史主义学派在社会历史领域对因果分析倾向的拒绝。韦伯则将两者有效地协调统一起来，他将主观的解释性理解与相对客观的因果性说明联系在一起，而且找到了因果性说明的一种独特定位：一方面韦伯不同意历史主义的观点，他认为虽然社会学是关于社会行动的解释性理解的科学，但也必须对其过程和结果进行因果性的说明；另一方面，韦伯也认为这种被说明的因果关系不是必然的，而只是一种可能性或曰一种机会，即存在一定的概率发生的情况。这种关系可以用主观恰当性和因果恰当性来表示。前者是对具体社会行动的过程和动机的理解，是表示对行动者的主观精神状态及其特定目的的认识程度，而后者是指一种事件的先后顺序，其必然程度只能在理想状况下用数字的形式表示出概率来。因此，因果恰当性是指在从主观观点出发所作的理解结果与从客观观点出发所作的观察结果之间存在统计规律上的相符。

韦伯建立的这种社会学研究方法表明了他同样想把社会学建设成一门科学，但是又要考虑到社会学是有关人的学问这样一种独特性。作为一个学者，韦伯从根本上是要保证社会学研究的科学性与客观性。因此，韦伯提出了"价值中立"和"理想类型"，他认为做到价值中立和建构出合适的理想类型就可以确保社会学研究的规范性和科学性，就可以在不偏重依靠实证的基础上建立科学的社会学。韦伯的社会学理论中的很多方面都对现代社会乃至我们现在所处的后现代社会作出了相当准确的预言，他从形式合理性与实质合理性之间的相互关系和张力中解读现代社会的矛盾。韦伯告诉我们：形式上的合理性与实质上的非理性是现代社会的本质特征。换言之，突显功能效率精神是现代社会的合理之处，而不合理之处在于把功能效率这一本来属于手段的东西当作目的来追求。工业文明创造的理性化造成现代人一方面在享受现代物质文明方面受赐良多；另一方面他们又身不由己地陷于理性化所造设的"铁笼"，失去了对价值的追求，丧失了自身的精神家园。韦伯对理性化的批判与马克思有异曲同工之妙，他一方面深刻批判现代文明的反文化、反人道特征，另一方面又强调作为现代人的命运，现代文明注定是不可避免的。

在 20 世纪下半叶的冷战期间，人类社会逐渐步入了后现代社会，韦伯曾经预言过的那些社会矛盾开始显现，因此在学术界也出现了研究韦伯社会学理论的"韦伯热"，而且这种热潮随着时间的推移显得更加强烈。对于韦伯的研究不会过时，他的理解社会学理论与研究方法除了本身的独到性之外还有许多深层次的研究对象值得我们深入探讨。对于韦伯社会学研究范式的研究不仅能够丰富整个社会学的研究，而且能让我们在多种理论思想和方法论之间取得一个平衡，汲取各家的长处来开发我们自己的社会学想象力，做出自己的社会学判断。

第二节　社会学理论流派

马克思主义社会学

马克思主义社会学是从马克思、恩格斯开始的以历史唯物论为理论基础和指导思想的社会学学说的通称。在世界社会学发展的两大传统中，它是与从 A. 孔德开始的西方社会学相对而言的另一大传统。

马克思主义社会学包括马克思、恩格斯本人及其后继者的社会学思想、社会学说，以及当代学者用马克思主义立场、观点和方法所阐述的社会学理论、学说等。20 世纪 60 ~ 80 年代，在前苏联、东欧各国中占主导地位的就是带有各国自己特色的马克思主义社会学。代表作有前苏联的《社会学手册》（1976）、德国的《马克思列宁主义社会学原理》（1977）等。在西方各国也有一些学者从他们各自的立场、观点出发，从事马克思主义社会学的研究和评述。英国学者 T.B. 博特莫尔的《马克思主义社会学》（1975）可看作这方面的代表作。

在中国，广大社会学者正在努力建立具有中国特色的马克思主义社会学。自1979 年社会学重建以来，他们在马克思主义社会学方面的探索已取得一些进展，提出了一些新的看法。

马克思主义社会学的理论基础这个问题主要涉及马克思主义社会学与历史唯

物主义的关系。正确解决这个问题对理解和建设马克思主义社会学具有关键性的意义。

第一种观点认为，历史唯物论就是马克思主义社会学。这种观点在前苏联 20 世纪 30 ~ 50 年代，在中国 50 ~ 70 年代均占主导地位。在 20 世纪 60 ~ 70 年代，前苏联学术界弱化了这种"等同"或"代替"的观点，提出马克思主义社会学有三层结构，即一般理论、专门理论和个别的经验研究，其中的一般理论就是历史唯物论。历史唯物论既是马克思主义哲学的组成部分，又是马克思主义社会学的组成部分。这种"部分等同"或"部分代替"的观点，在很长时间内是前苏联学术界的主导观点。

第二种观点与第一种观点相反，认为历史唯物论应包括在马克思主义社会学之中。在前南斯拉夫学术界不少学者主张这种观点。他们认为，社会学是关于社会的一般科学，历史唯物论只是历史的逻辑学或辩证唯物主义的社会观及社会发展观。因此，他们往往在社会学著作中系统地讲述历史唯物主义的原理。卢基奇的《社会学原理》（1960）和布里舍里奇的《社会学原理》（1963）是这方面的代表作。在中国，也有少数学者持类似的"大社会学，小历史唯物论"的看法，认为历史唯物主义属于社会学，因为历史唯物主义不是哲学，而是具体科学。他们主张，普通社会学研究社会整体的基本构成及各部分的相互关系，揭示社会整体发展规律，它有"一般社会学"、"特殊社会学"和"个别社会学"三个层次，而历史唯物主义属于"一般社会学"的层次，历史唯物主义对社会学的"指导论"是不能成立的。

第三种观点认为，历史唯物论与马克思主义社会学既相区别又有联系。一方面，历史唯物论不能代替马克思主义社会学，二者是不同的；另一方面又强调历史唯物论是社会学的理论基础和指导思想，二者是紧密相连的。有的学者具体论证了历史唯物论和马克思主义社会学的关系是哲学科学与具体社会科学的关系，是一般与特殊的关系。两者的关系是：①从二者研究的对象看，历史唯物论研究社会发展的一般规律，社会学则研究社会运行和发展的特殊规律；②从二者所属的科学层次看，历史唯物论是对包括社会学在内的各门社会科学知识的概括和总结，社会学则没有这么高的概括程度，它在历史唯物论的指导下，从自己特有的角度对其他社会科学进行概括；③从二者的作用看，历史唯物论是考察整个社会的具有普遍意义的世界观和方法论，而社会学则着眼于自己特有的角度去研究社会，例如从社会结构或社会互动的角度探讨社会运行机制，等等。由于历史唯物论与马克思主义社会学是一般与特殊的关系，因此在理论上二者是指导与被指导的关系。一方面，社会学必须以历史唯物论关于社会存在决定社会意识的基本观点为指导；另一方面，社会学又以各种特殊规律丰富历史唯物论。许多学者对于要建立一种不同于历史唯物论但又以它为指导的作为具体社会科学的马克思主义社会学的看法是一致的。

1. 马克思主义社会学的第一种形态

马克思主义社会学在资本主义社会和社会主义社会中具有两种不同的形态。第一种形态主要涉及与资本主义社会的关系。马克思主义社会学一方面说明了资本主义社会在人类历史上的进步作用，同时又指出它从根本上、总体上说是一个恶性循环和畸形发展的不合理的社会。马克思、恩格斯在《共产党宣言》、《资本论》、《哥达纲领批判》、《反杜林论》等著作中对此作了深刻的阐述。中国有的学者从马克思主义社会学与资本主义社会关系的角度，把马克思主义社会学的第一种形态概括为"革命批判性形态的社会学"。马克思、恩格斯本人所创立的主要就是这一形态的社会学。在创立马克思主义社会学的过程中，马克思、恩格斯做了大量的理论研究和实际调查工作。

在理论方面主要有：①他们根据社会发展的一般规律，运用矛盾分析方法和阶级分析方法，科学地阐明了"社会"、"社会经济形态"、"现实的人"等基本范畴，为马克思主义社会学奠定了理论基础，同时也为揭露资本主义的恶性循环提供了理论武器。②在唯物史观的指导下，揭露了资本主义社会恶性循环和畸形发展的根源，即生产资料的私人占有和生产的社会化之间的基本矛盾。③揭露了资本主义恶性循环的最突出的表现是周期性的经济危机。④揭露恶性循环不可避免的结果，即资本主义社会必然为社会主义和共产主义社会所代替，并提出了解决这种恶性循环的办法——社会革命。正如恩格斯指出的："冲突成为不可避免的了，而且，因为它在把资本主义生产方式本身炸毁以前不能使矛盾得到解决，所以它就成为周期性的了。资本主义生产产生了新的'恶性循环'"。（《马克思恩格斯选集》第 3 卷，第 315 页）

在调查研究方面，马克思的《资本论》在揭示资本主义经济的和社会的运行机制及其必然灭亡的后果时，充分利用了各种调查材料。恩格斯的《英国工人阶级状况》则用长达 21 个月的实地调查所得的材料，揭露了资本主义社会恶性循环的种种具体情况。恩格斯在该书开头的《致大不列颠工人阶级》的信中说："我寻求的并不仅仅是和这个题目有关的抽象知识，我愿意在住宅中看到你们，观察你们的日常生活，同你们谈谈你们的状况和你们的疾苦，亲眼看看你们为反抗你们的压迫者的社会的和政治的统治而进行的斗争"。(《马克思恩格斯全集》第2卷，第273页）恩格斯重视实地调查工人阶级的状况，是因为"工人阶级状况是当代一切社会运动的真正基础和出发点，因为它是我们目前社会一切灾难的最尖锐、最露骨的表现"（同上书，第278页）。这说明要真正揭露资本主义的恶性运行，必须抓住最能表现当时一切社会灾难的工人阶级的状况。

马克思、恩格斯创立的马克思主义社会学传统，一开始就表明了自己的立场：代表无产阶级的利益向压迫无产阶级的资产阶级社会挑战，因而一开始就与从孔德开始的西方社会学传统相对立。

2. 马克思主义社会学的第二种形态

马克思主义社会学对资本主义社会在总体上采取批判的、否定的态度，而对社会主义社会则采取维护的、肯定的态度。因为社会主义社会是马克思主义政党领导广大无产阶级和劳动人民推翻资本主义社会的成果。中国有的学者从马克思主义社会学与社会主义社会关系的角度，把社会学概括为"维护建设性形态的社会学"。这种维护建设性形态的马克思主义社会学，就是以改善社会主义社会为目标，以社会主义社会的运行和发展，特别是它的良性运行和协调发展的条件和机制为对象的社会学。马克思、恩格斯的论述表明，建立这种形态的社会学是可能的。他们根据对资本主义生产无政府状态和阶级对立的观察和分析，对未来的新社会做了许多预测，并对这两种社会制度在理论上做了对比研究。马克思主义创始者认为，只有社会主义社会和共产主义社会，才是以生产资料公有制为基础的"合理地组织起来的社会"。既然"合理地组织起来的社会"是可能的，那么，反映、不断改善这一社会的社会学也是可能的。有的中国学者把"合理地组织起来的社会"理解为"良性运行和协调发展的社会"。

从实质上说，维护建设性形态应该是马克思主义社会学的主要形态，甚至可以说是本来意义的马克思主义社会学。它与革命批判性形态的区别主要在于：革命批判性形态以"破"为主，维护建设性形态以"立"为主，二者不能混淆。当然，立中也有破。这两种形态只是不同而不是对立，二者有共同的理论基础——历史唯物论，破是为了立，二者的最终目标是相同的：革命批判性形态为建立社会主义扫清道路，间接地为社会主义服务；维护建设性形态则直接为社会主义服务。这种维护建设性形态的社会学，就是通常所说的社会主义社会学。

维护建设性形态的马克思主义社会学是各国马克思主义者在本国革命胜利并

建立社会主义制度之后所致力于建立的社会学。就中国的情况而言，1949 年中华人民共和国建立后，由于认识的、历史的、理论的等原因，建立维护建设性形态的马克思主义社会学的任务被整整推迟了 30 年。而 1949 年以来的实际经验教训表明，建立这样的社会学是非常必要的。社会主义社会的优越性在于能够真正从整体和局部两个方面做到良性运行和协调发展，但这仅仅是一种可能性，还不是现实性，如果搞不好，也可以长期处在有障碍的常态运行和发展即中性运行和模糊发展之中。这说明，即使在社会主义社会中，良性运行和协调发展也不会自动到来，而要根据它的条件和机制，根据它的规律性去努力争取。

马克思主义社会学的开放性这主要涉及马克思主义社会学与西方社会学的关系问题。社会学界许多学者都承认孔德和马克思是理论社会学的两大鼻祖。这两大社会学产生于大体相同的历史背景下，它们回答的问题都没有离开社会运行和发展这个基本点，但是二者在本质上是根本对立的。这种对立除各自的理论基础和指导思想不同之外，主要表现为对资本主义的立场和态度不同。

在这个问题上，马克思主义社会学的革命批判性形态与西方社会学的对立可归结为：前者要推翻资本主义社会，建立新社会；后者则认为资本主义社会尽管有弊病，但整个来说是能够长久继续下去的，因而要维护它，改善旧社会。二者的对立是革命与改良的对立。而维护建设性形态与西方社会学的对立则表现为：前者要维护社会主义社会，后者则要维护资本主义社会。二者要维护的对象是对立的。

马克思主义社会学和西方社会学除了根本对立的一面，还有相似的一面。前者的维护建设性形态和西方社会学都是一种维护性的社会学。尽管它们要维护的对象是对立的，但就维护这一点来说却是相似的。主要表现在：①要维护总要论证被维护社会的优越性。西方社会学总是这样那样地论证资本主义制度的优越性，维护建设性形态当然也要根据实际情况来论证社会主义制度的优越性。②要维护总要有一套维护的办法，即在不触动根本制度的前提下改善社会运行机制的办法。西方社会学自始至终就是这样做的，积累了较为丰富的经验。维护建设性形态对待无产阶级革命胜利的成果——社会主义社会也必须这样做。③要维护总要面对各自存在的社会问题。西方社会学从资产阶级的观点和方法来研究资本主义条件下的各种社会病，以便消除社会障碍的因素。马克思主义社会学的第二种形态，则用马克思主义的观点和方法来探讨社会主义条件下的种种社会问题。由于上述的相似性，维护建设性形态的马克思主义社会学在维护和改善社会主义社会时，有可能用马克思主义立场借鉴吸收西方社会学中合理的东西。这种相似性还说明，革命胜利后，一些过去维护旧社会的社会学家有可能转而维护新社会。事实证明，这种"转型"的可能性是存在的。

马克思主义社会学既具有阶级性，又具有开放性。一方面要如实承认马克思主义社会学与西方社会学是有原则区别的，避免全盘照搬西方社会学，实事求是地分析它实际包含的唯心史观和形而上学，分析它为资本主义辩护的狭隘意识形态；另一方面又要承认二者的相似性，以避免全盘否定西方社会学，实事求是地利用其中适合中国国情的合理东西。马克思主义社会学与整个马克思主义一样，不是封闭狭隘的，而是开放的，是用人类文明一切合理的东西丰富起来的。只有采取实事求是、具体分析的态度看待西方社会学，马克思主义社会学才能真正占领有关的理论阵地，才能真正高于西方社会学。

3. 马克思主义社会学的要点和框架

对马克思主义社会学的内容和框架的理解，在学术界尚无一致的看法。有些学者着重探索、发掘马克思、恩格斯本人的社会学思想和理论；更多的则是以马克思、恩格斯的立场、观点和方法为指导，着重探索社会主义社会中的马克思主义社会学应包含的内容。

前苏联学者所著《马克思主义社会学导论》（1962）一书认为，马克思主义社会学应包括社会的物质生活、社会的社会生活、社会的政治生活和社会的精神生活四个方面的内容。该书认为，马克思主义的根本任务就是唯物主义地阐明社会的物质生活、社会生活、政治生活和精神生活等现象的社会属性，以及它们在社会关系体系中的发展、发挥功能的规律与作用。该书认为，上述四个方面构成马克思主义社会学的框架和主要内容。

前苏联科学院社会学研究所所编写的《社会学手册》（1976）一书提出，马克思、列宁主义社会学是关于社会经济形态活动和发展的一般规律和特殊规律以及这些规律在个人、社会集团、阶级、民族活动中的作用机制和表现形式的科学。据此，该书提出的马克思主义社会学的框架为：一般社会学理论（历史唯物论）、各种专门的社会学理论（"中间层次"理论）以及具体的社会学研究。前者是理论社会学，后两者则是应用社会学。该书在叙述马克思主义社会学时，正是按这三个层次展开的。

德国学者所著《马克思主义社会学原理》（1977）一书提出，在社会主义社会中，马克思、列宁主义社会学的对象，是研究怎样日益充分满足人的物质的和精神的需要；怎样保证社会主义生产、劳动效率和劳动生产率在科学技术进步基础上的高速增长。该书的内容，除了叙述社会学方法和具体研究方法外，还着重探讨了社会主义社会的社会结构（包括阶级结构、劳动的社会分工与社会差别、阶级与阶层的社会接近等），社会组织和社会集团（包括群体、社会组织、管理和权威等），个性问题（包括个性、人的社会本质、生活方式、劳动与个性、家庭与个性、自由时间等）。该书强调指出，在社会主义社会中，马克思主义社会学是计划和指导社会发展的手段，作为社会科学，它又是工人阶级思想体系的组成部分。

有的中国学者认为，马克思主义社会学的维护建设性形态在不同的社会主义国家中有不同的特点，具有中国特色的马克思主义社会学应具有下述特点：①以中国社会主义社会的良性运行和协调发展的条件和机制为对象。这一点决定着社会学本身的框架、学科地位及它为社会主义服务的角度。②以历史唯物论为理论基础和指导思想。这一点决定着马克思主义社会学与其他社会学的根本区别。③以中国的基本国情——社会主义初级阶段和中国的社会主义实践，特别是改革的实践为立足点，并且尊重中国社会学发展的历史。它是否具有中国特色，主要由此决定。④具有开放性。它参考苏联社会学的经验和教训，汲取其成果。实事求是、有分析、有鉴别地汲取西方社会学中适合中国国情的合理的东西，汲取现代科学发展的相关成果。⑤把理论和实践结合起来，既重视经验的研究，又重视理论的研究；既重视宏观的研究，又重视微观的研究。

在中国学术界也有人认为社会主义社会学是一门具体研究社会主义社会的科学，是一门通过社会主义社会的社会关系研究社会主义的社会生活、社会矛盾、社会管理、社会发展及其规律性的科学。有的中国学者还认为，马克思主义社会学以现实的人为其社会学分析的逻辑起点，以社会经济形态为其基本的社会分析模型，以唯物史观为其主要的社会分析工具，以人与社会和自然的关系为其社会分析的对象，并认为这构成了唯物史观社会学的基本思路。

实证主义社会学

实证主义社会学是 19 世纪上半叶，由法国实证主义哲学家、社会学创始人孔德根据实证哲学思想体系建立，20 世纪在世界广泛流行。

1. 理论和方法论特征

实证主义社会学是在西欧启蒙运动、英国经验主义哲学、以物理学和生物学等重大科学发现为代表的发达的自然科学，以及法国的政治大革命和日益高涨的社会改良运动等背景下产生的。受 19 世纪初特殊的政治、经济、科学、文化乃至宗教等氛围的影响，实证主义社会学在理论和方法论上表现出如下特征：①它明确地规定了社会学理论及其研究对象的特殊性，反对传统的形而上学思辨的思维方式，使社会学摆脱了思辨哲学的羁绊，成为一门独立的学科。②它的理论原则具有强烈的本体论的自然主义倾向，坚持统一的科学观，认为社会现象与自然现象之间没有本质的差异，它们都是一种"物"，故而遵从同样的科学法则。这样便混淆了自然规律和社会规律、自然科学和社会科学之间的区别。③在探讨"物"的规律时，认为自然科学的方法完全适用于对人类社会的研究，特别是按照自然科学的模式应用了类比的法则后，产生了实证主义社会学知识体系的两个重要组成部分——有机进化论和机械论。④重视经验和感性资料在社会认识中的重要作用，在方法论上恪守经验主义原则。⑤强调价值中立性，要求在社会学研究中不作任何个人的价值判断，反对个人的情感介入，以保持严格的客观性和科学性。⑥强调对现实社会生活进行干预，强调社会学理论研究的实践功能，把社会学看作"社会工程学"或"社会医学"，即强调社会学对现实社会的改造作用。⑦重视对社会秩序、社会平衡和社会稳定性的研究，在政治和意识形态畛域内具有相当保守的价值取向。

2. 古典实证主义社会学

实证主义社会学的发展经历了三个时期。前两个时期通常被看作是实证主义社会学发展的古典阶段。第一个时期始自 19 世纪上半叶，与社会学的初创阶段相吻合。其理论创始人是孔德、英国社会学家 H. 斯宾塞、比利时社会学家 L.A. 凯特莱和法国社会学家 F. 勒普累等。此阶段虽然确立了实证主义社会学的一般宗旨，但还存在两大缺陷：社会学理论还残存着思辨哲学的成分；理论研究和经验探讨相互分离。孔德和斯宾塞致力于构筑实证主义社会学的理论体系，凯特莱和勒普累等人则偏重于经验研究的方法和具体的社会调查。

从 19 世纪下半叶至 20 世纪初为实证主义社会学发展的第二个时期，也是实证主义社会学的鼎盛期。法国的迪尔凯姆和意大利的 V. 帕累托对以往社会学进行了综合，把实证主义社会学推向了高峰。迪尔凯姆在提出"社会事实"概念的同时，制定了一系列社会研究的实证规则。他把社会事实作为社会学的研究对象，进而揭示了它们之间所存在的"形态学"（即结构）的、功能的和因果的关系，由此把社会学的唯实论发展成为把社会看作高于个人的社会决定论。迪尔凯姆还把实证主义社会学的基本理论与经验研究密切结合起来。他运用统计方法对自杀现象的研究，用人种学资料对澳大利亚土著居民进行的宗教研究，是社会学的理论研究与经验研究相结合的范例。帕累托对逻辑与非逻辑行动的分类，对动态平衡的阐述以及精英循环的看法，使实证主义社会学更加丰富和完善。

3. 新实证主义社会学

继帕累托之后，实证主义社会学结束了古典阶段，开始向新实证主义社会学阶段演变。与古典实证主义社会学相比较，新实证主义社会学有以下特点：①新实证主义社会学摒弃了古典实证主义社会学的一些粗俗看法，不再把自然科学及其方法看作社会学理论赖以存在的基础，而把它们视为社会学研究必不可少的工具。②新实证主义社会学依然保持着自然主义的风格，但社会有机体论的基本观点已逐渐演变成现代的结构功能主义，机械论则演变为行为主义的理论公设。③在强调经验材料的重要性的基础上，开始重视科学方法论的研究，力图使社会学的研究通过程序化、操作化和定量化等手段，达到精细化和准确化的水平，进而将社会学的理论概念同经验的操作概念联系在一起，实现理论知识体系和逻辑—方法论手段相统一的目的。

新实证主义社会学包括形形色色的实证主义潮流，如以 L.F. 沃德等人为代表的具有自然主义进化论倾向的实证主义和以 P.A. 索罗金为代表的文化实证主义等。到 20 世纪 30 年代，新实证主义社会学内部又发生了变化，功能主义的方法逐渐取代了新实证主义纯经验的方法。帕森斯以《社会行动的结构》（1937）为起点，开始构造系统的结构功能主义理论体系。帕森斯制定了"社会行动的唯意志论"模式，并重点分析行动者动机—目的的结构意义。他虽然承认社会的文化和规范的客观性，并将行为主义、控制论和信息论纳入自己的宏观体系，但毕竟向理解的社会学作出了宽容的让步，冲淡了结构功能主义的实证的自然主义实质。帕森斯的继承人 R.K. 默顿则无视这种宽容精神，将文化规范等属于人的客观方面加以绝对化。

实证主义社会学在当代的另一变形是行为主义社会学。它以美国心理学家 B.F. 斯金纳和社会学家 G.C. 霍曼斯、P.M. 布劳、R. 埃默森为代表。斯金纳把人的行为等同于动物对外界的刺激—反应的理论，在很大程度上成为社会交换论的基本出发点。他的操作主义和霍曼斯的心理还原主义，以适应新的自然科学方法论的姿态突出实证主义的实质。

具有实证主义倾向的经验主义社会学在第二次世界大战后也发生了较大的变

化，它不再排斥理论的指导意义，并把科学方法论作为研究中心。美国的 P.F. 拉扎斯菲尔德、S.A. 斯托福和 H.M. 布莱洛克等社会学家千方百计地寻找社会学理论概念和经验现实之间的结合点，克服操作主义的局限性，重申实证主义曾一度轻视过的严格的逻辑程序的重要价值，把社会学实证研究的方法与科学哲学联系起来。布莱洛克对变量间因果关系模型的论述，将默顿的中层理论概念具体化为可进行定量研究和分析的操作的经验概念，这一趋向虽然符合社会学计量化和电子计算机化的潮流，但却引起了人文主义者的不安和反感。

4. 对实证主义社会学的批评

实证主义社会学产生、发展和演变的过程，一直受到来自社会学界其他学派的有力挑战。马克思主义社会学、理解的社会学、法兰克福学派、现象学社会学、符号互动论和存在主义社会学等，从不同角度对实证主义社会学将人和人的活动还原为抽象的变量的非人本主义理论进行了批判。它们之间的长期论战，揭示了实证主义社会学的致命弱点，也促进了各学派之间的相互借鉴和相互渗透。

反实证主义方法论

在西方社会学的历史中，反实证主义倾向一直有很强的影响。20 世纪以来，在不同程度上具有人文主义和历史主义倾向的西方理论流派主要有：符号互动论、现象学社会学、民俗学方法论、历史社会学以及冲突理论的某些学派。属于这些学派的许多社会学家认为，社会现象对社会行动者来说是"有意义的"，不能用自然科学的方法加以研究。他们指责实证主义忽略了社会行动者的特殊性、自主性与互为主体性，忽略了历史、文化和意识形态的作用，抹杀了社会现象与自然现象的本质区别。

由美国社会学家 G.H. 米德和 C.H. 库利所开创的符号互动论强调，人类的独特性在于他们创造与使用符号的能力，这种能力使行动者能够了解自我与他人的期望，并在此基础上对互动的情境作出定义，以便选择适当的行动来适应他人和社会环境。所以，社会学方法必须侧重对具体个人的互动过程进行观察、描述和主观阐释。这一学派的主要代表美国社会学家 H.G. 布鲁默发展了一套研究互动过程的方法，认为对社会行为的研究很难使用数量分析，只能采用定性分析和归纳方法。

美国社会学家 A. 舒茨将现象学方法引入社会学，他的现象学社会学主要受到 E. 胡塞尔、米德和韦伯的影响。他认为，社会经验世界并非由一群孤立的个人所构成，而是一个互为主体的生活世界，社会学的任务是将这一生活世界赋予有系统的组织。他发展了韦伯的理解社会学方法，提出要在现时世界的日常知识结构基础上建构用以理解社会行动者主观意义的概念框架。英国现象学社会学家 J.M. 阿特金森和 A. 西库雷尔分别以自己的研究成果否定了实证主义方法论的逻辑和程序。他们的观点是：诸如犯罪、自杀这类社会现象仅仅是社会行动者对行为的主观解释，而不是客观的社会事实，社会世界只不过是行动者的感性认识和主观理解的产物；那些把犯罪、自杀当作客观事实来研究的社会学家，实际上是把自己的解释强加于社会。美国社会学家 H. 加芬克尔等人创立的民俗学方法论主要受舒茨的影响。加芬克尔同舒茨一样，把研究重点集中在日常生活世界中行动者的意识与行动。所不同的是，舒茨注重探求行为者如何形成共同的生活世界意识，加芬克尔则重视对具体互动过程的微观研究。他发展了一套独特的研究技术与技巧，如追踪访问、临床观察、文献阐释等，用以观察、分析行动者的行为和语言。民俗学方法论与实证主义方法论尖锐对立，它并不企图概括出一般社会规律，而是考察特定环境下的具体社会现象。

历史社会学侧重对社会群体、社会发展进行历史的比较研究。它反对实证主义的标准化、操作化和形式化的方法，认为社会现象具有历史性和独特性，因此社会学的任务是在历史脉络中运用类型构造法和比较法来探讨历史因果关系。例如，韦伯指出，不能在社会历史领域中寻找普遍规律，因为历史事件的因果关系只是阶段性、局部性和频率性的，他主张以阐释和理解的方法来发现影响社会历史发展的原因。美国社会学家 C.W. 米尔斯认为，任何社会学研究都是历史研究，并且都无法与价值倾向和意识形态相分离，所谓客观的实证研究实质上是为了维护现有社会秩序。他的学说综合了冲突理论和批判理论，在方法论上则继承了历史社会学的定性分析传统。

社会发展理论

社会发展理论是探讨社会变迁规律性及其具体表现形式的学说。广义包括哲学、经济学、政治学和人类学关于社会发展的研究，它探讨人类历史发展的一般规律性；狭义特指社会学对发展问题的研究，又称发展社会学，它以现代社会中政治、经济、社会、文化的综合协调发展问题为对象，主要探讨社会发展的现代化理论、模式、战略乃至具体政策。

历史发展社会学对社会发展问题的研究可以追溯到19世纪社会学诞生之初。孔德关于社会的发展是从军事时代到法律时代再到工业时代的论述，斯宾塞从军事型社会到工业型社会变迁的理论，迪尔凯姆从机械团结到有机团结的理论，滕尼斯从社区到社会的理论，以及韦伯所建立的庞大的宗教社会学和比较社会学体系，都在某种意义上以欧洲社会为蓝本，探讨了人类从传统农业社会到现代工业社会的过渡和发展过程。马克思的社会经济形态理论从高度概括的层面上论述了人类社会的一般发展规律。第二次世界大战以后，许多战前的殖民地和半殖民地国家纷纷摆脱原宗主国的控制而独立，它们都面临着如何振兴本国经济、走上真正自主发展的道路，以及在经济发展的同时，如何实现政治民主与社会进步，在与外部世界平等交往中重新确立自己在整个世界体系中的地位的问题。在这种形势下，发展社会学作为社会学的一门新的分支学科就应运而生，并成为现代社会发展理论的主要形式。

1. 现代化理论

社会现代化理论是第二次世界大战后出现的第一种社会发展理论，其理论基础是帕森斯的结构功能主义，着眼点在社会流动的社会行为主义。现代化理论沿袭欧洲社会学的知识传统，在社会发展过程的考察中实行传统—现代、特殊主义—普遍主义的二分法，把传统社会视为特殊主义的、以农业为主的、着重身份名位的、静止的、职业分化简单的社会；相对而言，现代社会则是普遍主义的、以工业为主的、着重成就的、动态的、职业分化复杂的社会。传统社会和现代社会是两种具有相互排斥特征的社会，由传统向现代演进的过程就是现代化。在经济领域，现代化主要表现为国民经济总产值的增加、生产率的提高、工业生产规模的扩大、市场关系的扩展、经济交流的多重化；在政治领域，主要表现为国家意识的强化、权力分配的理性化、政治机构的分化和专业化、决策的理性化和决策效率的提高、民主参与政治的制度化和扩大化；在社会领域，主要表现为知识水平的提高、教育的普及、社会交往方式的多样化、角色的日益分化、家庭和工作的分离等等。

现代化理论曾在20世纪50～60年代占据社会发展理论的统治地位。但是，由于它把西方社会发展的模式套用到发展中国家，这一"西化"理论在这些国家并未能达到期望的效果。实际情况是传统体制虽然被破坏了，但现代体制却又始终建立不起来。

2. 依附理论

20 世纪 60 年代前半期，一批学者尤其是拉丁美洲和非洲国家的学者，用发展中国家的发展实例，展开了对现代化理论的猛烈批判，导致了依附理论的产生。主要代表人物有美国经济学家 A.G. 弗兰克、巴西社会学家 F.H. 卡多索和埃及经济学家萨米尔·阿明等人。依附理论认为，现代化理论的"西方化"实际上就是一个将发展中国家纳入以西方发达国家为主导的"中心—边陲"经济体系的依附化过程。这个依附化过程从重商主义时代就已经开始，它导致了同一过程的两种结果：西方国家的发达化和非西方国家的不发达化。现代化理论的传统和现代的二分法，忽视了不同国家的具体历史条件和过程，掩盖了在资本主经济秩序内发达国家与发展中国家之间形成的宗主国—卫星国的关系，其实质是资本主义势力不断扩张所造成的剥削与依赖关系。应该在这种剥削与依赖的关系中考察发展中国家的现代化问题。依附理论强调发达国家对发展中国家贸易援助政策的剥削性以及跨国公司的掠夺性。经过依附理论的批判，现代化理论开始渐趋衰退。但依附理论又由于本身所考察范围的局限性和缺乏理论性而不能成为社会发展理论的主导性理论。

3. 发展趋势

从 20 世纪 70 年代中期开始，社会发展理论开始了一个多样化的转折时期，主要表现在两个方面：

（1）现代化理论开始分化，一部分人将兴趣转移到西方发达国家本身的社会发展问题上，主要研究新的科技革命对西方发达国家的影响，这就是未来学研究，它形成了信息社论和后工业社会论。对发达国家发展的前景问题，也存在着两种不同的观点：一是信息社会论者的观点。他们为西方发达国家描绘了一幅令人乐观的前景，认为西方社会频频发生的经济和社会危机是暂时性的，是由于当今西方社会正处在工业社会向信息社会或后工业社会转变时期而出现的非常规性危机。二是增长极限论者的观点，主要是罗马俱乐部的观点。他们从人口爆炸和资源的有限性两个角度看待人类社会的发展，对人类的科学技术能否有效地解决上述两个问题持怀疑的态度，对人类的发展前景充满悲观情绪。认为人类如果再不醒悟，继续按现在的方式发展下去，等待着人类的将是世界的毁灭。另一部分人仍然专注于研究发展中国家的社会现代化问题，但研究的视角和方法都有所改变，主要研究发展中国家现代化的初始条件对其现代化的影响，这就是"迟发展"或"后发展"理论。

（2）美国和西方国家的一些社会学者经过改进和完善，使依附理论逐渐发展成 I. 沃勒斯坦等人的"世界体系论"。弗兰克和萨米尔·阿明等依附理论者也纷纷转变成了世界体系论者。世界体系论的研究兴趣已不再局限于发展中国家的社会发展，它从体系的角度研究世界整体的发展问题。

社会交换论

社会交换论是当代西方社会学理论流派之一，产生于 20 世纪 50 年代末期的美国。交换理论最初是针对结构功能主义提出的，在理论和方法上具有实证主义、自然主义和心理还原主义的倾向。它强调对人和人的心理动机的研究，批判那种只从宏观的社会制度和社会结构或抽象的社会角色上去研究社会的做法；在方法论上倡导个人是社会学研究的根本原则；认为人类的相互交往和社会联合是一种相互的交换过程。这是对美国心理学家斯金纳的行为主义心理学、功能主义的文化人类学和功利主义的经济学的全面综合。

社会交换论的基本研究范畴和概念包括价值、最优原则、投资、奖励、代价、公平和正义等。主要代表人物有美国社会学家霍曼斯、布劳和埃默森。霍曼斯是交换理论的创始人。他提出了一组普遍性命题：

（1）成功命题。一个人的某种行为能得到相应的奖赏，他就会重复这一行动；某一行动获得奖赏愈多，重复活动的频率也随之增多；获得的奖赏愈快，重复活动的可能性就愈大。

（2）刺激命题。相同的刺激可能会带来相同或相似性行为。如某人过去在某种情况下的活动得到了奖赏或惩罚，而在出现相同的情况时，他就会重复或不再重复此种活动。

（3）价值命题。如果某种行为的后果对一个人越有价值，那么，他就越有可能去重复同样的行动。

（4）剥夺与满足命题。某人（或团体）重复获得相同奖赏的次数愈多，那么，这一奖赏对该人（或团体）的价值就愈小。

（5）攻击与赞同命题。该命题包括两方面：一是当个人的行动没有得到期待的奖赏或者受到了未曾预料到的惩罚时，就可能产生愤怒的情绪，从而出现攻击性行为；二是当个人的行动得到预期的奖赏，甚至超过期待值，或者没有遭到预期的惩罚时，他就会高兴，就会赞同这种行为。

霍曼斯将 5 个命题看成是一组"命题系列",强调它们之间相互联系的重要性,并认为只要将 5 个命题综合起来,就能够解释一切社会行为。霍曼斯指出,利己主义、趋利避害是人类行为的基本原则,由于每个人都想在交换中获取最大利益,结果使交换行为本身变成一种相对的得与失。对个人来说,投资的大小与利益的多少基本上是公平分布的。

布劳的交换理论是从社会结构的原则出发考察人与人之间的社会交换过程,其理论目标既想克服功能主义忽视研究人的理论缺陷,又想弥补霍曼斯理论只局限于微观层次方面的不足。布劳的理论方法是从描述交换过程及其在微观层次上的影响开始,再从群体层次上升到制度与社会的宏观层次。他认为,社会交换关系存在于关系密切的群体或社区中,是建立在相互信任的基础之上的。社会交换是一种有限的活动,它指个人为了获取回报而又真正得到回报的自愿性活动。布劳还区分了经济交换与社会交换、内在奖赏和外在奖赏的差别,引入了权力、权威、规范和不平等的概念,使交换理论在更大的范围内解释社会现象。布劳的社会交换理论从微观到宏观,系统地追溯了交换现象的各种发展过程及其影响,从而形成一种归纳过程取向的社会结构理论。

继布劳之后,对交换理论作出重要贡献的还有埃默森等人。埃默森运用严密的数理模型和网络分析,阐述社会结构及其变化、社会交换的基本动因和制度化过程,在方法论上进一步充实了交换理论的理论体系。

符号互动论

符号互动论是一种主张从人们互动着的个体的日常自然环境去研究人类群体生活的社会学和社会心理学理论派别。又称象征相互作用论或符号互动主义。

符号互动论源于美国实用主义哲学家 W.詹姆斯和米德的著作。但最早使用"符号互动"这一术语的是美国社会学家 H.G.布鲁默,1937 年,他用这一术语指称美国许多学者诸如库利、米德、J.杜威、W.I.托马斯、詹姆斯、R.E.帕克、F.W.兹纳尼茨基等人的著作中所隐含的"社会心理状态"。西方学术界曾有人把符号互动分为两派,一是以布鲁默为代表的芝加哥学派,一是以 M.库恩为首的艾奥瓦学派。1930 ~ 1950 年间出版的一系列布鲁默及其同事、学生们的著作中确定了该理论的主要观点。

从哲学上看,符号互动论与美国的实用主义、德国和法国的现象学联系最为密切，与逻辑实证主义、结构功能主义、文化决定论、生物决定论、刺激—反应行为主义、交换理论以及均衡理论的各种形式相对立，而与心理分析理论、现象学社会学、民俗学方法论、角色理论、戏剧理论，以及人本主义和存在主义的心理学、哲学，具有某些相容性。E.戈夫曼是符号互动论在当代的主要代表人物之一。

符号互动论的基本假定主要有：

（1）人对事物所采取的行动是以这些事物对人的意义为基础的。

（2）这些事物的意义来源于个体与其同伴的互动，而不存于这些事物本身之中。

（3）当个体在应付他所遇到的事物时，他通过自己的解释去运用和修改这些意义。

符号互动论的主要观点有：

（1）心灵、自我和社会不是分离的结构，而是人际符号互动的过程。心灵、自我和社会的形成和发展，都以符号使用为先决条件。如果人不具备使用符号的能力，那么心灵、自我和社会就处于一片混乱之中，或者说失去了存在的根据。

（2）语言是心灵和自我形成的主要机制。人与动物的区别就在于人能使用语言这种符号系统。人际符号互动主要通过自然语言进行。人通过语言认识自我、他人和社会。

（3）心灵是社会过程的内化，事实上内化的过程就是人的"自我互动"过程，人通过人际互动学到了有意义的符号，然后用这种符号来进行内向互动并发展自我。社会的内化过程，伴随着个体的外化过程。

（4）行为是个体在行动过程中自己"设计"的，并不是对外界刺激的机械反应。个体在符号互动中逐渐学会在社会允许的限度内行动，但在这个限度内，个体可以按照自己的目的处世行事。

（5）个体的行为受他自身对情境的定义的影响。人对情境的定义，表现在他不停地解释所见所闻，赋各种意义于各种事件和物体中，这个解释过程，或者说定义过程，也是一种符号互动。

（6）在个体面对面的互动中有待于协商的中心对象是身份和身份的意义，个人和他人并不存在于人自身之中，而是存在于互动本身之中。

符号互动论者倾向于自然主义的、描述性的和解释性的方法论，偏爱参与观察、生活史研究、人种史、不透明的被脉络化了的互动片断或行为标本等方法，强调研究过程，而不是研究固定的、静止的、结构的属性；必须研究真实的社会情境，而不是通过运用实验设计或调查研究来构成人造情境。符号互动论者不运用正式的数据搜集法和数据分析法，而代之以概括性的和一般的方法论的指令，这些指令要求对被调查的对象采取"尊重"态度。布鲁默曾声称，这种研究需要或至少应该分为两个阶段进行：第一阶段是"考察"，调查者着重了解他想要研究的社会情境的第一手资料。目的是把在其中生活的人们所理解、所适应的世界照样描绘出来，主要用参加者的语言来表达。第二阶段，即"检验"阶段。研究者集中注意环境中的"分析因素"，这些因素要在理论指导下进行观察才可能获得。对于多数符号互动论者说来，这一阶段在辨认、描述和解释基本的社会过程如社会化、整合、协商时已开始了。

应用符号互动论有助于对许多问题的理解，如对社会越轨、精神疾病、集体行为、儿童社会化、死亡和挣扎、老年、疾病与痛苦和艺术社会学的理解，等等。

新功能主义

20 世纪 80 年代以来，在美国社会学界兴起的一股力图综合当代最新研究成果以重新建构帕森斯的结构功能主义理论传统的流派或理论发展趋势。"新功能主义"这一术语是由美国社会学理论家 J. 亚历山大于 1985 年在其编辑的论文集《新功能主义》中首次使用的。

第二次世界大战结束至 20 世纪 60 年代中期，以帕森斯为主要代表的结构功能主义是美国社会学中占统治地位的理论流派。自 20 世纪 60 年代中后期起，美国社会中出现的一系列剧烈变动，促使社会学理论家重新思索社会学方向，各种新理论纷纷兴起，向帕森斯的"巨型理论"发起冲击。其中以符号互动论、社会交换论、民俗学方法论为主要代表的微观社会学理论猛烈抨击帕森斯理论中侧重对社会结构分析的方面，他们强调对个体行动和行为的分析，要求恢复个体的创造性和自由。以冲突理论为主要代表的宏观社会学理论，则指责帕森斯过于重视秩序、和谐和稳定，忽视冲突、强制和变迁，他们要求社会学更加注意社会变迁中的暴力、革命、权力等物质结构。这些理论在 20 世纪 70 年代逐渐取代了帕森斯理论而占据主导地位。与此同时，在这些理论之间又形成以符号互动论、社会交换论和民俗学方法论为一方，以冲突理论为另一方的"微观 / 宏观大分裂"，就社会行动、社会秩序、社会变迁等重大理论问题展开激烈的争论。这些争论本身暴露出上述诸理论自身的致命弱点——偏执一端而缺乏综合性。从 20 世纪 70

年代后期起，帕森斯理论中强烈的综合意识又重新引起社会学界的兴趣，各种理论内部开始出现试图进行新的综合的种种尝试。新功能主义正是力图以批判地继承帕森斯理论遗产，开辟一条新的综合之路而产生的。

与其他流派相比，新功能主义具有以下 3 个特点：

（1）对帕森斯理论传统持批判继承态度，既强调与帕森斯结构功能主义的承续关系，又强调从内部批判帕森斯理论的必要性。其中，亚历山大批判了帕森斯理论的实证主义认识论基础，主张在"后实证主义"科学观的基础上重建多维度的理论框架。新功能主义者还重新解释了帕森斯理论，以此矫正反功能主义的偏颇。

（2）对 20 世纪 70 年代的各种反帕森斯理论流派持开放态度，力图在功能主义理论传统基础上整合上述理论。针对符号互动论、社会交换论、民俗学方法论等理论的微观分析，新功能主义力图通过重建帕森斯的行动理论来综合其理论洞见，并探索微观个体行动和宏观社会结构及制度的联结环节。对宏观社会学领域的冲突理论，新功能主义主张在保持帕森斯"规范秩序"的前提下，强调对权力、战争、强制、冲突等问题的分析，并把社会变迁分析纳入帕森斯的"分化"理论中。"新功能主义"还打破帕森斯曾为社会学划定的只研究社会系统问题的界限，对80 年代以来盛行的"文化社会学"给予高度的重视，并力图在功能主义框架内解决文化与社会及人格系统的关系问题。

（3）新功能主义尚未具备统一的理论形态。被归在新功能主义名下的社会学家，老一辈的有 R.N. 贝拉、A. 英克尔斯、N.J. 斯梅尔塞等人，新一代的有亚历山大、S.N. 艾森施塔特、N. 卢曼、W. 施卢赫特等。他们除了具有共同的理论传统外，在许多问题上持有不同甚至对立的观点。新功能主义只能说是以超越战后社会学发展之第一阶段和建立新的综合理论为目标的尝试。

新功能主义的理论提出后，引起了社会学界的广泛注意和不同反应。不少人对新功能主义持反对和怀疑态度。对此，亚历山大的回答是："它是新瓶装旧酒，还是确有新酿，将由历史来判定。"

民俗学方法论

民俗学方法论是对一定社区的社会成员在社会互动中所遵循的规则的社会学研究，又称民族学方法论、本土方法论，是 20 世纪 60 年代发展起来的微观社会学学派之一。创始人为美国社会学家 H. 加芬克尔。民俗学方法论的英文词头

"ethno"在希腊文中意为国家、人民、部落、种族。加芬克尔的理论借鉴了美国社会学家米德的角色理论和德国哲学家胡塞尔的现象学，并大量吸收了舒茨的现象学社会学和英国日常语言哲学的思想观点。他的基本假定是：社会是具体的而不是抽象的，社会仅仅在它的成员觉察到它存在时才存在，因此必须对社会成员在建构和解释他们所处的社会时所使用的方法进行详细考察。在现实生活中，社会成员依据一定的规则和程序来组织社会活动，并使活动具有共同的意义。这套规则和程序就称为民俗方法，也有人称它为本土方法或民族方法。由于强调社会成员对社会现实的主观解释，民俗学方法论常常被视为一种现象学研究。民俗学方法论的研究对象是个人，它运用极为精细的实证方法，着重分析人们行为的微观方面，力图发现和描述人们在日常生活中做出行为、响应行为和改变行为的规则。在他们看来，这些不成文的、公认的行为规则是一切社会生活的基础。

民俗学方法论的基本概念有：

（1）考虑，又称"计算"或"算计"。指人们对外部世界作出解释的过程，是每一个人依其行为情景所赋予意义的能力。民俗方法论者极为注重分析个人的考虑以及这些考虑的提出和被接受的方式，专注于对人们之间的会话的研究。

（2）指示性，又称"索引性"。指一切考虑都对应于其特定行为情境：地点、时间、当事人、行为意图、相互了解等。因此，研究者必须站在行动者的角度来理解其行为的意义和背景。

（3）省略原则。人们在交往中允许不清楚的信息存在，待以后弄清。而不会力图问清一切情况，使交往无法继续。

（4）文件方式。人们在交往中往往寻找不明言的潜在的含意以理解相互的行为，绝不是孤立地去对待每一件事。

（5）自然语言。人们在交谈中往往轮流对话而不使会话中断的基本结构。

民俗学方法论的最大特点是反对社会学的主流思想，特别是实证主义学派（见社会学方法论）。它对迪尔凯姆的"社会事实的客观实体论"和功能学派的"社会事实既存论"进行了批判，认为传统社会学往往把自己的意思强加于社会现实，而不是让其从社会现实中表现出来。对于民俗学方法论者来说，传统社会学的概念、技术和统计歪曲了社会现实的真实本质。与现象学社会学不同，民俗学方法论并不试图概括出普遍规律，而只注意对日常生活的语言及行为意义的经验研究，尤其是对行为者实际动作的观察分析。加芬克尔等人发展了一套独特的研究技巧，如追踪访问、亲身观察、文件解释和"破坏试验"法。后者是故意干扰和打破人们通常的行为方式，以观察人们的反应。通过这些方法来揭示社会互动中隐含的行为规则，对社会成员的日常生活作出描述与阐释。这些研究技巧对社会学调查方法的精细化起了一定的作用。

民俗学方法论强调个人间的微观互动过程，强调对行为者主观意图的理解，并把这种原则应用于经验研究，从而在方法论上发展和充实了韦伯的理解的社会学。20 世纪 70 年代以来，民俗学方法论作为一种新的学派已逐渐被社会学界所接受。但它由于否定客观社会事实和普遍规律，所以那些以研究社会结构和社会变迁为宗旨的大多数主流派社会学家，尤其是宏观社会学家看来，不仅是不足取的，甚至是难以置信的。他们认为民俗学方法论基本上是描述性的，并且批评它无视社会结构，特别是权力的中心地位在社会交互作用中的影响。

加芬克尔试图从经验研究上证实舒茨的观点。按照他的界定，民俗学方法论是指"研究作为有组织的、人为的日常生活实践的持续实现之表征性表达和其他实践行动的合理性质"。他还解释说，"民俗学方法论把日常生活当作使这些活动成为明显合理的和对一切实际目标而言都能成立的社会成员们的方法加以分析，亦即当作平凡的日常活动的组织而应该加以阐释的方法加以分析"。它关心人们使用什么手段赋予日常生活世界以意义，即关注人们怎样使用语言和其他符号为日常生活实在添加秩序和各种模式的意义，把实践行动解释成合理的。因此，语言符号及其意义表达问题就成为民俗学方法论的关注焦点。

加芬克尔认为意义的表达通常被分为两种：一种是人们为把发生的事件置于时空范围内所做的"表征性表达"，虽不精确但可起到索引提示作用；与之相对的是在特定情景下需要精确描述事件的"客观性表达"。表征性表达和客观性表达分别指向舒茨所说的实践实在和理论实在，前者适合于反映日常生活的实践活动，后者则是一种适用于科学领域的表达方式。民俗学方法论针对当代社会学中科学主义盛行的状况，集中论述了三个密切相关的问题：

（1）不满足用客观性表达取代表征性表达。在他看来，作为一门科学，社会学力求用客观性表达，但社会学的对象是由人们互动造成的社会世界，即日常生活世界，它的一切都是人为的，人们是通过表征性表达赋予它秩序的。因此，他对以使用表征性表达的互动为基础来建立科学实在的现存社会学方式持怀疑态度。

（2）忽视实践行动的理由在本质上的可反思性。加芬克尔认为，社会学研究的是自我的日常活动，这一点具有重要意义。它既包含作为行动者的社会学家的资源、目标、动机、理由、机会和任务，也包含与他的研究程序是否合理、规定是否可靠等有关的理论前提预设问题。他主张对这种实践活动作系统的考察，以探明从一开始就发生了什么。在论述"实际的社会学推理"时，他在"职业的社会学"、"凡俗的社会学"和"实际的社会学推理"与"理论的"或"形式的社会学推理"之间作出区分，论证了职业的社会学研究是在凡俗的社会学基础上，理论的社会学推理是在实际的社会学推理之上实现的。作为一个社会学家，在用客观性表达研究社会时，总离不开他作为一名社会成员的经验和从前的经历来指导自己的行为。

（3）行动在特定情景中的实际完成具有可分析性。他主张对行动的研究要追溯到个人经历和历史背景，日常生活世界具有历史的连续性，这就使舒茨所说的对实在怀疑的悬置成为可能。

社会行为主义

社会行为主义是当代美国社会学中的一种激进的自然主义理论，又称行为主义社会学。它以英国功利主义经济学的个人主义和自由放任原则以及美国行为主义心理学为理论基础，主张社会学应用经验方法测算具体环境对行为的刺激因素，以解释个人的外显行为，然后再将个人行为扩大到人际交换领域，使之成为能解释社会现象的理论。代表人物有心理学家斯金纳和社会学家霍曼斯。

以斯金纳为代表的激进的行为主义为社会行为主义提供了心理学基础和认识论依据。行为主义心理学主张心理学的对象是人的外显行为，认为人的行为与动物行为并无本质差别。斯金纳把研究鸽子和老鼠时获得的实验资料用到对人的研究上，认为个人的外显行为并非对外部刺激的首要反应，而是在外部环境各种刺激因素作用下形成的一种反射的复杂总体。他认为，人类行为和动物行为都可视为旨在获得报偿和逃避惩罚；人们在互动过程中彼此提供积极或消极的外部因素，从而形成各自的外显行为。这一原理为社会学交换理论奠定了基石。

霍曼斯把行为心理学对人的行为的解释与功利主义经济学把人的行为解释为在成本和利润中选择最合算的行动路线的思想结合起来，目的在于把对人的行为的心理学解释和经济学解释纳入对社会交换的解释之中。在他看来，社会赞许的社会现象如货币一样可被视为一种报偿，而人所处的从属地位同样也可当作一种成本；而经济学的"报偿"和"成本"概念分别与心理学的"强化"和"惩罚"概念相对应。据此，霍曼斯把社会行为视为一种至少在两个人之间发生的、为获取报偿或付出成本的有形或无形的交换活动，并在此基础上建立他的社会交换论。

霍曼斯的分析策略与社会学传统中的集体主义、功能主义的社会唯实论倾向不同，在他看来，解释行为需要理解人的动机和情感，而不是认识某种假定的需要或理解某种社会的要求。与社会学唯名论倾向对个人行动中的主观意义的理解不同，霍曼斯的心理学类型的解释在于强调人的自然本性和自然情感是相同的，尽管不同民族在文化历史上存在差异，但作为社会学理论，在认识和解释普遍存在的社会制度和社会过程上应该是普遍适用的。他认为，迪尔凯姆主张社会事实具有的客观性、强制性和普遍性太抽象，而韦伯倡导的理解人的主观意义又太主观。

社会行为主义从个人主义和客观性出发，目的是在社会学传统中的个人—社会两种研究策略之间架起沟通的桥梁。

第三节　不可不知的经典社会学家的故事

埃米尔·涂尔干

埃米尔·涂尔干（1858 ~ 1917），法国学院社会学的创始人和古代或原始社会研究方面最有影响的早期理论家。生于法国犹太人家庭，遵循一代实证主义的伟大共和派学者的教育和意识形态道路。受教于高等师范学校，获哲学教师学位和博士学位。在公立中学短期执教之后，赴德国一些大学执教一年，研究社会理论。回国后被任命为波尔多的一所法国大学的"社会科学及教育学"首任讲师。1912 年转到巴黎大学文理学院，在该学院担任教职直到逝世。其开创性的教学和出版物包括：《社会劳动分工》、《社会学方法论》、《自杀论》以及讨论社会主义、家庭组织、德国社会理论的范围和发展的著作。他吸引了一群颇有天赋的年轻学者，他们大多是哲学家，但也有历史学家、经济学家和法学家（包括莫斯、休伯特、西米安、福科内、理夏尔和布格累），他和这些人一起创办了《社会学年鉴》。这基本上是一份批判性的刊物，旨在囊括整个范围的新涌现的社会学科（社会地理学、人口学、集体心理学、社会和经济史、宗教史、人种学，以及本义上的社会学）。它要成为发展和提高关于社会事实的综合理论的工具，这种社会事实则遍及早期学科。

涂尔干的后期工作包括讨论教育社会学、道德和道德科学、实用主义、家庭社会学、社会科学史、生命统计以及几种其他专题的研究课题，但是自从《年鉴》诞生之后，他将主要精力放在关于古代社会，尤其是原始宗教和社会组织的研究上。所谓七零八落的社会按照涂尔干的意见，这种社会建立在机械团结之上（以与现代社会的有机团结相对，后者建立在劳动分工之上）的社会凝聚问题曾是他的博士论文的一个重大主题，但是在论文中这个主题还缺乏任何重要的人种学基础。很久以后，他阅读了当代英国"宗教人类学家"，首先是罗伯逊·史密斯和弗雷泽的著作之后，他对原始社会的兴趣大大增强了。这使他的研究工作重新改向，注重研究"集体表象"，从1896年开始专门从事宗教研究。这个变化的发生，有两组理论上的和方法论上的理由：

（1）宗教被认为发挥着一种根本性的功能，创造了一种强大的信仰共同体，并且提供了社会凝聚的基础。"神圣的"和"世俗的"成了杜克姆社会学中两个基本范畴，它们决定了社会事实系统。

（2）不是因为它似乎与大多数其他"社会事实"（例如经济、法律、技术等等，它们在以后的发展过程中获得了某种程度的功能自主）具有功能上的相互关系，原始宗教似乎提供了某种社会秩序理论的钥匙。于是，对于涂尔干以及他周围某些最有天赋的学者，著名的如莫斯、休伯特和赫茨来说，古代社会的宗教体系成了他们独享的研究专题。《年鉴》上1/4的评论文章版面是提供给社会人学的。在法国学术史上，原始社会首次成了公众哲学争论中一个中心课题。不久，其他主要的学者（像柏格森和莱维·布律尔）也加入了这场争论。

在涂尔干的人类学著作中，他从来没有解决他的"原始社会"探讨法的根本含混性问题，"原始社会"不是被认为是社会原型，就是被认为是可观察的社会类型中最简单的可想象的存在，或者同时是两者。况且，他原先怀疑人种学材料的启迪性功用，而坚信应优先注重历史文献而不是人种志知识。然而，尤其是随着诸如斯宾塞和吉伦（论澳洲土著）、博厄斯（论夸流基特尔印第安人）以及剑桥学者的托里斯海峡探险等更为"专业性"的人种志的问世，涂尔干的态度发生了变化，他在不厌其烦的批评性评论文章中讨论了所有这些新的研究。它们也给他提供了材料，使他得以在当代国际性关于古代社会的争论中作出贡献。这些贡献大致可以纳入两大主题：社会组织和信仰体系（以及两者各种各样的结合）。

涂尔干在《乱伦禁忌及其起源》一文中恪守自己的信条：即"用其他社会事实来解释某一社会事实"。求助于本能行为并不能解释社会制度。它们必须纯粹用社会的原因来说明。乱伦禁忌和外婚制起自本源性氏族，即对本族血统的宗教回避，进而扩展到回避同本族妇女性交。乱伦禁忌伴随着有关族际婚的规定。虽然某些现代亲属关系的研究者对涂尔干的理论提出了批评，但都承认曾得益于他。与此相似，在涂尔干讨论图腾制和澳洲亲属关系的文章中，他似乎明白地预示了很久以后出现的结构主义方法。在亲属关系的社会范畴之外，他还辨别出了真正的逻辑范畴，他提出，这些逻辑范畴可以被理解为"数学问题"。在和莫斯合作的一项著名研究，即《分类的四种原始形式：集体表象研究》一文中，他进一步揭示了这类逻辑范畴。这篇文章将澳洲和北美土人的空间观念与他们的社会组织联系了起来。著作论证说，人们"之所以给事物分类是因为他们被划分为氏族"。所有分类（尤其是空间方位）的模型就是社会，因为它是一个任何事物都和它连在一起的唯一的整体，以致"事物的分类再现了人的分类"。原始分类产生了最初的概念或范畴，使人们得以统一他们的知识。它们构成了最初的"自然哲学"。涂尔干和莫斯提示说，正是在这些分类中，可以找出"作为科学分类基础的逻辑程序的起源"。

涂尔干在其最后一部专门讨论宗教本身的社会功能的巨著中，把这些隐含的思想加以系统化了。《宗教生活的基本形式》代表了他的人类学研究的顶峰。他集中研究了澳洲人（在某种程度上也研究了美国印第安人），这种研究的根据是方法论上的一个根本的（仍然是含糊的）公设，即他们的氏族制度是可观察到的最"基本"的制度。"基本"宗教就是图腾氏的宗教，它包含了宗教思想和生活中所有根本要素的胚芽。涂尔干由以出发的命题是，宗教经验不可能是纯粹的幻想，而一定起因于某种现实。作为宗教教义基础的现实就是社会本身。宗教"首先是一种观念体系，个人借此而表现他们所归属的社会"。更为甚者，"它尽可以是隐喻式的、象征性的，但这种表象不是不可信的"。某种类型的"集体狂热"产生了宗教信仰，或是有助于与宗教有关的信仰和价值的再巩固。宗教的类型也由社会结构决定。例如，"巨神"崇拜对应于所有图腾的综合和部落的统一。宗教通过在一种专门性象征语言中具体它的手段，也有助于解释或"表现"社会现实。于是为了固定事物的内部关系，为了给它们分类，并使之成系统，神话学便把事物关联了起来。就像科学一样，它们表现了现实。归根到底，宗教的功能是社会的整合，它又受到"不停地生产和再生产集体和个人的灵魂"的影响。象征形式是社会生活的必要条件，因为它使社会沟通成为心灵沟通，也就是说"所有个别情感合成一种共同的情感"。

涂尔干的宗教人类学已经受到实地研究者的严厉批评，但是仍然启迪着那些关心古代宗教的学者。在当时，由于教会与共和国之间的冲突，他的宗教社会学具有一种对公众立竿见影的感召力。对原始宗教的研究使他采取一种纯科学的立场，尽管他所作的是对当代宗教制度的历史批判和社会学评价，他曾把天主教教会描绘成"一种社会学怪物"。

由原始社会得来的人种志证据也促成了关于社会凝聚的启迪性概括。况且，对涂尔干式的理论研究来说，人种学较之其他既定的学科（像历史学或地理学）要容易得多，因为它是一个学术上的薄弱点，制度上处于边缘地带的研究分支。涂尔干的理论人类学与其追随者及争论对手（诸如莱维·布律尔、莫斯和赫茨等人）的著作一起，对两次大战之间法国学院派实地人类学家的诞生起了决定性的作用。后一代的法国人类学家，包括格里奥尔、梅特罗、杜蒙和莱维·斯特劳斯等人，尽管对涂尔干的遗产作了批判性重新评价，但仍继续在加以挖掘。由于法国社会人类学的涂尔干主义的根底，它从来没有和其他社会科学割裂过，并且保持着对高层次的抽象概括的强烈偏爱。

卡尔·马克思

1818年5月5日，马克思诞生于德国莱茵省特利尔城。父亲亨利希·马克思是一位才能出众的律师，对马克思少年时代的思想成长起过良好的影响。母亲罕丽达·普勒斯堡是个贤惠的妇女，主要操持家务。

马克思从小勤奋好学，除母语德文外，他先后攻下了拉丁文、希腊文、法文、英文、意大利文和俄文；善于独立思考。1830年，他进入特利尔中学，1835年9月毕业。中学时代，他受到法国启蒙思想的影响，已有为人类谋幸福的崇高理想。中学毕业时他写的《青年在选择职业时的考虑》一文说，一个人只有立志为人类劳动，才能成为真正的伟人。1835年10月，他进波恩大学攻读法学，一年后转入柏林大学法律系。在大学，他除研究法学外，还研究历史、哲学和艺术理论。1837年起，马克思开始认真钻研黑格尔哲学。1841年，他结束大学生活，获哲学博士学位。

卡尔·马克思出生于一个德国人的家庭，但是他成年后大部分生活都是在伦敦度过的，他多数的著作也在那里完成。马克思不相信社会是一个自行管理的有秩序的体系。反之，他把社会看成是不断冲突与变迁的。他指出，每一个社会都包含有"毁灭自己的种子"。与斯宾塞的社会服从于"自然"规律的观点相对立，马克思相信社会主要是由经济力量决定的。他将人类历史看成是经济上的各阶级不可避免的相互冲突的过程。

与孔德的传统一样，马克思感到社会科学家不仅应该认识社会，而且应该改变社会。然而，马克思的观点颇为激进，他相信正如资本主义取代了封建主义一样，资本主义也将通过阶级斗争而被社会主义所取代。他将自己大部分的生命都投身于引发这场变迁。事实上，马克思的观点和理想所激发的社会变迁，多于历史上其他所有的人，当然，变迁并不一定是完全按他所预料的那样。

马克思主义的文化理论认为，意识形态的主要作用和目的就是维护（或挑战）在经济上占统治地位的社会阶级的权利。马克思主义社会学家强调的是社会中经济力量的重要性，而不是功能主义者所强调的共享的文化价值观。他们所关注的是阶级之间的持续斗争。马克思划分出了两大基本阶级：工人阶级，即无产阶级；生产工具的所有者，即资产阶级。他预言这两个阶级之间的冲突最终将导致资本主义社会革命性的颠覆，从而进入一个无阶级的社会。

卡尔·马克思的思想与孔德和迪尔凯姆的思想截然相反。然而，与他们一致的是马克思也寻求对发生在工业革命时代的社会变革作出解释。作为一个年轻人，马克思的政治活动使他与德国当局发生了冲突。在法国短暂的逗留之后，他永久地在英国居住下来，过着漂泊他乡的生活。马克思见证了工厂和工业产品的增长以及由此产生的不平等。他的著作涵盖了许多领域，反映出他对欧洲工人运动和社会主义意识形态的兴趣。他的许多著作都是有关经济问题的。由于他总是把经济问题与社会制度联系在一起来加以思考，所以他的著作总是富有社会学的洞察力。即使他的最严厉的批评者也认为他的著作对社会学的发展起了重要的作用。

尽管马克思对诸多的历史阶段都有所著述，但是他更关注的是现代社会的变革。在他看来，最为重要的变革都是与资本主义的发展联系在一起的。资本主义是一种与以前历史中的经济体系截然不同的生产体系。这种差异包括资本主义的产品生产和销售服务所面向的是范围很广的消费者等特征。马克思指出了资本主义企业中的两种主要元素。第一种是资本，即任何资产，包括金钱、机器，甚至还包括工厂。通过利用所有这些因素，或利用它们进行投资可以创造未来的资产。资本的积累与第二种元素——工薪劳动者密不可分。工薪劳动者指那些没有维持生活手段，必须要找到资本占有者所提供的工作的贫困的工人的集合。马克思相信，那些拥有资本的人，即资本家，构成了一个统治阶级，而大多数人则构成了一个工薪工人阶级，或者说是劳动阶级。随着工业化的扩展，大量原本依靠在土地上耕作就能够自给自足的农民迁入了不断扩张的城市，形成了一个城市工业劳动阶级，也叫无产阶级。

在马克思看来，资本主义本质上是一种阶级制度。在资本主义制度下，阶级关系的最突出的特点是阶段之间的矛盾。虽然资本拥有者和工人彼此相互依赖，即资本家需要劳动力，而工人需要工资，但是这种相互依赖是非常不稳定的。这两个阶级是剥削与被剥削的关系。工人很少或者没有对其劳动力的控制权，雇主可以通过占有工人的劳动获取利润。马克思相信，争夺经济资源的阶级矛盾将会随着时间的推移而变得越来越尖锐。

马克思的观点是以他的唯物主义历史观为基础的。历史唯物主义认为社会变革的主要根源并非是人类的理念或价值观。相反，社会变革主要由经济影响推动。阶级之间的矛盾为历史的发展提供了动力。他们是历史的发动机。用马克思的话来说就是："到目前为止的一切社会的历史都是阶级斗争的历史。"虽然马克思的大部分注意力都集中在资本主义和现代社会，但他还是探讨了社会是怎样在历史进程中发展的。在马克思看来，社会体系从一种生产方式到另一种生产方式转移有时是渐进的，而有时则因为经济上的冲突而要通过革命来完成。他描绘了社会发展的历史进程，从狩猎和采集的原始共产主义社会，到古代奴隶制度和以地主与自耕农的区分为基础的封建社会。商人和工匠的出现标志着商业或资产阶级开始取代拥有土地的贵族。与其历史观相一致，马克思认为：就像资本家联合起来推翻了封建制度那样，资本主义制度同样要被一种新建立的制度所取代。

马克思相信工人阶级革命的必然结果就是推翻资本主义制度，建立一个没有阶级、没有富人和穷人之间巨大差距的新社会。他并不是说个体之间的所有不平等都会消失，而是指社会不会再被划分成一个由垄断经济和政治权力的少数人所组成的小阶级，以及一个由不能从劳动创造的财富中获取丝毫利益的人民大众所构成的大阶级。经济体系以公有制为基础，将要建立一个比我们今天所知道的更为人道的社会。马克思相信，在这种未来社会中，生产将比在资本主义制度下更先进和更有效率。马克思的研究对20世纪的世界有着深远的影响。直到最近，地球上还有1/3以上的人口生活在像前苏联和东欧国家这样的社会中，这些国家的政府都声称从马克思的思想中获得了灵感。

马克斯·韦伯

马克斯·韦伯是一个天才式的人物，也是一个让人难以完全理解的人物。韦伯之于社会学，正如牛顿之于物理学。社会学家柯塞评价说：韦伯以永不停息的斗争为代价，获得了对社会清晰透彻的认识，很少有人达到他那样的深度。他带来的是对人类和社会的深刻理解。他对社会行动中的磨难、悲剧以及成功的冷眼关注，使他成为社会分析方面至今无人能及的大师。他的学术领域，首先立足于对当时德国经济社会问题的经验研究，其次是扩展为对西方社会转变的历史研究，再次是引申到对西方与非西方社会的比较研究。这种研究，几乎体现了一种要把人类社会的所有奥秘都揭示开来的勇气，相应的研究成果，统统被后人视为理论经典。韦伯所讨论的问题，并非抽象的理论，而是对社会转变的因果诠释。韦伯的价值，其实不在于抽象理论的建构，而在于启发人们对社会现实的关怀、思考与理解。

韦伯是一个十分热爱生活、关注社会现实的人。他的兴趣涉及音乐、建筑，甚至对股票还有一定的痴迷。他一生积极准备着参与政治，非常关怀德国的命运，思考如何促使德国成为一个现代国家。他出于对德意志民族国家的使命感和对历史的责任感，自称在国家利益上是"民族主义者"，而在国家政治生活中自我期许"以政治为志业"。所以，韦伯常常在公众场所亮相，有点像我们今日那种在媒体上开坛讲说的学者。但是，韦伯好像注定了和政治没有太多的缘分似的，终其一生韦伯也没有太多的机会在政治上施展拳脚，这也许会成为他心中永远的遗憾。

现如今，当人们提到韦伯时，更多地把他归结为一个优秀的社会学家，然而，这只能说人们只是看到了一个小小的侧面，优秀的社会学家远非是对韦伯的完整的概括和诠释。在韦伯的时代，社会学尚处于草创时期。拿韦伯自己的话来说，"在海德堡，尽管已经以社会学为出发点来考虑许多问题，但作为研究社会的科学尚未在学院体系中出现。"社会学的前身，在日耳曼地区被称为国家学，用现在的学科分类标准来看，包括了历史学、法理学、社会学和经济学。韦伯在大学里也一直以经济学家或历史学家身份出现，一直到1909年海德堡学会成立时，他还是以历史学家的资格入选的。即使以1910年德国社会学学会的建立为标志，韦伯从事社会学研究也仅有短短的10年。他在此前的研究，无疑带有国家学的色彩。或许，正是这种综合性的国家学，才使韦伯能够成为横跨多个学科的社会科学大师，尤其是历史学的积淀，使韦伯的研究成果有了一种洞穿时空的深邃。约翰·洛夫曾指出："韦伯的学术生涯开始于古代史研究，只是在精神崩溃后的中期才转向当代课题的研究。"在韦伯步入学术领域的前期，他主要运用历史学的思考方法，后来，才逐渐采用了比较社会学的分析方法。

随着韦伯由历史学向社会学的转化，他开始更深入地探讨整个人类社会的理性化问题，进而对不同国家和地区的理性化历史进程及其变迁进行思考，最终落脚于东西方文明的比较研究。

韦伯是一本"专注"而又"博大"的百科全书式的学者。韦伯关注的研究对象，一直在不断变化，在他的论著中，研究领域由德意志一直扩展到全世界，研究范围由经济史一直扩展到政治、宗教、社会、文化诸史。但是，这种领域和范围的变化又包含着主题的不变化，他的不变的主题，就是人类社会的理性。有人指出，韦伯毕生的论题，就是"何为理性"。为了解决这一问题，韦伯重点研究了西方社会的理性化过程。在韦伯的笔下，这一历史过程的核心就是"祛魅"。所谓"祛魅"，实际上就是运用科学的方法剥去迷罩在人类社会现象上的神化或魔化的种种光环，也被称为"去巫"、"去昧"。后来，韦伯注意到，理性化并不只有西方式一种形态，在中国、印度等非西方地区，同样存在理性化形态。但是，近代西方形态的理性化在韦伯的笔下具有"独特性"。也就是说，只有西方式的理性，才能发育出资本主义。这种"独特性"反过来又具有普遍历史的意义，在韦伯眼里，它代表了人类社会发展的普遍方向。但在强调理性的同时，韦伯又十分重视文化领域和精神领域的情感、信仰等因素，通过对新教伦理与西方世界的关系分析，韦伯指出，西方理性化的动力，来自于社会理性化与人的自由化之间的复杂张力。韦伯孜孜不倦所要追求的，就是寻求社会秩序与个性发展之间的恰当尺度。也许，正是这种理性和情感的纠结、科学和人文的交错、历史和现实的重叠，使韦伯的精神处于一种高度紧张状态之中。

韦伯的价值，不仅在于他在社会科学各个领域都提出了具有独创性的观点，而且在于他以理性和超然的态度分析了世界的理性化进程，除去了社会研究中的"神性"和"魔性"，用规范研究和实证研究相结合的方法，给人们还原了一个逻辑的和经验的社会。同时，他又在以科学冷静的方式剖析社会时，对人生的意义和精神的追求形成了超常的理解能力与同情心理。所以，在不同的人眼里，就有了不同的韦伯。美国有一位神学家，在读了韦伯的著作之后说，即使是神学家，也很少有人能像韦伯那样对宗教有如此深切的理解和同情心。存在主义哲学家雅斯贝尔斯则认为，韦伯是一个伟大的政治家、科学家、哲学家。而在管理学家那里，往往强调韦伯官僚组织理论在社会管理中的价值和作用。作为欧洲文明之子，韦伯是一名百科全书式的学者，其思想可谓博大精深，很少有人像他那样在那么多的领域做出那么大的贡献。到西方去读书，不管你学习社会科学的哪门学科，似乎都与韦伯有关，政治学要读韦伯，社会学要读韦伯，经济史更要读韦伯，法律社会学则非读韦伯不可，历史学方法论也离不开韦伯。

国内研究韦伯的专家苏国勋则从另一个角度——现代社会的形式理性和实质非理性的冲突来解读韦伯的意义。他说："在韦伯的思想中，现代社会的矛盾即从形式合理性与实质合理性之间相互关系和张力中解读的：形式上的合理性与实质上的非理性是现代社会的本质特征。换言之，突显功能效率精神是现代社会的合理之处，而不合理之处在于把功能效率这一本来属于手段的东西当作目的来追求。理性化造成现代人一方面在享受现代物质文明方面受赐良多；另一方面他们又身不由己地陷于理性化所造设的'铁笼'，饱受丧失目的追求（价值）、丧失精神家园的痛苦。韦伯在 19 世纪与 20 世纪之交以其睿智和洞见深刻揭示了现代人的这种尴尬处境，他一方面深刻批判现代文明的反文化、反人道特征，另一方面又强调作为现代人的命运，现代文明注定是不可避免的——这就是现代性的悖论。这也许是不同国度和地区的人对他共同感兴趣的原因。"

不管从哪个角度，韦伯都能给我们带来新的思考，尤其是学理上的思考。在喧嚣的社会中，在忙忙碌碌的工作与生活中，我们已经很少认真冷静地思考人类命运了，学术也越来越功利化了，韦伯可以使我们在一定程度上恢复学术的厚重和虔诚。有人曾经用讽刺的口吻说："谁掌握了对韦伯的阐释权，谁也就有望执学术研究的牛耳。"

奥古斯特·孔德

奥古斯特·孔德，法国实证主义哲学家、社会学家，西方社会学的创始人。他 1798 年 1 月 19 日生于蒙彼利埃城，1857 年 9 月 5 日卒于巴黎。16 岁进入巴黎综合技术学校学习。1817 年成为空想社会主义者 C.H. 圣西门的秘书和合作者。后因观点相左，两人分道扬镳。1826 年设馆讲授实证哲学。

1798 年 1 月 19 日，即共和国诞生后第六年的雨月初一，奥古斯特·孔德出生于法国南部城市蒙彼利埃的一个天主教徒和君主主义者家中。他的父亲是一个中级官吏,任蒙彼利埃税务总署的代理人。孔德1807～1814年在蒙彼利埃上中学。孔德在早年即已放弃天主教信仰,接受自由和革命的思想。1814～1816年在综合工科学校求学,学习成绩冠南方学生之首。1816年4月,王朝复辟政府怀疑综合工科学校为雅各宾派,决定暂时关闭该校。孔德回蒙彼利埃数月,在该地医学校学习医学及生理学,以后又回巴黎,在巴黎教授数学谋生。1817年8月,孔德任圣西门秘书,与圣西门合作并成为他的朋友至1824年。其间孔德与这位工业主义哲学家合作编辑出版《工业》、《政治家》、《组织者》、《工业制度》、《企业家入门》等刊物。1819年与夏尔·孔德及夏尔·迪努瓦合作,在《批评者》上发表《信念和欲望的分野》。1820年4月,在《组织者》上发表《现代史简评》。1822年在《工业制度》上发表《工业社会的必要的科学工作简介》。1826～1827年,孔德因其夫人第一次出走的刺激,加之用脑过度而患精神病住进疗养院。8个月后尚未痊愈即出院,稍后曾萌自杀之念。孔德深知病因,病愈后即严格节制体力和脑力消耗,以防重发。

1829年1月4日孔德重新讲授《实证哲学教程》。1830年《实证哲学教程》第一卷出版,其余几卷先后于1835年、1838年、1839年、1841年和1842年出版。1831年孔德在第三区区政府义务讲授大众天文学。同年,孔德在综合工科学校谋求分析课教授职位,但未果。1832年被任命综合工科学校分析与机械课辅导教师。1833年孔德向基佐要求为他在法兰西学院谋求科学史教授职位,但遭拒绝。同时,他在综合工科学校谋求几何学教授职位,也因他有共和思想而遭拒绝。1836年被任命为综合工科学校主考人。1842年与其夫人最终分手。1843年《解析几何学浅论》出版。1844年《大众天文学的哲学论述》的前言《实证精神讲话》出版。孔德失去综合科学校主考人职务以后,主要靠"实证主义者的自由捐款"为生。捐款先后来自J.穆勒和几个富有的英国人及E.利特雷及百余名法国学生和仰慕者。1845年是"无比美好之年",这一年孔德向克洛蒂尔德·德沃表示爱情,但她只同意建立友情,说"无法超过友情的限度"。

1846年4月5日,奥古斯特·孔德目睹克洛蒂尔德·德沃病逝,此后,孔德对她一直真心崇敬。1848年"实证主义学会"成立,《实证主义总论》发表。1851年孔德失去综合工科学校辅导教师职务。同年,《实证政治体系或论创建人性宗教的社会学》第一卷出版,其他各卷陆续于1852年、1853年和1854年出版。4月22日,孔德致函德·托卢泽,称:"我深信可以在1860年前把实证主义改作为唯一真正完善的宗教,在巴黎圣母院前布讲。"12月,利特雷及孔德的其他多位学生对孔德赞同路易·拿破仑发动政变感到恼火，并对新的哲学方向深感不安，退出"实证主义学会"。1857 年 9 月 5 日，孔德在巴黎默西厄—勒—普兰斯路 10 号逝世，死时他的学生在场。

孔德从秩序、进步的原则出发提出他的社会学构想。他反对一切空想的、批判的学说，把重整法国革命后社会动荡的希望寄托在工业社会自身的秩序上，最终以建立一种普遍人性的新宗教作为他的社会学任务。孔德认为，在整个世界发展中，群体、社会、科学甚至个人思想都经历了神学、形而上学、科学三个阶段。他所处的时代，神学思想已属过去，支配现代人的将是科学思想；封建君主制度也正在消亡，取而代之的是以科学思想为指引的工业社会；人类理智的性质和发展阶段决定着社会秩序的组成和社会进步的类型；与人类理智发展的神学、形而上学和实证科学三阶段相对立的社会组织形式，分别为神权政体、王权政体和共和政体。这样孔德就把人类社会历史完全归结为人类的理智发展史，因而与理智发展最高阶段相匹配的社会组织形式——工业社会就具有了普遍的、全人类的品格。在神学阶段，思想受到宗教观念和社会是上帝意志的表达信念的掌控。大致是在文艺复兴前期进入形而上学阶段，开始从自然的而非超自然的角度来解释社会。由哥白尼、伽利略和牛顿等人的发现和成就引领的实证阶段鼓励科学技术在世界中的应用。孔德认为，为了获得实证知识，要采用四种方法，即观察法、实验法、比较法和历史法。贯穿在这些具体方法中的基本原则就是坚持统一的科学观，即认为社会同自然并无本质的不同，没有必要在自然科学和社会科学之间作出划分。这一思想，为后来的实证主义社会学奠定了方法论基础，也成为长期争议的问题。

孔德按物理学的分类方法，把社会学分为社会动力学和社会静力学。认为社会动力学是从社会变迁的连续阶段和相互关系的过程来研究社会发展和进步的规律；社会静力学旨在研究社会各个不同部分的结构关系，以及彼此间持久不断的相互作用和反作用，也就是研究个人生活、家庭生活和社会生活几个不同层次的结构和相互关系的各个方面。孔德主张把社会静力学和社会动力学看作密切联系的和相互补充的科学。认为进步如果不同秩序结合在一起，进步就不能持久；秩序如果不与进步共存，真正的秩序也无法建立。

孔德开启了社会学实证主义传统的先河，他的一些思想为 E. 迪尔凯姆等人从不同方面加以继承和发展，成为 100 多年来西方社会学发展中的主流。由于阶级和历史的局限性，他的思想中有许多不切实际的成分。但是他的实证科学理想，激发了后来几代人为把社会学变成一门科学而辛勤努力，使这门相对较晚出现的学科成为当代社会科学知识体系中不可缺少的部分。也正因为如此，人们把他尊为社会学的创始人、奠基人，或认为是社会学的命名人。

在其生涯的后期，孔德依据他的社会学观点，描画出了一幅重建法国社会以及一般人类社会的宏伟蓝图。他提倡建立以社会学为核心的新宗教——"人性宗教"。这种宗教崇尚科学，抛弃传统的宗教信仰和教条。孔德敏锐地意识到他所处的社会的状况。他关注着由工业化所产生的不平等及其对社会团结的威胁。在他看来，长期的解决方案是建立一种道德共识去规范和控制社会，并以此对付新形式的不平等。虽然孔德关于社会重建的展望从来未能实现，然而他在社会科学系统化和一体化方面做出的贡献，对于后来社会学的职业化即成为一门学术学科具有十分重要的意义。

赫伯特·斯宾塞

赫伯特·斯宾塞，英国社会学家。他被称为社会学研究中"社会达尔文主义之父"，他的社会学理论把进化理论中的"适者生存"应用在社会学研究中。他是社会进化论和社会超级有机体论的代表人物。当然他的理论不仅仅局限于此，他的著作对很多课题都有贡献，包括规范、形而上学、宗教、政治、修辞、生物和心理学等。

斯宾塞 1820 年 4 月 27 日生于英国德比郡的教师家庭，1903 年 12 月 8 日卒于苏塞克斯郡。幼时体弱辍学，由父亲施教，未受正规学校教育。斯宾塞 1837 ~ 1848 年担任铁路工程师；1848 年任伦敦《经济学》助理编辑；1850 年发表第一部著作《社会静力学》；1852 年发表论文《进化的假说》，首次提出社会进化论思想；1853 年他的教父去世给斯宾塞留下大笔遗产，从此潜心著书立说。

斯宾塞在年纪很小的时候，经常接触并对学术课本及他父亲的期刊发生兴趣。13 岁，他被父亲送到巴斯附近的小镇辛顿查特修。那里他叔父能够为他提供正规教育。最初因为他觉得很闷并抗拒拉丁语及希腊语的课堂，所以他没有跟随叔父，甚至跑回家中。后来，他从叔父身上学会并发展自己早期政治及经济理念来回应叔父的激进改革观点。1836 年，叔父为他找到一份铁路的土木工程师的职位。斯宾塞在工作中的体验让他停止在行业上的追求，反而觉得上司使工人过分劳累。他在这个时刻开始下定决心编写文章。他 22 岁之后的数年间不断拜访叔父，并把有关政治信件发给一些激进报纸。这时他正式开始参与传媒及社会政治。后来斯宾塞把他早年所写的这些稿件汇编为《政府的适当权力范围》一书。

斯宾塞的早期著作显示了一个自由主义者对工人权益及政府责任的观点。斯宾塞认为应该在自然定律上多些理性。1851 年，他提出了自己的社会学理论"社会静态学"，并把他早年的一些观点加以成熟。当中内容强调个体力量对社会的重要性，但社会无可置疑地践踏它，可是当中遗漏了他早期著作流行的对工人阶级的怜悯之心。这就是斯宾塞开始确立对文明的视角，不是人类的人为建造方式，而是自然界中人类的自然有机产物。他曾在伦敦财政报《经济学人》担任助理编辑 5 年，直到 1853 年时才离职开始投入专业写作。此后数年，他的著作涵盖了教育、科学、铁路工业、人口爆炸及很多哲学和社会学的课题。

斯宾塞所处的时代，是社会改革的思想浪潮逐渐形成发展的年代，同时又是科学知识大量应用于日常生活并改变生活方式的时代，诸如 1802 年发明了汽船、1803 年发明了蒸汽机车、1837 年发明了电报、1846 年有了缝纫机等，这些科技进步使人类的生活面貌起了变化。因此在斯宾塞的思想中，我们可以清晰地发现他对科学知识的极度偏爱。

斯宾塞的著作很多，如 1851 年的《社会静力学》、1852 年的《进化的假说》（这部著作早于达尔文的《物种起源》）、1853 年的《心理学原理》、1867 年的《生物学原理》，随后又陆续出版了《社会学原理》、《伦理学原理》、《人与国家》。这些著作使斯宾塞的声望不断提高，他被称为"维多利亚时代的亚里士多德"。斯宾塞拥有多个博士院士头衔。他在 1873 年发表《社会学研究》，后来被严复翻译成《群学肄言》，社会学从此进入中国人的视野。

斯宾塞的社会学理论的突出特点是将社会与生物有机体进行类比，强调社会功能论。他的社会进化论和社会有机体论都是从这种类比出发和展开的。他在达尔文出版《物种起源》前 7 年就提出了社会进化思想，认为进化是一个普遍规律，后来他受达尔文生物进化论的影响，将生存竞争、自然选择等原则移植到社会理论中。斯宾塞认为社会的进化过程同生物进化过程一样，也是优胜劣败，适者生存。进而认为进化是一种自然过程，应遵循其自身的规律，而不应人为地干涉。他反对社会福利和国家计划，也反对社会改良和社会革命。斯宾塞的社会有机体论集中反映在他的《社会学原理》第一卷中，他将社会与生物有机体进行了 6 项类比，得出了三个结论：①社会是一个体系，一个由相互联系的各个部分构成的紧密整体。②这个体系只能从其结构运转的意义上去理解。③体系要存在下去，它的需求就必须得到满足。这些观点开启了结构功能理论的先河。斯宾塞的思想对社会学、人类学、哲学的发展都产生了深远的影响。

斯宾塞的著作被翻译成多国语言，并在欧洲北美等地得了很多荣誉。他的理论证明对政治保守派是有用的，不单是对社会阶级架构的应用，也包括社会公义概念，当中强调对本性及行为的个体责任。斯宾塞支持"平等自由定律"，这是自由意志论的基本的原则。在不侵犯别人的权利下，每个个体可以根据自己的选择而做事。很多美国高等法庭的裁判官面对政府劳资惯例出现限制的时候都根据这个原则来下定论。但是不只保守派利用斯宾塞的理论来宣扬自己的观点，很多社会学家都套用他的理论来解释社会的阶级矛盾；无政府主义者把它应用在个体自主的信念上。

斯宾塞对文学及修辞学也有很大影响力。他的《式样哲学》（1852 年）开创了写作上形式主义的潮流。他高度关注英语句子的各个部分的正当排列，定立有效写作的指引。斯宾塞的目标是把散文从"阻力与惯性"释放出来。读者不因吃力研讨上文下理及句子的精确意义而缓慢下来。透过这样的方式，作家能够达到最高沟通效率。这成为修辞学上形式主义者最权威的支持。

1902 年，斯宾塞被提名诺贝尔文学奖。他一生都投入写作，享年 83 岁。

西美尔

西美尔生于柏林（1858），卒于法国的斯特拉斯堡（1918），犹太血统，信奉新教，哲学科班出身。1881 年，西美尔以关于康德的论文获得博士学位，以后长期任柏林大学的编外哲学讲师（无薪），直到逝世前不久（1914），才在斯特拉斯堡大学当上教授（其时已 56 岁）。在 20 世纪声名鹊起的卢卡奇、布洛赫、舍勒等人都曾师承西美尔，却无人长久忠诚地继承他的思想遗产。

他给循规蹈矩的同时代人留下了一个不易归类、使人不安而又令人着迷的形象。不过，西美尔一生可谓幸运：靠早逝的父亲留下的一笔可观遗产，他得以依循自己的心愿做学问，不受现代资本主义的学院制度和嫉贤妒能者的羁绊。有意思的是，对西美尔和马克思这两个文化形象进行一下对比，我们发现：

西美尔与其学术宿敌马克思也许刚好分别代表了两类不同的现代知识人形

象：马克思式的现代知识人要么在各大城市和边远乡村奔走，发掘埋葬资本主义社会的社会潜能，要么整天泡图书馆，构想资本主义社会必然死亡的历史逻辑因素；西美尔式的现代知识人与此不同，他们在资本主义的大城市里观察现代生活风情，满带形而上学悲情地沉浸在现代生活的感觉之中。

关于这个类似学术"痞子"的思想家，韦伯的太太这样回忆：西美尔貌不惊人，略秃的头顶、一副学者式的眼镜，身材不高，确切地说是有些矮。然而西美尔有着异乎常人的个人魅力，只要和他接触过的人都难免不为他的个人气质所吸引，尤其是那些富于知性的女性知识分子。

在这个几乎一生徘徊于学术体制之外的大学者身上，有种天生的暧昧气质。"暧昧"是解读西美尔的关键词。"优雅中带着厌倦，暧昧中从不含混"，这是西美尔的社会哲学最好的脚注。其实"暧昧"是西美尔把握"自我—世界"、"主观—客观"等西方理性主义二元对立的手段。恰恰是在"暧昧"中，西美尔形成了片断化的阐释现代性问题的独特风格。

与以往的一些经济学家不同，在西美尔看来，现代的货币体制是绝对理智的、逻辑的、运算的，以货币为核心的"市场经济"推崇并强化的心理能量是理智和算计，现代精神变得越来越精于算计，而不是传统社会所推崇的血统、情感和意愿。西美尔说："现代风格的理性主义特征显然受到了货币制度的影响"：现代人用以对付世界，用以调整其内在的"个人的和社会的"关系的精神功能大部分可称作为算计功能。这些功能的认知理念是把世界设想成一个巨大的算术题，把发生的事件和事物质的规定性当成一个数字系统。

与西美尔的暧昧形成对照，现代人的算计在货币文化中得到发展。对于这一点，我们不禁要佩服于这个早在150年的判断。与其同时代的学者不同，西美尔关注的不仅仅是纯经济学、纯社会学，他的视野透过了文化的氤氲，深入到对人本身的关怀。

在这里所谓的"暧昧"应该被指认为跨学科和跨范式的思想方式，而这个思想方式本身超越于时代，不能获得命名，因而是暧昧的。值得我们注意的是西美尔的"货币洗心说"：货币"合并成生活形式的精确性与准确性的相同因素已经相互融合，成就了一种最缺少个人色彩的结构"。感性、情感、直觉、个性、人格色彩、独创精神以及心灵深处那些幽微奇妙的震颤悸动，该是人类基本的、内在的属性，或者套用一下佛家的用语，即"自性"。在现代社会里，还有谁像他那样关怀"心"的问题呢？

哈贝马斯

哈贝马斯是德国哲学家、社会学家，是社会学界著名的法兰克福学派的领军人物之一。他 1929 年生于杜塞多夫，曾先后在哥廷根大学、苏黎世大学、波恩大学学习哲学、心理学、历史学、经济学等，并以《论谢林思想中的矛盾》为题的论文获得哲学博士学位。1961 年完成教授资格论文《公共领域的结构转型》，本书成为社会学的经典著作。哈贝马斯历任海德堡大学教授、法兰克福大学教授、法兰克福大学社会研究所所长以及德国马普协会生活世界研究所所长。哈贝马斯 1961 年获大学教授资格，任教于海德堡大学。1964 ～ 1971 年在法兰克福大学讲授哲学、社会学。1971 年任普朗克科学技术世界生存条件研究所领导人。后任法兰克福大学哲学系教授。

哈贝马斯认为知识的产生根源于人类的三种旨趣，相应也有三类知识，否认历史；解释知识、经验；分析知识和技术控制旨趣的统治地位，造成了资本主义社会的危机。为了克服动机危机和信任危机，批判理论必须重视互动过程和沟通过程，只有通过沟通行动才有可能把人类从被统治中解放出来。哈贝马斯的知识旨趣说、技术统治论和沟通行动论等学说，作为综合的社会批判理论，产生了深远的影响。

哈贝马斯的思想从产生到成熟大体经历了几个阶段：① 1959 ～ 1968 年的前交往期。在这一时期他的研究主题是资产阶级公共领域的历史分析以及认识论的历史重建。哈贝马斯通过对实证主义和历史主义的批判，提出了一种批判科学的概念。② 1969 ～ 1981 年的交往期。这一时期他从重建历史唯物主义的角度入手，初步完成了其作为社会批判理论的交往行为理论体系的建立。③ 1982 ～ 1989 年的后交往期。这期间，哈贝马斯主要致力于对现代性范畴的历史清理和形而上学思想的批判，用以抵抗后现代主义和阐述一种建立在语言学转向基础上的"后形而上学思想"，从纵向（思想史）和横向（形而上学批判）的角度，对交往行为理论进行元论证。④ 1990 ～ 2000 年的反思期。这一时期哈贝马斯开始有意识地把交往行为理论向政治哲学和法哲学领域推进，通过对自由主义政治要领以及社群主义政治要领的批判，主张建立一种新型的话语政治模式，提倡用程序主义来重建民主制度。

哈贝马斯的思想复杂而丰富，被学术界公认为"当代最有影响力的思想家"。哈贝马斯的思想特色主要表现为以下几个方面：①论战性。哈贝马斯进入学术领域后，便不断向各种不同的思想路线提出挑战，掀起了一场又一场的学术争论。②综合性。哈贝马斯是一位杰出的综合大师，他把不同的思想路线、理论范畴有机地结合起来，马克思主义与精神路线、理论范畴有机地结合起来，马克思主义与精神分析的综合、对于德国唯心主义哲学传统与美国实用主义哲学传统的综合、对于哲学先验主义与哲学经验主义的综合等。③体系性。哈贝马斯十分重视自身理论体系的构建，长期以来，他逐步从方法论、认识论、语言哲学、社会学、美学、政治学、法学等角度，建立和完善了自己的交往行为理论体系，试图从规范的角度对马克思主义特别是法兰克福学派的批判理论加以系统重建。④实践性。哈贝马斯十分看重自身思想的实践性。从 1968 年积极投身"学生运动"开始，哈贝马斯在德国的政治实践领域一直都发挥着巨大的影响力。

哈贝马斯是西方马克思主义重要流派法兰克福学派的代表人物，著述颇丰。有数十部著作问世，主要代表作包括：《公共领域的结构变化》、《理论和实践》、《知识和人类旨趣》、《技术和作为意识形态的科学》、《社会科学的逻辑》、《合法性危机》、《文化与批判》、《历史唯物主义的重建》、《沟通与社会进化》、《沟通行动理论》、《真理与论证》、《包容他者》、《事实与价值》、《认识与兴趣》、《现代性的哲学话语》、《交往行为理论》、《晚期资本主义的合法性危机》、《后形而上学思想》等。

哈贝马斯对发展马克思主义的尝试，特别是他把经典马克思主义学说与晚期资本主义社会实践结合起来的尝试，值得我们予以认真关注，比如，他对于晚期资本主义合法性危机的透彻分析、对于历史唯物主义的重建、对于民族国家范畴的历史梳理，以及对于全球化语境下民主制度的安排和公民资格的确认等的严肃思考，都是十分富有启发意义的。

布迪厄

布迪厄（1930 ~ 2002 年）是法国当代著名的社会学家，主要著作有：《实践理论大纲》、《教育、社会和文化的再生产》、《语言与符号权利》、《实践与反思：反思社会学导引》。

布迪厄出生于法国比利牛斯—大西洋省丹郡的一个普通公务员之家，父亲是当地一名乡村邮递员。他 1950 年考入巴黎高等师范学院攻读哲学专业，1954 年通过教师会考成为中学哲学教师；1956 年应征入伍，到阿尔吉利亚为军队服务，从这儿开始，布迪厄由此开始了他的社会学工作。他于 1958 年与 1963 年发表的两部著作《阿尔吉利亚的社会学》、《阿尔吉利亚的劳动与劳动者》引起知识界的关注，从而奠定了他毋庸置疑的社会学家地位。布迪厄于 1968 年至 1988 年任法国国家科研中心教育文化社会学中心主任，并创办了《社会科学的研究行为》；1981 年进入著名的法兰西学院执掌社会学教席成为他学术生涯的巅峰。布迪厄在国际上获得的殊荣更是不胜枚举，2000 年英国皇家学院颁发给他的赫胥黎奖章，代表了国际人类学界的最高荣誉。

布迪厄至少发表了 343 部作品，还有大量论文至今未曾问世。其中《论电视》、《世界的贫困》、《继承者》、《区别》、《社会学诸问题》、《再生产》的影响超出了学术范畴，引起了全球性的广泛关注与争议。除外，他的重要作品还有《男性宰制》、《学术人》、《背井离乡》等。

就对手与敌人而言，与他同时代的知识分子福柯、德里达、哈贝马斯相比，他都有过之而无不及。

他对电视媒体的批判一度使媒体对他恨之入骨。他批评媒体对"经济逻辑、商业压力的臣服"，指责其观众专制与市场专政，力图为"专家城邦"开拓一个自主的、不受记者与媒体逻辑限制的、直接介入政治与文化讨论的传媒空间。

在带弟子创建流派之前，他有很多同事与朋友，共同关心专业的建设与发展。可自从他声名鹊起之后，内斗与纷争就戏剧般粉墨登场。他创建的社会学中心云集着一批精英，其中，巴塞宏曾是与他合作的传奇搭档，却与之分道扬镳最早。对他攻击最为凶猛的其女弟子让妮·维迭—勒胡，其 1998 年出版《学者与政治：论皮埃尔·布迪厄的社会学恐怖主义》，公然与他叫板。

布迪厄与其他社会学流派的关系远远没有来自朋友与弟子的批判让他感到痛苦。题为《弟子与敌人》的文章说：布迪厄学派与"社会行动者"学派、"方法论个体主义"学派的关系是建立在某种武装到牙齿的和平竞争之上的，双方互相尊重，没有发生戏剧性对抗，都以避开直接讨论以避免纷争为原则。他理论上的劲敌，社会学家阿兰·图汉指出："他的去世是一个震动，因为知识界整体，尤其是我的工作范畴，当然不是全部但有一部分是围绕布迪厄开展的，无论正面的还是负面的，他是一个必不可少的参照……"

布迪厄的社会学工作涉及范畴之宽、领域之广、问题之繁，使人很难把握他的思想体系和脉络。他出版的 20 多部著作中包括田野调查、概念分析、对当下问题的介入、长远社会理论反思等。从阿尔吉利亚卡比尔人的荣誉仪式到学校制度，从研究体制到婚姻制度，从文化趣味到男性宰制，从高官到语言，从海德格尔到电视媒体，令人眼花缭乱，很难从中找出其思想的连贯性、统一性。

虽然不同阶段时期的布迪厄的思想脉络有不同的演变，但他的研究方法却具有一种深度的统一性，那就是对个体身份一致性的理论反思。"我是谁"、"我知道什么"，这古老的哲学提问来自苏格拉底，布迪厄则对它进行了别样的研究。他并非像古典哲学那样去追问人的本性与条件，不想探讨一般意义上人的本质是基于什么之上的，他要做的是去了解一个特殊主体是如何被生产出来的，包括其趣味、自我关照与策略是如何产生的。不过他认为自我认识并不能通过对自身的内省获得，而是要通过对自身上下左右的观察才能达到。对自己的认知因此不能是内省的结果，而是某种客观量化的结果：别以为你天生就是艺术胚子，最好得看看你的出生地与出生时间，你父母的职业和你的学习成绩单。布迪厄认为，主体的形成并非心理冲突的结果。

他虽然坚持"个体并不是自己的中心"，不过与弗洛伊德的向内求索相反，布迪厄认为应该向外界寻求答案。人对自己的了解并不是自己就明白的，人的习性也不是天生就是这样。在这种隐匿机制上，他创造了自己的新概念，例如习性（借过去经验铭写于身体以使实践认知活动得以进行的一种感知、判断及行动系统）、场域、象征性暴力、文化资本等。布迪厄对这些词汇具体的、细致的而非抽象的、修辞的一般研究使社会学"成为一种有力的分析工具，让每个人能更好地了解自己是谁、自己特有的社会生产条件及在社会中的位置"。然而，通过这种自我在社会位置中的认知来解放自己的条件虽然存在，但要实现这些却没有保证，没有什么可以确保对社会的决定性有清晰了解就可以挣脱它。在布迪厄看来，被统治者总是内化了那种统治关系以最终重新导致他们的被压迫的地位，而这正是他所确立的象征性暴力的本质功能。布迪厄的这种社会决定论也是他遭受各方批评的主要原因之一。

福柯

米歇尔·福柯 1926 年 10 月 15 日出生于法国维艾纳省省会普瓦捷。他父亲是一位受人尊敬的外科医生，母亲也是外科医生的女儿。1984 年 6 月 25 日福柯在法国巴黎去世。

福柯是法国哲学家和思想系统的历史学家。他对文学评论及其理论、哲学、批评理论、历史学、科学史、批评教育学和知识社会学有很大的影响。他被认为是一个后现代主义者和后结构主义者。他本人对这个分类并不欣赏，他认为自己是继承了现代主义的传统。他认为后现代主义这个词本身就非常的含糊。有人就他的结构主义或后结构主义的倾向质疑他的政治活动。

福柯在普瓦捷完成了小学和中学教育，1945 年，他离开家乡前往巴黎参加法国高等师范学校入学考试，并于 1946 年顺利进入该校学习哲学。1951 年通过大中学教师资格会考后，他在梯也尔基金会资助下做了 1 年研究工作，1952 年受聘为里尔大学助教。

福柯早在师范学校期间即表现出对心理学和精神病学的极大兴趣，恰好他父母的一位世交雅克琳娜·维尔道就是心理学家，而雅克琳娜的丈夫乔治·维尔道则是法国精神分析学大师雅克·拉康的学生。因此，在维尔道夫妇的影响下，福柯对心理学和精神分析学进行了系统深入的学习，并与雅克琳娜一道翻译了瑞士精神病学家宾斯万格尔的著作《梦与存在》。书成之后，福柯应雅克琳娜之请为法文本做序，并在 1953 年复活节之前草就一篇长度超过正文的序言。在这篇长文中，他日后光彩夺目的写作风格已经初露端倪。1954 年，这本罕见的序言长过正文的译作由德克雷·德·布鲁沃出版社出版，收入《人类学著作和研究》丛书。同年，福柯发表了自己的第一部专著《精神病与人格》，收入《哲学入门》丛书，由法国大学出版社出版。

1955 年 8 月，在著名神话学家乔治·杜梅泽尔的大力推荐下，福柯被瑞典乌普萨拉大学聘为法语教师。在瑞典期间，福柯还兼任法国外交部设立的"法国之家"主任，因此，教学之外，他花了大量时间用于组织各种文化交流活动。在瑞典的 3 年时间里，福柯开始动手撰写博士论文。得益于乌普萨拉大学图书馆收藏的一大批 16 世纪以来的医学史档案、书信和各种善本图书，也得益于杜梅泽尔的不断督促和帮助，当福柯离开瑞典时，《疯癫与非理智——古典时期的疯癫史》已经基本完成。1958 年，福柯提出辞职，并于 6 月间回到巴黎。两个月后，还是在杜梅泽尔的帮助下，同时也因为福柯在瑞典期间表现出的出色的组织能力，他被法国外交部任命为设在华沙大学内的法国文化中心主任。

离开波兰后，福柯继续他的海外之旅，这一次目的地是汉堡，仍然是法国文化中心主任。1960 年 2 月，福柯在德国最终完成了他的博士论文。这是一本在厚度和深度上都同样令人咋舌的大书：全书包括附录和参考书目长达 943 页，考察了自 17 世纪以来疯癫和精神病观念的流变，详尽梳理了在造型艺术、文学和哲学中体现的疯癫形象形成、转变的过程及其对现代人的意义。按照惯例，申请国家博士学位的应该提交一篇主论文和一篇副论文，福柯因此决定翻译康德的《实用人类学》并以一篇导言作为副论文，虽然这一导言从来没有出版，但福柯研究者们发现，他后来成熟并反映于《词与物》、《知识考古学》中的一些重要概念和思想，在这篇论文中其实已经形成。

1962 年 5 月 1 日，克莱蒙—费朗大学正式升任福柯为哲学系正教授。在整个 20 世纪 60 年代，福柯的知名度随着他著作和评论文章的发表而急剧上升：1963 年发表《雷蒙·鲁塞尔》和《临床医学的诞生》，1964 年发表《尼采、弗洛伊德、马克思》以及 1966 年引起极大反响的《词与物》。

《词与物》这部著作力图构建一种人文科学考古学，旨在测定在西方文化中，人的探索从何时开始，作为知识对象的人何时出现。福柯使用"知识型"这一新术语指称特定时期知识产生、运动以及表达的深层框架。通过对文艺复兴以来知识型转变流动的考察，福柯指出，在各个时期的知识型之间存在深层断裂。此外，由于语言学具有解构流淌于所有人文学科中语言的特殊功能，因此在人文科学研究中，语言学都处于一个十分特殊的位置：透过对语言的研究，知识型从深藏之处显现出来。《词与物》为福柯带来了巨大声望。不久，福柯又一次离开了法国，前往突尼斯大学就任哲学教授。福柯在突尼斯度过了 1968 年 5 月运动的风潮。这是一个"革命"的口号和行动时期遍及欧洲乃至世界的时期，突尼斯爆发了一系列学生运动，福柯投身于其中，发挥了相当的影响。此后，他的身影和名字也一再出现于法国国内一次又一次的游行、抗议和请愿书中。

1972 年 12 月 2 日福柯走上了法兰西学院高高的讲坛，正式就任法兰西学院思想体系史教授。进入法兰西学院意味着到达了学术地位的巅峰。20 世纪 70 年代福柯积极致力于各种社会运动，他运用自己的声望支持旨在改善犯人人权状况的运动，并亲自发起"监狱情报组"，以收集整理监狱制度日常运做的详细过程；他在维护移民和难民权益的请愿书上签名；与萨特一起出席声援监狱暴动犯人的抗议游行；冒着危险前往西班牙抗议独裁者佛朗哥对政治犯的死刑判决等。所有这一切都促使他深入思考权力的深层结构及由此而来的监禁、惩戒过程的运作问题。这些思考构成了他 20 世纪 70 年代最重要一本著作的全部主题——《规训与惩罚》。

福柯的学术思想总是围绕几个共同部分和题目，他最主要的题目是权力和它与知识的关系，以及这种关系在不同的历史环境中的表现。他将历史分化为一系列"认识"，福柯将这个认识定义为一个文化内一定形式的权力分布。对福柯来说，权力不只是物质上的或军事上的威力，权力不是一种固定不变的可以掌握的位置，而是一种贯穿整个社会的"能量流"。福柯不将权力看作一种形式，而将它看作使用社会机构来表现一种真理、而将自己的目的施加于社会的不同的方式。对福柯来说，"真理"是运用权力的结果，而人只不过是使用权力的工具。福柯认为，依靠一个真理系统建立的权力可以通过讨论、知识、历史等来被质疑，通过强调身体、贬低思考，或通过艺术创造也可以对这样的权力挑战。福柯的著作往往写得非常紧凑，充满了历史典故，尤其是小故事，来加强他的理论的论证。

1984年6月25日，福柯因艾滋病在巴黎萨勒贝蒂尔医院病逝，终年58岁。

第四节　不可不知的社会学著作

《社会学的想象力》

《社会学的想象力》是美国社会学家米尔斯最著名的著作，在书中他提出了"社会学的想象力"这一重要概念。本书以及"社会学的想象力"概念在社会学界引起了巨大反响，这一概念已经被后世的社会学家广泛应用，而且本书从问世之后就成为最著名的社会学入门读物，而且米尔斯在书中提出的思想具有很强的生命力，常读常新，总是能给研究社会学的人们带来新的启发。

"社会学的想象力"是以一种对当时社会学界对帕森斯的结构功能主义这样的宏大理论盲目崇拜进行批判的姿态被提出来的。米尔斯认为社会学不应该迷信那些平面化的宏大理论，而应该通过对历史与个人的考察来理解社会现象和个人的行为。米尔斯在谈到我们为何需要社会学的想象力时指出：社会学的想象力是一种特殊的心智品质，具体来说，是一种涵盖从最不个人化、最间接的社会变迁到人类自我最个人化的方面并观察二者之间联系的能力。也就是说，社会学的想象力就是能把微观的个人与宏观的社会现象联系起来并发现其中的联系的一种能力。就好比涂尔干《自杀论》中对自杀作的研究：自杀看来是一个最个人化的事情，但其实它与宏观的宗教信仰、社会习俗甚至自然环境都有着密不可分的联系。社会学的想象力就是发现这种联系的能力。

米尔斯认为现代人的私人生活充满了一系列陷阱，而且人们在日常世界中战胜不了自己的困扰，而造成这种跌入陷阱的感觉的原因在于人们一般不是根据历史的变迁与制度的冲突来确定他们所遭受的困扰。而人们的这种分析方式又缘于人们对自身生活模式与世界历史潮流之间错综复杂的联系几乎一无所知。换句话说，即人们缺乏一种心智方面的品质，使得人们不能领会个人与社会之间、个人生活与历史之间、自我与世界之间的相互作用。米尔斯指出：解决困扰的办法不仅仅是掌握信息，也不仅仅是依靠理性的思考，而是需要"社会学的想象力"。借助于它，人们可以利用信息增进理性，从而使人们能够看清世事，看清发生在他们之间的事情的清晰全貌。具有"社会学的想象力"能够使人们看清更广阔的历史舞台；能看到在杂乱无章的日常生活中，个人常常是怎样错误地认识自己的社会地位的，从而发现现代社会的架构，阐明男女众生的种种心理状态。具备了社会学的想象力，人们便不再漠然，不再只是把个人的困扰归于纯粹自身的原因，而是能够参与到公共论题中去。社会学的想象力的使命就是让人们理解历史与个人的生活历程以及在社会中二者间的联系。

在书中，米尔斯指出了社会学的想象力这一概念的学术价值。社会学的想象力能够帮助人们理解人类的多样性和其中所包含着的个体的多样性。这种人类的多样性构成了人类的过去、现在和未来，构成了我们所生活的全部世界，包括所有的社会结构、民族国家、社会组织以及所有个体的情感和行动，而个体的多样性内在于人类多样性之中。为了研究和认识人类的多样性，就要求社会学的研究具有历史性的视角，能够在历史的框架内找到现实生活之间的联系。要求社会学者对于世界历史上曾经出现、目前仍然存在的社会结构有充分的比较性的理解，要求我们利用将人看作历史行动者的所有研究所具有的视角、思想、材料和方法。

米尔斯认为：社会学的比较性研究，不论是时间上的横向比较还是历史性的纵向比较，应该是社会学根本的研究方式。而要想把比较研究做好，只有在统一的社会科学中才可能。但是现在的现实是，学科的专业性越来越强，学科间分界越来越清晰，很多学术上的争议都是由于社会科学学科分支造成的。那么社会学的想象力这一概念在很大程度上就表达了统一社会科学众学科分支的意愿。概括来讲，社会科学研究的是个人生活历程、历史和它们在社会结构中交织的问题，所以社会科学家在研究问题时必须考虑三个方面，即个人生活历程、历史和社会结构，并把历史视为，社会研究的主轴。米尔斯认为，每一门考虑周全的社会科学，都要具备观念的历史视野和充分利用历史资料，没有哪门社会科学是超越历史的。米尔斯指出：社会学中最优秀的成就是在不同世界区域中进行的，比较研究和历史研究被交织运用，通过比较可以更好地了解某一社会结构并把它表述清楚，而比较没有历史观点的指导这也是做不到的。退一步讲，如果只关注一个民族的社会结构中的有限部分，同样需要历史资料，因为必须弄清它的前因后果、来龙去脉，而这本身就是历史的。而社会学的想象力就是一种历史性的思考问题的能力。当然这种能力不是沉闷乏味的历史事实的拼凑，社会学的想象力要求把人看作社会和历史中的行动者，必须通过他与社会和历史结构间的密切的错综复杂的联系来理解他。历史变迁不仅对个人的生活方式有意义，而且对人们的品格，即人类的种种限制性和可能性有意义。

除了学术价值，米尔斯还在书中强调了社会学的想象力的应用价值。米尔斯认为，在现代社会，理性与自由处于明显而又微妙的危险之中，基本的趋势是理性在人类事务中发挥越来越重要的作用，庞大的理性组织不断增多，但是个人的实质理性却没有增加，局限于日常生活。普通人通常不能理智地了解庞大的社会结构，这就导致了人们常常是执行一系列貌似合理的行动，可却不知这些行动是为了何种目的。并且随着劳动分工的不断深化、分工组织的增加，人们生活、娱乐、工作的圈子越来越多，在这些圈子中，很难或者根本无法实现理性的推理。在理性化潮流的不断推进下，个人只能尽其所能地适应，包括在消费、娱乐领域，这就导致了个人的不断异化，即不断地工具化，不断地被物质世界所奴役。而社会学的想象力就是要解决这些问题，让人们能够在这样一个复杂的世界中认识到社会结构对个人行为的影响，从而加深对自己生活内涵的理解，使得社会生活变得更加有意义。

米尔斯在当时的社会学界是一个边缘人物，他的思想在当时没有引起重视，甚至进不了主流的学术圈。但是《社会学的想象力》一书展现了米尔斯孤军奋战的理论勇气。米尔斯在书中首先对以帕森斯为代表的宏大理论趋势和流行的抽象经验主义这些主流学术趋势展开了猛烈批评，同时也对学术界的不良倾向进行了猛烈批评。这些批评具有振聋发聩的意义，让人们看清了主流社会学家的浅薄和无聊。其次，本书展现了米尔斯勇于承担学术责任的勇气。米尔斯强调社会科学家必须弄清当代社会焦虑和淡漠的因素，而社会学的想象力则是能够实现社会科学家使命的方法论武器。米尔斯认为社会学是拯救社会科学的唯一学科。《社会学的想象力》一书对历史主义立场和综合立场的强调是一个重大的学术贡献。"社会学的想象力"，这一米尔斯发明的方法论术语，其最核心的内涵是对历史和社会关系的深入考察以及强调个人生活命运受到历史的社会的制约。这不仅对当时的社会学理论突破有实际意义，而且对后世的社会学研究有很强的启发作用。

《社会学方法的准则》

《社会学方法的准则》是涂尔干于 1895 年发表的重要著作，在这本书中，他开创了功能主义这种社会学的研究方法，为社会学的发展作出了重大贡献，至今依然是学习社会学必须认真反复研读的著作。在本书发表之时，社会学还处于襁褓状态，在社会学发源地法国，社会学也还未成为大学的正式课程，更未形成比较完善的学科体系。涂尔干撰写本书就是要通过阐明社会学独特的研究领域和研究对象，强调社会学研究应遵循的基本原则和方法，从而使社会学摆脱传统哲学思辨的束缚，区分于其他的社会科学，成为一门真正的独立的科学。

《社会学方法的准则》全书由三大部分组成：第一部分是引言，交代该书的由来和目的；最后一部分是结论，对全书的主要观点和结论进行了概括；中间部分是主体，一共包括六章，标题分别是"什么是社会事实"、"关于观察社会事实的准则"、"关于区分正常现象和病态现象的准则"、"'关于划分社会类型的准则"、"关于解释社会事实的准则"、"关于求证的准则"。

在书中，涂尔干提出了他关于社会学的基本的理论倾向和主张。第一是社会唯实论。涂尔干认为社会唯实论主张社会在某种程度上不依赖于个人，但这并不意味着社会可以完全摆脱个人，也并不等于主张社会是一种脱离于人感观体验的东西，涂尔干认为个人仅仅是社会实体的一部分，而不是全部。社会的实体性仅仅意味着社会具有不同于个人特征或不能完全通过个人特征加以认识的特殊实在性。在书中涂尔干说："社会并不是个人相加的简单总和，而是由个人的结合而形成的体系，而这个体系则是一种具有自身属性的独特的实在"。涂尔干不认为"社会等于自然人加契约"这种观点，他认为必须先有社会，社会塑造了个人，社会先于个人、超越个人、独立于个人和规定个人的行为。

第二，涂尔干强调社会整体观。涂尔干强调：作为整体的社会，其成员之间的关系除了物质性的结合以外，更主要是一种精神性结合。在他看来，社会高于个人，社会决定个人，而不是相反。涂尔干坚持社会唯实论和社会整体观，意图在个人和社会之间明确划分一条界线，认为二者分属于不同的层次，受不同性质的规律支配，必须由不同学科分别对之进行研究。他认为社会学的研究领域便是社会层次，而不是像心理学这样的个体层次，也就是说社会学研究的对象是属于社会层次的社会事实。涂尔干在这一方面为社会学这门学科的独立和合法化打下了比较坚实的基础，另一方面又为社会学主义的兴起提供了不容忽视的动力。涂尔干坚持认为社会事实是社会学研究最重要的对象，而社会事实只能通过社会事实来解释，因此社会学的存在不仅不必以其他学科的存在为前提，而且它还能为其他相关学科提供有益的帮助。

第三，涂尔干还强调社会功能论和实证主义的研究方法。他认为社会事实能够存在取决于其功能，其中最重要的就是满足社会秩序的需要。在他看来，要对社会现象进行充分的解释，必须分别研究产生该现象的原因和它所具有的功能，这二者缺一不可。涂尔干在他的多部重要著作如著名的《自杀论》中，提供了一系列的功能分析的范例。因此，涂尔干被誉为功能主义的大师，是现代功能分析的直接先驱。另外涂尔干也坚持实证主义的科学观。在他看来，社会学研究要追求科学的精确性和客观性，要使用类似自然科学的方法来研究人类社会。涂尔干相信，通过使用实证的科学方法，社会学能够揭示如何改进一个社会，如何结束道德混乱状况，如何将社会发展为一个更理想的社会。

在本书中，涂尔干最重要也是最著名的观点就是把社会事实作为社会学的研究对象。在涂尔干的眼里，世界表现为许多不同层次的实在性，按复杂性由低到高的顺序依次可分为物理的、化学的、生物的、心理的和社会的这几个基本的层次。社会学的研究领域专属于社会层次，社会学的研究对象便是社会层次特有的现象——社会事实。涂尔干对社会事实的界定是：任何对个人施以外在强制作用的、固定或不固定的行为方式，或在社会总体中普遍出现的、不依赖于个人而独立存在的任何行为方式。换言之，社会事实就是对行动者具有约束力的社会结构以及文化规范与价值。按社会成员结合关系的性质的不同，社会事实又可分为物质性社会事实和非物质性社会事实两大类：前者如社会群体、社会组织、社会阶级与阶层、劳动分工、人口密度、自杀率等；后者如宗教、道德、习俗、时尚、公共情感等。虽然物质性社会事实在因果关系方面具有优先性，但涂尔干在研究中非常关注非物质性的社会事实，尤其是道德、宗教、集体意识、集体表象、社会潮流等，这在他晚年的作品中表现得更加明显。我们需要注意：社会事实属于社会层次，它不同于纯粹个体事实，因而不能将社会生活中所有的现象均理解为社会事实，因为其中包含了大量的个体事实。实际上，社会事实正是社会的独特属性或社会层次上的突生性质，这种属性或性质原则上只存在于社会整体之中。涂尔干说："要有社会事实存在，就必须至少有许多个人通力合作，并使这种合作产生出新的东西。"判断一种现象是不是社会事实，主要看这一现象的承担者属于哪个层次，只有以社会为基础和承担者的现象才算是社会事实。

涂尔干还总结了社会事实四个方面的特征：第一是社会事实的外在性。社会事实存在于个人身外，这一点不同于存在于个人体内的生物现象，常见的社会事实如法律、习俗、宗教仪式、语言符号等均先于具体个人而存在，尽管它们需通过个人表现出来，但并不依具体个人的意志为转移而独立发挥作用，而且它们通常比个体生命更长久。即社会事实可看作一种与物质之物表现形式不同的新型的、独特的"物"，它拥有客观实在性，是"具有存在于个人意识之外的这种明显属性的行为方式、思维方式和感觉方式"。第二是社会事实具有强制性。在涂尔干看来，外在的强制性是社会事实最基本的特征。社会事实对社会成员的行动具有约束和强制作用，不管人们是否愿意，这种强制作用都是存在的，只不过当人们试图反抗时，这种强制作用表现得更加明显，当事者将会受到直接或间接的制裁。制裁既可以是正式的，也可以是非正式的，前者如违反刑法遭受法律的严惩，后者如违背习俗受到人们的白眼。涂尔干又指出，虽然社会约束和强制是普遍存在的，但它不一定排斥人们的个性。第三是社会事实存在的普遍性。社会事实来自于一定数量的人们相互结合的行动，是超越个人的集体产物，它拥有很强的普遍性。个人的婚姻状况不是社会事实，但每个社会普遍存在的结婚率、离婚率则是社会事实，它们反映了集体精神的某种状态。社会事实的普遍性根源于社会生活的整体性，这是一种强加于个人而后再由个人重复的团体状况。简言之，一种社会事实之所以是普遍的，是因为它是集体的，而不是因为它是普遍的，所以它才是集体的。第四是社会事实的独立性。社会事实属于社会层次，其性质和意义不能还原于个人事实的性质和意义，即社会事实的性质和意义不能由个人事实的性质和意义推导出来。比如集体意识并不是个人意识的简单之和，也不是所有个人意识中共有东西的集中体现，而是个人意识之间交互影响的作用和反作用的产物。涂尔干说："集体意识的状态与个人意识的状态有质的不同，有其独自的表象。集体的心态并不等于个人的心态，它有其固有的规律。"社会事实是用来表示一种与个体现象相脱离的综合现象，它具有独立于其组成部分的特征，一种社会事实是由先行的社会事实造成的。

在解释了社会事实之后，涂尔干还提出了社会学方法论的基本原则。

第一就是要将社会事实当作客观存在的事物来研究。涂尔干明确指出："关于社会事实的客观实在性的观点是全部社会学的出发点。其实，社会学只是在人们预感到社会现象虽然不是物质的，但不失为值得研究的实在的物时才诞生的。""社会事实非但不是我们意志的产物，反而从外部决定着我们的意志"。社会事实可以看作一种特殊形式的事物，并作为科学观察、分析的对象。

第二是要区分两类事实，一类是正常的或规则的事实；另一类是反常的或不规则的事实。涂尔干指出，区分社会事实时不应使用主观的标准，把喜欢的、合意的称为正常，把反感的、不合意的称为反常，而应该用可以识别的外部指标进行区分。就好比个人身体有健康和患病之分，应该是什么就表现为什么的事实，便是正常的；而应该是什么却未表现为什么的，便是反常的。而判断某种现象是否是正常的事实时要考虑两个因素：一是该事实存在于其中的社会类型；二是同类型社会的平均进化阶段。正像身体健康的条件是随环境而变化的，社会事实是否正常的标准在不同社会里往往是不同的，一个制度、一种习俗或一条道德准则在某种类型的社会是有益的，并不意味着在其他类型的社会也是有益的。

第三就是在社会学研究中要以社会事实来解释社会事实。涂尔干认为，研究社会必须禁绝任何形式的还原论，一个现象只能通过和其同属一个层次的其他现象得到有效解释，而不能用不同层次的"另类"或"外部"现象进行解释。社会学专门研究社会层次的社会事实，这种社会事实只能用同属于社会层次的别的社会事实加以解释，而不能用建立在个体层次上的生物学和心理学加以解释。

《社会学方法的准则》这部著作篇幅并不长，却是社会学重要的文献之一。涂尔干系统严密地阐述了社会学有别于哲学、心理学和生理学的独特研究对象——社会事实，规定了社会学进行有效的科学研究的基本原则：观察原则、解释原则和求证原则。使得处于发展初期的社会学有了明确的研究对象和研究方法，极大地推动社会学成为一门独立的社会科学。在社会学创立100多年后的今天，我们来看《社会学方法的准则》这部著作，其局限性还是比较明显的，但它依然是社会学的经典著作，我们仍然可以从该书中获得不少有益的启发。

《社会分工论》

《社会分工论》是涂尔干的博士论文，是涂尔干的第一部重要著作，被包括帕森斯在内的许多社会学家认为是社会学思想史上的一个里程碑。在本书中涂尔干表明了他此后一生的学术研究的主要兴趣：探讨个人与社会的关系问题，也即社会秩序是如何形成的，而且在书中他提出了自己的社会学理论的核心概念：社会团结。涂尔干认为社会团结是最基本的社会事实，它提供了社会道德和秩序的基础，影响和决定着其他社会事实。可以说涂尔干的社会学理论是以社会团结为主线展开的，他的几部重要著作的主题都与社会团结有关：《社会分工论》论述社会形态从传统社会的"机械团结"向现代社会的"有机团结"的转变；《自杀论》探讨的是由社会整合的破坏而构成的对社会团结的威胁；《宗教生活的基本形式》则论述了宗教及其仪式如何能够加强社会团结。

《社会分工论》全书分为三大部分：第一部分主要讨论分工的功能；第二部分主要讨论分工的原因和条件；第三部分主要讨论分工的反常形式。

涂尔干在书中用最多的篇幅讨论了社会团结与社会分工的功能。涂尔干认为社会团结具有"社会凝聚力"、"社会整合"的含义，指的是把个体结合在一起的社会纽带，是建立在共同情感、道德、信仰或价值观基础上的个体之间以及群体之间以结合或吸引为特征的联系状态。正是靠着这种联系，社会才能完整存在并获得独立生命。涂尔干认为，将一群个体联结成一个社会的是社会成员的共同的价值观念和共同的道德规范，也即该社会的集体意识。所谓集体意识，指的是同一社会普通公民共同拥有的信仰和情操的总体。它是社会的一种心理类型，弥散在社会的每一个部分，尽管它只有通过个体意识才能存在，但它与个体意识却迥然不同，它有自己的特性、存在条件和发展模式。涂尔干认为社会契约形成的基础是人们对契约的约束力和效力有共同的理解，国家的法律产生效力也必须以对法的共同理解为前提。这种集体意识造就了社会的道德规范，而社会团结正是基于社会成员基本道德规范的一致性。社会的道德规范与一定的社会条件相联系，并随着社会环境的变化而变化，其中社会分工的变化对道德规范的影响最大。

涂尔干认为，分工是社会进步的结果，是高度发达的社会的特征。由于劳动生产专业化的日益加强，个人不得不交换自己的活动，执行相互补充的职能，从而被迫地组成统一的整体。涂尔干指出，分工的最大作用不是提高生产率，而是通过功能的互补将社会不同的部分紧密结合起来，有效地实现了社会团结，提供了社会存在的条件。涂尔干发现，在分工发达的高等社会呈现出一种奇特的现象：个人越变得自主，他就越来越依赖社会；在个人的意识不断膨胀的同时，他与社会的联系却越来越紧密，因此分工不仅为社会提供了凝聚力，也为社会确定了结构特征，它具有非常广阔的发展前景。

涂尔干把社会团结分为机械团结和有机团结，人类社会由传统社会向现代社会变迁实质上是社会团结的方式由机械团结向有机团结的转型，而这种转型的根本原因是社会分工的变化。涂尔干分析指出：机械团结通过强烈的集体意识将同质性个体结合在一起。原始社会或传统农业社会就是这种机械团结的典型形式。在这类社会中，由于社会分工不发达，人们的经历、活动和生活方式都十分相同或接近，因而所有社会成员在宗教信仰、价值观念、行为规范、道德评价标准乃至情感反应方式上都具有高度的一致性，并形成强大的集体意识，维系着社会秩序及成员间的联系，同时将每个人的个性湮没在对集体的遵从之中。此时个人没有任何中介地直接隶属于社会，所有社会成员的共同观念和共同倾向在数量和强度上都超过了成员自身的观念和倾向。而且社会越是能够做到这些，它自身就会越有活力。显然，这种类型团结的发展是与人格的发展逆向而行的，以这种方式相互凝聚的社会分子要想一致活动，就必须放弃自己的运动，就像无机物中的分子一样。这种社会有一个非常显著的特点，即法律属于"压制性"的，几乎全是刑法。这种法律将违反和触犯集体意识的行为视为犯罪，视为对社会整体的威胁，而非对特定个人的冒犯，犯罪被视为集体的敌人。惩罚也不是基于理性的考虑，而是出自道德义愤，惩罚的目的不是纠正越轨行为，而是宣泄受到伤害的集体感情。

与机械团结相反，有机团结则是一种建立在社会成员异质性并且相互依赖的基础上，有机团结的典型形式是现代工业社会和大都市。在这种社会里，由于存在发达的社会分工，每个人执行某种专门的职能，发挥着不同于他人的独特的能力，这使社会成员不能相互取代，而只能相互依赖，并形成彼此的相互依赖感、团结感和自己与社会的联系感。这时的个人好比人体这样的有机体的各种器官，它们各自拥有专门的功能，虽彼此并不相同，但都是人体生命所必不可少的。正是那种相互依赖的意识，取代了以往集体意识维系社会团结的作用，为有机团结提供了新的基础。一方面，分工越是细致，个人对他人或社会的依赖就越是深入，有机团结的程度就越高；另一方面，每个人的行动越是专门化，个性就越鲜明，就越是能够摆脱集体意识的束缚。与机械团结的社会形成鲜明对比的是，这种社会的法律乃以"恢复性"为特征，涉及一系列复杂的以维护或恢复合作关系为目的的民法、诉讼法、行政法和宪法等。此时的法律基于审慎的理性，比较宽容，其目的主要不是惩罚，也不是集体共同情感的表达，而是旨在把分化的个人组织起来，使之有序地相处，维护个人和群体之间的相互依赖关系，努力恢复原来的秩序，使破坏的关系回复到正常状态。因而犯罪行为不再被视为对整个社会的威胁，而仅仅是对被侵害一方权利的损害，惩罚则是基于合理补偿的考虑。

在涂尔干看来，机械团结是建立在个人同质性或相似性基础之上的，有机团结则是建立在个人异质性或差别性基础之上的。机械团结之所以能够存在，是因为集体人格完全吸纳了个人人格；而有机团结之所以能够存在，是因为每个人都拥有自己的行动范围，都培养了自己的独特人格。在有机团结的社会里，集体意识为部分个人意识留出了地盘，使得某些它自己无法控制的特殊职能得以确立。而这种自由发展的空间越广，团结所产生的凝聚力就越强。结果是劳动越分化，个人就越贴近社会；而个人的活动越专门化，他就越具有个性，整体的个性与部分的个性得到了同步发展。涂尔干把有机团结这种类型类比于生物有机体：当每个器官都获得了自己的特性和自由度的时候，有机体也会具有更大程度的一致性，同时它的各个部分的个性也会得到充分体现。

涂尔干认为，从机械团结向有机团结的转型是现代社会变迁的主要特征。现代社会人们同社会维系起来的纽带已经不再主要依靠于共同的信仰和感情了，相反，它们越来越成了劳动分工的结果。随着有机团结逐渐取代机械团结，社会成员的相互维系的方式发生了重要的改变，社会结构也不可避免会发生相应的改变。如果说机械团结的社会是由同质性的大众构成的，其各个部分之间既没有差别，也没什么有意的安排，那么，有机团结的社会则是完全不同的，它是各种不同机构组成的系统，其中每个机构都有自己特殊的职能，而且它们本身也都是由各种不同的部分组成的。即是说，有机团结的社会各个要素不仅具有不同的性质，而且也具有不同的组合方式，它们相互协调、相互隶属，共同结合成为一个机构，并与有机体其他机构产生相互制约、相互依赖的关系。

在《社会分工论》中，涂尔干还指出了造成社会分工的主要原因是同一空间人口的增加。人口增加导致社会规模和社会容量的扩大，而社会规模的扩大往往又表现为社会物质密度和精神密度的增强，并导致个人之间的社会互动频率的提高。当这一过程达到一定程度，分工也就不可避免。一方面，生存竞争的加剧促使人们提高自己的专业化水平和工作效率，以养活大量增殖的人口，在此种条件下，分工是维护和整合社会的最佳选择，避免了像动物界发生的一部分被淘汰、另一部分继续生存的残酷情况，是建立新型社会团结、推动社会进步的唯一手段。另一方面，互动的增加、分工的发展也使相互合作、相互依赖得以加强，而这恰恰是有机团结的基础。

《社会分工论》是涂尔干的第一部重要的社会学著作，他力图通过科学的社会学研究，找出影响社会变迁的关键性的社会因素，并为现代社会的道德重建提供有效的指导，为社会秩序的维持打下坚实的基础。在本书中，涂尔干初步提出了社会学方法论的基本原则：用社会事实解释社会事实。该书着力研究了社会学内在的主题——现代性问题，深入地分析了现代社会的特征和危机，展示了社会学的独特视角和研究方法，对流行的功利主义观点提出了严肃的批评和有力的挑战。涂尔干的这部著作不仅为他个人而且也为社会学这门学科赢得了声誉，为现代社会学的研究奠定了基础。

《货币哲学》

《货币哲学》是西美尔社会学思想成熟时期的著名作品，可以说代表了西美尔社会学理论的一个高峰，很多人把这本著作看作西美尔学术研究的一个里程碑。《货币哲学》发表于1900年，虽然在当时并未受到学术界十分的重视，但是随着时间的推移和社会学的发展，本书的内容越来越受到社会学界乃至整个社会科学领域的重视。《货币哲学》虽然在内容上表现为对经济学问题的讨论，但它却不是单纯的经济学著作，同时也不是单纯的哲学或社会学著作。本书的思想内涵非常丰富，可以说西美尔是站在一个哲学的高度来审视这个社会。可以说《货币哲学》在内容上是经济学的，而其论述人与人的关系的大框架是社会学的。《货币哲学》主要探讨自近代以来的货币经济现象以及与它相关的社会文化现象，不过本书不仅从社会学角度关注货币经济对社会及文化生活产生的作用，而且努力建立起一套文化哲学。

《货币哲学》的主体内容分为"分析卷"和"综合卷"两大部分：其中分析卷含三章，分别是"价值和货币"、"货币的物质性价值"、"目的序列中的货币"，这三章主要从社会生活入手剖析货币的本质，分析货币产生的原因以及货币所满足的需求，探究心理状态、社会关系、现实与价值的逻辑结构方面的前提；综合卷也含三章，分别是"个体自由"、"个人价值之货币等价物"、"生活风格"，主要考察货币对整体的人类生活的影响，也就说，西美尔在综合卷里关注了货币对现代生活和文化的诸多层面的影响以及对人们"内在世界"所造成的结果。西美尔虽然是从研究货币入手，但他的独特之处在于没有单纯地将货币视为一种经济交换的手段，而是将货币和整个经济交换都看作人类社会互动的一种形式。西美尔着重分析了以货币为媒介的交换关系所衍生的社会后果，揭示了货币对社会关系的形成所产生的影响。西美尔认为货币不仅是经济现象，更是重要的文化事件，货币的使用以及成为一种经济制度对人的内在生活、精神品质都产生了深刻的影响。

西美尔在书中首先对货币与价值之间的关系进行了分析。西美尔认为人们的整个生活是由价值感觉和价值判断组成的，也就是说，人们对发生在身边的事物都有着价值的判断，人们很大程度上生活在一个充满价值的世界里。西美尔认为价值是人们的一个判断，它存在于人与客观事物的分离之中，即事物的价值在于它与我们之间的相对距离之中，如果距离太近、太容易得到，或者太远、太难得到，那它就没有什么价值。最有价值的事物，其距离既非太近也非太远。西美尔在指出价值的内涵之后接着提出：人与人之间绝大部分关系都可以作为交换的方式去理解。交换是一种独特的社会学现象，通过把一个对象与另一个对象交换，对象的价值被客观化了，其价值超越了单个的主体。西美尔说在货币出现之前，商品生产和交换是"以物易物"的形式，而货币的出现为各种不同的商品提供了一种共同的度量标准，一种普遍的价值尺度，从而极大地推动了商品的生产和交换，扩展了交换的深度和广度。但是货币作为衡量处于交换关系中的两种商品价值的第三种中间商品，日益脱离自身的表面价值或作为实物的价值，而转化为一种单纯的价值符号。

紧接着西美尔谈到了货币的社会作用。随着货币交换在现代生活中的不断深入与普及，货币成为衡量社会经济价值甚至个人价值的标准，成为一切价值的公分母，它将所有不可计算的价值和特性转换为可计算的量，把所有经验形式中的特殊性和片面性都进行了最大程度的简化，它平均化了所有性质迥异的事物，使得事物之间质的差别不复存在。比如对于艺术品的价值现在都是以金钱来进行衡量，那些不能在市场上拍得好价钱的艺术品被认为是低价值的，由于货币的作用，人们不再能认识到不同事物的独特性、不可替代的价值。随着经济的发展，货币从作为实现人类目的的手段，最终演变成了人类行动的绝对目的，本来人们使用货币是为了获得价值，而现在获得货币成了唯一的价值。西美尔在书中说道："货币开始畅通无阻地、毫无保留地发展成为一种绝对的心理性价值，一种控制我们实践意识、牵动我们全部注意力的终极目的。"随着自身的力量不断强大，它成了支配人们生活的一种绝对力量。由于相信有钱就有一切，货币成为人们最大限度追求的对象和生活的终极目标，成为现代社会的宗教。

西美尔因此认为现代社会是一个不断被"物化"的社会。货币通过两个途径使我们这个世界逐渐被物化：其一，货币的出现使得社会对量的计算超过了对质的强调，货币的广泛使用使得世界开始具有量化的倾向，使得人们越来越不关注事物质的方面或者说内涵方面，而只关注它能带来多少货币；其二，货币经济的发展，还促进了人们的思维方式的扩展。货币消除了物与物之间、人与人之间质的差异，货币的这种客观化、量化和平均化的过程对人类社会进行全面渗透，改变了现代社会的经济、文化和精神生活，使得人类社会由传统社会变迁到现代社会。

　　西美尔指出了货币对社会的消极影响。这种消极影响首先表现在个人的没落：如果在一个社会里将所有事物都用金钱来衡量，会使人完全丧失辨别所购买物品的价值差异的能力，只看重量的区分，而忽视质的不同。更为严重的是，个人的价值也被物质化、客观化，身处这种一切以金钱为价值尺度的文化里，人们已经忘却了其他价值的存在，最终会导致人类精神家园的失去。其次，人与人之间的关系越来越没有人情味，我们与之交往的不再是活生生的、有名有姓的具体个人，而是一些占据特定社会位置的各种抽象的角色：邮差、司机、面包师等。在货币经济下，社会分工呈现一种矛盾的情境：一方面，我们日益依赖其他人的地位而生存，可是另一方面，我们对占据这个位置的人知道的却越来越少。我们只注重具体的职位的性质，而对在这个位置的具体个人并不关心，每个人的人格消失了，每一个人都成了物品一样是可以替换的。货币经济使得人与人内在情感的联系被人与金钱物质的抽象的关系所取代，人跟钱更亲近了，人跟人反倒疏远了。货币经济导致的另一个矛盾是：一方面将人从过去所依附的各种小圈子中解放出来，使人们获得更多的自由；而另一方面又使得现代社会的个人变得孤立，在独立面对整个世界时力量不断弱小。西美尔指出现代社会的个人，虽然从传统社会中的小团体——如家族、教会——中解放出来，但却被范围更广的整个社会所奴役。

　　现代社会是一种城市文明，西美尔在此指出货币对人们城市生活的影响。西美尔认为现代生活最深刻的问题，源自于个体在面对压倒一切的社会力量、历史遗产、外部文化和生活技术时，要求保持其存在的自主性和个体性，为了不使自己的个性完全丧失，人们必须做出抗争和调适。现代城市的个体心态主要有以下几个特征：第一就是现代人的理智至上主义。城市生活使人的神经刺激增多和精神生活紧张。为了应付瞬息万变的都市生活，大城市的人是用脑而不是用心来作出反应。人际关系中去除了个人的因素，驱逐了感情的作用，结果个人只剩下一种对金钱的纯粹的兴趣，一切均以理智的方式、按追求货币价值最大化的原则行事，常常表现出冷酷无情的特征。第二是现代人拥有精于计算的性格。数学的思维方式成为适合于货币经济的特定理智形式。现代城市人整天忙于估量、权衡、计算、还价，根据数字作出决定，将定性的价值还原于定量的价值。现代人的心灵变得越来越带有计算性。第三，现代人傲慢和冷漠。在城市中，货币交换大行其道，一切都可以成为买卖的对象，没有什么是神圣的、崇高的，这就不可避免地诱发了玩世不恭、傲慢冷漠的态度。现代人在金钱的驱使下，一方面投入残酷激烈的市场竞争，另一方面又无休无止地追求物质享受和感官刺激，其结果是筋疲力尽，腻烦之感油然而生，并对一切都提不起劲，从而在外表上流露出傲慢冷漠的神情，现代城市人的感情生活也趋于平淡无奇。第四，现代人更倾向于自我表现。与传统社会的人相比，现代人更希望展示和证明不同于他人的独特的价值，追逐时尚就是一个极好的例子：通过赶时髦，区别于一般的大众，显示一定的优越性并获得某种满足感，而大众都开始模仿时，就需要创造新的时尚。总之，现代城市的人们感到缺乏最终的目标，缺乏一种应该支配整个生活的理想，这便是现代城市人面临的最根本的难题。

在书中，西美尔把研究的重点放在了货币与文化的冲突上。西美尔将文化分为客观文化和主观文化两大类：客观文化指人类在历史进程中生产的各种文化因素，如宗教、哲学、组织、团体等；主观文化指人们生产、吸收和控制各种外在文化因素的能力与倾向。西美尔认为主观文化应该是最高目标，客观文化的意义就在于提高人们的修养以促进人类的自我完善。西美尔说，在理想情境中，主观文化影响、塑造着客观文化，同时也接受客观文化的影响，此时客观文化和主观文化达到和谐统一。然而，在现代社会的条件下，随着货币经济逐渐占据统治地位，客观文化越来越朝着自主的方向发展，变为一个自成体系的王国。社会越是向前发展，客观文化越是强大。但是，主观文化却不能以同样的速度和规模发展，渐渐地落后于客观文化的发展，最终客观文化支配了主观文化，人类被自己的创造物所奴役。在这种情况下，现代人只能被动地接受客观文化，人们再无法自主地有选择地让客观文化用于自身人格的培养，现代人也因此变得无所适从。

西美尔在生前的学术生涯并不如意，很长时间没有得到人们的理解，他的学说也一直没有得到重视。但事实上西美尔的学说有着丰富的内涵，随着时间的推移，人们越来越认识到他的理论的魅力。西美尔的理论对社会学中的众多流派如符号互动论、结构功能论、社会冲突论、社会交换论、批判理论，以及当代的文化理论和后现代理论等都直接或间接产生了重要影响。《货币哲学》是西美尔研究现代社会的最重要著作，它强调了用文化社会学的视野去研究现代社会，开启

了从内心体验来探究现代性这样的一条重要思路。《货币哲学》一书对现代社会诸多领域作出了非常深入的研究，启发了众多社会学家的心智，成为文化社会学取之不竭的宝藏。

《新教伦理与资本主义精神》

《新教伦理与资本主义精神》是在宗教社会学领域最著名的作品，作为韦伯重要的《宗教社会学论文集》的第一本著作于1920年出版。韦伯和涂尔干被公认为现代宗教社会学的创始人，他在宗教社会学领域的研究倾注了大量的心血。韦伯研究宗教社会学的目的在于研究世界几大宗教教义的理性化程度和过程，他尤为关注基督教新教是怎样在漫长的发展过程中逐步消减巫术和迷信的成分而引发出一种普遍性的、更具理性色彩的社会伦理，以及这种伦理又是怎样地影响人们的经济行为，最终导致现代资本主义在西欧的产生。他比较了犹太教、基督教、儒教、道教和佛教教规和教义的差别与东西方民族不同文化背景的关系，分析体现在不同宗教背后的精神对人们生活态度的影响，进而导致东西方民族走上不同的社会发展道路的深层原因。《新教伦理与资本主义精神》就是韦伯对这种因果关系探索的第一步。

《新教伦理与资本主义精神》全书主题明确、层次清晰，虽然结构并不复杂，资料却相当充分。在书中，韦伯试图通过考察宗教观念和经济行为之间的关系，来回答和解释"为什么现代形态的资本主义仅仅出现在西方，而没有在其他文明中出现"这样一个重大问题。韦伯在本书一开始就用这样一个事实来引出后面的分析——有关职业的统计资料显示，在西方任何一个宗教信仰混杂的国家里，工商界领导人、资本占有者、近代企业中的高级技术工人尤其受过高等技术培训和商业培训的管理人员，绝大多数都是新教徒。韦伯认为，既然在不同的社会条件下新教徒都比天主教徒更多地表现出一种经济理性主义的倾向，这说明不能仅依靠用经济政治的发展结果来解释，而必须考察相关宗教信仰内在的逻辑。韦伯认为，西方在科学、艺术、史学、建筑、法律、政治组织等领域发展出全面的理性化不是偶然的，而是有其物质支撑和精神动力的。而且现代资本主义的诞生不是由多种因素共同作用之下才实现的，宗教提供的相应的精神因素作为一种基本动力是非常重要的，甚至是根本性的。韦伯认为，如果只考虑经济因素，那么中国等一些东方国家早就存在资本主义的因素，商品生产也很普遍，从经济上看，东方比西方更有可能产生现代资本主义，然而事实正与此相反，韦伯认为基督教新教在此发挥了根本性的作用。韦伯批判了当时关于"对利润最大限度的追求是资本主义发展的动力"的理论解释，他认为对利润的追求以及对金钱的贪欲在任何形式的社会中都普遍存在，不是现代资本主义特有的现象，相反，资本主义还抑制了人类贪婪本性的发展，这种现象如何解释，韦伯试图从基督教新教的教义中寻找答案。

韦伯总结现代资本主义经济活动具有以下三个典型特征：其一，利用交易机会以和平方式取得预期利润；其二，出现了与正规市场相联系的、自由劳动的合理资本主义组织；其三，生产过程中最重要的技术因素的可计算性。但是韦伯没有局限于对经济活动的考察，他认为资本主义除了表现在经济活动中，它还是一种独特的社会劳动组织形式，是一种文化，是一种价值取向，它的影响深入到社会生活的方方面面。因此，韦伯认为资本主义表现出的是一种精神气质，他把西方社会所独具的这种精神气质称为资本主义精神，认为把握这种精神是理解西方资本主义文明的关键环节。

韦伯将资本主义精神概括为：惜时、守信、谦恭、勤劳、节俭，并且以这种方式尽量赚钱，同时抑制本能的享受，人们把理性地追求利润、增加自己的资本作为人生目的和道义上的一种责任。资本主义精神与单纯的贪婪的区别在于，它强调追求利润的理性和节制。韦伯认为，资本主义精神上升为经济伦理之后，持有这种态度的人获得了普遍理解和尊敬，当事人也认为遵循这一伦理的行为是美德。资本主义精神是近代欧洲独具的价值体系，驱动着人们按照目的理性的原则进行行动，加上其他因素的配合或巧合，最终导致资本主义的产生。韦伯认为基督教新教伦理之所以能够产生并促进资本主义精神的发展，就在于这种宗教伦理与资本主义精神有着契合性。在韦伯看来，资本主义精神如果没有同宗教伦理相结合，是没有足够的力量发展成为一种经济伦理的宗教，为这种精神提供一切世俗伦理道德的基础。新教徒在经济上更加成功并不是偶然现象。韦伯认为，新教的伦理道德观与资本主义精神之间存在一种"亲和性"，这种亲和性为现代资本主义的诞生起到了重要的推动作用。对于这种亲和性，韦伯主要总结了三个方面。

首先是新教伦理中的天职观。作为宗教改革的领袖，马丁·路德世俗的职业同上帝的召唤、救赎联系起来，使其变成"来自上帝的安排"，被赋予了宗教的神圣意义，于是世俗的职业的含义就演变为"天职"，即世俗活动是上帝安排的终身使命。"天职观"是路德宗教改革思想的最重要成分，也是所有新教教派的核心教义，它包含着对世俗活动的积极评价，把完成尘世义务尊为道德行为的最高形式。由于天职观把世俗活动同灵魂获救联系起来，这就在很大程度上扭转了天主教出世、超然的宗教取向。但是韦伯认为路德的天职观还没有从根本上破除传统主义，而真正促使宗教彻底变革、赋予世俗职业活动理性化的是加尔文教的预定论。

韦伯指出，所有基督徒最关心的是灵魂归宿问题。作为新教主要派别之一的加尔文教坚持"预定论"的教义，认为人类乃是为上帝而存在，且只有少数人的灵魂能够得救，幸运地成为上帝的选民、死后升入天堂，而是否得救乃是上帝在人们出生以前便已确定的事情，任何其他的力量都不可能改变上帝的决定，如此也就摒弃了圣礼、忏悔、教会等一切宗教仪式，排除经由这些途径获得个人救赎的可能。表面上看，这种预定论充满消极的宿命论色彩，但它实际上却是加尔文教积极的人世禁欲主义伦理。由于知道上帝的选择早已确定，并且不可更改，同时又担心自己不能成为上帝的选民，这就使加尔文教徒的内心充满极度的孤寂、焦虑和恐惧。而该教的教义又宣扬人类是为上帝而存在的，一切造物都服务于上帝的荣耀。于是，教徒们只能遵循加尔文教的牧师提供的两条相互关联的"出路"：一是坚信自己是上帝的选民，把所有疑虑统统视为魔鬼的诱惑并与之进行不懈的斗争，因为缺乏自信乃是信仰不坚定也即恩宠不全的结果；二是以紧张的职业劳动作为获取上述自信的最佳方法，通过勤奋的工作和日常事务的成功找到了摆脱被罚入地狱的恐惧。虽然世俗生活中的成功不能成为获救的手段，但却可以是获救的象征，因为它增加了上帝的荣耀。显然，成功者更可能获得上帝的青睐，而他的成功就是得到上帝青睐的证明。毫无疑问，上帝是绝不可能将一事无成的懒汉作为他的选民的。这样，宗教的压力就给新教徒带来一种系统、严格、理性的自我控制的生活方式。

由这种预定论又发展出了一种全新的禁欲主义。不同于正统天主教的出世禁欲主义，新教践行的是入世禁欲主义。由于新教徒将世俗的职业当作天职，将世俗的成功、财富的积累看作上帝的荣耀，他们就把浪费时光、挥霍财富当作最大的罪恶。在新教徒看来，人不过是上帝的工具，经济活动是一种严谨的"服役"，必须以一种有规律、讲方法、重效果的态度从事职业工作。劳动既是人生的目的，也是禁欲的途径，任何游手好闲、无节制的人生享乐都是禁欲主义的仇敌。懒惰、倦怠是缺少神宠的象征，劳动是上帝指定的人生目的，任何人都应该遵守"不劳动不得食"的戒律，即便是富人也不例外，因为为上帝工作、增添荣耀是没有止境的，不得有丝毫的懈怠。韦伯认为加尔文教的上帝要求他的信徒不是个别的善行，而是一辈子的善行，并且还要结成一个完整的体系，即人们的道德行为不能是无计划的、非系统的，全部行为必须从属于具有一致性的秩序。正是新教入世禁欲主义的伦理，造就新教徒理性、克制地行动，积极投身经济活动，热情追求世俗的成功和财富的积累。

新教伦理的核心是倡导一种入世禁欲主义。天职观赋予尘世职业活动以宗教意义，使职业责任上升为一种宗教伦理；预定论削弱了个人同宗教团体的联系，发展出一种独立精神和个人主义精神。个人奋斗、追逐利润不再被视为自私、贪婪，而成为普遍接受的美德，是信仰虔诚的表现。将禁欲主义从修道院移植到世俗领域，新教徒通过紧张工作以驱散心中疑惑，用禁欲生活的训练强化自己的信仰，使紧张、系统、理性的禁欲生活成为具有宗教价值的美德。新教的入世禁欲主义伦理观，一方面鼓励勤奋工作，追求最大利润；另一方面强调束缚消费，安于简朴生活，这二者的结合必然导致资本的积累。因此，新教伦理在有关尘世活动的重要问题上给资本主义精神以强大的伦理支持，使资本主义精神和经济活动获得了社会合法性，促进了现代资本主义的诞生。

在《新教伦理与资本主义精神》一书中，韦伯生动地描绘了资本主义的起源和文化特质，提醒人们注意复杂现象背后的精神动力所在；运用丰富的文献资料，论证了表面上似乎不相关的宗教观念对人类经济行为乃至社会制度的影响。通过全书的分析，韦伯开辟出了微观社会学与宏观社会学之间的联系，同时展现了人们有意识的行动如何产生非预期的结果这一社会科学的重要课题。韦伯的这本著作对于当代社会学关于现代性的研究、文化研究、宗教研究、工作伦理研究等都有很大启发作用。

《社会学的基本概念》

《社会学的基本概念》篇幅很小，本来是韦伯的社会学巨著《经济与社会》的第一章，是韦伯为便于理解整个著作而撰写的一个解释性的导论。在第一次世界大战后，韦伯修改并重新撰写了该文，并命名为"社会学的基本概念"，打算将它作为系列著作"社会经济学概论"的第三部第一卷第一章。但是韦伯还没有完成他的这部著作就去世了，其后由韦伯的夫人整理了有关遗稿并以《社会经济学概论：第三部"经济与社会"》为书名出版。第二次世界大战后，约翰内斯·温克尔曼重新整理了韦伯的遗稿，并将书名改成《经济与社会》出版。这两种版本都按照韦伯生前的写作计划，把《社会学的基本概念》列为第一章。1960年，负责出版韦伯遗著的德国莫尔出版社按照温克尔曼编辑的《经济与社会》第四版，发行了《社会学的基本概念》单行本。在《社会学的基本概念》一书中，韦伯试图为还不成熟的社会学澄清基本概念、确立研究主题、设计研究方向以及奠定理论基础。全书是以词条的形式编写，共分17个条目，韦伯通过撰写本书系统地展现了他对"理解社会学"研究范式的全盘性设计。

本书最重要的贡献在于韦伯全面地阐述了他的社会学方法论，为社会学开辟了一条新的研究道路。在本书一开始，韦伯就明确地给出了社会学的定义："社会学指的是一门试图说明性地理解社会行为，并由此而对这一行为的过程和作用作出因果解释的科学。"韦伯所提倡的理解社会学是对实证主义研究方法的一种修正，或者说是一种调和。韦伯反对实证主义要把自然科学的研究方法完全应用于社会学研究的极端观点，但他也不赞同将社会科学和自然科学完全地对立起来。韦伯认为社会科学具有不同于自然科学的独特的性质，研究社会现象，必须运用理解的方法去把握行动者的主观动机，但同时也要对行动者的行动过程和结果作出可以检验的因果解释。也就是说，韦伯认为社会学的两大任务是解释性理解和因果说明，前者是基础，而后者是目的。

在《社会学的基本概念》一书中，韦伯提出的"理解"有非常重要的意义。在韦伯看来，社会学的研究对象就是人们的社会行动，而人们的社会行动都是有主观意向和动机的，这就与自然科学研究没有意识的物体有很大区别，因此社会学研究首先要设法理解人们的社会行动，即了解行动者赋予了行动什么样的意义。韦伯把理解分为两种类型：①直观理解，即通过对行动的直接观察就能理解其意义。如观察到一个人的面部表情，我们知道他发怒了。②解释性理解：根据动机把握行动者的行动意义。这是一种对行动者的动机的理性理解，也是更进一步的理解。直观的理解往往只能知晓社会行动"是什么"或"干什么"，而解释性的理解却能弄清社会行动的"为什么"。例如直观的理解告诉我们某人发怒了，解释性理解告诉我们他发怒的原因：他的妻子与别人私通。

除了要用理解的方法来把握个人的行动，韦伯强调社会学还要试图在理解的基础上对行动作出因果说明。韦伯的理解社会学并没有停留在理解行动的主观意义之上，而是将对社会行动的理解看作是社会学的第一项任务，主张在此基础上去说明人们的信念和价值观是如何决定其行动的，即社会学在用解释性理解洞悉了社会现象之后，就有必要再从因果关系上说明这些现象，并从经验上加以验证。但是韦伯所指的因果关系不同于实证主义者所说的因果关系，实证主义者强调的是不变的普遍规律；而韦伯认为因果关系并不是必然的，而只是一种可能性或是一种机遇，是一种多元的、具体的因果关系。韦伯在书中写道："因果解释意味着，按照某一多少可以估算的、在少有的理想情况下可以用数字表示的概率规则，我们可以确定，在一个特定观察事件（内心的或外在的事件）之后将接着出现另一个特定事件，或者两个特定事件将同时发生。"韦伯认为："社会行为的统计学规律，只有在符合社会行为的可理解的意向时，才在这里所使用的词汇意义上成为可理解的行为模式，即'社会学规则'。同时，一个从意向上可理解的行为的理性模式，只有当它至少在某种近似意义上能够在实践中被观察到，才能成为实际现象的社会学类型。"韦伯认为社会学研究也是同自然科学一样的经验科学，因此研究者必须坚持价值中立的原则。价值中立的意思是：研究者的价值观可以影响研究的选题和目的，但研究者在研究过程中和作出结论时不应掺入自己的价值观，而应该遵循客观公正的程序，坚持逻辑分析的原则。

韦伯的理解社会学另一个显著的特征是他强调方法论的个人主义，这是指将个人及其行动作为社会学研究的基本单位和分析层次，这和涂尔干的方法论强调以社会事实为研究对象形成鲜明的对照。不同于涂尔干的社会唯实论，社会唯名论是韦伯持有的立场，他认为个人才是社会真实的存在，个人的行动组合在一起才构成了社会和各类社会组织，任何社会现象都应视为个人社会行动的集合或结果，人们只能在个人及其社会行动这一层次上谈论理解。韦伯认为，群体、组织、社会有机体等都不能作为社会学研究的直接对象，它们仅仅是个人行动的某种组织方式或集合方式，而不是具有独立意志的主体，不具有可供理解的主观意义。社会学研究的一些概念，比如"国家"、"民族"、"家庭"、"军队"等，它们的内涵应该是由一种集体性的行动所引发的一个社会过程。韦伯说："社会学对国家、民族、企业等社会组织的理解性说明，应该把它们视为个别人的特定活动的过程和综合，因为只有这些个人，才是社会学所理解的有意向的活动的承担者。"韦伯的理解社会学强调在进行"社会结构"研究时不能像功能主义理论那样只对社会的组成部分进行功能分析，更重要的是理解个别参与者的行动，把握行动的意向联系。这正是社会学知识的特色，也是社会学不同于并优于自然科学的地方。

韦伯在《社会学基本概念》一书中还提出了他进行社会学研究的一种重要方法——理想类型。韦伯认为，在社会学研究中，运用理想类型作为分析工具是非常必要的。韦伯指出："理想类型是研究者选择和强调对象的某些重要的典型特性，舍弃或忽略另一些次要的非典型特征而组合、构建的概念形式，它的建立必须有逻辑的一致性，不能违反经验的因果关系。社会学在考察具体的现实时，可通过将它与理想类型进行比较来认识它，进而把握相应行动过程的意义脉络。"韦伯在书中强调，理想类型并不是现实社会的理想状态，也不是现实中一定存在的情形，理想类型只是在现实的基础上所作的理论抽象，是研究者依据适当的意向主观建构出来的。韦伯认为："理想类型越是被构想得清晰和明确，也就是说，在这个意义上它们越是远离实际，它们就越能作出自己的贡献。"韦伯强调理想类型的重要价值体现在如下几个方面：第一，它使社会学的概念清晰明确，有利于揭示各种社会现象之间的逻辑关系；第二，它可以凸现某些社会事物的最重要、最纯粹的特征，通过比较实际情况和理想类型的差异，达到对现象深入认识的目的；第三，它使社会学研究可以超越个别和特殊的现象，上升到一般和普遍的高度，并使相关现象之间的比较有了参照标准，进而使比较分析成为可能。简而言之，理想类型是一个人造的参考工具，通过这个工具，社会学家能够明确研究方向，并对社会现象作出清晰的判断。

韦伯是一个百科全书式的学者，他的研究不仅仅局限于社会学领域，丰富的知识背景使他对众多社会学领域都有独到的见解。在《社会学的基本概念》一书中，韦伯梳理了社会学的基本概念，创建了理解社会学的大纲，为社会学提供了一个系统的理论框架和全新的研究方法。从韦伯创立理解社会学至今半个多世纪过去了，他的理解社会学已成为社会学的主流研究范式之一，韦伯的学说对于社会冲突论、符号互动论、常人方法学、批判理论等社会学理论流派都产生了相当大的影响，而韦伯最有创见的宗教社会学和对现代社会理性化变迁的思想已经成为当今学者研究现代社会变迁的重要的理论源泉。在《社会学基本概念》中韦伯提出的一系列术语和观点，例如理解、价值中立与价值关联、理想类型、科层制、理性化等等，早已成为社会学的核心概念。

《社会的构成》

《社会的构成》是英国著名社会学家安东尼·吉登斯的著作，本书不仅是其著名社会学理论"结构化理论"集大成之作，也是吉登斯整个学术思想的一个高峰。对于中国读者来说，本书也是较早翻译成中文的吉登斯的著作。吉登斯是当代重要的社会学家之一,他开创的"结构化理论"为社会学的发展开辟了一条新的道路,同时也是他首先提出"古典社会学三大家"——马克思、涂尔干、韦伯——的概念,让社会学界的学术研究有了比较清晰的脉络,为年轻人学习和研究社会学提供了很好的参考。吉登斯在人类社会逐渐步入后现代社会,同时社会学的研究也日益分散、日益功利化的时期,提出了要重新从古典社会学中汲取营养,要重新审视社会学本来的研究主题,要重新使社会学具有一种大的历史视野,而不是钻入经验研究的泥淖中无法自拔。吉登斯的一系列研究主题都是社会学创立之初就已经关注的核心问题,而他通过这些研究对日常社会的公众生活也产生了很重要的影响。《社会的构成》一书就是他这种努力的一个结果。

吉登斯在书中提出了他创立的结构化理论的基本要点。吉登斯把社会行动和行动者作为他分析的起点。他强调社会行动者在日常行动当中表现出来的技能和资格能力以及对行动过程的反思性调控。吉登斯的结构化理论认为,社会科学研究的主要领域既不是个体行动者的经验,也不是任何形式社会总体的存在,而是在时空向度上得到有序安排的各种社会实践。社会行动者正是通过这种反复创造社会实践的途径来表现他们自己;同时,行动者还借助这些活动,在活动过程中再生产出使这些活动能够继续下去的社会条件。也就是说,人通过不断的社会实践,并且许多人的这种社会实践结合在一起,就会创造出一种社会秩序,这种社会秩序又反过来影响人们的社会实践。

吉登斯认为,认识到社会实践循环往复的这样一种过程,行动者的认知能力是非常重要的因素。行动者凭借自身及他人行动的生产与再生产,对这些行动的背景环境所知晓的那些东西,除了可以用话语形式表述的知识,还包括不言而喻的默契知识。行动的本身有一种监控作用,这种作用是不仅涉及个体自身的行为,还涉及他人的行为。也就是说,行动者不仅始终监控着自己的活动,还期望他人也如此监控自身。就是这种自我监控及对他人的监控,使得每一个人的行为都能受到相似性质的约束而逐渐形成一定的规范。吉登斯指出了结构的概念,他认为结构指的是使社会系统中的时空联系在一起的那些结构化特性,正是这些特性,使得千差万别的时空跨度中存在着相当类似的社会实践,并赋予它们以"系统性"的形式。吉登斯在这里就不同于帕森斯的结构功能主义的观点,他认为作为被再生产出来的社会系统并不具有什么结构,只不过体现着结构性特征。同时,作为时空在场的结构,只是以具体的方式出现在这种实践活动中,并作为记忆痕迹,导引着具有认知能力的行动者的行为。

　　吉登斯创造性地提出了"结构二重性"的概念，即认为以社会行动的生产和再生产为根基的规则和资源，同时也是系统再生产的媒介。结构二重性原理是结构化理念的关键。行动者和结构二者的构成过程并不是彼此独立的两个既定现象系列，即某种二元论，而是体现着一种二重性。在结构二重性观点来看，社会系统的结构性特征对于它们反复组织起来的实践来说，既是后者的中介，又是它的结果。相对个人而言，结构并不是什么"外在之物"：从某种特定意义上来说，结构作为记忆痕迹，具体体现在各种社会实践中，"内在于"人的活动，而不像涂尔干所说的是"外在的"。不应将结构等同于制约；相反，结构总是同时具有制约性与使动性。

　　吉登斯认为，虽然我们身边的世界看上去很复杂，但除了那些突发事件和反常事件之外，我们生活于其中的更多的是为我们所熟视无睹的习惯性经验。现代生活中，由于各种制度对人的约束，人们的日常生活被统一的安排在不为人所觉察的严密秩序之中。吉登斯还指出，这种状态符合人类某种原始的生存需要，这种状态使我们的日常社会生活活动有了习惯性和不言而喻性，我们对这些规范达到了熟视无睹的境界。制度形式的固定性不能脱离或外在于日常生活接触而独自存在，而是蕴涵在那些日常接触本身之中。日常活动的基本框架结构既为日常接触中的普通参与者，也为社会研究者创造出了"如其表面"的描述语言。日常接触具有转瞬即逝的特性，这体现了日常生活绵延的时间性和所有结构化过程的偶然性。日常接触是按着前后次序被纳入日常生活序列性中的现象，而且也正是它赋予日常生活序列性的特征。

　　《社会的构成》的研究重点是社会结构、社会系统与社会再生产之间的关系，也是结构化理论的创新之处。吉登斯认为社会系统的结构性特征兼具使动性和制约性。他首先阐述了社会与社会系统。社会性总体只能建立在沿时空边缘分布的跨社会系统的情境中。所有的社会都既是社会系统，又同时由多重的社会系统交织构成。这种多重复合的系统既可能完全"内在于"社会，又可能跨越社会的"内部"与"外部"，在社会总体与跨社会系统之间形成多种可能有的关联形态。"社会"是以一系列其他系统性关系为背景，从中"突显"而出的社会系统。而社会系统又根植于这些系统性关系之中。它们之所以能够突显出来，是因为确定的结构性原则推动产生了跨越时空，并可以明确限定的全部制度聚合。这种聚合是社会最基本的规定特征，但它同时还有其他一些特征，包括：社会系统与某一具体场所或地域之间的结合；存在某些对合法占据一定场所提出权利诉求的规范性要素；社会成员内部普遍存在某种情感，认为他们之间拥有某种共同身份，无论这种情感是以何种方式被表述或揭示出来的。另一方面吉登斯指出，结构化理论绝对不是要贬低结构的制约方面的重要性。形形色色的制约形式都在不同方式上成为使动的形式，它们在限制或拒绝某种行动可能性的同时，也有助于开启另外一些行动的可能性。结构化理论认为结构恰恰包含在所谓的"行动自由"之中。"制约"有三种意涵，分别是：物质制约，源于物质世界特性及身体、心理特性的制约；负面制约，源于某些行动者对他人惩罚性反应的制约；结构性制约，在某一既定情境或情境类型下对一个或一群行动者的选择余地有所限制。

吉登斯认为，结构性制约并不能离开行动者的行为动机而独立存在。在人的社会关系中，个体行动者是唯一的活动物件，他们有意无意地运用各种资源，来左右事情的发生。社会系统的结构性特征并不会以某种类似于自然力的方式作用于行动者，"迫使"他们依某种特定方式行事。吉登斯认为，可以把结构理解为规则与资源，反复体现在社会系统的再生产之中，这一观点成为结构化理论的总体基础。他因此提出了结构——是循环反复地卷入社会系统再生产的规则和资源，只作为记忆痕迹、作为人类认知能力的生物基础而存在，具体体现在行动之中；结构性特征——是社会系统中跨越时空延展开来的形成结构了的特征，尤其是制度化特征；结构丛——是卷入社会系统制度关联的规则——资源系列，考察包括结构性原则在内的结构丛，即考察影响社会整合与系统整合的各种转换与中介关系的主要特征；结构性原则——是社会总体的组织过程原则，一个或一类社会的总体制度安排所牵涉的因素，这样四个核心概念。吉登斯认为，社会系统的所有结构化特征，都同时是定位于情境之中的行动者权宜性完成的活动的中介和后果。在共同在场情境下，对行动实施反身性监控，这是社会整合的主要固定性特征，但就定位在情境中的活动而言，无论是它的条件还是后果，都远远超出了那些情境本身的范围。在现代社会中，就连再生产前提条件的理解活动本身，也已成了那些条件的一部分。

《社会的构成》一书试图通过创立一种结构化理论来解决社会学理论传统中一直存在的"行动"与"结构"二元对立的一种思维方式。涂尔干和帕森斯的功能主义认为社会结构约束着个人行动；而在韦伯的理解社会学则认为行动创造着结构。吉登斯吸收了两方面的合理成分，提出了"结构二重性"，开辟了一条新的研究路线。另一方面，本书提供了一种新的社会学理论研究策略，被人们称为"吉登斯式的社会学理论研究策略"。吉登斯把社会学的研究对象界定为现代社会，认为社会学理论其实是关于现代社会的理论。这样，在创建结构化理论时，他把行动和结构的起源问题排斥在研究领域之外，避免了起源问题给实际研究带来的不必要的麻烦。吉登斯在《社会的构成》一书中成功地引入了"时间"、"空间"因素的讨论，并将它们当作结构化过程中的重要变量，在这一点上吉登斯拓展了社会学的研究领域，发展了新时代的社会学。

《宗教生活的基本形式》

《宗教生活的基本形式》是涂尔干在去世之前完成的最后一本重要著作，本书在理论体系和研究方法上继承了涂尔干的社会学传统，同时又标志着他学术生涯的重要转折。与早期的研究相比，涂尔干已经将自己的研究重心从物质性的社会事实转移到非物质性社会事实即宗教上来。涂尔干在写作本书时大量运用了人类学家从一些原始部落收集来的实地资料。涂尔干认为：相比于复杂的现代社会，在简单的原始社会中更容易获得对宗教本质的认识。涂尔干通过研究原始宗教，更好地说明了现代社会中宗教等社会现象对社会发展和人类生活的影响。

同之前的重要著作如《社会分工论》、《自杀论》等类似，涂尔干在《宗教生活的基本形式》一书中采用了他一贯的写作思路：首先是对所研究的对象下定义，然后对前人在此问题上的研究进行批判，接着系统地描述和分析研究对象的起源、性质和功能，最后在全书将要结束的时候，再用社会学的方法对所研究的问题进行解释。本书的主体内容分为三部分：第一部分名为"先导问题"，主要讨论宗教的基本概念与定义；第二部分名为"基本信仰"，主要讨论图腾信仰的性质与起源，以及灵魂、精灵和神的观念；第三部分名为"主要仪式态度"，主要讨论消极膜拜的功能，以及仪式与神圣观念的关系和性质。

涂尔干在本书的导言中明确指出了全书的主题：首先是要分析和研究已知的最原始、最简单的宗教，用以确定宗教生活的基本形式；其次通过探讨思想和范畴的基本概念的起源对知识理论进行重新阐释。对于所谓"已知的最原始的宗教"，涂尔干认为必须满足两个条件：首先，应该能在组织得最简单的社会中找到它；其次，不必借用先前宗教的任何要素便有可能对它作出解释。对于研究原始宗教的问题涂尔干指出：研究古老的宗教，并不是出于一种猎奇的心态，而是因为它看起来比别的宗教更适合理解人的宗教本性，更便于展示出人性的本质的、永恒的方面，研究原始宗教的最终目的是为了理解现代社会和现代人的特征，从而把握当今人与社会的关系。

在本书中，涂尔干首先讨论了宗教的本质和起源问题。涂尔干把宗教定义为：

"宗教是一种既与众不同又不可冒犯的神圣事物有关的信仰与仪轨所组成的统一体系，这些信仰与仪轨将所有信奉它们的人结合在一个被称之为'教会'的道德共同体之内。"在书中，涂尔干指出宗教的根本特点和真正本质在于它将世界区分为神圣事物和世俗事物，其中神圣事物被赋予禁忌性和权威性，又是人们爱和理想的寄托；世俗事物则与人们的日常生活情感联系在一起，相对于神圣事物，它是卑下的、现实的和个人的。在涂尔干看来，神圣性是宗教的根本属性，与神圣事物有关的信仰和仪式是宗教的第一构成要素。真正的宗教信仰总是某个特定集体的共同信仰，这个集体不仅宣称效忠于这些信仰，而且还要奉行与这些信仰有关的各种仪式。这些仪式被所有集体成员接受，从而使这个集体成为一个统一体，他们可以借助这个信念团结起来。涂尔干明确指出，人和自然现象本身并不具有神圣性，宗教的神性信仰只能来源于群体生活。当人们将原来没有什么特定意义的事物，根据它的使用价值或某种内在属性赋予其神圣性时，类似宗教的信仰便产生了。在此涂尔干提出了他关于宗教的重要思想：宗教实际上就是被神化的社会，宗教的本质是对客体力量、对社会的崇拜。

涂尔干认为，处在同一社会中的人们在共同劳动和共同生活中逐渐形成了强烈的集体意识，宗教就是从这种集体生活和集体意识中产生的。依据涂尔干的观点，集体情感只有固着于某种物质对象，它本身才能够被意识到，而且通过这一方式，集体情感因此分享了那一事物的本质，而事物也相应地分享了它的本质。正是因为原始人对氏族的集体力量怀着恐惧和膜拜的心理，同时氏族又是太过复杂、难以把握的实体，所以他们才会以某种动物或植物这种物质化的表象来代替氏族这个集体的精神或力量。涂尔干就在原始的宗教——图腾崇拜和原始的社会组织形式——氏族之间建立起对应关系。涂尔干说原始图腾崇拜的对象不过是一种抽象力量的象征，它就是氏族社会本身，任何宗教信仰的对象，任何神，实质上都不过是统治人的社会力量的化身，宗教意识产生的真实根源是社会环境。

通过这样的分析，涂尔干指出社会是宗教的来源，因此宗教力量的减弱并不预示着社会的衰落，所以解决现代社会危机的方法不是去恢复宗教昔日的辉煌，而是提倡以尊重社会为基础的公民道德，实现社会的团结和整合。

在分析了宗教的本质之后，涂尔干又讨论了宗教的社会功能。涂尔干认为宗教和社会之间存在一种紧密的相互依赖关系。一方面，宗教的经验和神圣的观念是集体生活的产物，另一方面，宗教的信仰和仪式强化了人们在集体生活中的社会联系。他认为宗教利益都是社会利益和道德利益的一种表现形式，因为宗教能将人们的活动赋予一种神圣的意义，把集体意识内化于个人意识中，使人们感到对社会规范的服从不是强迫性的，而是自觉自愿的，从而加强了集体意识的社会整合功能，建立起了社会秩序。涂尔干认为宗教的集体仪式活动比宗教教义更加重要。宗教仪式以一种共同的目标把人们团结在统一的社会活动中，并持续地强化人们的信仰、情感和道德责任，从而促进社会的整合。涂尔干指出宗教仪式的几个社会功能：①个人通过宗教仪式加入集体生活，学习如何对自我行为进行约束从而适应社会生活；②宗教仪式有助于社区的整合与团结，维护了社会的秩序和稳定；③宗教仪式能够使群体的传统代代相传；④宗教仪式具有催人振奋的作用。

涂尔干在《宗教生活的基本形式》一书中仍然坚持他的社会学主义的立场，强调社会因素对各种社会现象的影响；另一方面，他运用了大量的实地研究的资料来论证他的观点。涂尔干的这种研究方法体现了社会学的两大特点：首先在分析社会现象时非常重视社会因素的作用；其次非常强调经验研究方法在研究中的重要性。涂尔干本身非常重视经验研究，一般来说社会学的经验研究方法主要有四种：调查法、实验法、文献法和实地法，而涂尔干主要采用的是文献法。虽然在《宗教生活的基本形式》的写作过程中，他没有亲自收集第一手资料，而是运用人类学家在实地收集的经验资料，本身并没有完整采用调查法和实地法，但他对二手资料的分析技术对后世社会学研究有着非常重要的借鉴价值。涂尔干在本书中将丰富的经验分析与深入的理论探讨几乎完美地结合起来，体现了社会学大师的风范。在《宗教生活的基本形式》中，涂尔干还强调了人们自己创造的观念世界对物质生活的影响，为后来的文化社会学研究提供了重要思路。20世纪法国著名社会学家雷蒙·阿隆对此作出了极高的评价："这本书无疑是最重要、最深刻、最具有独创性的著作。同时，在我看来也是作者的灵感表达得最清楚的一本书。"通过本书，读者能够全面了解到涂尔干思想成熟时期的社会学理论和研究方法。

《文明的进程》

《文明的进程》是德国社会学家埃利亚斯的成名之作，一经出版就轰动了西方世界，书中的许多观点非常新颖，为社会学家研究人类社会和文明的历史发展过程提供了新思路。埃利亚斯并不像一般人那样把文明看成一种摆在我们面前的现成的财富，而是认为文明是一种过程，是历经数百年逐步演变的结果，是人们的心理逐步积淀和规范的结果。在当时传统的社会学把人和社会看成是两个各自独立的实体，但是埃利亚斯推翻了这种两分法，提出个人和社会二者不可分割，他认为宏观的社会和微观的人之间的互动作用才形成了个人、国家乃至社会的整个文明。在《文明的进程》一书中，埃利亚斯提供了一种新的历史研究方法：不仅研究社会经济，而且考察人的情绪、气质和思维方式的变迁；不仅重视重大事件，也从小处着手，探讨人的行为举止、日常生活。埃利亚斯将历史学、政治学、心理学、经济学、种族学、人类学等学科与社会学熔为一炉，使《文明的进程》一书成为 20 世纪不可多得的百科全书式的人文经典读本。

埃利亚斯在书中首先讨论了文明的起源问题。埃利亚斯在本书的前言中就已经明确指出本书的核心问题是：本方文明人所谓的那种特有的、文明的行为方式并非是与生俱来的。埃利亚斯就是要研究"文明"的演变是怎样进行的，表现在什么方面，其原因和动力又是什么。埃利亚斯首先通过研究德国和法国对"文明"这一概念的理解和评价的差异来说明这个问题。

埃利亚斯认为，"文明"的概念在本质上是西方国家的一种自我意识，或者说是西方民族的一种自我意识。西方社会正是通过"文明"这一概念来表达他们自身的特点以及那些他们引以为自豪的东西。例如：在英、法两国，"文明"概念集中地表现了这两个民族对于西方国家进步乃至人类进步所起作用的一种骄傲；而在德国，"文明"则是指那些有用的东西。在德国，人们用"文化"而不是"文明"的概念来表现自我，来表现那种对自身特点及成就所感到的骄傲。在英、法两国，"文明"的概念可用于政治、经济、技术、宗教、道德和社会现实等多方面；而在德国，"文化"的概念是指思想、艺术、宗教，强调的是民族差异和群体特殊。在英语和法语中的"文明"可以指成就，也可以指人的行为以及那种不是通过成就而是通过人的存在和行为所变现出来的价值。而在德语中的"文化"概念指的不是一个人的存在价值，而是某些特定的由人类所创造的价值和特性。

埃利亚斯说"有教养的"一词与西方的文明概念非常相近。他认为这个概念是文明的最高形式，即便是在"文化上""一无所有"的人和家庭也可以是"有教养"的。与"文明"一词相同，"有教养"首先是指人的行为和举止，指人的社会状况，他们的起居、交际、语言、衣着等。"文化的"之所以区别于"文明的"，就在于它不直接指人的本身，而是指人所取得的成就。18 世纪以来，在德国和法国都发生了市民阶层反对宫廷的斗争，市民阶层出于政治的目的和宣传的需要给"文明"这一概念赋予了新的含义，把"文明"同"野蛮"的概念对立起来，这样"文明"就被用来表达一种民族精神和一种自我意识，而与这些民族精神与自我意识不相同的其他民族的价值观念和行为方式就被认为是"野蛮"的。文明这一概念就这样形成了。所以埃利亚斯认为文明并不是对社会发展结果的一种客观评价，而是西方社会区别本民族与他民族的一种手段，文明概念本身就含有很强的价值中心主义。

紧接着埃利亚斯又研究了"文明"是如何使人类行为发生特殊的变化。埃利亚斯首先对"礼貌"概念产生和发展的历史进行了研究。埃利亚斯认为"礼貌"概念的历史经历了三个阶段：第一阶段，当中世纪的骑士阶层作为一个统一体的天主教土崩瓦解的时候，"礼貌"这个概念在西方社会才有了意义。这一概念是一个社会的缩影，并且它对西方社会的教养以及"文明"这一特殊的形态起到了十分巨大的作用。同时，"礼貌"概念也标志着囊括了各种不同民族的社会的形态。类似宫廷社会的状况、自我意识和特点等均在"礼貌"这一概念中得到了体现。第二阶段，到了16世纪，"礼貌"这一概念才有了埃利亚斯所谓的特征和功能。较为确切地说，埃利亚斯认为"礼貌"概念的特定功能第一次是在1530年出版的由埃拉斯穆斯·封·鹿特丹所著的《男孩的礼貌教育》这一本册子中出现，并逐渐被人们以及整个社会所接受。此后，马迪兰·科尔迪埃的法文小册子出版后，法国的某一种规格的铅字就被称做"礼貌"型。直至18世纪末，以"礼貌"或者"男孩的礼貌"为题的这一类型的书，无一不受到科尔迪埃的影响，均采用了"礼貌"型铅字进行排版。第三阶段，由"礼貌"概念转向"文明"概念，也是经由个人倡导的方式而逐步演化与发展起来的。埃拉斯穆斯以他的小册子给"礼貌"赋予了新的、进一步的含义，而此后，"礼貌"便以埃拉斯穆斯所赋予的这种意义渐渐地植根于人们的意识之中。

埃利亚斯指出埃拉斯穆斯在《男孩的礼貌教育》中主要讲述了人在社会中的行为，尤其是"外表的得体行为"。《男孩的礼貌教育》一书中详述了人们的行为方式和社交生活最主要的情况。埃利亚斯在对埃拉斯穆斯的《男孩的礼貌教育》的研究中，从"文明"概念上溯到"礼貌"概念，埃利亚斯找到了文明进程和西方许多国家所经历的人类行为的实际变化的踪迹。他简要地谈到，我们所认为的过去的某些"不文明"与现在我们眼中的"文明"并不是善与恶的对立，他将其理解为同一发展过程中的不同阶段，并认为这一发展阶段仍在继续，也即是说，我们现有的某些行为很可能被我们的后人视为某种"不文明"。埃利亚斯认为文明是一个主观的判断，而不是对客观事物的描述。他提出了一个问题："我们习惯于把'文明'视为一种财富，一种像现在这样供我们能坐享其成的财富，而根本不问我们究竟是如何达到这一水准的，根本不问文明是指一个过程还是指一个过程中我们现在所处的阶段。"

埃利亚斯认为，从文明的进程角度来讲，文明的进程是没有计划的，文明的进程也不是人们运用理智有意为之的结果。他认为个人的计划和行动、感情的冲动和理智的运用，一直以来都是交叉运行的。而这种个人的计划和行动的密切交织就导致出非个人策划与创造的社会变迁。从个人的相互依存中产生出一种特殊的秩序，这种秩序对个人有着强制性，这种相互交织的秩序决定了历史变迁的行程，这就是文明进程的基础。另一方面埃利亚斯指出，文明的进程是有一定的阶段性、方向性的，但并不是一个直线发展的过程，文明是在一系列斗争性的运动中前进的。

《文明的进程》一书出版后就受到了社会学界的重视，很多学者都对其进行了深入的研究。现在社会学界普遍认为《文明的进程》一书在学术上至少包括四个方面的贡献：①该书提供了文献法的研究范例。②本书采用了历史社会学的视野。本书提供了历史社会学研究的视野模式：把当下的文明成果放在长期的历史变迁中把握，讨论历史和当下社会的关系。③本书采用了过程分析的方法。当今的社会学研究非常重视进行社会过程分析，埃利亚斯则在 70 年前就运用了这种分析方法，为当今社会学的研究提供的模板。④本书开创了个人行为与社会秩序之前关联的研究先河，埃利亚斯试图打破个人与社会的二元对立，努力地寻求个人发展和社会发展的内在逻辑的一致性，他的这种努力为后来的社会学研究提供了新的思路。

《符号理论》

《符号理论》是德国社会学家埃利亚斯在去世前完成的最后一部社会学巨著，是埃利亚斯晚年对于他致力于研究的知识社会学的一个总结。埃利亚斯的成名作是《文明的进程》，在书中他提出了自己的文明理论。随后埃利亚斯的研究兴趣转向知识社会学，这是为其开创的文明理论提供一个更可靠的理论基础。埃利亚斯的知识社会学偏向于从"权力"的角度来考察"知识"，在他看来，权力是人与人之间不可避免的依赖和支配关系，权力必定产生资源的支配与控制，而知识也是资源的一种。埃利亚斯认为"知识分配"在社会中对应于该社会的权力分布状况。埃利亚斯强调从社会的角度认识"知识"现象。他在《符号理论》一书中总结了他关于知识社会学的观点并作出了深入的探讨。埃利亚斯撰写本书的目的在于为人类使用符号这一行为提供一种社会学上的解释，以取代那些包含着自然与社会、具体与抽象等二元对立的既有理论。他强调以社会性的解释，从人类整体出发来研究"符号问题"。

埃利亚斯指出，人们可能采取不同的方式来体验世界和解释世界，如历史的方式和自然的方式，但不同的解释并不等于世界就是由这两个完全不同的方式所构成的，因为事物是独立于人类的感知而存在的。人类是知识的社会单元，人类发展是知识发展的母体。对于知识的特定类型并非出自于个人经验，也并非人类固有的某种经验存在的理性形式，而是来自于代代相传过程中积累的整个人类群体的集体经验。是集体经验而非孤立的个体经验让我们能够形成特定的知识。

埃利亚斯首先提出了符号的存在方式这一研究主题，他从研究人类的进行入手。埃利亚斯认为语言是人类与其他生物相区别的显著特征，人类行为较少受先天因素影响，正是因为语言交往使得人类交往变成了以群体为基本单位。埃利亚斯认，为研究语言交往的形成过程首先要区分两种过程，即"进化"和"发展"。"进化"的主要变革工具是所谓"基因"的器官结构，而"发展"的主要动力则是广泛意义上的符号，包括知识，也包括行为、情感的标准等。进化是通过基因变化而实现的过程，不仅导致某种生物技能的改善，而且导致全新的生理结构的出现；而发展是所有形式的代与代之间的符号变迁，是一种没有生理变化的人类社会变迁。语言的形成实际上是"进化"和"发展"这两个过程相结合的产物。

埃利亚斯指出人类语言有3个方面的特征：①它们不得不通过个人学习而获得；②它们在不同社会之间不同；③在同一社会中它们可以在不同时代发生变化。也就是说，语言是一种社会事实，语言的变化是群体命运的结果，是一种人类发展过程。埃利亚斯认为，语言的形成首先是以人类生理上的进化为前提的，它是人类遗传上的一个特性。而另一方面，儿童的语言学习并非一出生就可能，而是在儿童的生理发育到一定阶段后才进行的，也是以儿童必要的生理成熟为条件的。显然，对于人类获得语言交往能力，是生物进化使之可能和必然，也使得这些交往形式在没有生理变化的情况下变化和发展成为可能。人类首先是生物性地具备了改变他们的社会生活的能力，语言的形成不可脱离生物过程。然而生物进化过程提供的只是可能性，语言的核心就在于其描述功能。由于这个功能语言交往才得以实现，才能在无生物变化前提下发展，在人类交往中，用符号指称事物，但符号并非后者的等同物。在不同语言中对同一事物的符号指称是不同的，它只是人们出于交往的需要对事物的指称。

埃利亚斯指出，人类在交往中要想使语言发挥作用，根本是要有一个统一的符号系统，用同一个发音表达同一个意义，否则交往因人们之间无法相互理解而不能进行。人们只有通过教育才能学习运用这一套符号系统。通过教育人们逐渐建立起一套符号使用规范，实现了一种标准化。所以埃利亚斯指出，人类的生物性只提供了符号产生的基础，而真正让符号具有社会性作用是通过教育实现的一种标准化过程。大量符号的使用、制造和存储，声音、符号和客体之间的联系是一种社会需要，并通过社会过程而实现。在符号中包含着某种从生物学到社会学的联系，符号是人类交往中实在的发音模式、由生物进化过程而使之可能，经由社会过程而标准化。在这里，人类存在的自然方式和社会方式、社会方式和个人方式是紧密结合在一起的。埃利亚斯正是通过对语言、符号的这种分析，找到了人类社会构成和行为模式的一种合理性解释。

埃利亚斯认为人类可做到动物做不到的事情是因为人类可以对变化进行符号分析和符号综合，并在此基础上修正自己的行为。符号是人类交往的基本方式。人们在社会交往中不仅要存储有关个体所面对的客体的知识，而且要存储人与人之间进行语言交往的客体的知识，后者就是符号。在符号的使用过程中不仅存在着拟实性内容，而且存在着想象性内容。想象性内容深植于群体生活，它不是个体认知的结果，而是群体成员交往中对客体指称的社会需要所导致的。想象性内容对于人类来说并非一无是处的，相反，它具有很高的生存价值，它满足着人类对未知客体进行交往的需要。语言并非个人言说行为的总和，也并非简单的是特定社会中一成不变的法则，它是建立在社会发展的实践基础上并通过实践而发展的。语言的功能和语言的基本结构要素并非植根于语言自身或意识，而是根源于这么一个事实：生活在群体中从而借助符号相互交往的人们提出了一定的而且相同的基本要求。语言反映的就是这种使用社会标准化的符号形式的社会需要。

埃利亚斯指出，不仅是语言具有符号特征，思维与知识也是如此。人类的行为具有一种符号取向，而思维行为采取讨论的形式，采取集体思维的形式，在现实中更为明显，它也是一种社会性事实。个体思维并非与生俱来的，它也需要通过学习来获得。在不同社会中，人们的思维方式往往表现出不同，而语言是思维的基础，没有学习语言，一个人不可能有思维，因此思维也是受到符号特征制约的。另一方面，知识是人类对世界的经验的积累。但人类认识世界是通过语言作为媒介的，也就是说通过一套符号系统来认识世界。埃利亚斯指出，所谓知识引导人类行为，实际上就是符号引导人类行为。同时语言又是知识的一部分，人类通过语言来学习大部分知识，语言交往在知识传递中扮演主角地位。因此从本质上讲，知识本身就是一种符号体系，知识的转化和增长，其基础在于符号系统的发展。

因此，埃利亚斯总结认为，语言、思维和知识，不是相互独立的人类个体活动，它们是相互关联、相互依赖的人类活动，它们都具有符号性。把这三者连接起来的正是它们在群体生活中所承担的功能。这三种活动分别体现着符号三个方面的功能：语言主要指作为交往方式的符号功能，思维主要指作为探究方式的符号功能，知识主要指作为取向方式的符号功能。埃利亚斯认为，人类的生物进化，也就是说语言的出现，使得人类获得了"符号解放"，人类行为不再建立在某种遗传特性上，而是取向于符号形式。在人类存在形态中，符号是连接主体与客体的媒介，是人类存在的基本方式之一。

埃利亚斯的符号理论可以归纳为以下几点：①在人类生活方式的发展中，语言的出现与使用处于关键地位，人类交往方式的变革导致取向方式的变革。②符号是人类存在基础，人类认识世界必然通过符号媒介。③符号的形成并非抽象或概括的结果，而是生物的、社会的和个人的过程相结合的产物。④语言具有两方面特征：反映着世界，同时反映着使用符号作为交往方式的人类群体或社会；所有的符号暗示着联系。⑤知识与语言不可分离，都是符号的功能之一。⑥想象性知识和拟实性知识之间不再存在二元对立，二者是同一进化阶段的产物。⑦知识的主体不是个人，而是发展中的人类社会。在《符号理论》一书中，埃利亚斯认为社会科学领域一直存在的自然与社会、主体与客体、具体与抽象等一系列二元对立是以往研究中个人主义方法论的原因，而他认为必须从人类群体是知识的主体这一认识出发，把语言交往作为人类的独特性特征，由此凸现出人类行为的符号特征。埃利亚斯通过研究，把进化过程、社会发展过程以及个人过程有机地结合在一起。在书中，埃利亚斯提出的人类社会整体是知识的主体，知识具有实体性等观点，使得其符号理论超越了二元分立的桎梏，为后来包括吉登斯在内的许多社会学理论家建立自己的学术思想提供了理论上的支持。

第五节　不可不知的社会学名词

社会学

社会学是从某种特有的角度，或侧重对社会，或侧重对作为社会主体的人，或侧重对社会和人的关系，进行综合性的研究，因而具有自己独特的对象和方法的学科。经过一个半世纪的演变，社会学不仅在现代科学知识体系中占据独特的地位，而且在全球范围内发展成为一门包含众多分支、具有独立知识结构的社会科学。

社会学一词由拉丁文 Socius（集群）与希腊文 Logos（知识）组合而成。由法国哲学家孔德于 1838 年在其《实证哲学教程》中最先提出并就这一新兴学科的建立做了大致的构想，孔德因此而被视作社会学的创始人。其后，英国哲学家斯宾塞于 1874 年在其《社会学原理》一书中将社会学的知识做了系统整理。这样，社会学就从一般的社会哲学演变为具体的社会科学。而将社会学发展成为一门严格意义上的独立学科，则是涂尔干的历史贡献。从涂尔干的实证主义社会学传统的确立到韦伯的理解社会学传统的产生，标志着社会学学科多元化发展的开始。20 世纪，社会学已经发展成一门拥有自己系统而独特的理论和方法的重要的社会科学，其研究领域广及人类社会生活的各个方面，并由此衍生出诸如农村社会学、工业社会学、知识社会学、文化社会学、军事社会学、劳动社会学等众多的分支学科以及诸如社区研究、阶级阶层研究、社会控制研究、社会保障研究、生态环境研究、贫困问题研究等专项研究课题。

社会学理论体系的构建方式众说不一，通行的有分块式和平列式两说，其下的具体划分更是多种多样。社会学研究的内容和范围，大致包括社会、社会中的个人、群体、组织、阶级和阶层、社区、社会变迁、社会控制、社会秩序等。社会学的方法包括：①方法论。是社会学研究的指导原则。主要有实证主义方法论、人文主义方法论和唯物史观方法论。②研究法。是社会学研究中搜集和处理资料的方法，主要有观察法、实验法、文献法、比较法等。在具体研究中，研究法的取舍由研究所采用的方法论来决定。③技术手段。是指在搜集和处理资料过程中所采用的工具及其操作技术。工具包括语言工具和非语言工具；非语言工具又可分为文书性工具，如问卷、统计表等，以及器具性工具，如录音机、照相机、计算机等。

社会学的特性有：

（1）科学性。通过科学理论的指导，运用科学的方法，取得对人类社会的规律性认识并用以指导人们的社会生活。科学性的保证，在于社会学者充分地实现理论研究与经验研究、定性分析与定量分析、宏观探索与微观探索、动态考察与静态考察的有机结合。

（2）系统性。在探讨社会的结构和发展过程时，首先是把社会看作一个由经济、政治、文化等子系统构成的有机的整体，因而要广泛地研究各个子系统之间各种社会现象的相互联系和相互制约，以达到对整体社会结构和过程的把握。

（3）综合性。人类社会是一个包含有许多既相互独立又相互联系的子系统的有机整体，所以，在研究这些子系统中的任何一种社会现象时，都需参照其他专以该种社会现象为研究对象的具体社会学科的研究过程和研究成果，在联系包括个体因素、社会因素乃至自然因素的前提下，对之做综合的考察。

（4）现实性。以现实社会中的社会现象作为研究对象，研究课题绝大部分也来源于现实社会。因而社会学的研究既是一种学术探索，同时又是一种服务于社会运转和人们生活的政策咨询和知识传授。

社会学的功能：

（1）描述。运用自己科学而独到的技术手段和研究法，客观而忠实地搜集、整理和记录各种社会现象的定量化或定性化的信息，人们可以借助这些真实可靠的社会信息获得对某一或某些社会现象乃至整体社会的感性认识。

（2）解释。在一般性的描述之后，可借助社会学的概念范畴，对所获取的经验材料进行理论抽象，探讨社会现象形成、变化及发展的前因后果，达到对制约社会现象的主客观因素的理性认识。

（3）预测。在描述和解释的前提下对已获取的社会信息的再处理。描述和解释工作的完成从某种意义上说标志着各相关社会现象间相关程度的确定。若能对发展相对更具规律性的社会现象的发展速度和规模做出尽可能精确的测量，则与之相关的而且是人们意欲了解的社会现象的未来发展就可以相应得到大致的确定。当然，由于社会现象之间极少有如自然现象之间那样的函数关系，所以，对社会现象的预测难以达到自然科学所做预测的那种水平。

文化

文化是人类所创造的一切文明现象与产品，或者说打上了人类活动印记的一切现象与产品。文化的基本要素是符号、语言、价值、规范，它们是构成文化的框架。

文化有五个方面的特性：从文化的形成看——集体创造性；从文化的获得看——非生理遗传性；从文化的内容、形式看——文化的多样性；从文化的意义看——文化的象征性；从文化的发展看——动态性的特性。

大规模的文化变迁一般受三种因素的影响：自然条件的变化、不同文化之间的接触、发明与发现。

文化的功能：识别、教化、整合、知识。

文化的结构：文化特质、文化结丛、文化模式。（文化模式有五种来源：社会遗产、发明、采借、变更、涵化。）

文化的类型：物质文化与精神文化；主文化、亚文化与反文化；共同（普遍）文化与差异（特殊）文化。

文化共同性的来源有四个因素：生物上的相似；生活必需的相似；受人类环境的限制与影响；文化接触与传播的影响。

文化的差异来源有三个因素：满足基本需要时所用的途径和方法不同；被孤立的程度；各民族的自我导向不同。

文化态度

文化中心主义，亦称种族中心主义，指各个国家、各个民族常有一种将自己的生活方式、信仰、价值观、行为规范看成是最好的、优于他民族的倾向，并且将本民族、本群体的文化模式当作中心和标准，以此衡量和评价其他文化，常常敌视或怀疑自己所不熟悉的文化模式。这是一个团体认定自己的文化才是最优势、唯一正确的一种观念或习惯，是一种具有浓厚的主观价值的态度。

它的正功能是：增进群体的概念和团结，引起成员的忠诚和士气；减少团体内的冲突；促进文化的稳定和一致，维持社会秩序；避免产生失范和无根的感觉。

它的负功能是：容易产生偏见；使文化僵化，不能适应时代变迁；引起团体间的冲突；维持某些阶级的即得现状；造成社会孤立的情境。

崇外主义——当某些群体发现自己的文化低级时，就表现出对某种高级文化的崇拜。

文化相对主义——各种不同的文化模式是不能评价和比较的，好的文化就是适合当时当地环境的文化。

文化震惊——生活在某一文化中的人，当他初次接触到另一文化模式时所产生的思想上的迷惑、混乱与心理上的震撼。

边际文化——文化边缘地带或两种文化的交界地带。

文化的规范作用主要有以下几个方面：确立行为标准；规范人的成长；保护

社会秩序；控制越轨行为。

文化规范的类型

1. 习俗

特性：在内容和形式上具有广泛性；在空间和地理上具有地域性；在时间上表现出稳定性。

功能：鼓励人们去担当一定的社会角色；反映人们的心理意愿；对人们的日常生活具有强大的约束力；社会稳定的基本因素，具有整合的功能。

2. 宗教

宗教与迷信的区别：有系统的世界观和理论体系；有完整的教义、经典、组织制度，是一种重要的社会力量；迷信是无组织、无教义的地方性的小团体的活动；作为一种文化现象，对社会有正负功能，迷信则主要是负面功能。

宗教的特性：虚幻是其作为意识形态的宗教的基本特征；信仰和崇拜支配人们日常生活的外部力量揭示它的特殊的内容和对象；信仰和崇拜力量的产生来源于把世俗力量超人间化而产生的神秘化和神圣化力量；力量超人间化是想要支配人们的日常生活。

功能：社会团结；赋予意义；社会控制；社会变革；心理支持。

3. 道德

道德广泛地调节人们社会行为的具体表现为：道德作用的社会性；道德价值的社会性；道德规定的社会性。

道德评价有两种形式：自我评价和公共评价。

道德舆论的形成有两种方法：人们遵循过去的经验与传统的道德规范自发地形成的道德舆论，即口头评价；自上而下有意识地发动起来的，往往是报纸、电视、广播、刊物等大众传播媒介形成的。

道德舆论的特点是：参加者众；心理压力大；多义性。

4. 法规

法规包含两类社会内容：规定行为模式；规定行为后果。

功能：对危害人民利益的各种反社会行为具有抑制和预防功能；对于解决社会问题具有程序化的作用；对于总结社会运行的经验教训具有重要作用；支持其他规范体系。

社会化

社会化从个人来说是将社会的文化规范内化并形成独特的个性的过程；从社会来说，是将一个生物学意义上的自然人教化、培养为一个有文化的社会人的过程。

研究社会化的两个视角：

（1）个人的角度，一个人通过社会化的途径，接受社会文化，掌握社会生活技能，适应社会生活方式，才能在社会的政治制度、经济制度、文化制度、家庭制度等复杂的社会环境中生存。

（2）社会角度，社会化是人类社会的文明不断传递和发展的基本条件，社会化的内容就是个人学习和掌握社会化。社会文化的内化对社会来说关系到文化继承、传递和延续。

社会化从个人与社会结合的角度定义，就是社会将个体的自然人教化成为社会的一分子的过程。

社会化的主要类型：

从个体发展阶段分为：（1）预期社会化—儿童和青少年学习基本的生活技能，掌握基本的行为规范，能在社会中担当最基本的角色过程，它是人的社会化的关键、基础阶段。（2）继续社会化——继续学习和掌握原有的社会知识，不断学习新产生的知识。（3）再社会化——个体在社会情境或社会角色发生很大变化时，为适应新情况而在生活习惯、行为准则、价值观念等方面做出重大调整和进行重新学习的过程；或者是社会化失败或反社会化中断以后而进行的社会化过程。再社会化的基本特点是：改变社会化对象原有的世界观、人生观、价值观及生活方式和行为习惯。再社会化的形式有两种：自愿的，被迫的。

社会化的内容

1. 形成个性与自我

个性又称人格，指个人具有的综合的心理特征，是一个人基本的精神面貌。它的基本构成包括两个方面：①个性倾向—对社会环境的态度和行为的积极性征；②个性心理特征——人的心理特点的某些独特的结合。个性的核心标志是自我。自我又称自我观念或自我意识，它是个体对自己存在状况的觉察，是自己对属于自己的生理、心理状况的认识，其中包括自我批评、自我感觉、自尊心、自信心、自制力、独立性、自卑感等一系列涉及认识自己的内心活动。培养完善的自我观念，就是要把人们对自己的认识与社会规范协调一致，从外在行为到内心世界尽可能地合乎社会的需要。

2. 内化社会价值观念与行为规范

社会化的最后结果，就是要培养出符合社会要求，能够胜任特定的社会角色的社会成员。社会化的过程使个人逐渐了解自己在群体或社会关系结构中的位置，领悟并遵从群体或社会对这一地位的角色期待，学习在社会生活中承担起特定的权利、责任和义务。

3. 掌握社会知识和生活技能

社会知识是对社会存在、人际关系的种种认识，生活技能是人立足于社会的谋生手段。人类个体要成为社会成员，首先要学习、掌握生活的基本知识、技能，才能自理生活；然后学习、掌握一门或几门职业的知识与技能，才能自谋生活；

社会化的场所

1. 家庭

家庭是人们接受社会化最基本的文化环境和最早的单位。

（1）家庭不仅提供儿童生理需要的生活资料，也提供了感情的慰藉，形成了亲密的人际关系。

（2）儿童在入学前，家庭是他接触外部世界的主要环境，父母、兄弟姐妹是儿童主要的模仿对象。

（3）家长根据自己的理解将社会的文化规范、知识等向儿童传递。

（4）家长是儿童的最早权威，家长对子女教育拥有支配的权力。

社会学家研究发现，一个家庭的阶级地位是影响父母如何管教小孩的最重要的因素之一。家庭对人的社会化具有两重性：

（1）家庭与社会文化相一致的教化，对儿童的社会化起积极的促进作用。

（2）家庭中出现的与社会主文化相背离的亚文化，对儿童的社会化会产生消极的作用。

2. 学校

学校是人类社会化手段的一个质的飞跃，它使人类的教化活动进入了一个有组织、有计划、有社会严密控制下快速进行的阶段。

（1）学校作为一个教育机构，是社会化的专门职能单位，有严密的组织性、计划性、系统性，这是其他社会场所所不具有的特点。

（2）学校是一个有组织的社会群体，与以血缘为纽带的家庭不同的是，人际沟通不是以感情为主，而是以教育目标为主，学校通过一系列的规章制度，使用强制性的方式，要求学生遵守共同的行为规范，去扮演特定的学生角色。

（3）学校的人际交往是社会的预演。

3. 同龄群体

同龄群体亦称同辈群体。

同龄群体是指由一些年龄、兴趣爱好大体相同的人，为了满足情感需要而自发形成的伙伴群体。同龄群体在社会化过程中的作用是：具有身份认同作用；具有平等信息交流作用；具有情感替代作用；具有学习人际交往作用。

同龄群体中的对照群体：同龄伙伴中的自然领袖人物；英雄人物和杰出人才；青春偶像人物。

4. 社会

（1）职业团体。介于家庭、学校和国家之间的一种重要组织，通常有明确的组织目标和任务，有严密的组织结构和内在的协调机制。

（2）传播媒介。大众传播媒介包括印刷媒介和电子媒介两大类。大众传播媒介在个人社会化方面的特点是：开放性和无强制性；介入性和非统一性；形象性与易感染性。

社会化理论

1. 符号互动论的社会化理论

（1）库利的"镜中之我"：一个人的自我形象是别人看他是什么样子的反映，或者说这个人认为别人看他是什么样子的反映。镜中自我包含三种过程：表现；辨认；主观解释。镜中自我论认为我们对自己的印象是从别人的评价得来的，正像我们从镜子中才能看到自己的影像一样。

（2）米德的自我概念：米德认为自我产生大致上可以分为三个阶段：2～3岁，预备阶段；4～8岁，嬉戏阶段；8岁以后，团体游戏阶段。米德认为每为人在社会化过程中是个独特的行动者，每个人都具有两面，他称之为"主我"和"客我"。主我富有创造性和独特的性格,对他人的态度做出反映;客我是自我社会方面,体现他人的态度,是社会化的产物;没有客我就不能产生有序的社会互动,没有主我,社会互动将变得呆板和单调。

库利的镜中之我和米德的自我概念告诉我们怎样理解自我:根据别人的观点看我们自己时,正是在照库利的"社会镜子";我们要预测别人对我们行为的反应时,我们扮演的是米德的客我角色。

2. 心理学的社会化理论

(1)弗洛伊德认为人格由本我、自我、超我组成。

本我是人格原始部分,包括一切与生俱来的本能冲动,这种本能受快乐原则的支配,不断盲目地追求行为上的满足,是人格的动力;然而它本身又是混沌的欲望,如不加以控制就会妨碍社会和群体的活动;

自我是本我的部分发展,是现实化的本能,是在与他人交互中了解自我的存在、自我意识及与他人的关系。自我是人格的理性部分,能够解释感觉得来的信息,也能够找到既实际又可接受的方法来满足生物上的需要。自我的主要任务是控制本能和欲望,等待时机,在允许的生活中实现快乐的目的。

超我是道德化了的自我,是从自我中分化出来的、人格结构中最后形成的最文明的部分,它能够进行自我批判和道德控制,是头脑里的检察官。超我是人们把社会里对与错的观念内化成为其人格的一部分,更成为其行为的指导原则。

(2)库利和米德都认为:社会化是个人与社会之间一种渐进又互相依赖的结合;弗洛伊德则认为:本我与超我是针锋相对的,欲望是本我的代表,道德原则是超我的象征,人的生物性和社会性之间的妥协最终可能是无法办到的。

(3)埃里克森:人生发展阶段——认为人格发展要经历人的整个一生,提出著名的人生发展阶段和自我同一理论。

①婴儿期:0～1岁,信任与不信任。

②幼儿期:1～3岁,自主与害羞、怀疑。

③嬉戏期:4～5岁,主动性与内疚。

④学龄期:6～11岁,勤奋与自卑。

⑤少年期:12～18岁,认同与混淆。

⑥青年期:18～30岁,亲密与孤独。

⑦成年期:31～60岁,创造与静止停滞。

⑧老年期:60岁以上,完善感与失落感。

3. 社会化的道德发展理论

（1）皮亚杰的道德成长论：社会化不会由于身体的发展成熟而突然停止。

（2）科尔伯格的道德自我：孩子们随着年龄的增长而找到自己的道德价值观。他发现，不同的社会对错误的标准可能持各自不同的具体看法，但他们对同情（如关心他人）和正义（如主张平等互惠）等具有相同而普遍的道德原则。人们对道德判断的不同，是因为他们成熟的水平不同。道德发展水准有三：第一个阶段为前传统阶段；青春期的人通常达到第二个标准，即传统阶段；达到第三个水平的人，叫超传统道德水平。（被传统认可的价值观可能与他们的价值观相抵触，他们便根据"为绝大多数人的才是最好的"的指导原则作出理性的决定，在合法的方案间作出选择。如果一条法律由个人依据一条更高的原则判断为非正义，那么破坏此法律就是正当的做法。

社会化的特征与矛盾

1. 社会化的特征

（1）社会化的方式：灌输与自选。儿童期是灌输型社会化；少年时期是自选型。成年社会化与儿童社会化最大的区别是：在成年期个人比较清楚被什么所影响，个人有选择社会化的能力与机会；而在儿童期，社会化比较不明显，也没有选择能力与机会。

（2）社会化的过程：外在——内在。

（3）社会化的执行者：家庭——学校——社会。

2. 社会化的困境

（1）社会化的不一致性；

（2）代差问题；

（3）网络冲击；

（4）青少年偶像崇拜。

社会分层

社会分层是按照一定的标准将人们区分为高低不同的等级序列。社会不平等现象，在资本主义社会以前，是以"等级"的形式存在的。在古罗马，有贵族、骑士、平民、奴隶；在中世纪，有封建领主、陪臣、行会师傅、帮工、农奴，而且几乎在每一个等级内部还有各种独特的等级。到了19世纪，人们广泛使用"阶级"和"阶层"概念来描述社会中人们的地位等级。由封建社会转变为资本主义社会后，阶级对立简单化了。整个社会逐渐形成两大敌对的阶级，即无产阶级与资产阶级。马克思和恩格斯创立了唯物史观，对资本主义社会的阶级与阶级斗争作出独特的分析，在理论上有着重大的贡献。马克思主义阶级分析理论揭示了私有制下社会不平等的根源，对阶级与阶层作出了全面的阐述和深刻的分析。

在西方社会学史上，最早提出社会分层理论的是德国社会学家韦伯。他提出划分社会层次结构的三重标准，即财富——经济标准，威望——社会标准，权力——政治标准。三条标准既是互相联系的，又可以独立作为划分社会层次的标准。此后，西方社会学家对社会分层的研究大多继承韦伯的上述观点，归纳起来有：①把社会划分成几个大的阶级。②把社会成员划分成若干个层次。③续谱排列。根据人们在职业分工、工资收入与身份、声望等方面的具体而细致的差别，把社会成员划分成连续排列的多个小层，即续谱。

第二次世界大战以后，西方社会学对社会分层的研究，主要表现为对职业声望的测量。另外，西方一些学者认为，现代资本主义社会的阶级结构呈现出多元化趋势，出现了一个中间阶级，即所谓管理者阶层。他们研究的主旨在于这个阶层的定义和归属问题。在社会主义社会中，随着生产力的发展和生产关系的变革，阶级结构发生了重大变化。20世纪80年代以来，有些社会主义国家伴随经济体制改革的发展，也出现了一些新的社会分化现象。马克思主义社会学者正在对社会分层作新的探讨。

社会互动

社会互动就是行动者对其他行动者行为的回应行动。在社会互动中，交互作用是社会互动的基本特征。

个人或群体互动的产生必须具备几个条件：

（1）社会互动必须发生在两个或两个以上的人或群体之间，这是互动的结构条件。

（2）个人之间、群体之间，只有发生了相互依赖性的行动才产生互动，不论这种依赖性是直接的或间接的，是亲和的还是排斥的。

（3）参加互动的人都是有意识的，都基于行动者一定的需要与利益，都力图用头脑中成熟了的计划去调动另一方的行动。

（4）社会互动总是在特定的情境下进行的，同一行为在不同的时间、不同的场合具有不同的意义。

（5）社会互动还会带来一定的效果，对互动双方及他们之间的关系产生一定的影响，并有可能对社会环境产生一定的作用。

（6）无论是个人或群体的互动都不可能为所欲为、随心所欲，都必须在一定的规范引导下行动。

（7）互动的双方一般互为主体或客体，沟通双方使用统一或相通的符号，沟通双方对交往情境有相同的理解，沟通双方是相互影响的。

互动对于社会成员的功能在于：

（1）当人们发生社会互动时，他们对外在世界发生了共同的意义，对外在的文化和环境有了共同的了解。

（2）互动是将文化规范和价值代代相传的一种方式，父母与子女之间的互动将新生代予以社会化，并将文化传递下去。

（3）社会互动是社会秩序的基础。

互动有 5 个维度：向度——社会互动的方向；深度——互动双方相互依赖的大小；广度——互动双方交往领域的大小；频度——一定时间内发生社会互动的多少；强度——互动双方交往时情感的强烈程度。

决定任何互动关系性质的因素无非是利益或精神两大类，只不过所占比例大小不同而已。从互动的性质上可分为理性互动和非理性互动。理性互动以物质利益为中心，非理性互动以精神为中心。

社会互动的理论

1. 社会互动的宏观理论

科塞反传统观点地认为冲突对社会具有正面功能，他认为冲突是指不涉及双方关系的基础、不冲击核心价值的对抗，是系统内不同部分之间的对抗，是社会系统可容忍的对抗。他的主要思想是：

（1）冲突对社会和群体具有内部整合功能：冲突有助于建立和维护社会或群体的身份和界线；群体发生冲突时，可促进群体内部团结；虚构的冲突对群体也具有聚合作用；不断与外部发生冲突的群体往往不容忍内部冲突。

（2）冲突对社会具有稳定功能。

（3）冲突对新群体与社会的形成有促进作用。

（4）冲突对新规范和制度的建立具有激发功能。

（5）冲突是一个社会中重要的平衡机制。

产生冲突的原因：

（1）不平等系统中的下层成员越怀疑现存的稀缺资源的分配方式的合法性，他们就越有可能起来斗争。

（2）下层被剥夺状态，相对剥夺比绝对剥夺更可能引起不公平感，更有可能引起被剥夺者的不满和反抗。

（3）对群体或社会的忠诚，个体或群体之间由于对地位、权力和财富的要求，或由于对对立的价值系统的效忠而形成了冲突。

（4）亲密关系，密切的社会关系包含冲突的原因。

2.社会互动的微观理论

（1）社会交换理论：这一理论着眼于人们在社会生活中的相互交往关系，认为社会互动的实质是人们交换酬赏和惩罚的过程，人们通过"支付—回报—再支付—再回报"的行动结成一定社会关系的结构。

美国社会学家霍曼斯的社会交换理论的主要特点是：

①人们并不总是追求最大利润，他们只是想在交换关系中得到某些利润。

②人在交换中并非常常从长远着想或进行理性计算。

③交换物不仅仅是金钱，还有赞同、尊重、依从、爱、情感，以及其他紧缺的物质产品。

④所有的人类行为都是交换，而不是仅仅在市场中才有交换行为。

（2）符号互动理论：认为人类互动是基于有意义的符号之上的一种行动过程，可以说，人们的互动之所以与动物截然不同，其原因在于人是生活在一个有意义的世界上，即人们能够有意识地思考并解释的世界。

符号互动论的基本观点有：符号在人们互动过程中起着重要的中介作用；人的行为是有意义的行为；意义不是固定不变的；在互动过程中，人们往往通过扮演他人的角色，从他人的角度来解释其思想和意向，并以此为依据来指导自己的行为；在互动过程中，人们往往从自己所认识到的他人对自己的态度和看法之中来认识自己，形成和修正自我的概念。

符号互动理论的代表人物：戈夫曼，提出拟剧论，认为生活是演戏，他的理论被称为印象管理；布鲁姆认为社会秩序的基础在于人际交往的礼仪，礼仪把日常互动联系在一起：表意礼仪、回避礼仪、维护关系的礼仪、认可礼仪。礼仪的功能在于：像交通信号灯一样保证互动的顺利进行并指挥他们避开危险地带；保证人们在进行人际交往时不受伤害；互惠原则。

符号互动理论的缺陷在于：将社会关系简单地归结为人际关系，关注的仅仅是个体互动方式，忽视了宏观社会结构对人的互动的制约，忽视了互动的内容和社会经济条件对互动形式的重要影响，减少了它对群体互动的解释力；同时，人的行为是多样化的，对有些人的印象管理有解释力，对那些真诚、坦率的人可能不具有解释力。

3. 日常生活中的互动与沟通

非言语互动分为三大类：动态无声的互动（手势、运动体态、触摸、眼神、面部表情），静态无声的互动（静止体态、人际距离），辅助语言和类语言。

4. 社会互动的类型

（1）顺从型互动：行动者之间发生性质相同或方向一致的行动过程，有暗示、模仿、从众三种形式。

暗示的作用：能造成行动者的行为倾向；能重新引起以往曾有过的行为的倾向；能加强某种行为倾向。

容易引起暗示的社会条件是：暗示者的地位具有权威性；刺激的反复与持久性；有的放矢发出的暗示比无的放矢更有效。

模仿可分三类：无意模仿，有意模仿，选择模仿。

从众有三种形式：缺乏判断的从众，违心的从众，表里一致的从众。

从众与模仿的区别：模仿是自愿的行为，而从众并非是自愿的行为，具有消极性；模仿是没有外部压力情况下的行为，从众则是在受到外部压力的情况下的一种行为，可以说从众是一种有压力的特殊的模仿；模仿的对象可是多数人，也可是少数人，从众的对象则一定是多数人。

（2）合作型互动。

①社会交换。社会交换与经济交换的区别：内容与范围的宽窄不同，社会交换不仅包括物质也包括精神；经济交换比社会交换导向更明确、目标更清楚；经济交换有明确的规则和法律保护，社会交换则是自愿行为；经济交换的价值与价格非常清楚；经济交换的目的是功利性的，社会交换则不完全是功利性。

社会交换的四个要素：目标、支付、回报、效益。

②援助行为。援助行为有三类：单向型援助，这种行为往往是无私精神和崇高风尚的外显；双向型援助，具有稳定关系的双方容易成为互助的对象；牺牲型援助，这是一种最高行为的援助行为，没有利他的世界观和人生观是不行的。

与援助行为相反的是集体性坐视不救或旁观者的冷漠。

集体性坐视不救从内容上看有两类：突发性灾难，受犯罪分子攻击。

在突发事件的特殊场合，人们的社会行动会受到一些特殊的心理因素的影响：情况不明，判断模糊；期待暗示，相互误解；屈从压力，盲目从众；责任分明，相互推诿；怕惹麻烦，危及自身。

道德观是利他的，无论人多人少，都会挺身而出，把个人利益置之度外，甚至不惜牺牲自己的生命；集体性良知麻痹，折射出社会结构转型时期人们特有的复杂心态和道德状况；见义勇为不仅是道德的选择，也是理性的选择，少数人的拼死相助、见义勇为，甚至牺牲生命，会使邪恶势力得到有力的遏制。

（3）冲突型互动。

科塞把冲突分为两种类型：现实性冲突、非现实性冲突。

桂斯拨把冲突分为两类：共意冲突、异意冲突。

按照冲突的程度可分为：

①竞争。竞争有几个特点：资源目标有限；结果总有差异；相互激发、相互促进的行为；越出规则就会转向斗争。

②斗争。斗争的三种形式：口角、打斗、械斗。

③战争。其特点是：有组织、有目的、有计划地进行，时间比较长久，是冲突的最高形式；采用了当时最先进的技术，集中了当时最优秀的人才，发挥了人类高度的智慧。主动发生战争的一方具有三个方面的要素：强制、暴力和霸权。

④恐怖主义。特征：目的带有政治性；手段是使用暴力或暴力威胁，暴力形式主要有暗杀、袭击、绑架、劫持人质、爆炸、纵火等；攻击目标有直接和间接之分，直接目标一般为游客和大众，间接目标是政府；是所有犯罪中最能造成人们恐惧心理的行动；崇拜者和实施者是极少数极端主义分子。

桂斯拨认为冲突结果有四种类型：引退、强加、归依、妥协。

冲突发生后促使对方就范的方式有三种：说服、强制、利诱。

谈判中第三者扮演的角色：中间人、调停者、仲裁者。

社会整合

社会整合是社会不同的因素、部分结合为一个统一、协调整体的过程及结果。亦称社会一体化。它是与社会解体、社会解组相对应的社会学范畴。社会整合的可能性在于人们共同的利益以及在广义上对人们发挥控制、制约作用的文化、制度、价值观念和各种社会规范。

在社会学研究中，美国社会学家帕森斯明确提出社会整合概念并将其纳入自己的结构功能主义理论构架之中。他关于社会生存的四大基本功能前提假设，即所谓 AGIL 理论，便包括社会整合（I）。在很长时间内，社会整合曾成为结构功能主义表示社会基本功能的特有概念，与其社会"共意"或"一致性"假设密切结合。帕森斯在《社会体系和行动理论的演进》一书中，把社会整合概念规定为如下含义：社会体系内各部门的和谐关系，使体系达到均衡状态，避免变迁；体系内已有成分的维持，以对抗外来的压力。

帕森斯还认为，一个社会要达到整合的目的，必须具备这样两个不可或缺的条件：有足够的社会成员作为社会行动者，受到适当的鼓励并按其角色体系而行动；使社会行动控制在基本秩序的维持之内，避免对社会成员作过分的要求，以免形成离异或冲突的文化模式。

继帕森斯之后，社会学家对社会整合概念的解释及运用，逐渐分化为两种不同的倾向：一种沿袭帕森斯的观点，继续将其置于宏观的社会理论体系中，从抽象的意义上予以解释和运用；一种则朝着经验研究的方向，将这一概念用来研究各种社会群体内或群体之间的实际关系，特别是用来研究民族及种族群体的关系，研究多民族国家各民族在文化上的接近、融合等。

社会整合有许多具体形式并可分为诸多类型。除以上已提及的社会体系的整合、民族或种族关系方面的整合外，社会学经常论及的还有文化的整合、制度的整合、规范的整合、功能的整合等。

异化

马克思主义哲学认为，异化是人的生产及其产品反过来统治人的一种社会现象。其产生的主要根源是私有制，最终根源是社会分工固定化。在异化中，人丧

失能动性，人的个性不能全面发展，只能片面甚至畸形发展。它在资本主义社会中达到最严重的程度，必将随着私有制和阶级的消亡以及僵化的社会分工的最终消灭而被克服。

集合行为

集合行为，又称"集体行为"或"大众行为"，指不受现有社会规范控制的人数众多的自发的无组织行为。在很多人参与的社会互动中，人们的行为由个人行为转变为集体行为，它拥有自己的特征。集合行为不同于群体行为。群体行为是指在有多人参与的社会互动中，人们的行为由个人行为转变为群体行为。群体行为产生的事件往往是反复出现的常规事件，各种社会管理机构和制度主要是针对这类常规事件而设立的。而集合行为的产生是由非常规事件导致的，因此，集合行为对社会的影响不容忽视。

社会分工

社会分工是指人类从事各种劳动的社会划分及其独立化、专业化。人类文明的标志之一就是社会分工，同时社会分工也是商品经济发展的基础，因为社会分工产生交换行为。社会分工的优势就是让擅长的人做自己擅长的事情，使平均社会劳动时间大大缩短，生产效率显著提高。社会分工的本质就是人尽其才，物尽其用。

人类社会经历了三次社会大分工：游牧部落从野蛮人群中分离出来；手工业和农业的分离；商人阶级的出现。

第一次社会大分工发生在野蛮时代的中级阶段。人类在早期的征服自然过程中，有些部落学会驯养动物以取得乳、肉等生活资料，随着较大规模畜群的形成，这些部落就主要从事畜牧业，使自己从野蛮人群中分离出来，成为游牧部落。游牧部落生产的生活资料不同于其他部落，而且数量较多，从而促进了交换的发展，使经常的交换成为可能。放牧一群牲畜，只需要少数人，于是，个体劳动代替了共同劳动，相应地出现了私有制，家庭也随之发生了变化。男子从事的畜牧业成为谋生的主要手段。男子在家庭中取得了统治地位。后来，农业和手工业也有所发展，谷物成为人类的食物，出现了织布机和青铜器，人们开始掌握矿石冶炼和金属加工。一切部门生产的增加，使人的劳动力能够生产出超过劳动力所必需的产品。于是战俘不再被杀掉，而被吸收为劳动力，成为奴隶。这样，就零散地出现了奴隶制。第一次社会大分工的结果产生了第一次社会大分裂，社会分裂为两个阶级：主人和奴隶、剥削者和被剥削者。

第二次社会大分工出现于野蛮时代的高级阶段。铁制工具的使用和生产技术的进步，促进了农业的发展和劳动生产率的提高，也使手工业向多样化发展。如此多样化的活动已经不能由一个人来进行了，于是发生了第二次社会大分工，手工业从农业中分离出来。随着第二次社会大分工，出现了直接以交换为目的的商品生产。交换的发展，使贵金属成为占优势的货币商品。在社会上一旦出现了货币财富，它便成为人们追求的对象和重要的生活目的，一些人会想方设法积累财富。在剩余产品逐渐增多的情况下，提高了人的劳动力的价值，在前一阶段还是零散现象的奴隶制，现在成为社会制度的本质组成部分。

第三次社会大分工发生在文明时代的初级阶断。由于商品交换的发展，出现了一个不从事生产只从事交换的商人阶级。他们作为生产者之间的中间人，剥削生产者，并取得了生产的领导权。交换发展的需要产生了金属货币。货币借贷、利息和高利贷也相继出现。土地私有权被牢固地确立起来，土地完全成为私人财产，它可以世袭、抵押以至出卖。现在除了自由人和奴隶的差别以外，又出现了富人和穷人间的差别。这是随着新分工产生的新的阶级划分。财富更加集中，奴隶人数增多，奴隶的强制性劳动成为整个社会的经济基础。由于有了阶级对立，于是产生了国家。

三次社会大分工发生于野蛮时代的中后期，经过这三次大分工，人类进入文明时代。

客观文化与主观文化

客观文化与主观文化是德国社会学家西美尔提出的概念。他认为客观文化是人们创造的各种文化事物和文化形式，而主观文化是人们经由此创造活动所达到的个人发展程度。客观文化与主观文化相互依存，没有客观文化就没有主观文化，而客观文化的发展是要实现主观文化的终极理想，只有客观文化和主观文化的和谐才构成真正的文化。在传统社会中，人们可以直接将客观文化应用于主观文化的建设；而到了现代社会，个体与社会、主体与客体、主观文化和客观文化的统一性被打破了，它们遵循各自的逻辑与价值体系，存在着巨大的分裂。现代社会主观文化与客观文化相分离，产生了一个矛盾现象：一方面个性本身独立，个人有了无与伦比的内在和外在的活动自由；另一方面，现代社会又赋予实际的生活内容一种同样无可比拟的客观性：在技术上、在各种组织中、在企业和职业内，事物自身的规律越来越取得统治地位，并摆脱了个别人身的特点。

现代社会客观文化自成一个体系，摆脱了主观文化的控制，结果客观文化的发展越来越具有优先性，主观文化却相对日益萎缩。客观文化与主观文化的分裂因此成为现代文化的主要矛盾。社会的整体生活风格、个体与社会之间的审美性关系都取决于客观文化和主观文化之间的关系。客观文化对主观文化的压抑，即是社会体制对个体的审美性存在的否定。现代社会，人们越来越被自己所创造出来的客观文化所奴役，人越来越"物化"，而失去了人性。

麦当劳化

麦当劳化是指一个社会经历着变为速食餐厅模式的过程。这个词由社会学家乔治·里兹所发明，他在《社会的麦当劳化》一书中提出这个概念，他认为现代社会的运行方式越来越变得像一个快餐厅，一切都按标准化方式动作，富于计算性，而缺少个性的自由。

麦当劳化有4个最主要的元素：

（1）效率：用最理想的方式来完成某项作业。

（2）可计算性：客观的项目（如销售量）必须能够被量化，而非主观的项目（如味道）。

（3）可断定性：标准化和均一化的服务。

（4）控制：标准化和均一化的员工。

麦当劳化的过程可以被简述为：速食餐厅的准则正逐渐支配着人类社会越来越多的层面。

标签理论

标签理论是以社会学家莱默特和贝克尔的理论为基础而形成的一种社会工作理论。这种理论认为每一个人都有"初级越轨"，但只有被贴上"标签"的初级越轨者才有可能走上"越轨生涯"。一个人被贴上"标签"，是与周围环境中的社会成员对他及其行为的定义过程或标定过程密切相关的。因此，社会工作的一个重要任务就是要通过一种重新定义或标定的过程来使那些原来被认为是有问题的人恢复为"正常人"。

标签理论认为越轨行为是社会互动的产物。标签理论认为一个人之所以成为越轨者，往往是因为在社会互动过程中，在父母、老师以及社会组织处理个人的越轨行为时，被贴上诸如坏孩子、不良少年的"标签"，这些标签成了一种耻辱性"烙印"，将越轨者同"社会的正常人"区分开来。那些被贴上"标签"的人也在不知不觉中逐渐接受社会对其的不良的评价，并开始认同他人的观点，确认自己是坏人，进而被迫与其他的"坏人"为伍，进行更加恶劣的越轨行为。随着时间的推移，越轨行为者愈陷愈深，最终无法自拔。

标签理论的重要贡献是它明确指出许多人本可以平安度过一生，但却被不幸地贴上不良的标签，从而踏上万劫不复的"越轨生涯"。标签理论认为，是他人对不幸地被贴上标签的越轨者的"不友善"的反应让越轨者失去了回归社会的机会。因此标签理论强调人们应该"与人为善"，帮助那些被不幸地贴上标签的越轨者摆脱越轨行为的阴影，让他们能够回到正常的生活中来。

婴儿潮

婴儿潮，指的是在特定地区的某一个时期内出生率大幅度提升的现象。有确切文献记载的婴儿潮，通常是由于农作物大丰收、打赢战争或赢得体育竞赛等振奋人心的缘由。美国在第二次世界大战后出现了所谓的"46 ~ 64"现象，即从1946年至1964年的18年里出生的婴儿人数高达7800万，人们第一次把这种现象称为"婴儿潮"。

历史上有两次著名的婴儿潮：①第二次世界大战结束之后的婴儿潮，一般通称为战后婴儿潮。在二战结束后，远赴战场的男人解甲返乡，触发了婴儿潮。在世界上大多数国家均有此现象。② 2000年千禧年的婴儿潮。许多夫妻想要利用这个一生只有一次的特别年份生个千禧宝宝，让宝宝在这特别的一年出生，2000年正逢中国农历年的龙年，在华人社会，龙年的出生率通常比较高，有"望子成龙，望女成凤"的期望。但是2000年的这次婴儿潮幅度不如战后婴儿潮。

在新中国成立后我国一共出现过3次婴儿潮：

（1）新中国成立后不久的第一次婴儿潮：当时，政府实行鼓励生育的政策，人口增长率将近 300%，不过当时我国人口只有 4 亿，由于人口基数小，所以这次婴儿潮人口的绝对数量相对不大。

（2）1962 年三年自然灾害结束后出现第二次婴儿潮：这次婴儿潮高峰从 1965 年持续至 1973 年，当时国民经济情况好转，人口出生率在 30‰~40‰之间，平均达到 33‰，10 年全国共出生近 2.6 亿人。这次婴儿潮是我国历史上出生人口最多的主力婴儿潮，对后来经济影响非常大。

（3）第三次婴儿潮发生在 1986~1990 年，由于第二次婴儿潮出生的人进入生育年龄，产生了这次婴儿潮，在人口学上将其称之为回声婴儿潮。1990 年是这 5 年中出生人口最多的一年。由于我国实行了计划生育政策，因此第三次婴儿潮出生人口总量不及主力婴儿潮，但也有 1.24 亿，接近当年全国人口的 10%。

民俗

民俗即民间风俗，指一个国家或民族中广大民众所创造、享用和传承的生活文化。民俗起源于人类社会群体生活的需要，在特定的民族、时代和地域中不断形成、扩大和演变。各地的民俗都是由当地人民生活的习惯所形成的。

民俗是一个民族地区的文化中最贴近生活的一种文化。在生产活动中有生产劳动的民俗，在日常生活中有日常生活的民俗，在传统节日中有传统节日的民俗，在社会组织中有社会组织的民俗。一个人在其人生的各个阶段也有相应的民俗对他的行为方式作出规范，比如民俗中重要的婚俗，就是结婚的人们需要有结婚典礼或仪式来求得社会认同。民俗也涉及人们的精神生活，生活中的许多禁忌如大年三十至初二家中不许扫地，如果进行打扫就会破坏来年的财运，正月里不能理发等。社会学和民俗学公认民俗类型包括以下几大部分：生产劳动民俗、日常生活民俗、社会组织民俗、岁时节日民俗、人生仪礼、游艺民俗、民间观念、民间文学。

民俗种类繁多，不同地区差异比较明显，但是民俗也有自己特定的内容。民俗深植于集体，在时间上，人们一代代传承它，在空间上，它由一个地域向另一个地域扩展。同时民俗也会不断变化，某种民俗在传承的过程中会出现各种不同的版本，这种现象称为"民俗的变异"。

民俗是一种力量，它来自于民众，传承于民众，规范着民众的行为、语言和心理活动。我们置身于民俗的约束之中却并不感到压抑。